荆公新学研究（增订本）

刘成国／著

上海古籍出版社

抚州王安石国际研究中心资助项目

增订本序

刘成国教授在增订版《荆公新学研究》出版之际，让我说几句话，我欣然同意。欣然同意的原因在于，我对成国教授的王安石研究，于心早有戚戚焉。

二十世纪初，梁启超为王安石翻案以后，研究王安石的热潮持续到今天而未见消退。王安石在政治、经济、文学和学术思想上都有极高的建树。但是二十世纪研究王安石主要是围绕熙丰时期的变法为主，而研究王安石的文学和学术思想则不能与之相比，处于很低落的境况。直到进入二十一世纪，这种局面才得以改观，这有两个标志，一是九十年代中期以后王安石的学术思想受到重视，至新世纪之交出版了十数种研究王安石新学的论著，二是本人《王安石变法研究史》对南宋到新世纪之交王安石变法书写和研究的总结，加上2000年葛金芳等发表《近二十年来王安石变法研究评述》，对二十世纪80、90年代王安石变法的研究成果作了评述、2003年朱瑞熙发表《20世纪中国王安石及其变法的研究》，对二十世纪中国王安石及其变法的研究成果做了评述。这些总结性的论著加速了王安石变法研究作为热点问题的降温。同时研究王安石新学的热潮逐渐高涨。

成国教授是研究王安石的后起之秀，2006年出版《荆公新学研究》、2011年出版《变革中的文人与文学》、2018年出版《王安石年谱长编》，新近又整理出版《王安石文集》，一步一个脚印，扎扎实实地推进王安石研究。成国教授的王安石研究现今可说独步学林。我的这个说法是有根据的，王安石研究大体有三个维度，成国教授现涉及两个：一是文学,二是经学。第三个维度是王安石的变法,虽然现今对王安石变法已做了很广泛很深入的研究,但是随着时间推移,对过去的研究重新思考,还是有相当大的空间。成国教授现在可以说也有了好的开头,这就是《王安石年谱长编》的出版,在此基础上对王安石的新法做全面新的研究,是可以期待的。

2021年12月18日,王安石诞辰一千周年,我为此而写的纪念文章的最后说道:"现今仍缺少对王安石及其变法的整体研究,迄今为止,尚未出现一部包括王安石文学、经学、变法及其时代整体、全面而有深度的研究著作。王安石研究的难度远远大于宋代历史人物中的任何一位。整体、全面观察王安石及其变法,需要具备精深的文学、经学和宋代历史研究素养,且在文史哲领域,即使不能像王安石那样取得一流的高水平的成就,至少应该是宋代文学、经学和历史领域的通家,庶几才可能真正全面登堂入室。"今天在读了成国教授的增订本《荆公新学研究》,我在成国教授身上看到撰写"一部包括王安石文学、经学、变法及其时代整体、全面而有深度的研究著作"的希望。期望在不久的将来能看到这部书的问世。

以上是我要讲的第一点。至于增订版《荆公新学研究》我无须多说,成国教授的绪论已将大著主要关注的几个问题做了很好的叙述。成国教授对荆公新学的新学之名、分期与盛衰、新学学派的属性、新学的本质和特色等的论述,我觉得说得都比较到位。由此我想说一个题外话。二十世纪特别是二十世纪80年代以来,宋代学术思想研究最大的进展,是荆公新学在北宋中期的主流地位及至南宋宁宗朝以前仍占据重要的地位得以恢复。毋庸讳言,这种恢复在宋史学界得到大多数人的肯定,但是在中国思想史学界,仍然把程朱理学视作宋代的主流思想,造成这种局面有多种原因,其中最主要的原因就如成国教授在绪论中所言"清代著名学者全祖望站在程朱理学的立场上,以理学的发生、发展、壮大为主线来描述宋代学术史,将王安石视为异端而列于《宋元学案》之末,称为'荆公新学略'""孝宗淳熙以后,理学由社会边缘逐渐占据学界主流,新学遂被湮没在历史深层。后世追溯有宋一代学术思想的变迁时,往往难以跳出理学叙事的笼罩。"王安石荆公新学的地位得到了恢复,但是《宋元学案》按照对理学发展的贡献多少,来评判新学的思想价值,而且用来评判北宋整体学术思想的做法没有得到纠正,所以突破程朱理学框架,不仅要全面深入研究荆公新学,而且重新全面研究程朱理学之外的北宋经学及学术思想就显得势在必行,尤其是要打破《宋元学案》对北宋经学及学术思想的诠释,重新叙写北宋一代的经学及学术思想。当然这项工作极其艰难,因为自《宋元学案》建构宋代学术思想体系以来,程朱理学是元明清上接汉学以来学术发展的主流,已深入思想史界骨髓。根据近数十年的研究,可以清楚地看到北宋的洛学不仅是在野的小学派,而且多是支离破碎的,他们的思想并不系统,是南宋朱熹将二程、周惇颐、张载和邵雍重新集成,建构成一个系统庞大的体系。而且随着官学地位的确立,又经过四五百年的扶持和推广,特别是从清代讲经学至今,不论是教科书还是专论通史,都莫不是对《宋元学案》的继承、深化和丰富。以程朱理学为主的宋学遂与汉学双峰并峙。但是北宋的文学艺术、经济文化是中国历史上最具活力的时代之一。其文学艺术、经济文化所取得的成就与空谈"天理"的洛学没有太多的关系,北宋中期儒学复兴,内圣外王都有明显的大进展,这一时期的经学及学术思想也呈现出在内汲取佛道之心性,在外高扬经世济民的理念。这种开放性的学术思想,产生了范仲淹、欧阳修、李觏、洛学、蜀学(苏学)、司马温公之学繁荣局面,荆公新学则在官府扶持下达到高峰,而北宋文学艺术和经济文化达到中国古代的高峰,是与北宋的经学及学术思想的繁荣发展密不可分的。所以荆公新学和程朱理学是宋学的两个高峰。但是我们不能一方面赞誉北宋文学艺术、经济文化的繁荣,一方面又将北宋经济文化和文学艺术的发展,与和它们格格不入的理学相挂钩,更不能将北宋的学术嵌入理学的窠臼中。宋代的经学及学术思想一定要分北宋篇和南宋篇。南宋篇可以追溯到北宋理学五子,但不能涵盖和统领北宋的经学乃至全部的学术思想。而北宋篇肯定要包括北宋理学五子,但他们只是众多学派中的一支,且是对北宋社会历史影响甚小的一支。

如果坚持不以程朱理学来乘除北宋经学及学术思想,北宋的经学和学术思想一定比南宋要丰富多彩。当然这项工作说起来容易做起来难,特别是从很多被视作程朱理学原创的学术认知之中来恢复其历史本相,那肯定是难上加难。但正因为难,彰显它所蕴含的学术价值就更有必要。

重建北宋经学及其学术思想是我近些年反复思考的问题,曾在课堂上跟学生提起,今天借为增订本《荆公新学研究》说几句话的机会正式提出来。我不一定有精力和学力做到,但我认为这是一个今后应该努力的方向。当然期望成国兄在这方面做更多的工作。是为序。

李华瑞

2023 年 7 月 22 日

序

在当代青年学人中,成国博士虽然目前还"令名不彰",但他的早熟已令诸多师友欣羡不已。孔子说"三十而立",成国年方二十有七,便已身罩"博士后""副教授"等光环。这也许不能排除命运之神出于对他的偏爱而造就的某种机缘,然而,在我看来,他的学术生涯之所以能有今天的良好开局,主要还应归因于他的自强不息、锐意进取。

成国是我在浙江大学先后招收的三名"硕、博连读"的学生之一。他用五年的时间完成了硕、博士阶段的所有课程,并以优秀成绩通过了博士学位论文答辩,看起来十分顺畅;但局外人却很难得知他在这一过程中付出了怎样的艰辛!在如今的博士研究生中,颇有因种种"远虑""近忧"而用心不专者。"著书不为稻粱谋",这当然是一种应该倡导的境界,但在当今的情势下,能够企及这一境界的,只怕已是寥若晨星。我无法确定成国的从学、治学动机是否有涉于功利,(事实上,我虽冥顽不灵,尚知"与时俱进",并没有冬烘到完全排斥功利的地步,只是反对急功近利。)不过,他的"沉潜",在我眼里倒是罕有其伦的。当"浮躁"成为一种时代通病的时候,要做到心无旁骛,是需要定力的。让我感到欣慰的是,成国恰恰在一定程度上具备了这种定力,于是,他也就能追步前贤,做到"焚膏油以继晷,恒兀兀以穷年"了。与青灯黄卷相伴的生活不免单调乏味,成国却甘之如饴,因为他实实在在地体会到了沉潜于学术的快感。当然,这是要付出代价的。成国身材颀长,本有"玉树临风"之状,却因案牍劳形而略显清癯。有时,也难免示人以一脸倦容,多少有损翩翩美少年的风采。但每次与其交谈,我都能感触到蕴蓄在其体内的充沛活力,从而总是不由自主地联想起李贺的诗句:"向前敲瘦骨,犹自带铜声。"

成国的博士学位论文以"王安石研究"为题,取精用弘,创获良多,受到了答辩委员会的一致好评。其后,他又不远千里,负笈成都,在四川大学中文系博士后流动站继续进行科研工作。呈现在读者眼前的这本《荆公新学研究》,便是他在博士学位论文的基础上进一步探索、修订而成的博士后出站报告。

宋代的文人往往集官僚、作家、学者于一身,而王安石尤为显例。从政治的角度对作为官僚的王安石,以及从文学的角度对作为作家的王安石,人们审视已久、挦扯已久,但从学术的角度对作为学者的王安石,则还认知未深、论析未透。《荆公新学研究》聚焦于此,却又不拘囿于王安石其人其学,而由此拓展开去,将荆公新学这一北宋后期最大的学术流派纳入视野,进行综合研究与系统考察,对其形成原因、成员构成、代表著述、学术建构、盛衰历程以及对宋代学术思想史的影响等诸多方面,逐一予以深入探讨和详细考释。作者没有满足于将前人及今人业已取得的认识加以系统化、逻辑化,而力图借助新的研究视角和研究方法,获致出乎前人及今人视野之外的独到见地。在研究过程中,则注意融合旧学新知,从而既避免了由于旧学不足所容易导致的天马行空、游谈无根的弊病,又避免了由于新知匮乏所容易产生的画地为牢、局促一隅的阙失。当然,其学术价值如何,还有待于同道评判。我无意强作解人,误导读者,而只想肯定一点:作者是热爱学术,并有自己的学术追求的。

《荆公新学研究》是成国的第一部学术专著。它的出版意味着刚刚"出道"的作者被推向了新的学术起点。此前一帆风顺,自然有助于作者树立学术信心。但在学术道路上跋涉,不可能尽履康庄,有时也会遭遇崎岖的羊肠小径。对此应有充分的估计。我相信成国的学术潜力,也不怀疑他的学术毅力,希望他以本书的出版为契机,倍思奋励,精进不辍。

肖瑞峰
2005年2月

目　录

增订本序 ·· 李华瑞　1

序 ·· 肖瑞峰　1

绪　论　荆公新学研究中的若干问题 ································· 1
　第一节　新学之名 ·· 6
　第二节　新学的分期与盛衰 ··· 10
　第三节　新学的学派属性 ·· 15
　第四节　新学的本质和特色 ··· 22

第一章　王安石的学术历程与思想发展（上） ··················· 31
　第一节　少年求学 ··· 31
　第二节　初露锋芒 ··· 48
　第三节　出处之道 ··· 59
　第四节　走向经学 ··· 72
　第五节　草创《易解》 ·· 83
　第六节　注释《洪范》 ·· 97

第二章　王安石的学术历程与思想发展（下） ··················· 118
　第一节　江宁讲学 ··· 118

第二节　注释《周礼》……………………………………… 136
　　第三节　修订《字说》……………………………………… 145
　　第四节　出入自在…………………………………………… 155
　　第五节　断裂与连续………………………………………… 165

第三章　荆公新学门人与著述考 ……………………………… 179
　　第一节　新学门人考………………………………………… 179
　　第二节　王安石著述考……………………………………… 212
　　第三节　新学学者著述考…………………………………… 251

第四章　荆公新学的学术建构和理论特色 …………………… 272
　　第一节　重叙道统——以儒为主、整合百家的学术取向… 272
　　第二节　建构本体…………………………………………… 283
　　第三节　辨析人性…………………………………………… 291
　　第四节　学以至圣——圣人观与功夫论…………………… 318
　　第五节　制度之源——天道与人性之间…………………… 332
　　第六节　义理解经——新学的治经特色、成就与弊病…… 347

第五章　荆公新学的盛衰 ……………………………………… 383
　　第一节　新学在宋代的盛衰………………………………… 383
　　第二节　理学与新学的对峙………………………………… 413
　　第三节　蜀学对新学之批评………………………………… 457

第六章　荆公新学对宋代学术思想史之影响 ………………… 486
　　第一节　《周官新义》与宋代《周礼》学………………… 486
　　第二节　"断烂朝报"与《春秋》学……………………… 502
　　第三节　新学与"孟子升格"……………………………… 510

第四节　尊经卑史：北宋后期的史学之厄 ················· 527
第五节　新学与宋代的性命之学 ······················· 539

附录　王安石《易解》辑佚 ····························· 550

参考文献 ······································· 601

后记 ·· 626

增订本后记 ····································· 627

绪　论
荆公新学研究中的若干问题

　　清代著名学者全祖望站在程朱理学的立场上,以理学的发生、发展、壮大为主线来描述宋代学术史,将王安石视为异端而列于《宋元学案》之末,称为"荆公新学略"。① 这并不符合客观史实。相反,从宋神宗熙宁年间开始,王氏新学被"诵说推明,按为国是",②风行天下六十余年。"士非《三经》《字说》不用",③"一时学者,无敢不传习,主司纯用以取士,士莫得自名一说,先儒传注,一切废不用。"④除元祐更化的短暂数年外,新学在朝堂、官学、科场拥有绝对的意识形态权威,被奉为儒学正统,社会影响远远超过同时代的理学、蜀学、朔学等各派。只是,由于北宋覆亡,熙丰变革及王安石成为众矢之的,而作为新法理论基础的新学,南渡后备受抨击,传承少人。孝宗淳熙以

---

　　① 黄宗羲撰《宋元学案》,并未列入王安石,《荆公新学略》是由全祖望增补。这体现出全氏试图完整呈现宋代学术思想史的客观立场。另一方面,他将活动于北宋中后期的王安石置于《宋元学案》之末,并加"略"字以区别其他学案,表明他尚未完全突破南宋以后由理学家建构的叙事模式。黄宗羲原著、全祖望补修,陈金生、梁运华点校:《宋元学案》第4册,中华书局1986年版,第3235—3271页。相关研究,可见夏长朴:《发六百年来儒林所不及知者——全祖望续补宋元学案的学术史意义》,载氏著:《北宋儒学与思想》,大安出版社2015年版,第1—52页。
　　② 朱熹:《晦庵先生朱文公文集》卷七十《读两陈谏议遗墨》,朱杰人等点校:《朱子全书》第23册,上海古籍出版社2002年版,第3384页。
　　③ 吴曾撰、刘宇整理:《能改斋漫录》卷十二,戴建国主编:《全宋笔记》第37册,大象出版社2019年版,第96页。
　　④ 《宋史》卷三百二十七《王安石传》,中华书局1985年版,第10550页。

后,理学由社会边缘逐渐占据学术主流,新学遂被湮没于历史深层。后世追溯有宋一代学术思想的变迁,往往难以跳出理学叙事的笼罩。

二十世纪以来,学界关于王氏新学的研究已经取得长足进展,成果丰硕。① 根据研究取向,大致可分为三类:

一、唯物主义的剖析,如侯外庐等马列主义历史学家。他们利用唯物、唯心、辩证法等辩证唯物主义哲学范畴,来分析新学的思想体系,将新学视为唯物主义、理学视为唯心主义。二者的对峙,体现出政治上的新旧党争,以及经济上大官僚、大地主、大商人与庶族地主、富农、自耕农阶层间的利益冲突。②

二、理学的参照,如贺麟、余英时等。中国古代哲学史的研究,涉及宋代时,一般将理学视为儒学主流,重点探讨周惇颐、③二程、张载、朱熹、陆九渊等人的宇宙论、本体论、心性论、工夫论。新学及其他宋代儒学派别的思想,较难进入哲学史家的法眼。这固然由于哲学史注重形而上思辨的学科属性使然,一定程度上也受到朱熹《伊洛渊源录》中道统谱系的影响。有些学者留意到新学在北宋中后期的巨大存在,于是引理学作为参照系,评述新学之得失。贺麟最早将王安石与陆九渊的哲学思想联系考察。他指出,王安石的基本思想,"在哲学上和陆象山最接近",④"王安石开陆王先河的心学"。⑤ 萧永明系统比较了新学和理学在社会背景、为学方法、政治思想、本体论建

---

① 关于新学研究的整体状况,可见本书初版绪论,上海古籍出版社 2006 年版,第 1—9 页。熊凯:《近十年来的荆公新学研究》,《东华理工学院学报》(社科版) 2006 年第 1 期。李华瑞:《近二十年对王安石及其变法的重新认识》,《史学月刊》 2021 年第 11 期。

② 侯外庐主编:《中国思想通史》第四卷上册,人民出版社 1959 年版,第 420—495 页。

③ 现多作"周敦颐",系避宋光宗讳改。

④ 贺麟:《陆象山与王安石》,载氏著:《文化与人生》,商务印书馆 1999 年版,第 229 页。

⑤ 同前,第 293 页。

构等方面的异同。① 这方面最重要的研究,当属余英时《朱熹的历史世界》。此书从政治文化的角度,重新检讨宋代理学的起源、形成和演变,揭示出它与王安石变法及新学错综复杂的关系。余氏认为,新学超越初期宋学,开始兼重内圣与外王,代表了宋代儒学复兴的第二个阶段。然王氏在内圣方面援引佛教,并不纯正,这刺激了二程等倾力发展儒家自身的心性之学。南宋以后,朱熹等理学家继承了王安石的外王遗志,于内圣领域则踵武二程,建立起有体有用、本末一致的心性体系,完全超越新学。②《朱熹的历史世界》出版后,引起学界对于新学的高度重视。然而此书隐含着的先入为主的叙事意图,以及判教式的目的论证——理学是宋代儒学演变的最高阶段,却往往被忽略。这种研究取径,基本按照对理学发展的贡献多少,来评判新学的思想价值。

三、宋学的视野,如邓广铭、夏长朴等。早在二十世纪初,梁启超、胡适等便已灼见到王安石新学的独创性。③ 之后,萧公权、刘子健、夏长朴、谢善元等学者陆续进行精彩论述。④ 他们在方法论上,或恪守传统学术史的路数,或采用现代性的视角,或在比较中古今参证。二十世纪八九十年代,邓广铭陆续发表《略谈宋学》《王安石在北宋儒家学派中的地位——附说理学家的开山祖问题》《宋代文化的高度发展与宋王朝的文化政策——〈北宋文化史述论稿〉序》等文章,提出并阐述"宋学"概念,以取代长期以来用"理学"或"道学"概括宋代

---

① 萧永明:《北宋新学与理学》,陕西人民出版社2001年版。
② 余英时:《朱熹的历史世界》,三联书店2004年版,第36—40页。
③ 梁启超:《王安石传》,商务印书馆2022年版。胡适:《记李觏的学说——一个不曾得君行道的王安石》,《胡适文集》第3册,北京大学出版社1998年版,第25—40页。
④ 萧公权:《中国政治思想史》,商务印书馆2011年版。刘子健著、张钰翰译:《宋代中国的改革:王安石及其新政》,上海人民出版社2021年版。夏长朴:《李觏与王安石研究》,大安出版社1989年版;《王安石新学探微》,大安出版社2015年版。谢善元:《李觏之生平及思想》,中华书局1988年版。

儒学的做法。① 他把"萌兴于唐代后期而大盛于北宋建国以后的那个新儒家学派称之为宋学",认为"理学是从宋学中衍生出来的一个支派","不应该把理学等同于宋学",并将宋学的特点概括为"力求突破前代儒家们寻章摘句的学风,向义理的纵深处进行探索;都怀有经世致用的要求"。② 他甚至提出,"从其对儒家学说的贡献及其对北宋后期的影响来说,王安石应为北宋儒家学派中高踞首位的人物",③而非理学五子之首的周惇颐。

夏长朴则强调,"起码从神宗到南宋高宗之际,真正主导学术、影响思想界的不应是道学,而是以王安石为代表的新学"。④ 他批评道,"目前学界习知的宋代学术史,严格来说,其实不能说是宋代学术发展的真正面目,至多只能说是经过后代学者重新建构出来的学术发展"。⑤ "缺少了(王安石新学)这个环节,所谓的'宋学'或'新儒家'始终只能是一种文化建构……不一定禁得起历史事实的严格考验。"⑥他所谓"后代学者建构",指"浸润在程朱理学氛围下,由《诸儒鸣道集》《伊洛渊源录》《道命录》《宋史·道学传》以及《宋元学案》等书相继建构的模式。"⑦

---

① 邓广铭:《邓广铭治史丛稿》,北京大学出版社1997年版,第163—176页,第177—192页,第66—74页。漆侠对"宋学"的概念有进一步阐述,并力图贯彻到研究中。可见氏著:《宋学的发展和演变》,河北人民出版社2011年版,第3—45页。

② 邓广铭:《略谈宋学——附说当前国内宋史研究情况》,《邓广铭治史丛稿》,第164—165页。

③ 邓广铭:《王安石在北宋儒家学派中的地位——附说理学家的开山祖问题》,第189页。

④ 《一道德以同风俗——王安石新学的历史定位及其相关问题》,《王安石新学探微》,第7页。

⑤ 《一道德以同风俗——王安石新学的历史定位及其相关问题》,《王安石新学探微》,第6页。

⑥ 《一道德以同风俗——王安石新学的历史定位及其相关问题》,《王安石新学探微》,第41页。

⑦ 《一道德以同风俗——王安石新学的历史定位及其相关问题》,《王安石新学探微》,第41页。

大约同时，一些海外学者逐渐摆脱派系意味浓厚的"新儒学"（Neo-Confucianism）概念，将研究视野转向程朱理学以外的宋代其他学术流派。① 田浩指出，"新儒学"一词含糊不清，应当严格限定其内涵。他用"宋学"概念，来指称包括欧阳修、王安石等在内的宋代儒学复兴。② 包弼德、土田健次郎都以与程颐相当的篇幅，讨论王安石、苏轼等人的学术思想，展现出宋代儒学的多元化发展。③ 包著结合社会史和思想史，突破宋代儒学研究中常见的线性目的论，尤具方法论启示。

宋学的视域下，若干学者摆脱以程朱理学为主体的思想史旧框架，重新梳理北宋儒学发展的主流脉络，还原新学的重要地位。他们重视政治变革与新学的互动，将新学与政治史、宗教史的研究紧密结合，越来越清晰地呈现出宋学"致广大而极精微"的历史面貌。④

以下拟结合上述研究，对新学学派的几个问题略作概述，权为本书绪论。

---

① 对"新儒学"的反思，可见吾妻重二：《美国的宋代思想研究》，载田浩主编：《宋代思想史论》，社会科学文献出版社 2003 年版，第 7—29 页。
② 田浩：《儒学研究的一个新指向：新儒学与道学之间差异的检讨》，《宋代思想史论》，第 80 页。
③ 包弼德著、刘宁译：《斯文：唐宋思想的转型》，江苏人民出版社 2000 年版。土田健次郎著、朱刚译：《道学之形成》，上海古籍出版社 2010 年版。
④ 卢国龙的相关论述，颇见卓识。见氏著：《宋儒微言》，华夏出版社 2001 年版，第 81—240 页。其他著作，亦发明甚夥。如李祥俊：《王安石学术思想研究》，北京师范大学出版社 2000 年版；杨倩描：《王安石易学研究》，河北大学出版社 2006 年版；方笑一：《北宋新学与文学》，上海古籍出版社 2008 年版；杨天保：《金陵王学研究》，上海人民出版社 2008 年版；毕明良：《王安石政治哲学研究》，花木兰文化出版社 2016 年版；王书华：《荆公新学及其兴替》，中华书局 2021 年版；张钰翰：《北宋新学研究》，北京师范大学出版社 2021 年版；肖永奎：《法度与道德——王安石学术及其变法运动述论》，上海古籍出版社 2021 年版。

第一节　新学之名

《宋元学案》中,全祖望以"荆公新学"指称以王安石为首的学术流派。"荆公"是尊称,因王氏生前曾封荆国公。至于"新学",最初本指神宗熙宁年间,王安石对儒家经典所作的新注新解,之后逐渐演变扩展成他的学术思想,以及以他为核心的整个学术流派。① 此词最早似乎出现于熙宁三年(1070)。据司马光的高足、著名学者晁说之所言:

> 逮公三年免丧之后,始有"新学",而先王之经亦以"新"名之。②

"公"指晁端仁,其父晁仲参卒于英宗治平四年(1067)五月。③ "三年免丧之后",已是熙宁三年(1070)。本年八月制科考试,侯溥对策宣称灾异皆是天数,以附会王安石"天变不足畏"之说;并引王氏《洪范传》将"肃时雨若"解释为"德如时雨",一反《孔传》"君行敬,则时雨顺之"的感应论。④ "始有新学"之"新",或指此而言。⑤ 这个新颖的解释,为反驳旧党借助天人感应论来批评新法,提供经典支持,可能引起了神宗的关注,故稍后王安石将《洪范传》删润缮写后呈上。⑥ 至

---

① "新学"之名的探讨,可见杨天保、徐规:《走出荆公新学——对王安石学术演变形态的再勾勒》,《浙江大学学报》2005年第1期,第31—39页;方笑一:《北宋新学与文学》第一章《北宋新学的名称与分期》,第1—7页;熊凯:《王安石"新学"名称由来考辨》,《史学月刊》2009年第4期。
② 晁说之:《嵩山文集》卷十七《汝南主客文集序》,四部丛刊续编本。
③ 刘成国:《王安石年谱长编》卷四,中华书局2018年版,第766页。
④ 李焘:《续资治通鉴长编》卷二百十五熙宁三年九月壬子,中华书局2004年版,第5246页。
⑤ 张钰翰引用此条,认为熙宁三年时新学已兴起,"似是其视该年殿试用策,又以吕惠卿等意见拔擢进士为新学之始"。《北宋新学研究·绪论》,第12页。
⑥ 《洪范传》的成书过程,可见本书第三章第二节。

于"以'新'名之"的先王之经,自当指熙宁八年(1075)王安石领衔撰成的《周官新义》《诗经新义》《尚书新义》。

熙宁四年(1071)二月,朝廷颁布贡举新制,废除诗赋改以经义取士。士人们于是自逞胸臆解经,种种奇谈怪论纷纷出现,乃至盗用王安石父子的文字来应试,取悦考官。① 远在杭州的苏轼致信刘恕,予以痛斥:

> 东坡倅钱塘日,《答刘道原书》云:"道原要刻印《七史》固善,方新学经解纷然,日夜摹刻不暇,何力及此?近见京师经义题'国异政,家殊俗',国何以言异?家何以言殊?又有'其善丧厥善',其、厥不同,何也?又说《易·观》卦本是老鹳,《诗·大小雅》本是老鸦,似此类甚众,大可痛骇。"时熙宁初,王氏之学,务为穿穴至此。②

苏轼于熙宁四年(1071)通判杭州,"新学经解"明确指向王氏之学。熙宁五年(1072),王安石提举修撰经义,训释《诗经》《尚书》《周礼》三部经典。至熙宁八年(1075),《三经新义》修成,"颁之学官,天下号曰'新义'"。③ 所谓"新义",与《五经正义》中的《诗经正义》《尚书正义》以及《周礼注疏》相对而言,它们是贡举改革前儒家经典考试的标准。所谓"新学",即强调王安石及门人的经学注解,较之汉唐注疏而标新立异。此后,苏轼、司马光等遂用以固定指称王氏之学:

> 欧阳子没十有余年,士始为新学,以佛老之似,乱周孔

---

① 《续资治通鉴长编》卷二百三十三载熙宁五年五月甲戌:"上谓王安石等曰:'蔡确论太学试,极草草。'冯京曰:'闻举人多盗用王安石父子文字,试官恶其如此,故抑之。'"第5659页。

② 邵博撰,李剑雄、刘德权点校:《邵氏闻见后录》卷二十,中华书局1983年版,第160页。

③ 《宋史》卷三百二十七《王安石传》,第10550页。

之真。①

新学已皆从许子,诸生犹自畏何蕃。(王注次公曰:"新学,以言王介甫新经之学也。")②

窃闻近有圣旨,其进士经义,并兼用注疏及诸家之说或己见,仍罢律义,先次施行。臣窃详朝廷之意,盖为举人经义文体专习王氏新学,为日已久,来年科场欲兼取旧学,故有此指挥。③

探囊一试黄昏汤,一洗十年新学肠。(任渊注曰:"新学谓王介甫经学也。")④

以上"新学"之称皆出自旧党,难免被赋予些许贬义,不过,这并不妨碍其实质内涵:新学之"新",的确源自王安石解经与汉唐注疏迥然有别的学术风格。尽管仁宗庆历前后,孙复、欧阳修、刘敞等儒者已经率先严厉抨击汉唐注疏,自出新解,但只有《三经新义》颁行后,官学系统中《五经正义》为代表的汉唐经学,才被正式取代,经学史从此进入一个崭新时代。至北宋末,"新学"的内涵最终确定下来。晁说之曰:

彼新学出,而拘拳以为法,穿逾以为义,务新尚简而不为笃实。如析中庸为二端,不知其所谓中者,用之则曰和、曰孝、曰礼、曰智、曰仁、曰勇、曰强、曰纯、曰一、曰明、曰诚,其实皆中之谓也。以故彼之学者,惟知无过不及谓之中,而于肫肫、渊渊、浩浩、喜怒哀乐未发之中,则莫之知也。⑤

---

① 苏轼撰、孔凡礼点校:《苏轼文集》卷十《六一居士集叙》,中华书局1986年版,第316页。
② 苏轼撰、孔凡礼点校:《苏轼诗集》卷十七《次韵答顿起二首》,第867页。
③ 司马光:《温国文正公文集》卷五十六《乞先行经明行修科札子(元祐元年上)》,四部丛刊本。
④ 陈师道撰、任渊注、冒广生补笺、冒怀辛整理:《后山诗注补笺》卷一《赠二苏公》,中华书局1995年版,第25页。
⑤ 晁说之:《嵩山文集》卷十五《答朱仲髦先辈书》。

> 辱书，以《鲁颂》质《春秋》为问，甚善。此义在新学未出前，学者犹及之。新学务为碎义，以铢称镒，纷然卒使铢镒两失，而落于恍惚杳冥中。谁能斯之问哉？①

"析中庸为二端"，指王安石将中庸解释为"中庸所以接人，高明所以处己"。②"彼新学"专指王安石个人，而"彼之学者"已囊括其他新学弟子。王安石未尝专治《春秋》，则"务为碎义，以铢称镒，纷然卒使铢镒两失"的"新学"，应指新学弟子中研治《春秋》的陆佃等。此处"新学"即指王氏的学术思想，并扩展至以他为核心的学术流派。

除"新学"外，自宋至清，"王学""王氏之学"或"临川之学""金陵之学"等词汇屡见史籍。命名虽有不同，内涵大致与"新学"相近。有学者认为，这些不同的命名，反映了不同时期王安石学术思想的异化：

> "金陵之学"是"官学化"之前"王学"的原生形态，极富地域性和原创性。学界沿用已久的"荆公新学"，本质上是"金陵之学"被北宋政府"官学化"的产物，也是宋人攻击学术"官学化"进程的专称，不能作为研究"王学"的总对象。研究者应当走出"荆公新学"，兼顾"王学"多种演变形态的差别与联系。③

甚者将王氏之学划分为两种学统："一种是民间地域学派的王安石之学，可以称之为'临川之学'；一种是官学化的王安石之学，即所谓'荆公新学'。"④这种分别，似无甚必要。"新学"之"新"，的确主要指熙宁八年（1075）颁行于学校、科场的《三经新义》，并略含贬斥。只是，此类词汇一旦流行开来，就约定俗成，若不至于引起内涵的重大误解，不必

---

① 《嵩山文集》卷十五《答张仔秀才书》。
② 《宋史》卷三百七十六《陈渊传》，第 11630 页。
③ 徐规、杨天保：《走出"荆公新学"——对王安石学术演变形态的再勾勒》。
④ 朱汉民：《王安石的二重性学统问题》，《中国文化》2023 年春季号，第 205—212 页。

过分执着。针对汉唐注疏的解经之"新",早在王安石皇祐、嘉祐年间所撰《易解》《洪范传》中,便已充分体现,并非《三经新义》首创。熙宁之前,王氏之学为一家私学,之后《三经新义》《字说》被奉为官学。这种官私形态的不同,并不意味着王氏思想的断裂。① 何况,原始语境中,"金陵之学""临川之学"与"新学""王氏之学"的指涉本来就大体一致。②

本书沿用《宋元学案》,以"荆公新学"或"新学"代指以王安石为核心,以王雱、陆佃、龚原、王昭禹、陈祥道、方悫等为主体的学术流派,与"金陵之学""王学""王氏之学"等词汇通用。倘若涉及具体历史语境中的具体问题,则随文考辨,另作说明。

第二节 新学的分期与盛衰

新学崛起于北宋中期,至南宋后期消亡,历时约有二百年之久。对它的历史分期,之前已有数种,③大致可归纳为两种模式。

---

① 肖永奎也不赞成这种区分:"就王安石的学术本身而言,无论是前期还是后期,都构成了其变法的理论根据。如果说中间有一些观念的转变,也是可以在学术范畴之内理解的。一定认为其当政之后存在着某种异化,则是没有根据的推断。"《法度与道德——王安石学术及其变法运动述论》,第 109 页。

② 楼钥著、顾大朋点校:《楼钥集》卷九十《侍御史左朝请大夫直秘阁致仕王公行状》:"宣、政间,举子惟务金陵之学,公独贯穿经史,旁出入百氏。"浙江古籍出版社 2010 年版,第 1646 页。宋濂著、吴蓓点校:《宋濂全集·龙门子凝道记》卷之下《段干微第一》:"'金陵之学何如?'曰:'穿凿圣经而附会已说,甚者窃佛老之似,以诬吾圣人之教。学颜、孟者固如是乎?……予尝谓亡宋天下者,自金陵始也。"浙江古籍出版社 2014 年版,第 1990 页。王令著、沈文倬点校:《王令集》卷十八《与束伯仁手书》(其五):"以令所考,自扬雄以来,盖未有临川之学也。"上海古籍出版社 2011 年版,第 320 页。刘克庄著、辛更儒笺校:《刘克庄集笺校》卷九十五《季父易稿》:"程氏排临川之学者,及教人读《易》,必辅嗣、介甫。"中华书局 2011 年版,第 4012 页。刘荀《明本释》卷上:"熙、丰以来,其(王安石)学盛行,世谓之'临川学',又曰'新学'。"《宋元学案》卷九十八引,第 5823 页。

③ 方笑一有所缕述,《北宋新学与文学》,第 8—14 页。

一、两期说。此说主要围绕王安石的仕宦,兼顾义理,将新学以熙宁为界划分为前后两期。代表学者,有侯外庐、萧永明等:

> 王安石新学的传播,分先后两个时期。在先,王安石的《淮南杂说》《洪范传》等书初出,引起学者的向慕。……治平末年,王安石知江宁,同时讲学,有一部分学者从之游。这是新学传播的前一时期。……王安石执政以后,设局修撰经义,许多学者参加了经义的撰述,因而扩大了新学的影响。有些学者,根据安石的学说,另外撰述了单独的著作,对新学加以阐明和发挥。新学的著作量增大了。至安石罢相以后,居金陵,撰《字说》,也有一部分学者从之游。这是新学传播的后一时期。①

> 王安石早期的理论探索主要是围绕重振儒家纲常、挽救价值失落的主题进行,通过对性命道德之理的探求而改变风俗颓坏、教化陵夷的状况。……后期新学以《三经新义》为主要内容。《三经新义》的训释与颁行,主要是围绕统一思想及为新法提供理论依据这两个互相联系的方面进行的,具有鲜明的为新法事业服务的性质。②

有些学者将王安石退居金陵的十年,单独拈出作为第三或第四期。③ 这是对两期说的细化,似显牵强。王氏晚年删改《三经新义》、修订《字说》、注释佛经,并非"对'官学化'的一种反思",④而是延续与深化。

---

① 侯外庐:《中国思想通史》第四卷上册,第 447 页。
② 萧永明:《北宋新学与理学》,第 42—43 页。
③ 李之鉴:《王安石哲学思想初论》,中国文联出版公司 1999 年版,第 12 页。李祥俊:《王安石学术思想研究》,第 356 页。徐规、杨天保:《走出"荆公新学"——对王安石学术演变形态的再勾勒》,第 36 页。
④ 徐规、杨天保:《走出"荆公新学"——对王安石学术演变形态的再勾勒》,第 36 页。

二、多期说。这种分期模式,最近比较流行。或将新学划分为酝酿、创立、衰落、鼎盛四期,①或按朝代细分为神宗朝、元祐年、绍圣元符年、徽宗朝、靖康年、南宋。② 两种分期各有理据,也不无可疑:鼎盛之后又如何呢?哲宗绍圣、元符与徽宗朝的新学发展,有何本质不同?南宋百年间的新学,可以一概而论吗?

有鉴于此,本书结合学派的时空扩展、成员分合、官私形态与义理演变,将新学在两宋、西夏、金的历史发展,划分为五期:新学崛起;成为官学(元祐更化除外);走向鼎盛;开始衰落;逐渐消亡。

第一期:自仁宗庆历二年至英宗治平四年(1042—1067),新学崛起。进士及第后,王安石凭借高超的诗文写作、优异的地方政绩和高尚的品德修养,迅速扬名于文坛,崛起于政界。他深受儒学复兴思潮的影响,相继撰写《淮南杂说》《易解》《洪范传》等重要著述,享誉士林。治平二年(1065),王氏在江宁设帐讲学,广收门徒。通过这种方式,形成一个以他为领袖、以江宁为中心,以王无咎、王雱、陆佃、龚原等为主体的士人群体,新学学派初步形成。它继承文以明道、官以行道的古文运动传统,注重士人主体意识的凝铸,从《孟子》《老子》《庄子》等经典中汲取内圣的精神资源;同时,自出新意注释儒家经典,注重经典与现实政治的互动。其中多数成员,日后积极参与熙丰变法,成为北宋后期政治文化的主体。

第二期:自神宗熙宁至哲宗元祐年间(1068—1086),新学迈向官学。熙宁元年(1068),王安石由翰林学士越次入对,深得神宗器重,揭开变法序幕。王氏之学通过经筵侍讲、贡举改革、学校养士等制度渠道,从一家之私学上升为官学,为新法提供理论支持。主要标志,即熙宁八年(1075)《三经新义》问世。至此,新学从宋学各派中脱颖

---

① 方笑一:《北宋新学与文学》,第 13—14 页。
② 陶丰:《王安石新学兴废述》,《新宋学》第一辑,上海辞书出版社 2001 年版,第 325—344 页。

而出,成为宋代第一个具有全国性影响的流派。王安石不仅俨然一派宗主,而且执掌当代儒学之牛耳。

受功名利禄的驱动,士人们纷纷研习新学。据载,"王荆公在中书,作《新经义》以授学者,太学诸生几及三千人"。① 他们中的佼佼者,有蔡肇、陈祥道、黄裳、王昭禹、马希孟等人。只是,官学体制中培养的新学传人,与亲炙王门者自然不同。他们当中许多人迫于律令而学习新学著述,未必真心服膺,俟政治风向稍有变动,立刻尽讳所学。如哲宗元祐初,新法遭废,"学者皆变所学,至有著书以诋公之学者,且讳称公门人。故芸叟(张舜民)为挽词云'今日江湖从学者,人人讳道是门生'传士林。"②甚者如杨时、陈瓘等,早年本凭精研《三经新义》《字说》科举及第,入仕后却反戈一击,变身新学的掘墓人。

第三期:自哲宗绍圣至徽宗宣和末年(1094—1125),新学走向鼎盛。元祐更化期间,新学的官学地位暂遭旧党废除。哲宗亲政后,杨畏最先"称述熙宁、元丰政事与王安石学术,哲宗信之",③新学重返官学。王安石配享神宗庙庭,入祀孔庙,赐谥为"文",他在政统、道统中的崇高地位被正式纳入国家礼制。新学与科举的关系进一步强化,并与"三舍法"结合,实现了教育、贡举的一体化。除《三经新义》外,其他重要的新学著作,如龚原《周易新讲义》,许允成《孟子解》,陈祥道《论语解》,方愨、马希孟《礼记解》等陆续镂板刊行,成为官学中的标准教材、科场上经义的标准答案。独尊新学与禁锢元祐学术互为表里,成为徽宗朝意识形态建构的主线。

此期的新学,沿袭发展了王安石的学术思想脉络,继续阐述新法,某种程度上异化为徽宗、蔡京集团禁锢元祐旧党的意识形态工具。同时,为徽宗制礼作乐、回归三代的自我作古,以及铸造"丰亨豫

---

① 魏泰撰、李裕民点校:《东轩笔录》卷六,中华书局1983年版,第71页。
② 王辟之撰、吕友仁点校:《渑水燕谈录》卷十,中华书局1981年版,第127页。
③ 《宋史》卷三百五十五《杨畏传》,第11184页。

大"的太平盛世表象,提供新的经典支持。① 大观以后,徽宗开始崇奉道教,通过"降神"来自我神化,新学迎合了这种神道设教活动的形而上诉求——借助于道家的天道观,强化价值和权力秩序。② 新学的影响,甚至远及西夏。吕惠卿《庄子注》《孝经传》、陈禾《孟子传》等一系列新学著述,被译成西夏文,广泛传播。

第四期:自钦宗靖康至高宗绍兴末年(1126—1162),新学开始衰落。宣和七年(1125),因金兵入侵,徽宗禅位,政治生态陡然剧变。靖康元年(1126),钦宗开始清算蔡京集团,新学随之遭受批判,再次由官学降为一家之说。宋室南渡后,作为一个学派的新学整体上逐渐衰落。高宗朝前期,新法、新学几乎遭到全盘否定,成为北宋覆亡的替罪羊。绍兴和议后,新学得到短暂恢复,但学派中再无杰出传人和富有创造性的著作,新学著述在科场、学校中仅为一家之言。衰落之势,不可逆转。

第五期:自孝宗即位(1163)至理宗淳祐元年(1241),新学由衰落迄于消亡。孝宗一朝,理学强势崛起,南宋的学术思想版图中,新学已被彻底边缘化。下迄宁宗朝,方大琮的策问历数本朝诸儒之学的渊源传承,共有欧阳修之学、蜀学、程学、安定之学、邵雍之学等,唯独不及新学。③ 官学中,《三经新义》仍然流行,王安石依旧从祀孔庙。

---

① 如徽宗初,陈旸撰成《乐书》二百卷,倡导大有为之君当制礼作乐:"臣闻古者大有为之君,治定必先制礼,功成必先作乐。诚以治道急务,有在于此也。……伏惟陛下以至德继统,期月之间,大功数十。寰海之内,万物盛多,天将显相,陛下兴礼乐之时也。"《乐书》卷二百《乐图论·总论》,景印文渊阁四库全书,第 211 册,第 948 页。其兄陈祥道撰有《礼书》一百五十卷,指出:"礼乐,治道之急务,帝王之极功,阙一不可也。"陆心源编、许静波点校:《皕宋楼藏书志》卷十一,浙江古籍出版社 2016 年版,第 199 页。

② 方笑一认为,徽宗的佞道客观上削弱了新学的独尊地位:"如宋徽宗注《老子》'治大国'章云:'治大国而数变法,则惑。'这显然和王安石极力倡导变法的理念截然不同。"《两宋之际的学派消长与学术变局》,《学术月刊》2013 年第 2 期,第 147—154 页。按,"数变法"之法,特指熙丰新法,徽宗此处批评元祐更化,正体现出他恪守新法。

③ 方大琮:《宋宝章阁直学士忠惠铁庵方公文集》卷二十七《本朝诸儒之学》,《宋集珍本丛刊》第 79 册,第 52—53 页。

直至淳祐元年(1241)正月,理宗临驾太学,诏以周惇颐、张载、程颢、程颐、朱熹五人从祀,黜免王安石。① 这标志着新学最终消亡。

必须指出,尽管南渡后王安石变法遭到历代王朝意识形态的否定,但其中保甲、市易等若干新法,仍旧以不同形式延续,在王朝治理中表现出强劲的生命力。至于北方金源,新学一直传播,直至蒙元入主中原。

第三节　新学的学派属性

二十世纪以来,关于王安石新学的学派属性,一直聚讼纷纭。或以为是儒家,或以为是法家,或以为是道家,或以为是杂家。每种观点都不乏相应的学理依据,能够自圆其说。其实,这个问题若追溯回宋代的历史语境,本无歧义:新学毫无疑问是宋代儒学中的一个重要流派,并一度成为朝廷的意识形态,享有儒学正统的地位。

就王安石个人而言,他自幼便深受儒学熏陶;入仕后,则恪守修身、齐家、治国、平天下的人生信条,以实现儒家崇高的政治理想为从政目标。儒学是他一生思想的主导、价值观的根柢,也是终极的精神认同。他自称:"某不思其力之不任也,而唯孔子之学;操行之不得,取正于孔子焉而已。"②他主持的熙宁变法,以恢复三代之治为最高理想,将北宋中期的儒学复兴思潮付诸变革实践。《三经新义》问世后颁行各级官学,作为北宋后期经义取士的标准答案、士人学习儒家经典的官方教材,取代《五经正义》而成为朝廷的意识形态。崇宁元年(1102),徽宗下诏以王安石配享孔庙,这是一个儒者在儒学史上所能享有的最高荣耀。

---

①　《宋史》卷四十二《理宗本纪二》,第 821—822 页。
②　王安石撰、刘成国点校:《王安石文集》卷七十七《答王该秘校书》,中华书局 2021 年版,第 1348 页。

北宋中后期的士人群体，大都认可王安石及新学的儒学正统地位，甚至推崇为当代的周公、孔子。一些反对新法的士人，则抨击王氏之学不正，旁入佛老、刑名等异端之学——"以佛老之似，乱周孔之实"；①但并未完全否认新学的儒学属性。南宋以后，这种论调逐渐成为主流，一直延续到清末。以下四种认知，影响深远。

一、少学孔孟，晚入佛老。哲宗元祐元年（1086）四月，王安石去世，苏轼起草赠官制词，将其学术概括为："少学孔孟，晚师瞿聃。罔罗六艺之遗文，断以己意；糠秕百家之陈迹，作新斯人。"②这个论断，指出王氏之学曾沾染佛老，并非纯粹儒学。只不过前后阶段的划分，不太确切。早在熙宁三年（1070），司马光致书王氏，便称"光昔者从介甫游，介甫于诸书无不观，而特好孟子与老子之言"。③ 王安石对佛老的接触研习，几乎贯穿一生，并非晚年始然。

二、强调佛教对王氏新学的决定性影响。南宋理学家为争夺儒学正统，经常抨击王安石"学不足以知道，而以老释之所谓道者为道"。④ 他们指责新学的思想核心来自佛老，特别是佛教："其高谈性命，特窃取释氏之近似者而已。"⑤一些现代研究者受此启发，非常重视王安石人际交往、诗文写作、学术思想乃至精神世界各个方面中的佛教因缘。相关的研究著述，连篇累牍。⑥ 尤为甚者，则强调王氏新学形成过程中，佛教曾起到决定性作用。余英时指出：

---

① 胡寅撰、容肇祖点校：《斐然集》卷十六《上皇帝万言书》，中华书局 1993 年版，第 347 页。
② 《苏轼文集》卷三十八《王安石赠太傅制》，第 1077 页。
③ 《温国文正公文集》卷六十《与王介甫书》，四部丛刊本。
④ 《晦庵先生朱文公文集》卷三十四《与吕东莱论白鹿洞书院书》，《朱子全书》第 21 册，第 1498 页。
⑤ 《新刊南轩先生文集》卷十九《与颜主簿》，张栻著、杨世文点校：《张栻集》，中华书局 2015 年版，第 1053 页。
⑥ 研究综述，可见成玮：《佛性与世界——王安石佛学的此岸关怀》，《现代哲学》2022 年第 5 期，第 141—150 页。

我们必须牢牢掌握住安石不划儒、释疆界这一重要事实,然后才能认识到道学(或理学)何以是北宋儒学发展的最高阶段。在道学家如二程的眼中,王安石虽已进入了"内圣"领域并在"内圣"与"外王"之间建立起某种联系(后详),但是他的"内圣"——所谓"道德性命"——假借于释氏者太多,并不是儒家的故物。因此他们给自己所规定的最高历史任务便是将儒家原有的"内圣之学"发掘出来,以取而代之。由此而言,王安石"新学"中的内圣部分对于初期道学的影响是一个必须严肃对待的问题。①

王安石与道学家所向往的内圣外王合一的理想,也未尝不是从禅宗这一类的新论辩中得到启发的,虽然不必直接来自契嵩。②

诚然,王安石"对佛教采取了一种完全开放的态度",③可是否"不划儒、释疆界"呢?窃恐未必。王氏对于儒释之辨,还是比较清醒的。《礼乐论》曰:

呜呼,礼乐之意不传久矣!天下之言养生修性者,归于浮屠老子而已。浮屠老子之说行,而天下为礼乐者,独以顺流俗而已。夫使天下之人驱礼乐之文,以顺流俗为事,欲成治其国家者,此梁、晋之君所以取败之祸也。然而世非知之也者,何耶?特礼乐之意大而难知,老子之言近而易轻。圣人之道得诸己,从容人事之间而不离其类焉。浮屠直空虚穷苦绝山林之间,然后足以善其身而已。由是观之,圣人之与释老,其远近难易可知也。④

---

① 余英时:《朱熹的历史世界·绪论》,第 51 页。
② 《朱熹的历史世界·绪论》,第 82 页。
③ 《朱熹的历史世界·绪论》,第 50 页。
④ 《王安石文集》卷六十六《礼乐论》,第 1152—1153 页。

修身养性方面,儒家与浮屠有相同之处,然二者仍有出世、入世的根本差异,难易程度有别。若完全按照浮屠、老子之说驱逐礼乐,以此治理国家,必然导致晋、梁覆国之祸。这其实重申韩愈所言,儒家"所谓正心而诚其意者,将以有为也",与佛教"欲治其心而外天下国家,灭其天常"有着本质不同。①更重要的是,王安石绾合内圣与外王的思想资源,主要来自道家,而非禅宗。

三、儒法之辨。熙宁变法期间,刘琦、范纯仁等批评王安石:"反以管、商权诈之术,战国纵横之论,取媚于陛下。"②"舍尧舜知人安民之道,讲五霸富国强兵之术。尚法令则称商鞅,言财利则背孟轲。"③一些保守的儒家认为,这严重悖离了以礼乐教化为主的孔孟之道。王安石也不讳言他对法家某些方面的赞赏:"今人未可轻商鞅,商鞅能令政必行。"④"区区秦晋等亡国,可能王衍胜商君?"⑤二十世纪七十年代,因受政治运动的影响,"儒法之争"兴起,王安石被奉为历史上法家的代表,其思想中的法家因子被详尽阐释。如今,相关争论基本可以平息。毋庸讳言,王氏的确汲取了若干法家思想,熙宁变法期间尤为明显。比如,他阐述君主统御术、阐述理财,以及强调政令必行、官僚行政制度的改革等方面。"可以说,王安石的思想相对于多数儒家学者来说更接近法家理论。"⑥这并不妨碍王氏的基本立场仍然是儒家。刘子健指出:

> (王安石)将政府体制的变革作为首要目标,尽管最终目标

---

① 韩愈著,刘真伦、岳珍点校:《韩愈文集汇校汇注》卷一《原道》,中华书局2010年版,第3页。
② 赵汝愚编:《宋朝诸臣奏议》卷一百九《上神宗论王安石专权谋利及薛向领均输非便》,上海古籍出版社1999年版,第1187页。
③ 《宋朝诸臣奏议》卷一百九《上神宗论刘琦等责降》,第1190页。
④ 《王安石文集》卷三十二《商鞅》,第535页。
⑤ 《王安石文集》卷三十二《谢安》,第538页。
⑥ 刘子健著、张钰翰译:《宋代中国的改革:王安石及其新政》,第124页。

仍然是伦理价值可以完全实现的儒家理想的道德社会。从这个意义上讲，王安石是一位体制改革者，但仍然在儒家传统之内。①

问题的关键在于，"儒家所强调的君主德性及以身作则的统御方式，能够满足统治的需要吗？当国家处于危机时期，我们可不可以把法家的强制统御论调加到儒家政治观念里去？这样的掺和与儒家重礼义、轻法刑的统治论，是否相合？"与范仲淹、李觏等庆历前辈一样，王安石的思想及变革引入法家理论，这只是因为"传统儒家理论是无法满足统治目的的。儒家理论必须有另外一些理论来补衬它，而法家的强制统御论，如果是以暂时借用为基础，则似乎可以用来作补衬"。② 自中唐以降，凡有志于经世的儒者，无不重视因时制宜、灵活变通儒家的原则。王氏很自然地认为，施政中借鉴一些管、商之术，来处理日益繁复的财政、军事、官僚体制管理等事务，并不违背儒家的行权之旨。儒家的圣贤，本就是善于权变的典范："圣人所以贵乎权时之变者也。"③"如圣贤之道皆出于一而无权时之变，则又何圣贤之足称乎？圣者，知权之大者也；贤者，知权之小者也。"④《孟子》与《周易》皆重视权变之道，精研二者的王安石，自然深谙此理。⑤

四、新学与道家。与佛教相比，王氏新学所受道家的影响，长期以来都被忽略。这或许因为，熙宁变法的雷厉风行，与道家倡导的无为之治似乎南辕北辙。毕竟，变法之初，司马光致书王安石，便引《老子》的政治理念来批评王氏变更旧法，乱政扰民：

---

① 《宋代中国的改革：王安石及其新政》，第 107 页。
② 谢善元：《李觏之生平及思想》，第 200 页。
③ 《王安石文集》卷六十七《非礼之礼》，第 1167 页。
④ 《王安石文集》卷六十九《禄隐》，第 1194 页。
⑤ 熙宁中，王安石数次辨析王道之正与权、道之经与变，以权时之变为新法辩护。《王安石年谱长编》卷四，第 896、935 页。

> 老子曰:"天下神器,不可为也。为者败之,执者失之。"又曰:"我无为而民自化,我好静而民自正,我无事而民自富,我无欲而民自朴。"又曰:"治大国若烹小鲜。"今介甫为政,尽变更祖宗旧法,先者后之,上者下之,右者左之,成者毁之,弃者取之,矻矻焉穷日力,继之以夜,而不得息。……此岂老氏之志乎?①

今按王氏诗文,他交往的道士屈指可数,远不如浮屠般长期密切。特别是他曾明确批判老子,"以为涉乎形器者,皆不足言也、不足为也,故抵去礼、乐、刑、政,而唯道之称焉。是不察于理而务高之过矣。"②儒、道之辨,截然分明:"无治人之道者,是老庄之为也。所谓大人者,岂老庄之为哉?"③这极易使人产生误解,以为他的思想与道家无关;甚者将佛、道精神之不同,理解为熙宁中变革与保守间的对立:

> 道教精神可能是导致保守主义者反对坚定自信的政府施政方针及其对惯常生活方式进行干涉的一个因素。
>
> 他的佛教信念如此强烈,以至于他在朝廷上公然宣称,佛祖或菩萨为众生献身的精神在某种程度上与儒家理想是一致的。④
>
> 王安石表现得洞穿尘世,却并不逃离尘世,而是以忘我的刚毅精神,超然而慈悲地投身其中,显示出大乘教义的特色。⑤

王氏内圣之学的渊源,则被追溯到禅宗,道家的影响遭到忽视。

近些年来,夏长朴、卢国龙等学者相继撰文探讨新学中的道家因素。他们注意到,王安石对本体之道的论述,深受《老子》影响。⑥ 他用

---

① 《温国文正公文集》卷六十《与王介甫书》。
② 《王安石文集》卷六十八《老子》,第1184页。
③ 《王安石文集》卷七十二《答王深甫书》,第1261页。
④ 《宋代中国的改革:王安石及其新政》,第110页。
⑤ 《宋代中国的改革:王安石及其新政》,第113页。
⑥ 夏长朴:《王安石思想与道家的关系》,《王安石新学探微》,第141—167页。

以整合诸家学说的"道之大全"概念,来自《庄子·天下篇》,"或许就是王安石作为一个理想主义政治家力主改革的思想根源"。①《九变而赏罚可言》被特地拈出,"这篇论文可算是王安石建立其政治哲学的纲领性文件",②体现出他对道家中黄老学派思想的汲取。③ 新学既注重融摄老庄理论,推阐天道性命之理;又善于借鉴黄老政治哲学,将天道、仁义、刑名、法术等整合一体,推天道以明人事,重建政治宪纲。以上论述,深入推进了新学研究。

有学者乃至将新学的思想底色界定为道家:

> 窃以为新学对于道的认识,从根本上是得自老庄之学的。也就是说,新学学术思想的根本乃是老庄,新学学者是从道家思想逐渐衍生出去完成其本身的学术建构的。
>
> 新学之所得即在于由老庄而入道。老庄之学乃是作为体悟大道之本原,而成为新学学术体系中的一部分的。④

这种本质论,须要对新学学者的学术思想历程,进行详尽的考察,还可商榷。

本书认为,尽管王安石颇受佛、道、法等各家思想影响,⑤他的学

---

① 卢国龙:"从某种意义上说,得之于《庄子·天下篇》的道体大全观念,或许就是王安石作为一个理想主义政治家力主改革的思想根源。从庄子的逍遥一世之上到王安石的以天下为己任,差距似乎很大,但二者的背后都有一个道体大全观念作为精神支撑。"《宋儒微言》,第119页。

② 《宋儒微言·绪论》,第23页。

③ 梁涛认为:"王安石主要接受的是庄子后学黄老派的思想,《天下》《天道》等篇均属于黄老派的作品,而黄老派与庄子的最大不同,便是一改其超然出世、消极无为为循理而动、积极进取。"《王安石政治哲学发微》,《北京师范大学学报》(哲社版)2016年第3期,第96—107页。

④ 张钰翰:《北宋新学研究》,第57页。

⑤ 李祥俊将新学界定为杂家:"王安石的学术思想呈现出杂家的特征,不管是探讨宇宙、人性,还是探讨伦理、政治,他都是广泛汲取前代各派学术思想精华,而不搞独尊、攻乎异端。"《王安石学术思想研究》,第355页。

术主体仍然是儒学。他是以儒为主，整合各家思想资源，建立一个名曰"道之大全"的学术综合体，为政治实践提供理论支持。作为一位积极有为的儒者，一位有思想、有理论的政治家，①王安石根据在官僚系统内身份、地位、使命的不同境况，汲取整合不同的思想资源，进行政治合法化的论证。这就导致不同的时段中，其学术思想中的异质成分，表现各异。不过，他基本的阐释取向和核心价值观，始终是儒家。②

第四节　新学的本质和特色

王安石是一位积极有为的功利主义儒者，新学则是一种以制度建构为主体的儒家事功之学。法度，是新学的核心，包括礼、乐、刑、政等。它不单纯指具体的严刑峻法、律令条文，而"通常意味着治理与规范"，"可以被解释为由政府建立的管理体系，对于行为有制度性控制的功能。"③

王安石认为，宋朝一切弊端的根源，主要由于制度宪纲的荒芜失坠。他反复强调，通过官僚系统来创法立制，是解决这些社会弊端、实现儒家理想秩序的根本。正如刘子健所说：

> （富国、强兵）对于王安石的重要性，又不如官僚体制改革，以及官僚体制建立法度以最终改善社会风俗的努力。在实践

---

① 明代邹元标称王安石为"儒而有为者""儒而无欲者""儒而自信者"，甚确。《愿学集》卷五上《崇儒书院记》，景印文渊阁四库全书，第1294册，第186页。

② 李承贵指出："王安石写佛理诗、注释佛经时，往往贯注着儒学价值诉求。"《王安石佛教观研究》，《中山大学学报》（社科版），2009年第4期，第125页。成玮认为："综观王安石之说，援儒入释迹象显著，时有奇特解会。背后一以贯之的，则是他无时或已的此岸关怀。""此岸关怀，乃其佛学思考的一项特色。"《佛性与世界——王安石佛学的此岸关怀》，《现代哲学》2022年第5期，第141页。儒家关怀，是王氏对待道家、法家等各派思想时的价值预设和阐释取向。

③ 《宋代中国的改革：王安石及其新政》，第120页。

中,王安石基本上忠于他的理论——我们将之描述为一种理想主义的表现,即希望利用组织有序的官僚体制以实现一个道德社会。①

> 官僚理想主义是指这样一种政治观念:它坚持由一个专业上训练有素、行政上控制有序的官僚系统作为主要工具,以努力实现儒家道德社会的理想。应该有良好的政府体制引导官僚的行为,同样也要有良好的政府发起的体制来控制和形塑民众的行为。②

官僚理想主义,是对王氏新学的精辟概括。

当然,通过强化中央集权、改革官僚行政体系,来解决社会积弊、应对统治危机,这是自中唐以来的主流政治思想取向。庆历革新即受到这一思潮的推动。王安石的特殊性在于,他不仅强调制度变革,将官僚系统的创法立制,视为人才培养、富国强兵、道德教化、移风易俗的前提和根本;而且为法度提出多层维度的合法化论证,并大规模地付诸变革实践。在王氏看来,法或法度——包括礼、乐、刑、政在内的各项政治制度,并非单纯的人为建构,而是自然天道的体现;或者说,它本身就是"道"的一部分。不仅如此,法度与个体的内在本性也有契合,宪纲法度与道德性命互为表里。法度又是先王治理盛世的遗迹,保存于儒家经典中,具有经典赋予的神圣权威性。它的内在之理,甚至体现于文字的构成中。

以法度为核心,王安石在天道、性命、经学、文字四个维度上进行比较系统的学术建构,形成独具特色的结构体系。其中,自然天道作为宇宙本原、万物本体,为官僚制度、行政体系的运作,提供终极的理性依据和客观准则。一方面,礼、乐、刑、政等各项法度,以及因任、原省、是非、赏罚等各项举措,需要遵循道的指引——此即官僚体制运

---

① 《宋代中国的改革:王安石及其新政》,第 140—141 页。
② 《宋代中国的改革:王安石及其新政》,第 124—125 页。

作的内在合理性;另一方面,作为人为的创制,它们符合内在的人性,并由领悟天道、具备神圣之德的圣人,随历史境况、世态人心的变化而创制变革。法度的载体是儒家经典。新学舍弃了汉唐儒者繁琐的章句训诂之学,注重阐发经典中蕴含的治国之道。它以儒家为本位,整合释、道、法等诸家学说,并经由文字来寻求万物的一致之理,对经典进行创造性解释,树立了新的解经范式。

不妨用"内圣外王"来界定新学的本质。这本是一个道家术语,出自《庄子·天道》篇,意义不明。① 自汉迄唐,此词儒家罕用,直到北宋才逐渐流行起来,用以指称王氏新学。神宗元丰元年(1078),衢州士人何恭呈诗苏轼,推尊王安石曰:

> 巍哉孔子尊如帝,矫之孟轲天莫制。斯文未丧今何在?邹鲁邈然安可再。扬雄力寡知无奈,天禄校书真末计。江海悠悠百川逝,回首相望几千载。熙宁天子悯斯文,转展搜扬到海垠。丞相王公举趾尊,委蛇二老西来宾。咀嚼六经如八珍,补茸东鲁锄西秦。天子资之又日新,八风自转成天钧。顷从孟子驱杨墨,他日淫词又榛棘。丰镐荒凉天空碧,《庸》《孟》书中几充塞。金陵为此深求直,二十年来人稍识。求之左右逢星极,内圣外王真准的。

诗歌以韵语叙述儒道的传承,"铺陈曲折,可谓费词,然大意不过谓欧、苏辈止作得词章一路,若孔孟著述、周公礼乐,必归金陵"。② 欧阳修、苏轼仅为文章宗伯,只有王氏独传孔孟道统,堪称内圣外王。

那么,此词究竟何意?崇宁三年(1104)六月,徽宗下诏以王安石配飨孔庙,诏曰:

---

① 梁涛将"内圣"解读为一种超脱物外、逍遥自在的精神境界,"外王"则指具体事功。它来自老子"无为而无不为","采儒墨之善,撮名法之要",将君子、百官等包括进来,以仁义、礼法、刑名等作为治国的具体手段,体现了黄老派的思想特点。《〈庄子·天下篇〉"内圣外王"本意发微》,《哲学研究》2013年第12期,第32—39页。

② 李日华:《六研斋笔记》卷二,景印文渊阁四库全书,第867册,第519—520页。

> 敕门下：道术裂于百家，俗学弊于千载。士以传注之习，汩乱其聪明，不见天地之纯全、古人之大体，斯已久矣。故荆国公王安石由先觉之智，传圣人之经，阐性命之幽，合道德之散。训释奥义，开明士心。总其万殊，会于一理。于是学者廓然如睹日月，咸知六经之为尊，有功于孔子至矣。其施于有政，则相我神考，力追唐、虞、三代之隆，因时制宜，创法垂后，小大精粗，靡有遗余。内圣外王，无乎不备。盖天降大任，以兴斯文，孟轲以来，一人而已。①

诏书糅合儒、道两派的学术话语，凸显出王氏在儒学史上崇高的地位。其中既包括儒家对三代政治理想的向往、道统传承的叙事模式，又运用了《庄子·天下篇》中天地之全、道术分裂等表述，并且以"内圣外王，无乎不备"来总括王氏的事功、学术。细绎诏书之意，所谓"内圣外王"指向两个方面：一是道德性命；二是因时制宜、创法垂后。就人而言，王氏内契天道性命之理，外创显赫事功，已抵内圣外王之境。就学而言，王氏于汉唐注疏外别出新解，阐述经典中蕴含的道德性命之理，抉发先王法度，新学可称为内圣外王之学。诏书融此二者，将王安石树为孟子以后儒家第一人。

内则道德性命，外则法度事功，此即"内圣外王"在宋代的具体涵义。② 王氏新学以儒为主，融汇道、法诸家，通过经典注释，推阐天道

---

① 《宋大诏令集》卷一五十六《故荆国公王安石配飨孔子庙廷诏》，中华书局1962年版，第584页。
② 此词的道家出处，宋人并不忌讳。王雱注《庄子·天下》"是故内圣外王之道，暗而不明"曰："道藏于内则圣也，显于外则王也。"《南华真经新传》，王水照主编：《王安石全集》第9册，复旦大学出版社2016年版，第484页。褚伯秀撰、方勇点校：《南华真经义海纂微》："南华著经，篇分内外，所以述道德性命、礼乐刑政之大纲。内圣外王之道，有在于是。"中华书局2018年版，第1402页。梁涛梳理了北宋时期"内圣外王"概念由道家用语向儒家术语演变的过程，指出了新学的重要作用。《北宋新学、蜀学派融合儒道的"内圣外王"概念》，《文史哲》2017年第2期，第20—30页。

性命,创法立制,付诸变革,堪称内圣外王之学。①

相比之下,宋代理学(道学)其实不太符合"内圣外王"的界定。② 尽管宋代已逐渐流行,二程、张载、朱熹等道学家却从未使用此词,来描述本人的学术思想。③ 将《大学》中格物、致知、诚意、正心、修身划为"内圣",将齐家、治国、平天下划为"外王",这是后世的解读,未必符合程、朱原意。④ 宋学各派大概都不会否认,士人应当修养道德,同时积极参与政治事务、社会治理(所谓治国平天下)——这本来就是儒家的基本教义。关键在于,用何种方式来建构理想秩序,这才是宋学各派的分歧及特色所在。新学重视积极有为的官僚系统运作和制度变革,理学则更强调个体道德意识的培养。刘子健分析道:

> 必要的不是改革政府体制,而是使其更好地运转。……通过道德控制政治行为,以实现一个理想政府的政治理论。君子通过自我约束(克己),以自我实现(成己)的精神,履行他们的政府职责。……依靠道德领袖的榜样和影响的统治原则,是通往道德社会理想的真正途径。简而言之,保守主义者是彻首彻尾

---

① 夏长朴认为,王安石思想的特色,即"注意道德性命之学的探讨,而且强调事功必须建筑在'穷理尽性'的基础上,这种贯穿内圣外王的主张"。《王安石新学探微·序》,第2页。

② 余英时:"儒家所讲的是所谓'内圣外王之道',这是向来公认的说法;宋代的道学在后世也一直被视为'内圣外王'之学。道学既然'内圣'与'外王'兼收并蓄,它的内涵便远远超出了形而上的'道体'。"《朱熹的历史世界·绪论》,第47页。

③ 程颢曾赞誉邵雍"内圣外王之学",从语境看,他可能按道家的原始意义使用此词。《宋史》卷四百二十七《邵雍传》,第12728页。

④ 余英时认为:"《〈近思录〉》卷一至五相当于格、致、诚、正、修,朱熹《集注》所谓'修身以上,明明德之事也'。这是'内圣'的领域。卷六至十一相当于齐、治、平,《集注》所谓'齐家以下,新民之事也'。这是'外王'的领域。"《朱熹的历史世界》,第9—10页。

坚持伦理考虑的自我实现主义者。①

把"内圣外王"的概念宽泛化，用以囊括理学，泛泛而言理学家同样注重得君行道及世间秩序的重建，反而容易遮蔽宋学各派的个性及分歧。毕竟，每一位接受儒学熏陶的官僚士大夫，都不乏此种追求。理学的特殊，是凸显君主、士大夫的动机意图在国家治理中的重要性，以及个体成德是奠定理想社会秩序的根基。就此而言，它与新学形成明显对立。②

假如以"内圣外王"作为分析框架来叙述宋代儒学史的演进，并据此评判宋学各派的价值地位，则尤须慎重。余英时认为：

> 古文运动首先提出"尧、舜、三王治人之道"的理想，奠定了宋代儒学的基调。以王安石为代表的改革运动则向前踏进了一大步，企图化理想为现实。……初期儒学的关怀大体偏重在政治秩序方面，对于"道德性命"之说则测涉未深；易言之，"外王"为当务之亟，"内圣"可且从缓。但至迟在改革运动的高潮时期，"内圣"和"外王"必须兼备的意识已出现了，王安石便是一个最典型的例子。他以"道德性命"之说打动神宗，这是他的"内圣"之学；他以《周官新义》为建立新秩序的根据，这是他的"外王"理想。道学的创建人如张载、二程与王安石属于同一时期，就响应古文运动领袖重建秩序的号召而言，他们与安石无异。但王氏"内圣外王"系统的完成与流传毕竟抢先了一步，这便成为道学家观摹与批评的对象。所以从儒学的整体发

---

① 《宋代中国的改革：王安石及其新政》，第108页。
② 包弼德指出："新儒家提供了个人的道德修养，作为一种转变社会的方式，它替代了通过政府控制社会和文化来实现社会转变的道路，而且它解释了为什么除非人们首先找到了从内在统一自我的道路，否则靠在上者组织、管理臣民来在世界上实现统一的做法是不会生效的。"《唐宋转型的反思——以思想的变化为主》，《中国学术》2010年第3辑，第83页。

展说,"新学"超越了古文运动,而道学也超越了"新学",确是一层转进一层。①

宋代儒学发展至王安石,已越过古文运动而跳上了一个更高的层次,但一直要到朱熹时代,它才达到了完全成熟的境界。②

按余氏所言,宋代的儒学复兴肇始于古文运动,中间经历王氏新学,至南宋朱熹终于完全成熟。体现在学术形态上,即儒家外王之学→儒家外王兼佛教内圣之学→儒家外王内圣兼备之学的演进。这个论断,涉及两个层面:一是新学与宋初儒学复兴的关系;二是新学与理学是否可化约为同一思想形态的同质演进。就前者而言,宋代的儒学复兴,发轫于仁宗景祐、庆历年间。它主要表现为经学上的疑传疑经之风、古文运动,以及从经典中发明治道,推动积极有为的政治变革。至嘉祐、治平年间,新学强势崛起,引入道家的自然天道观,来扩充儒家"先王之道"的内涵。《三经新义》树立新的解经典范,彻底摆脱《五经正义》为代表的汉唐注疏系统。宋初三先生及欧阳修等庆历儒者,甚少谈及乃至刻意回避儒家的性命问题,而新学则引领北宋中后期道德性命的探讨。熙丰变法的规模,自然远非庆历革新可比。③ 以上足以证明,新学的确全面深化并超越了庆历儒学复兴。④

至于新学是否被理学超越,不妨再予斟酌。二者均由宋初儒学复兴发展而来,都追求理想秩序的重建,但属于两种不同的思想体

---

① 《朱熹的历史世界》,第47页。
② 《朱熹的历史世界》,第47页。
③ 吕中撰,张其凡、白晓霞整理:《类编皇朝大事记讲义》卷九,上海人民出版社2014年版,第196页。
④ 卢国龙认为:王安石新学是对庆历学术的继承和发展,将道家理论引入到儒学复兴中,"由阔大气象转入深闳而肆"。《宋儒微言》,第19页。

系，代表不同的经世方向：

> 北宋中期，以王安石为代表的新学学者及以"北宋五子"为代表的理学学者在宋初诸儒儒学复兴活动的基础上……通过艰苦的理论探索过程，终于建立了各具特色的新的儒学体系，使儒学发展进入了一个新阶段。①

理学代表了儒家中内向的心性一脉，新学则偏重于外在的事功、制度。② 当然，理学并非完全置法度而不谈，新学对性命的探讨尚在二程之前。它们的主要区别在于：理学将个体的道德修养，视为制度事功的起点，处处凸显道德的价值优先性；等而下之者，甚至欲取消制度、事功、文辞、艺术的独立性。新学则以法度为核心，既追寻其超越的天道根据，又寻求内在的人性基础，以推动社会政治的变革实践为目标。若论本体心性之精深、逻辑体系之严密，道学毫无疑问远超新学。可在制度变革方面，道学几无建树，甚至轻视经世之学。就此

---

① 萧永明：《北宋新学与理学》，第37页。
② 现代学者中，胡适最先指出，王安石代表了中国近世儒学中"有为""外向"的一脉，追求由"外"向"内"的治理方式，与程朱理学强调心性自在，由"内"而"外"的"无为"的治理方式有着本质不同："李觏、欧阳修、王安石一班人想从礼乐刑政一方面来做那'自大其教'的事业；程颐、朱熹一班人想从身心性命一方面来做那'自大其教'的事业。"《记李觏的学说——一个不曾得君行道的王安石》，《胡适文集》，第3册，第25—40页。刘子健认为："早期的变法派和新儒家之间却显然具有某种意味深长的共通之处。这两个群体都希望发生根本性的改善，都致力于以一种彻底的姿态重建现存秩序。而对于什么是应当重建的、向哪个方向努力以及怎样进行重建这类问题，两个群体却意见相左、看法冲突。""王安石与新儒家的区别不仅是主张的区别——一方主张制度变革，一方主张哲学定位，更是理念的区别。王安石重视并谋求建立一个运行高效的政府，新儒家则渴望建立一个具有自我道德完善能力的社会。"刘子健著，赵冬梅译：《中国转向内在》，江苏人民出版社2002年版，第42、45页。土田健次郎分析道，尽管有很多士大夫在各种水准上批判王学，但只有道学，思想结构上与新学"正好互相对立"，"道学把以性命问题为中心的格物致知放在学问的起点，以治国平天下为最终的结果，王学的方向正好与此相反"。《道学之形成》，第352页。

而言,新学更适合称为"内圣外王"。① 将理学视为宋代儒学"内圣外王"演进的终极形态,将包括新学在内的其他宋学各派视为被逐层超越的低级形态,这是一种典型的理学线性叙事,掩盖了宋代儒学内部的多元化建构。

---

① 南宋后期,新学已经衰落,"内圣外王"的内涵逐渐泛化,越来越多地用于理学。直至现代,成为描述宋明理学乃至整个儒学特质的核心词汇。梁启超指出:"儒家哲学……其学问最高目的,可以《庄子》'内圣外王'一词概括之。做修己的功夫做到极处,就是内圣。做安人的功夫做到极处,就是外王。至于条理次第,以《大学》上说得最简明。《大学》所谓'格物、致知、诚意、正心、修身',就是修己内圣的功夫,所谓'齐家、治国、平天下',就是安人及外王的功夫。"《梁启超论儒家哲学》,商务印书馆2012年版,第4页。张灏将此词的内涵区分为广狭二义:广义而言,"内圣外王这个理想,视内在心灵生活和外在的社会与物质生活同样重要";狭义而言,"内圣外王代表儒家特有的一种道德理想主义——圣王精神。这个精神的基本观念是:人类社会最重要的问题是政治的领导,而政治领导的准绳是道德精神。"《超越意识与幽暗意识》,《张灏自选集》,上海教育出版社2002年版,第26页。前者将"内圣"解释为与天道沟通的心性世界,将"外王"解读为关注人伦日用,这固然偏离了历史语境;即便按后者的理解,"道德精神"似乎也不足以概括此词的全部内涵。

第一章　王安石的学术历程与思想发展（上）

自仁宗即位后，宋朝立国初确立的各项"祖宗之法"，流弊逐渐显现；再兼以辽和西夏的不断侵扰，内忧外患，交踵而至。与此同时，随着新型科举士人阶层的崛起，一股强烈的社会政治批判思潮与日俱炽；要求改良、更制的呼声，此起彼伏。它与滥觞于真、仁之际的儒学复兴运动互为表里，构成北宋中叶独特的政治文化景观，并渗透到社会生活的各个领域。王安石的"荆公新学"酝酿发展于这种政治文化氛围中。其经学建构、哲学思想、政治理论，乃至整个学派的兴衰，都深深烙有时代印痕，并有力推动、引领着这一政治文化的走向和进程。本章主要结合王安石的仕宦经历，考察他的学术脉络和思想演变，呈现王氏新学与时代政治文化间的深层联系。

第一节　少年求学

（一）

王安石字介甫，抚州临川（今属江西）人，世称王临川、临川先生、王金陵、王半山、半山老人等。因被封为舒国公、荆国公、舒王，死后谥"文"，又称王荆公、舒王、王文公。

宋真宗天禧五年（1021）十一月十三日辰时，王安石出生在临江军清江县(今属江西)。① 父亲王益,时任临江军判官。王氏世居临川,皆为平民,直到王安石的叔祖王贯之,才于真宗咸平三年(1000)登进士第,官至尚书主客郎中。② 王贯之是一位能吏,③长于吏事,所莅之处课田桑、按渠陂,曾获诏书奖谕。④ 他为官清廉,孝悌仁厚,是临川王氏家族崛起的奠基者。⑤ 王益于大中祥符八年(1015)进士及第,释褐建安主簿,为临江军判官,改大理寺丞,知庐陵县、新繁县、韶州,通判江宁府。仁宗宝元二年(1039)二月二十三日卒,官至都官郎中。⑥ 他胸怀大志,精于吏事,"欲大润泽于天下,一物枯槁,以为身羞"。⑦ 任临江军判官时,为治严明,诸豪大姓及属吏都很忌惮,呼为"判官滩"。他知韶州的政事,被"宋初三先生"之一的胡瑗掇拾编入《政范》。⑧

　　叔祖、父亲的能吏特色与敢于任事的有为精神,让王安石极为倾慕:"先人之存,某尚少,不得备闻为政之迹。然尝侍左右,尚能记诵教诲之余。盖先君所存,尝欲大润泽于天下,一物枯槁,以为身羞。"⑨他入仕后每莅一任,总是不甘因循,励精图治,应当与家族的

---

①　王安石的生辰,可见刘成国:《王安石生辰新证》,《江海学刊》2017 年第 5 期。

②　《王安石文集》卷九十六《主客郎中知兴元王公墓志铭》,第 1652—1653 页。

③　"贯之",或作"观之"。杨天保认为,王贯之与王观之实为二人,都是王安石的叔祖。《从"能吏"到"进士"》,《江西社会科学》2006 年第 3 期。详细考辨,可见《王安石年谱长编》,第 16 页。

④　《王安石文集》卷九十六《主客郎中知兴元王公墓志铭》,第 1653 页。《续资治通鉴长编》卷九十五真宗天禧四年(1020)五月丁卯,第 2194 页。

⑤　汤江浩:《北宋临川王氏家族及文学考论》,人民文学出版社 2005 年版,第 15—16 页。

⑥　曾巩著,陈杏珍、晁继周点校:《曾巩集》卷四十四《尚书都官员外郎王公墓志铭》,中华书局 1998 年版,第 598—599 页。

⑦　《王安石文集》卷七十三《答韶州张殿丞书》,第 1269 页。

⑧　《王安石文集》卷七十一《先大夫述》,第 1228 页。

⑨　《王安石文集》卷七十三《答邵州张殿丞书》,第 1269 页。

影响有关。他的母亲吴氏,来自临川的诗书望族,"好学强记,老而不倦。其取舍是非,有人所不能及者……(其父之配)黄氏兼喜阴阳数术学,故夫人亦通于其说"。① 父亲的熏染主要体现在政事方面,母亲对王安石日后以儒为主、整合百家的学术思想取向,影响或更为直接。

据现存文献,王安石的启蒙老师,明确可考者有杜子野、谭昉二人。谭昉的行实,大略如下:

> 谭掞字文初,曲江人。父昉刻苦积学,四上计偕,而亲老家贫,无以为养,不获已,请补吏外台。久之,授海丰簿、英州司理、平乐令。天圣中,殿中丞王益守韶州,延至门下教子弟。时益子安石方髫龀,与掞兄弟同学。后安石为相,而昉为虞部郎官卒。掞状其行求铭,安石方行新法,未暇及之,但作挽诗:"同时献赋久无人,握手悲欢迹已陈。他日白衣霄汉志,暮年朱绂水云身。虚看剑履今长夜,小隐山林只旧春。岂惜俚辞追往事,齿衰才尽独伤神。"②

仁宗天圣八年(1030),王益以太常博士、尚书屯田员外郎知韶州。③ 当时王安石年仅十岁,开始幼学启蒙。《韶州府志》的记载比较可信,符合王氏的自述——他曾回忆在韶州时"垂髫初识字",④ 又自称"生十二年而学"。⑤ 英宗治平四年(1067),谭昉以虞部员外郎知浔州,途经江宁,王安石赋诗送行:"韶山秀拔江清写,气象还能出搢绅。当我垂髫初识字,看君挥翰独惊人。"⑥谭昉之子谭掞,是新学

---

① 《曾巩集》卷四十五《仁寿县太君吴氏墓志铭》,第 610—611 页。
② 《同治韶州府志》卷三十二,《中国地方志集成·广东府县志辑》第 8 册,上海书店 2003 年版,第 643 页。
③ 《王安石年谱长编》卷一,第 70 页。
④ 《王安石文集》卷十九《贵州虞部使君访及道旧窃有感恻因成小诗》,第 311 页。
⑤ 《王安石文集》卷七十七《与祖择之书》,第 1341 页。
⑥ 《王安石文集》卷十九《贵州虞部使君访及道旧窃有感恻因成小诗》,第 311 页。

的重要传人,神宗元丰年间曾参与修订《字说》。①

王安石在韶州居住了三年左右。仁宗明道二年(1033),祖父王用之去世,父亲携他返回临川守丧。这是王安石出生后第一次回到家乡,②之前十年,他一直跟随父亲辗转各地。临川期间,他曾从学于宜黄县儒生杜子野:

> 杜子野,宜黄人,荆公幼师之。及为相,子野来见,荆公问所欲……并以金帛遗之。③

> 鹿冈书院,在(宜黄)县鹿冈,宋嘉祐间杜子野建。王荆公尝师事子野,于此中有拏云馆。④

杜子野世居宜黄,自曾祖以下四世未仕,"修学通经术,能属文,累获府监乡里荐,有声乎当世"。⑤ 宜黄与临川相邻,同属抚州,王安石可以比较方便地往来两地之间,求学受业。接下来的三年,他的学习生活应该丰富多彩。⑥ 读书之暇,他经常与杜子野一起徜徉山水寺观,吟诗作对。多年以后,他又聘请杜为馆师,教导长子王雱。⑦

张铸据传与王安石也有师生之谊。南宋王象之《舆地纪胜》卷六载:

> 张铸字希颜,晋陵人。祥符中登进士甲科,历四郡守,五任

---

① 《王安石年谱长编》卷七,第2097页。
② 柳莹杓:《王安石访临川时期考》,台湾"中研院"《文哲研究通讯》1995年第6卷第2期。
③ 《(光绪)抚州府志》卷六十九之一,清光绪刊本。
④ 《(光绪)抚州府志》卷三十三之二。
⑤ 《杜君墓志铭》,墓主杜渊字深之,杜子野之兄。拓片承抚州社科联罗伽禄教授惠赐,谨此致谢!
⑥ 据中广网南昌3月2日报道,2004年3月在江西省宜黄县中港乡鹿冈村发现了四块碑石,分别是《香林普同塔碑记》《紫云书院》《乡林名迹》《杜君墓志铭》,可以印证王安石的求学生涯。
⑦ 李伍汉:《壑云篇文集》卷八:"王元泽幼慧而黠,七八岁时,荆公命之属对……馆师杜子野,荆公师也,诘之。"清康熙懒云堂刻本。

漕宪,尝帅南阳。王介甫乃其门人也。①

北宋有两张铸,一字司化,洛阳人,《宋史》卷二百六十二有传,卒于太祖建隆四年(963)。② 此张铸《宋史》无传,真宗大中祥符五年(1012)进士甲科登第。③ 仁宗庆历四年(1044)知信州,④庆历七年(1047)由河北转运使降通判太平州。⑤ 他于何时、何地教授王安石,概不可考。至和元年(1054),张铸、张晶之叔侄二人并以光禄卿致仕归常州,王安石赋诗送行:"执鞭始负平生愿,操几何知此地逢? 窃食一官惭未艾,绪言方赖赐从容。"⑥诗中仅言仰慕钦敬之意而已。张铸登第早于王益,与王氏父子并无仕宦交集,所谓"王介甫乃其门人",不知据何而言? 或者王象之望文生义,由"执鞭"一语妄自附会?

景祐三年(1036),王益丧除入京,王安石随父同行。翌年,王益通判江宁。京师之行,开拓了这位初出茅庐青少年的视野心胸。返回途中,他突然触发一些哲理性感悟。《忆昨诗》曰:

> 丙子从亲走京国,浮尘坌并缁人衣。明年亲作建昌吏,四月挽船江上矶。端居感慨忽自窹,青天闪烁无停晖。男儿少壮不树立,挟此穷老将安归? 吟哦图书谢庆吊,坐室寂寞生伊威。材疏命贱不自揣,欲与稷契遐相希。⑦

从宇宙大化的流行不已、生生不息,王安石领悟到人生的意义即自强

---

① 王象之著、赵一生点校:《舆地纪胜》卷六,浙江古籍出版社 2012 年版,第 257 页。
② 《宋史》卷二百六十二《张铸传》,第 9068—9069 页。
③ 《咸淳毗陵志》卷十一,《宋元方志丛刊》,中华书局 1990 年版,第 3045 页。
④ 《(雍正)江西通志》卷十八:"庆历四年州(信州)守张铸拓而新之。"景印文渊阁四库全书,第 513 册,第 584 页。
⑤ 《续资治通鉴长编》卷一百六十一庆历七年十一月甲申,第 3889 页。
⑥ 《王安石文集》卷二十四《送张卿致仕》,第 381 页。
⑦ 《王安石文集》卷十三,第 206—207 页。

不息。到江宁后,他闭门发愤,刻苦读书。宝元二年(1039),父亲王益卒,他随母兄定居江宁,入府学为诸生。

(二)

临川王氏属于北宋新崛起的科举进士家族,并非传统的儒学世家。根据有限的文献,王安石早年的知识储备和学术训练,主要集中于两个方面:一是科举之学,即所谓举业,以诗赋写作、儒学经典注疏的博览背诵为主。这方面,王安石体现出极高的天赋。他"好读书,能强记,虽后进投艺及程试文有美者,读一过辄成诵在口,终身不忘。其属文动笔如飞,初若不措意,文成,观者皆服其精妙"。① 庆历二年(1042),他以第四名登进士高第,洵非偶然。

二是儒学复兴中的古文之学。中唐韩愈、柳宗元领导的古文运动,其核心理念是写古文、行古道。所谓官以行道、文以明道,指有位有势时则推行儒家的仁义之道,泽及生民;无位无势时,则著文阐明此道。"古",既指具体的古人文章、古人德行,又具有一种超越性、精神性的内涵,被古文家内化为一种安身立命的基本原则。② 他们以先秦两汉时的单行散体之文,来反对唐代流行的骈俪之文;以尧、舜、周公、孔子之道,来批判世俗,从而与所处时代形成一种对峙性张力。晚唐五代时,古文运动衰落。泊仁宗天圣后,儒学开始复兴,古文运动作为其中重要一环,逐渐重振。

王安石的父亲王益是范仲淹的同年,名位不显,却志向高远,"欲大润泽于天下,一物枯槁,以为身羞"。③ 这与范氏先忧后乐、以天下为己任的精神气质,一脉相承,体现出儒学复兴中新型科举士人阶层

---

① 邵伯温撰,李剑雄、刘德权点校:《邵氏闻见录》卷十一,第 116 页。
② 古文运动中"古"的内涵,可见陈弱水:《柳宗元与中唐儒家复兴》,载氏著:《唐代文士与中国思想的转型》,广西师范大学出版社 2009 年版,第 252—254 页。
③ 《王安石文集》卷七十一《先大夫述》,第 1228 页。

的政治主体意识和崭新的精神气象。尽管没有文章传世，他对古文运动的认同仍有迹可寻。王安石《葛兴祖墓志铭》载：

> 父讳源，以尚书度支郎中终仁宗时。度支君三子，当天圣、景祐之间，以文有声，赫然进士中。先人尝受其贽，阅之终篇，而屡叹葛氏之多子也。①

墓主葛良嗣字兴祖，与两位兄长良肱、良佐都是真、仁之际著名古文家，曾以文贽谒王益，很受赞誉。其父葛源，大中祥符五年(1012)进士，是王益的"德友"，②与真宗朝硕果仅存的古文大家穆修交往颇密。③ 北宋真、仁之际古文传衍的不绝如缕，于此依稀可见。

青少年时期的王安石，适当其会，受到复古思潮的全面熏染和凝铸。据传，他曾从学于穆修。南宋饶鲁《金陵记闻注辩》载：

> 邢和叔："濂溪与荆公语连日夜，荆公退而深思，至忘寝食。"盖荆公亦尝从穆伯长学者，周子与之语而合，固宜。④

按仁宗明道元年(1032)穆修卒时，王安石已12岁，居于韶州。之前九岁时，他曾跟随父亲王益入京赴铨，途经洛阳，⑤而穆修晚年主要生活在京、洛一带。王益携子拜谒穆修，确有可能。真宗一朝，随着柳开、王禹偁等人去世，古文运动停滞不前。穆修几乎以一人之力维系着古文的传承，承前启后，最终通过尹洙、苏舜钦等人，开出仁宗朝古文一脉。假如饶鲁所言属实，则王安石堪称古文运动的嫡系传人。

---

① 《王安石文集》卷九十二，第1601页。
② 《王安石文集》卷八十一《谢葛源郎中启》，第1414页。
③ 葛源释褐太和县主簿，穆修赋诗相送。穆修：《河南集》卷一《送葛源之太和主簿》，《宋集珍本丛刊》第二册，线装书局2004年版，第402页。
④ 周惇颐：《元公周先生濂溪集》卷八，中华再造善本。关于王、周的交往，详下。
⑤ 《王安石年谱长编》卷二，第69页。

根据自述,王安石很早便树立起儒家复古的理想:

> 某愚不识事务之变,而独古人是信。闻古有尧舜也者,其道大中至正,常行之道也。得其书,闭门而读之,不知忧乐之存乎己也。穿贯上下,浸淫其中,小之为无间,大之为无崖岸,要将一穷之而已矣。①

尧舜之道,即儒家之道。"独古人是信",意味着与当下的疏离,这是古文家们阐明个体志向时的常用表述。"穿贯上下,浸淫其中",可见王安石对古文古道的由衷信奉以及孜孜追求。江宁期间,他的主体意识逐渐成熟,树立起"欲与稷契遐相晞"、学以至圣的人生理想:

> 初,予既孤,寄金陵家焉,从二兄入学为诸生。……既而遇通叔于诸生间……予得而友之,忧惧释然,作《太阿》诗贻之,道气类之同而合也。通叔亦作《双松》诗,道气类之同而期之久也以为报。自予之得通叔,然后知圣人户庭可策而入也,是不惟喻于其言而已,盖观其行而得焉者为多。②

李通叔有志于复古,"其所为文,则一本于古"。王安石与他声气相投,彼此以古道相互砥砺,于是"知圣人户庭可策而入"。可惜李早卒,学业未成。自汉代以降,儒家普遍以为圣人是一种特殊人格,可学而不可至。下迄北宋,王氏最早明确提出学以至圣人的理想:"不思其力之不任也,而唯孔子之学,操行之不得,取正于孔子焉而已。"③"推仁而上之,以至于圣人之于天道,此学者之所当以为事也。"④

---

① 《王安石文集》卷七十七《上张太博书二》,第 1337 页。
② 《王安石文集》卷八十六《李通叔哀辞》,第 1499 页。
③ 《王安石文集》卷七十七《答王该秘校书》,第 1348 页。
④ 《王安石文集》卷八十二《太平州新学记》,第 1435 页。

对于"古"的向往,使得王安石自青年时已具备一种敢与世俗立异的精神气质。这不仅仅出于个性执拗,也由于复古的理念、古文的风格,与时代格格不入。为了家族生计,他勉强应举:

> 某天介疏朴,与时多忤。始者徒以贫弊无以养,故应书京师,名错百千人中,不愿过为人知,亦诚无以取知于人。①
>
> 中不幸而失先人,母老弟弱,衣穿食单,有寒饿之疾,始怃然欲出仕,往即焉而乃幸得,于今三年矣。②

实则他对进士考试,非常不满。他认为士人主动投牒应举,有违出处之道,"不谋道,主禄利而已",③是"诎道而信身"。④ 而且,诗赋取士限制士人的知识结构、能力素养,不能为国家治理提供合格专业的后备官僚。只不过"舍为仕进,则无以自生,舍为仕进而求其所以自生,其诎道有甚焉,此固某之亦不得已焉者"。⑤ 这种态度,与仁宗朝前期范仲淹等人对科举制度的批判反省,基本一致。出仕后,王氏屡屡抨击诗赋取士,最终利用"得君行道"的机缘,改革贡举制度,将儒学复兴中一个重要理念付诸实践。

《送孙正之序》集中体现了王安石及第前的古文运动理念:

> 时然而然,众人也;已然而然,君子也。已然而然,非私己也,圣人之道在焉尔。夫君子有穷苦颠跌,不肯一失诎己以从时者,不以时胜道也。故其得志于君,则变时而之道,若反手然,彼其术素修而志素定也。时乎杨墨,已不然者,孟轲氏而已;时乎释老,已不然者,韩愈氏而已。如孟、韩者,可谓术素修而志素定

---

① 《王安石文集》卷七十七《与孙子高书》,第 1342 页。
② 《王安石文集》卷七十七《上张太博书二》,第 1337 页。
③ 《王安石文集》卷七十六《答孙长倩书》,第 1326 页。
④ 《王安石文集》卷七十七《答张几书》,第 1349 页。
⑤ 《王安石文集》卷七十七《答张几书》,第 1349 页。

也,不以时胜道也。惜也不得志于君,使真儒之效不白于当世,然其于众人也卓矣。呜呼! 予观今之世,圆冠峨如,大裙襜如,坐而尧言,起而舜趋,不以孟、韩之心为心者,果异众人乎?

予官于扬,得友曰孙正之。正之行古之道,又善为古文,予知其能以孟、韩之心为心而不已者也。夫越人之望燕,为绝域也。北辕而首之,苟不已,无不至。孟、韩之道去吾党,岂若越人之望燕哉? 以正之之不已,而不至焉,予未之信也。一日得志于吾君,而真儒之效不白于当世,予亦未之信也。正之之兄官于温,奉其亲以行,将从之,先为言以处予。予欲默,安得而默也?①

这篇序写于庆历二年(1042)闰九月十一日。本年三月,王安石登进士高第,以秘书省校书郎赴扬州签书淮南判官厅公事。诚如中唐古文领袖韩愈所称,写作古文不仅是一种文体选择,也是一种价值观的坚守——处今之世,行古之道。② 孙侔,正是这样一位写古文、行古道,不苟合于世俗的学者。序中提到几组对立——君子与众人、道与时、孟子与杨墨、韩愈与释老,都是中晚唐至北宋间古文运动的典型话语。所谓"道"与"时",指象征儒家理想的古道与脱离此道的社会现实;所谓君子与众人,指理解、掌握并有志复兴儒道的士人与一般民众。王安石认为,君子之所以不同于众人,在于他强烈的自信和勇于自行其是。这并非固执或自私,而是坚信自己拥有象征终极价值和真理的"圣人之道",故可特立独行,不循时俗。君子一旦"得志于君",便可辅助君主改变时俗,实现儒家的理想。这种论调,与中唐古文家李翱的《从道论》非常契合:

---

① 《王安石文集》卷八十四《送孙正之序》,第1473—1474页。
② 《韩愈文集汇校笺注》卷六《答李图南秀才书》:"愈之所志于古者,不惟其辞之好,好其道焉尔。"第725页。《答李翊书》:"有志乎古者希矣,志乎古,必遗乎今。"第701页。

> 君子从乎道也,不从乎众也。道之公,余将是之,岂知天下党然而非之;道之私,余将非之,岂知天下謷然而是之。将是之,岂图是之之利乎?将非之,岂图非之之害乎?故大道可存,是非可常也。①

孟子与韩愈则是捍卫儒道、力排异端的圣贤,士人学习的榜样。

这篇序文是现存王安石最早的散文之一。文中将韩愈和孟子相提并论,赞扬他们排斥异端、独尊儒学,体现出王氏早年的思想深受韩愈等古文家影响。他一生的精神、志向,于此可见。它最初受到古文运动的熏染,并上溯孔孟,故序曰"以孟(子)、韩(愈)之心为心而不已者也"。序文的字里行间,充溢着一种"先驱者"心态,即坚信自己已领悟儒道的真谛,内心深处产生高度的自信乃至自负。对世俗则持有一种疏离、批判的姿态,进而期待以自己理解的儒道,去教喻、改变世俗(明道、行道)。这不仅反映了王安石倔强的个性,实乃宋初很多古文家在诗赋取士的制度下,普遍具有的一种群体心理。② 之后,他对韩愈以及佛、道的态度,有所转变,但得君行道的理想,以及敢于对抗时俗、特立独行的精神,始终不渝:

> 沉魄浮魂不可招,遗编一读想风标。何妨举世嫌迂阔,故有斯人慰寂寥。③

> 众人纷纷何足竞,是非吾喜非吾病。颂声交作莽岂贤,四国流言旦犹圣。唯圣人能轻重人,不能铢两为千钧。乃知轻重不在彼,要之美恶由吾身。④

---

① 李翱著,郝润华、杜学林点校:《李翱文集校注》卷四《从道论》,中华书局2021年版,第41页。
② 相关研究,可见副岛一郎:《宋初的古文与士风》,载氏著:《气与士风——唐宋古文的进程与背景》,上海古籍出版社2005年版。
③ 《王安石文集》卷三十二《孟子》,第535页。
④ 《王安石文集》卷十《众人》,第153页。

"何妨举世嫌迂阔""众人纷纷何足竞",形象而真切地表现出王氏刚强自信的先驱者心态。

以上对王安石及第前的求学历程,略作追溯。可以肯定,他青年时期的思想基调,来自仁宗朝儒学复古思潮的熏染铸就。无论他的古文写作、实用主义的文学理念(详下),还是他对诗赋取士、佛道的不满,以及高悬一种"古"的理想主义来批判现实等等,都体现出中唐至宋初古文家纯正的复古精神。最终,他利用千载难逢的"得君"机遇,将以上理念转变成对祖宗之法的批判,并付诸熙宁变革的政治实践。

(三)

以下有必要对一桩历史公案进行辨析,即王安石与"理学五子"之首周惇颐的关系。据载:

> 邢恕和叔叙述明道先生事,云茂叔闻道甚早。王荆公为江东提点刑狱时,已号为通儒,茂叔遇之,与语连日夜。荆公退而精思,至忘寝食。①

邢恕字和叔,早年"从程颢学,因出入司马光、吕公著门。登进士第,补永安主簿。公著荐于朝,得崇文院校书,王安石亦爱之"。② 明道先生即程颢。据邢恕所言,王安石与周惇颐曾经相遇,一番切磋交流后,很受启发。南宋度正编《濂溪先生周元公年表》,即沿袭此说。至南宋后期理学大盛,被朱熹等推崇为理学开山的周惇颐,历史地位水涨船高。士林中突然衍生出王安石怀刺拜谒周惇颐的故事:

> 真西山《书荆公推命对后》曰:"荆公之学问源流,不得而考,

---

① 朱熹:《伊洛渊源录》卷一,朱杰人、严佐之、刘永翔主编:《朱子全书》第12册,上海古籍出版社 2002 年版,第 927 页。

② 《宋史》卷四百七十一《邢恕传》,第 13702 页。

然于濂溪周子,盖尝接其余论。退而思之,至寝忘食,不可不谓其不尝亲有道者。而考其生平之言,无一与周子合,亦独何哉?"真氏盖本之年谱所载,而诟厉又加甚焉者也。①

  王荆公少年,不可一世士,独怀刺候濂溪,三及门而三辞焉。荆公恚曰:"吾独不可自求之六经乎!"乃不复见。余谓濂溪知荆公自信太笃,自处太高,故欲少摧其锐,而不料其不可回也。然再辞可矣,三则已甚。使荆公得从濂溪,沐浴于光风霁月之中,以消释其偏蔽,则他日得君行道,必无新法之烦苛,必不斥众君子为流俗,而社稷苍生将有赖焉。呜呼,岂非天哉!②

按照这种叙述,少年王安石心高气傲,曾三次上门拜谒周惇颐,都被拒绝,于是发愤自学。倘若他获从周氏问学接受教导,或许日后得君行道,就不会推行新法误国误民。此事颇具戏剧性,不无可疑。明代理学家黄道周与弟子答问曰:

  石星因问:"王荆公不可一世,尝怀刺候濂溪,三及门而三辞焉,遂反而求之六经。濂溪知公自处太高,欲少折其锐,不料反成其执拗。向令坐于光霁之下,成就或有不同。"某云:"是或不然。恐是濂溪门人尊其师说,或是程家门人归咎濂溪也。……然荆公四十时在嘉祐初年,试馆职不就,出知常州,为度支判官,与濂溪知南昌时各不相值。及在浔阳濂溪葬母时,公与旅出执政,移家金陵,初无讲论。明道、半山少濂溪不过三四岁,不在弟子之列,如何陶铸得他?"③

---

① 蔡上翔:《王荆公年谱考略》卷八,《王安石年谱三种》,中华书局1994年版,第346页。
② 罗大经撰、王瑞来点校:《鹤林玉露》卷十五,中华书局1983年版,第84—85页。
③ 黄道周:《榕坛问业》卷八,清乾隆刻本。

黄氏认为，王、周年岁相若，宦迹并无交集。此说实为道学中人自张门户，为抬高周惇颐而杜撰编就。这颇见卓识。清代蔡上翔反驳罗大经之说：

> 濂溪生于天禧元年，荆公生于天禧五年，以为少年则皆少年耳。……是荆公年二十四，见推于子固如此，且自言非欧公无足知我，安有求见濂溪至于三及门之烦耶？七年，子固《与介甫书》曰："欧公悉见足下之文，爱叹诵写，不胜其勤。欧公甚欲一见，足下能作一来计否？"而介甫犹不一往见之。……何濂溪未见其人而即知其不贤，以至于三辞之决耶？……及遍阅诸人全书，曾无一人及于濂溪，即濂溪生平，亦不闻与诸人讲学。窃意后来诸儒所共推尊之周子，在当时犹未为甚知名之周子耳。……且吾由二氏之说，复以岁月考之。……庆历二年，年二十二，成进士，官淮南。而濂溪已先二年官分宁，是二人当少年时，未尝一日相值，此则罗氏记载之妄也。嘉祐三年，介甫自常州移提点江东刑狱；四年，年三十九；五年五月，召入为三司度支判官。而濂溪于是年六月，解合州签事归京师，则介甫已去江东，而年亦四十矣。以为二人相遇于江东，其年与地皆不合，此则真氏沿袭之妄也。①

蔡氏的论证是：王安石成名甚早，而周惇颐并不知名。二人年岁相当，王氏又谨于出处，所以不可能怀刺三见，执弟子礼。且二人行迹，未尝相遇。蔡氏的反驳相当有力。所谓"怀刺三见"之说，肯定出于南宋理学弟子的刻意渲染。周惇颐在世时，名望官位与王安石相差甚远，岂能"陶铸""沐浴"？这一故事问世时已是南宋后期，正值朝野上下大力褒扬周惇颐而贬斥王安石。理学弟子编造这个传说，用意

---

① 《王荆公年谱考略》卷八，《王安石年谱三种》，第346—348页。

昭然若揭。

不过，蔡氏认为"二人当年少时，未尝一日相值"，未免过于武断。考其行迹，周惇颐于仁宗景祐元年至康定元年（1034—1040）居住在润州丹徒，①王安石于景祐四年至庆历元年（1037—1041）定居江宁，二地相距极近。周惇颐读书的鹤林寺，位于丹徒县黄鹤山下，历代皆为佛教名刹、风景胜地。王安石喜欢游览山林寺观，自有可能与周惇颐不期而遇。毕竟，二人父亲有同年之谊。大中祥符八年（1015），王益登进士第，周惇颐之父周辅成由特奏名赐进士出身。② 至于《年表》记载二人嘉祐五年（1060）相逢，也极有可能。嘉祐五年（1060）六月十九日，周惇颐合州签判任满；③十月二十一日，与沈辽等会于江州东林寺。④ 约于年底，至京师待选；至翌年三月，尚在京师。⑤ 此时王安石正居京城任三司度支判官。二人相遇彼此切磋，并不奇怪。惟《年表》曰"王荆公安石年三十九，提点江东刑狱"，则误矣。

其他场合，王、周也有交往的机缘。据谢无逸志潘延之墓曰：

> 荆公、子固在江南，二公议论或有疑而未决，必曰："姑置是，待他日茂叔来订之。"⑥

谢无逸名逸，号溪堂，抚州人，北宋后期著名诗人，著有《溪堂集》二十卷。"茂叔"，即周惇颐。潘延之名兴嗣，号清逸居士，洪州人。"五岁以父任得官，二十二岁授江州德化县尉，不行。熙宁二年，朝廷察其

---

① 度正：《濂溪先生周元公年表》，宋刻本《元公周先生濂溪集》卷前附。
② 《濂溪先生周元公年表》："辅成即先生之父，大中祥符八年蔡齐榜，六举以上特奏名，赐进士出身。"
③ 《濂溪先生周元公年表》。
④ 《元公周先生濂溪集》卷六。
⑤ 《濂溪先生周元公年表》。
⑥ 《元公周先生濂溪集》卷六。

高,以为筠州军事推官,不就。"①"居豫章城南,与王介甫、曾子固友善。"②作为周惇颐最密切的友人,他所撰《濂溪先生墓志铭》是关于周最可靠的文献。③ 谢逸所撰潘兴嗣墓志所言,应当可信。潘的墓志今《溪堂集》不载,元代金履祥还曾目睹:"潘兴嗣字延之,号清逸,尝从濂溪游,曾子固亦在。事见《谢溪堂文集·清逸墓志》。"④谢逸与邢恕所言史源不同,不似抄袭。二人都提及王、周交往,谅非向壁虚构。

总之,所谓王安石向周惇颐怀刺求学,出自南宋理学弟子的渲染编造,意欲借此提升后者的学术地位。倘若由此否认王、周之间曾有交往,也属矫枉过正,似无必要。此外,或许令理学家尴尬的是,周惇颐在熙宁变法期间颇受重用。熙宁元年(1068),他擢授广南东路转运判官;三年,转虞部郎中,提点本路刑狱。他"以朝廷躐等见用,奋发感厉,不惮出入之勤,瘴毒之侵。虽荒崖绝岛,人迹所不至处,皆缓视徐按,务以洗冤泽物为己任"。⑤ 对于新法,周惇颐由衷支持:

> 先时,以书抵宗孟曰:"上方兴起数百年无有难能之事,将图太平。天下微才小智,苟有所长者,莫不皆获自尽。吾独不能补助万分,又不得窃须臾之生,以见尧舜礼乐之盛。今死矣,命也!"⑥

"宗孟"即蒲宗孟,北宋后期著名新党,其妹嫁周惇颐。这封书信出自他为妹夫所撰墓碣铭,自然可信。信中透露出周惇颐对新法的赞颂,

---

① 《曾巩集》卷三十三《奏乞与潘兴嗣子推恩状》,第 480 页。
② 《舆地纪胜》卷二十六,第 856 页。
③ 《元公周先生濂溪集》卷八。
④ 金履祥:《论孟集注考证·孟子集注考证》卷四,景印文渊阁四库全书,第 202 册,第 127 页。
⑤ 《元公周先生濂溪集》卷八。
⑥ 《元公周先生濂溪集》卷八。

以及不能尽心竭力投身参与的遗憾,完全呈现出他的政治立场。或职此之由,最推崇周惇颐的理学家朱熹,居然将墓碣中这封书信删去,另撰《周惇颐事状》,①重塑其形象。

最后,宋人笔记中还有一条涉及王安石的经学渊源,聊录于下,俟他日详考:

> 本朝谈经术,始于王轸大卿,著《五朝春秋》行于世,其经术传贾文元。文元,其家婿也,荆公作《神道碑》,略去此一事。介甫经术,实文元发之,而世莫有知者。②

王轸著有《五朝春秋》二十五卷,③《宋史》无传。仁宗天圣元年(1023),他以太常博士除监察御史,旋因事监郢州酒税。④ 景祐三年(1036),他献上所撰《五朝春秋》,以工部郎中直秘阁。⑤ 贾昌朝字子明,《宋史》卷二百八十五有传。王安石为其撰神道碑,曰:

> 公于传注训诂,不为曲释,至先王治心守身经理天下之意,指物譬事,析毫解缕,言则动心。自仁宗即位,大臣或操法令断天下事,稽古不至秦汉以上,以儒术为疏阔。然上常独意向尧、舜、三代,得公以经开说,则慨然皆以为善,而公由此显矣。⑥

碑中未曾提及向碑主问学,然所描述的治学特色,倒与王安石有几分相似。如王氏名言"经术正所以经世务",⑦"诸生者,不独取训习句读而已,必也习典礼,明制度,臣主威仪,时政沿袭,然后施之职事,则

---

① 《元公周先生濂溪集》卷八。
② 朱弁撰、孔凡礼点校:《曲洧旧闻》卷二,中华书局 2002 年版,第 109 页。
③ 《宋史》卷二百三《艺文二》,第 5095 页。
④ 《续资治通鉴长编》卷一百一仁宗天圣元年五月末己,第 2343 页。
⑤ 《续资治通鉴长编》卷一百十九仁宗景祐三年七月丁亥,第 2796 页。
⑥ 《王安石文集》卷八十七《赠司空兼侍中文元贾魏公神道碑》,第 1502 页。
⑦ 《宋史》卷三百二十七《王安石传》,第 10544 页。

以缘饰治道,有大议论,则以经术断之是也",①均可印证。无奈朱弁所言缺乏其他佐证,只能存疑。

第二节 初露锋芒

(一)

仁宗庆历二年(1042)四月,王安石以进士高第授校书郎、签书淮南节度判官厅公事,赴任扬州,正式踏入仕途。

淮南判官任上,他刻苦攻读,废寝忘食。《邵氏闻见录》卷九载:

> 韩魏公(琦)自枢密副使以资政殿学士知扬州,王荆公初及第为签判,每读书至达旦,略假寐,日已高,急上府,多不及盥漱。②

《闻见录》的作者是邵雍之子邵伯温。这部笔记以诋毁王安石为一贯主旨,此处倒比较形象地记载了王氏及第后继续治学、精进不懈。司马光《涑水记闻》卷十六载:

> 初,韩魏公(琦)知扬州,介甫以新进士签书判官事。韩公虽重其文学,而不以吏事许之。介甫数引古义争公事,其言迂阔,韩公多不从。介甫秩满去。会有上韩公书者,多用古字,韩公笑而谓僚属曰:"惜乎王廷评不在此,其人颇识难字。"介甫闻之,以韩公为轻己,由是怨之。③

这条文献侧重表现王氏与韩琦关系不睦,器量狭窄,且不晓吏事。其中透露出一个重要信息:王安石在扬州时已留意文字之学。王氏晚年修订《字说》,曾回忆道:"惟初造文字,人惑鬼神慑。……六书遂失

---

① 《王安石文集》卷六十九《取材》,第1200页。
② 《邵氏闻见录》卷九,第94页。
③ 司马光撰,邓广铭、张希清点校:《涑水记闻》卷十六,中华书局1989年版,第311页。

指,隶草矜敏捷。……东京一祭酒,收拾偶予惬。少尝妄思索,老懒因退怯。"①诗中追溯文字的发展历程,认为六书"失指",其义难明,自己年轻时曾予探研。他"思索"的结晶就是《字说》,而起点应当始于扬州任上。②

庆历五年(1045)底,王安石扬州签判任满,赴京候诠。此时,他已凭借杰出的文学才华初露锋芒,受到一些士林前辈的关注,其中便有穆修的弟子、古文家祖无择。③ 他的文学思想逐渐成熟,见地与众不同:

> 治教政令,圣人之所谓文也。书之策,引而被之天下之民,一也。圣人之于道也,盖心得之,作而为治教政令也,则有本末先后,权势制义,而一之于极。其书之策也,则道其然而已矣。彼陋者不然,一适焉,一否焉,非流焉则泥,非过焉则不至。甚者置其本,求之末,当后者反先之,无一焉不悖于极。彼其于道也,非心得之也,其书之策也,独能不悖耶?故书之策而善,引而被之天下之民反不善焉,无矣。二帝、三王引而被之天下之民而善者也,孔子、孟子书之策而善者也,皆圣人也,易地则皆然。④

> 尝谓文者,礼教治政云尔。其书诸策而传之人,大体归然而已。而曰"言之不文,行之不远"云者,徒谓辞之不可以已也,非圣人作文之本意也。……且所谓文者,务为有补于世而已矣。

---

① 《王安石文集》卷二《再用前韵寄蔡天启》,第 24 页。

② 自唐末至北宋前期,金陵地区一直流行"会意解字"的习俗。(陈师道撰、李伟国点校《后山谈丛》卷三,中华书局 2007 年版,第 41 页)王安石签判淮南的第一任上司宋庠,即精研徐锴《说文系传》。徐锴,扬州人。《字说》颇受《说文系传》的影响,当发轫于此。

③ 《王安石文集》卷七十七《与祖择之书》:"乃者执事欲收而教之,使献焉,虽自知明,敢自盖邪?谨书所为书、序、原、说若干篇,因叙所闻与所志献左右,惟赐览观焉。"第1341 页。祖无择曾随穆修学作文章。《宋史》卷三百三十一《祖无择传》:"少从孙明复学经术,又从穆修为文章。两人死,力求其遗文汇次之,传于世。"第 10660 页。

④ 《王安石文集》卷七十七《与祖择之书》,第 1340—1341 页。

> 所谓辞者,犹器之有刻镂绘画也。诚使巧且华,不必适用;诚使适用,亦不必巧且华。要之,以适用为本,以刻镂绘画为之容而已。不适用,非所以为器也;不为之容,其亦若是乎?否也。然容亦未可已也,勿先之,其可也。①

庆历三年(1043),王安石为张保雍诗集撰序,初步阐明他的文学立场。正如石介等古文家,他批评杨亿、刘筠的"西昆体"只知堆砌典故、追求华丽辞藻,影响恶劣。② 以上两封书信,写于庆历六年(1045)前后,进一步集中阐明他的文学观。他直接将"文"界定为"治教政令"——政策、法令、礼治、教化及其载体。若士人得志在位,须推行此文泽被生民;不得志,便书之于策,阐明其原理、原则。他所强调的"心得",并非指文学创作技巧、人生感悟等,而指平治天下之道。他又以器具为喻,认为作文的本意就如制作器具,目的在于应用。至于辞采等形式因素,如同器具上的"刻镂绘画",不过是一种增添美观的装饰。二者之间,轻重分明,主次判然。

以上体现出古文运动的核心理念:官以行道、文以明道。③ 只是,王安石将"道"理解为治教政令,并批评韩愈、柳宗元等人重视古文文采、强调"文必己出",指出他们未能真正理解"作文之本意"。这未免把"道"的内涵极度狭隘化了,本质上是一种文学工具论,凸显出政治家独特的功利主义文学观。

---

① 《王安石文集》卷七十七《上人书》,第 1338—1339 页。

② 《王安石文集》卷八十四《张刑部诗序》:"君并杨、刘生。杨、刘以其文词染当世,学者迷其端原,靡靡然穷日力以摹之,粉墨青朱,颠错丛厐,无文章黼黻之序,其属情藉事,不可考据也。"第 1472 页。

③ 直到仁宗嘉祐初,王安石仍坚持这一文学理念。他以"文贯乎道"来评价蒋堂、邵必的诗文,重申中唐李汉为韩愈文集作序时揭橥的"文者贯道之器也",可见他受此理念影响之深。他对雕琢辞藻、片面追求形式美的文风批评,一以贯之,认为此类文章尽管"光华馨采,鲜缛可爱",却缺乏实用价值,于治道无补。《王安石文集》卷七十五《上邵学士书》,第 1319 页。

当然，王安石承认，以上所说，乃是一种高悬的理想之文——"圣人之所谓文"。即便他本人所作，也远远达不到这个标准，只能是"间或悱然动于事而出于词"。这样，他还是为"为事而作""有感而发"的古文写作，留下比较充裕的空间。他本人的诗文写作，与文学观念并不完全符合。

（二）

作为进士高第，王安石本可按照官场惯例，于扬州签判任满后献文求试馆职，获取晋升捷径。然而，他却主动放弃这样的机会，宁愿赴地方任职。庆历七年（1047）五月，王安石出知鄞县。在任期间，他"读书为文章，二日一治县事。起堤堰，决陂塘，为水陆之利。贷谷与民，立息以偿，俾新陈相易。兴学校，严保伍，邑人便之"。① 皇祐三年，他再次推辞馆职召试，通判舒州。三年间，他躬行俭素，严明吏治。时逢大旱大饥，他襄助知州每天开常平仓赈济灾民，巡行属县，发粟救灾。凭借出色的政绩，王安石逐渐成为北宋政坛上一颗冉冉升起的新星，获得"江东三贤宰"之目，② 被视为东南地方吏治的典范：

> 是时，荆公王介甫宰明之鄞县，知枢密院韩玉汝宰杭之钱塘，公（谢景初）弟师直宰越之会稽，环吴越之境，皆以此四邑为法。处士孙侔为文以纪之。③

通过任职地方，王安石积累起丰富的行政经验，对民生疾苦、社会弊端、吏治腐败有了深入了解。他以儒家经典中的理想政治作为对比，从中汲取资源，来观照、批判当前社会中土地兼并、贫富分化等不公

---

① 《邵氏闻见录》卷十一，第118页。

② 苏颂著，王同策、管成学、严中其点校：《苏魏公文集》卷五十五《朝议大夫致仕石君墓碣铭》，中华书局1988年版，第832页。

③ 范纯仁：《范忠宣公文集》卷十三《朝散大夫谢公墓志铭》，《宋集珍本丛刊》第15册，第469页。

正现象。儒家兼济天下的理想与情怀，驱使他每任职一方，即恪尽职守，奋发有为。一份居官无补的自责和惭疚，时时流露诗中：

> 贱子昔在野，心哀此黔首。丰年不饱食，水旱尚何有。虽无剽盗起，万一且不久。特愁吏之为，十室灾八九。原田败粟麦，欲诉嗟无赇。间关幸见省，笞扑随其后。况是交冬春，老弱就僵仆。州家闭仓庾，县吏鞭租负。乡邻铢两征，坐逮空南亩。取赀官一毫，奸桀已云富。彼昏方怡然，自谓民父母。揭来佐荒郡，懔懔常惭疚。昔之心所哀，今也执其咎。乘田圣所勉，况乃余之陋。内讼敢不勤，同忧在僚友。①

诗歌继承了杜甫"三吏""三别"和白居易新题乐府的现实主义精神，对百姓苦难的描述，怵目惊心；对县吏无能而又百般盘剥的愤怒之情，溢于言表。那一份面对民生疾苦所产生的惭疚，跃然纸上。

鄞县期间，王安石与王开祖、明州五子等一批两浙士人交往密切。通过与他们的书信交流和学术探讨，他的学术视野逐渐拓展，已经迈出辞章之学的藩篱。其中王开祖特别值得关注：

> 少敏悟，书经目辄成诵。……初习制科，以所业上，召试。皇祐五年，中第三甲进士第。……景山幡然不调而归，尽焚旧作，纵观经史百家之书，考别差殊，与学者共讲之，席下常数百人，尊之曰"儒志先生"。未几而卒，年三十二。……当庆历、皇祐间，宋兴未百年，经术道微，伊洛先生未作。景山独能研精覃思，发明经蕴，倡鸣"道学"二字著之话言，此永嘉理学开山祖也。②

王开祖字景山，号儒志先生，浙江永嘉人，主要活动于庆历、皇祐年

---

① 《王安石文集》卷十二《感事》，第 180 页。
② 王开祖：《儒志编》附录《儒志学业传》，景印文渊阁四库全书，第 696 册，第 803 页。

间。庆历七年(1047),他曾致信王安石,深道款曲。王安石回信相约面晤:"闻将东游,它语须面尽之。"①"东游",指皇祐元年(1049)石牧之修建天台县学,王开祖与余京、方援等九人入学。② 石牧之是王安石的同年,他任天台县令与王氏知鄞县大约同时,并称"江东三贤宰"。③ 天台与鄞县为邻,或许皇祐初二王始践"面尽"之诺。

王开祖著有《儒志编》,系明人所辑。其中所论及的话题,与王安石文集中诸篇多有呼应。如质疑伯夷、叔齐之事:

> 或曰:"文王为西伯,太公、伯夷,天下之元老,相率而归之,其心同。文王建一善谋,行一善制,二老相与佐之,其心亦同。思救天下之民也,不啻如出诸水火。武王伐纣,太公为之将兵,天下已归周,北面而受封焉。伯夷独以为不义,不食周粟而死,其心若不同,何也?"④

王氏《伯夷》一文对此进行正面回应:"且武王倡大义于天下,太公相而成之,而独以为非,岂伯夷乎?……呜呼,使伯夷之不死,以及武王之时,其烈岂独太公哉!"⑤ 二人观点颇为不同,却基于同一学术问题、背景而发。对于中唐以来甚为流行的"性善情恶"论,王开祖极力驳斥:

> 学者之言曰:"性善也,情恶也。莫善于性,莫恶于情。"此贼

---

① 《王安石文集》卷七十七《答王景山书》,第1353页。
② 《苏魏公文集》卷五十五《朝议大夫致仕石君墓碣铭》:"(石牧之)增广天台县学,择乡先生居师授之任,以延俊造,县事闲则亲为讲说。远近向慕,负笈而至者若王景山、余京、方援、伍原辈,同时出黉下。"第832页。陈襄《古灵先生先生文集》卷十一《天台县孔子庙记(皇祐元年作)》曰:"天台县有孔子庙不修,县令石牧之始至,岁十月,相县之城南隅,大作新庙。""十二月,庙成。明年,春秋释奠,入而行礼。"《宋集珍本丛刊》第8册,第745页。
③ 《苏魏公文集》卷五十五《朝议大夫致仕石君墓碣铭》,第832页。
④ 《儒志编》,第793页。
⑤ 《王安石文集》卷六十三《伯夷》,第1104—1105页。

> 夫情者之言,不知圣人之统也。夫情本于性则正,离于性则邪。学者不求其本,离性而言之,奚情之不恶? 今有人入于放辟邪侈之途,指之曰:"情恶也。"不原乎放辟邪侈,在我则本无有焉,执心不正而后入也。贤者之于情也,非不动也,能动而不乱耳。①

王安石曾指出"性情一也",批评"性善情恶论"者是"徒识性情之名而不知性情之实",反对禁情绝欲:"如其废情,则性虽善,何以自明哉? 诚如今论者之说,无情者善,则是若木石者尚矣。"②这与王开祖的论述相近,都体现出对情感欲望的肯定。二人论复仇,也观点相契:

> 复仇之言,起于六国之时,非生于王者之世也。天立之君,以持民之生也。杀人者死,伤人者刑,为吏而贼民者戮。三者皆由上出,未有俾之自治也。圣人之言主于治,不主于乱,而复仇者民自治也。民自治而无君也。乌有上无君而下胥持以生哉? 吾故曰:复仇之言,盖出于乱世处士之言,非圣人之言也。③

> 或问复仇,对曰:非治世之道也。明天子在上,自方伯、诸侯以至于有司,各修其职,其能杀不辜者少矣。不幸而有焉,则其子弟以告于有司;有司不能听,以告于其君;其君不能听,以告于方伯;方伯不能听,以告于天子,则天子诛其不能听者,而为之施刑于其仇。乱世则天子、诸侯、方伯皆不可以告。……《周官》之说曰:"凡复仇者,书于士,杀之无罪。"疑此非周公之法也。④

复仇,此处指私人血亲复仇。古代宗法社会中,它体现了以血缘为基础的孝义观念,受到先秦儒家的肯定。《礼记·檀弓》载:"子夏问于

---

① 《儒志编》,第785页。
② 《王安石文集》卷六十七《性情》,第1169—1170页。
③ 《儒志编》,第792页。
④ 《王安石文集》卷七十《复仇解》,第1209—1210页。

孔子曰：'居父母之仇，如之何？'夫子曰：'寝苫枕干，不仕，弗与共天下也。遇诸市朝，不反兵而斗。'"①"不反兵而斗"，即承认私人复仇的合法性。它与代表朝廷权威、国家意志的法律制度，颇有冲突，从而构成礼法、公私间的矛盾和张力。《周礼·地官》中设有"调人"一职，负责处理此类纠纷，而《周礼·秋官·朝士》则规定"凡报仇雠者，书于士，杀之无罪"，②允许孝子上报官府后，私人复仇。自秦至唐的大一统王朝，对于血亲复仇一直饶有争议。唐代陈子昂、韩愈、柳宗元等均曾撰文，试图协调儒家经典价值与现实法律秩序的冲突。王开祖、王安石的议论，便延续韩柳的论题而发。二人都反对复仇，强调复仇是乱世之事，其立场明显偏向于王朝法律及国家秩序，而非宗法礼教。王安石进而怀疑，《周官》所载复仇条文，并非周公之法。这与王开祖的观点如出一辙："复仇而义，是天下无君也。无礼无君，大乱之道。率天下而为乱者，果周公之心乎？"③

明州五子指杨适、杜醇、王致、楼郁、王说等五人。庆历年间，他们在浙东倡明儒学，"就妙音院立孔子像，讲贯经史，倡为有用之学，学者宗之"。④ 王安石与他们交往颇密，数有诗文往来，如《与楼郁教授书》《答王该秘校书》《请杜醇先生入县学书》《伤杜醇》等等。五子的著述不传于今，据《宋元学案》所辑诸人传记，均批评汉儒的章句注疏之学，力倡明经致用。如楼郁《春秋繁露序》（庆历二年七月）曰：

> 然圣人之旨在经，经之失传，传之失学。故汉儒多病专门之见，各务高师之言，至穷智毕学，或不出圣人大中之道，使周公、

---

① 郑玄注，孔颖达疏，龚抗云整理，王文锦审定：《礼记正义》卷七《檀弓上》，北京大学出版社 2000 年版，第 248 页。
② 郑玄注，贾公彦疏，赵伯雄整理，王文锦审定：《周礼注疏》卷三十五，北京大学出版社 2000 年版，第 1104 页。
③ 《儒志编》，第 786 页。
④ 宋濂：《翰苑续集》卷八《守丰类稿序》，《宋濂全集》，第 1078 页。

> 孔子之志既晦而隐焉。①

此处抨击汉儒,与王安石极为相似(详见本书第三章),反映出庆历儒学的一些基本特点——将儒学的不振,归咎于汉唐经师以繁琐的章句训诂,湮没孔子之道。

(三)

顺便提及另一桩争论已久的公案,即李觏与王安石的关系。上个世纪二十年代,胡适首先提出:"李觏是熙宁、元丰新政的哲学家,他的政治哲学是新法的学理背景。"②他认为,李觏《周礼致太平论》中的《国用九》《国用十一》《国用十五》所阐述的思想,与熙丰新政中的均输法、青苗法、免役法极其相似。李觏对"礼"的论述与王安石一脉相承,他们都承认礼建立在内在人心人欲之上,同时更加强调外在制度设施对人的教化功能,包括刑、政、乐等多方面。之后陆续有学者赞成胡说,并提出一些新证据。如侯外庐引用《答王景山书》中"足下又以江南士大夫为能文者,而李泰伯、曾子固豪士,某与纳焉","说明王安石与李觏是有过交往的",用来论证:"李觏、王安石在思想上有某些关联,是可以完全肯定的。"③姜国柱据此认为:"王安石自己明确道出,他以李觏、曾巩为友,并对李觏、曾巩的思想是'某与纳焉'。这就是说,王安石吸取和采纳了李觏等人的思想。……从王安石对李觏的称赞中,说明了他们思想的渊源关系。"④

不过,这封书信存在歧义。夏长朴指出,《王文公文集》中的《答

---

① 苏舆撰、钟哲点校:《春秋繁露义证》附录二《春秋繁露考证·楼郁旧序》,中华书局1992年版,第500页。
② 胡适:《记李觏的学说——一个不曾得君行道的王安石》,《胡适文集》第3册,第28页。
③ 侯外庐:《中国思想通史》第四卷上册,第398页。
④ 姜国柱:《李觏思想研究》,中国社会科学出版社1984年版,第184页。

《王景山书》与《王安石文集》字句不同。这封书信只能说明王安石知道李觏其人,不能说明二人有过来往。① 今按,《答王景山书》存有异文,现引如下:

> 某愚不量力,而唯古人之学,求友于天下久矣。闻世之文章,辄求而不置,盖取友不敢须臾忽也。其意岂止于文章耶?读其文章,庶几得其志之所存。其文是也,则又欲求其质,是则固将取以为友焉。故闻足下之名,亦欲得足下文章以观。不图不遗,而惠赐之,又语以见存之意,幸甚幸甚!②

> 书称欧阳永叔、尹师鲁、蔡君谟诸君以见比。此数公,今之所谓贤者,不可以某比。足下又以江南士大夫为能文者,而李泰伯、曾子固豪士,某与纳焉。江南士大夫良多,安知无有道与艺,闭匿不自见于世者乎?特以二君概之,亦不可也。况如某者,岂足道哉!恐伤足下之信,而又重某之无状,不敢当而有也。孔子曰:"十室之邑,必有忠信如丘者。"圣人之言如此,唯足下思之而已。闻将东游,它语须面尽之。③

"足下又以江南士大夫为能文者",龙舒郡斋所刻《王文公文集》作"足下又以江南士大夫为无能文者"。细味上下文,此句"无"之有否,可生出两种歧义。若有"无"字,则王开祖认为,江南士大夫没有能文之士,而王安石不以为然,并举李觏、曾巩为例反驳,故下文云"特以二君概之,亦不可也"。这样,下句"况如某者,何足道哉",似无着落。若少一"无"字,则王开祖认为,江南士大夫擅长辞章写作,李觏、曾巩尤为出色。关键是"与纳"二字如何理解。"纳"有"结识""结纳"之

---

① 夏长朴:《近人有关李觏与王安石关系诸说之商榷》,《台大中文学报》第3期。
② 《王安石文集》卷七十七《答王景山书》,第1353页。
③ 《王安石文集》卷七十七《答王景山书》,第1353—1354页。

义,"某与纳焉"可以理解为"我与之交纳",即王安石与李觏有直接交往。纳又有"容纳""包括"之义,"某与纳焉"也可理解为"我也被包括在(豪士)内"。这两种义项大体皆通,后者感觉更妥。夏长朴认为,从《答王景山书》中,"所能确定的是王安石知道李觏其人,并且推崇李觏、曾巩为豪士,如是而已。至于李觏与王安石是否有交往,则不得而知"。① 这种理解相对平允。

的确,目前尚缺乏确凿的文献,可以证明王、李曾经直接交往。但鉴于"李和王之间在看法上有那么多的相似处","而他们之间的意见重覆又重覆地类同",②二人肯定知道彼此的存在,并极有可能通过聚会、通信等方式,了解对方思想。李觏比王安石年长12岁,庆历初年,他的人生观、学术思想已经定型。其时王安石刚从文章之学迈出,学术思想处于恢弘扩充的阶段。他受到前辈的某些影响,应在情理之中。谢善元认为,范仲淹、余靖、祖无择三人,"很可能曾为李和王作过相识的桥梁"。③ 除此外,王、李之间还有不少士人可以充当意见交流的媒介,如曾巩、刘敞。曾巩是王安石的世交、密友,刘敞与王安石在嘉祐前后曾频频论学问难。嘉祐二年(1057)五、六月间,李觏入京任太学助教,曾巩及第归乡,二人相会于扬州。知州刘敞留饮于涵虚阁,并赋诗《李觏以太学助教召曾巩以进士及第归俱会郡下素闻两人之贤留饮涵虚阁》。④ 同年八月,王安石赴知常州,途经扬州,刘敞盛情款待。⑤ 这种迎来饯往,为宋代士大夫的社会交游、思想交流,提供了方便网络。

---

① 夏长朴:《近人有关李觏与王安石关系诸说之商榷》。
② 《李觏之生平及思想》,第 181 页。此书详尽探讨了王、李思想之异同,第 156—181 页。夏长朴:《李觏与王安石的关系》,载《李觏与王安石研究》,大安出版社 1989 年版,第 213—256 页。
③ 《李觏之生平及思想》,第 181 页。
④ 刘敞:《公是集》卷十三,《宋集珍本丛刊》第 9 册,第 447 页。
⑤ 《王安石年谱长编》卷三,第 399 页。

王安石和明州五子、王开祖、李觏等人的交往，倘若从地域文化的角度观照，或许别有意义。安史之乱后，全国的经济重心逐步南移。唐代后期，南方文化已足以与北方抗衡。至宋仁宗时，无论经济总量还是户数，江南四路都已远超其他路分，官员的选拔也由北宋初的重北轻南趋向平衡。真、仁之际兴起的儒学学统中，安定之学、高平之学、庐陵之学、古灵四先生之学、士刘诸儒之学皆源自南方，尤其是江南四路。如两浙除范仲淹、胡瑗为巨擘外，又有明州五子杨适、杜醇、王致等倡明儒学；浙西则有杭州吴师仁，"每授学者以诚明义理之学，而不为异端之说，士习为之向风"。① 福建有古灵之学，以陈襄、郑穆、陈烈、周希孟为首，另有章望之、黄晞诸子。《宋元学案》描述这一盛况：

> 宋仁之世，安定先生起于南，泰山先生起于北，天下之士从者如云，而正学自此造端矣。闽海古灵先生于安定盖稍后，其孜孜讲道则与之相埒。安定之门，先后至一千七百余弟子，泰山弗逮也，而古灵亦过千人。②

其时江西之学最能代表南方文化思潮，如欧阳修、李觏、刘敞等人。他们不仅是江西之学的翘楚，且引领北宋的儒学复兴。王安石与他们交往，深刻影响到新学的形成。钱穆曾指出，熙丰党争中隐藏着南北之争的因素。③ 从王氏早期的学术历程中，可略窥端倪。

第三节　出处之道

仁宗皇祐三年至至和元年（1051—1054），王安石通判舒州。期

---

① 《宋元学案》卷六《士刘诸儒学案》，第 255 页。
② 《宋元学案》卷五《古灵四先生学案》，第 228 页。
③ 钱穆：《国史大纲》下册，商务印书馆 1994 年版，第 586 页。

间,他开始写作第一部学术著作《淮南杂说》。此书今佚。南宋晁公武《郡斋读书志》著录,提要中引蔡京(应为蔡卞)《王安石传》曰:

> 初著《杂说》数万言,世谓其言与孟轲相上下。于是天下之士,始原道德之意,窥性命之端云。①

据此,《淮南杂说》的风格及内容与《孟子》相近,"道德""性命"应是阐发的重点。此书问世后,为王安石赢得盛名:"金陵在侍从时,与老先生极相好。当时《淮南杂说》行乎时,天下推尊之,以比孟子。"②以下拟从几条佚文,结合北宋政治文化的特点以及士人主体意识自觉,探讨书中的出处哲学。这是贯穿王氏学术体系的重要问题,关系到他一生的出处用舍。

据北宋程门弟子转述:

> 王介甫为舍人时,有《杂说》行于时,其粹处有曰:"莫大之恶,成于斯须不忍。"又曰:"道义重,不轻王公;志意足,不骄富贵。"有何不可? 伊川(程颐)尝曰:"若使介甫只做到给事中,谁看得破?"③

"舍人"指知制诰,元丰改制前知制诰掌中书舍人之职,草拟诰命,故有此称。仁宗嘉祐六年(1061),王安石以度支判官、刑部员外郎、直集贤院、同修起居注而知制诰,《杂说》即《淮南杂说》。"莫大之恶,成于斯须不忍";"道义重,不轻王公;志意足,不骄富贵",这两句被视为《杂说》的精华,受到程颐赞许。所谓"只做到给事中,谁看得破",是

---

① 晁公武撰、孙猛校证:《郡斋读书志校证》卷十二,上海古籍出版社2006年版,第526页。
② 马永卿撰,常爽爽校点:《元城先生语录》卷上,上海古籍出版社2022年版,第10页。
③ 程颢、程颐:《河南程氏外书》卷十二,王孝鱼点校:《二程集》,中华书局2004年版,第434页。

在否定熙宁变法的前提下,肯定包括《杂说》在内的王安石前期学术成就。两条佚文,一条与《孟子·梁惠王章句上》中"不忍"之心相关。孟子以不忍之心即仁心,认为有此仁心便可行仁政。王安石谓"莫大之恶,成于斯须不忍",与孟子之意看似相反。这有可能是程门弟子误记,"恶"字或为"善"字之讹,即"莫大之善,成于斯须不忍",如此则与孟子吻合。也有可能,王安石从字面上借用《孟子》的"不忍",却将"忍"字理解为忍耐、容忍之"忍",如此亦通。第二条佚文,明显翻自《荀子·修身篇》"志意修则骄富贵,道义重则轻王公,内省而外物轻矣",①认为只要士人的主体道德充裕,没有必要刻意表现出对权力富贵的蔑视。这其实是对先秦儒家"道尊于势"思想的深化。

还有三条佚文,出自熙宁四年(1071)御史中丞杨绘的奏章:

> 王安石《杂说》曰:"'鲁之郊也,可乎?'曰:'有伊尹之志,则放其君可也;有汤之仁,则绌其君可也;有周公之功,则用郊不亦可乎?'"

> 王安石《杂说》曰:"'周公用天子礼乐,可乎?''周公之功,人臣所不能为;天子礼乐,人臣所不得用。有人臣所不能为之功,而报之以人臣所不得用之礼乐,此之谓称。'"

> 王安石《杂说》曰:"有伊尹之志,而放君可也。有周公之功,而代兄可也。有周之后妃之贤,而求贤审官可也。夫以后妃之贤,而佐王以有天下,其功岂小补哉!与夫妇人女子从夫、子者,可同日语乎?"②

杨绘字元素,汉州绵竹(今属四川)人,进士高第。神宗熙宁年间任御

---

① 荀况著、王先谦集解,沈啸寰、王星贤点校:《荀子集解》卷一《修身篇》第二,中华书局1988年版,第27页。

② 赵汝愚编:《宋朝诸臣奏议》卷八十三《上神宗论王安石之文有异志》,上海古籍出版社1999年版,第898页。

史中丞,屡次抨击新法,曾"论免役有十害,请罢之"。① 他引用《淮南杂说》诬蔑王安石有"异志",即不臣之心,可谓险恶之极。这两条异文,程颐、杨时等也曾征引,其真实性无可置疑。文中所言"周公之功""鲁之郊也""周公用天子礼乐",《礼记·明堂位》有明确记载:

> 周公相武王以伐纣。武王崩,成王幼弱,周公践天子之位,以治天下。六年,朝诸侯于明堂,制礼作乐,颁度量,而天下大服。七年,致政于成王。成王以周公为有勋劳于天下,是以封周公于曲阜,地方七百里,革车千乘。命鲁公世世祀周公,以天子之礼乐。②

郊即郊禘,古代帝王以祖先来祭配昊天上帝的礼仪。既然成王命鲁公可用天子礼乐祭祀周公,则鲁国施行郊祀之典,不为无据。孔子对此提出批评,认为鲁国之郊有僭越之嫌,违背礼制:"鲁之郊禘,非礼也,周公其衰矣。"③王安石并未接受孔子的意见,转而强调只要人臣建立足够的功业,就可以使用崇高的天子礼乐,"此之谓称";如果人臣怀有伊尹、商汤之志之德,甚至可以放纵残暴的君主。即使后妃,若能够辅佐君主取得天下,也不妨参与到朝政治理中。这些观点,体现出他对君臣关系的突破性认识,构成他出处哲学中最具特色的部分。

中国古代,君臣关系作为五伦之一,是历代思想家思考关注的重点。孔子本于正名的立场提出"君君、臣臣、父父、子子",意谓人君与人臣均应恪尽彼此的职责。孟子则主张人臣应该以道事君、以德抗位,"君之视臣如手足,则臣视君如腹心;君之视臣如犬马,则臣视君如国人;君之视臣如土芥,则臣视君如寇雠",④并进而提出"闻诛一

---

① 王称撰,孙言诚、崔国光点校:《东都事略》卷九十二《杨绘传》,齐鲁书社2000年版,第781页。
② 《礼记正义》卷三十一《明堂位》,第1088—1090页。
③ 《礼记正义》卷二十一《礼运》,第791页。
④ 焦循撰、沈文倬点校:《孟子正义》卷十六《离娄下》,中华书局1987年版,第546页。

夫纣矣,未闻弑君也",①"君有大过则谏,反复之而不听则易位"。② 这其实把君臣关系当成一种类似契约的相对关系,肯定人臣可以革君主之命。③ 荀子比较"尊君",可也曾提出"从道不从君"之语,以及"夺然后义,杀然后仁,上下易位然后贞"。④ 秦代以后,随着大一统集权王朝建立和汉儒"三纲"之说流行,君臣间的相对关系往往被强调为绝对伦理,尊君卑臣之说甚嚣尘上。王安石一生沾溉孟子良多,其君臣观深受启发。譬如他评价扬雄和冯道:

> 王荆公与唐质肃公介同为参知政事,议论未尝少合。荆公雅爱冯道,尝谓其能屈身以安人,如诸佛菩萨之行。一日于上前语及此事,介曰:"道为宰相,使天下易四姓,身事十主,此得为纯臣乎?"荆公曰:"伊尹五就汤、五就桀者,正在安人而已,岂可亦谓之非纯臣也?"质肃公曰:"有伊尹之志则可。"荆公为之变色。⑤
>
> 扬雄亦用心于内,不求于外,不修廉隅以徼名当世。……扬雄者,自孟轲以来未有及之者,但后世士大夫多不能深考之尔。……扬雄之仕,合于孔子无不可之义,奈何欲非之乎?……仕不仕特其所遭义命之不同,未可以议于此。⑥

扬雄曾出仕新莽,冯道则周旋五代,有些宋代士人对之颇为诟病。欧阳修撰《五代史》,痛斥冯道"可谓无廉耻者"。⑦ 二程等理学家将君臣伦理视为永恒不变的绝对本体,对扬、冯更不以为然,认为"枉己者

---

① 《孟子正义》卷五《梁惠王下》,第145页。
② 《孟子正义》卷二十一《万章下》,第728页。
③ 徐复观:《荀子政治思想的解析》,《中国思想史论集续篇》,上海书店出版社2004年版,第290页。
④ 《荀子集解》卷九《臣道篇》,第257页。
⑤ 魏泰撰、李裕民点校:《东轩笔录》卷九,中华书局1983年版,第99页。
⑥ 《王安石文集》卷七十二《答龚深父书》,第1255—1256页。
⑦ 欧阳修撰、徐无党注:《新五代史》卷五十四《冯道传》,中华书局1974年版,第611页。

未有能直人者也"。① 王安石却认为，冯道身处乱世之中，三朝为相，济世安民，可与诸佛菩萨媲美；扬雄则堪称孟子以后第一人，符合孔子"无可无不可"之义。扬、冯与孔孟看似出处有异，②实因所处时代、面临时势不同，出处进退之"迹"遂有差别；至于行道、守道之志，并无不同：

> 圣贤之言行，有所同而有所不必同，不可以一端求也。同者道也，不同者迹也。知所同而不知所不同，非君子也。夫君子岂固欲为此不同哉？盖时不同，则言行不得无不同，唯其不同，是所以同也。如时不同而固欲为之同，则是所同者迹也，所不同者道也。迹同于圣人而道不同，则其为小人也孰御哉？③

可见，王氏强调君臣关系的相对性，并不主张臣子无条件绝对效忠君主。他认为，"其于君也，曰：'以道事之，不可则止。'"④如果士人的确心存济世之志、身行安民之事，不妨根据形势变迁，服务不同的君主。甚者，革无道君主之命：

> 孟子曰："非礼之礼，非义之义，大人不为。"盖所谓迹同而实异者也。夫君之可爱而臣之不可以犯上，盖夫莫大之义，而万世不可以易者也。桀纣为不善，而汤武放弑之，而天下不以为不义也。盖知向所谓义者，义之常，而汤武之事有所变，而吾欲守其故，其为蔽一，而其为天下之患同矣。使汤武暗于君臣之常义，而不达于时事之权变，则岂所谓汤武哉？⑤

---

① 程颢、程颐：《河南程氏遗书》卷四，《二程集》，第73页。
② 《王安石文集》卷六十九《禄隐》："孔孟生于可避之世而未尝避也，盖其不合则去，则可谓不降其志不辱其身私矣。……而扬子亲屈其体为其（王莽）左右之臣。"第1193页。
③ 《王安石文集》卷六十九《禄隐》，第1193—1194页。
④ 《王安石文集》卷七十二《答韩求仁书》，第1254页。
⑤ 《王安石文集》卷六十七《非礼之礼》，第1167页。

臣子不可以冒犯君上，这本为万世通义；但倘若君主如桀纣般残暴不仁，则汤武当应起兵放弑，为民除害，解民倒悬。前者是经、常，后者属权、变，二者并不冲突。若只守君臣常义，不达权变，则非圣王所为。至于如何判断时机，作出权变，则当以民为准。

以上认知，一方面继承先秦儒家特别是孟子"民为贵，社稷次之，君为轻"的思想，另一方面则延续五代以来的君臣观。五代时期，各藩镇凭借军事实力分裂割据，称王称帝，更替频繁，始终未能建立起大一统的中央王朝。士人们可以比较自由地在五代十国各政权之间出仕为宦，"他们一般不与某个王朝休戚与共，死事一姓，而把精力更多地转向关注自身职守，关注社稷百姓。他们与王朝或君主的命运之间再也没有太密切的关系，而仅仅在自己的职责范围内默默地施加影响，在五代历史延续中发挥自身作用"。① 他们以守道、行道为己任，以安民作为出仕的道德准则，为乱世中的官僚系统寻求"忠君"之外新的价值观。② 冯道是其中的典范。③ 王安石"谓其能屈身以安

---

① 陈毓文：《从冯道看五代仕宦文人的守道意识》，《福建论坛》（社科教育版）2006年专刊，第135—136页。金宗燮指出："五代十国的文人为了出仕，不管甚么王朝和政权的科举都可以积极参加，而且及第以后，若仕途不得意，还可以随时离开而另谋他就。""五代十国的文人可以在各王朝政权之间随意迁移出仕而不会受到任何责难。"《唐研究》第九卷《五代政局变化与文人出仕观》，2003年版。

② 金宗燮指出，"五代王朝的频繁交替使得文人不能绝对效忠于某一个天子，因而文人要赋予自己新的价值。他们并不重视王朝的交替，却注意到官僚的功能就是安养民众"。《五代政局变化与文人出仕观》。王瑞来注意到，五代时期的乱离，为先秦儒家精神的复归——君臣之间以义相合，提供了契机。《将错就错：宋代士大夫"原道"略说——以范仲淹的君臣关系论为中心的考察》，《学术月刊》2009年第4期，第126—132页。

③ 可见王赓武：《冯道——论儒家的忠君思想》，《王赓武自选集》，上海教育出版社2002年版，第104—138页。宋初三朝，士林普遍承认冯道在乱世中的巨大功绩，评价很高，这种评价在仁宗朝发生根本性转变。可见路育松：《从对冯道的评价看宋代气节观念的嬗变》，《中国史研究》2004年第1期，第119—128页。陈晓莹：《历史与符号之间》，《史学集刊》2010年第2期，第101—106页。

人,如诸佛菩萨之行",可与伊尹相提并论,其评价标准正是将守道、行道置于忠君之上。①

这种君臣观,与二程等理学家以及南宋以后的主流意识形态,极为不同。二程等与王安石同样重视士人的政治主体地位,然严格限制在君为臣纲、君尊臣卑的框架内;进而,他们将君臣关系提高到宇宙本体的地位予以强调。作为"天理"的表现之一,君臣伦理就是宇宙本体的呈现,人臣应该无条件恪守、实践,完成本分。王安石则认为,君臣关系只是"以道相合",其发生的前提,彼此都须以济世安民为理想、目标。士人或出或处,或仕或隐,可以根据时世的不同做出灵活选择,不必拘泥于某一位固定的君主,所谓"从道不从君"。由此,他特别强调"时"的观念,以及"道"和"迹"这一对范畴,为士人的政治实践提供灵活选择的空间。甚至如《淮南杂说》所言,假如人臣具有盖世的功勋,无妨使用君主的礼乐,革无道君主之命。这对于传统的君臣关系,无疑具有强烈的颠覆性,更超越理学家所能接受的限度。程颐曾严厉批评道:

> 介甫不知事君道理,观他意思,只是要"乐子之无知"。如上表言……皆是。意思常要己在人主上。自古主圣臣贤乃常理,何至如此?又观其说鲁用天子礼乐,云:"周公有人臣所不能为之功,故得用人臣所不得用之礼乐。"此乃大段不知事君。大凡人臣身上,岂有过分之事?凡有所为,皆是臣职所当为之事也。②

---

① 北宋很多名臣大儒,皆立足这一立场高度评价冯道,如富弼,"余尝与富文忠公论(冯)道之为人,文忠曰:'此孟子所谓大人也。'"吴处厚撰、李裕民点校:《青箱杂记》卷二,中华书局1985年版,第17页。又如石介曰:"五代之乱,则瀛王扶之也。"石介撰、陈植锷点校:《徂徕石先生文集》卷八《救说》,中华书局1984年版,第84页。胡瑗曰:"当五代之季,生民不至于肝脑涂地者,道有力焉,虽事仇无伤也。"《河南程氏遗书》卷四,《二程集》,第73页。

② 《河南程氏遗书》卷二十二上,《二程集》,第281页。

"周公"云云，即出自《淮南杂说》。"常要已在人主上"，指王安石《虔州学记》所谓："若夫道隆而德骏者，又不止此，虽天子北面而问焉，而与之迭为宾主，此舜所谓承之者也。"①"道隆而德骏"的儒者，可与天子"迭为宾主"，这种帝师意识，汉代以下的儒者中已绝无仅有。"周公有人臣所不能为之功，故得用人臣所不得用之礼乐"，则强调人臣的功业极致，可享用君主的礼乐。在宋代皇权与士大夫共治天下的权力结构中，王氏发出了士人主体政治意识的最强音符。程氏则以为，人臣尽忠与人子尽孝皆是恪守本分、尽其天职，王氏所言将为后世僭逆开启先路。

以上佚文，关注士人的主体意识和行为准则，即所谓出处哲学。余英时指出："士的出处问题自先秦以后论者寥寥，直到宋代才再度受到这样普遍而集中的注意。这在中国士大夫史上是必须大书特书的。"②北宋士大夫中，王安石最重视出处问题，且几乎萦绕他一生，成为贯穿其诗文作品中的鲜明主线。他认为，士人是终极价值"道"的直接承担者，士人的职责就在于明道、行道：

> 士者，事道之名。始乎为士，则未离乎事道者也。终乎为圣人，则与道为一事。③

> 呜呼！道之不明邪，岂特教之不至也，士亦有罪焉。呜呼！道之不行邪，岂特化之不至也，士亦有罪焉。盖无常产而有常心者，古之所谓士也。士诚有常心，以操圣人之说而力行之，则道虽不明乎天下，必明于己；道虽不行于天下，必行于妻子。内有以明于己，外有以行于妻子，则其言行必不孤立于天下矣。此孔

---

① 《王安石文集》卷八十二，第1428页。
② 余英时：《朱熹的历史世界》，第9页。
③ 王安石撰、罗家湘点校：《王安石老子注辑佚会钞》，华东师范大学出版社2013年版，第15章，第39页。

子、孟子、伯夷、柳下惠、扬雄之徒,所以有功于世也。①

春秋时期,"道术将为天下裂",王官之学散为百家,代表政治权力的政统与代表思想话语权力的道统分而为二。孔子最先揭橥"士志于道",②力倡"君子谋道不谋食""君子忧道不忧贫"。③ 孟子进一步发扬光大,将士人界定为"道"的维护者,强调其价值取向乃至一举一动,必须以"道"为依据,从而为新兴士人阶层注入一种理想主义精神。④ 王安石继承了孔孟的理想主义,体现出鲜明的主体担当意识。他认为,孔孟等圣贤有功于世,就因为他们能阐明儒道并身体力行。汉代以后,士人们放弃了明道、行道的职责,导致儒道湮没,"亦有罪焉"。⑤

他指出,士人以道自任,必须要承担起明道、行道的职责。振作师道,便是一项重要实践:

> 君不得师,则不知所以为君;臣不得师,则不知所以为臣。为之师,所以并持之也。君不知所以为君,臣不知所以为臣,人之类其不相贼杀以至于尽者,非幸欤?信乎其为师之重也!古之君子尊其身,耻在舜下。虽然,有鄙夫问焉而不敢忽,敛然后其身似不及者。有归之以师之重而不辞,曰:"天之有斯道,固将公之,而我先得之。得之而不推余于人,使同我所有,非天意,且有所不忍也。"⑥

---

① 《王安石文集》卷九十七《王逢原墓志铭》,第1669页。
② 何晏注、邢昺疏、朱汉民整理、张岂之审定:《论语注疏》卷四《里仁》,北京大学出版社2000年版,第54页。
③ 《论语注疏》卷十五《卫灵公》,第246页。
④ 《孟子正义》卷二十七《尽心章句上》:"天下有道,以道殉身;天下无道,以身殉道。未闻以道殉乎人者也。"第946页。相关研究,可见余英时:《古代知识阶层的兴起》,《士与中国文化》第一章,上海人民出版社2013年出版。
⑤ 《王安石文集》卷九十七《王逢原墓志铭》,第1669页。
⑥ 《王安石文集》卷七十七《请杜醇先生入县学书》,第1345页。

对于普通民众,士人可以居高临下,以斯道之先知先觉,去觉后知与后觉。即使对于君主,那些"道隆而德骏"的士人,也应恪守"道尊于势",指导他们:

> 先王所谓道德者,性命之理而已。其度数在乎俎豆、钟鼓、管弦之间,而常患乎难知,故为之官师,为之学,以聚天下之士,期命辩说,诵歌弦舞,使之深知其意。……若夫道隆而德骏者,又不止此。虽天子北面而问焉,而与之迭为宾主,此舜所谓承之者也。①

"虽天子北面而问焉"的帝师意识,源自孟子:"古之贤王好善而忘势,古之贤士何独不然?乐其道而忘人之势,故王公不致敬尽礼,则不得亟见之。见且由不得亟,而况得而臣之乎?"②其实质是坚持儒家"道统"对"政统"的优先性,儒家的价值理想高于现实政治。

王安石对出处问题的关注,体现出仁宗朝士人主体意识的日趋高涨。通过科举考试,北宋前期大批出身寒微的士人晋升到统治精英阶层,享受各种特权优遇。这无疑促进他们认同政权,内心深处涌现出一种强烈的责任感和勇于担当的主体意识。钱穆指出:

> 宋朝的时代,在太平景况下,(问题)一天一天的严重,而一种自觉的精神,亦终于在士大夫社会中渐渐萌出。所谓"自觉精神"者,正是那辈读书人渐渐自己从内心深处涌现出一种感觉,觉到他们应该起来担负着天下的重任。③

范仲淹最先标举这种自觉精神。他不仅提出"先天下之忧而忧,后天下之乐而乐"的名言,"大厉名节,振作士气,故振作士大夫之功为多",④而且每任一职都奋发有为,兴利除弊,切身践履。不过,范氏似乎并未

---

① 《王安石文集》卷八十《虔州学记》,第1427—1428页。
② 《孟子正义》卷二十六《尽心章句上》,第888页。
③ 钱穆:《国史大纲》下册,第558页。
④ 黎靖德编:《朱子语类》卷一百二十九,中华书局1986版,第3086页。

从理论层面,探讨士人的主体意识。朱熹评论道:"且如一个范文正公,自做秀才时便以天下为己任,无一事不理会过。"①其实,"以天下为己任"这个术语,最先可能出自王安石。② 他曾运用儒家"为己之学""为人之学"这两个概念,辨析杨朱、墨子与儒家之异同:

> 杨子之所执者为己。为己,学者之本也。墨子之所学者为人,为人,学者之末也。是以学者之事,必先为己,其为己有余,而天下之势可以为人矣,则不可以不为人。故学者之学也,始不在于为人,而卒所以能为人也。今夫始学之时,其道未足以为己,而其志已在于为人也,则亦可谓谬用其心矣。……墨子者废人物亲疏之别,而方以天下为己任,是以所欲以利人者,适所以为天下害患也,岂不过甚哉?故杨子近于儒,而墨子远于道,其异于圣人则同,而其得罪则宜有间也。③

"以天下为己任"属于"为人"的范畴,是儒家中的应有之义,但必须以"为己之学"为基础。只有当"为己"有余,然后等待适当的时机,才能"为人"。墨子"为己"不足,强行"以天下为己任",反而"为天下害患"。此文体现出对范仲淹"先忧后乐"说的反省和深化。范氏"以天下为己任"的实践,主要体现在事功领域;而王氏的"以天下为己任",则要求士人先树立"为己之学",兼重内在的主体修养。

为己、为人这对范畴,源出《论语·宪问》:"子曰:'古之学者为己,今之学者为人。'"④后世儒者,一般将"为己"理解为德性修养,"为人"为出仕济世、建功立业。王安石对于"为之学"的理解,内涵十分丰富,颇具时代特色。除了应当树立"志于道"的远大理想,还包括

---

① 《朱子语类》卷一百二十九,第 3086 页。
② 除王安石外,北宋似乎只有张载《横渠易说》卷一释《乾》卦"潜龙勿用",提及此语。韦锡琛点校《张载集》,中华书局 1978 年版,第 77 页。
③ 《王安石文集》卷六十八《杨墨》,第 1182—1183 页。
④ 《论语注疏》卷十四《宪问》,第 222 页。

德性修养、读书穷理、审时知命等等，以此应对复杂多变的外部世界。"窃以为士之所尚者志，志之所贵者道。苟不合乎圣人，则皆不足以为道。"①"天下之变故多矣，而古之君子辞受取舍之方不一。彼皆内得于己，有以待物，而非有待乎物者也。"②当代哲学家贺麟将王安石哲学思想的出发点界定为"建立自我"，并与南宋心学家陆九渊的"先立其大"相提并论，③堪称见微知著。

值得一提的是，与王安石同时代的著名学者刘敞，也对"先忧后乐"说进行过反思：

"舜在深山之中，伊尹耕有莘之野，说筑傅岩之野，亦忧天下乎？"

曰："不忧也。"

"奚为不忧？贤者之生于世也，世乱，固坐而视之乎？"

曰："天子忧天下，诸侯忧其国，大夫忧其政，士忧其职，庶人忧其业。天下已定矣，非其忧而忧之，乱也。天下固乱，而又乱之，是以使天下多事也。《诗》云：'职思其忧。'君子岂无所忧哉，亦思其职而已矣。"

或问舜、伊尹、傅说之职，曰："舜职其孝，伊尹职其耕，说职其筑。"④

刘敞字原父（1019—1068），临江新喻人（今属江西），庆历六年（1046）进士第二名登第，《宋史》卷三百十九有传。他是仁宗、英宗朝的著名学者，宋学的开拓者之一。这个设问围绕着"忧患"展开，明显针对范仲淹所谓士人"居庙堂之高则忧其民，处江湖之远则忧其君"，"进亦

---

① 《王安石文集》卷七十五《答黎检正书》，第1310—1311页。
② 《王安石文集》卷七十三《答李资深书》，第1268页。
③ 贺麟：《王安石的哲学思想》，《文化与人生》，第284—290页。
④ 刘敞著、黄曙辉点校：《公是先生弟子记》卷二，华东师范大学出版社2010年版，第28页。

忧,退亦忧"。刘敞认为,君子之忧当"思其职",即在不同的职位上所忧不同,否则便为僭越。舜、伊尹、傅说若处高位,可以天下为忧;若穷处一隅,则只当忧其业、谋其生而已。① 与之相似,王安石认为,道之行否与世之治乱,并非完全由人力所能掌控,当中有命运因素。士人只须做到"进退之当于义,出处之适其时",便无需为之悲戚愉悦,计较穷达荣辱。此之谓"知命""天民"。② "所谓儒者,用于君则忧君之忧,食于民则患民之患,在下而不用,则修身而已。"③

范仲淹、刘敞、王安石三人均试图为新兴的科举士人阶层,注入一种远大的理想,进行意识形态的形塑。相形之下,刘、王所言境界高度上或有所不及,然更符合儒家达则兼济、穷则独善的教条,也为士人的出处进退提供了更灵活的自主选择。这体现出北宋儒学复兴在庆历革新后逐渐深入发展。士人在广泛参加政治秩序、承担政治责任的同时,愈发关注内在的精神自主、个体选择。他们能否恪守正确的出处之道,既取决于外在的生存境遇,又依赖主体内在的道德修养。王安石对于权、时、命、性、情等概念的探讨(详见本书第四章),即从属于这一思想脉络。④

第四节 走向经学

仁宗至和元年(1054)九月,王安石赴京任群牧判官。嘉祐元年

---

① 刘敞《送焦千之序》曰:"德有守,任有职,以道援天下,枉尺直寻而不为也。"《公是集》卷三十五,第624页。
② 《王安石文集》卷七十二《答王深父书》,第1260页。
③ 《王安石文集》卷六十四《子贡》,第1110—1111页。
④ 余英时认为,这是由于中国古代"道"的特点而不得不然。先秦儒家中,孟子最讲究士人的进退出处,也非常重视士人的个人品德,从而提出了一系列与道德修养有关的命题,如气、心等。《士与中国文化》第三章《中国知识分子的古代传统》,第105—114页。

（1056），移提点开封府诸县镇公事；二年（1057）五月，离京出知常州；三年（1058）二月，自知常州移提点江南东路刑狱；四年（1059）初返京，任三司度支判官；六年（1061）六月，以三司度支判官知制诰，纠察在京刑狱；八年（1063）八月，丁母忧，解官归江宁。这九年里，除去嘉祐二年五月至嘉祐三年十月外（1057—1058），王安石皆任职京师。这一阶段，是他学术思想的拓展期。之前，他主要置身南方文化的氛围中，切磋问学者绝大部分是江、浙、福建等地的学者，如孙侔、王开祖、杜醇、王致等人。他们大多偏处东南，其治学既与北方开封为中心的新学风遥相呼应；同时卓然自立，显示出较强的地域色彩。入京后，王安石与欧阳修、胡瑗、刘敞等过往密切，设身处地于宋学的中心，构建起新的社交网络和学术圈子。他的治学取向由单纯的文章之学向经学开拓，表现出超越古文运动的宏大格局。

当时，欧阳修是文坛盟主，诗文革新的领袖。庆历初，他通过曾巩来信，已读过王安石的文章，并选入《文林》。针对王氏早期古文模拟孟子、韩愈，他提出中肯批评。① 至和元年（1054），二人正式相识，经欧阳修推荐，王安石入京任群牧判官。作为宋学的开拓者，欧阳修的经学研究早已享誉士林。他以人情常理为基准，批评汉唐注疏的支离繁冗，进而质疑《诗序》非子夏所作，认为《系辞》不出孔子之手、《周礼》乃汉代后起。② 前者与王安石的经学立场相近，如不信《春秋》三传、排斥谶纬之学等；至于由疑传进而疑经，则与王氏扞格。多年以后，王氏回忆起庆历、嘉祐间的学风，仍耿耿于怀：

> 如欧阳修文章于今诚为卓越，然不知经，不识义理，非《周

---

① 《曾巩集》卷十六《与王介甫第一书》："欧云：孟韩文虽高，不必似之也，取其自然耳。"第 254 页。

② 欧阳修的经学特色、成就，可见刘子健：《欧阳修的治学与从政》上编，台湾新文丰出版社 1986 年版，第 21—36 页。

礼》,毁《系辞》,中间学士为其所误,几至大坏。①

众所周知,宋代的"经学变古,起于庆历,庆历之起,欧阳为首"。欧阳修"开创了自由讨论经学的风气,代表一个思想解放的新运动"。② 王安石应当受到"疑传"之风影响,可并未走向"疑经"的极端。至于欧阳修排斥儒家心性之学,王氏更难接受。

作为欧阳修的高足,曾巩是王安石的世交挚友。自庆历元年(1041)定交后,曾、王一直保持密切联系。二人皆以古文写作在庆历年间卓然名家,平时同声相应,相互揄扬。学术思想上,二人都注重把握儒家经典的精神实质,提倡通经致用,重视心性之学,批评汉唐注疏。③ 嘉祐期间,王、曾与常秩、王回等人集中讨论汉代扬雄的进退出处,尊为人格典范,共同引领、推进北宋的"尊扬"思潮。④ 二人又先后注解《洪范》。尽管对待灾异、谶纬的学术立场不同,却都强调儒家之道治平天下的普适性,体现出相近的解经旨趣。⑤ 南宋著名学者黄震评论道:"南丰与荆公……论学皆主考古,其师尊皆主扬雄,其言治皆纤悉于制度而主《周礼》。岂公与荆公抱负亦略相似,特遇于世者不同耶?"⑥《宋元学案》将曾、王列为庐陵门人,清代蔡上翔认

---

① 《续资治通鉴长编》卷二百十一神宗熙宁三年(1070)五月庚戌,第5135页。
② 《欧阳修的治学与从政》上编,第36页。
③ 《曾巩集》卷十一《新书目录序》,第176—177页。
④ 宋代尊扬思潮的研究,可见拙文《宋代尊扬思潮的兴起与衰歇》,《史学月刊》2019年第5期,第34—48页。
⑤ 《曾巩集》卷十《洪范传》:"二帝三王之治天下,其道未尝不同。其道未尝不同者,万世之所不能易,此九畴之所以为大法也。"第169页。《王安石文集》卷七十一《书洪范传后》:"予悲夫《洪范》者,武王之所以虚心而问,与箕子之所以悉意而言,为传注者汩之,以至于今冥冥也。于是为作传以通其意。"第1245页。《王安石文集》卷三十九《上仁宗皇帝言事书》:"夫二帝、三王相去盖千有余载……其为天下国家之意,本末先后,未尝不同也。"第642页。
⑥ 黄震撰、王廷洽等整理:《黄氏日钞》卷六十三,《全宋笔记》第92册,大象出版社2019年版,第246—247页。

为:"当时欧阳公、曾子固、王介甫,其学同出一源。"①

刘敞则是王安石入京以后结识的畏友。朱弁《曲洧旧闻》卷四载:"介甫当时在流辈中以经术自尊大,惟原父兄弟敢抑其锋,故东坡特于祭文表之,以示后人。"②"祭文"指苏轼在神宗熙宁元年(1068)所撰《祭刘原父》,其中有"大言滔天,诡论灭世"之语。朱弁指出,这是针对王安石。这条资料挟有极深的偏见,但从侧面反映出至和、嘉祐时期,王安石与刘敞等人在学术上讨论辩诘的情况,为认识王氏的学术历程提供了重要线索。

刘敞著有《春秋传》《七经小传》等,是汉宋经学转捩中的重要学者。清代四库馆臣评论曰:

> 考黄伯思《东观余论》称考正《书·武成》实始于敞,则宋代改经之例,敞导其先,宜其视改传为固然矣。然论其大致,则得经意者为多。北宋以来,出新意解《春秋》者,自孙复与敞始。复沿啖、赵之余波,几于尽废三传。敞则不尽从传,亦不尽废传,故所训为远胜于复焉。③

刘敞解经不泥旧训,甚至增字为释,改经就义,所以能自出新意,而汉、宋之别至此判然。他比王安石年长两岁,庆历六年(1046)以甲科第二名登进士第。之后任职京城,仕途一帆风顺,至和元年(1054)九月已任知制诰,官位高于王安石。王安石和他辩驳问难,治经的思路、方法一定程度上受其影响,自在情理之中。

整体而言,二人的为学取向、治经方法、解经形式等方面表现出若干相似之处。比如,他们都严厉批评汉唐注疏之学。刘敞精于《春

---

① 《王荆公年谱考略》,第530页。
② 《曲洧旧闻》卷四,第144页。
③ 纪昀:《四库全书总目》卷二十六《春秋传》提要,中华书局1965年版,第215页。

秋》,他继承了中唐啖助新《春秋》学派的观点,认为三传各有瑕疵,皆不足以传达孔子的微言大义。"左氏不传《春秋》",①盖因其并未亲受经于孔子,"所以作传者,乃若自用其意说经,泛以旧章常例通之于史策,可以见成败尔。其褒贬之意,非丘明所尽也。以其不受经也,学者可勿思之哉!"②"公羊子承绝学之后,口授经传,颠倒搜狩,且有所遗尔。"③王安石同样认为,"至于《春秋》,三传既不足信,故于诸经尤为难知"。④ 王氏曾谓:"经术正所以经世务。"⑤其《三经新义》注重从儒家经典中阐发义理,寻求变革依据,以经义傅会时事。刘敞未曾得君行道,但在侍英宗讲读时,"每指事据经,因以讽谏"。⑥ 二人对经典的解释,"都展现了脱离旧有的诠释藩篱、自由发挥本身意识的特点与方向性"。⑦ 这种以己意解经、求新立异的取向,代表了宋代经学发展的新潮流。南宋后期,王应麟从经学史演变的视角,评价王、刘在汉宋经学中的转捩地位:"自汉儒至于庆历间,谈经者守训故而不凿。《七经小传》出,而稍尚新奇矣。至《三经义》行,视汉儒之学若土梗。"⑧可谓得之。

不过,南宋一些儒者援引元祐史官之言,将王安石的经学创新完全归之于沿袭乃至剽窃刘敞,则过甚其词。晁公武《郡斋读书志》卷四《七经小传》提要曰:

---

① 刘敞:《春秋权衡》卷一,景印文渊阁四库全书,第147册,第172页。
② 《春秋权衡》卷一,第172页。
③ 《春秋权衡》卷九,第267页。
④ 《王安石文集》卷七十二《答韩求仁书》,第1254页。
⑤ 《宋史》卷三百二十七《王安石传》,第10544页。
⑥ 《宋史》卷三百一十九《刘敞传》,第10386页。
⑦ 江口尚纯著、冯晓庭译:《刘敞〈七经小传〉略述——以〈诗经小传〉的论说为例》,《中国文哲研究通讯》,第12卷第3期。
⑧ 王应麟著、翁元圻辑注、孙通海点校:《困学记闻》卷八,中华书局2016年,第1192页。

> 《七经小传》五卷,右皇朝刘敞原父撰。所谓七经者,《毛诗》《尚书》《公羊》《周礼》《仪礼》《礼记》《论语》也。元祐史官谓:"庆历前,学者尚文辞,多守章句注疏之学,至敞始异诸儒之说。后王安石修经义,盖本于敞。"予观原父说"伊尹相汤伐桀,升自陑"之说之类,经义多剽取之。史官之言,良不诬也。①

《读书志》初成于高宗绍兴二十一年(1151),终成于孝宗淳熙七年至十四年之间(1180—1187)。它是我国古代著名的私家目录学著作,学术价值极高。据提要所云,此说出自元祐史官。晁公武对此深信不疑,又提供了一条旁证,即刘敞《七经小传》对"汤伐桀升自陑"的解释,为《三经新义》所剽取。吴曾《能改斋漫录》卷二亦曰:

> 国史云:"庆历以前,学者尚文辞,多守章句注疏之学。至刘原父为《七经小传》,始异诸儒之说。王荆公修经义,盖本于原父云。"②

《漫录》初成于绍兴二十七年(1157),终成于孝宗隆兴、乾道间(1163—1173)。其中所载与《读书志》内容相同,惟"元祐史官谓"变成"国史云"。之后,"王安石修经义盖本于敞"之说,陆续出现在陈均《宋九朝编年备要》《宋史全文》、马端临《文献通考》、朱彝尊《经义考》、毕沅《续资治通鉴》、徐乾学《资治通鉴后编》等史书中。直至清代今文经学大师皮锡瑞,采纳这一说法,用来建构、叙述宋代经学史的演变。③

晁、吴所引,是否属实?南宋另一位著名学者李壁即对"王安石修经义盖本于敞"说,给出不同史料来源。熙宁七年(1074),王安石初次罢相,犹领经局,提举修撰《三经新义》。他赋诗感怀:

---

① 《郡斋读书志校证》卷四,第143页。"予观",衢本作"公武观"。
② 《能改斋漫录》卷二,第91页。
③ 皮锡瑞著、周予同注:《经学历史》,中华书局2008年版,第220页。

>自古能全已不才，岂论骐骥与驽骀。放归就食情虽适，络首犹存亦可哀。

李壁注曰：

>刘原甫撰《七经小传》，谓《毛诗》《尚书》《公羊》《周礼》《仪礼》《礼记》《论语》也。元祐史官谓："庆历前，学者尚文词，多守章句注疏之学。至敞，始异诸儒之说。后王安石修经义，盖本仿敞。如'伊尹相汤伐桀升自陑'之说之类，经义多剿取之。史官之言，良不诬也。"此据杨时龟山说。今附此。

李壁字季章，号石林，又号雁湖居士，眉州丹棱人，宁宗时官至参知政事。开禧三年至嘉定二年（1207—1209），他谪居抚州，开始为王诗作注，首刊于嘉定七年（1214）。其注解"大致据摭搜采，具有根据，疑则阙之，非穿凿附会者比"，①与施（宿）注苏轼、任（渊）注黄庭坚、陈师道齐名，尤擅于考辨人物、史实。李壁之父即著名史家李焘，曾撰《续资治通鉴长编》，并与洪迈共同修撰《四朝国史》，淳熙十三年（1186）十一月由国史院进呈。有此家学背景，李壁对南宋史料的掌握必有他人所不及；而他对杨时等理学家的文献史料，特别熟稔。② 据他所言，晁公武《七经小传》提要"元祐史官……不诬也"，最初出自理学家杨时。这一注解其实与诗歌关系不甚紧密，而李壁特意标明"此据杨时龟山说"者，应是对所谓"元祐史官"之言早怀疑问。

杨时字中立，号龟山先生，理学家程颢、程颐的高足。程门弟子中，他独邀耆寿，以善于诋毁王安石而著称。他撰有《三经义辨》《日录辨》《字说辨》等，对王氏新学进行全面的批判，是两宋之际新学、理学兴衰嬗替中的关键人物。③ 以他仇视王氏的一贯姿态和学术取

---

① 《四库全书总目》卷一百五十三《王荆公诗注》提要，第1325页。
② 此承精研李壁注解的董岑仕博士告知，谨此致谢！
③ 杨时诋排新学，可见本书第五章第二节。

向,"王安石修经义本于敞"之说,很可能是杨时借元祐史官之口道出,诬蔑《三经新义》剽窃刘敞学说。

这一推测,颇有文献踪迹可寻。仍然是李壁,其注王安石《答扬州刘原甫》诗曰:

> 《国史传》:敞字仲原父,袁州临江人。庆历中举进士,廷试第一。编排官王尧臣以亲嫌自列,乃以为第二。召入朝,判考功。……敞为人明白俊伟,善论说,当时学者未知崇尚经术,独敞能傅经引义。自六经、诸子百氏至传记小说,无不通贯,而文章尤敏赡。在西掖,一日追封皇子、公主九人,敞将下直,为之立马却坐,食顷,九制数千言已就。遇事多所建明,以好讥议为执政所忌,故知制诰积七年不迁,卒年五十。①

李壁所引《国史》,自然指其父李焘所撰《四朝国史》。其中《刘敞传》叙述刘敞经学成就时,也仅言其不同诸儒之处,未提及与王安石所修经义的关系。通常而言,宋代历朝国史的人物列传,大致根据本朝《实录》所附人物小传编撰而成。以此推测,则《四朝国史》所据之绍兴重修本《神宗实录·刘敞传》,应当不会提及"王安石修经义盖本于敞"。而绍兴本《神宗实录》所据,即元祐本《神宗实录》。另外,《东都事略》中神宗朝人物列传的史源,也主要来自绍兴本《神宗实录》。其中卷七十六《刘敞传》与李壁所引《国史传》相似,仅强调刘敞博学多识、文思敏赡,未提及其经学创新,更未及王、刘学术渊源:

> 敞为人明白俊伟,博学自信,自六经、诸子、百氏,下至传记、小说,无所不通。为文敏赡,在西掖时,一日追封皇子公主九人,敞将下直,为之立马却坐,一挥九制,文词典雅,各得其体。②

---

① 王安石著,李壁笺注,高克勤点校:《王荆文公诗笺注》,上海古籍出版社2022年版,第325页。
② 《东都事略》卷七十六,第633页。

据此,绍兴本《神宗实录》及元祐旧党所修《神宗实录·刘敞传》,很可能并无所谓"王安石修经义盖本于敞"等表述。

当然,考虑到南渡初期杨时的巨大影响,① 以及绍兴年间《神宗实录》因修撰者随着赵鼎、张浚、秦桧的交替执政、政治倾轧曾出现过三次反复,② 存在以下可能:即杨时所言"庆历前,学者尚文词……史官之言良不诬也",被采纳入范冲所编《神宗实录》。此即晁公武《郡斋读书志》、吴曾《能改斋漫录》所引之出处。③ 这样,《郡斋读书志·七经小传》提要应标点为:

> 《七经小传》五卷,右皇朝刘敞原甫撰。所谓七经者,《毛诗》《尚书》《公羊》《周礼》《仪礼》《礼记》《论语》也。"元祐史官谓:'庆历前,学者尚文辞,多守章句注疏之学,至敞始异诸儒之说。后王安石修经义,盖本于敞。'予观原甫'伊尹相汤伐桀升自陑'之说之类,经义多剟取之。史官之言,良不诬也。"

"予观"之"予",非指晁公武,而是杨时。在范冲以后两次《神宗实录》修撰过程中,杨时此语被史官删去;或者虽被保留,但之后李焘修撰《四朝国史》、王称修撰《东都事略》时,因得知此乃杨时个人偏见,或缺乏可信史源,遂不予采纳。由此,李壁所引之《国史·刘敞传》《东都事略·刘敞传》,以及在《国史》基础上编撰而成的《宋史·刘敞

---

① 《宋史》卷四百二十八《杨时传》:"暨渡江,东南学者推时为程氏正宗……凡所论列皆切于世道,而其大者则辟王氏经学,排靖康和议,使邪说不作。凡绍兴初崇尚元祐学术,而朱熹、张栻之学得程氏之正,其源委脉络皆出于时。"第 12743 页。

② 《神宗实录》修撰过程,可见谢贵安:《宋实录研究》,上海古籍出版社 2013 年版,第 155—164 页。

③ 葛焕礼:"晁公武《郡斋读书志》著录有'《神宗实录》二百卷',却未著录任何与神宗朝史事相关的《国史》。此 200 卷本的《神宗实录》源自范祖禹等在哲宗元祐年间编撰的《神宗实录》,当时晁公武能够读到的只有这部 200 卷本的《神宗实录》,因此可以断定,他于刘敞《七经小传》条解题所引的'元祐史官'说,当出自此《神宗实录》无疑。"《论刘敞在北宋的学术地位》,《史学月刊》2013 年第 8 期,第 44—53 页。

传》,皆不载"王安石修经义盖本于敞"之言。

以上对"王安石修经义盖本于敞"之说进行史源梳理,将其源头追溯至程门高足杨时,辨析晁公武、吴曾只是抄撮转引杨时之说,并不可信。此外,有学者直接以刘敞《七经小传》比勘王安石《三经新义》,指出:

> 所谓元祐史官"王安石修《经义》盖本于敞"之说实乃似是而非的印象之论。……敢于变汉唐旧义,创立新说,是刘著与王说共同的特点。……所谓"剿取"之说,亦是晁公武站在反新学立场上的贬抑之议。……王氏父子对《小传》新说的个别采纳,当是正常的学术接受与承继。①

看来,这桩经学公案可以定谳。

嘉祐元年(1056),欧阳修赠诗王安石:

> 翰林风月三千首,吏部文章二百年。老去自怜心尚在,后来谁与子争先。朱门歌舞争新态,绿绮尘埃试拂弦。常恨闻名不相识,相逢樽酒盍留连。②

诗中盛赞王氏的诗文成就,以唐代著名诗人李白、古文大家韩愈相勉励,自叹衰老,并隐隐托付诗文革新的领导重任。王氏随后回赠:

> 欲传道义心犹在,强学文章力已穷。他日若能窥孟子,终身何敢望韩公?抠衣最出诸生后,倒屣尝倾广座中。只恐虚名因此得,嘉篇为赆岂宜蒙。③

这首酬答之作,毫不掩饰对当代韩愈——欧阳修的仰慕和感恩。然

---

① 杨韶蓉:《对"王安石修〈经义〉盖本于敞"的考查——兼论〈三经义〉"剿取"〈七经小传〉之说》,《儒家典籍与思想研究》第八辑,北京大学出版社 2016 年,第50—51 页。

② 《欧阳修全集》卷五十七《赠王介甫》,第 813 页。

③ 《王安石文集》卷二十二《奉酬永叔见赠》,第 345 页。

而在传道与为文之间,王安石更重视继承发扬孔孟的道统,光大儒家学说,而仅仅以余力为文,并未把韩愈当作终极的追求目标。诗歌体现出王、欧不同的价值关怀与学术追求。

文以贯道或明道,是唐宋古文运动的核心理念。它强调古文与古道的一体性:写作古文,必须践行古道;而阐明古道,又依赖于古文文辞。自韩愈、柳宗元揭橥这一理念后,中晚唐至宋初的古文家一直奉为圭臬。王安石却认为,只凭借古文言辞方面的创新,无力拯救没落的时代。稍后,他重申:

> 纷纷易尽百年身,举世何人识道真?力去陈言夸末俗,可怜无补费精神。①
>
> 柴门半掩扫鸟迹,独抱残编与神遇。韩公既去岂能追,孟子有来还不拒。②

韩愈论文最重视语言的创新,屡屡强调"文必己出""惟陈言之务去"。自樊宗师、皇甫湜直至晚唐来无择、孙樵等辈,都片面继承了韩愈求新逐奇的文风,导致古文创作在怪奇僻涩的路上愈行愈远。他们还为这种怪僻文风,提出诸如自然类比、求诸经典、诉诸人情、树立谱系等多层面的理论阐述,建构起一整套古文话语。这一切,都建立在文以明道的理念之上——只有不同寻常的文章,才能阐明超越凡俗的古道。王安石宣称"力去陈言夸末俗,可怜无补费精神",则从根本上撼动了古文运动的根基。"韩公既去岂能追,孟子有来还不拒",表现出他力图超越韩愈,直接上溯孟子:只有发扬大有为的精神,推行孟子的仁政,才有可能改变没落的世俗,实现儒家理想的政治秩序。这体现了北宋中期以后儒学的深入发展。

嘉祐初年,已取得文体胜利的古文运动开始向文章、性理、经术

---

① 《王安石文集》卷三十四《韩子》,第 568 页。
② 《王安石文集》卷十二《秋怀》,第 186—187 页。

三个方向,独立发展。前二者被称为"欧苏、周程之裂",代表人物分别是欧阳修、苏轼和周惇颐、二程,①而王安石则以经术、政事自树一帜。对此,南宋学者陈善抉发甚明:"唐文章三变,本朝文章亦三变矣。荆公以经术,东坡以议论,程氏以性理。三者要各自立门户,不相蹈袭。"②周惇颐、二程等理学家将德性修养视为儒学真谛,认为文章只是载道的工具,甚至为文妨道、害道。与之相似,嘉祐以后,王安石逐渐改变早年对"文以明道"的认同,转而提出"欲以明道,则离圣人之经,皆不足以有明也",③从而将学术重心转向儒学经典的研究,从中寻绎圣人之道。

第五节　草创《易解》

（一）

《易解》是王安石第一部经学著作,大约嘉祐末行世。④ 之前,他很早就对《易》学产生浓厚兴趣。《周易》推天道以明人事,借助卦象爻象的变化,来显示吉凶悔吝和进退得失之机。这与王安石对士人出处之道的重视,正相吻合。仁宗康定元年(1040),王安石至真州拜谒蒋堂,曾引用《晋》之初六、《比》之上六两爻,阐述出处之道:

> 某尝读《易》……斯则圣人赜必然之理,寓卦象以示人事,欲人进退以时,不为妄动。时未可而进谓之躁,躁则事不审而上必

---

① 可见朱刚:《周程、欧苏之裂与宋代士大夫文学》,《唐宋"古文运动"与士大夫文学》,复旦大学出版社 2013 年版,第 105—123 页。
② 陈善撰、查清华整理:《扪虱新话》卷五,戴建国等主编:《全宋笔记》第 47 册,大象出版社 2019 年版,第 279 页。
③ 《王安石文集》卷七十四《与吴孝宗书》,第 1295 页。
④ 可见本书第三章第二节。

疑；时可进而不进谓之缓，缓则事不及而上必违。①

《易解》的撰述，可视为王氏前期思想的自然发展。同时，不能忽略京城学界的影响，如胡瑗。胡瑗字翼之，世称"安定先生"，"宋初三先生"之一，《宋史》卷四百三十二有传。皇祐三年（1051），王安石有诗寄赠胡氏，表达仰慕钦敬之情。诗序曰：

> 孔孟去世远矣，信其圣且贤者，质诸《诗》《书》焉耳。翼之先生与予并时，非若孔孟之远也，闻荐绅先生所称述，又详于书，不待见而后知其人也。叹慕之不足，故作是诗。②

胡瑗著有《周易口义》，被视为宋代"以义理说《易》之宗"。③皇祐四年（1052），胡瑗入太学任教；嘉祐元年（1056）迁太子中允、充天章阁侍讲，兼任"管勾太学"的学政，一直到嘉祐四年（1059）春致仕。这一期间，他曾在太学主讲《周易》，引起京师士林的轰动。据亲炙胡瑗的王得臣、程颐所言，"安定胡翼之，皇祐、至和间国子直讲，朝廷命主太学。时千余士日讲《易》，余执经在诸生列。先生每引当世之事明之"。④"常有外来请听者，多或至千数人。"⑤王安石正任职京师，对于如此学术盛事，不会充耳不闻——稍前，他还以"文章事业望孔孟"来称颂胡瑗。不妨推测，对《易》学深感兴趣的王安石，极可能受胡瑗刺激，开始正式注解《周易》。《墨客挥犀》卷四载：

> 舒王性酷嗜书，虽寝食间手不释卷，昼或宴居默坐，研究经

---

① 《王安石文集》附录《上蒋侍郎书》，第1869—1870页。此书作年考证，可见杨倩描：《王安石易学研究》，河北大学出版社2006年版，第16页。
② 《王荆文公诗笺注》卷二十《寄赠胡先生诗》，第500页。
③ 《四库全书总目》卷二《周易口义》提要，第5页。
④ 王得臣撰、黄纯艳整理：《麈史》卷一，戴建国主编：《全宋笔记》第14册，大象出版社2009年版，第199页。
⑤ 程颐：《河南程氏文集》卷七《回吏部取问状》，《二程集》，第568页。

旨。知常州，对客语，未尝有笑容。一日，大会宾佐，倡优在庭，公忽大笑，人颇怪之。乃共呼优人厚遗之，曰："汝之艺能使太守开颜，真可赏也。"有一人窃疑公笑不由此，因乘间启公，公曰："畴日席上，偶思《咸》《恒》二卦，豁悟微旨，自喜有得，故不觉发笑耳。"①

嘉祐二年(1057)九月至翌年三月，王安石知常州。期间他精研覃思《周易》卦旨，宴居默坐，无不念兹在兹。他所"豁悟"的"微旨"，应该就是《周易》中《咸》《恒》二卦的注解。

《易解》全文，今已失传。南宋冯椅《厚斋易学》、李衡《周易义海撮要》等书保存数百条佚文，可略窥一二。

首先，《易解》不论互体，扫除象数，尊信《易传》，重在阐述义理。《直斋书录解题》卷一载：

> 新安王炎晦叔尝问南轩曰："伊川令学者先看王辅嗣、胡翼之、王介甫三家，何也？"南轩曰："三家不论互体，故云尔。然杂物撰德，具于中爻，互体未可废也。"南轩之说虽如此，要之，程氏专治文义，不论象数。三家者，文义皆坦明，象数殆于扫除略尽，非特互体也。②

"南轩"指南宋著名理学家张栻，字敬夫，号"南轩"，《宋史》卷四百二十九有传，著有《南轩易说》三卷。张栻非常熟悉《易解》，且多有沾丐汲取。③ 他将"不论互体"视为《易解》的主要特色，谅非向壁虚构。所谓"互体"，即"凡卦爻二至四、三至五，两体交互，各成一卦，先儒谓

---

① 彭□辑撰、孔凡礼点校：《墨客挥犀》卷四，中华书局2002年版，第318页。
② 《直斋书录解题》卷一《周易口义》，第10页。
③ 《困学纪闻》卷一："全云：荆公作《易解》而不列于《三经》(《三经新义》)，其后承其学者有耿南仲、龚原诸家，然南轩颇有取于荆公之说。"第44页。

之互体"。①《左传》庄公二十二年所载陈侯之筮,已开创以互体说《易》的先例。汉代郑玄注《易》多论互体。至王弼注《易》则力破互体,摒弃象数。北宋《易》学分为象数和义理两大派。以义理说《易》的学者不同程度上皆受王弼影响,大都对互体不以为然。胡瑗《周易口义》未曾言及互体,《易解》佚文亦无互体解说之例。陈振孙进而认为,程颐之所以推许王弼、胡瑗、王安石三家《易》注,皆因三家注《易》时扫除象数,阐明义理。王弼是《易》学中义理派的开山之祖,胡瑗的《周易口义》"在宋时,固以义理说《易》之宗也"。② 至于《易解》,现存佚文,主要用卦象爻象来阐述义理,于象数、方术、灾异等丝毫无涉,符合《上蒋侍郎书》所言:"斯则圣人赜必然之理,寓卦象以示人事。"③以下略举一例,以窥全豹。

如《晋卦》六二曰:"晋如愁如,贞吉。受兹介福,于其王母。"《象》曰:"'受兹介福',以中正也。"王弼释曰:

> 进而无应,其德不昭,故曰"晋如愁如"。居中得位,履顺而正,不以无应而回其志,处晦能致其诚者也。修德以斯,闻乎幽昧,得正之吉也,故曰"贞吉"。"母"者,处内而成德者也。"鸣鹤在阴",则"其子和之",立诚于暗,暗亦应之。故其初"愁如",履贞不回,则乃受兹大福于其王母也。

王弼以谓六二爻处于《晋》下卦之中、两阴之间,与六五无应,上无应援,晋升艰难,故有"愁如"之象。然以阴爻居阴位,柔顺中正,处晦致诚,修德不回,必获令闻,成就美德。母,指此爻处下卦坤卦之内而成德,坤有母象。此注脱落象数,与汉儒之说极为不同。东吴虞翻曰:

> 震为行,故"晋如"。应在坎上,故"愁如"。得位处中,故"贞

---

① 王应麟著、郑振峰点校:《周易郑康成注》,中华书局2012年版,第55页。
② 《四库全书总目》卷二《周易口义》提要,第5页。
③ 《王安石文集》附录《上蒋侍郎书》,第1870页。

吉"也。乾为介福，艮为手，坤为虚，故称受。介，大也。谓五已正中，乾为王，坤为母，故"受兹介福，于其王母"。①

虞翻先用卦变说，将晋之下卦坤变为震、上卦离变为乾，以震动乾王来解释爻辞、小象中"晋如""王"两词；继而利用互体，取晋之二、三、四爻为艮卦（手象），三、四、五爻为坎卦（险难义），来解释"愁如""受"之意。由此，辗转解释了《晋》之六二虽不应六五，最终却仍受其福。其中对"王母"注释，较之王弼颇显周详，然互体、爻变说繁复委曲，不无牵强。

王安石注曰：

> 修德于幽而无应于明，故"愁如"。在幽无应而不为邪，鬼神之幽且福之矣。"王母"，至幽之象。②

形式上，王注显然沿袭王弼，仅阐辞义，互体、卦变一概弃之。第一句根据六二爻所处之位（阴爻、得位、处坤卦中、无应），概括王弼所言来解释"愁如"，简洁清晰。他释"王母"为"至幽之象"，意谓六二爻虽处幽位上无应援，然坚持修德，当获鬼神保祐降福。单就辞义而言，他将"王母"虚化为形容至幽之象，比王弼注更为通顺合理，避免了将六五落实为"王母"然与六二不应的扞格。③

其次，注重文字的训释考证，文义坦明。王安石曾阅读宋初易学家王昭素《易论》，深感文字"晦而难读"。④ 另外，他对文字与《周易》的关系，认识独特。他认为，文字与卦爻都来自天地自然之象，它们

---

① 李道平撰、潘雨廷点校：《周易集解纂疏》卷五，中华书局 2004 年版，第 340 页。
② 《周易义海撮要》卷四，第 390 页。
③ 如程颐曰："王母，祖母也，谓阴之至尊者，指六五也。二以中正之道自守，虽上无应援不能自进，然其中正之德久而必彰，上之人自当求。"王孝鱼点校：《周易程氏传》，中华书局 2011 年版，第 198 页。
④ 《王荆文公诗笺注》卷二十《寄赠胡先生诗》，第 500 页。

相辅相成,共成《周易》:

> (文字)皆本于自然,非人私智所能为也。与伏羲八卦,文王六十四,异用而同制,相待而成《易》。①

文字与卦爻同制而异用,诠释字义,即阐释卦象。② 所以,他解《易》尤其重视文字的训诂考释,务求文从字顺,文义坦明。这一特点,宋代学者都一致认同。黄震曰:"《易泛论》释《易》中字义甚详。"③魏了翁指出,程颐要求学者先要熟读《易解》等,主要希望从中"寻绎文义"。④ 即使激烈抨王安石的洛学传人杨时,也承认《易解》文义诠释透彻分明:"荆公于《易》只是理会文义,未必心通。若非心通,纵说得分明彻了,不济事。"⑤

根据所辑王氏佚文,这一点相当明显。如释《屯》六三"几不如舍"之"舍"为"止";⑥释《师》卦"毒天下"之"毒",曰"凡药之攻疾者谓之毒";⑦释《蹇》六二"蹇蹇",曰"上下皆蹇"。⑧ 又释《说卦》"圣人南面而听天下"之"听"曰:"听,平声,听天下之治也。《周官》所谓'视治朝则赞听治'之听,今官舍谓之听事,亦此义。"⑨释《坤·文言》"阴疑于阳必战,为其嫌于无阳也"之"嫌"曰:"嫌,与《春秋》'不以嫌代嫌'

---

① 《王安石文集》卷八十四《熙宁字说序》,第 1464 页。
② 王安石对文字与《周易》关系的认识,或许受汉代《乾坤凿度》的启发。《乾坤凿度》从文字上来追溯八卦的起源,提出八卦实际上是天、地、山、风、水、火、雷、泽八个字的古文。见朱伯崑:《易学哲学史》第 1 册,昆仑出版社 2005 年版,173 页。
③ 黄震:《黄氏日钞》卷六十四,第 255 页。
④ 魏了翁:《鹤山全集》卷六十《跋金堂谢氏所藏伊川程氏真迹》,四部丛刊本。
⑤ 杨时撰、林海权整理:《杨时集》卷十三,中华书局 2018 年版,第 380 页。
⑥ 李衡:《周易义海撮要》卷一,景印文渊阁四库全书,第 13 册,第 294 页。
⑦ 《周易义海撮要》卷一,第 303 页。
⑧ 《周易义海撮要》卷四,第 402 页。
⑨ 冯椅:《厚斋易学》卷四十七《易外传》第十五,景印文渊阁四库全书,第 16 册,第 770 页。

之'嫌'同。"①以上诸训,皆简明精当,要言不烦。卦爻辞中一些相近相似的词语名物,《易解》善于把它们相互贯穿、对比,予以训释,尤能辨析毫厘,分辨出其间的细微差别。如释《大有》九三"公用亨于天子"之"天子",曰:

> 《易》之辞有王、有先王、有帝、有天子、有后,又有大君。王以德业言,先王以垂统言也,帝以主宰言,天子以正位言也,后者天子诸侯之通称,大君天子之尊称也。②

释《谦》初六"用涉大川"曰:

> "利涉",则其材其时利于涉耳。"用涉",则用此以涉,然后吉也。③

释《明夷》九三"明夷于南狩"之"狩"曰:

> 凡《易》之所谓"戈"者,兴事之小者也。其所谓"田"者,则兴事之大者也。"狩"则"田"之大者也。④

释《兑》九四"介疾有喜"之"介"曰:

> 《易》之文称"仇"、称"朋"、称"介"、称"畴"、称"夷",皆称其事而立辞。⑤

以上等等,均辨析毫厘,体贴入微。

《易解》解释《周易》中的文辞,往往将文字训诂和卦象阐释相结合,赋予字词本义之外的语境意义。这集中体现在《易泛论》。此篇分门别类收集了王安石对《周易》中某些字词的解释,共收字 155 个、

---

① 《厚斋易学》卷四十七《易外传》第十五,第 806 页。
② 《厚斋易学》卷十一《易辑传》第七,第 215 页。
③ 《厚斋易学》卷十二《易辑传》第八,第 221 页。
④ 《厚斋易学》卷十九《易辑传》第十五,第 373 页。
⑤ 《厚斋易学》卷二十九《易辑传》第二十五,第 548 页。

词41个。其分类有：动物灵怪、日用器物、天象时辰、身体器官、自然方位、行为动作、山川陵泽、金玉木石、颜色味道、建筑征战、婚姻家庭、衣帽服饰、专用术语。① 王氏的解释，或抉发其象征意蕴，如"鱼者，民之象也，小人女子之象也"；"鸿，进退以时而有序者也"。或阐述其用途功能，如"床，安上以止者也"；"筐，女所以承实者也"；"匕鬯，所以事宗庙社稷之器也"。或赋予其阴阳属性，如"膏，阳之泽也"；"血，阴之伤也"；"霜，阴刚之微也。坚冰，阴刚而疑阳也"，等等。通过这种方式，建立起一部《周易》的诠释字典。

第三，引史入《易》，以史事佐证《易》理。四库馆臣描述历代《易》学演变时，将引史入《易》视为《易》学史上一大转捩，可与王弼排击汉儒相提并论：

> 王弼尽黜象数，说以老庄，一变而胡瑗、程子，始阐明儒理；再变而李光、杨万里，又参证史事，《易》遂日启其论端。此两派六宗，已互相攻驳。②

以史事参证《易》理，这一《易》学史上的重大变化，《易解》已经滥觞。今按《易解》佚文，有多处引证史实，辅证所阐之义理。如《蛊》九二："干母之蛊，不可贞。"《象》曰："'干母之蛊'，得中道也。"王安石注曰：

> 母从子者也，宜巽乎内以应外，反止乎外；子制义者也，宜止乎外以制内，而反巽乎内，宜不可以为贞矣。然九二刚巽乎中，得趋时之宜而未失道者也。若鲁庄公能哀痛思庄谨以事母，而防闲之以礼，母子相与之际虽不可谓正，亦可谓能干母之蛊而得中道者矣。③

---

① 以上统计分类，出自杨倩描：《王安石易学研究》，第105—106页。
② 《四库全书总目》卷一《易》类一，第1页。
③ 《周易义海撮要》卷二，第340页。

《蛊》卦九二爻,以阳爻处阴位,居内卦之中。王弼认为,"宜干母事",然"妇人之性难可全正,宜屈己刚,既干且顺,故曰'不可贞'也"。① 贞者,全正之义。王安石则认为九二刚中,能够顺时权宜,虽不合母主内、子主外之义(不贞),未为失道(得中道)。继而,又引用春秋时期鲁庄公筑馆于祝丘、从齐国迎回母亲文姜之事,作为例证,使得爻义显豁明朗。其他,如以"汤、武不能服楚、越,非汤、武之耻,舍逆之道,唐太宗之伐高丽,是失矣",来诠释《比》九五爻辞《象传》中的"舍逆取顺";②以"二老(伯夷、叔齐)避纣""伊尹就桀",来诠释《明夷》初九爻辞中的"不食""有攸往";③以武王观兵,来诠释《乾》九四爻辞"或跃在渊,无咎",④等等,均博采史籍,引历代史事相互参证。

(二)

王安石似乎不太满意《易解》,"其书往往已为不知者所传,追思之未尝不愧也"。⑤ 不过,这无损于此书在他学术体系中的重要地位。事实上,他的经学特色以及若干重要学术思想,已初步体现其中。如其《卦名解》,模仿十翼中的《序卦》,利用《彖传》《象传》的内容,重新解释62卦(除《乾》《坤》外)的卦名、卦德,在前后卦之间建立意义序列。⑥《易象论解》中,他根据《大象》传文来诠释64卦的编排顺序,以及彼此之间相因、相生、相反的关系。这种做法,明显针对欧

---

① 王弼注,孔颖达疏,卢光明、李申整理,吕绍纲审定:《周易正义》,北京大学出版社2000年版,第110页。
② 《周易义海撮要》卷一,第308页。
③ 《周易义海撮要》卷四,第392页。
④ 《河南程氏遗书》卷十九,《二程集》,第250页。
⑤ 《王安石文集》卷七十二《答韩求仁书》,第1254页。
⑥ 《黄氏日钞》卷六十四曰:"《卦名解》始于刚柔始交之屯,辗转次第,用《序卦》之法而论其次,颇有牵强处。内云:'中孚者,至诚之卦。无妄,则不妄而已。'此恐未安。'无'字与'不'字,自是两义也。"第255页。杨倩描认为,《卦名解》模仿《杂卦》。《王安石易学研究》,第123页。

阳修等对《易传》的怀疑,①试图按照自己的政治理念,重新赋予六十四卦间内在的一致性、连贯性,维护《周易》经传的合法性。这就是他所谓的"致一"。而注解时牵强附会的弊端,也开始呈现。

《易解》中,《井》卦九三爻的注解最受关注。王应麟曾高度评价:"《井》之九三,荆公解云……文意精妙,诸儒所不及。"②全祖望甚至认为,"此数语乃荆公一生作用、一生心法"。③ 以下便以此爻为例,略作阐述:

> 《井》九三:"井渫不食,为我心恻。可用汲,王明并受其福。"《象》曰:"'井渫不食',行恻也。求'王明',受福也。"

王安石注曰:

> 此托殷之公侯时有贤者,独守汤法而不见任用,谓微、箕之伦也。恻,伤悼也。周德来被,故曰"求王明受福"。求王明,孔子所谓异乎人之求也。君子之于君也,以不求求之;其于民也,以不取取之;其于天也,以不祷祷之;其于命也,以不知知之。井之道无求也,以不求求之而已。④

九三以阳爻处阳位,又与上六爻相应,却因处下卦而不得汲用。王注、孔疏皆以此爻比喻不得志的贤人,"修已全洁而不见用";"井之可汲,犹人可用,若不遇明王,则滞其才用;若遭遇贤主,则申其行能。"⑤王安石没有表示异议,而是重点注解《象》"求王明"之"求",作

---

① 徐洪兴:《思想的转型:理学发生过程研究》,上海人民出版社1996年版,第282—285页。
② 《困学纪闻》卷一,第43页。
③ 全祖望:《经史问答》卷一,朱铸禹注:《全祖望集汇校集注》,上海古籍出版社2018年版第1870页。
④ 《周易义海撮要》卷五,第439页。
⑤ 《周易正义》卷三,第235页。

出创造性的阐述。

《井》卦"以井有常体,犹事有常法,时异而法不异,又当敬以守之。"①事有常道,敬以守之,也即无求。王安石注曰"井之道无求也",不为无据。然"无求"并非无所作为的不求,而是"以不求求之"。就士人与君主的关系而言,它体现为"以不求求之";就士人与民众的关系而言,它体现为"以不取取之";就天人关系而言,它体现为"以不祷祷之";对于士人的命运祸福,则体现为"以不知知之"。这四句的行为方式与目标恰相悖反——不求与求、不取与取、不祷与祷、不知与知,句式上颇似《庄子·天地篇》中"无为为之之谓天""不同同之之谓大"等。清代学者何焯认为,这不过玩弄语言技巧,"特辅嗣(王弼)清言之俦"。② 全祖望指出:

> 何氏以为此特"辅嗣清言之俦",尚未尽其实。荆公学术,略具于此。所谓"以不求求之"者,即其初年屡征不赴之术也;"以不取取之"者,即其"不加赋而国用足"之说也;"以不祷祷之"者,一变而遂为"天变不足畏"之妄谈矣。岂特清言也已哉!③

全氏以为,王安石的整个学术建构、思想底蕴皆见于此条注解,确是鞭辟入里。首先,"屡征不赴之术"即"以不求求之",指王氏的出处之道。如前所言,他强调士人应以儒家之道为准则,以道自任,担负并践履之。士人出仕,不应单纯追求功名利禄,而应以"行道"为前提积极参与现实政治。一方面居官行道,清介自守;另一方面还要顺应时势,把握时机,注重权变,灵活应对——以此静候君臣遇合的良机,润泽天下。《易解》中,王安石利用卦象爻位,予以详细阐述:

> 《晋》初六:"初六以柔进,君子也,度义以进退者也。常人不

---

① 陈梦雷:《周易浅述》卷五,景印文渊阁四库全书,第43册,第194页。
② 《困学纪闻》卷一,第43页。
③ 《困学纪闻》卷一,第44页。

见孚,则或急于进以求有为,或急于退以怼上之不知。孔子曰:'我待价者也。'此罔孚而裕于进也。孟子久于齐,此罔孚而裕于退也。"①

《睽·象》:"小人能同而不能异,能异则不能同。君子同乎道,异者异乎时与事而已。"②

《渐》上九:"其进也以渐而不失时,其翔也以群而不失序,所谓进退可法者也。六爻皆鸿也,至于上而后曰'其羽可用为仪',要其终而不可乱也。"③

士人的进退应当根据一定的道德原则,"度义以进退";同时还要考虑时机与时势,在坚持原则的前提下具备一定的灵活性,"同乎道""异乎时与事"。

他阐发儒家"革命"精神,与《淮南杂说》呼应:

《乾·文言》九三曰:"忠信,行也;修辞,言也。"知九五之位可至而至之,舜、禹、汤、武是也,非常义也,故曰"可与几也"。知此位可终则终之,伊、周、文王是也,可与存君臣之大义也。④

《文言》所引孔子所曰"至之""终之",本指君子修"德"而言。王氏则结合九三可升至九五的爻位分析,将"至之""终之"的"之"字,解释为君位和臣位;再引证舜、禹、汤、武王以人臣而成为君主,伊尹、周公、文王则恪守人臣之位的史实,予以论证。这实际肯定了先秦儒家"天命"前提下的"革命"权利,既契合《革》卦《象》所曰"汤武革命,顺乎天而应乎人",同时引申发挥孟子的名言"闻诛一夫纣矣,未闻弑君也"。

王安石的一生,真正践履实践了以上出处之道。首先,"求之",

---

① 《周易义海撮要》卷四,第 390 页。
② 《周易义海撮要》卷四,第 398 页。
③ 《厚斋易学》卷二十七《易辑传》第二十三,第 513 页。
④ 《周易义海撮要》卷一,第 283 页。

指他出仕的终极目标是得君行道,一旦"得志于君,则变时而之道";"不求",即不妄求,指平时在官僚体系中守道尽职,不妄求进取去攫得晋升捷径。扬州、鄞县任满后,他数次拒绝馆职召试,之后又屡辞美官:

> 先是,馆阁之命屡下,安石屡辞,士大夫谓其无意于世,恨不识其面。朝廷每欲畀以美官,惟患其不就也。明年,同修起居注,辞之累日。阁门吏赍敕就付之,拒不受,吏随而拜之,则避于厕。吏置敕于案而去,又追还之;上章至八九,乃受。遂知制诰、纠察在京刑狱,自是不复辞官矣。①

由进士高第荐试馆职,由馆职选任两制词臣,再由两制升至宰辅,这是宋代文章词学之士的一条仕宦通途。王安石却特立独行,初辞馆职召试,再辞集贤校理,又辞同修起居注。除家贫养老、资序较浅等顾虑外,一个主要原因,即他对官僚体系内仅凭文辞晋升这一铨选机制,非常不满。他更倾向于凭借吏能政事,获得逐步升迁。他知鄞县、倅舒州、知常州、提点江东刑狱,每一任上兢兢业业,政绩斐然,走出一条不同寻常之路。执政以后,遂改革馆职的选拔标准,由文采转向政事。

以上即"屡征不赴"。全祖望用一个"术"字界定,略含贬义,似受某些宋人影响。如南宋林栗抨击《易解》"以不求求之"之语,视为要君之术:

> 行恻者,行人之恻,而非井之恻也。求王明者,人之求之,而非井之求之也。……王安石乃曰:"君子之于君也,以不求求之,异乎人之求之也。"恶是何言也!君子之不求也,岂以为要君之术也哉!②

---

① 《宋史》卷三百二十七《王安石传》,第 10542 页。
② 林栗:《周易经传集解》卷二十四,景印文渊阁四库全书,第 12 册,第 327 页。

英宗一朝,王安石丁忧期满,又屡辞朝廷赴阙之召。对此,鲜于侁视为"沽激要君"。① 新继位的神宗不无疑惑:"安石历先帝一朝召不起,或为不恭。今召又不起,果病耶? 有要耶?"②其实,除身体状况不佳外,王氏对英宗朝的政局洞若观火。时机不宜,自然不愿赴阙。及了解到神宗欲励精图治,确有重用之意,他才欣然受命出知江宁府,翌年赴任翰林学士。这正是"他所奉行的'以道进退'与'观时而动'相结合这一出处哲学的成功实践"。③

其次,"以不取取之",指王安石的理财思想"民不加赋而国用足"。意谓不强行增加农民的夏秋二税,而通过政府促进生产、政府借贷、政府强化工商管理及至直接从事工商业等手段,剥取大商人、大高利贷者的中间利润,提高国家的财政收入。④ 理财是王氏政治变革中的一个核心问题。嘉祐年间,他屡次强调,应当把理财当作治国的首要之务,必须把财政的开阖收敛之权,集中在政府手中。熙宁元年(1068)八月,他与司马光争论时提出"国用不足,非方今之急务也","国用不足,由未得善理财之故也","善理财者,民不加赋而国用饶"。⑤ 此后,青苗、市易诸项新法的出台,和这种理财思路密切相关,而在《易解》中已略见端倪。除上一条注文外,又如释《井》卦《象传》曰:

荀子曰:"不足者,天下之公患也。"苟知劳民劝相之道,而以

---

① 《宋史》卷三百四十四《鲜于侁传》:"初,王安石居金陵,有重名,士大夫期以为相。侁恶其沽激要君,语人曰:'是人若用,必坏乱天下。'"第 10936—10938 页。

② 《续资治通鉴长编》卷二百九治平四年闰三月庚子,第 5086 页。

③ 朱义群:《宋神宗起用王安石知江宁府的背景及其政治和文化意蕴》,《中华文史论丛》2017 年第 3 期。

④ 杨倩描提出相似解释,但认为"这样的理解未免过于肤浅"。他将"取"字释为"治","以不取取之"即"以不治治之",认为"这明显是受老子思想的影响",主张无为而治,"是王安石一贯主张的儒家仁政思想的概括。"《王安石易学研究》,第 205—207 页。

⑤ 司马光:《温国文正公文集》卷三十九《八月十一日迩英对问河北灾变》。

不足为患者,未之有也。①

"苟知劳民劝相"则无不足之患,此即《上仁宗皇帝言事书》所言"因天下之力以生天下之财,取天下之财以供天下之费,自古治世,未尝以不足为天下之公患也,患在治财无其道耳"。②

再次,"其于天也,以不祷祷之",指向天人关系。它反映王安石的天人观,后来演变成"天变不足畏"之说。"其于命也,以不知知之",反映王氏的性命观。此处暂不赘述,详见本书下文。

最后,对变革思路的阐释。儒家经典中,《周易》尤其崇尚变通之义。《系辞上》曰:"《易》有圣人之道四焉:以言者尚其辞,以动者尚其变,以制器者尚其象,以卜筮者尚其占。"③《系辞下》曰:"神农氏没,黄帝、尧、舜氏作,通其变,使民不倦,神而化之,使民宜之。《易》穷则变,变则通,通则久。"④历代政治家、思想家往往引用或注解《周易》,作为政治变革的理论根据,王安石亦然。他通过对《革》卦、《震》卦、《系辞下》等的注解,反复阐释社会变革的必要性、变革所需要的条件、变革中君主的作用、变革中可能遭遇的困难等等。杨倩描论述颇详,⑤此处不再赘述。

第六节　注释《洪范》

（一）

嘉祐二年(1057)五月,王安石离京出知常州。翌年(1058)二月,

---

① 《周易义海撮要》卷五,第438页。
② 《王安石文集》卷三十九《上仁宗皇帝言事书》,第651页。
③ 《周易正义》卷七,第333页。
④ 《周易正义》卷七,第352—353页。
⑤ 杨倩描:《易学对王安石变法思想的理论支撑》,《河北学刊》2004年第4期。

自知常州移提点江南东路刑狱。四年(1059)春,返回京城任三司度支判官。这两任期间,他开凿运河,整顿吏治,导致物议沸腾:

> 时王安石守常州,开运河,调夫诸县。旦言:"役大而亟,民有不胜,则其患非徒不可就而已,请令诸县岁递一役,虽缓必成。"王安石不听。秋大霖雨,民苦之,多自经死,役竟罢。①

士人群体的反应,令王安石深受刺激。他向刘敞解释道:

> 河役之罢,以转运赋功本狭,与雨淫不止,督役者以病告,故止耳。……今劳人费财于前,而利不遂于后,此某所以愧恨无穷也。若夫事求遂,功求成,而不量天时人力之可否,此某所不能,则论某者之纷纷,岂敢怨哉?阁下乃以初不能无意为有憾,此非某之所敢闻也。
>
> 方今万事所以难合而易坏,常以诸贤无意耳。如鄙宗夷甫辈,稍稍骛于世矣;仁圣在上,故公家元海未敢跋扈耳。阁下论为世师,此虽戏言,愿勿广也。②

嘉祐二年(1057),刘敞正知扬州。因王安石修筑运河未成,劳民伤财,他致信劝慰,"以初不能无意为有憾"。无意,即为官一方,不必刻意励精求治,免生事端。这反映了当时官场盛行的因循之风——不去作为,得过且过,仅凭资历迁转。王氏不以为然,直斥其非:"方今万事所以难合而易坏,常以诸贤无意耳。"措辞强硬,雅非戏谑之语。接下来他提点江东刑狱,按视一路,毅然出手整治官场庸俗之风,纠劾数名违法干纪的官员,结果引起轩然大波。面对好友王回、曾巩等人的致询,他回复道:

> 某尝以谓古者至治之世,然后备礼而致刑。不备礼之世,

---

① 《宋史》卷二百九十八《司马旦传》,第9906页。
② 《王安石文集》卷七十四《与刘原父书》,第1294页。

非无礼也,有所不备耳;不致刑之世,非无刑也,有所不致耳。故某于江东,得吏之大罪有所不治,而治其小罪。不知者以谓好伺人之小过以为明,知者又以为不果于除恶,而使恶者反资此以为言。某乃异于此,以为方今之理势,未可以致刑。致刑则刑重矣,而所治者少;不致刑则刑轻矣,而所治者多,理势固然也。一路数千里之间,吏方苟简自然,狃于养交取容之俗,而吾之治者五人,小者罚金,大者才绌一官,而岂足以为多乎?工尹商阳非嗜杀人者,犹杀三人而止,以为不如是不足以反命。某之事,不幸而类此。若夫为此纷纷而无与于道之废兴,则既亦知之矣。抑所谓君子之仕,行其义者,窃有意焉。足下以为如何?

自江东日得毁于流俗之士,顾吾心未尝为之变,则吾之所存固无以媚斯世,而不能合乎流俗也。及吾朋友亦以为言,然后怵然自疑,且有自悔之心。徐自反念,古者一道德以同天下之俗,士之有为于世也,人无异论。今家异道,人殊德,又以爱憎喜怒变事实而传之,则吾友庸讵非得于人之异论变事实之传,而后疑我之言乎?况足下知我深,爱我厚,吾之所以日夜向往而不忘者,安得不尝试言吾之所自为,以冀足下之察我乎?①

王安石为江东提刑任上的作为进行辩解:当今的理势,不可以弃置刑罚而不用,必须惩治那些苟且因循、拉帮结派的违法官员。这是职责所在,"所谓君子之仕,行其义者"。众人的议论讥讽,纯系流俗之辈出于私心爱憎变乱事实、造谣污蔑,不足为恤。但面对生平至交王回的质疑,王氏则"怵然自疑,且有自悔之心","徐自反念"。以他自信又自负的性格,其内心的震撼可想而知。显然,他已深深体会到变革的艰难,以及可能遭遇到的重重阻力。这种情况下,或是否定自

---

① 《王安石文集》卷七十二《答王深父书二》,第 1262—1263 页。

己,循从所谓的流俗;或是我行我素,与整个流俗进行对抗。所幸,他从儒家圣贤身上找到理据:"工尹商阳非嗜于杀人者,犹杀三人而止,以为不如是不足以反命。某之事,不幸而类此。""古者一道德以同天下之士,士之有为于世也,人无异论。"儒家经典提供了"合法性"与"合理性"。稍后,他上书仁宗,特别强调:

> 臣以谓当今之失患在不法先王之政者,以谓当法其意而已。夫五帝、三王相去盖千有余岁,一治一乱,其盛衰之时具矣。其所遭之变,所遇之势,亦各不同,其施设之方亦皆殊,而其为国家之意,本末先后,未尝不同也。臣故曰:当法其意而已。法其意,则吾所改易更革,不至乎倾骇天下之耳目,嚣天下之口,而固已合乎先王之政矣。①

提点江东刑狱,他能够以"君子之仕行其义"的自信直行其道;而事后的议论喧哗,使他不得不认真思考:如何变革弊政而不致群情汹涌?答案就是法先王之意,行先王之政。这样,他个人的仕途体验,便与北宋儒学复兴中"回归三代"的思想潮流绾合一起。

朱熹认为:"国初人便已崇礼义,尊经术,欲复二帝三代,已自胜如唐人。"②余英时指出:"向往三代,轻视汉、唐,这本是宋儒的共同意见。"③其实,宋初三朝,政治文化、学术思想的基调本是模仿唐代,表现出浓厚的务实因循色彩。④"回归三代"的政治理想主义,迟至仁宗天圣以后才与儒学复兴互为表里,同步兴起。皇祐二年(1060),年轻的理学家程颐上书仁宗,开宗明义:"治天下之道,莫非五帝、三

---

① 《王安石文集》卷三十九《上仁宗皇帝言事书》,第 642 页。
② 《朱子语类》卷一百二十九,第 3085 页。
③ 《朱熹的历史世界》,第 187 页。
④ 土田健次郎总结宋初三朝的文化概况,指出"这个时期是以模仿唐代为目标的","到真宗为止的三朝,皆以唐文化的复兴为基调,这对于唐代灭亡以来首先建立了真正的统一王朝的宋来说,也是一件当然的事"。《道学之形成》,第 32—33 页。

王、周公、孔子治天下之道也。"①曾受范仲淹指引的另一位理学家张载呼吁道:"为政不法三代者,终苟道也。"②"宋初三先生"之一石介乐观地认为,只要认真研习儒家经典,将其中的治国之道付诸实践,就不难振兴三代圣王之治:"呜呼!《周礼》明王制,《春秋》明王道,可谓尽矣。执二大典以兴尧、舜、三代之治,如运诸掌。"③尽管欧阳修、司马光、曾巩、苏轼等著名士人,对所谓"回归三代""取法先王"等复古口号皆不以为然,提出许多尖锐的质疑和批评,而嘉祐、治平间的政治取向也趋向因循持重,但并未妨碍这种政治理想主义对士人阶层的潜移默化。最终,它积淀为北宋中后期思想史上的一种底层基调,成为熙宁变法的重要思想背景,为各项新法树立起复古的理想旗帜。北宋后期,著名文人李复追溯道:"近世言治者,以为不行三代之政,不可以言治。"④这个描述很确切。

三代之治象征着儒家理想的社会政治秩序,先王之政则是实现这一政治理想的具体制度措施,二者体现了古代圣王治理天下的基本精神、原则或用心。以上本来备载于儒家经典,是儒学研习的重要内容。然而秦汉以后,治乱相寻,三代之治不复再现。王安石认为,汉唐章句儒学须承担相当的责任:

> 夫圣人之术,修其身,治天下国家,在于安危治乱,不在章句名数焉而已。而曰圣人之术单此者,妄也。⑤

> 孔子没,道日以衰熄,浸淫至于汉,而传注之家作。为师则有讲而无应,为弟子则有读而无问。……呜呼!学者不知古之

---

① 《河南程氏文集》卷五《上仁宗皇帝书》,《二程集》,第513页。
② 《宋史》卷四百二十七《张载传》,第12723页。
③ 《徂徕石先生文集》卷七《二大典》,第77页。
④ 李复:《潏水集》卷五《答人问政书》,景印文渊阁四库全书,第1121册,第50页。
⑤ 《王安石文集》卷七十五《答姚辟书》,第1317页。

所以教,而蔽于传注之学也久矣。①

儒学的目标是修身、治国、平天下,并不局限于经典的解释讲授。汉唐儒者由于治学方法上"无问""无思",沉溺于繁琐的训诂考证,反而湮没儒学的精神实质。必须重新阐释儒家的经典,使圣人之意、圣人之政能够完整地呈现于世。

王氏的这一认知,并非孤明先发,而是整个北宋儒学复兴的共识。仁宗朝兴起的儒学复兴运动,首要之务便是检讨儒学自身发展的历史,抨击汉唐儒学,梳理儒学的传承谱系,树立儒家道统,以正本清源。士人们在强烈批判社会政治的弊端时,往往将此归结为现实政治与儒学的脱节,即政治制度和行政操作缺乏儒家学说的指导。他们认为,这首先应该归咎于儒学自身——汉唐经师的注疏,湮没圣人治国安邦的微言大义:

> 噫!专主王弼、韩康伯之说而求于大《易》,吾未见其能尽于大《易》者也;专守左氏、公羊、穀梁、杜预、何休、范宁之说而求于《春秋》,吾未见其能尽于《春秋》者也;专守毛苌、郑康成之说而求于《诗》,吾未见其能尽于《诗》者也;专守孔安国之说而求于《书》,吾未见其能尽于《书》者也。彼数子之说,既不能尽于圣人之经,而可藏于太学,行于天下哉?又后之作疏者,无所发明,但委曲踵于旧之注说而已。②

> 《春秋》者,孔氏经而已,今则有左氏、公羊、穀梁氏三家之传焉。《周易》者,伏羲、文王、周公、孔子而已,今则说者有二十余家焉。《诗》者,仲尼删之而已,今则有齐、韩、毛、郑之杂焉。《书》者,出于孔壁而已,今则有古今之异焉。《礼》则周公制之,孔子定之而已,今则有大戴、小戴之记焉。是非相扰,黑

---

① 《王安石文集》卷七十一《书洪范传后》,第1244—1245页。
② 孙复:《孙明复小集·寄范天章书二》,《宋集珍本丛刊》第3册,第165页。

白相渝,学者茫然慌忽,如盲者求诸幽室之中,恶睹夫道之所适从也。①

毛苌、郑玄、孔安国、杜预等人的解释,未能发明经典之意,干扰学者对圣人之道的理解,使他们陷溺在繁琐的注疏笺证中,无所适从。青年学者王令甚至以为,汉唐经学分章析句,饾饤堆砌,非但不足以造就人才,更导致人才衰退:

> 今夫章句之学,非徒不足以养材,而又善害人之材。今夫穷心剧力,茫然日以雕刻为事,而不暇外顾者,其成何哉?初岂无适道学古之材,固为章句之败耳。自章句之兴,学者日驰以争入,其为言皆钻凿破碎,又有尺寸物色之限,终其业犹惣九牛而计其毛,假能举其皮而忽其一犍,犹未得名能,呜呼,亦已劳哉!②

王令与王安石关系密切,既是姻亲,又兼师友。二人对汉唐章句之学的评价,完全一致。

(二)

重新诠释儒家经典,从中寻求治国平天下所需要的理论依据,以此来指导、改造现实政治,建立理想的社会政治秩序。这是仁宗嘉祐以后王安石的学术重点。《洪范传》堪称典范。

《洪范》是《尚书》中的一篇。相传周武王克商后,去拜访商朝的贵族箕子,请教治国之道,箕子授以大禹的洪范九畴。洪范,意谓大法;九畴,九种、九类。具体包括:一曰五行,二曰五事,三曰八政,四曰五纪,五曰建用皇极,六曰三德,七曰明用稽疑,八曰念用庶征,九

---

① 《徂徕石先生文集》卷十五《上孙少傅书》,第173页。
② 王令著、沈文倬点校:《王令集》卷十七《答刘公著微之书》,第308页。

曰向用五福、威用六极。汉代以下,《洪范》被视为君主治国之大法,备受儒者尊崇,伏生、董仲舒、刘向、孔颖达等著名儒者均予注释。他们以天人感应论和谶纬之学为理论基础,尤其重视九畴中的第一畴"五行",集中探讨灾异祥瑞同政事间的对应关系。

针对这些汉唐注疏,王安石表达了强烈不满:

> 孔子没,道日以衰熄,浸淫至于汉,而传注之家作。为师则有讲而无应,为弟子则有读而无问。非不欲问也,以经之意为尽于此矣,吾可无问而得也。岂特无问,又将无思。非不欲思也,以经之意为尽于此矣,吾可以无思而得也。夫如此,使其传注者皆已善矣,固足以善学者之口耳,不足善其心,况其有不善乎?宜其历年以千数,而圣人之经卒于不明,而学者莫能资其言以施于世也。
>
> 予悲夫《洪范》者,武王之所以虚心而问,与箕子之所以悉意而言,为传注者汩之,以至于今冥冥也,于是为作传以通其意。呜呼!学者不知古之所以教,而蔽于传注之学也久矣。当其时,欲其思之深、问之切而后复焉,则吾将孰待而言邪?①

武王虚心而问、箕子悉意而言的治国大道,被传注者繁琐的注释汩没,以至于今湮没无闻。王氏的批判锋芒直指汉唐注疏。作为经师,他们只管单方面灌输传授;作为弟子,则仅知死记墨守而不去质疑问难。不仅无应无问,而且缺乏深思精虑。这一切皆因他们错误地理解儒学,将儒学局囿于章句训诂,而忽略它经世致用的本质。

《洪范传》体现出鲜明的解经特色。王安石略去《洪范》的序言部分,直接注释正文。《洪范》序主要叙述武王与箕子的问答,

---

① 《王安石文集》卷七十一《书洪范传后》,第 1244—1245 页。

陈述洪范九畴来自大禹,系天帝所赐:"禹乃嗣兴,天乃锡禹洪范九畴,彝伦攸叙。"①所谓"孔传"以神秘的河图洛书之说来作注解:"天与禹,洛出书,神龟负文而出列于背,有数至于九。禹遂因而第之,以成九类,常道所以次叙。"②孔疏则牵引《大禹谟》《易系辞》《汉书·五行志》等,予以敷衍:

> 以前学者必相传此说,故孔以九类是神龟负文而出,列于背,有数从一而至于九,禹见其文,遂因而第之,以成此九类法也。此九类陈而行之,常道所以得次叙也。言禹第之者,以天神言语,必当简要,不应曲有次第,丁宁若此,故以为禹次第之。③

《洪范》这种神奇来历,王氏一概不提,他只是肯定《洪范》的内容即箕子回复武王的治国之道:"《洪范》者,武王之所以虚心而问,与箕子之所以悉意而言。"④这并非无意省略,而是针对汉唐儒学中的谶纬迷信有意为之。当时,士林领袖欧阳修曾抨击汉唐注疏:"自秦、汉以来,诸儒所述,荒虚怪诞,无所不有。"⑤特别是"《河图》《洛书》,怪妄之尤甚者","伪说之乱经也"。⑥嘉祐四年(1059),欧阳修上奏仁宗,"乞特诏名儒学官,悉取九经之疏,删去谶纬之文,使学者不为怪异之言惑乱。然后经义纯一,无所驳杂"。⑦朝野上下,为之震动。《洪范传》大约撰于嘉祐后期,其时王、欧关系密切,交流频繁。《洪范传》凡有涉河图洛书、谶纬迷信之处,皆略而不及。王氏以这种方式,来回

---

① 孔安国传,孔颖达疏,廖名春、陈明整理,吕绍刚审定:《尚书正义》卷十二《洪范》,北京大学出版社 2000 年版,第 353 页。
② 《尚书正义》卷十二《洪范》,第 353 页。
③ 《尚书正义》卷十二《洪范》,第 354 页。
④ 《王安石文集》卷七十一《书洪范传后》,第 1245 页。
⑤ 《欧阳修全集》卷四十八《问进士策四首》,第 680 页。
⑥ 《欧阳修全集》卷四十三《廖氏文集序》,第 615 页。
⑦ 《欧阳修全集》卷一百十二《论删去九经正义中谶纬札子》,第 1707 页。

应欧阳修删伪正经的学术理念。①

　　较之孔疏,《洪范传》简明扼要,新义迭出。首先,《传》中全面阐述王氏的宇宙观,建立起一种以"五行"为中心的世界图式,用以说明宇宙万物的形成和变化。五行,即水、火、木、金、土五种元素。它们由阴阳二气的运动变化而生成,而这五种元素本身也处在运动变化中,具有变化的性能:"五行也者,成变化而行鬼神,往来乎天地之间而不穷者也,是故谓之行。"②具体而言,即"木变""土化""水因""火革""金从革"。它们是构成宇宙万物的基本元素,是万物运动变化的基础,万物的体质、性能、形态等均由此而来。五行本身并非宇宙的本原,而是"天之所以命万物者也"。天即道,"万物莫不由之者也"。它既是宇宙的本原,也体现为运动变化的终极动力"耦"——事物内部的对立面。"五行之为物……皆各有耦","耦之中又有耦焉,而万物之变遂至于无穷"。不仅自然如此,人事亦然:"性命之理,道德之意,皆在是矣。"③

　　其次,阐述君道。如前所述,《淮南杂说》《易解》等著述中,王安石侧重阐明为士之道。他强调士人应当"从道不从君",君臣之间应

---

①　与欧阳修关系更密切的曾巩、苏轼,对欧的作法却不以为然。《困学纪闻》卷一载:"欧阳公以《河图》《洛书》为怪妄。东坡云:'著于《易》,见于《论语》,不可诬也。'南丰云:'以非所习见,则果于以为不然,是以天地万物之变,为可尽于耳目之所及,亦可谓过矣。'苏、曾皆欧阳门人,而论议不苟同如此。"第124—125页。按,《曾巩集》卷十《洪范传》曰:"其曰'天乃锡禹《洪范》九畴',盖《易》亦曰'洛出书',然而世或以为不然。原其说之所以如此者,以非其耳目之所习见也。天地之大,万物之众,不待非常之智而知其变之不可尽也。人之耳目之所及,亦不待非常之智而知其不能远也。彼以非其所习见,则果于以为不然,是以天地万物之变为可尽于耳目之所及,亦可谓过矣。为是说者,不独蔽于《洪范》之锡禹,至凤凰、麒麟、玄鸟生民之见于经者,亦且以为不然。执小而量大,用一而齐万,信臆决而疑经,不知其不可,亦可谓惑矣。"第155—156页。曾巩似针对欧、王,其注《洪范》或在王氏稍后。

②　《王安石文集》卷六十五《洪范传》,第1124页。

③　《王安石文集》卷六十五《洪范传》,第1124页。

以义相合。在行道济民的前提下,肯定汤武革命的正义性。《洪范传》中,王安石则表现出较强的尊君色彩,同时又强化对君主的训导:

> 臣闻天下之物,小大有彝,后先有伦。叙者天之道,叙之者人之道。天命圣人以叙之,而圣人必考古成已,然后以所尝学措之事业,为天下利。①

他自天人关系的视域,强调君主的权威性、君主在秩序中的崇高地位;同时,屡次申明君主的职责必须"考古成已",建功立业以利天下。如解第五畴"建用皇极":

> "皇极,皇建其有极,敛时五福,用敷锡厥庶民。"何也?皇,君也;极,中也。言君建其有中,则万物得其所,故能集五福以敷锡其庶民也。"惟时厥庶民,于汝极,锡汝保极。"何也?言庶民以君为中,君保中,则民与之也。②

皇极,所谓"孔传"释为"大中之道",孔疏曰:"皇,大也;极,中也。"③王氏将"皇"释为"君",将"皇建其有极"释为"君建其有中,则万物各得其所",如此进一步凸显出君主治国中的主体性。这种主体性,在天地人伦的秩序中独一无二,只有君主才能通过"敬用五事",修身治心,上继天道,为政于天下:

> 五行,天所以命万物者也,故"初一曰五行"。五事,人所以继天道而成性者也,故"次二曰敬用五事"。五事,人君所以修其心、治其身者也。修其心、治其身,而后可以为政于天下,故"次

---

① 《王安石文集》卷五十六《进洪范表》,第985页。王明荪详细探讨了《洪范传》的政治思想,他指出:"安石虽然崇君权,但明显的是以王道为说,而非盲目地尊君。"《宋史研究集》第十九辑《王安石洪范传中的政治思想》,第58页。
② 《王安石文集》卷六十五《洪范传》,第1128页。
③ 《尚书正义》卷十二《洪范》,第402页。

三曰农用八政"。①

皇极由君主和臣民共同遵循,而九畴中的"三德"——正直、刚克、柔克,则由君主所任。必要时君主可以"自用其福威",以免受到朋党蒙蔽,权柄下移,善消恶长,天下大乱:

> 人君蔽于众,而不知自用其福威,则不期虐茕独而茕独实见虐矣,不期畏高明而高明实见畏矣。茕独见虐而莫劝其作德,则为善者不长;高明见畏而莫惩其作伪,则为恶者不消。善不长,恶不消,人人离德作伪,则大乱之道也。②

> 执常以事君者,臣道也;执权以御臣者,君道也。三德者,君道也。……皇极者,君与臣民共由之者也。三德者,君之所独任而臣民不得僭焉者也。③

不过,这种主体性同时意味着巨大的责任:

> 庶民以君为中,君保中,则民与之也。④

> 君中则民人中也。庶民无淫朋,人无比德者,惟君为中而已。盖君有过行偏政,则庶民有淫朋,人有比德矣。⑤

> 盖人君能自治,然后可以治人;能治人,然后人为之用;人为之用,然后可以为政于天下。为政于天下者,在乎富之、善之,而善之必自吾家人始。所谓自治者,"惟皇作极"是也。⑥

君主能否持有中道,成为庶民"无淫朋""无比道"的关键。欲治理天下国家,必须先从自身及家人做起。自治,即君主本人践行中道,成

---

① 《王安石文集》卷六十五《洪范传》,第 1123 页。
② 《王安石文集》卷六十五《洪范传》,第 1129 页。
③ 《王安石文集》卷六十五《洪范传》,第 1134 页。
④ 《王安石文集》卷六十五《洪范传》,第 1128 页。
⑤ 《王安石文集》卷六十五《洪范传》,第 1128 页。
⑥ 《王安石文集》卷六十五《洪范传》,第 1130 页。

为表率和标准,然后才能为政天下,治理民众。他的权威和责任,是一体之两面,不可须臾分开。

君臣分治,各司其职,这是《洪范传》对君道的重要阐述。之前《上仁宗皇帝言事书》《上时政疏》等奏章中,王安石仅强调君主的品格与情操,劝谏仁宗应以至诚恻怛之心,体会先王之意,以坚定的意志发起变革。至此,他借助于经典注释的形式,深入论述:

"王省惟岁,卿士惟月,师尹惟日。"何也?言自王至于师尹,犹岁、月、日三者相系属也。岁、月、日有常而不可变,所总大者不可以侵小,所治少者不可以僭多。自王至于师尹,三者亦相系属,有常而不可变,所总大者亦不可以侵小,所治少者亦不可以僭多。故岁、月、日者,王及卿士、师尹之证也。

"岁月日时无易,百谷用成,乂用明,俊民用章,家用平康。日月岁时既易,百谷用不成,乂用昏不明,俊民用微,家用不宁。"何也?既以岁、月、日三者之时为王及卿士、师尹之证也,而王及卿士、师尹之职,亦皆协之岁、月、日时之纪焉,故岁有会,月有要,日有成。大者省其大而略,小者治其小而详。其小大、详略得其序,则功用兴而分职治矣,故百谷用成,乂用明,俊民用章,家用平康;小大、详略失其序,则功用无所程,分职无所考,故百谷用不成,乂用昏不明,俊民用微,家用不宁也。①

王、卿士、师尹应当各守分职,与岁、月、日时之纪相协,谨守大小、详略之序,不可相互侵职僭越。这样,政事才能顺畅调理,百谷成、家平康。王氏进而将此上升到天道层面,予以论证:

"日月之行,则有冬有夏。"何也?言岁之所以为岁,以日月之有行,而岁无为也,犹王之所以为王,亦以卿士、师尹之有行,

---

① 《王安石文集》卷六十五《洪范传》,第1138页。

而王无为也。春秋者,阴阳之中;冬夏者,阴阳之正。阴阳各致其正,而后岁成。有冬有夏者,言岁之成也。①

君主无为而治,臣僚有为而行,这种分职,是天道的体现——日月之行而成岁。既然"天者,固人君之所当法象也",②君主自当恪守分际,不得随意干涉臣僚之职。

数年以后,熙宁变法期间,身为宰执的王安石屡次向神宗系统地阐述此种理念:

> 王者之职,在于论道,而不在于任事;在于择人而官之,而不在于自用。③

> (安石曰)然事兼于德,德兼于道。陛下诚能明道以御众,则不待忧劳而事自治;如其不能,则虽复忧劳,未能使事事皆治也。陛下诚能讨论帝王之道,垂拱无为,观群臣之情伪,以道揆而应之,则孰敢为欺?人莫敢为欺,则天下已治矣。④

> (安石曰)且刑名法制,非治之本,是为吏事,非主道也。国有六职,坐而论道,谓之三公。所谓主道者,非吏事而已,盖精神之运,心术之化,使人自然迁善远罪者,主道也。今于群臣忠邪情伪勤怠,未能明示好恶,使知所劝惧,而每事专仰法制,固有所不及也。⑤

> 安石曰:"陛下能以道揆事,则岂患人不革面?若陛下未能以道揆事,即未革面之人日夕窥伺圣心,乘隙辄为奸私,臣不能保其不乱政也。陛下于刑名、度数、簿书丛脞之事,可谓悉矣,然人主所务在于明道术,以应人情无方之变,刑名、度数、簿书之

---

① 《王安石文集》卷六十五《洪范传》,第1139页。
② 《王安石文集》卷六十五《洪范传》,第1137页。
③ 《王安石文集》卷四十一《论馆职札子二》,第693页。
④ 《续资治通鉴长编》卷二百二十三熙宁四年五月庚戌,第5436页。
⑤ 《续资治通鉴长编》卷二百三十,第5590页。

间,不足以了此。"①

君主、大臣各自遵循彼此的职责。君主须闻道、明理,集中精力关注于根本性的政治原则;明了政事之情伪,洞晓人情之是非,决断大事。最重要的,是选择群臣之首——古之公卿,今之宰执,然后全力委任:

> 夫古之人有天下者,其所以慎择者,公卿而已。公卿既得其人,因使推其类以聚于朝廷,则百司庶物,无不得其人也。②

> 君道以择人为职。上必无为而用天下,下必有为而为天下用。此君臣之分也。③

熙宁期间,王安石对君道的阐述,汲取了一些黄老、法家的统治术——所谓"精神之运,心术之化"。④ 然而君臣分职的观念,并不违背儒家教义。比如,"道揆"与"法守"这一概念,王氏经常运用来对应君道与臣道,本身即出自《孟子》"上无道揆,下无法守"。⑤ 王氏不过借助于道家哲学,进一步深化论证,"为儒家的士大夫参与政治治理,实现'共治'建立理论基础"。⑥ 其子王雱注释《老子》第七十四章曰:

---

① 《续资治通长长编》卷二百三十二熙宁五年四月辛未,第 5634—5635 页。
② 《王安石文集》卷三十九《上仁宗皇帝言事书》,第 652 页。
③ 程元敏辑:《三经新义辑考汇评·尚书》,华东师范大学出版社 2011 年版,第 201 页。
④ 相关论述,可见谢善元:《李觏之生平及思想》,第 162—167 页。毋庸讳言,熙宁初,为争取神宗的全力支持,顺利推动变革,王安石的若干言论,骤然表现出强烈的尊君色彩。刘子健认为:"王安石进一步强化了专制主义。"(《宋代中国的改革——王安石及其新政》,第 184 页)但必须补充,王氏的这种倾向主要集中于熙宁二年至四年期间,以及他需要神宗出面来压制异议时。熙宁四年后,他明显更加强调官僚系统的自主性,屡次劝说神宗克制皇权。
⑤ 肖永奎论述颇精,可见《法度与道德——王安石学术及其变法运动述论》,第 197—200 页。南宋理学家魏了翁抨击王安石:"荆公常以道揆自居,而元不晓道与法不可离。……荆公以法不豫道揆,故其新法皆商君之法,而非帝王之道。"这其实反映了理学家的偏见。《鹤山全集》卷一百四《周礼折衷》。
⑥ 《法度与道德——王安石学术及其变法运动述论》,第 197 页。

> 君尊臣卑，各有常分。君以无为而任道，臣以有为而治事。道之与事，相去远矣。故典狱则有司杀，治木则有大匠，君不与焉，仰成而已。……《传》曰："舜何为哉？恭己正南面而已。"……然君而事事，失其所以为君矣。①

宋代士大夫与君主共治天下的政治理念，被落实到具体的职责分工，并分别对应黄老哲学中的无为和有为。之后，陈祥道、林自、黄裳等新学弟子继续引申发展，建构为新学学派的重要政治理论。②

在王氏看来，要想成为一位英明的君主，殊非易事。他应当"敬用五事"——貌恭、言从、视明、听聪、思睿，修身治心。他应当通过穷理尽性，通天下之志，同天下之德，达到"无思无为、寂然不动、感而遂通天下之故""道万物而无所由、命万物而无所听"的至神之境。③ 他还应当效法上天，一举一动皆无偏无陂：

> "无偏无陂，遵王之义；无有作好，遵王之道；无有作恶，遵王之路；无偏无党，王道荡荡；无党无偏，王道平平；无反无侧，王道正直；会其有极，归其有极。曰皇极之敷言，是彝是训，于帝其训。"何也？言君所以虚其心，平其意，唯义所在，以会归其有中者。其说以为人君以中道布言，是以为彝、是以为训者，于天其训而已。夫天之为物也，可谓无作好，无作恶，无偏无党，无反无侧，会其有极，归其有极矣。荡荡者言乎其大，平平者言乎其治。大而治，终于正直，而王道成矣。④

---

① 王雱：《老子训传》第七十四章，《王安石全集》第 9 册，第 166—167 页。
② 张钰翰归纳为三点：一、君道为本，臣道为末；二、君道执其要，臣道贵乎详；三、君道是坐而论，臣道是起而行。《北宋新学研究》，第 40—47 页。不过，新学弟子的后续阐述中，尊君的色彩明显强化，王安石君道观中的虚君、无为思想因素，遭到淡化。
③ 《王安石文集》卷六十五《洪范传》，第 1125 页。
④ 《王安石文集》卷六十五《洪范传》，第 1131 页。

孔疏将"遵王"解为"遵从先王",将"于帝其训"解为遵从先王之道而导致的效果——"天且其顺,而况于人乎"。① 王安石则将"于帝"解释为"由帝""由天"之意,以此强调君主之上仍有一个更高的权威——天或帝,君主需要敬畏或取法。

再次,王安石重释《洪范传》中的天人观。"《书》言天人之道,莫大于《洪范》。"② 宋代之前的《洪范》注释,其理论基础是阴阳五行说与天人感应论,间或夹杂谶纬之学。灾异祥瑞与政事之间的对应关系,是各家注释的重点。这主要体现在第八畴"念用庶征":

> 八、庶征。曰雨、曰旸、曰燠、曰寒、曰风、曰时。五者来备,各以其叙,庶草蕃庑。一极备,凶。一极无,凶。曰休征:曰肃,时雨若。曰乂,时旸若。曰晢,时燠若。曰谋,时寒若。曰圣,时风若。曰咎征:曰狂,恒雨若;曰僭,恒旸若;曰豫,恒燠若;曰急,恒寒若;曰蒙,恒风若。③

所谓"孔传"将"若"字训为"顺",将时雨、时旸、时燠、时寒、时风五种自然现象,注解为君主品德端方、统治英明而导致的祥瑞,而将常雨、常旸、常燠、常寒、常风注解为君主昏庸、统治谬乱而导致的灾异:

> 雨以润物,旸以干物,燠以长物,寒以成物,风以动物。五者各以其时,所以为众验。
>
> 言五者备至,各以次序,则众草蕃滋庑丰也。
>
> 一者备极,过甚则凶。一者极无,不至亦凶。谓不时失叙。
>
> 叙美行之验。……君行敬,则时雨顺之。……君政治,则时旸顺之。……君能照晢,则时燠顺之。……君能谋,则时寒顺之。君能通理,则时风顺之。

---

① 《尚书正义》卷十二《洪范》,第369页。
② 《王安石文集》卷六十六《礼乐论》,第1152页。
③ 《尚书正义》卷十二《洪范》,第377—480页。

> 叙恶行之验。……君行狂妄,则常雨顺之。……君行僭差,则常旸顺之。……君行逸豫,则常燠顺之。……君行急,则常寒顺之。……君行蒙暗,则常风顺之。①

孔疏则援引《五行传》等,进一步发挥疏证孔传,如曰:

> 既言五者次序,覆述次序之事,曰美行致以时之验,何者是也? 曰人君行敬,则雨以时而顺之;曰人君政治,则旸以时而顺之;曰人君照晳,则燠以时而顺之;曰人君谋当,则寒以时而顺之;曰人君通圣,则风以时而顺之。此则致上文"各以其次序,庶草蕃庑"也。
>
> 上既言失次序,覆述失次序之事,曰恶行致备极之验,何者是也? 曰君行狂妄,则常雨顺之;曰君行僭差,则常旸顺之;曰君行逸豫,则常燠顺之;曰君行急躁,则常寒顺之;曰君行蒙暗,则常风顺之。此即致上文"一极备,凶;一极无,凶"也。
>
> 此故"咎"皆言"若"者,其所致者皆顺其所行,故言"若"也。②

以上注疏,王安石皆不以为然:

> "曰休征:曰肃,时雨若;曰乂,时旸若;曰晳,时燠若;曰谋,时寒若;曰圣,时风若。曰咎征:曰狂,恒雨若;曰僭,恒旸若;曰豫,恒燠若;曰急,恒寒若;曰蒙,恒风若。"何也? 言人君之有五事,犹天之有五物也。天之有五物,一极备凶,一极无亦凶,其施之小大缓急无常,其所以成物者,要之适而已。人之有五事,一极备凶,一极无亦凶,施之小大缓急亦无常,其所以成民者,亦要之适而已。故雨、旸、燠、寒、风者,五事之证也。降而万物悦者,肃也,故若时雨然;升而万物理者,乂也,故若时旸然;晳者,阳

---

① 《尚书正义》卷十二《洪范》,第 377—480 页。
② 《尚书正义》卷十二《洪范》,第 377—480 页。

也,故若时燠然;谋者,阴也,故若时寒然;睿其思,心无所不通,以济四事之善者,圣也,故若时风然。狂则荡,故常雨若;僭则亢,故常旸若;豫则解缓,故常燠若;急则缩栗,故常寒若;冥其思,心无所不入,以济四事之恶者,蒙,故常风若也。①

他摒弃以"若"为"顺"的传统训诂,将"若"字解为"犹如",从而将雨、旸、燠、寒、风解释为描述君主统治效果的形容之语,而非指君主统治所导致的自然现象。于是,仅一字之别,《洪范》中的汉唐天人感应论便轰然倒塌,真可谓一言千钧!在嘉祐、治平间所撰《策问》中,王安石对天人感应论的荒谬不经之处,明确提出质疑:

> 问:圣人之为道也,人情而已矣。考之以事而不合,隐之以义而不通,非道也。《洪范》之陈五事,合于事而通于义者也。如其休咎之效,则予疑焉。人君承天以从事,天不得其所当然,则戒吾所以承之事可也。必如传云人君行然,天则顺之以然,其固然邪?"僭常旸若""狂常雨若",使狂且僭,则天如何其顺之也?尧、汤水旱,奚尤以取之邪?意者微言深法,非浅者之所能造,敢以质于二三子。②

他指出:以"若"为"顺",将五种自然现象解释为君主统治的休咎之征,除训诂扞格难通外,且不符合尧、舜时代三年九旱的经典记载。

不过,尽管王氏反对机械的天人感应论,他并不主张所谓天人相分的唯物论,而是承认天人之间,存在某种内在的一致性。大自然生成万物,其中体现出的规律性、必然性(道、理),秉受天命的君主理应效法:

> 孔子曰:"见贤思齐,见不贤而内自省也。"君子之于人也,固

---

① 《王安石文集》卷六十五《洪范传》,第1137页。
② 《王安石文集》卷七十《策问》之五,第1222页。

常思齐其贤,而以其不肖为戒。况天者固人君之所当法象也,则质诸彼以验此,固其宜也。然则世之言灾异者,非乎? 曰:人君固辅相天地以理万物者也。天地万物不得其常,则恐惧修省,固亦其宜也。今或以为天有是变,必由我有是罪以致之;或以为灾异自天事耳,何豫于我,我知修人事而已。盖由前之说,则蔽而葸;由后之说,则固而怠。不蔽不葸、不固不怠者,亦以天变为己惧,不曰天之有某变,必以我为某事而至也,亦以天下之正理,考吾之失而已矣。此亦"念用庶证(征)"之意也。①

"以为天有是变,必由我有是罪以致之",这固然牵强附会,荒诞不经;倘若"以为灾异自天事耳,何豫于我,我知修人事而已",同样会导致君主胶固懈怠。正确的作法,应当遇到天变,引起警惧,然后"以天下之正理,考吾之失"。此即以人道来应合天道,实践人道以明天道。其内在预设,是天人之间存在某种一致性,即所谓"天下之理"。而践行人道的主体,则是君主。他象征着人道之极,"尊德性而道问学,致广大而极精微,极高明而道中庸"。② 他凭借治教政令,为政天下,最终与天道相合:"人道极,则至于天道矣。"③可见,"天"的概念与道、理相似,它某种程度上体现出对君权的制约。熙宁期间流传的"三不足"说,其中"天变不足畏",只是强调君主在推行政令时,勿因反对者以天人感应灾异论为借口而轻易动摇,并非对自然灾异完全无动于衷。

最后,《洪范传》的撰写意图。《洪范传》成于嘉祐后期。王安石注解《洪范》,一方面针对汉唐经学的注疏传统,同时具有鲜明的现实关怀。仁宗朝灾异频频,仁宗又特别笃信天人感应论,曾亲撰《洪范

---

① 《王安石文集》卷六十五《洪范传》,第 1137—1138 页。
② 《王安石文集》卷六十五《洪范传》,第 1132 页。
③ 《王安石老子注辑佚会钞》,第 16 章,第 41 页。

政鉴》《洛书五事图》。① 以至于景祐以后,曾备受中晚唐天人相分思潮冲击的《洪范》灾异之说,沉渣泛起,弥漫朝野。朝廷每有政令颁布,未及推行,便因异议者以自然灾异为由反对,戛然中止。王安石所谓"予悲夫《洪范》者,武王之所以虚心而问,与箕子之所以悉意而言,为传注者汩之,以至于今冥冥也",②应当有的放矢。既抨击天人感应论,又借此警省仁宗:《洪范》蕴含的圣人治国平天下的微言大义,究竟谓何? 由此,他以经典注释的方式,回应了《上仁宗皇帝言事书》所揭橥的"先王之意"。

---

① 王应麟撰,武秀成、赵庶洋校证:《玉海艺文校证》卷二十二《仁宗御制洛书五事图》:"仁宗最深《洪范》之学,每有变异,恐惧修省,必求其端。"凤凰出版社2013年版,第1077页。

② 《王安石文集》卷七十一《书洪范传后》,第1245页。

第二章　王安石的学术历程与思想发展（下）

第一节　江宁讲学

（一）

仁宗嘉祐八年（1063）八月，王安石丁母忧，解官归江宁。英宗治平二年（1065）十月，服除，复为知制诰，辞赴阙。治平四年（1067）闰三月，以知制诰出知江宁府。九月，除翰林学士。熙宁元年（1068）四月，以翰林学士入京侍讲经筵，越次入对。在此期间，除丁忧守制外，他开始设帐讲学，广收门徒，以致四方英俊填门。通过私人讲学，王氏在江宁形成一个以他为中心的士人群体。它主要以北宋东南士人（包括江、浙、福建）为主，具有强烈的地域色彩。他们以师承传授为纽带，大多在神宗熙宁、元丰期间参与新法，构成北宋后期主要的政治文化群体之一。

王安石江宁讲学的内容，其高足陆佃记载颇详：

> 盖君子之学，有体有用，体不欲迷一方，用不欲滞一体。而古之圣人，本数末度，足以周上下；圆神方智，足以尽往来。而蹈常适变，莫逆于性命之理者，如此而已矣。故二帝三代之士，有得于圣人之道，而仁足以教者，必告之以此；有求于圣人之道，而智足以学者，亦必问之以此。
>
> 自王者之迹熄而《诗》亡，夫子没而大义乖。道德之体分

裂，而天下多得一体。诸子杂家各自为书，而圣人之大体始乱矣。故言体者迷于一方，言用者滞于一体。其为志虽笃，其为力虽勤，而不幸不见古人之大体，长见笑于大方之家者，由此也。

嗟乎，道之不一久矣！而临川先生起于敝学之后，不向于末伪，不背于本真。度之以道揆，持之以德操，而天下莫能罔，莫能移。故奇言异行无所遁逃，而圣人之道复明于世。某亦幸当此会，而偶获承教于先生之门。其所谓君子之道莫能移，体不欲迷一方，用不欲滞一体，尝闻其一二矣。①

陆佃曾于治平年间赴江宁亲炙王安石。② 据他所言，王氏所授为"君子之学"，其特点是"有体有用，体不欲迷一方，用不欲滞一体"。体用，或指本质与表现，或指形质与功能。北宋士人中，刘彝较早运用这一范畴描述其师胡瑗之学：

熙宁二年召对，上问："从学何人？"对曰："臣少从学于安定先生胡瑗。"上曰："其人文章与王安石孰优？"彝曰："胡瑗以道德仁义教东南诸生，时王安石方在场屋修进士业。臣闻圣人之道，有体、有用、有文。君臣父子仁义礼乐，历世不可变者，其体也；《诗》《书》、史传、子、集垂法后世者，文也；举而措之天下，能润泽其民，归于皇极者，其用也。国家累朝取士，不以体用为本，而尚其声律浮华之词，是以风俗偷薄。臣师瑗当宝元、明道之间，尤病其失，遂明体用之学，以授诸生。夙夜勤瘁，二十余年，专切学校。始自苏、湖，终于太学，出其门者，无虑二千余人。故今学者明夫圣人体用以为政教之

---

① 陆佃：《陶山集》卷十二《答李贲书》，景印文渊阁四库全书，第1117册，第151—152页。

② 具体可见本书第三章第一节。

本,皆臣师之功也。"①

神宗询问胡瑗的文章与王安石孰优,②其意不言而喻——王氏早已名震文坛。刘彝则指出,胡瑗资历远在王氏之上;然后从体、用、文三个方面界定圣人之道,从而巧妙回复神宗,维护其师地位:文学辞章,毕竟只是儒道中的一个侧面,而胡瑗之学则三者兼备。

胡瑗执掌湖州州学时,分科教士,设经义斋、治事斋:

> 经义则选择其心性疏通、有器局、可任大事者,使之讲明六经;治事则一人各治一事,又兼摄一事,如治民以安其生,讲武以御其寇,堰水以利田,算历以明数是也。凡教授二十余年。③

前者讲儒学之体——"君臣父子仁义礼乐,历世不可变"的伦理道德尊卑秩序;后者明儒学之用——"举而措之天下,能润泽其民"的各种"治道"。④ 这些教学内容,与以诗赋为主体的科举之学形成鲜明对比,刘彝称之为"明体达用"。相比之下,陆佃所谓"有体有用",内涵则不尽相同。《答李资书》杂糅运用《庄子》《孟子》《荀子》《易经》等经典词汇,如"君子之学""德操"出自《荀子·劝学篇》,"圆神方智"出自《易·系辞》,"王者之迹熄而《诗》亡""道揆"出自《孟子·离娄上》。书信的主体部分"道德之体分裂"至"长见笑于大方之家",则化用《庄子·天下》篇。意谓圣人之道分裂,诸家只得其中一隅,皆固执所见,

---

① 朱熹:《五朝名臣言行录》卷十,《朱子全书》第12册,第316页。《自警编》卷四引此作:"熙宁二年召对。上问:'从学何人?'对曰:'臣少从学于安定先生胡瑗。'上曰:'其人文章,与王安石孰优?'"语境更清晰。赵善璙撰、程郁整理,《全宋笔记》82册,大象出版社2019年版,第94页。

② 《宋元学案》卷一《安定学案》转引,脱"文章"二字,第25页。

③ 《宋元学案》卷一《安定学案》,第24页。

④ 治道,此处指治理国家所需的各种制度、措施、专业知识等。《二程遗书》卷二上:"胡安定在湖州,置治道斋。学者有欲明治道者,讲之于中,如治兵、治民、水利、算数之类。尝言刘彝善治水利,后果为政,皆兴水利有功。"《二程集》,第18页。

不知融贯变通,用功虽勤却不见古之大体。王安石则克服以上弊端,重新恢复圣人之道,并将"君子之学"传授弟子。王学之"用",指向儒学的外在制度设施;王学之"体",则不仅局限于仁义礼乐,而且赋予它们超越性的天道(圣人之大体、圣人之道)与心性根源(性命之理)。这正是新学对庆历儒学的深化:引入道家的自然天道,并深入心性,为儒家的仁义礼乐和制度变革,提供超越的天道原则与内在的人性基础。"有体有用",尚局限于儒家一隅;而"体不欲迷一方,用不欲滞一体",则扩展了儒学的边界和内涵。

(二)

的确,治平以后,王安石的治学气象愈发恢宏博大。《周易》《尚书》之外,他博涉群经,形成了成熟完整的经学观。如《诗》学方面,陆游《家世旧闻》卷上载:

> 楚公尤爱《毛诗》,注字皆能暗诵,见门生或轻注疏,叹曰:"吾治平中至金陵,见王介甫有《诗正义》一部,在案上,揭处悉已漫坏穿穴,盖翻阅频所致。介甫观书,一过目尽能,然犹如此。"①

"楚公"指陆佃,陆游祖父,封楚国公。王安石研习《诗经》由来甚早,②丁忧期间进一步研精覃深,频繁翻阅《毛诗正义》,以至于"揭处悉已漫坏穿穴"。治平元年(1064),他系统阐述了独特的《诗》学观。

首先,关于《诗》序:

> 盖序《诗》者不知何人,然非达先王之法言者,不能为也。故其言约而明,肆而深,要当精思而熟讲之尔,不当疑其有失也。③

---

① 陆游著、孔凡礼点校:《家世旧闻》卷上,中华书局1993年版,第194页。
② 陆游著、李剑雄、刘德权点校:《老学庵笔记》卷一:"先左丞言:'荆公有《诗正义》一部,朝夕不离手,字大半不可辨。'"中华书局1979年版,第6页。
③ 《王安石文集》卷七十一《答韩求仁书》,第1249页。

自汉代以下,《诗经》的大小序一直是理解《诗经》各篇意义的关键。其作者聚讼纷纭,或以为孔子弟子子夏,或以为子夏所创、毛公卫宏润饰。至北宋欧阳修,始明确提出《诗序》"非子夏之作"。① 他进而将小序的写作时代,下移到孟子之后的战国时期。② 欧阳氏是北宋疑传疑经思潮的引领者。《诗经》学史上,"自唐以来,说《诗》者莫敢议毛、郑。虽老师宿儒,亦谨守小序。至宋而新义日增,旧说几废。推原所始,实发于修"。③ 怀疑《诗序》之举,其时如空谷足音,实为巨大创辟。④ 韩求仁应当获悉欧阳修的观点,开始怀疑《诗序》作者,然犹疑未定,向王安石请教,遂引出王氏回复。

表面看来,王安石否认子夏是《诗序》的作者,一反汉唐之说:"序《诗》者不知何人。"这与他早年的认识不同。庆历三年(1043),他为张保雍诗集撰序,曾引用《诗大序》的名言"诗者,志之所之也",并明确系于子夏名下:"子夏曰:'诗者,志之所之也。'观君之志,然则其行亦自守不污者邪?"⑤之所以转变,极可能因嘉祐年间,他与欧阳修交往时受其疑《序》思想的启发。数年后他主持编撰《诗经新义》,重申此意:

> 世传以为言其义者,子夏也。观其文辞,自秦汉以来诸儒,盖莫能与于此。然传以为子夏,臣窃疑之。《诗》上及于文王、高宗、成汤,如《江有汜》之为"美媵",《那》之为"祀成汤",《殷武》之为"祀高宗"。方其作时,无义以示后世,则虽孔子亦不可得而

---

① 《欧阳修全集》卷六十一《序问》,第 900 页。
② 李梅训:《欧阳修〈诗本义〉对〈诗序〉的批评及影响》,《安徽师范大学学报》(社科版)2004 年第 4 期,第 467—470 页。
③ 《四库全书总目》卷十五,第 121 页。
④ 成玮指出:"就现存文献看,欧阳修同时代,说《诗》摒弃传注者不乏其人,疑小序者却寥寥无几。""欧阳修大量质疑小序,在当日近乎空谷足音。"《从欧阳修论小序看宋代新〈诗〉学的内在张力》,《励耘学刊》2020 年第 1 期,第 16—37 页。
⑤ 《王安石文集》卷八十四《张刑部诗序》,第 1472 页。

知,况于子夏乎?①

《江有汜》《那》《殷武》三篇诗歌,述商高宗、周文王之事,如非《小序》提示,即便孔子也无从得知,遑论子夏。考虑到时代因素,子夏不应撰《序》。

那么,《诗序》究竟由谁所撰? 王安石认为,"非达先王之法言者,不能为也"。②"自秦汉以来诸儒,盖莫能与于此。"③这一论断,强调《诗序》的权威性——"其言约而明,肆而深",④展示出与欧阳修截然不同的立场。后者否认子夏的作者归属,乃因《诗序》中存在诸多谬误,与《诗经》各篇意旨时有抵牾:

> 子夏亲受学于孔子,宜其得《诗》之大旨。其言《风》《雅》有变正,而论《关雎》《鹊巢》系之周公、召公,使子夏而序《诗》,不为此言也。⑤

可见,尽管欧、王皆怀疑《诗序》作者,但一为贬序、一为尊序,泾渭分明。欧氏认为《诗序》作者不如子夏,于《诗经》各篇的理解谬误甚多,《诗序》不尽可信;王氏则以为作者时代在子夏之先,深达先王之法言,非子夏所能及,《诗序》对《诗经》的阐释不容置疑。前者从怀疑作者,进而怀疑、削弱《诗序》的地位、功能,后者却从怀疑作者转向尊信、强化《诗序》。宋代《诗经》学两大流派的学术分野,至此形成。

欧阳修将《诗序》年代,下推至战国、秦汉之间,与孟子说《诗》多合。在此前提下,他肯定《诗序》对于理解《诗经》仍然无可替代——

---

① 王安石著、邱汉生辑校:《诗义钩沉》卷一引,中华书局1982年版,第11页。《诗经新义》系王安石弟子们编撰,由王氏审阅定稿,反映了王氏的学术观点及思想。
② 《王安石文集》卷七十二《答韩求仁书》,第1249页。
③ 《诗义钩沉》卷一,第11页。
④ 《王安石文集》卷七十二《答韩求仁书》,第1249页。
⑤ 《欧阳修全集》卷六十一《序问》,第900页。

"今考《毛诗》诸序,与孟子说《诗》多合,故吾于《诗》,常以序为证也",然"至其时有小失,随而正之"。① 王安石则将《诗序》作者,追溯孔子之前,系诗人自撰,由此自立新说。《郡斋读书志》卷二《毛诗训诂传》提要载:

> 萧统以为卜子夏所作,韩愈尝以三事疑其非,王介甫独谓诗人所自制。……《序》若诗人所自制,《毛诗》犹《韩诗》也,不应不同若是。况文意繁杂,其出二人手甚明,不知介甫何以言之? 殆臆论欤。②

北宋后期,晁说之业已提及:"今之说者,曰序与诗同作,无乃惑欤?""序与诗同作",即谓《诗序》为"诗人所自制"。"今之说者",即王安石。晁氏讥讽道:"殆夫晋魏文墨之士,才力凡下,陋不知学,因习说《诗》之序而自为其《诗序》,盖可惭也已。今之说者,反因此以诬商周之君子,何异以王莽论周公哉?"③

《答韩求仁书》又涉及宋代《诗经》学上另一重要问题——《周南》《召南》的小序、作者及诗意诠释。《周南》在国风之首,自《关雎》至《麟之趾》共有诗十一篇。《召南》居《周南》之次,自《鹊巢》至《驺虞》共有诗十四篇。汉唐《诗》学普遍认为,周文王以德教化天下,二《南》为文王正风,化行天下;《麟之趾》是《关雎》德化之应,《驺虞》是《鹊巢》德化之应。二十五篇诗歌之所以一系于周公名下,一系于召公名下,称风而不称雅,诚如《诗大序》所言:"然则《关雎》《麟趾》之化,王者之风,故系之周公。南,言化自北而南也。《鹊巢》《驺虞》之德,诸侯之风也,先王之所以教,故系之召公。"孔颖达疏曰:

---

① 《欧阳修全集》卷六十一《序问》,第 900 页。
② 《郡斋读书志校证》卷二,第 61 页。《经义考》卷九十九:"王安石曰:《诗序》,诗人所自制。"景印文渊阁四库全书,第 678 册,第 304 页。
③ 晁说之:《嵩山文集》卷十一《诗之序论一》。晁以《周官》为伪作,"王莽论《周公》"暗讽王安石将《周官》视为周公之作。

> 此实文王之诗,而系之二公者……化沾一国谓之为风,道被四方乃名为雅。文王才得六州,未能天下统一,虽则大于诸侯,正是诸侯之大者耳。此二南之人犹以诸侯待之,为作风诗,不作雅体。体实是风,不得谓之为雅。文王末年,身实称王,又不可以国风之诗系之王身。名无所系,诗不可弃,因二公为王行化,是故系之二公。①

孔疏认为,二南之诗应为文王称王之前、身为诸侯时所作,故属风体,"不得谓之雅"——雅乃王者之诗。但文王末年"身实称王",又不可"以国风之诗系之王身",而周公、召公为文王推行教化,所以将二南分别系于周公、召公。

对于《诗序》、毛传、郑笺、孔疏对二南诗歌的诠释,欧阳修提出尖锐批评:

> 至于二《南》,其序多失,而《麟趾》《驺虞》所失尤甚,特不可以为信。疑此二篇之序,为讲师以己说汨之,不然,安得缪论之如此也!据诗,直以国君有公子如麟有趾尔,更无他义也。若《序》言《关雎》之应,乃是《关雎》化行,天下太平,有瑞麟出而为应。不惟怪妄不经,且与诗意不类。《关雎》《麟趾》,作非一人。作《麟趾》者,了无及《关雎》之意。……此篇序既全乖,不可引据,但直考诗文,自可见其意。②

欧阳修"以现实理性和经验主义反对'来应''怪妄'说,用政治伦理反对文王称王说和'化行天下'说,又用世俗理性、家庭伦理来调整《诗序》中异质因素"。③ 他否认文王曾称王,反对将《麟之趾》视为《关

---

① 毛亨传,郑玄笺,孔颖达疏,龚抗云、李传书、胡渐逵、肖永明、夏先培整理,刘家和审定:《毛诗正义》卷一,北京大学出版社2000年版,第23页。
② 欧阳修:《诗本义》卷一,景印文渊阁四库全书,第70册,第188页。
③ 杨新勋:《宋代疑经研究》,中华书局2007年版,第73页。

雎》化行天下之应,声称文王之化"仅及周人"。① 特别是他将《关雎》等《周南》诗作,视为"周衰之作""盖思古以刺今",整体诠释上表现出对《诗序》"颂美"说的根本悖离,②从而走出汉唐《诗》学的藩篱,为宋代《诗》学开辟出新方向。

欧阳修的《诗本义》完成于嘉祐四年(1059),旋即产生巨大影响。韩求仁极有可能接触到他的若干新说,引起疑惑。与之相反,王安石对二南各篇的理解,仍然恪守《诗序》。他回复韩求仁:

> 二《南》皆文王之诗,而其所系不同者,《周南》之诗,其志美,其道盛。微至于赳赳武夫、兔罝之人,远至于江汉、汝坟之域,久至于衰世之公子,皆有以成其德。《召南》则不能与于此,此其所以为诸侯之风,而系之《召公》者也。夫事出于一人,而其不同如此者,盖所入有浅深,而所施有久近故尔。③

他坚持二《南》是文王所作。《周南》系于周公、《召南》系于召公,盖因一为王者之风,一为诸侯之风。这是重复《大序》所言。④ 他进一步解释道,王者之风、诸侯之风的差异,在于诗歌教化之功"所入有浅尝,而所施有远近"。《周南诗次解》又强化此意:

> 王者之治始之于家,家之序本于夫妇正。夫妇正者,在求有德之淑女为后妃,以配君子也,故始之以《关雎》。夫淑女所以有德者,其在家本于女工之事也,故次以《葛覃》。有女功之本,而后妃之职尽矣,则当辅佐君子求贤审官。求贤审官者,非所能

---

① 《宋代疑经研究》,第67—74页。
② 成玮:《从欧阳修论小序看宋代新〈诗〉学的内在张力》,第20—21页。
③ 《王安石文集》卷七十二《答韩求仁书》,第1249页。
④ 孔疏:"然则《关雎》《麟趾》之化,是王者之风,文王之所以教民也。王者必圣,周公圣人,故系之周公。不直名为'周'而连言'南'者,言此文王之化,自北土而行于南方故也。《鹊巢》《驺虞》之德,是诸侯之风。先王大王、王季所以教化民也。诸侯必贤,召公贤人,故系之召公。"《毛诗正义》卷一,第23页。

专,有志而已,故次之以《卷耳》。有求贤审官之志以助治其外,则于其内治也,其能有嫉妒而不逮下乎? 故次之以《樛木》。无嫉妒而逮下,则子孙众多,故次之以《螽斯》。子孙众多,由其不妒忌,则致国之妇人亦化其上,则男女正,婚姻时,国无鳏民也,故次之以《桃夭》。国无鳏民,然后好德,贤人众多,故次之以《兔罝》。好德,贤人众多,是以室家和平,而妇人乐有子,则后妃之美具矣,故次之以《芣苢》。后妃至于国之妇人乐有子者,由文王之化行,使南国江汉之人无思犯礼,此德之广也,故次之以《汉广》。德之所及者广,则化行乎汝坟之国,能使妇人闵其君子而勉之以正,故次之以《汝坟》。妇人能勉君子以正,则天下无犯非礼,虽衰世公子皆能信厚,此《关雎》之应也,故次之以《麟之趾》焉。①

文中对《周南》各篇诗意的理解,谨守《小序》。只是《小序》仅就各篇诗旨,分言"后妃之德""后妃之本""后妃之志""后妃之逮下""后妃之化""后妃之美"等等,而王安石却将十一篇《周南》之诗,视为一个以赞美"后妃之化"为核心的整体,为各篇之间的排列次序赋予逻辑关系、因果意义。另外,既然《周南》系于圣人周公,《召南》系于贤人召公,则《周南》之诗与《召南》之诗在歌颂教化之行、教化之盛时,当有圣贤等差之别。故王氏解《周南·汝坟》曰:"庶人之妻,能勉夫以正,而不知为之者,是以谓道化。而《殷其雷》之诗,所以未若《汝坟》之盛也。"解《召南·殷之雷》曰:"未若《汝坟》之盛,故系之《召南》。"对此,李樗评曰:

> 王氏之说,多生分别。谓《周南》,周公也,故其诗乃圣人之事。《召南》,召公也,故其诗乃贤人之事。遂以《摽有梅》不若

---

① 《王安石文集》卷六十六《周南诗次解》,第1147页。

《桃夭》,《小星》之诗不若《樛木》,《殷其雷》之诗不若《汝坟》者,皆分别锱铢之轻重,岂知诗人之意哉!①

推而广之,十五国风间的次序亦非偶然,而是以美刺善恶为标准依次递减,以示褒贬:"十有五国之序,不无微意也。呜呼! 惟其序善恶以示万世,不以尊卑小大之为后先,而取礼之言以为经,此所以乱臣贼子知惧,而天下劝焉。"②这种作法,与之前王氏重新解释六十四卦、《洪范》九畴的序列类似,可视为王氏解经的基本方法:将经典视为一个复杂的整体,寻求其中的内在一致性、结构性,强调篇章之间存在着逻辑因果关系,并在结构关系中阐释字词语句的意义。

以上所言,与欧阳修等疑古派的作法恰恰相反。比如,小序与诗歌的关系。欧阳修敏锐地发现,某些小序与《诗经》文本之间颇有龃龉不合。他因此抛弃或修订小序,以诗歌文本为中心另辟新义。王氏则反其道而行之,继续尊奉《诗序》,更对《诗序》的意义及重要性予以强化和引申,去诗歌文本中更系统性发掘、阐释小序之意。试看《周南·卷耳》。《小序》曰:"《卷耳》,后妃之志也。又当辅佐君子,求贤审官,知臣下之勤劳,内有进贤之志,而无险诐私谒之心,朝夕思念,至于忧勤也。"《正义》铺陈此义曰:

> 作《卷耳》诗者,言后妃之志也。后妃非直忧在进贤,躬率妇道,又当辅佐君子。其志欲令君子求贤德之人,审置于官位,复知臣下出使之勤劳,欲令君子赏劳之。内有进贤人之志,唯有德是用,而无险诐不正私请用其亲戚之心。又朝夕思此,欲此君子官贤人,乃至于忧思而成勤。此是后妃之志也。③

---

① 李樗、黄櫄:《毛诗李黄集解》卷三,景印文渊阁四库全书,第71册,第81页。
② 《王安石文集》之《集外文》二《国风解》,第1816页。
③ 《毛诗正义》卷一,第44页。

对此，欧阳修明确反对：

> 《卷耳》之义，失之久矣。……妇人无外事，求贤审官，非后妃之职也。臣下出使，归而宴劳之，此庸君之所能也。国君不能官人于列位，使后妃越职而深忧，至劳心而废事，又不知臣下之勤劳，阙宴劳之常礼，重贻后妃之忧伤如此，则文王之志荒矣。《序》言"知臣下之勤劳"，以诗三章考之，如毛、郑之说，则文意乖离而不相属。且首章方言后妃思欲君子求贤而置之列位，以其未能也，故忧思至深，而忘其手有所采。二章、三章乃言君能以罍觥酌罚，使臣与之饮乐，则我不伤痛矣。前后之意，顿殊如此，岂其本义哉！①

他认为，"求贤审官"并非后妃之职。《小序》颂美后妃，因求贤审官而劳心废事，这将置文王于何地？毛传、郑笺就小序引而申之，导致"文章乖离而不相属"。于是他另出新解，将此诗由颂美后妃之志，转而释为刺讥之作——"因物托意，讽其君子，以谓贤才难得，宜爱惜之"。王安石等《诗经新义》注"采采卷耳，不盈顷筐。嗟我怀人，寘彼周行"曰：

> 卷耳易得之菜，顷筐易盈之器。今也采采卷耳，非一采，而乃至于不盈者，以其志在进贤，不在于采卷耳也。
>
> 于"怀人"言"我"，内之也；于"周行"言"彼"，外之也。②

王氏等至少从三个层面，来强化《小序》与诗歌文本的关系。其一，他不仅赞成《小序》所言，《卷耳》的主旨是歌颂后妃"辅佐君子，求贤审官"，而且将之纳于一个以颂美后妃为核心的先后本末序列中予以强化："夫淑女所以有德者，其在家本于女工之事也，故次以《葛覃》。有

---

① 《诗本义》卷一，第184页。
② 李樗、黄櫄：《毛诗李黄集解》卷二，第41页。

女功之本，而后妃之职尽矣，则当辅佐君子求贤审官。求贤审官者，非所能专，有志而已，故次之以《卷耳》。"①其二，《新义》将"采采卷耳"之人，直接释为后妃，较之《正义》所言以采菜兴起后妃之忧思——"此采菜之人忧念之深矣，以兴后妃志在辅佐君子……其忧思深矣，亦如采菜之人"，进一步凿实《小序》所谓的"后妃之志"。其三，《新义》沿袭前说，将"嗟我怀人，寘彼周行"中的"我""彼"，理解为后妃与贤者；又特地补充"内之""外之"，这就刻意凸显出内廷、外朝之别，强化了后妃处内宫之位而求贤审官。

王安石解经的"结构"立场，同样体现于如何理解《诗经》中章与章间的关系。《毛传》《郑笺》《正义》通常将之视为"重章叠句"，即各章以相同的句式（仅个别字词不同）重复吟咏、表述相同之意。王氏则把诗歌文本视为统一的有机体，着重发掘章与章之间"多重的事态变化和推移"，根据各章相同位置上个别字眼的不同意义，将平行并列的结构阐释为层递深入。日本学者种村和史指出："诗歌中事态随着章节顺序而推移、发展的方法称为层递法……《传》《笺》《正义》未必充分注意了这一手法，而王安石的诗歌解释则对此重视"，"致力于从中（章与章之间）发现某种活力因素，并借助它使诗歌整体紧密地结合在一起"。② 以"结构"的视角观之，诗歌各章每一相同位置上的不同字眼，都意味着对主旨（《小序》）的层层深化与展开。细微的语意之别，体现出诗歌文本各要素间的有机关联，而非单纯重复。如《邶风·式微》：

式微式微，胡不归？微君之故，胡为乎中露？
式微式微，胡不归？微君之躬，胡为乎泥中？

---

① 《王安石文集》卷六十六《周南诗次解》，第1147页。
② 种村和史著、李栋译：《宋代诗经学的继承与演变》，上海古籍出版社2017年版，第134页。

《小序》曰:"《式微》,黎侯寓于卫,其臣劝以归也。"《毛传》将"中露"释为"卫邑",《郑笺》曰:"我若无君,何为处此乎? 臣又极谏之辞。"①第二章《毛传》将"泥中"也释为"卫邑",其他不作注解,视二章为重复之意。王安石对诗歌主题的理解恪守《小序》(今人多将此诗解读为人民陷于苦役而埋怨君主),对"中露""泥中"的解释却自出新义,迥异《毛传》。他将"中露""泥中"解为露水中、泥水中,进而发掘二者的比喻义:"'中露',言有沾濡之辱,而不见庇覆。'泥中',言有陷溺之忧,而不见拯救也。"②这样,从沾濡至陷溺、从庇覆至拯救,语意间产生了一种层进、递进的关系,深化了《小序》"其臣劝以归"的主题。

即便同样的字眼词汇,假如出现在诗中不同位置上,其意义也有转换。如《郑风·扬之水》与《王风·扬之水》:

> 扬之水,不流束楚。终鲜兄弟,维予与女。无信人之言,人实迋女。
>
> 扬之水,不流束薪。终鲜兄弟,维予二人。无信人之言,人实不信。
>
> 扬之水,不流束薪。彼其之子,不与我戍申。怀哉怀哉,曷月予还归哉!
>
> 扬之水,不流束楚。彼其之子,不与我戍甫。怀哉怀哉,曷月予还归哉!
>
> 扬之水,不流束蒲。彼其之子,不与我戍许。怀哉怀哉,曷月予还归哉!

《郑风·扬之水》,《小序》曰:"闵无臣也。君子闵忽之无忠臣良士,终以死亡,而作是诗也。"③《王风·扬之水》,《小序》曰:"刺平王也。不

---

① 《毛诗正义》卷二,第181页。
② 《诗义钩沉》卷二,第35页。
③ 《毛诗正义》卷四,第369页。

抚其民，而远屯戍于母家，周人怨思焉。"①"扬之水不流束薪"，《郑笺》《正义》都释为比喻之句，以"扬之水"为"激扬之水"，喻政教乱促；以"不流束楚"，喻其政不行于臣下。王氏遵循《小序》，"亦以谓扬水可以'流束薪'，而今乃不能"，此言政之不行。他认为二篇的主旨，一为"刺乱"，一为"闵乱"。刺与闵的不同，具体表现"扬之水不流束薪""扬之水不流束楚"这两句的排列先后：

> 刺乱，为乱者作也；闵乱，为遭乱者作也。何以知其如此？平王之《扬之水》，先束薪而后束楚；忽之《扬之水》，先束楚而后束薪。周之乱在上，而郑之乱在下故也。乱在上则刺其上，乱在下则闵其上，是以知其如此也。②

"薪"是木柴，"楚"是荆条，枝较"薪"少。细按王氏之意，似以为《王风》讥刺平王施政紊乱，由上到下，每况愈下，故以激扬之水居然不能漂流起一束之薪、不能漂流起一束之楚为序；而《郑风》闵念忽人遭乱，由轻递重，故以激扬之水居然不能漂流起一束之楚、不能漂流起一束之薪为序。"束薪"与"束楚"的先后次序，直接关涉到"刺"与"闵"的不同主题。

数年后，王安石奉旨提举编撰《诗经新义》。以上《诗》学主张，其门人弟子忠实地贯彻于注释中，从而在《毛传》《郑笺》《正义》之外别开生面，形成别具特色的新学《诗经》学。

（三）

江宁期间，王安石经学上的另一重要拓展，体现于《周礼》研究。儒家经典中，《周礼》问世最晚，颇为后人聚讼。因书中详细记载周代的典章制度，不少学者将其视为"周公致太平"之书。王氏早年似乎

---

① 《毛诗正义》卷四，第303—304页。
② 《王安石文集》卷七十二《答韩求仁书》，第1250页。

并未特别重视《周礼》,曾自称"尝闻周公为师,而召公为保矣,《周官》则未之学也"。① 至仁宗嘉祐后期,他回复吴孝宗书信中才明确提出:"乃如某之学,则惟《诗》《礼》足以相解,以其理同故也。"②所谓"《诗》《礼》相解",即承认《周礼》为周公所作的前提下,认为它与《诗经》的成书年代相近,二者反映的社会生活、礼法制度相同,故解经时可引以为据。③ 治平年间,王安石对《周礼》已展开全面研读,欲有所论著,于是致书告知曾巩。曾巩回信,予以勉励,并相约商榷:

> 所云"读《礼》,因欲有所论著",顷尝为介甫言,亦有此意,顾不能自强,又无所考质,故莫能就。今介甫既意及于此,愿遂成之,就令未可为书,亦可因得商榷矣。④

《答韩求仁书》中,王氏明确以《周礼》所载制度,来考征《孟子》中相关记载:

> 孟子所谓"市,廛而不征,法而不廛"者,先儒以国中之地谓之廛。以《周官》考之,此说是也。"廛而不征"者,赋其市地之廛,而不征其货;"法而不廛"者,治之以市官之法,而不赋其廛。或廛而不征,或法而不廛。盖制商贾者恶其盛,盛则人去本者众,又恶其衰,衰则货不通,故制法以权之。稍盛则廛而不征,已衰则法而不廛。⑤

"市,廛而不征,法而不廛"出自《孟子·公孙丑上》。意谓对于市场,

---

① 《王安石文集》卷六十三《谏官论》,第1103页。
② 《王安石文集》卷七十四《答吴孝宗书》,第1295页。
③ 邱汉生《诗经新义》中以《礼》解《诗》的情况分为两类,"一种是,对诗所反映的思想和生活,用周礼作为道德准绳予以衡量,从而说明诗的美刺所在。""另一种情况是用见之于《礼》的名物度数来释《诗》。"《诗义钩沉·前言》,第10页。方笑一对此也有阐述,《北宋新学与文学》,第44—48页。
④ 《曾巩集》卷十六《与王介甫第三书》,第257页。
⑤ 《王安石文集》卷七十二《答韩求仁书》,第1253—1254页。

只对作为仓库的宅舍收租而不对货物征税,或者依法对市场进行管理而不对宅舍收租。这是孟子倡导的"仁政"在商业上的体现。王安石根据《周官·廛人》的相关记载,①印证孟子所言正确。王氏早年最爱《孟子》一书,此处讨论有关《孟子》中仁政的具体制度,而《周礼》为之提供佐证。治平元年(1063),王氏撰《虔州学记》,又将《周礼·地官·大司徒》"以乡三物教万民而宾兴之"的"六德""六行""六艺",视为三代官学中的教学方法和内容:

> 盖其教法,德则异之以智、仁、圣、义、忠、和,行则同之以孝友、睦姻、任恤,艺则尽之以礼、乐、射、御、书、数。②

他认为,尧、舜、三代之所以"从容无为,同四海于一堂之上",关键是建立完整的官学体系,以"乡三物"教导万民。可见,他对《周礼》信奉不疑。

关于《春秋》及三传,王安石的认知比较独特:"至于《春秋》,三传既不足信,故于诸经尤为难知。"③自中唐至北宋,儒学的新变最早表现于啖助、陆淳新《春秋》学中。王氏所言与此背道而驰,深刻影响到北宋后期《春秋》学的走向。《易》学方面,他追述了学《易》的历程,"某尝学《易》矣,读而思之,自以为如此,则书之以待知《易》者质其义";坦率承认,"当是时,未可以学《易》也,唯无师友之故,不得其序,以过于进取。乃今而后,知昔之为可悔,而其书往往已为不知者所传,追思之未尝不愧也"。并提出应当先学习《诗经》《尚书》《论语》,然后再研读《周易》:"能尽于《诗》《书》《论语》之言,则此皆不问而可知。"④

江宁讲学期间,王安石的政治改革思想已然成熟。历经二十多年的仕宦起伏,他对北宋百年统治期间的利弊得失,了然于胸。稍后

---

① 郑玄注、贾公彦疏、赵伯雄整理、王文锦审定:《周礼注疏》卷十五《廛人》郑司农注:"廛,谓市中之地未有肆而可居,以畜藏货物者也。"第445页。
② 《王安石文集》卷八十二《虔州学记》,第1428页。
③ 《王安石文集》卷七十一《答韩求仁书》,第1254页。
④ 《王安石文集》卷七十一《答韩求仁书》,第1254页。

至熙宁元年(1068),他奏呈神宗《本朝百年无事札子》,全面阐述自己的政治见解。治平元年、四年,他撰写《虔州学记》《太平州学记》,高度强调官方兴学的重要性,系统阐述教育思想。他认为,教育的目的,是为官僚机构培养合格的人才——士。一方面,士人固然可以从父子伦理开始积累扩充,展开独立的道德修养,抵达此境:"仁之施自父子始,积善而充之,以至于圣而不可知之谓神。推仁而上之,以至于圣人之于天道。"①另一方面,外在的学校制度或许更为关键:"(先王)常患乎难知,故为之官师、为之学,以聚天下之士,期命辩说,诵歌弦舞,使之深知其意。"②文章既延续《上仁宗言事书》的人才培养思路,强调必须"为之官师""为之学""有政",即建立完备的教育制度来推行教化;同时,将之牵合至《周礼·地官·大司徒》《尚书·禹稷》等篇章,寻求经典资源的支持。文中还指出:"先王之道德,出于性命之理,而性命之理出于人心。《诗》《书》能循而达之,非能夺其所有而予之以其所无也。"③这就为教化的实施,奠定内在的人性基础。他特别拈出士中的"道隆而德骏者",认为他们"虽天子北面而问焉,而与之迭为宾主"。④ 此即先秦儒家帝王师的政治理想。一年后,他与吕公著发起经筵坐讲之议,试图付诸实践,标志着北宋士大夫阶层"利用经典解释优先权,开始了规范最高权力的尝试和努力"。⑤

江宁四年,是王安石学术思想发展的承前启后期。所谓"承前",指历经数十年的学术积累,一个较为完整的"新学"体系至此初步形成。它继承了唐宋古文运动中文以明道、官以行道的传统,注重士人主体意识的凝铸,从《孟子》《庄子》等经典中汲取内圣的精神资源。

---

① 《王安石文集》卷八十二《太平州学记》,第 1435 页。
② 《王安石文集》卷八十二《虔州学记》,第 1427 页。
③ 《王安石文集》卷八十二《虔州学记》,第 1428 页。
④ 《王安石文集》卷八十二《虔州学记》,第 1428 页。
⑤ 姜鹏:《北宋经筵与宋学的兴起》,第 206 页。

同时,注重儒家经典与现实政治的绾合,力图在汉唐注疏之外,别出新解,为回归三代的政治理想、取法先王的制度变革寻求理论支持。这个体系,兼顾"内圣"和"外王"。前者聚集于科举社会中士人的主体操守、道德修养,以及相关的心性问题探讨,强调以道自任、以道进退,观时而动。后者则以立法更制为主轴,批判现实政治的弊端,寻求具体制度的改进,进而为制度进行经典、天道、人性等各层面的合理性论证。所谓"启后",指这一期间王安石对《周礼》《诗经》等经典的研读,为熙宁年间《三经新义》的问世,奠定扎实的学术基础。王氏另一部重要的学术著作《字说》,草创于治平年间。"新学"日后的官学化,并不意味着王氏学术思想的前后断裂。

第二节　注释《周礼》

(一)

熙宁元年(1068)四月四日,王安石以翰林学士越次入对:

> 上曰:"方今治,当何先?"对曰:"以择术为始。"上问:"唐太宗何如主?"对曰:"陛下每事当以尧、舜为法。唐太宗所知不远,所为不尽合法度。尧、舜所为,至简而不烦,至要而不迂,至易而不难,但末世学士大夫不能通知圣人之道,故常以尧、舜为高而不可及,不知圣人经世立法,常以中人为制也。"上曰:"卿可谓责难于君。然朕自视眇然,恐无以副卿此意。卿可悉意辅朕,庶几同济此道。试为朕详言设施之方。"对曰:"愿陛下以讲学为事,讲学既明,则设施之方不言而自喻。"安石退而上疏。①

年轻的神宗求贤若渴,询问王安石当今治理天下,应当以何为先?王

---

① 汪圣铎点校:《宋史全文》卷十一,中华书局2016年版,第638—639页。

氏明确指出，首先要选择正确的治国方法。神宗进而询问，可否以唐太宗作为治国的典范——毕竟，唐太宗开创贞观之治，是中晚唐到五代君主们学习的典范。王氏则提出更高的治国理想。他勉励神宗应推行大有为之政，"每事当以尧、舜为法"，超越汉唐之治。对此，清代王夫之讥为大言不惭：

> 王安石之入对，首以大言震神宗。……故学者之言学，治者之言治，奉尧、舜以为镇压人心之标的，我察其情，与缁黄之流推高其祖以树宗风者无以异。①

然而，作为一代思想潮流之汇聚，"回归三代"代表着仁宗朝儒学复兴的最高政治理想，并非一家私言。② 本年右正言孙觉，翌年监察御史程颢、同修起居注陈襄上奏神宗，都以"回归三代"鼓舞神宗：

> 窃观朝廷之政，未尽得先王之意，而先后之序，未尽合圣人之道也。……陛下增益其所未至，勉强其所不能，救其所偏，解其所蔽，则臣将见陛下之治，度越汉、唐，而比隆于三代矣。③

> 汉唐之君，有可称者，论其人则非先王之学，考其时则皆驳杂之政，乃以一曲之见，幸致小康，其创法立统非可继于后世者，皆不足为也。④

> 为国而不修先王之法度，是犹输之不以规矩正方圆，而旷之不以六律治五音也。……唐太宗，有为之主也，而房、杜之徒不足以言礼乐，此其所以不王也。伏惟陛下缵国以来，孜孜庶政，二帝、三王之事，必欲举而行之。臣居斯时，不以尧、舜之道陈于

---

① 王夫之：《宋论》，中华书局1964年版，第114—115页。
② 《朱熹的历史世界》上编《绪论》，第190—195页。
③ 赵汝愚：《宋朝诸臣奏议》卷五载孙觉《上神宗论人主有高世之资求治之意在成之以学》，第44页。
④ 《宋朝诸臣奏议》卷二载程颢《上神宗论王霸之辨在审其初》，第17页。

陛下之前，则不恭之罪莫大焉。①

王安石所奏，既道出本人的政治理念，又反映时代思潮的最强音。"至简""至要""至易"，既是高度自信，又是鼓励神宗的言辞策略。

翌日，王安石奉命奏呈《本朝百年无事札子》，就科举、铨选、考课、役法、军事、宿卫、宗室、理财等各项制度弊政进行批评分析，②指出改革的方向——以"大有为"之政，行先王之法。南宋吕中将此文视为熙丰变法的纲领性文件，认为"用人者取新进，自此发之"；"分遣使，置提举，自此发之"；"故有国是之论"；"此免役法、农田令之始"；"故遣使修水利"；"并营自此始"；"置将官自此始"；"置保甲自此始"；"宗室补外官自此始"。"至于理财大抵无法。此一句安石变法之大意也，然特见于其后"，"其后纷更政事，皆本于此"。③ 札子体现出积极有为的变革精神，与庆历革新一脉相承，而措置规模之宏大，又远超庆历。吕中曾予以比较分析：

> 夫祖宗之法既行久，不能无弊。学校贡举也，科名资历也，监司郡县也，考绩课试也，农之贫，兵之冗，财之匮，官吏之贪者，庆历诸事之所欲变而不遂也者，至今以为恨。况其后世又数十年，其弊当益甚。议者以为当变，安石之变法不可谓非其时，而论本朝之弊亦可谓当其情也。④

> 自韩、富、范公之志不尽行，积弊相仍，极而至于熙宁，此又当变之时也。今观仲淹所上十事，与安石所变之法，合而论之。

---

① 《宋朝诸臣奏议》卷二载陈襄《上神宗论人君在知道得贤务修法度》，第16页。

② 吕中概括为理财无人、恤民无政、未能尽去小人、未能尽用君子、不任大臣、讲学具文、亲细务、不复古制、循弊法。《类编皇朝大事记讲义》卷十五，上海人民出版社2014年版，第283页。

③ 《类编皇朝大事记讲义》卷十五，第283页。

④ 《类编皇朝大事记讲义》卷十五，第284页。

熙宁二年,遣使察农田水利,亦欲厚农桑也。熙宁三年,立更戍、保甲法,亦欲以修武备也。四年,更贡举法,亦欲以精贡举也。四月,定《选人改官条制》,亦欲以明黜陟也。十月,定《奏补注官法》,亦欲以抑侥幸也。以至行募役法,亦欲以减徭役也。建三舍法,亦欲以重学校也。均诸路田法,亦欲以均公田也。此是仲淹、安石同处。然国家自艺祖、仁宗,虽有漏缺败坏之处,而未有熟烂腐败之形。庆历诸公之本旨,杜一隅补一隙之智也。熙宁大臣,则以一隅之损而颓其四围,以一隙之漏而侵及于堂奥也。①

范仲淹、富弼的各项措施,只是针对具体弊端,如贡举、学校、役法等进行局部改良。王安石却着眼于国家的统治体制,进行根本性的制度改革。他的这篇札子,成为北宋政治文化转向的标志:从仁宗朝后期的因循苟简,转向神宗朝的积极有为。

熙宁二年(1069)二月,王安石除参知政事。在此之前,神宗曾博采群议:

> 上曰:"朕知卿久,非适今日也。人皆不能知卿,以为卿但知经术,不可以经世务。"安石对曰:"经术者,所以经世务也。果不足以经世务,则经术何赖焉?"上曰:"朕仰慕卿道德甚至,有以助朕,勿惜言。不知卿所施设,以何为先?"安石曰:"变风俗,立法度,方今所急也。"②

面对他人"皆不能知"的质疑,王安石敏锐指出问题的实质——他们割裂了经术与世务的关系,认为经学纯为无用之术。③ 他针锋相对地答复,经术正是用来经划治理世务,否则,经术将失去价值。言外

---

① 《类编皇朝大事记讲义》卷九,第196页。
② 杨仲良:《皇宋通鉴长编纪事本末》卷五十九,宛委别藏本。
③ 张载:"朝廷以道学、政术为二事,此正自古之可忧者。"《张载集》卷一《答范巽之书》,第349页。

之意是,既然自己"知经术",岂能不知经世务呢?"经术者,所以经世务也"这句名言,简练概括出儒学复兴的精髓:用新的经典注释取代以五经正义为代表的汉唐章句注疏,激活儒家经世致用的传统。

(二)

熙宁八年(1075),新学的代表作《三经新义》问世。其中,《周官新义》是王安石亲撰——"笔迹犹斜风细雨,诚介甫亲书",①《尚书》《诗经》新义则出自王雱及门人弟子集体编纂。他如此重视《周礼》,皆因此部经典与制度变革最为契合:

> 对于《周礼》中原则的尊重,导向这样一种理论:一个坚定有自信的政府,应当建立各种制度(system),以规范人民的生活,从而实现道德社会。这些管理体系……那就是体制(institutions),主要是控制官僚的政府体制和塑造人们行为模式的由政府主导的体制。②

官僚体制的变革,合理制度的创建,是一切有为之政的前提——不论富国强兵,抑或人才培养、道德教化、移风易俗,等等。

其次,熙宁变革中若干新法,可以从中寻得经典支持。《上五事札子》曰:

> 若三法(免役、保甲、市易)者,可谓师古矣。然而知古之道,然后能行古之法,此臣所谓大利害者也。盖免役之法,出于《周官》所谓府、史、胥、徒,《王制》所谓"庶人在官"者也。……市易之法,起于周之司市、汉之平准。③

---

① 蔡絛撰,惠民、沈锡麟点校:《铁围山丛谈》卷三,中华书局1983年版,第58页。
② 刘子健著、张钰翰译:《王安石及其新政》,第107页。
③ 《王安石文集》卷四十一《上五事札子》,第688—689页。

当青苗法、均输法、市易法等因涉逐利而引起部分士大夫强烈批评时，王安石遂以《周礼》为据，进行反驳："一部《周礼》，理财居其半，周公岂为利哉？"①"范镇言：'自古以来，未有天子开货场者。'王安石曰：'镇所言，陛下若非略见《周礼》有此，则岂得不为愧耻？'"②晁公武指出："至于介甫，以其书理财者居半，爱之，如行青苗之类，皆稽焉。所以自释其义者，盖以其所创新法尽傅着之，务塞异议者之口。"③可谓鞭辟入里。

第三，《周礼》以冢宰统领百官的政治体制设计，与北宋士大夫"与君主共治天下"的理想权力模式，存在某种相似，符合王安石的政治理想：

> 若夫道隆而德骏者，又不止此。虽天子北面而问焉，而与之迭为宾主。此舜所谓承之者也。④

> 大治，王与大宰共之也。……大宰大臣，诏王驭群臣者也，当以道揆。⑤

> 大宰，以道佐王者也。……大宰事王以道，敛欲狭散欲广，王之道也。⑥

> 大宰，非礼官也，则其佐王事神示祖考也以道。……大宰于六官特尊焉。⑦

> 视治朝言王，而作大事不言王，则作大事者大宰故也。……大事独大宰作之而已。⑧

---

① 《王安石文集》卷七十三《答曾公立书》，第1271。
② 《太平治迹统类》卷十四，景印文渊阁四库全书，第408册，第396页。
③ 《郡斋读书志校证》卷二，第82页。
④ 《王安石文集》卷八十二《虔州学记》，第1428页。
⑤ 程元敏辑：《三经新义辑考汇评·周礼》，第27页。
⑥ 《三经新义辑考汇评·周礼》，第36页。
⑦ 《三经新义辑考汇评·周礼》，第45页。
⑧ 《三经新义辑考汇评·周礼》，第47页。

对此,刘丰有详细阐发,①兹不赘述。

《周官新义》集中体现出王氏新学的经学成就、治学方法及思想体系:"盖荆公生平用功,此书最深,所自负以为致君尧舜者,俱出于此。是固熙丰新法之渊源也,故郑重而为之。"②《周礼》中系统庞大、条理清晰的官僚体制,被视为由"道"到"法"的呈现:

> 惟道之在政事,其贵贱有位、其后先有序、其多寡有数、其迟数有时。制而用之存乎法,推而行之存乎人。其人足以任官,其官足以行法,莫盛乎成周之时;其法可施于后世,其文有见于载籍,莫具乎《周官》之书。盖其因习以崇之,庚续以终之,至于后世,无以复加,则岂特文、武、周公之力哉?犹四时之运,阴阳积而成寒暑,非一日也。③

道在政治事务中,体现为一种贵贱有位、先后有序、多寡有数、迟数有时的行政秩序与规则。它外化为官僚体制与法度律令,需要称职的官员去执行实施。经过文王、武王、周公等先圣的数世积累,至成周时臻于极盛,并完整记载于《周官》中。遗憾的是,自周朝衰亡以至于今,不仅成周的太平遗迹扫荡几尽,经书本身也不复完整。王氏自知训释之难,"以训而发之之为难,则又以知夫立政造事、追而复之之为难",所幸神宗已推行大有为之政,观今考古,现实与经典相互印证,遂使得经典训释成为可能:

> 然窃观圣上致法就功,取成于心,训迪在位,有冯有翼,亹亹乎乡六服承德之世矣。以所观乎今,考所学乎古,所谓见而知之

---

① 刘丰:《北宋礼学研究》,中国社会科学出版社 2016 年版,第 278 页。
② 全祖望:《鲒埼亭集》外编卷二十三《荆公周礼新义题词》,《全祖望集汇校汇注》,第 1176 页。
③ 《王安石文集》卷八十四《周礼义序》,第 1461 页。

者，臣诚不自揆，妄以为庶几焉。①

特别是《周礼》中以天官、地官、春官、夏官、秋官、冬官为纲的官僚系统，形式整齐，结构对称。"在王安石的眼里，这样的体系性正好反映了制度在本质上所具有体系性"。② 自然而然，他之前注解《周易》《洪范》《诗经》时擅长的类似于"结构主义"的解经方法，贯穿整部《周官新义》。具体而言，"就是在儒家经典中寻求一种内在的一致性或逻辑性"。③ 对于《周官》中许多随意设置的官职，王安石都试图将它们纳入一个严谨的逻辑体系中，从整体、系统的角度予以解释。如《周礼》中太宰"以八则治都鄙"：

> 一曰祭祀，以驭其神；二曰灋则，以驭其官；三曰废置，以驭其吏；四曰禄位，以驭其士；五曰赋贡，以驭其用；六曰礼俗，以驭其民；七曰刑赏，以驭其威；八曰田役，以驭其众。

王安石注曰：

> 凡造都鄙，必先立宗庙社稷诸神之祀，故一曰祭祀以驭其神。宗庙社稷诸神之祀立矣，然后立庙庭官府，施灋则焉，故二曰灋则以驭其官。施灋则矣，然后其违从废举可考而废置也，故三曰废置以驭其吏。废置者，所以治之；禄位者，所以待之。治之者政也，待之者礼也；徒治之以政而不待之以礼，则将免而无耻，故四曰禄位以驭其士。有吏士以行灋则，然后政教立；政立则所以富之，富之然后赋贡可足；教立则所以谷之，谷之然后礼俗可成，故五曰赋贡以驭其用，六曰礼俗以驭其民。政教立，然后继之以刑赏，刑赏则政教之末也，故七曰刑赏以驭其威。威立

---

① 《王安石文集》卷八十四《周礼义序》，第1461—1462页。
② 《道学之形成》，第323页。
③ 《北宋礼学研究》，第267页。

矣,然后众为用,故八曰田役以驭其众。①

从"祭祀"到"田役"的八则,只是简单的并列,郑注、贾疏皆随字、句释义而已。王氏却赋予八则以严谨的逻辑关联,认为八者之间是一种相承相因的关系,体现出周王施政的"先后""迟数"。与祭祀→设官→废置→禄位→赋贡→礼俗→刑赏→田役这八种治理法则相应,其治理的对象,则从神→官→吏→士→民→众。

这种解经方法,贯彻《周官新义》的始终。然有一点与之前《易注》《洪范传》等不同,即《字说》的运用。如《周礼》大宰之职"掌建邦之六典""以八灋治官府""以八则治都鄙",王氏注曰:

> 典之字从册、从丌。从册,则载大事故也;从丌,则尊而丌之也。则之字从贝、从刀。从贝者,利也;从刀者,制也。灋之字从水、从廌、从去。从水,则水之为物,因地而为曲直,因器而为方圆,其变无常,而常可以为平;从廌,则廌之为物,去不直者;从去,则灋将以有所取也。然则典、则、灋,详略可知矣。王之治邦国,则班常而已,故以典,典言其大常也;治都鄙,则使有所揆焉,不特班常而已,故以则,使有所揆焉者也;治官府,则悉矣,故以灋,灋则事为之制、曲为之防,非特使有所揆而已。言治都鄙、官府,则先官府后都鄙者,以大宰所治内外之序为先后也。言施典、则、灋,及以待邦国、都鄙、官府之治,则先邦国、次都鄙、后官府,以大宰所施所待尊卑之序为先后也。所治以内外之序为先后,而先言治邦,则六典以佐王治,非与八灋、八则序先后而言故也。②

典、灋、则三字意义相近,皆有法度、法则之意。郑玄之注未作清晰区分:"典,常也;经也,法也……所守以为法式也。"③"则,亦法也。典、

---

① 《三经新义辑考汇评·周礼》,第22—23页。
② 《三经新义辑考汇评·周礼》,第17页。
③ 郑玄注、贾公彦疏、赵伯雄整理、王文锦审定:《周礼注疏》卷二,第28页。

灋、则,所用异,异其名也。"①王安石则认为,三者之间,详略有别,轻重不同。典是典常,是治理邦国的大经大法;则是法则,使都鄙有所取准;灋包括各种具体的法规条文,纷繁复杂,"事为之制、曲为之防"。周王针对邦国、官府、都鄙三种不同的治理区域,分别采用典、灋、则,体现出按照内外、先后、尊卑施政的因果逻辑。重要的是,这种差异性,正体现于典、灋、则三字的字形结构中:或从册从丌,或从贝从刀,从水从廌从去。通过字符的组合分析,王氏不仅发现经典中隐含的这种逻辑性、规律性,而且赋予它一种超越历史语境、经典文本的永恒意义。

自熙宁九年十月罢相至元丰三年(1076—1080)八月,王安石研精覃思,修订《三经新义》,可谓一丝不苟。② 洪迈《容斋续笔》卷十五载:

> 王荆公《诗新经》"八月剥枣"解云:"剥者,剥其皮而进之,所以养老也。"毛公本注云:"剥,击也。"陆德明音普卜反。公皆不用。后从蒋山郊步至民家,问其翁安在?曰:"去扑枣。"始悟前非。即具奏乞除去十三字,故今本无之。③

《三经新义》是熙丰新法的理论基础,王安石对此孜孜不倦,足可见他退隐之后虽然身在山林,其心则未尝不深怀魏阙。

第三节　修订《字说》

神宗熙宁十年(1077)至哲宗元祐元年(1086),王安石辞相退居

---

① 《周礼注疏》卷二,第32页。
② 《王安石文集》卷四十三《乞改三经义误字札子二道》,第716页。
③ 洪迈撰、孔凡礼点校:《容斋随笔·续笔》卷十五,中华书局2005年版,第401页。

江宁,直至去世。摆脱了纷繁的政务与人事纷扰,他有足够的闲暇笔耕不辍,完成未竟的经学志业。修订《字说》,成为他晚年最重要的一项学术工作。"以天地万物之理,著于此书,与《易》相表里。"①

《字说》初撰于英宗治平年间。熙宁五年(1072),王安石勒成初稿,上呈神宗。②《熙宁字说序》曰:

> 文者,奇偶刚柔,杂比以相承,如天地之文,故谓之文。字者,始于一二,而生生至于无穷,如母之字子,故谓之字。其声之抑扬开塞、合散出入,其形之衡从曲直、邪正上下、内外左右,皆有义,皆本于自然,非人私智所能为也。与夫伏羲八卦、文王六十四,异用而同制,相待而成易。先王以为不可忽,而患天下后世失其法,故三岁一同。同之者,一道德也。秦烧《诗》《书》,杀学士,而于是时始变古而为隶。盖天之丧斯文也,不然,则秦何力之能为?
>
> 余读许慎《说文》,而于书之意时有所悟,因序录其说为二十卷,以与门人所推经义附之。惜乎先王之文缺已久,慎所记不具,又多舛,而以余之浅陋考之,且有所不合。虽然,庸讵非天之将兴斯文也,而以余赞其始?故其教学必自此始。能知此者,则于道德之意,已十九矣。③

《字说》的撰述,最初起缘于王安石不满许慎的《说文解字》。他认为,许慎编撰《说文》时,汉字已经变古篆为隶书,字形大变:"先王之文缺已久,(许)慎所记不具,又多舛。"这妨碍了对先秦儒家经典的理解,

---

① 《郡斋读书志校证》卷四,第165—166页。按,王氏释"无",最能体现《字说》与《周易》的关系:"王育曰:'天屈西北为无。'……盖乾位西北,万物于是乎资始。方其有始也,则无而已矣。引而申之,然后为有。"(《王安石全集》第1册,第206页)天即乾元,万物资始,属于西北方位,其字形的右下角弯曲,即为"无",二者同为宇宙万物创生的终极根源。

② 《王安石文集》卷四十三《进字说札子》,第715页。

③ 《王安石文集》卷八十四《熙宁字说序》,第1464页。

与焚书坑儒一起导致斯文之丧。以上体现出王氏特别重视文字在政教秩序中的独特功能:"故王所以一天下,始于言语、辞令,中于书名、声音,终于度量、法则。"①于是,他将阅读《说文》中的一些感悟,序录其说,并以经义附之。熙宁年间,因神宗过问,王安石遂黾勉为之,政事之暇草成《字说》初稿二十卷,上呈神宗。

《字说》成书后,颇受时人关注,迅速流传。尽管苏轼等人对之冷嘲热讽,②王安石却极为自负,将《字说》视为教学的基始、重振斯文的起步:"庸讵非天之将兴斯文也,而以余赞其始?故其教学必自此始。"神宗对字学同样表现出浓郁的兴趣。元丰元年(1078),神宗命王子韶、陆佃在资善堂置局,修订《说文》。元丰五年(1082)六月,"给事中陆佃、礼部员外郎王子韶上《重修说文》"。③ 恰在本年,王安石完成《字说》定稿,奏呈神宗。君臣二人于字学情趣相投,志同道合。王氏晚年殚精竭虑、孜孜矻矻地修订《字说》,一个重要原因应即响应神宗之意,通过厘清文字的内涵,为经典注解确定统一的训诂基础,以实现一道德而同风俗的理想。《宋史》卷一百五十五《选举一》载:"初,神宗念字学缺废,诏儒臣探讨,而王安石乃进其说,学者习焉。"④抉发清楚。

《字说》是王安石最重要的著述之一。他注重以会意的方法解释文字,根据字形偏旁的组合,分析字义。南宋学者叶大庆指出:

> 近世王文公,其说经亦多解字。如曰"人为之谓伪",曰"位者人之所立",曰"讼者言之于公",与夫"五人为伍""十人为什""歃血自明而为盟""二户相合而为门""以兆鼓则曰鼗""与邑交则曰郊""同田为富""分贝为贫"之类,无所穿凿,至理自明,人亦何议哉!

---

① 《三经新义辑考汇评·周礼》,第547页。
② 关于《字说》的修撰、流传过程,可见本书第二章第二节。
③ 《续资治通鉴长编》卷三百二十七元丰五年六月己未,第7875页。
④ 《宋史》卷一百五十五《选举一》,第3622页。

有如"中心为忠""如心为恕",朱晦庵亦或取之。惟是不可解者,亦必从而为之说,遂有勉强之患,所以不免诸人之讥也。①

由于摒弃形声、象形、假借、转注、指事等其他五种造字、用字法,解释时难免穿凿附会、牵强曲解。如:

洪:水共而大。②

笼:从竹从龙,内虚而有节,所以笼物,虽若龙者,亦可笼焉。③

松柏:松柏为百木之长。松犹公也,柏犹犹伯也,故松从公,柏从白。④

讼:言之于公。⑤

鹛,或作鹉:如婴儿学母语,故字从婴、母。⑥

征:正行也。⑦

伶:伶非能自乐也,非能与众乐乐也,为人所令而已。⑧

这些形声字中,本为表声的声旁被纳入意义的组合中分析,得出若干荒谬解释,遭到广泛批评。朱熹曰:"安石既废其五法,而专以会意为言。有所不通,则遂旁取后来书传一时偶然之语以为证。至其甚也,则又远引佛老之言,前世中国所未尝有者而说合之。"⑨很是到位。

---

① 叶大庆撰、李伟国点校:《考古质疑》卷三,中华书局 2007 年版,第 211—212 页。
② 王水照主编:《王安石全集》第 1 册《字说》,复旦大学 2016 年版,第 199 页。
③ 同前,第 199 页。
④ 同前,第 202 页。
⑤ 同前,第 202 页。
⑥ 同前,第 219 页。
⑦ 同前,第 219 页。
⑧ 同前,第 233 页。
⑨ 《晦庵先生朱文公文集》卷七十《读两陈谏议遗墨》,《朱子全书》第 23 册,第 3383 页。

然而细究王氏的本意，并非仅将《字说》视作一部文字著作。他认为，文字与八卦一样，"本于自然"。其笔画、声音、结构、意义等，皆非偶然、人为，而是自然秩序、原理的反映：

> 其声之抑扬开塞、合散出入，其形之衡从曲直、邪正上下、内外左右，皆有义，皆本于自然，非人私智所能为也。与夫伏羲八卦、文王六十四，异用而同制，相待而成《易》。①

文字是一种符号，其意义却具有先天的"自然性"——客观性、必然性，并非主观的臆造赋予。圣人根据自然之理创制文字，并据以纠正文字流传演变中出现的种种错讹谬误。此即王氏强调的"天生""人成"之意。② 王氏撰写《字说》，希望通过对文字意义的解释，探寻万事万物之理，追求对事物统一性乃至天道的理解："能知此者，则于道德之意，已十九矣。"③

例如，"诗"字：

> 作诗字字要有来历，但将老杜诗细考之，方见其工，若无来历，既谓乱道亦可也。王舒王解字云："诗字，从言从寺。寺者，法度之所在也。"可不信哉。④

> 《字说》："诗字，从言从寺。诗者，法度之言也。"说诗者不以文害辞，不以辞害志，惟诗不可拘以法度。若必以寺为法度，则侍者法度之人，峙者法度之山，痔者法度之病也。古之置字者，

---

① 《王安石文集》卷八十四《熙宁字说序》，第1464页。
② 《王安石文集》卷五十六《进字说表》，第985页。卷八十四《熙宁字说序》，第1464页。
③ 《王安石文集》卷八十四《熙宁字说序》，第1464页。土田健次郎对此颇有论述，可见《道学之形成》，第328页。关于《字说》的哲学意义，可见罗文（Winston W. Lo）著，刘成国、李梅译：《王安石与儒家的内圣理想》，《新宋学》第五辑。
④ 李之仪：《姑溪居士文集·后集》卷十五《杂题跋》，《宋集珍本丛刊》第27册，第186页。

诗也、峙也、侍也、痔也,特以其声相近取耳。①

王临川谓:"诗,制字从寺。"九寺,九卿所居,国以致理,乃理法所也。释氏名以主法,如寺人掌禁近严密之役,皆谓法禁所在。诗从寺,谓理法语也。故虽世衰道微,必考乎礼义,虽多淫奔之语,曰思无邪。②

王氏将"诗"字解释为"言"+"寺"两个字符意义的组合,后者是"法度之所在"。诗歌是语言的艺术,"诗"字从"言"容易理解。法度是何意?他并未明确阐述。按前两种记载(北宋李之仪、两宋之交吕本中),"法度"似指写诗应遵循的形式规则、体制、典范等。第三种(南宋罗璧)则将法度解释为法制、理法。以上解释,皆可找到相关佐证,不妨并存。前者如黄庭坚所云,"荆公评文章,常先体制而后文之工拙";③后者则符合王氏视文学为教化工具的功利思想——"文者,礼教治政云尔"。④ 北宋后期反对新学的健将晁说之,明确将"法度"与礼义予以对比:"不知礼义之所止,而区区称法度之言,真失之愚也哉。"⑤无论如何,《字说》显然不止于通过字形来分析"诗"的语义而已,而是试图呈现出对于诗歌本质、功能的认识与界定。

又如,"冲"字:

冲:冲气以天一为主,故从水;天地之中也,故从中。又水平而中,不盈而平者,冲也。⑥

---

① 吕本中:《童蒙训》卷下,韩酉山辑校:《吕本中全集》,中华书局2019年版,第1014页。

② 罗璧撰、赵龙整理:《识遗》卷九,《全宋笔记》第100册,大象出版社2009年版,第212页。

③ 黄庭坚:《豫章黄先生文集》卷二十五《书王元之竹楼记后》,刘琳等点校:《黄庭坚全集》,中华书局2021年版,第596页。

④ 《王安石文集》卷七十七《上人书》,第1338页。

⑤ 《嵩山文集》卷十三《儒言·诗》。

⑥ 《王安石全集》第1册《字说》,第201页。

"冲"字从水从中。《老子》第四十二章曰:"道生一,一生二,二生三,三生万物。万物负阴而抱阳,冲气以为和。"①阴阳和合的冲气,能够生成具体的万物。按《洪范传》中五行生成论,天一生水。可见,《字说》并非仅仅要重新解释"冲"字的语义,而重在通过字形分析的方式,整合《老子》与《洪范传》,确认冲气在宇宙生成中的次序和作用,最终落实在创文字的形体结构中。

王安石"自言《字说》深处,亦多出于佛书",②《字说》因此招引非议。如解"空"字:

> 荆公《字说》,多用佛经语。初作"空"字云:"工能穴土,则实者空矣,故空从穴从工。"后用佛语改云:"无土以为穴,则空无相;无工以穴之,则空无作。无相无作,则空名不立。"此语比旧时为胜。《维摩诘经》曰:"空即无相,无相即无作,无相无作,即心意识。"《法华经》云:"但念空无作。"《楞严经》曰:"但除器方,空体无方。"荆公盖用此意。③

"空"字从穴从工。《字说》对"空"的解释,挪用"空无相""空无作""无相无作"等佛教词汇,分别出自《维摩诘经》《法华经》《楞严经》等,似乎落实《字说》"多穿凿傅会,其流入于佛老"的指控。二程高足杨时批判道:"'作''相'之说出于佛氏,吾儒无有也。"④然而仔细寻绎,王氏虽用佛经之语,⑤其意却在强调空之成立,必须有工、为土,有所作为。这正如他解释《老子》"三十辐共一毂",其实异曲同工——无之

---

① 王弼注、楼宇烈校释:《老子道德经注校释》,中华书局2008年版,第117页。
② 叶梦得撰、徐时仪整理:《岩下放言》卷上,《全宋笔记》第27册,第153页。
③ 陈善撰、查清华整理:《扪虱新话》卷一,《全宋笔记》第47册,大象出版社2019年版,第247—248页。
④ 《杨时集》卷七,第143页。
⑤ 《字说》释"涣"字:"夫水本无冰,遇寒则凝;性本无碍,有物则结。有道之士,豁然大悟,万事销亡,如春冰顿释。"此袭《楞严经解》之说。《王安石全集》第1册《字说》,第231页。

为车用,无之所以为用,皆因毂辐之有。其中体现的,仍为王氏一贯强调的积极有为的儒家价值取向。杨时认为这种"空"属于色空,既为儒家所无,又不符合佛教真空之意,"其义于儒、佛两失之矣",①所见未免胶着。其实,这才是王氏新学从无到有、由空入实的真谛。

除多处援引佛经外,《字说》还不时化用《老子》《庄子》《韩非子》等语,予以新解,体现出以儒为主、贯通诸家的学术取向。如解"私"字:

> 韩非曰:"自营为私,背公为私。"夫自营者,未有能成其私者也,故其字为自营而不周之形。故《老子》曰:"夫非以无私也,故能成其私。"私从禾从厶,厶自营也。厶,不能不自营也,然自营而不害于利物,则无怨于私也。②

私字从禾从厶。厶的字形"自营而不周",体现私字之义。王氏进而从两个层面阐释:一、惟其无私故能成其私;二、如能自营而不害于利物,则无怨于私。如后者所言,则王氏援引《韩非》《老子》之说,其实仍为迁就他与王回对儒家"正己""正物"、"自治""治人"之辨,③略见为私辩护之用心——若自营而不碍利他,则私亦无妨。对私的字形分析,被纳入儒家修已与治人的关系中考量。

《字说》堪称王安石学术体系的根基,其重要性不亚于《三经新义》。如前所述,王氏无论治学或为政,都悬先王之道为标矢。它体现为一系列的制度举措,意味着不言而喻的权威与合法性。将此道行之于世,既是王氏的理想与抱负,也是他自拔流俗、逆流而进的精神动力。然先王之世去今已远,如何能确切得知先王之道?儒家经典是最重要的载体。胡瑗曾提出,圣人之道"有体、有用、有文",所谓

---

① 《杨时集》卷七,第 143 页。
② 《王安石全集》第 1 册《字说》,第 204 页。
③ 《王安石文集》卷七十二《答王深甫书三》,第 1260—1261 页。

的"文",即包括承载此道的经典。汉唐儒者学不得法,注解经典时只注重华丽的文辞和繁琐的注疏,导致此道湮没不彰:

> 逮更煨尽之灾,遂失源流之正。章句之文胜质,传注之博溺心。此淫辞诐行之所由昌,而妙道至言之所为隐。①

欲重新发明先王之道,必须对经典进行新的诠释。经典的载体——文字,其"本实出于自然",②具有客观统一性,其涵义虽历世变时移仍基本不变。③ 先王曾利用它来同道德、一名分,值得今世效仿:

> 窃以书用于世久矣。先王立学以教之,设官以达之,置使以喻之,禁诛乱名,岂苟然哉?凡以同道德之归,一名法之守而已。……则虽非即此而可证,亦非舍此而能学。④

王氏撰述《字说》,即试图通过会意之法,探寻文字所指的实体;先取得字义的统一,进而为统一经典解释奠定训诂基础,消除纷纭歧议。例如,《周礼·天官冢宰·大宰》:

> 治官之属:大宰,卿,一人。小宰,中大夫,二人。宰夫,下大夫,四人。上士八人,中士十有六人,旅下三十有二人。(郑注:变冢言大,进退异名也。百官总焉则谓之冢,列职于王则称大。冢,大之上也。山顶曰冢。旅,众也。下士,治众事者。自大宰至旅、下士,转相副贰,皆王臣也。王之卿六命,其大夫四命,士以三命,而下为差。)府六人。(郑注:史十有二人。府治藏,史掌书者。凡府史,皆其官长所自辟除。)胥十有二人,徒百有二十人。(郑注:此民给徭役者,若今卫士矣。胥读如谞,谓其有才知为什长。)

---

① 《王安石文集》卷五十七《除左仆射谢表》,第1005页。
② 《王安石文集》卷五十六《进字说表》,第984页。
③ 《王安石文集》卷五十六《进字说表》:"道有升降,文物随之,时变事异,书名或改,原出要归,亦无二焉。"第984页。
④ 《王安石文集》卷五十六《进字说表》,第984页。

郑玄解释了为何将冢宰称为大宰,以及士、府、史、胥、徒的职掌、编制,大宰、卿、大夫、士之间的尊卑上下关系,简明扼要。① 王安石则详细注曰:

> 大宰卿,小宰中大夫,则卿上大夫也。《王制》曰:"诸侯之上大夫卿。"盖非特诸侯之卿为然也。卿之字从卯,卯,奏也;从卩,卩止也;左从卯,右从卩,知进止之意。从皀,黍稷之气也。黍稷地产,有养人之道,其皀能上达。卿虽有养人之道而上达,然地类也,故其字如此。
>
> 夫之字,与天皆从一从大。夫者,妻之天故也。天大而无上,故一在大上。夫虽一而大,然不如天之无上,故一不得在大上。夫,以智帅人者也;大夫,以智帅人之大者也。
>
> 士之字,与工与才,皆从二从丨。才无所不达,故达其上下。工具人器而已,故上下皆弗达。士非成才,则宜亦皆弗达,然志于道者,故达其上也。士,事人者也,故士又训事。事人则未能以智帅人,非人之所事也,故未娶谓之士。下士谓之旅,则众故也。旅之字,从队从从,众矣,则从旌旗指挥故也。从旌旗指挥,则从人而不自用,下士之为旅,则亦从人而不自用者也。
>
> 府之字,从广从付。广则其藏也,付则以物付之。史之字,从中从又。设官分职以为民中,吏则所执在下,助之而已。胥之字,从疋从肉。疋则以其为物下体,肉则以其亦能养人。其养人也,相之而已,故胥又训相也。卿从皀,胥从肉,皆以养人为义,则王所建置,凡以养人而已。徒之字,从辵从土。徒无车从也,其辵而走,则亲土而已。故无车而行,谓之徒行也。
>
> 郑氏以为府、史、胥、徒,皆其官长所自辟除。盖自下士以上,皆王命也,而穆王命大仆曰"慎简乃僚",则虽以王命之,而为

---

① 《周礼注疏》卷一,第7—9页。

之长者,得简之也。府、吏、胥、徒虽非士,而先王之用人无流品之异。其贱则役于士大夫而不耻,其贵则承于天子而无嫌。①

与郑注不同,王注通过对士、卿、夫、旅的字形分析,得出它们的官职大小与职责;认为它们之间尊卑上下的关系和彼此职责,都体现在固定不变的字形中。由此,卿、士、府、胥、徒的职掌、功能,超越了具体的历史、文本语境,成为自然秩序的体现。其中,夫与天,士与工、才,卿与胥等字,通过比较呈现出的形体上的结构性差异,正是官僚系统中的等级差异。王氏的阐释,正是从这种结构性的视角切入。

有趣的是,理学家程颢、程颐对文字的认识,与王安石相近。② 只不过他们倡导格物致知,注重从万事万物上去探求"理一",而王氏专从文字上而已。

第四节　出入自在

王安石与佛教的关系,一直广受关注。③ 与欧阳修、孙复、石介等激烈排佛论者不同,王氏对佛教的姿态相当开放,越到晚年,越亲近禅宗。他的诗歌创作、学术思想乃至生活方式,都在不同程度上受

---

① 《三经新义辑考汇评·周礼》,第 7—8 页。
② 《河南程氏遗书》卷一:"凡物之名字,自与音义气理相通。除其他有体质可以指论而得名者之外,则天之所以为天,天未名时,本亦无名,只是苍苍然也,何以便有此名? 盖出自然之理,音声发于其气,遂有此名此字。如今之听声之精者,便知人性,善卜者知人姓名,理由此也。"《二程集》,第 9 页。
③ 王安石与佛教的关系,研究成果较夥。专著如蒋义斌:《宋代儒释调和论及排佛论之演进》,第 31—58 页。徐文明:《出入自在——王安石与禅》,河南人民出版社 2001 年版。方笑一《北宋新学与文学》,第 158—171 页。论文亦连篇累牍,如李承贵:《王安石佛教观研究》,《中山大学学报》(社科版)2009 年第 4 期,第 114—126 页;成玮:《佛性与世界——王安石佛学的此岸关怀》,《现代哲学》2022 年第 5 期,第 141—150 页。

到影响。以下结合他与浮屠的交往,略作阐述。

(一)

王安石与佛教徒的交往,最初受到家庭、地域的影响。他幼年追随父亲王益游宦在外,所经之地如庐陵、邵州等,均为佛教尤其是禅宗蔚为兴盛之地。六祖惠能曾在邵州传法弘道,庐陵是禅宗青原、石头一系的发源处。自幼处在这种浓郁的佛教氛围中,王安石受到一定的佛教熏染,自在情理之中。他的父母不排斥佛教,《城陂院兴造记》曰:"陂上有屋,曰城陂院者,僧法冲居之,而王氏诸父子之来视墓者,退辄休于此。"①据传王安石接受启蒙教育的挐云馆,就位于名刹香林寺内。学习之余,他经常与老师杜子野去附近寺观中游玩。晨钟暮鼓,想必在心中烙上极深的印象。

王安石很早就与浮屠交往,如金陵慧礼:"予少时客游金陵,浮屠慧礼者从予游。"②青少年时,由于受古文运动的影响,他曾一度视佛教为异端:

<blockquote>
时乎杨墨,己不然者,孟轲氏而已;时乎释老,己不然者,韩愈氏而已。如孟韩者,可谓术素修而志素定也,不以时胜道也。③
</blockquote>

文中将释老与杨墨相提并论,推崇孟子、韩愈的排斥异端之功。这种思想倾向,自他出知鄞县后开始明显转变。庆历七年(1047)十一月,王安石周游鄞县属下十四乡,督使县民开浚渠川,晚间顺便借宿佛寺,与佛结缘:

<blockquote>
庆历七年十一月丁丑,余自县出,属民使浚渠川,至万灵乡
</blockquote>

---

① 《王安石文集》卷八十三《城陂院兴造记》,第1447页。
② 《王安石文集》卷八十三《扬州龙兴讲院记》,第1451页。
③ 《王安石文集》卷八十四《送孙正之序》,第1473页。

之左界,宿慈福院。戊寅,升鸡山,观碑工凿石,遂入育王山,宿广利寺,雨,不克东。辛巳,下灵岩,浮石湫之壑以望海,而谋作斗门于海滨,宿灵岩之旌教院。癸未,至芦江,临决渠之口,转以入于瑞岩之开善院,遂宿。甲申,游天童山,宿景德寺。质明,与其长老瑞新上石,望玲珑岩,须猿吟者久之,而还食寺之西堂,遂行。至东吴,具舟以西。质明,泊舟堰下,食大梅山之保福寺庄。过五峰,行十里许,复具舟以西,至小溪,以夜中。质明,观新渠及洪水湾,还食普宁院,日下昃,如林村。夜未中,至资寿院。质明,戒桃源、清道二乡之民以其事。凡东西十有四乡,乡之民毕已受事,而余遂归云。①

由于五代钱氏推崇佛法,以及历代佛教大德累世苦心经营,北宋时两浙已经成为禅宗最发达的地区。鄞县尤其是禅林圣地,名山古刹遍布境内。王安石徜徉山水之余,与大德高僧多有交纳,其中可考者有怀琏、常坦、瑞新、虚白等。② 怀琏字器之,漳州陈氏子,与当地士人交往频繁,力倡儒、释、道三教会一之说:

> 是时北方之为佛者,皆留于名相,囿于因果,以故士之聪明超逸者皆鄙其言,诋为蛮夷下俚之说。琏独指其妙与孔、老合者,其言文而真,其行峻而通,故一时士大夫喜从之游。③

《寄育王大觉禅师》《平甫与宝觉游金山思大觉并见寄及相见得诗次韵》两首诗歌,便是王氏与怀琏的唱酬之作。④《奉使道中寄育王山长老常坦》中的常坦,⑤是云门宗福昌善禅师法嗣,曾与李觏等

---

① 《王安石文集》卷八十三《鄞县经游记》,第1445页。
② 王安石知鄞期间的佛缘,程光裕有详细考述,《宋史研究集刊》第十七辑(1988年)《王安石知鄞县的治迹与佛缘》,第453—480页。
③ 《苏轼文集》卷十七《宸奎阁碑》,第501页。
④ 《王安石文集》卷二十一,第331页;卷二十三,第370页。
⑤ 《王安石文集》卷六,第78页。

人唱和。① 瑞新是云门宗福昌善禅师法嗣,与王氏交游甚款,《书瑞新道人壁》对二人交谊记述颇详。②

知鄞后,王安石彻底转变了对佛教的态度。他曾撰写《非韩子》,驳斥韩愈:

> 人有乐孟子之距杨墨也,而以佛老为己功。呜呼！庄子所谓夏虫者,其斯人之谓乎？道,岁也;圣人,时也。执一时而疑岁者,终不闻道矣。夫圣人之言,应时而设,昔常是者,今盖非也。士知其常是也,因以为不可变,不知所变者言,而所同者道也。曰:"然则孰正？"曰:"夫春起于冬而以冬为终,终天下之道术者,其释氏乎？"不至于是者,皆所谓夏虫也。③

将排佛者视为夏虫,未免过激,试与《与孙正之序》中对孟、韩的推崇相比,判若霄壤。此后终其余生,王氏与浮屠频频交往,络绎不绝。仅据《王安石文集》及宋人各种笔记记载,便有几十余人。他们是:觉海、道升、道源、德殊、修广、慧礼、胜上人、宝觉、道光、白云、行详、荣上人、慧约、普济、智福、智缘、慧思、净因、云渺、岳上人、逊师、无惑、长宁、惠岑、西堂、慧休、善因、惟简、真净、善瑞、显忠、惟信、清顺、义了、契嵩等。其中,赞元觉海禅师擅名当时,与王氏关系最为密切:

> 蒋山赞元觉海禅师,婺州义务人,姓傅氏。……十五游方,远造石霜。……丞相王公安石重师德望,特奏章服师号,与师萧散林下,清谈终日。……元祐元年,师乃迁化。④

觉海与王氏的关系,不仅仅"萧散林下,清谈终日"而已。《禅林僧宝

---

① 李觏撰、王国轩点校:《李觏集》卷三十五《和育王十二题》自注曰:"筠州杨屯田以僧常坦诗俾予和之,题之义,坦自有解。"中华书局2011年版,第393页。
② 《王安石文集》卷七十一《书瑞新道人壁》,第1239页。
③ 释惠洪撰、夏广兴整理:《林间录》卷上,《全宋笔记》第24册,第116页。
④ 释普济撰、苏渊雷点校:《五灯会元》卷十二,中华书局1984年版,第730页。

传》卷二十七载：

> 舒王初丁太夫人忧，读经山中，与元游如昆弟。问祖师意旨，元不答，王益叩之，元曰："公般若有障三，有近道之质一，更一两生来，恐纯熟。"王曰："愿闻其说。"元曰："公受气刚大，世缘深。以刚大气，遭深世缘，必以身任天下之重，怀经济之志。用舍不能必，则心未平。以未平之心，持经世之志，何时能一念万年哉？又多怒，而学问尚理，于道为所知愚。此其三也。特视名利如脱发，甘澹泊如头陀，此为近道。且当以教乘滋茂之，可也。"王再拜受教。①

可见觉海很了解王氏的理想志向及性格弱点，能直言不讳。王氏于觉海也多方袒护，甚至不惜卷入到佛教内部的门户之争。其《白鹤吟示觉海元公》诗以咏物形式，娓娓道出一段佛门恩怨，明显偏向觉海。李壁注曰：

> 先是，讲僧行详与公交旧，公延居山中。详有经论，每以善辩为名，毁訾禅宗。先师普觉奄化西庵，而觉海孤立，详益骄傲，师弗之争，屡求退庵席。公固留，不可。悟详谲妄，遂逐详而留师，乃作是诗焉。白鹤，譬觉海也；红鹤，行详也；长松，普觉也。览是诗者，即知公与二师方外之契，不为不厚矣。②

（二）

与浮屠的密切交往，深刻影响到王安石的诗文创作、学术思想乃至生活方式。以上佛教徒中，许多是著名诗僧，他们凭借诗文创作而

---

① 释惠洪撰，吕有祥点校：《禅林僧宝传》卷二十七，中州古籍出版社2014年版，第184页。
② 《王荆文公诗笺注》卷三《白鹤吟示觉海元公》，第72页。

与王氏相识。如清顺,《冷斋夜话》卷六载:

> 西湖僧清顺,怡然清苦,多佳句。尝赋《十竹》诗曰:"城中寸土如寸金,幽轩种竹只十个。春风慎勿长儿孙,穿我阶前绿苔破。"又有《林下》诗曰:"久从林下游,颇识林下趣。纵渠绿阴繁,不碍清风度。闲来石上眠,落叶不知数。一鸟忽飞来,啼破幽绝处。"荆公游湖上,爱之,称扬其名。①

又如诗僧义了,《五总志》载:

> 王荆公一日与郭功甫(郭祥正)饭于半山宅,食已,忽有一僧名义了者,自称诗僧,投谒于公。功甫大不平之,曰:"于丞相前自称诗僧,定狂夫也,不必见之。"公曰:"姑见之,何害?"因询以为诗,且令即席而作。僧云:"愿乞题并韵。"公欲试寻常题目,复疑其宿成。偶一老卒取沙入宅,公令以是为题,且以"汀"字为韵。②

以上记载颇富戏剧性,形象生动地描述出王安石和浮屠们的文字因缘。这影响到王氏的诗歌创作,激发他写下数量不菲的佛教诗词。粗略统计,他的一千六百多首诗歌中,大概有一百多首与佛教有关。或与浮屠往来唱酬,或是描写佛教寺院、僧侣生活,又或直接模仿诗僧的创作。它们大都清新雅丽,自然透脱,富有禅趣,余韵隽永。最著名的如《拟寒山拾得二十首》,以通俗诗句表达深刻的佛教哲理,集中体现了王氏对佛教"无心是道""万法皆空""随缘任运"等思想的领悟。③

---

① 释惠洪撰、陈新点校:《冷斋夜话》卷六,中华书局1988年版,第50页。
② 吴坰撰、黄宝华整理:《五总志》,《全宋笔记》第37册,第301页。
③ 佛教对王安石诗歌创作的影响,研究成果较夥。如倪祥保:《略论王安石的佛诗》,《文学遗产》2000年第3期,第130—133页;朴永焕《王安石禅诗研究》,《佛学研究》2002年,第172—182页。专著有刘洋:《王安石诗作与佛禅之关系研究》,宗教文化出版社2007年版。

浮屠身上散发出的人格魅力，深刻触动了王安石。交往中，他深深感受到他们崇高的精神境界和人格修养。他们"其行谨洁，学博而才敏"，①能"以其所学自脱于世之淫浊"。②王安石感到，这些品质和儒家的仁、义极其相似："故为其徒者，多宽平不忮，质静而无求。不忮似仁，无求似义。"相比之下，儒家士人"夸漫盗夺，有己而无物"的所作所为，使他感慨万分："今夫衣冠而学者，必曰自孔氏。孔氏之道易行也，非有苦身窘行，离性禁欲，若彼之难也。而士之行可一乡、才足一官者常少，而浮图之寺庙被四海，则彼其所谓材者，宁独礼耶？"③"方今乱俗不在于佛，乃在于学士大夫沉没利欲，以言相尚，不知自治而已。"④他进而意识到，浮屠之所以具有如此崇高的精神境界，是因为他们"有见于无思无为，退藏于密，寂然不动"的心性之端。⑤由此他指出，若想实现士人的理想人格，须以儒家的礼乐来养身修性：

> 衣食所以养人之形气，礼乐所以养人之性情也。礼反其所自始，乐反其所自生，吾于礼乐见圣人所贵其生者至矣。世俗之言曰："养生非君子之事。"是未知先王建礼乐之意也。……呜呼，礼乐之意不传久矣！天下之言养生修性者，归于浮屠、老子而已。浮屠、老子之说行，而天下为礼乐者独以顺流俗而已。⑥

王安石因与浮屠交往，认识到发展儒家心性之学的重要性。这意味着历经佛教文化数百年的冲击后，儒家开始树立起崭新的应对策略。仁宗庆历以后，王氏积极参与并引领"道德性命"的思想潮流，与此应有一定关系。比如他论大人、圣人、神人之别，钱穆以为，这与

---

① 《王安石文集》卷八十三《扬州龙兴讲院记》，第1451页。
② 《王安石文集》卷八十三《涟水军淳化院经藏记》，第1457页。
③ 《王安石文集》卷八十三《扬州龙兴讲院记》，第1451页。
④ 《王安石文集》卷七十二《答曾子固书》，第1281页。
⑤ 《王安石文集》卷八十三《涟水军淳化院经藏记》，第1457页。
⑥ 《王安石文集》卷六十六《礼乐论》，第1150—1152页。

佛家法、报、应三身说相似。① 他的"性可以为恶"说,或许受天台宗"佛性具恶"思想的影响。② 其《性论》曰"谓其才之有小大,而识之有昏明也……非谓其性之异也","识"字原为释家常用。③ 晚年,他倾力注解《金刚经》《楞严经》《华严经》《维摩经》等,并与蒋之奇探讨如来藏。《答蒋颖叔书》曰:

> 所谓性者,若四大是也;所谓无性者,若如来藏是也。虽无性而非断绝,故曰一性所谓无性。曰一性所谓无性,则其实非有非无,此可以意通,难以言了也。惟无性,故能变;若有性,则火不可为以水,水不以为地,地不可以为风矣。④

《性论》捋扯《法华经》《愣严经》《维摩经》《杂阿含经》中术语,阐述有性与无性,集中体现出王安石精深的佛学造诣。⑤

特别是,王安石以天下治平为己任的大有为精神,除儒家传统的熏染外,也受到禅宗影响。⑥ 释惠洪《冷斋夜话》卷十载:

> 朱世英言:"予昔从文公定林数夕,闻所未闻。尝曰:'子曾读《游侠传》否?移此心学无上菩提,孰能御者哉?'又曰:'成周三代之际,圣人多生儒中。两汉以下,圣人多生佛中。此不易之论也。'又曰:'吾止以雪峰一句语作宰相。'世英曰:'愿闻雪峰之语。'公曰:'这老子尝为众生,自是什么?'"⑦

---

① 钱穆:《中国学术思想史论丛》卷五《初期宋学》,安徽教育出版社2004年版,第7页。
② 蒋义斌:《宋代儒释调和论及排佛论之演进》,第45页。
③ 成玮分析道:"王安石的人性论,儒佛交涉之迹甚明。……这是语词上的佛学痕迹。"《佛性与世界——王安石佛学的此岸关怀》,《现代哲学》2022年第5期,第143页。
④ 《王安石文集》卷七十八《答蒋颖叔书》,第1369页。
⑤ 此信的疏解,可见方笑一:《北宋新学与文学》,第166—168页。
⑥ 余英时:《中国近世宗教伦理与商人精神》,《士与中国文化》,第443—444页。
⑦ 释惠洪撰、陈新点校:《冷斋夜话》卷十,中华书局1988年版,第79页。

此条文献所载,比较可信。朱彦字世英,江西南丰人,其祖母为曾巩从姊,神宗熙宁九年(1076)进士。绍圣中,除江西转运判官,历知抚州、洪州、杭州等。徽宗政和元年(1111),召为刑部侍郎,三年卒。① 雪峰是雪峰义存,赐号真觉大师,青原五世法孙。云门文偃是他的法嗣,创立云门宗,大盛于北宋。王氏所交往的浮屠中,尤其以云门宗居多。《游侠传》指《史记·游侠列传》,司马迁赞誉游侠:"不爱其躯,赴士之厄困,既已存亡死生矣,而不矜其能,羞伐其德。"②这种舍生取义的忘我精神,与大乘佛教"我不入地狱,谁入地狱"普渡众生的慈悲胸怀,以及儒家"欲平治天下,当今之世,舍我其谁"的壮志抱负,极为相近,皆激励、驱动王安石去创法改制,建立理想的政治秩序。刘子健指出:

> 王安石表现得洞穿尘世,却并不逃离尘世,而是以忘我的刚毅精神,超然而慈悲地投身其中,显示出大乘教义的特色。③

佛教旨在救拔众生,脱离生死流转之苦,获登彼岸。王安石却要安顿此世秩序,所以挺身拜相。他之所以推崇冯道,正因后者虽身处乱世,却"能屈身以安人,如诸佛菩萨之行"。④

王安石的生活作风深受浮屠影响。他日常俭朴,不事奉养,不修边幅,被称为"甘澹泊如头陀",⑤宋人笔记多有记载。当时,程颢等人即批评他迹近浮屠,"其身犹不能自治",⑥不合儒家法礼。朱熹指出,这种作风与浮屠相近:"然荆公气习,自是一个要遗形骸、离世俗

---

① 朱彦的生平事迹,可见周裕锴:《宋僧惠洪交游人物考举隅》,《宋代文化研究》第 16 辑下。
② 司马迁撰、裴骃集解、司马贞索隐、张守节正义:《史记》卷一百二十四,中华书局 1982 年版,第 3181 页。
③ 《王安石及其新政》,第 113 页。
④ 魏泰撰、李裕民点校:《东轩笔录》卷九,第 99 页。
⑤ 释惠洪撰、吕有祥点校:《禅林僧宝传》卷二十七,中州古籍出版社 2014 年版,第 184 页。
⑥ 《河南程氏遗书》卷二上,《二程集》,第 17 页。

底模样。……要之,即此便是放心。"①及至晚年,王氏退居钟山,优游林下,更深契万法皆空之旨。日常行迹则随缘而往,近乎无心:

> 元丰末,王荆公在蒋山野次,跨驴出入。时正盛暑,而提刑李茂直往候见,即于道左遇之。荆公舍寒相就,与茂直坐于路次。荆公以兀子,而茂直坐胡床也。语甚久,日转西矣,茂直命张伞,而日光正漏在荆公身上。茂直语左右,令移伞就相公。公曰:"不须。若使后世做牛,须着与他日里耕田。"②

> 王荆公领观使归金陵,居钟山下,出即乘驴。予尝谒之,既退,见其乘之而出,一卒牵之而行。问其指使:"相公何之?"指使曰:"若牵卒在前,听牵卒;若牵卒在后,即听驴矣。或相公欲止即止,或坐松石之下,或田野耕凿之家,或入寺。随行未尝无书,或乘而诵之,或憩而诵之。仍以囊盛饼十数枚,相公食罢,即遗牵卒。牵卒之余,即饲驴矣。或田野间人持饭饮献者,亦为食之。盖初无定所,或数步复归,近于无心者也。"③

不执着、不分别,泯灭荣辱、随缘而适的自由境界,是王安石于佛教的最大沾丐。

倘若拓展思想史的视域,观照王安石与佛教的关系,则别有一番意义。自东汉后期佛教传入中土以来,数百年间对儒家文化产生强劲挑战。这不仅体现在民生经济、社会秩序、伦理道德等方面,更在于佛教具有的心性资源、相应的精神修养方法,以及最终达到的精神境界,对士人心灵产生强烈吸引。陈来所谓:"在于面对人的生存情景及深度

---

① 《朱子语类》卷一百三十,第3109页。
② 王铚撰、朱杰人点校:《默记》卷中,中华书局1981年版,第24页。
③ 王巩撰、张其凡点校:《清虚杂著三编·闻见近录》,中华书局2017年版,第255页。

感受方面的问题,提供给人以安心立命的答案。"①魏晋以下,排佛论者不绝如缕,始终未能撼动佛教对士人价值观的影响。柳宗元指出:

> 浮图诚有不可斥者,往往与《易》《论语》合,诚乐之,其于性情奭然,不与孔子异道。……且凡为其道者,不爱官,不争能,乐山水而嗜安闲者为多。吾病世之逐逐然唯印组为务以相轧也,则舍是其焉从?②

柳氏出身于世家大族,积极入仕,参与政治革新,当然不会赞成佛教对儒家伦理、道德的背离。他只是对佛教徒"闲其情""安其性""唯山水之乐"的精神境界,感到倾心。即使以排佛著称的韩愈,据说晚年也为此心折:"退之晚来觉没顿身己处。……及至海上,见大颠壁立万仞,自是心服。"③佛教徒则自豪地宣称儒家主外、释家主内,将心灵、精神的领域据为己有。因此,宋代儒者直面佛教挑战时,必须在内圣方面有所建树,方能走出汉唐儒学的藩篱。如前所述,王安石显然意识到此,故能率先引领儒家"道德性命"的探讨。只是,他并未建立起一套完整的儒家心性论、工夫论理论体系,未能完全摆脱唐代士人外儒内释(老)的格局。其学术思想的建构,主要以制度为核心,仍然偏于外向。他罢相以后,步入人生暮年,遂重蹈前贤之路,从佛教中寻求精神解脱。

第五节　断裂与连续

(一)

仁宗嘉祐四年(1059)春,王安石入京任三司度判官。自庆历二

---

① 陈来:《有无之境:王阳明哲学的精神》,三联书店 2009 年版,第 273 页。
② 柳宗元撰,尹占华、韩文奇校注:《柳宗元集校注》卷二十五《送僧浩初序》,中华书局 2013 年版,第 1680—1681 页。
③ 《朱子语类》卷一百三十七,第 3275 页。

年(1042)科举释褐至此,他已辗转州县任职十八年,积累了丰富的人生阅历和地方行政经验。和若干士大夫陶醉于所谓"太平盛世"不同,他并未被北宋暂时、表面的稳定所迷惑,而是正视社会各方面的积弊、内外矛盾和危机,形成了清醒认识和成熟思考,并酝酿出一整套以改革法度、培养人才为核心的变革方案。于是乘返京之际,他上奏仁宗,希望发起变革。此即著名的《上仁宗皇帝言事书》。《宋史》卷三百二十七《王安石传》曰:"安石议论高奇,能以辨博济其说,果于自用,慨然有矫世变俗之志,于是上万言书。"[1]

奏章开篇呈现出北宋王朝面临的险峻形势:"顾内则不能无以社稷为忧,外则不能无惧于夷狄。天下之财力日以困穷,而风俗日以衰坏。四方有志之士,諰諰然常恐天下之久不安。"继而指出内外交困、风俗败坏的根本原因,在于国家未能建立法度,而已有法度不符合先王之政。欲学习先王,创建法度,又面临着人才不足的困境,从而引出国家面临着最严峻、迫切的问题——"方今天下之人才不足"。接下来,奏章分析人才不足的原因,列举古代先王培养人才的方法,并与北宋"教之之道""养之之道""取之之道""任之之道"的制度、模式进行对比,强调变革的迫切性,提出变革当前弊政的具体措施。最后,奏章勉励、告诫仁宗,应当以史为鉴,以长远的眼光、坚定的意志、谦虚的心胸,施行变革。

《言事书》是王氏政论文的代表作。全文长达一万多字,围绕人才问题为核心展开论述,条分缕析,脉络分明,层层深入,曲折畅达,丝毫不显累赘冗长。其间议论风生云涌,说理引经据典,纵贯古今,反复剖析,犀利透辟,被称为"秦汉以后第一大文"。[2] 明代茅坤特别强调:"荆公以王佐之学与王佐之才自任,故其一生措注,已尽于此书

---

[1] 《宋史》卷三百二十七《王安石传》,第 10541 页。
[2] 梁启超:《王安石传》第 6 章,第 87 页。

中。所以结知主上,亦全在此书中。"①南宋洪迈认为:

> 王荆公议论高奇,果于自用。嘉祐初,为度支判官,上《万言书》,以为……当时富、韩二公在相位,读之不乐,知其得志必生事。后安石当国,其所注措,大抵皆祖此书。②

"富、韩二公",指宰相富弼与韩琦。《宋史·王安石传》将此段文字,几乎原封不动采纳。从此后,《言事书》便被视为王安石的变革蓝图、思想纲领。

对此,邓广铭指出:

> 《言事书》所涉及的问题,所涵盖的一些层面,还是很显狭窄的,他还只是谈到关于政治以及吏治的一些问题,而没有谈到更较重要的有关社会经济方面的一些问题。因而,似乎还不能说,《言事书》就已经为他后来的变法革新制定了一个草案或一幅蓝图。③

的确如此。《言事书》的主要内容,集中于官僚的素质、能力、官场风气及相关制度,不宜视为王氏政治思想的全面呈现。比如,理财的问题,书中很少谈及,仅因涉吏禄而提出"因天下之力以生天下之财,取天下之财以供天下之费""理财以其道而通其变"的原则性口号。这与熙宁变革重视富国强兵,颇有不同。

然而,有学者据此走向另一个极端,认为《言事书》只是王氏前期学术思想的代表。它强调改革应当从整饬吏治开始,与庆历新政的精神一脉相承。熙宁二年(1069)执政后,为迁就、迎合神宗以"理财为急务"的旨意,王氏逐渐放弃了以吏治为主的改革方案,转向富国

---

① 《唐宋八大家文钞》卷八十一《临川文钞》,景印文渊阁四库全书,第1384册,第4页。
② 《容斋随笔·四笔》卷四,第244—245页。
③ 邓广铭:《北宋政治改革家王安石》,河北教育出版社2000年版,第48页。

强兵。由此,他背离了初衷,思想发生转向,熙宁变法遂走上与庆历革新不同的聚敛之路。①

这种观点,仍可斟酌。从写作缘起看,《言事书》是王安石自提点江南东路刑狱返京任三司度支判官时,循例上书仁宗陈述出使之事,有所论奏,故曰:"敢缘使事之所及,冒言天下之事。"提点刑狱职掌一路刑狱,负责监察、纠劾下属州县的官员。书中以人才问题为核心,而较少涉及军事、财政等,当与此有关,并不意味着王氏学术思想前后的断裂。况且,《言事书》关于人才培养、选拔、任用、考核的各种设想,至熙宁期间均已付诸实践,从抽象的政治理念转化为具体制度。将《言事书》视为熙宁变革的蓝图,固然有所夸大,但若将二者予以对立,似乎欠妥。倘若进而以此来割裂庆历革新与熙宁变革,则更非史实所能支撑。熙宁变革注重理财,同样注重对官僚体制的整顿。对特权阶层利益的触及,与庆历革新并无根本二致。熙宁年间推出的各项变法,很多延续庆历革新的未竟之业,比如,宗室、贡举、学校、仓法等各项变革。②

单就理财,王安石自始而终都非常重视。③ 早年知鄞期间,他就注意到理财对国计民生的重要性,将理财不得其法视为国家积弱、民众困穷的重要原因:"天下之吏,不由先王之道而主于利。其所谓利者,又非所以为利也,非一日之积也。公家日以窘,而民日以穷而怨。"④皇祐四年(1052),他通判舒州,适值饥荒,遂发常平仓赈灾,督

---

① 相关论述,可见李存山:《王安石变法的再评价》,《汉代与宋明儒学新论》,华文出版社2021年版。

② 详细可见吕中:《类编皇朝大事记讲义》卷九,第196页。

③ 正如邓广铭所指出:"自从王安石跻身于北宋的官僚体系中以来,他对北宋王朝从建立以来一直奉行的一些政策,大都是采取批评态度的,而其矛头所指,则总是在理财问题上,说许多问题之所以发生,一个最主要的原因,乃在于理财之无法。"《北宋政治改革家王安石》,第154页。

④ 《王安石文集》卷七十六《上运使孙司谏书》,第1335页。

促富民出粟赈济。其理财思想，由此初步形成：

> 先王有经制，颁赉上所行。后世不复古，贫穷主兼并。非民独如此，为国赖以成。筑台尊寡妇，入粟至公卿。我尝不忍此，愿见井地平。大意苦未就，小官苟营营。三年佐荒州，市有弃饿婴。驾言发富藏，云以救鳏惸。崎岖山谷间，百室无一盈。乡豪已云然，罢弱安可生。兹地昔丰实，土沃人良耕。他州或呰窳，贫富不难评。《豳》诗出周公，根本讵宜轻？愿书《七月》篇，一寤上聪明。①

> 三代子百姓，公私无异财。人主擅操柄，如天持斗魁。赋予皆自我，兼并乃奸回。奸回法有诛，势亦无自来。后世始倒持，黔首遂难栽。秦王不知此，更筑怀清台。礼义日已偷，圣经久埋埃。法尚有存者，欲言时所咍。俗吏不知方，掊克乃为材。俗儒不知变，兼并可无摧。利孔至百出，小人私阓开。有司与之争，民愈可怜哉。②

两首诗都提到秦朝的寡妇清。据《史记·货殖列传》载："巴寡妇清，其先得丹穴，而专其利数世。清，寡妇也，能守其业，用财自卫，人不敢犯。始皇以为贞妇而客之，筑女怀清台。"王安石则将寡妇清视为专利兼并之家，将秦始皇筑怀清台之举解读为鼓励兼并，不以为然。他认为，三代以下，兼并横行与俗吏掊克是导致民众困穷、社会不公的主要原因。解决之道，在于君主掌控利柄，鼓励农耕，抑制兼并，"如天持斗魁""赋予皆自我"。

至嘉祐五年（1060）任三司度支判官时，因职责攸关，王安石得以较完整地阐述自己的理财思想：

---

① 《王安石文集》卷十二《发廪》，第179页。
② 《王安石文集》卷四《兼并》，第64页。

> 夫合天下之众者财,理天下之财者法,守天下之法者吏也。吏不良,则有法而莫守;法不善,则有财而莫理;有财而莫理,则阡陌闾巷之贱人,皆能私取予之势,擅万物之利,以与人主争黔首,而放其无穷之欲,非必贵强桀大而后能如是,而天子犹为不失其民者,盖特号而已。……然则善吾法而择吏以守之,以理天下之财,虽上古尧舜犹不能毋以此为先急,而况于后世之纷纷乎?①

通过集权的方式,将轻重敛散之权收归朝廷,强化国家政权的力量来强制性干预社会经济事务,抑制兼并。这种理财思路,当受到《管子》中轻重之术的启发。"利孔至百出"中"利孔",正是《管子》中的一个核心概念:

> 利出于一孔者,其国无敌。出二孔者,其兵不诎。出三孔者,不可以举兵。出四孔者,其国必亡。先王知其然,故塞民之养,隘其利途。故予之在君,夺之在君,贫之在君,富之在君。故民之戴上如日月,亲君若父母。②

马非百将这种理财思想称为"国家垄断经济政策"。③ 张呈忠认为:"王安石的摧抑兼并思想正是承接《国蓄》中的'利出一孔'之说。……《国蓄》中已然将'利出一孔'视作先王治国理念,唐代杜佑也认为轻重之术是先王之法,王安石的历史观正是在这样一种话语背景下成立的。"④

以上观察非常敏锐。庆历、嘉祐年间,王安石曾阅读北宋最早刊印

---

① 《王安石文集》卷八十二《度支副使厅壁题名记》,第1431页。
② 黎翔凤撰、梁运华整理:《管子校注》卷二十二《国蓄》第七十三,中华书局2004年版,第1262页。
③ 马非百:《管子轻重篇新诠》,中华书局1979年版,第223页。
④ 张呈忠:《从〈管子·轻重〉到〈周官·泉府〉——论王安石理财思想的形成》,《管子学刊》2017年第3期,第18页。

的《管子》(庆历四年)。他与刊刻者杨忱关系密切,互通书信。①杨忱屡试不第,王安石撰《进说》予以宽慰。②杨去世后,王氏又为撰墓志铭。③几乎可以肯定,王氏曾受到《管子》的影响。就王、杨关系推测,王氏或许是杨刻《管子》的最早一批读者。④

王安石力主摧抑兼并,以反对者为俗儒,故《兼并》诗曰:"俗儒不知变,兼并可无摧。"熙宁年间陆续出台的青苗法,以政府借贷取代民间高利贷;市易法则由政府平价收购市场滞销货物,待短缺时售出,稳定物价,皆寓抑制兼并之意。苏辙抨击道:

> 惟州县之间,随其大小皆有富民,此理势之所必至,所谓"物之不齐,物之情也"。然州县赖之以为强,国家恃之以为固,非所当忧,亦非所当去也。能使富民安其富而不横,贫民安其贫而不匮,贫富相恃,以为长久,而天下定矣。王介甫,小丈夫也。不忍贫民而深疾富民,志欲破富民以惠贫民,不知其不可也。方其未得志也,为《兼并》之诗,其诗曰……及其得志,专以此为事,设青苗法,以夺富民之利。民无贫富,两税之外,皆重出息十二,吏缘为奸,至倍息,公私皆病矣。⑤

苏氏站在地主豪强的立场上,强调此阶层的社会救济功能,以及对国家统治的襄助,从而对王安石推行青苗法剥夺放贷之利,大为不满。这个评论充满偏见,倒也抉发出王氏理财思想的前后一致性。

"利出一孔"是王氏理财思想的重心。它与抑制兼并的原则、举措并不冲突,只是二者之间,轻重有别。后者的实现,很大程度上以

---

① 《王安石文集》卷七十七《答杨忱书》,第 1350 页。
② 《王安石文集》卷六十九《进说》,第 1197—1198 页。
③ 《王安石文集》卷九十三《大理寺丞杨君墓志铭》,第 1616 页。
④ 李觏对《管子》也感兴趣,颇有借鉴,当非偶然。谢善元:《李觏之生平及思想》,第 102、155 页。
⑤ 《苏辙集》卷八《杂说九首·诗病五事》,第 1230 页。

前者为基础。《寓言十五首》其三:"婚丧孰不供?贷钱免尔萦。耕收孰不给?倾粟助之生。物赢我收之,物窘出使营。后世不务此,区区挫兼并。"李壁注曰:

> 《周礼·泉府》:"凡赊者,祭祀无过旬日,丧纪不过三月。凡民之贷者,与其有司辨而授之。"荆公此言,乃后日青苗张本也。平昔所论如此,一旦得位,自宜举而措之。当时独公是先生刘贡父素与公善,一书争之,最为切至。①

> 《周礼·司市》:"以泉府同货而敛赊。"注云:"同,共也。谓民货不售,则为敛而买之。民无货,则赊贳而予之。孰有婚丧而不能赡者,官当贷之;孰有耕稼而不能赡者,官当助之。"此公所以为新法。②

此注可谓深明其意,准确把握到王安石变法前后理财思想的一致性。然李壁又曰:

> 余尝见杨龟山志谭勋墓云:"公雅不喜王氏。或问其故,曰:'说多而屡变,无不易之论也。世之为奸者,借其一说,可以自解,伏节死谊之士始鲜矣。'"始余以勋言为过,今观此诗,不能无疑。③

> 公诗尝云:"俗儒不知变,兼并可无摧。"而此诗乃复以挫兼并为非。④

此则未能深究诗意,而为异议者所误。王安石摧抑兼并之意,未尝改变,然与"利出一孔""赋予皆自我"之根本相比,摧抑兼并犹为区区末事。谭勋抨击王氏"说多而屡变,无不易之论",至少就理财思想而言,迹涉诬蔑。

---

① 《王荆文公诗笺注》卷十五,第 379 页。
② 《王荆文公诗笺注》卷十五,第 379—380 页。
③ 《王荆文公诗笺注》卷十五,第 379 页。
④ 《王荆文公诗笺注》卷十五,第 380 页。

至于王安石早年自称"臣于财利固未尝学",①"金谷之事,某生平所不习",②不过是他上书仁宗时的谦逊之词,以及不愿就任三司度支判官的推辞借口,并不意味着忽略理财。谢善元认为:"虽然王安石迟至一〇六〇年还不太熟悉财政问题,他却有一套理财的哲学。"③这套理财哲学,强调开源生财,重视以制度理财:

> 尝以谓方今之所以穷空,不独费出之无节,又失所以生财之道故也。富其家者资之国,富其国者资之天下,欲富天下则资之天地。盖为家者不为其子生财,有父之严而子富焉,则何求而不得?今阖门而与其子市,而门之外莫入焉,虽尽得子之财,犹不富也。盖近世之言利虽善矣,皆有国者资天下之术耳,直相市于门之内而已,此其所以困欤?④

> 因天下之力以生天下之财,取天下之财以供天下之费。自古治世,未尝以不足为公患也,患在治财无其道尔。⑤

王氏认为,缺乏正确的理财方法,这是当今财政窘迫的根本原因。假如朝廷能够制定合理的财政政策,激发、利用天下的人力,扩大生产,从自然天地中创造财富,就不应当出现国家财政用度不足。这种"开源"的思路,与同时代大多数士大夫批判三冗、强调节流省费相比,更加积极有为(当然,王安石也重视制度化的"节流")。

(二)

熙宁之前,王安石对理财的重视,主要表现为一些原则性的阐述。执政以后,这些理财思想,均通过青苗、农田水利、募役、方田均

---

① 《王安石文集》卷三十九《上仁宗皇帝言事书》,第651页。
② 《王安石文集》卷七十四《上富相公书》,第1285页。
③ 谢善元:《李觏之生平及思想》,第178页。
④ 《王安石文集》卷七十五《与马运判书》,第1314页。
⑤ 《王安石文集》卷三十九《上仁宗皇帝言事书》,第651页。

税、市易法等各项新法予以落实。比如农田水利法,鼓励发动各地官民士绅,共同兴修水利、开垦荒田、修筑圩埠,发展农业生产。针对乡村中"人之困乏,常在新陈不接之际,兼并之家乘其急以邀倍息,而贷者常苦于不得",青苗法规定由地方州县向民户提供贷款,收取二分利息,随夏秋二税缴还。这既可以抑制乡村高利贷,解决农民新陈不接的燃眉之急,又能为国家敛取息钱,可谓公私两利。为达到神宗富国强兵的目标,为西北战事提供军事经费,以及官僚执行过程的人为弊端,青苗法、募役法、市易法推行不久便出现某种程度的变质。但不可否认,法度本身的确寓有抑制兼并、激励生产、促进贸易等多重用意,基本符合王安石以法度理财的思路。

与此同时,熙宁以后,王氏对理财的理论阐述,明显强化。儒家思想向来重义轻利。孔子曰:"君子喻于义,小人喻于利。"①孟子更是严辨义利之别:"何必曰利? 亦有仁义而已。""上下交征利,而国危矣。"②均输、市易等各项新法由于涉及财利,难免触犯这种根深蒂固的传统,引来许多保守的儒家官僚士大夫的激烈抨击,导致新法实施阻力重重。对此,王安石必须作出理论回应。

首先,他援引《周礼》,整合并取代《管子》作为新法的主要经典依据。北宋前期,《管子》作为子书颇受朝野所重,与荀子、扬雄、王通的著述并列。制科考试中,"秘阁试论六首,于九经、十七史、七书、《国语》、《荀》、《杨》、《管子》、《文中子》内出题"。③ 只是《管子》的思想比较驳杂,并非儒家经典。《周礼》既是五经之一,享有"周公治太平之书"的美誉,其思想又与《管子》颇为相通。④ 以此代彼,可以为新法

---

① 刘宝楠撰、高流水点校《论语正义》卷五《里仁第四》,中华书局,1990年版,第154页。
② 《孟子正义》卷二《梁惠王章句上》,第36—37页。
③ 《宋史》卷一百五十六《选举二》,第3649页。
④ 相关研究,可见张呈忠:《从〈管子·轻重〉到〈周官·泉府〉——论王安石理财思想的形成》。

提供坚实的经典论证。比如,变法初期的核心机构制置三司条例司,可视为《管子》"利出一孔"思想的实践,而王安石转从《周礼》中追溯制度的渊源:

> 熙宁二年二月甲子,命知枢密院陈升之、参知政事王安石取索三司应于条例文字看详,具合行事件闻奉,别为司,名曰"同制置三司条例"。先是,上问:"何以得陕西钱重,可积边谷?"安石对:"欲钱重,当修天下开阖敛散之法。"因言:"泉府一官,先王所以摧折兼并,均济贫弱,变通天下之财,而使利出于一孔者,以此也。"上曰:"诚如此。"①

泉府,《周礼·地官》大司徒下的属官,职掌国家市场税收、收购市上的滞销物资等等:

> 泉府:掌以市之征布。敛市之不售、货之滞于民用者,以其贾买之;物楬而书之,以待不时而买者。买者各从其抵,都鄙从其主,国人郊人从其有司,然后予之。凡赊者,祭祀无过旬日,丧纪无过三月。凡民之贷者,与其有司辨而授之,以国服为之息。凡国事之财用,取具焉。岁终,则会其出入而纳其余。②

王氏将泉府视为"开阖""敛散"的机构,认为泉府的职责即通过开阖敛散来摧抑兼并,"使利出于一孔者"。这未必符合《周礼》的原义,而是将《周礼》与《管子》进行了义理上的沟通、嫁接。正如张呈忠指出:"王安石在《周官·泉府》中找到了管子轻重之术的经学载体。"③不仅如此,王氏还通过分文析字的训诂,将"利出一孔"与《周礼》中的"泉"字互训:

---

① 《皇宋通鉴长编纪事本末》,卷六十六。
② 《三经新义辑考汇评·周礼》,第 211—212 页。
③ 《从〈管子·轻重〉到〈周官·泉府〉——论王安石理财思想的形成》,《管子学刊》2017 年第 3 期,第 18 页。

> 布,泉也,或谓之钱。以其铸金而为之则曰钱,以其利出于一孔则曰泉,以其散布于下则曰布。钱言其质也,泉言其聚尔,布言其用也,其实则一物而已。

布即泉即钱,三者各有所指,其实一物。这个训释,不为无据,颇与郑玄相合。《周礼·天官冢宰下》:"外府:掌邦布之入出,以共百物,而待邦之用,凡有法者。"郑玄注曰:"布,泉也。布读为宣布之布。其藏曰泉,其行曰布,取名于水泉,其流行无不遍。"但"以其利出于一孔则曰泉",分明出于王氏独创,其意在于寻绎、整合《周礼》《管子》中的"一致"之理。

其次,重新界定义、利关系,消解传统的义利对立。熙宁二年(1069)三月十九日,神宗问及河北榷盐事:

> 上曰:"但理财节用,亦足以富,如此事不为可也。"曰:"今诸路皆用刑辟榷盐,河北虽榷,似未有妨。"因言:"理财诚方今所先,然人主当以礼义成廉耻之俗为急。凡利者,阴也,阴当隐伏。义者,阳也,阳当宣著。此天地之道,阴阳之理也。若宣著为利之实,而礼义廉耻之俗坏,则天下不胜其弊,恐陛下不能得终于逸乐无为而治也。"①

义者,指儒家强调的道德教化、社会救助、移风易俗;利者,指各种理财取赢之法。② 二者看似相反,实如阴、阳二气相辅相成,构成朝廷政事的一体两面。这种关系,即"天地之道、阴阳之理",具有宇宙本体的根据。只不过前者可以公开宣扬,后者不宜大肆声张,以免破坏礼义廉耻的社会风俗。熙宁四年(1071),宰相曾公亮反对鬻天下广惠仓田为常平本钱,王安石与之辩论:

---

① 《杨时集》卷六《神宗日录辨》,第107页。
② 梁庚尧将"阳"解释为社会政策,将"阴"解释成财政政策,认为王安石的抑制兼并只是外表。《市易法述》,《宋代社会经济史论集》,台湾允晨文化事业股份有限公司1997年版,第114页。

（曾）公亮终以为不可，曰："利不百，不变法。"上曰："但义理可行则行之，自无不利。"安石曰："'利者，义之和'，义固所为利也。"公亮曰："亦有利于公家不利百姓者，不可谓之义。"安石曰："若然，亦非人主所谓利也。"①

"利者，义之和"出自《周易·乾·文言》，"言天能利益庶物，使物各得其宜而和同也"。王氏别出新解，将"利"阐述为遵义而行的必然后果，以附会神宗所言，消解了义利二者间的紧张。

再次，对"利"字作出新解，区分国家之利与个人私利，将理财表述成为国理财，赋予正当性：

　　聚天下之人不可以无财，理天下之财不可以无义。②

　　孟子所言利者，为利吾国、利吾身耳。至狗彘食人食则检之，野有饿莩则发之，是所谓政事。政事所以理财，理财乃所谓义也。一部《周礼》，理财居其半，周公岂为利哉？③

只要君主、大臣不将国家的财政收入用于个人享受，不挥霍浪费，而用来改善国计民生、兴起政事，那么，政府可以积极参与到经济事务的经营中，抑制并取代兼并之家，获取其中的利润：

　　安石又曰："陛下不殖货利，臣等不计有无，此足风化天下，使不为利。至于为国之体，摧兼并，收其赢余，以兴功利，以救艰阨，乃先王政事，不名为好利也。"④

在公利、私利有别的前提下，王安石与神宗达成共识，提出"今天下财用困急，尤当先理财"。他继而引用《周易》的名言，恳请神宗继续保留制置三司条例司，作为变法的筹划机构：

---

① 《续资治通鉴长编》卷二百十九熙宁四年正月壬辰，第5321页。
② 《王安石文集》卷七十《乞制置三司条例》，第1217页。
③ 《王安石文集》卷七十三《答曾公立书》，第1271页。
④ 《续资治通鉴长编》卷二百四十熙宁五年十一月丁巳，第5828页。

《易》曰:"理财正辞。"先理财,然后正辞;先正辞,然后禁民为非,事之序也。孔子曰:"既庶矣富之,既富矣教之。"孟子亦曰:"丧使无憾,王道之始也。"此陛下之所理财而制置一司,使升之与臣领之之意也。特置一司,于时事宜,恐不须并。①

由上可见,所谓王安石早期学术思想以人才问题为核心、后期才转向理财,这种解读并不确切。事实是,"他自入仕以来,便以深谙理财之术自命"。② 理财,始终是他关注的重点。合理有效的理财制度、丰厚富裕的财利,是构成大有为之政的必要基础。政府若能创法立制,积极鼓励、主动参与到各种生产经营、商业流通中,抑制并夺取兼并所得,自然可以做到"民不加赋而国用饶"。

当然,不可否认,熙宁以后,王安石的思想发生了若干转变。比如,他思想中的法家倾向明显增强,愈加重视法令的强力执行,更多强调君主的黄老统治术等等。③ 显然,单纯的儒家学说,已远不足以应对复杂的帝国统治和纷繁的变革事务。这并不意味着思想的断裂,而是表明,作为一位有思想、有理论的伟大政治家,王安石擅于根据不同的政治处境,整合不同的学术思想资源,为自己的政治实践进行合法化论证。就此而言,"王安石的性格——他是'行动人'的成分大于哲学家的成分"。④

---

① 《长编纪事本末》卷六十六。
② 梁庚尧:《市易法述》,《宋代社会经济史论集》,第114页。
③ 可见谢善元:《李觏之生平及思想》,第167—169页。
④ 《李觏之生平及思想》,第184页。

第三章　荆公新学门人与著述考

宋代儒学的复兴与私人讲学密切相关,这已经是学界共识。从范仲淹、宋初三先生一直到南宋朱熹,私人讲学之风不绝如缕,有时则蔚为大观。它以自由、灵活和多样性的教学,为宋代政治文化培养了一批社会精英,推动着宋学的发展和演变。王安石的讲学就是其中之一。《宋元学案》及《补遗》对新学学者有所考述,只是语焉不详,多有舛误,疏漏之人颇多。以下不惮烦琐,再略加考述。本文所考,仅限于曾亲炙王氏者,不包括私淑及新学后传。

第一节　新学门人考

早在庆历年间,王安石就以高尚的品德和渊博的学识赢得士人尊重。青年士子孙適、马仲舒、胡舜元、吕希哲等,皆曾随他问学。

孙適,歙州黟县人。其父孙抗,字和叔,天圣五年(1027)同学究出身,补滁州来安县主簿、洪州右司理。再举进士甲科,迁大理寺丞、知常州晋陵县,移知浔州。皇祐三年(1051)卒,官至尚书工部郎中。[①] 孙適是孙抗长子,"父卒,万里致丧,疾,不忍废事。既葬,携扶幼老,将就食淮南,疾益革,遂卒于池州大安镇,实至和二年。"[②] 他"年十有四,辞亲学问江东,已有闻于人,往从临川王安石受学,安石

[①]《王安石文集》卷八十九《广西转运使孙君墓碑》,第 1529 页。
[②]《曾巩集》卷四十二《永州军事推官孙君墓志铭》,第 598 页。

称之"。① 王安石亦曰："適尝从予游,年十四,论议著书足以惊人。"②考孙適登庆历六年(1046)贾黯榜进士,③去世于至和二年(1053),终年二十八岁;十四岁游学江东,时为庆历元年(1041)。然则他从学王氏,当在庆历元年至六年(1041—1046)之间。他"于学问好其治乱得失之说,不狃近卑。于为文,以古为归,不夸以浮"。④ 可惜英年早逝,未尽其才。

马仲舒字汉臣,茂陵人。因父亲马皋为江东拨发,置家金陵,仲舒遂入府学。其为人"疏金钱,急人险艰,不自顾计"。王安石"识其可教,以礼法开之",仲舒"遂自挫刻,务以入礼法",并从王氏"学作进士","既数月,其辞章粲然"。⑤ 庆历元年(1046),病死于开封。⑥

胡舜元字叔才,铜陵人。"感父母所以教己之笃,追四方才贤,学作文章,思显其身以及其亲。不数年,遂能褎然为材进士,复朋试于有司,不幸复诎于不已知。不予(王安石)愚而从之游。"⑦《(嘉靖)池州府志》卷七载:"(舜元)登嘉祐四年进士。先是,王安石读书铜陵大明寺,舜元与同砚席。后知郑县,遇行新法,书诋安石,言其怀利事君,贪得害民,竟乞致仕。"⑧王安石为其父撰墓志铭,曰:"王某之治鄞三月,其故人胡舜元凶服立于门,揖入,问吊故,则丧其父五月。"⑨可知

---

① 《曾巩集》卷四十二《永州军事推官孙君墓志铭》,第 598 页。
② 《王安石文集》卷八十九《广西转运使孙君墓碑》,第 1531 页。
③ 《新安志》卷八,《宋元方志丛刊》第 8 册,中华书局 1990 年影印本,第 7714 页。
④ 《曾巩集》卷四十二《永州军事推官孙君墓志铭》,第 598 页。
⑤ 《王安石文集》卷九十六《马汉臣墓志铭》,第 1657 页。
⑥ 《王安石年谱长编》卷二,第 96 页。
⑦ 《王安石文集》卷八十四《送胡叔才序》,第 1474 页。
⑧ 《(嘉靖)池州府志》卷七,《天一阁藏明代方志选刊》,上海古籍书店 1981 年版。
⑨ 《王安石文集》卷九十六《胡君墓志铭》,第 1654 页。按,元代吴澄《故承直郎崇仁县尹胡侯(愿)墓志铭》载:"予夙闻侯为铜陵世家,既阅状,复稽荆国王文公集所载。侯之七世祖讳舜元,嘉祐四年进士,官至著作佐郎。少从王文公游,公为志其父母。"墓主为胡舜元后裔胡愿。方旭东点校:《吴澄集》卷七十七,中国社会科学出版社 2021 年版,第 1501 页。

胡舜元从学王氏，应在庆历七年(1047)王知鄞县之前。

钱景谌，钱惟演侄孙。"初赴开封解试，时王安石得其文，以为知道者，既荐送之，又推誉于公卿间，自是执弟子礼。安石提点府界，景谌为属主簿，又以文荐之。"①其《答兖守赵支度书》曰："始仆为进士时，彼为太常博士，主别头试，取仆于数百人中，以为知道者，得预荐，送于春官。……是后日游其门，执师弟子之礼。"②考嘉祐元年(1056)七月，王安石以群牧判官、太常博士考试锁厅举人。③钱景谌执弟子礼，当在此年。新法实行后，钱景谌批评王安石"官人苟政皆弃故旧而尚新奇"，"乃以穿凿六经入于虚无牵合臆说作为《字解》者，谓之时学，而《春秋》一王之法独废而不用。又以荒唐诞怪非昔是今无所统纪者，谓之时文"。④"熙宁末，从张景宪辟知瀛州，终身为外官，仅至朝请郎而卒。"⑤

吕希哲字原明，寿州人，吕公著之子，《宋史》卷三百三十六有传。他初以父荫入官，后为兵部员外郎，进崇政殿说书。绍圣初，以秘阁校理出知怀州，旋分司南京，居和州。徽宗初召为光禄少卿，力请外补，以直秘阁知曹州，坐党籍夺职。复历知相、邢二州，罢奉宫祠，羁寓淮、泗间十余年，卒。⑥他"少从焦千之、孙复、石介、胡瑗学，复从程颢、程颐、张载游"，⑦嘉祐年间，"从王安石学。安石以为凡士未官而事科举者为贫也，有官矣而复事科举，是侥幸富贵利达，学者不由也。公闻之，遽弃科举，一意古学"。⑧及熙宁初，"安石为政，将置其

---

① 《宋史》卷三百十七《钱景谌传》，第10348页。
② 《邵氏闻见录》卷十二，第132页。
③ 《王安石年谱长编》卷三，第359页。
④ 《邵氏闻见录》卷十二，第134页。
⑤ 《宋史》卷三百十七，第10349页。
⑥ 《宋史》卷三百三十六《吕希哲传》，第10777—10778页。
⑦ 《宋史》卷三百三十六《吕希哲传》，第10777页。
⑧ 李幼武：《宋名臣言行录外集》卷六，景印文渊阁四库全书，第449册，第708页。

子雱于讲官，以希哲有贤名，欲先用之。希哲辞曰：'辱公相知久，万一从仕，将不免异同，则畴昔相与之意尽矣。'安石乃止"。①

英宗治平年间，王安石正式设帐讲学。嘉祐八年（1063）八月，王氏解官归江宁丁母忧。治平二年（1065）十月服除，辞赴阙，以知制诰闲居江宁，开始收徒讲学。据陆佃回忆："治平三年，今大丞相王公守金陵，以绪余成学者，而某也实并群英之游。"②这次讲学颇为兴盛，很有影响："诸生横经饱余论，宛若茂草生陵阿。"③"日讲文义，士子归赴如市。"④新学一派，至此初步形成。十年以后，王安石罢相退居钟山，俨然已成文坛儒林的一代宗师。"当世学者得出其门者，自以为荣，一被称与，往往名重天下。"⑤四方士人竞相来投，王门声势煊赫。其亲炙门人如下：

王无咎字补之，建昌南城人，曾巩妹婿。⑥嘉祐二年（1057），与曾巩兄弟同登进士第。"初补江都县尉，丁父忧，服除，调卫真县主簿。"⑦熙宁初，"至京师，士大夫多从之游，有卜邻以考经质疑者"。王安石上章，推荐"其文行该备，守道安贫，而久弃不用。诏以为国子直讲，命未下而卒，年四十六"。⑧他为学精苦，"历抵数公，而从王文公（安石）游最久，至弃官，积年不去，以迨于卒"。⑨"尝弃天台县令，

---

① 《宋史》卷三百三十六《吕希哲传》，第10777—10778页。
② 《陶山集》卷十六《沈君墓表》，景印文渊阁四库全书，第1117册，第193页。
③ 《陶山集》卷一《依韵和李知刚黄安见示》，第60页。
④ 吕南公：《灌园集》卷二十《临川王君墓志铭》，景印文渊阁四库全书，第1123册，第185页。
⑤ 王辟之撰、吕友仁点校：《渑水燕谈录》卷十，第126页。
⑥ 《曾巩集》卷四十六《江都县主簿王君夫人墓志铭》："先君选其婿于里中，以归王氏。"第626页。卷十六《与王深父书》："去年第二妹嫁王补之者，不幸疾不起。以二女甥之失其所依，而补之欲继旧好，遂以第七妹归之。"第263页。
⑦ 《王安石文集》卷九十一《王补之墓志铭》，第1581页。
⑧ 《宋史》卷四百四十四《文苑六》，第13120页。
⑨ 曾肇：《曲阜集》卷三《王补之文集序》，景印文渊阁四库全书，第1101册，第368页。

以与予(安石)共学，久之，无以衣食其妻子，乃去，补南康县主簿。"①据《嘉定赤城志》载，王无咎于治平元年(1064)出任天台县令。② 他从学王安石，当在治平三、四年间(1066—1067)。

众多新学学者中，王无咎早享盛名，"世指其为王荆公之学者也"，③"以经术为天下宗师"。④ 他恪守师说，以致颇受疵议："王无咎、黎宗孟皆为王氏学。世谓黎为'模画手'，一点一画不出前人；王为'转般仓'，致无赢余，但有所欠。以其因人成能，无自得也。"⑤其实未必如此。其乡人傅次道，便曾"掇取补之之言所以与荆公异者，表而出之，以明其和而不同"。⑥

黎宗孟，即黎醇。⑦ 历任许田县主簿、国子直讲，卒赠朝议大夫。⑧ 他恪守师学，不逾规矩。

陆佃字农师，越州山阴人，陆游祖父。神宗熙宁三年(1070)，擢进士甲科，授蔡州观察推官，选为郓州州学教授，召补国子监直讲。后历官中书舍人、吏部侍郎、礼部尚书、尚书左丞等，徽宗崇宁元年(1102)卒。《宋史》卷三百四十三有传。陆佃于英宗治平年间投入王安石门下，颇受器重："某始以诸生，得依门墙。一见如素，许以升堂。春风濯我，暴之秋阳。"⑨"嘉祐、治平间……于是愿扫临川先生之门。后余见公，亦骤见称奖。语器言道，朝虚而往，暮实而归。"⑩他曾直

---

① 《王安石文集》卷九十一《王补之墓志铭》，第 1581 页。
② 《嘉定赤城志》，《宋元方志丛刊》，第 7376 页。
③ 汪应辰：《跋王直讲集》，《全宋文》第 215 册，第 214 页。
④ 《灌园集》卷十八《善学说赠蔡升之》，第 171 页。
⑤ 陈师道撰、李伟国点校：《后山谈丛》卷一，中华书局 2007 年版，第 25 页。
⑥ 汪应辰：《跋王直讲集》，《全宋文》第 215 册，第 214 页。
⑦ 《欧阳修全集》卷一百五十一《答黎宗孟醇》(熙宁二年)，第 2499 页。
⑧ 程俱：《北山小集》卷二十三《吏部侍郎确父任许田县主簿国子直讲赠朝议大夫宗孟赠中大夫》，第 422 页。
⑨ 《陶山集》卷十三《江宁府到任祭丞相荆公墓文》，第 164—165 页。
⑩ 《陶山集》卷十五《傅君墓志铭》，第 179 页。

言青苗法推行过程中的扰民问题,①对熙丰变革整体上则赞成维护,所撰《神宗皇帝实录叙论》曰:

> 熙宁之初,锐意求治。与王安石议政意合,即倚以为辅,一切屈己听之。……盖自三代而后,君相相知,义兼师友,言听计从,了无形迹,未有若兹之盛也。……在位十有九载,积精会神,兴为建立,所以作人经世之略,亦足以度越汉唐、追迹三代矣。②

作为新学学派的重要传人,陆佃曾参与《诗经新义》的修撰,于太学、经筵宣讲新学。③ 他对王安石始终崇敬有加,修撰《神宗实录》时因此与元祐史官争辩不已:

> 是时,更先朝法度,去安石之党,士多讳变所从。安石卒,佃率诸生供佛,哭而祭之,识者嘉其无向背。迁吏部侍郎,以修撰《神宗实录》徙礼部。数与史官范祖禹、黄庭坚争辩,大要多是安石,为之晦隐。庭坚曰:"如公言,盖佞史也。"佃曰:"尽用君意,岂非谤书乎!"④

徽宗即位后,陆佃被召为礼部侍郎,上疏乞行大中之政,调和新旧之争:

> 神宗延登真儒,立法制治,而元祐之际,悉肆纷更。绍圣以来,又皆称颂。夫善续前人者不必因所为,否者废之,善者扬焉。

---

① 《宋史》卷三百四十三《陆佃传》:"熙宁三年,应举入京。适安石当国,首问新政,佃曰:'法非不善,但推行不能如初意,还为扰民,如青苗是也。'安石警曰:'何为乃尔?吾与吕惠卿议之,又访外议。'佃曰:'公乐闻善,古所未有,然外间颇以为拒谏。'安石笑曰:'吾岂拒谏者?但邪说营营,顾无足听。'佃曰:'是乃所以致人言也。'"第 10917 页。

② 《陶山集》卷十一《神宗皇帝实录叙论》,第 141—143 页。

③ 可见朱刚、张弛:《陆佃年谱》,《新宋学》第九辑,第 412—414 页。《宋史》卷三百四十三《陆佃传》:"安石以佃不附己,专付之以经术,不复咨以政。"第 10918 页。

④ 《宋史》卷三百四十三《陆佃传》,第 10918 页。

元祐纷更,是知赓之而不知扬之之罪也;绍圣称颂,是知扬之而不知赓之之过也。愿咨谋人贤,询考政事,惟其当之为贵。大中之期,亦在今日也。①

因劝徽宗不宜穷治元祐党人,被罢为中大夫、知亳州,卒。

沈凭,桐川人,熙宁三年(1070)赐同进士出身。治平三年(1066),与陆佃同学于王安石:"治平三年,今大丞相王公守金陵,以绪余成学者,而某也实并群英之游。方是时,初识凭面,爱其平粹无碍,与之交。"②

王据,临川人,治年年间赴江宁从学王安石。"制诰王舍人辞召卧金陵,天台王令弃官从之游,日讲文义,士子归赴如市,处士(王君)命据往焉。既而舍人入翰林,遂预大政,更新学校,持一道德、同风俗之论,学者响集京师以数千。据在其中,淬濯磋磨,器业大成。"③

徐君平,字安道,④金陵人,英宗治平四年(1067)登进士第。历任池州司法参军、临江军新淦县丞、江宁府学教授、饶州州学教授、知沂州费县、通判饶州、知南安军、知大宗正司丞事、监察御史、知蕲州、京东路转运判官、提点淮南东路刑狱、提点河东路刑狱、京西路转运副使等,哲宗元符二年(1099)卒。⑤ 他"久从荆公学",⑥于王安石临终时,侍奉身前。《孙公谈圃》卷下载:"徐君平,金陵人。亲见荆公病

---

① 《宋史》卷三百四十三《陆佃传》,第10919页。
② 《陶山集》卷十六《沈君墓表》,第193页。
③ 吕南公:《灌园集》卷二十《临川王君墓志铭》,第185页。
④ 徐君平,或作"徐尹平"。此因徽宗曾两度下诏,禁中外士人不许以"君""天"等为名,故"君"缺笔为"尹"。洪迈《容斋续笔》卷四:"政和中,禁中外不许以龙、天、君、玉、帝、上、圣、皇等为名字。……宣和七年七月,手诏以昨臣僚建请,士庶名字有犯天、玉、君、圣及主字者悉禁。"第269页。
⑤ 龚原:《宋故朝奉大夫京西路计度转运副使兼劝农使护军赐绯鱼袋借紫徐君墓志铭》,《新中国出土墓志·江苏·南京》下册,文物出版社2014年版,第33—34页。
⑥ 范祖禹:《范太史集》卷五十五,景印文渊阁四库全书,第1100册,第570页。

革时,独与一医者对床而寝。……已而遂薨。"①他政事上不盲从新法,学术上则谨守师承,曾为《三经新义》注音(详下)。

龚原字深父(一作"之"),遂昌人。他娶张奎、王文淑之女,是王安石的甥婿。②《宋史》卷三百五十三《龚原传》载:

> 少与陆佃同师王安石,进士高第。元丰中为国子直讲,以虞蕃讼失官。哲宗即位,诣诉理所得直,为国子丞、太常博士。③

此处有误。仁宗嘉祐八年(1063),龚原进士及第,④调颍州司法参军。⑤ 神宗熙宁四年(1071),与陆佃同任国子监直讲,而非元丰年间。⑥ 元丰二年(1079)七月,"坐受生员张育银绫及直讲王沇之请求,升不合格卷子为上舍","追一官勒停"。⑦ 哲宗元祐七年(1092)六月,以徐王府记室参军加秘阁校理。⑧ 元祐八年(1093)六月,出为两浙转运判官。⑨ 哲宗绍圣元年(1094),召为国子司业兼侍讲,迁秘书少监、起居舍人。⑩ 元符元年(1098)八月,权工部侍郎兼侍讲,数日后罢,以集贤殿修撰知润州。⑪ 徽宗即位,入为秘书监兼侍讲,迁给

---

① 孙升口述、刘延世笔录、杨倩描点校:《孙公谈圃》卷下,中华书局2012年版,第148页。
② 《王安石文集》卷九十九《长安县太君王氏墓志》:"其季,殿中丞龚原妻也。"第1708页。
③ 《宋史》卷三百五十三《龚原传》,第11151页。
④ 徐松辑、刘琳等点校:《宋会要辑稿》选举二:"八年四月十一日,以新及第进士第一人许将为大理评事、金书奉国军节度判官厅公事,第二人陈轩、第三人左仲通为两使幕职官,第四人范祖禹、第五人龚原试校书郎、知县。"上海古籍出版社2014年版,第5269页。
⑤ 《东都事略》卷一百十四《龚原传》,第996页。
⑥ 《续资治通鉴长编》卷二百二十八,第5545页。
⑦ 《续资治通鉴长编》卷二百九十九,第7275、7276页。
⑧ 《续资治通鉴长编》卷四百七十四,第11305页。
⑨ 《续资治通鉴长编》卷四百八十四,第11515页。
⑩ 《宋史》卷三百五十三《龚原传》,第11152页。
⑪ 《续资治通鉴长编》卷五百一,第11938页。

事中。① 旋即出知南康军、寿州、杭州、扬州等。② 建中靖国元年（1101）还朝，历兵、工部侍郎，除宝文阁待制、知庐州。崇宁元年（1102）十月，夺职居和州，起为亳州，卒，年六十七。③

龚原和陆佃同为王门高弟。他积极参与熙丰间的官学变革，维护师门，始终不易："初，王安石改学校法，引原自助，原亦为尽力。其后，司马光召与语，讥切王氏，原反复辨救不少衰。光叹曰：'王氏习气尚尔邪！'"④"始原力学，以经术尊敬王安石，始终不易也。"⑤哲宗绍圣以后，新学风靡天下，龚原居功至伟。"为司业时，请以安石所撰《字说》《洪范传》及子雱《论语》《孟子义》刊板传学者。故一时学校举子之文，靡然从之，其敝自原始。"⑥

郏侨字子高，华亭人，郏亶之子。"负才挺特，与范无外为忘形交。乡人至今称之，谓之郏长官。晚岁自号凝和子。"⑦《中吴纪闻》卷三载：

> 郏亶字正夫，太仓人。起于农家，自幼知读书，识度不类凡子。年甫冠，登嘉祐二年进士第。昆山自国朝以来无登第者，正夫独破天荒。后住金陵，遣其子侨就学于王荆公，尝有赞见诗云："十里松阴蒋子山，暮烟收尽梵宫宽。夜深更向紫微宿，坐久始知凡骨寒。一派石泉流沆瀣，数庭霜竹颤琅玕。大鹏泛有抟

---

① 《东都事略》卷一百十四《龚原传》，第 997 页。《续资治通鉴长编》卷五百二十，第 12387 页。
② 黄以周等辑注、顾吉辰点校：《续资治通鉴长编拾补》卷十六，中华书局 2004 年版，第 615 页。
③ 《宋史》卷三百五十三《龚原传》，第 11152 页。《续资治通鉴长编拾补》卷二十："（崇宁元年十月）承议郎、知庐州龚原管勾玉局观，和州居住。"第 719 页。
④ 《宋史》卷三百五十三《龚原传》，第 11152 页。
⑤ 《东都事略》卷一百十四《龚原传》，第 997 页。
⑥ 《宋史》卷三百五十三《龚原传》，第 11152 页。
⑦ 龚明之撰、孙菊园点校：《中吴纪闻》卷五，上海古籍出版社 1986 年版，第 113 页。

风便,还许鹡鸰短羽翰。"荆公一见奇之。……自此声价颇重。熙宁中,为司农寺丞,上书言水利。①

郏亶初授睦州团练推官,知于潜县。熙宁中,以水利、役法、盐、铜、铁五利献诸朝,"为司农寺丞、两浙路提举兴修水利"。② 其后,"除江东运判。元祐初,入为太府寺丞,出知温州,以比部郎中召,未至而卒,年六十有六"。③ 著有《吴门水利书》四卷。郏侨亦通水利,有《幼成警悟集》行世。④ 郏氏父子精通水利,曾在两浙地方上积极推行农田水利法。

张仅字几道,顾棠字叔思,皆姑苏人。《中吴纪闻》卷四载:

> 张仅字几道,居万寿寺桥,与顾棠叔思皆为王荆公门下士。荆公修《三经义》,二公与焉。几道登第,未几捐馆。方子通作挽诗云……至今诵其诗者,为之出涕。……几道官至著作郎。⑤

"龙门当日共升堂",指二人同入王安石门下。张仅登治平四年(1067)进士第,"官至著作佐郎"。⑥

吴点字圣与,邵武人。"总角以文见乡先生黄履,进退如成人,文皆可观。……闻王文公修经金陵,负笈从之,繇是学益进。元丰五年擢进士第,调舒州司理参军。"⑦徽宗继位后,转奉议郎,签书常州判官厅公事,历通判婺州、睦州、越州、洪州等,奉祠十余年,转中大夫、知漳州。建炎四年十二月卒。他从学王门,当在熙宁七年(1074)或元丰年间,王安石罢相退居江宁时。

---

① 《中吴纪闻》卷三,第57—58页。
② 《续资治通鉴长编》卷二百四十熙宁五年十一月辛亥,第5824页。
③ 《中吴纪闻》卷三,第58页。
④ 范成大:《(绍定)吴郡志》卷二十六,《宋元方志丛刊》,第892页。
⑤ 《中吴纪闻》卷四,第88页。
⑥ 《(绍定)吴郡志》卷二十四,第876页。
⑦ 汪藻:《浮溪集》卷二十六《左中大夫致仕吴公墓志铭》,四部丛刊本。

杨训字公发,蒲城人,登元丰五年(1082)进士第。"历川、陕茶干,调山阳、东阳二县令。问学精博,尝著《礼记解》二十卷。初,训受业王安石之门,时蔡京同学。后京当国,余深备道京欲见训之意。训曰:'某三十勤力学问,今老矣,荣除非所望。他日迹足,岂能仆仆与诸公为岭峤之行耶?'故卒老常调,人咸高之。"①北宋末年,又有一太学进士杨训,潭州湘潭县人,初事新学,后入胡安国门下。② 二者非一人。

蔡京字元长,仙游人,登熙宁三年(1070)进士第,北宋后期新党领袖。《宋史》卷四百七十二有传。蔡京与杨训同学于王安石之事,《宋史》《东都事略》均不载,未必亲炙,姑附杨训后。刘弇上书蔡京亦曰:"窃伏蔡公下风之日旧矣。道完德粹,根柢六经,断以义命之学,则得之王荆公。"③

杨骥字德逢,号湖阴先生,鄱阳人。张邦基《墨庄漫录》卷一载:"陈辅辅之,丹阳人,能诗,荆公深爱之。尝访建康杨骥德逢,留诗壁间。"④《王直方诗话》亦载此条,惟"杨骥德逢"作"湖阴先生"。⑤《景定建康志》卷二十一载:"(治平)时王荆公以中书舍人持服,寓江宁,声迹相闻。……有杨骥者,鄱阳人,来就学于王荆公。"⑥然则杨骥游

---

① 《(嘉靖)建宁府志》卷十五,《天一阁藏明代方志选刊》,上海古籍书店1964年版。
② 胡寅撰、尹文汉点校:《斐然集》卷二十六《荚氏墓志铭》:"登门求益(予先君子)久而愈恭者,太学进士杨训其一也。训尝问孝之道,先君曰:'谨行而慎言,一言之尤、一行之悔,是谓不孝。'训退而思曰:'二十年从新义之教,争能否于笔舌间,岂曰躬之云乎?'更始诵《语》、《孟》、经史,稼穑致养。"第546页。
③ 刘弇:《龙云集》卷十七《上蔡内翰元长书》,景印文渊阁四库全书,第1119册,第201页。
④ 张邦基撰、孔凡礼点校:《墨庄漫录》卷一,中华书局2002年版,第110页。
⑤ 胡仔:《苕溪渔隐丛话前集》卷五十四引,人民文学出版社1993年版,第384页。
⑥ 《景定建康志》卷二十一,《宋元方志丛刊》,第1652页。

学王门,当于治平年间。王安石《送杨骥秀才归鄱阳》即作于此期,诗曰:"客舍风尘弊彩衣,悲吟至今雁南飞。荆山和氏方三献,太学何生且一归。旷野已寒谁独宿,长年多难惜分违。巾箱所得皆幽懿,亦见乡人为发挥。"①

元丰年间,杨骥与王安石交游密切。陆佃《书荆公游钟山图后》载:"荆公退居金陵,多骑驴游钟山。每令一人提经,一仆抱《字说》前导,一人负木虎子随之。元祐四年六月六日,伯时见访,坐小室,乘兴为予图之。其立松下者,进士杨骥、僧法秀也。"②今《王荆文公诗李壁注》有《元丰行示德逢》《陶缜菜示德逢》《过杨德逢庄》《示德逢》《书湖阴先生壁》《游城东示深之德逢二首》《杨德逢送米与法云二老作此诗》等多首应酬之诗。他精通《易》学,③是新学的重要传人。程振《宋朝请大夫程公墓志铭》载:"熙宁、元丰间,神宗皇帝既罢词赋之科,而欲士皆通经学古,命故相舒王训释经义,以警后学。里人杨骥尝从王游,传其旨意以归。"

郑侠字介父,福州福清人,《宋史》卷三百二十一有传。他于宋英宗治平年间从学王安石:"治平中,随父官江宁,闭户苦学。王安石知其名,邀与相见,称奖之。"④"时王安石以中书舍人持服寓江宁,公携所业往见,蒙安石称许。"⑤治平四年(1067),进士甲科及第,调光州司法参军。入京监安上门,抗疏极论新法之害,发马递上《流民图》,又劾吕惠卿之奸,谪英州编管。徽宗初,除监潭州南岳庙而卒。

丘秀才,号南丘子。治平间从学王安石,"以亲之命归逆妇"。王

---

① 《王安石文集》卷二十二,第353页。
② 《陶山集》卷十一《书荆公游钟山图后》,第144—145页。
③ 晁补之:《鸡肋集》卷六十六《夔州录事参军江君墓志铭》:"鄱阳杨骥通《易》。"四部丛刊本。
④ 《宋史》卷三百二十一,第10434页。
⑤ 郑侠:《西塘集》附录《本传》,景印文渊阁四库全书,第1117册,第503页。

安石为之撰序,以行古礼期之。①

王伯起字圣时,福州福清人,胡瑗之婿。②"父纶,为太常博士,伯起当以恩得官,逊其弟。举进士不中,叹曰:'士不自重,与千百人旅进坐轩庑下,献小艺规合有司,可耻也。与其冒耻以得禄,宁贫贱而肆志焉。'"③他"授经于王临川,学于曾南丰,游于曾宣靖公父子间,诸公皆推挽之。年未及衰,一旦弃去,卜居吴门,独处一室,扁曰'酉室',日焚香燕坐于其中。其所为诗若干卷,号《唱道野集》"。④"枢密曾孝宽闻其贤,延馆之,奏授将仕郎、试国子监簿,以假承务郎授严州教授,力辞不就,解官归。"⑤卒,赠右宣教郎。王觌《王伯起墓志铭》载:"先生不有其道,而道信于友朋;不尸其名,而名闻于朝廷。与夫怀印安绶、乘肥衣轻,自以为得意,而死之日民无称焉,异矣。"⑥王伯起得享高寿,晚年与江公望、许景衡等人有诗歌唱酬。⑦

晏防字宗武,抚州临川人。其叔祖晏殊,其母是王安石夫人吴氏之妹。以恩补将仕郎,历江州德安县尉、抚州崇仁县主簿、南康军都昌县令、袁州万载县丞等。徽宗大观四年(1110),客死京师。晏防"幼从文公学,尝问修心之要,文公笑曰:'吾子亦能问及此耶?'手书

---

① 《王安石文集》集外文《送丘秀才序》,第 1831 页。
② 蔡襄撰、吴以宁点校:《蔡襄集》卷三十七《太常博士致仕胡君墓志》,上海古籍出版社 1996 年版,第 675 页。
③ 陆心源撰、吴伯雄点校:《宋史翼》卷三十六,浙江古籍出版社 2016 年版,第 941 页。
④ 杨琰:《王伯起〈唱道野集〉序》,钱穀编:《吴都文粹续集》卷十八,景印文渊阁四库全书,第 1385 册,第 453—454 页。
⑤ 李清馥撰、徐公喜等点校:《闽中理学渊源考》卷七,凤凰出版社 2011 年版,第 114 页。
⑥ 《宋史翼》卷三十六,第 941 页。
⑦ 许景衡撰、陈光熙点校:《许景衡集》卷二《次韵江民表寄王圣时六首》其一:"先生脱尘屣,酉室八十年。"上海科学院出版社 2006 年版,第 299 页。

七佛偈以遗之"。① 其名、字即王安石所取。"临川晏宗武幼从荆国王文公学，文公名之曰'防'。既长，又以'宗武'字之，言若《淇澳》所美卫武公，能以礼自防者，乃可宗也。文公之期宗武，可谓远也已矣。"②

王沇之字彦鲁，衢州人，王介之子。介字中甫，"与王荆公游，甚款曲，然未尝降意少相下"。③ 或因其父之故，王沇之"尝从荆公学，故手笔数字颇有横风疾雨之势"。④ 曾任国子监直讲、颍州团练推官，元丰二年（1079）因太学案除名。⑤ 元丰三年（1080），赴江宁拜谒王安石。⑥

王迥字子高，后改名蘧，字子开。赵彦卫《云麓漫钞》卷十载："王迥字子高，族弟子立，为苏黄门壻，故兄弟皆从二苏游。子高后受学于荆公。旧有周琼姬事，胡徽之为作传，或用其传作《六幺》。东坡复作《芙蓉城》诗，以实其事。迥后改名蘧，字子开，宅在江阴。予曩居江阴，尝见其行状，著受学荆公甚详。"⑦ 熙宁初，王迥曾预议农田水利诸法，后历知秀州、夔州。蒋静为撰墓志铭，载其生平甚详：

> 公王氏，讳蘧，字子开，赵州临城县人。初讳迥，字子高，犯外祖名，奏易今讳。……熙宁初，朝廷议修役法及农田水利，俾逐路参酌所以便民。京东转运判官王子渊辟公会议。书成，执

---

① 谢逸：《溪堂集》卷九《故通仕郎晏宗武墓志铭》，景印文渊阁四库全书，第1122册，第541页。
② 《溪堂集》卷七《淇澳堂记》，第521页。
③ 叶梦得：《石林诗话》卷下，载何文焕辑：《历代诗话》，中华书局2004年版，第435页。
④ 周必大撰、王瑞来校证：《周必大集校证》卷十六《跋安福令王棣所藏王介甫及其子涣之汉之沇之等帖》，上海古籍出版社2020年版，第207页。
⑤ 《续资治通鉴长编》卷三百一元丰二年十一月庚午条，第7320页。
⑥ 《王安石年谱长编》卷七，第2018页。
⑦ 赵彦卫撰、傅根清点校：《云麓漫钞》卷十，中华书局1996年版，第168页。

政谓公建明为多，将用之。……庚寅闰八月二十二日卒于私第之正寝，享年七十有四。①

王迥遇仙，宋人传诵甚广，笔记中多有记载。然《行状》中所著受学荆公事，《墓志》不载。

华峙字元翰，常州武进人。"天资豪爽，初就外傅诵书，日记数千言。年十四，课试六论，词旨如成人。既长，西游，必与名士为友。会熙宁初罢制举，专以经术取士，君不远数千里谒王文公于金陵。公称异之，授以经义。退归，不复茹荤，杜门自饬，如是三年而学成，遂登九年进士第。调高州雷白县尉，未赴任。……调登州防御推官、知衢州西安县事，以疾卒于都城，实绍圣五年三月十有七日也。"②王安石于熙宁七年（1074）四月初次罢相，五月归江宁。华峙问学，在此稍后。

郭逢原字公域，开封人。"少年力学自奋。既冠登进士第，主泰州成纪县簿。……熙宁初，从王文公游。文公器之，累辟掌法书局，修《三司敕》《诸司库务岁计》《司农寺条例》《李卫公兵法》《元丰敕令格式》。"③他是新党中坚，曾上疏神宗奏论李靖兵法，乞神宗以师臣之礼待王安石。④"司马光执政，以为元丰党人，闲居久之。"⑤

沈铢字子平，真州扬子人。其父沈季长，王安石妹婿。《宋史》卷三百五十四有传：

---

① 蒋静：《宋故中奉大夫提举杭州洞霄宫上柱国临城县开国伯食邑九百户赐紫金鱼袋王公墓志铭》，载谢飞、张志忠、杨超编著：《北宋临城王氏家族墓志》，文物出版社 2009 年版，第 176 页。
② 邹浩：《道乡集》卷四十《故登州防御推官华君行状》，景印文渊阁四库全书，第 1121 册，第 528 页。
③ 黄裳：《演山集》卷三十三《朝散郭公墓志铭》，景印文渊阁四库全书，第 1120 册，第 224 页。
④ 《续资治通鉴长编》卷二百三十五熙宁五年七月，第 5721 页。
⑤ 黄裳：《演山集》卷三十三《朝散郭公墓志铭》，第 224 页。

> 少从安石学,进士高第,至国子直讲。季长领监事,改审官主簿,坐虞藩事免归。……绍圣初,起为太学博士、秘书省正字、崇政殿说书,受旨同编类元祐臣僚章疏。以进讲为解,拜右司谏,辞,改起居郎、权中书舍人。……真拜中书舍人兼侍讲,俄引疾,以龙图阁待制知宣州,卒。①

沈铢曾主讲国子监,积极推动熙丰年间学校、贡举制度的改革以及《三经义》的讲解。

汪澥字仲容,宣城旌德人,《宋史》卷三百五十四有传:

> 少从胡瑗学《易》。又学于王安石,著《三经义传》,澥与其议,又首传其说。熙宁太学成,分录学政。登进士第,调鼎州司理参军、知黟县,入为太学正,累迁国子祭酒,兼定、嘉二王翊善,擢中书舍人,为大司成。议学制不合,以显谟阁待制知婺州,改颍昌,又改陈、寿二州,徙应天府。上章辞行,提举崇福宫。卒,赠宣奉大夫。②

汪澥是荆公新学的重要传人,北宋后期著名学者,颇享盛名。"澥自布衣录天子学,至为正,为司业、祭酒,迄于司成,官以儒名者三十年,一时士人推之。"③"朝廷法度更张,公未尝不与。每诸儒商榷,公援古义而言,从容折衷,闻者亡不厌服。故绍圣中修学制,则为编类官;崇宁中置讲司议礼局,则为检讨详定官。洎为侍臣,又必兼劝讲之职。"④

张文刚字常胜,湖州乌程人。其父是北宋著名词人张先,其妻是

---

① 《宋史》卷三百五十四《沈铢传》,第11157—11158页。
② 《宋史》卷三百五十四《汪澥传》,第11165页。
③ 《宋史》卷三百五十四《汪澥传》,第11165—11166页。
④ 汪藻:《宋故宣奉大夫显谟阁待制赠少保汪公神道碑》,曾枣庄、刘琳主编:《全宋文》第157册,上海辞书、安徽教育出版社2006年版,第301页。

王安石堂妹。"熙宁五年九月九日卒,以六年二月十日葬于凤凰山。曾祖任,祖维,赠刑部侍郎。父先,尚书都官郎中致仕。女三人。君妻,予(安石)从父妹也,故君从予学。"①

方惟深字子通,莆田人,因父葬居长洲。其父方龟年,终尚书屯田员外郎。程俱《莆阳方子通墓志铭》载:

> 公生挺特,幼为文见称乡长者。长则端敏,涵养滋大。乡贡为第一,试礼部不第,即弃去。吴下有田一廛,公与其弟躬出入耕获,凡衣食之具,一毫必自己力。间则读书,非苟诵其言而已也。至于黄帝、老、庄之书,养生为寿者之说,其户庭堂奥、根源派别无不知。其所操之要,则曰无为而已。……常以雅道自娱,一篇出,人传诵以熟。舒王以知制诰卧钟山,得其诗,以谓精诣警绝,元、白、皮、陆有不到处。……平生深于诗,遇得意,欣然忘食。中年忽若有所不乐者,因绝笔不道。②

则英宗治平年间,王安石已知方惟深诗名。《中吴纪闻》卷三载:

> 最长于诗,尝过黯淡滩,题一绝云:"溪流怪石碍通津,一一操舟若有神。自是世间无妙手,古来何事不由人。"王荆公见之大喜,欲收致门下。盖荆公欲行新法,沮之者多,子通之诗适有契于心,故为其所喜也。后子通以诗集呈荆公,侑以诗云:"年来身计欲何为,跌宕无成一轴诗。懒把行藏问詹尹,愿将生死遇秦医。丹青效虎留心拙,斤匠良工入手迟。此日知音堪属意,枯桐正在半焦时。"凡有所作,荆公读之必称善,谓深得唐人句法,尝遗以书曰:"君诗精淳警绝,虽元、白、皮、陆有不及。"子通游王氏之门,极蒙爱重,初无一毫迎合意,后以特奏名,授兴化军助教。

---

① 《王安石文集》卷九十七《张常胜墓志铭》,第1682页。
② 程俱撰、徐裕敏点校:《北山小集》卷三十三,人民文学出版社2018年版,第580—582页。

隐城东故庐,与乐圃先生皆为一时所高。每部使者及守帅下车,必即其庐而见之。前后上章论荐者甚众,子通竟无禄仕意。其于死生祸福之理,莫不超达。尝造一院亭,不遇主人,自盘礴终日,因题于壁间云:"何年突兀庭前石,昔日何人种松柏。乘兴闲来就榻眠,一枕春风君莫惜。城西今古阳山色,城中谁有千年宅。往来何必见主人,主人自是亭中客。"其洒落类如此。仲殊一日访子通,有绝句云:"多年不见玉川翁,今日相逢小榭东。依旧清凉无长物,只余松桧养清风。"可见其清高矣。年八十三而卒,有诗集行于世。无子,一女,适乐圃先生之子发。①

方惟深游于王氏之门,深获器重,然与苏轼不谐。"其诗格高下似晚唐诸人,绝不喜苏子瞻诗文,至云'淫言亵语,使驴儿马子决骤。'胡文仲连因语及苏诗云:'清寒入山骨,草木尽坚瘦。'子通曰:'做多,自然有一句半句道得着也。'余问何至,曰:'子通及识苏公,苏公之讥评诗文,殆无逃者。子通必尝见薄于苏,故终身衔之。'"②

李定字资深,扬州人,《宋史》卷三百二十九有传:

> 少受学于王安石。登进士第,为定远尉、秀州判官。熙宁二年,孙觉荐之,召至京师,谒谏官李常,常问曰:"君从南方来,民谓青苗法何如?"定曰:"民便之,无不喜者。"常曰:"举朝方共争是事,君勿为此言。"定即往白安石,且曰:"定但知据实以言,不知京师乃不许。"安石大喜,谓曰:"君且得见,盍为上道之。"立荐对。神宗问青苗事,其对如囊言,于是诸言新法不便者,帝皆不听。③

---

① 《中吴纪闻》卷三,第 71 页。
② 王楙撰、王文锦点校:《野老记闻》附《野客丛书》,中华书局 1987 年版,第 355 页。
③ 《宋史》卷三百二十九《李定传》,第 10601 页。

青苗法推行之初，满朝上下争议不决。李定之言，坚定了神宗的决心。之后，他逐渐成为新党控制台谏、打击异己势力的中坚，乌台诗案就是他和舒亶等鞫治。"元丰初，召拜宝文阁待制、同知谏院，进知制诰，为御史中丞。劾苏轼《湖州谢上表》，擿其语以为侮慢。因论轼自熙宁以来，作为文章，怨谤君父，交通戚里。逮赴台狱穷治。当会赦，论不已，窜之黄州。"其后，"坐论府界养马事失实，罢知河阳，留守南京，召为户部侍郎。哲宗立，以龙图阁学士知青州，移江宁府。言者争暴其前过，又谪居滁州。元祐二年，卒"。① 王安石《答李资深书》曰："顾非与足下久相从而熟讲之，不足以尽也。"② 则二人相交甚久。

董必字子疆，宣州南陵人。"尝谒王安石于金陵，咨质诸经疑义，为安石称许。登进士第。"③绍圣年间，章惇等穷治元祐党人，董必与有力焉：

> 绍圣中，提举湖南常平。时相章惇方置众君子于罪。孔平仲在衡州，以仓粟腐恶，乘饥岁，稍损价发之。必即劾其戾常平法，置鞫长沙，以承惇意，无辜系讯，多死者。平仲坐徙韶州。惇与蔡卞将大诛流人，遣吕升卿往广东，必往广西察访。哲宗既止不治，然必所至，犹以惨刻按胁立威，为五书归奏。……坐不当讼言者，出知江州，改湖南转运判官、提点河北刑狱，召为左司员外郎。……进集贤殿修撰，显谟阁待制。卒，年五十六，赠龙图阁待制。④

董必登熙宁九年（1076）进士第，其谒王安石，或在熙宁七年（1074）王

---

① 《宋史》卷三百二十九《李定传》，第 10602—10603 页。
② 《王安石文集》卷七十三《答李资深书》，第 1268 页。
③ 《宋史》卷三百五十五《董必传》，第 11192 页。
④ 《宋史》卷三百五十五《董必传》，第 11192 页。

氏初次罢相期间。他因严鞫旧党而得恶名，实则政绩卓然，守边有功。《(嘉靖)宁国府志》卷八载："董必字子疆，宋熙宁九年进士，久从王荆公游。居官所至有声，后知荆南府，多建堡塞，以张控扼之势，溪洞诸蛮由是不敢为寇。"①

杨畏字子安，其先遂宁人，徙居洛阳。"幼孤好学，事母孝，不事科举。党友交劝之，乃擢进士第。调成纪主簿，不之官，刻志经术，以所著书谒王安石、吕惠卿，为郓州教授。自是尊安石之学，以为得圣人之意。"②杨畏在元祐、绍圣年间反复于新旧两党间，见风使舵，被称为"杨三变"：

> 元祐初，请祠归洛。畏恐得罪于司马光，尝曰："畏官夔峡，虽深山群獠，闻用司马光，皆相贺，其盛德如此。"至光卒，畏复曰："司马光若知道，便是皋、夔、稷、契；以不知道，故于政事未尽也。"吕大防、刘挚为相，俱与畏善，用畏为工部员外郎，除监察御史，擢殿中侍御史。畏助大防攻挚十事……宣仁后崩，吕大防欲用畏谏议大夫，范纯仁以畏非端士，不可，大防乃迁畏吏部侍郎。及大防为宣仁后山陵使，畏首背大防，称述熙宁、元丰政事与王安石学术，哲宗信之，遂荐章惇、吕惠卿可大任。……惇入相，畏遣所亲阴结之，曰："畏前日度势力之轻重，遂因吕大防、苏辙以逐刘挚、梁焘。方欲逐吕、苏，二人觉，罢畏言职。畏迹在元祐，心在熙宁，首为相公开路者也。"……天下于是目为"杨三变"，谓其进于元丰，显于元祐，迁于绍圣也。……政和二年，洛人诣阙，请封禅嵩山，畏上疏累千余言，极其谀佞。方治行，得疾卒，年六十九。③

---

① 《(嘉靖)宁国府志》卷八，明嘉靖刻本。
② 《宋史》卷三百五十五《杨畏传》，第11183页。
③ 《宋史》卷三百五十五《杨畏传》，第11183—11185页。

徽宗政和四年(1114)杨畏下葬时,墓志仅题"宋故宝文阁待制赠太中大夫杨畏子安之墓政和甲午三月戊辰朔廿八日癸卯葬",其他行实、履历,居然一片空白。这反映出北宋后期党争对党人墓志撰写的影响——对于杨畏这种立场多变的政治人物,留白或许不失为明智之举。洎宣和六年(1124)杨畏后妻王氏去世,其墓志铭赫然记载:

> 杨公自昔立朝,志在裕陵。会元祐更法,公为御史,明目张胆,推明国是,多所排击,时论称之。绍圣间,谋帅,自吏部侍郎以宝文阁待制守常山。其后进退逡巡,请宫祠居洛,垂二十年,处之裕如。……政和癸巳,朝廷亟召,而遽以疾不幸矣,士论惜之。①

这总算以补叙的方式,旁逸叙出,对杨畏的政治立场进行了盖棺定论——"志在裕陵(神宗)"。

成倬,翁源人。"年二十余始知读书。妻父母待诸婿不以少长,惟力学与荐者上坐,倬耻之。发愤辞家,远方就学,不数年通经术,尤深《易》数。熙宁间,王安石用事,以其通经术置门下。恳归,安石惜其志未遂,特荐得右选。尝为阁门祗候,终西京左藏库使。"②

周种字仁熟,泰州人。其父涛、祖彦先,与王安石有中表亲。③ 凌迪知《万姓统谱》卷六十一载:

> 少有远度,王安石一见奇之。熙宁九年,与弟秩俱擢第,调江宁府右司理,持身谨廉。元祐初,苏文忠公举为郓州教授,种上疏,乞以王安石配享神宗,朝士愕然。苏公即自劾举官不当,

---

① 王纯:《宋故硕人王氏墓志铭》,郭茂育、刘继保编著:《宋代墓志辑释》,中州古籍出版社 2016 年版,第 492 页。
② 《(同治)韶州府志》卷三十四,清同治刊本。
③ 《苏轼诗集》卷二十四《次韵周种惠石铫》,第 1275 页。《王安石文集》卷九十六《尚书屯田员外郎周君墓志铭》,第 1663 页。

议虽不合,然识者犹取其拳拳师表之地。久之,擢著作佐郎兼崇政殿说书。陈莹中乃荐于上,权起居舍人。①

周种熙宁九年(1076)登进士第,任江宁府右司理参军,遂从王安石问学。"王荆公退居金陵,一日,与门人山行,少憩松下。公忽回顾周种曰:'司马十二,君子人也。'种默然不对。"②元丰七年(1084),苏轼过江宁,周种惠以石铫,二人诗歌唱酬。③元祐初,苏轼荐为郓州州学教授。然周种实为新党。元祐三年(1088),他上疏乞以王安石配享神宗。④后十年,又乞将王氏《日录》付国史院编纂成书,⑤洵为王氏功臣。

鲍慎由字钦止,处州龙泉人,《宋史》卷四百四十三有传。"元祐初,以任子试吏部铨第一,复登六年进士乙科。"⑥"尝从王安石学,又亲炙苏轼,故其文汪洋闳肆,诗尤高妙。"⑦诗歌"尤高妙清新,每一篇出,士大夫口相传以熟"。⑧吴曾《能改斋漫录》卷八载:"鲍慎由《答潘见素》诗云:'学诗比登仙,金膏换凡骨。'盖用陈无己答秦少章'学诗如学仙,时至骨自换'之句。"⑨可见其论诗主张。崇宁中,徽宗召对,"除工部员外郎,居无何,以不合去,责监泗州转般仓。历河东福建路常平、广西淮南转运判官,复召为郎。以言者罢,提点元封观。起知明州,又知海州,复奉祠。卒,年五十六。尝注杜甫诗,有文集五十卷"。⑩

---

① 凌迪之:《万姓统谱》卷六十一,景印文渊阁四库全书,第956册,第921页。
② 曾敏行撰、朱杰人整理:《独醒杂志》卷四,《全宋笔记》第41册,大象出版社2019年版,第223页。
③ 《苏轼诗集》卷二十四《次韵周种惠石铫》,第1275页。
④ 《续资治通长长编》卷四百十八元祐三年十二月甲午,第10138页。
⑤ 《续资治通长长编》卷四百九十七元符元年四月癸巳,第11831页。
⑥ 马端临:《文献通考》卷二百三十八,中华书局2011年版,第6470页。
⑦ 《宋史》卷四百四十三《文苑五》,第13105页。
⑧ 汪藻:《浮溪集》卷十七《鲍吏部集序》。
⑨ 《能改斋漫录》卷八,第277页。
⑩ 《宋史》卷四百四十三《文苑五》,第13105页。

侯叔献字景仁，宜黄人，庆历六年（1046）登进士第。① 历楚州团练判官、两浙常平使、判都水监等，②熙宁九年（1076）按督淮南河役时感疾而卒。③"少有声名",④甚受王安石器重。"是时有工部员外郎侯叔献者，荆公之门人也，娶魏氏女为妻，少悍，叔献死而帏箔不肃，荆公遂奏逐魏氏归本家。"⑤侯叔献是新党中坚。熙宁二年（1069）四月，他与程颢等八人察访诸路农田水利赋役。熙宁三年（1070）八月权都水监丞，与杨汲一起负责在汴水沿岸实施淤田法，"酾流涨潦以溉西部，瘠土皆为良田"。⑥ 其后，新法中的诸项水利措施，他多所参预，治水尤得其性。

蔡渊字子雍，丹阳人。他为人峭直，"刺口论天下事，是是非非；闻人有过，面折无所隐"。治平年间，"从王安石学于金陵。时门人皆专经，惟渊听讲不倦，得兼通诸经。擢熙宁六年进士第。历婺州司户、晋州、河中府、魏王宫教授，通判荆南府，召为大宗正丞，出知泰州、海州"。他学术上恪守师承，政事上谨奉新政："其教授专以王氏之学，政事亦惟守元丰法度，终始不变。奉祠十五年，宣和元年，年八十六，卒。"⑦

蔡肇字天启，丹阳人，蔡渊之子，元丰二年（1079）登进士第，《宋史》卷四百四十有传。蔡肇元丰二年（1079）从学王安石，其《故南宫

---

① 《（弘治）抚州府志》卷三十一，《天一阁藏明代方志选刊续编》，上海书店1990年版。
② 韩维：《南阳集》卷十七《前永州东安县令柳天经可大理寺丞试秘校前权知楚州团练判官侯叔献可著作郎》，景印文渊阁四库全书，第1101册，第664页。
③ 《续资治通鉴长编》卷二百七十三熙宁九年三月，第6692页。
④ 吕本中：《童蒙训》卷上，韩酉山辑校：《吕本中全集》，中华书局2019年版，第987页。
⑤ 魏泰撰、李裕民点校：《东轩笔录》卷七，第77页。
⑥ 《宋史》卷三百五十五《杨汲传》，第11186页。
⑦ 王勇、李金坤校证：《京口耆旧传校证》卷四，江苏大学出版社2016年版，第119页。

舍人米公墓志》曰:"余元丰初,谒荆国王文公于金陵。"①《京口耆旧传》卷四载:

> 肇,元丰二年进士第,父子皆名冠乙科。初受州户曹,迓者及门。父渊语之曰:"以汝之才,宜力于学,而早汩没于州县,吾甚惜之。"肇即却迓吏,从王安石读书于钟山。安石见之,殊不悦,但云:"后生何不出仕,却来此寂寞之滨?"居数日,稍与之语,知其通敏过人,颇异之。因问曾阅内典否,曰:"未也。"安石曰:"内典惟《华严经》最有理,但部帙浩大,非经年不能究也。"肇即借经寺中,甫半月尽得其旨。一日,安石论及《华严》疑义数处,肇应答如响,安石骇叹。②

蔡肇深得王安石器重,曾参与修订《字说》。③ 他长于歌诗,擅长丹青,"画山水人物,尤好作枯槎老树、怪石奔湍,颇多古意"。④

元丰四年(1081),蔡肇离开江宁,赴任明州户掾。之后,"除太学正,通判常州,召为卫尉寺丞、提举永兴路常平。徽宗即位,入为吏部员外郎兼编修国史。言事者论其学术反复,出为两浙路刑狱。久之,召为礼部员外郎,迁起居郎,拜中书舍人。书命不称上意,以显谟阁待制知明州。寻落职,复待制致仕"。⑤ 徽宗宣和元年(1119),卒。⑥

薛昂字肇明,杭州人,娶王令外孙吴说从姊。⑦《宋史》卷三百五十二有传:

---

① 《全宋文》第 117 册,第 288 页。
② 《京口耆旧传校证》卷四,第 120 页。
③ 《王荆文公诗笺注》卷三《再用前韵寄蔡天启》:"侯方习篆籀,寸管静尝压深原道德意,助我耕且猎。"李壁注曰:"天启,曾助公检阅修《字说》者。"第 65 页。
④ 夏文彦:《图绘宝鉴》卷三,丛书集成初编本。
⑤ 《东都事略》卷一百十六,第 1015 页。
⑥ 《京口耆旧传校证》卷四,第 120 页。
⑦ 洪迈:《容斋随笔·容斋三笔》卷十五,第 603 页。

登元丰八年进士第。崇宁初,历太学博士、校书郎、著作佐郎,为殿中侍御史,试起居郎,改中书舍人兼侍读,升给事中兼大司成。昂寡学术,士子有用《史记》《西汉》语,辄黜之。在哲宗时,常请罢史学,哲宗斥为俗佞。拜翰林学士,以不称职改刑部尚书,转兵部。大观三年,拜尚书左丞。明年,请补外,出知江宁,徙河南。久之,提举嵩山崇福宫。政和三年,蔡京复用事,昂复自尚书右丞为左丞,迁门下侍郎。寻请罢,授彰化军节度使、佑神观使,改特进,充资政殿大学士、知应天府。……以金紫光禄大夫致仕。杭州军乱,昂不请命领州事,责徽州居住。昂主王氏学,尝在安石坐围棋赌诗,局败,昂不能作,安石代之,时人以为笑云。①

薛昂元丰年间从学王安石。汪藻《祭薛大资文》曰:"惟公道学,得之钟山。如郢垩鼻,挥斤者般。"②他曾与王安石弈棋赌《梅花诗》,今王集中有《与薛肇明弈棋赌梅花诗输一首》《又代薛肇明一首》《偿薛肇明秀才桤木》等诗。他以儒学名世,③诗非所长,故时人笑之。

薛昂是北宋后期重要的新学传人,早年推尊新学,不遗余力:"东坡先生道由广德,薛昂以郡文学见。昂自以年少气锐,与坡论议滋久,遂及新学,推尊其说,累数千言不停口。"④哲宗绍圣年间,他与林自等人在太学鼓吹新学,"竞相推尊安石而挤元祐,禁戒士人不得习

---

① 《宋史》卷三百五十二,第 11122—11123 页。
② 汪藻:《浮溪集》卷二十《祭薛大资文》。
③ 徐自明撰、王瑞来校补:《宋宰辅编年录校补》卷十二载徽宗大观三年四月薛昂除尚书左丞制曰:"具官薛昂直谅多闻,柔嘉维则。学古圣人之道,为时儒者之宗。"中华书局 1986 年版,第 746 页。同书卷十二徽宗重和元年九月庚寅薛昂罢门下侍郎制曰:"具官薛昂德粹而行孚,量闳而识远。学通圣奥,会归六籍之醇;文掞道华,度越百家之小。"第 783—784 页。
④ 袁说友:《东塘集》卷十九《跋墨堂先生帖》,景印文渊阁四库全书,第 1154 册,第 386 页。

元祐学术"。① 甚至因"士子有用《史记》《西汉》语,(昂)辄黜之。……常请罢史学"。② 徽宗重和元年(1118),他奉诏编纂王安石文集。这既是第一部北宋奉敕官刻文集,也是杭州本《临川先生文集》的祖本。③ 政事上,他是徽宗朝的新党领袖之一,"与余深、林摅始终附会蔡京,至举家为京讳。或误及之,辄加答责,昂尝误及,即自批其口"。④ 以此颇受诟病。

叶涛字致远,处州龙泉人,王安国之婿。⑤《宋史》卷三百五十五有传。叶涛于熙宁六年(1073)进士乙科及第,历郓州左司理参军、国子监直讲、润州金坛县令。⑥ 元丰二年(1079),"虞蕃讼起,涛坐受诸生茶纸免官。涛,王氏婿也,即往从安石于金陵,学为文词"。⑦ 今王集中有《用前韵戏赠叶致远直讲》《招叶致远》等诗。哲宗亲政后,他"为秘书省正字,编修《神宗史》,进校书郎。曾布荐为起居舍人,擢中书舍人"。⑧ 司马光、吕公著等元祐党人的贬官制词,皆出其手。后以龙图阁待制提举崇禧观,卒。

叶涛事迹多逸。除嗜棋外,他精于《周礼》,曾执讲太学,⑨且有能文之称。神宗尝疏其名于御屏,曰:"政事何琬,文章叶涛。"⑩可惜

---

① 《续资治通鉴长编》卷四百八十五绍圣四年四月乙未,第11531页。
② 《宋史》卷三百五十二《薛昂传》,第11122页。
③ 可见拙文《王安石文集在宋代的编撰、刊刻、流传再探》,《文史》2021年第3期。
④ 《宋史》卷三百五十二《薛昂传》,第11122—11123页。
⑤ 《王安石文集》卷九十一《王平甫墓志铭》,第1579页。
⑥ 《续资治通鉴长编》卷二百五十五月庚寅:"又诏以新郓州左司理参军叶涛等二十三人为诸路教授。国子监言看详涛等所业堪充教授故也。"第6100页。
⑦ 《宋史》卷三百五十五《叶涛传》,第11182页。
⑧ 《宋史》卷三百五十五《叶涛传》,第11182页。
⑨ 邹浩:《道乡集》卷二十八《括苍先生易传叙》:"神宗皇帝以道莅天下,于是造士以经,表通经者讲于太学,以训迪四方。时陆公佃《诗》,孙公谔《书》,叶公涛《周礼》,周公常《礼记》。"第415页。
⑩ 方志远等点校:《大明一统志》,巴蜀书社2017年版,第2029页。

著述、文集均佚。

韩宗厚字敦夫,颍昌府长社人,韩亿之孙:

> 君以康靖公荫补太庙斋郎,初任徐州沛县主簿。秩满,授江宁府上元县主簿。大兴水利,溉污莱为良田者至二千七百余顷,创为堰闸,视时水旱而均节之。民获其利,歌咏载涂。丞相王文公为守,上其状于朝,以劳应格,特转光禄寺丞。文公知其才,事多委于君,以办治称。①

他长于吏事,曾问学于王安石,却因不附新法而仕途不显:"王文公为世儒宗,乐教育后进。君尝执经请益,得其精微之旨。既辅政,同时预丈席者多被荐擢,屡欲用君,而辄龃龉不谐。通塞之分,岂人力也哉!"②哲宗绍圣元年(1094)六月,卒。

许允成,生平不详。曾注孟子:"介甫素喜《孟子》,自为之解。其子雱与其门人许允成皆有注释。崇、观间,场屋举子皆宗之。"③

陈祥道字用之(一作祐之),福州人,英宗治平四年(1067)登进士第。④"元祐中,为太常博士、秘书省正字。其学深于礼,著《礼书》一百五十卷,又有《诗》《书》解传于学者。"⑤其弟陈旸,著有《乐书》,《宋史》卷四百三十二有传。李廌《师友谈记》详细记载陈祥道生平:

> 元祐七年春末,陈祥道学士进《礼图仪注》,已除馆阁校勘。明年,用为太常博士,乃赐绯衣。……祥道,许少张榜登科,礼学

---

① 朱光裔:《宋故承议郎充庆成军使兼知河中府荣河县及管内劝农事骁骑尉赐绯鱼袋韩府君墓志铭》,王昶:《金石萃编》卷一百四十二,上海古籍出版社 2020年版,第 2601 页。
② 朱光裔:《宋故承议郎充庆成军使兼知河中府荣河县及管内劝农事骁骑尉赐绯鱼袋韩府君墓志铭》,《金石萃编》卷一百四十二,第 2602 页。
③ 《郡斋读书志校证》卷十,第 420 页。
④ 《淳熙三山志》卷二十六,《宋元方志丛刊》,第 8014 页。
⑤ 《东都事略》卷一百十四《陈旸传》,第 997 页。

> 通博,一时少及。仕宦二十七年,而官止于宣义郎。盖初仕时父殿公人死,而祥道任其罪久废。中间为太学博士,亦坐累,故屯蹇至老。尝为《礼图》一百五十卷、《仪礼说》六十余卷。内相范公为进之,乞送秘阁及太常寺,故有是命。没齿困穷,而不遇赏音也。自赐绯,不余旬而卒。①

"内相范公"指范祖禹。元祐四年(1089)二月,陈祥道以翰林学士许将荐为太常博士。② 元祐六年(1091)四月,自太常博士除秘书省正字。③ 元祐七年(1092)十月,为馆阁校勘。④ 元祐八年(1093)正月,"范祖禹言:'太常博士陈祥道注解《仪礼》三十二卷,精详博洽,非诸儒所及,乞下两制看详,并所进《礼图》付太常,以备礼官讨论。'"⑤本年,卒,年五十二。⑥ 陈氏何时从学王安石,不得而知,或于熙宁太学期间。

蔡卞字元度,兴化仙游人,蔡京之弟,王安石之婿。《宋史》卷四百七十二有传:

> 与京同年登科,调江阴县主簿,王安石妻以女,因从之学。元丰中,张璪荐为国子直讲,加集贤校理、崇政殿说书,擢起居舍人,历同知谏院、侍御史。居职不久,皆以王安石执政亲嫌辞。⑦

蔡卞是北宋后期新党的首领,新学最重要的传人之一,"得安石学术

---

① 李廌撰、孔凡礼点校:《师友谈记》,中华书局2002年版,第32—33页。
② 《续资治通鉴长编》卷四百二十二元祐四年二月癸卯条,第10210页。
③ 徐松辑、刘琳等点校:《宋会要辑稿》职官十八,上海古籍出版社2014年版,第3476页。
④ 《续资治通鉴长编》卷四百七十八元祐七年十月辛未,第11388页。
⑤ 《续资治通鉴长编》卷四百八十,第11426页。
⑥ 《淳熙三山志》,第7859页。顾宏义推测,陈祥道当卒于元祐八年四月中下旬间。《陈祥道、陈旸其人其书》,《历史文献研究》2019年第2辑,第246—259页。
⑦ 《宋史》卷四百七十二,第13728页。

议论为多,自以王氏学擅一时,时流归之"。① 政事学术,皆维护妇翁不遗余力。绍圣年间,他以中书舍人兼国史修撰,采用《王安石日录》来重修《神宗实录》。又专托绍述之说,与章惇等重行熙丰政事,贬斥元祐旧党,并卷入追废宣仁、哲宗废后等事。② 宋室南渡以后,新法、新学成为北宋覆灭的替罪羊,蔡卞由此声名狼藉:"高宗即位,追责为宁国军节度副使。绍兴五年,又贬单州团练副使。"③然其人居官清廉,知广州时虽"宝贝丛凑,一无所取。及徙越,夷人清其去,以蔷薇露洒衣送之"。④ 又力沮以童贯任陕西制置使,不惜抵牾蔡京。若搁置新旧党争之是非,则亦有可取之处。"政和末,谒归上冢,道死,年六十。赠太傅,谥曰文正。"⑤

吴恕字长吉,临川人,后徙建康。"早从王荆公学。谭熙、丰间旧事,亹亹不倦。与秦丞相有砚席旧。"⑥《清波别志》卷中载:

> 辉五十年前在建康,见荆公门人吴长吉云:公得此启,再三披阅,读至"殿陛对扬,亲奉再和之诏",顾客曰:"彼不著诏旨,亦何自复相闻。不尔,此亦不必还答。"又云:"终是会作文字。"⑦

所谓"此启",指吕惠卿于元丰五年(1082)致信王安石,希望尽释前

---

① 王群栗点校:《宣和画谱》,浙江人民美术出版社2012年版,第114页。
② 《宋史》卷四百七十三《蔡卞传》:"绍圣元年,复为中书舍人。上疏言:先帝盛德大业,卓然出古之上,发扬休光,正在史策。而《实录》所纪,类多疑似不根,乞验索审订,重行刊定,使后世考观,无所迷惑。诏从之。以卞兼国史修撰。初,安石且死,悔其所作《日录》,命从子防焚之,防诡以他书代。至是,卞即防家取以上,因芟落事实,文饰奸伪,尽改所修《实录》正史。"第13728—13729页。
③ 《宋史》卷四百七十三《蔡卞传》,第13730页。
④ 《宋史》卷四百七十三《蔡卞传》,第13728页。
⑤ 《宋史》卷四百七十三《蔡卞传》,第13730页。
⑥ 周辉撰、刘永翔校注:《清波杂志校注》卷三,中华书局1994年版,第112页。
⑦ 周辉撰,刘永翔、许丹整理:《清波别志》卷中,《全宋笔记》第56册,大象出版社2019年版,第171页。

嫌。王氏复书,曰:"趣舍异路,则相煦以湿,不如相忘之愈也。"①可知吴恕从学,当在元丰年间。

吴颐字显道,抚州金溪人,王安石妻弟。② 元丰年间从王安石游,知名江左:"显道以学问文章,为荆公门人高弟。"③"元丰中,从荆公于金陵,遂家焉。"④曾任详定一书司敕令所删定官,摄山阴县事。⑤ 他仕宦不显,晚年讲学,"江淮间又争欲以为师,不远千里执经帐下,率常数十百人。所至辄以《诗》《书》《礼》《易》开悟后学,磨砻成就,以为士君子之器甚众"。⑥ 曾撰《平戎赋》,抨击元祐更化,措辞激烈:

> 人所见不同。谓元祐改更法度为非,犹或可也,而《平戎赋》乃云"因于宦尹以擅废置,非特法度公卿而已"。此独二蔡、二惇敢为是言,其他虽绍圣、元符用事者,亦不敢云尔也。险陂以幸遇合,为子孙者所宜捐恶,乃反刻之板卷之卷首,若恐人之不知也。是独何哉!⑦

陈度字彦法,金坛人,陈亢之子。⑧ "年十九,中元丰二年进士第,为江宁尉。从学于王安石,安石嘉其有志,不倦以告之。秩满,调

---

① 《王安石年谱长编》卷七,第 2094 页。
② 《续资治通鉴长编》卷三百六十九元祐元年闰二月监察御史孙升劾章惇:"其为小官,苟悦王安石以进身,则赂遗及于王安石之妻母,而主于安石之妻弟吴颐。颐负安石之势,浪迹都城,狎习非类,士人指为污辱,惇乃以先生处之。"第 8929 页。
③ 慕容彦逢:《摛文堂集》卷十二《送吴显道序》,景印文渊阁四库全书,第 1123 册,第 442 页。
④ 孙觌:《宋故右承议郎吴公墓志铭》,《全宋文》第 161 册,第 10 页。
⑤ 《摛文堂集》卷十二《送吴显道序》:"其后绍圣某年,山阴令阙,显道摄邑事。"第 442 页。
⑥ 孙觌:《宋故右承议郎吴公墓志铭》,《全宋文》第 161 册,第 8—9 页。
⑦ 汪应辰:《文定集》卷十一《题金溪吴颐显道文》,景印文渊阁四库全书,第 1138 册,第 690 页。
⑧ 陆佃:《陶山集》卷十六《蒋氏夫人墓志铭》,第 191 页。

杭州录事参军……改知江宁府句容县、开封府太康县、湖州乌程县……选为鸿胪寺丞,迁诸王府记室,卒。"①

刘发字全美,遂宁人,神宗元丰八年(1085)进士。② 哲宗元祐五年(1090),为华亭县主簿。③ 绍圣五年(1098),知婺源县。④ 刘发最初从学于王令。⑤ 元丰年间,至金陵从王安石问学。王氏《过刘全美所居》曰:"西崦晴天得强扶,出林知有故人居。数能过我论奇字,当复令公见异书。"⑥"异书",即修订本《字说》。哲宗绍圣年间,曾参与校定《字说》:

(绍圣三年十一月)丁酉,监察御史兼殿中侍御史蔡蹈言:"近朝廷取太傅王安石所进《字说》付国子监雕板,以便学者传习。又以池州石诛、刘发尝受安石学,特令校正。乃有太学录叶承辄肆论列,自谓亲闻安石训释,今校对疑误,请同看详。按承身为学官,宜知分守,而乃离次侵官,干预本监之事。望赐睿旨,正其侵越之罪。"诏特罚金六斤。⑦

刘发精于字学,是新学的重要传人,著有数种《字说》辅助之作(详下)。

石诛,生平不详,曾与刘发共同校正《字说》。

张靖,《孙公谈圃》卷中载王安石临终之前,"张靖言:'荆公在金陵未病前一岁,白日见一人上堂再拜,乃故群牧吏,其死也已久

---

① 王勇、李金坤校证:《京口耆旧传校证》卷六,第182页。
② 徐培均:《秦少游年谱长编》,中华书局2002年版,第244页。
③ 《秦少游年谱长编》,第246页。
④ 王汝舟《婺源新开巽渠记》:"绍圣戊寅三月,宣德刘全美来治县事,问邑人,莫不患此,皆以为无如之何。"《全宋文》第84册,第194页。
⑤ 《王令集》附录《王逢原传》即其所撰,题曰"门人刘发谨传",第384页。
⑥ 《王安石文集》卷二十九,第475页。
⑦ 杨仲良:《续资治通鉴长编纪事本末》卷一百三十,北京图书馆出版社2003年版,第533—534页。

矣。……明年，荆公薨。'靖，公门人，其说甚详。"①

周廷俊字彦直，信州弋阳县人。"少力学自立，尤工词赋"，以其子周执羔"策高第，至大官"，得赠官为承事郎，凡十封为右朝奉大夫致仕。绍兴三十二年（1152），年八十九，卒。② 他曾刊印王安石诗集。汪藻《跋半山诗》曰：

> 《半山别集》有诗百余首，表、启十余篇，乃荆公罢相居半山时老笔也。祝邦直作淮南学事司属官时摹印，甚精。德兴建节乡人周彦直，旧从荆公学，亦用此集印行。③

沈辽字睿达，钱塘人，沈觏之弟。《宋史》三百三十一有传：

> 用兄任监寿州酒税。吴充使三司，荐监内藏库。熙宁初，分审官建西院，以为主簿，时方重此官，出则奉使持节。辽故受知于王安石，安石尝与诗，有"风流谢安石，潇洒陶渊明"之称。至是当国，更张法令，辽与之议论，寖咈意，日益见疏。于是坐与其长不相能，罢去。④

其《劝学疏》曰："行季久在成均，亲受经于王丞相。其言性命之要，仁义之本，出入神明之际，至于点画之意，章句之体，既一贯之矣。"⑤则他从学王安石，当在熙宁年间。

林自字疑独，兴化县人。"元丰五年，由上舍生两优释褐赐第。"⑥林自是熙宁贡举改革后，太学三舍体制中培养出的第二代新

---

① 孙升：《孙公谈圃》卷中，第124页。
② 孙觌：《宋故右朝奉大夫致仕周公墓志铭》，《全宋文》第161册，第59页。
③ 《永乐大典》卷九百七引汪藻《浮溪集》，中华书局1986年版，第397页。
④ 《宋史》卷三百三十一《沈辽传》，第10652页。
⑤ 沈辽：《云巢编》卷十，四部丛刊本。
⑥ 《宋史翼》卷四十《林自传》，第1057页。

学学者的代表,"绍圣元年,蔡卞荐为太学博士"。① 他衷心服膺新学,"竞尊王荆公而挤排元祐,禁戒士人不得习元祐学术"。② 国子监旧有胡瑗祠,"绍圣初,林自为博士,闻于朝,彻去"。③

梁子中,蜀人。"稍长能属文,冠益自力,焚膏继晷,数年业成,试太学。元丰初,诏用经术取士,公以《易》学登进士第,调遂宁小溪尉。""初第时,王金陵欲以其弟平甫之子妻之,公惧其骄,不诺。……宣和七年六月七日卒,年七十有七。官至朝请郎,累赠中奉大夫。"子中颇受蔡卞器重,当是新学后劲。"如京师,道经西洛,枢密蔡公重其经学,欲留之,公不就。"④

杨作,字次文,无为人,杨杰(字次公)弟。"从次公游官,为一时知名士所钦向,随所至较艺,多占高等。晚登舒王门,益信其所传为不昧。乡校推为前辈,场屋以经术取士,君首中其选,再试复在第一,竟不第,遂无复进取意。"杨作屡试不第,然能恪守师学,不随时俯仰。元祐中,"有以十科交荐者,于是相与勉君出仕。君谢曰:'用之则行,舍之则藏,渠敢以退为进而固自背驰耶?'""后举经明行修起家,调吉州庐陵主簿。"摄永丰县令,调池州司理参军,未赴,辟西安州天都它戎寨主簿、管勾安抚司机宜文字。"大观三年二月中四日,卒于官,享年六十五。"⑤

王雱,字元泽,王安石之子。治平四年(1067)进士,授旌德尉,不赴。熙宁四年(1071),除太子中允、崇政殿说书,受诏撰《诗》《书》义,后擢天章阁待制兼侍讲。⑥ 熙宁九年(1076)卒,赠左谏议大夫。⑦ 王

---

① 《宋史翼》卷四十《林自传》,第 1057 页。
② 《清波杂志校注》卷九,第 400 页。
③ 《邵氏闻见录》卷八,第 80 页。
④ 李降:《梁子中墓志铭》,《全宋文》卷二五二六,第 117 册,第 215—217 页。
⑤ 李之仪:《姑溪居士文集》卷四十九《杨判官墓志铭》,《宋集珍本丛刊》第 27 册,第 121 页。
⑥ 《宋史》卷三百二十七《王雱传》,第 10551 页。
⑦ 《续资治通鉴长编》卷二百七十六熙宁九年六月己酉,第 6751 页。

雱天才横溢,"性敏甚,未冠,已著书数万言",①是王氏子侄中最有才华的一位,新学最重要的传人,可惜英年早逝。②

以上对亲炙王安石的新学门人略作考述。通过私人讲学的方式,王安石在其周围形成了一个以他为中心的士人群体(包括熙宁初年入门的蔡卞兄弟、练亨甫等人)。这一群体主要以北宋东南士人为主,具有强烈的地域色彩。他们因师承传授关系,大多数都在宋神宗熙、丰期间积极参与了王安石主持的新法或新学,构成了北宋后期政治文化的主角群体之一。

第二节 王安石著述考

王安石生前著述等身。这些著述大多并非一时一地完成,而且,似乎有相当一部分著作,未曾经过他本人精心整理,并非完帙。熙宁五年(1072)正月,神宗因士人们对经术的理解歧异纷纭,难以一道德而同风俗,曾面谕王安石:"卿有所著,可以颁行,令学者定于一。"③"朕欲卿录文字,且早录进。"王安石答曰:"臣所著述,多未成就,止有训、诂文字,容臣缀辑进御。"④所谓"缀辑进御"之作,仅包括《洪范传》《三经新义》《字说》、佛经注解等数种而已。之后,因党争、战乱等原因,王氏著述亡佚严重,近半仅存零篇碎简,甚至只有书名散见于各官私书目中。今将王氏文集(《临川先生文集》《王文公文集》)之外的其他著作,勾辑如下。⑤

---

① 《宋史》卷三百二十七《王雱传》,第10551页。
② 王雱生平,可见拙文《稀见史料与王安石后裔考》,《浙江大学学报》(社科版)2017年第4期。
③ 《续资治通鉴长编》卷二百二十九熙宁五年正月戊戌,第5570页。
④ 《续资治通鉴长编》卷二百二十九熙宁五年正月戊戌,第5574—5575页。
⑤ 王安石的著述,高克勤早有考证,然有遗漏,见《复旦学报》1988年第1期《王安石著述考》。

（一）经部著述考

1.《易解》二十卷，今佚。晁公武《郡斋读书志》卷一著录为《易义》，二十卷。① 陈振孙《直斋书录解题》卷一、②《宋史》卷二百二《艺文一》，③皆作《易解》十四卷。尤袤《遂初堂书目》著录为《王文公易传》。④ 这是王安石早年的著作，晁公武曰："介甫《三经义》皆颁学官，独《易解》自谓少作未善，不专以取士。故绍圣后复有龚原、耿南仲注《易》，三书偕行于场屋。"⑤

此书大约草创于仁宗嘉祐（1059—1063）初年，至英宗治平元年（1064）已经完成，流传于世。王安石曾自述学《易》经历：

> 某尝学《易》矣，读而思之，自以为如此，则书之以待知《易》者质其义。当是时，未可以学《易》也，惟无师友之故，不得其序以过于进取。及今而后知昔之为可悔，而其书往往已为不知者所传，追思之未尝不愧也。⑥

所谓"已为不知者所传"之书，即《易解》。这部王氏不满意的"少作"，却颇受学者推崇。程颐谓："《易》有百余家，难为遍观。如素未读，不晓文义，且须看王弼、胡先生、荆公三家。"⑦哲宗绍圣以后，此书与龚原、耿南仲所注《易》，"三书偕行于场屋"。⑧ 宋人著述，如二程《河南程氏遗书》《河南程氏外书》、杨时《龟山集》等，均有征引。李衡《周易义海撮要》、沈起元《周易孔义集说》等录其注解若干，本书从中辑得

---

① 《郡斋读书志校证》卷一，第41页。
② 《直斋书录解题》卷一，第12页。
③ 《宋史》卷二百二《艺文一》，第5307页。
④ 《宋元明清书目题跋丛刊》之《宋代卷》第一册，第477页。
⑤ 《郡斋读书志校证》卷一，第42页。
⑥ 《王安石文集》卷七十二《答韩求仁书》，第1254页。
⑦ 《河南程氏遗书》卷十九，程颢、程颐著，王孝鱼点校：《二程集》，第248页。
⑧ 《郡斋读书志校证》卷一，第41页。

佚文上百条，附录在后。王铁《宋代易学》、杨倩描《王安石易学研究》、王水照主编《王安石全集》等，亦有辑佚。①

2.《易说拾遗》二卷，今佚。冯椅《厚斋易学》附录二载："《易说拾遗》二卷，题王安石、尹天民所编。"②

3.《左氏解》一卷，今佚。《宋史》卷二百二《艺文一》著录，③尤袤《遂初堂书目》著录为《王文公左氏辨》，④题名未知孰是。陈振孙认为，此书"专辨左氏为六国时人，其明验十有一事。题王安石撰，实非也"。⑤王应麟《困学纪闻》卷六载："王介甫疑左氏为六国时人者十一事。（介甫《左氏解》一卷，其序谓"为《春秋》学余二十年"，《馆阁书目》以为依托。）"⑥以所引序言揆之，此书应非王氏所作。王氏认为欲治《春秋》，《公羊》《穀梁》《左氏》三传并不足信，"至于《春秋》，三传既不足信，故于诸经尤为难知"。⑦ 正确的方法是群经互解，先通其他四经，然后再治《春秋》。据陆佃转述："公（王安石）曰：……学者求经，当自近者始。学得《诗》然后学《书》，学得《书》然后学《礼》，三者备，《春秋》其通矣。"⑧这种治经理念，与"为《春秋》学余二十年"的叙述明显不符，陈振孙所言甚是。

4.《周官新义》二十二卷。其序曰："谨列其书为二十有二卷，凡十余万言。"⑨《郡斋读书志》卷二著录为《新经周礼义》，⑩《直斋书录

---

① 王铁：《宋代易学》，上海古籍出版社2005年版，第261—300页。杨倩描：《王安石易学研究》，第28—114页。《王安石全集》第1册，第13—148页。
② 冯椅：《厚斋易学》附录二，景印文渊阁四库全书，第16册，第843页。
③ 《宋史》卷二百二《艺文一》，第5059页。
④ 尤袤：《遂初堂书目》，《宋元明清书目题跋丛刊》之《宋代卷》第1册，第480页。
⑤ 《直斋书录解题》卷三，第60页。
⑥ 王应麟著，翁元圻注，孙通海校点：《困学纪闻》卷六，第857页。
⑦ 《王安石文集》卷七十二《答韩求仁书》，第1254页。
⑧ 《陶山集》卷十二《答崔子方书秀才书》，第154页。
⑨ 《王安石文集》卷八十四《周礼义序》，第1462页。
⑩ 《郡斋读书志校证》卷二，第81页。

解题》卷二著录为《周礼新义》，①《遂初堂书目》著录为《王文公周礼新经》。② 南宋后，此书传世绝少。四库馆臣自《永乐大典》中辑出十六卷，附《考工记解》二卷：

> 《周礼新义》本二十二卷，明万历中重编内阁书目，尚载其名，故朱彝尊《经义考》不敢著其已佚，但注曰未见。然外间实无传本，即明以来内阁旧籍，亦实无此书，惟《永乐大典》中所载最多。③

钱仪吉从宋、明人礼籍中辑补多条，道光间刊于经苑。然钱氏所补，多失收、误收、讹误，又不惮径改原文，据许慎《说文解字》辨正书中的析字解经，乃至将所补佚文嵌入四库本中，遂去原貌愈远。台湾程元敏另辑有《三经新义辑考汇评·周礼》，共十八卷，附相关考证三篇。④

《三经新义》中，此书乃王安石亲笔所撰。蔡絛《铁围山丛谈》卷三载：

> 吾后见鲁公（蔡京）与文正公（蔡卞）二父相与谈往事，则每云："《诗》《书》盖出元泽（王雱）暨诸门弟子手，至若《周礼新义》，实丞相亲为之笔削者。"及政和时……吾得见之。《周礼新义》笔迹，犹斜风细雨，诚介甫亲书。而后知二父之谈信。⑤

5.《礼经要义》二卷，今佚。《郡斋读书志附志》卷上著录："右荆国文公王安石介甫所著也。"⑥

---

① 《直斋书录解题》卷二，第 44 页。
② 《遂初堂书目》，《宋元明清书目题跋丛刊》之《宋代卷》第一册，第 481 页。
③ 《四库全书总目》卷十九《周官新义》提要，第 149—150 页。
④ 王安石著、程元敏辑：《三经新义辑考汇评》，华东师范大学出版社 2011 年版。
⑤ 蔡絛撰，惠民、沈锡麟点校：《铁围山丛谈》卷三，第 58 页。
⑥ 《郡斋读书志校证·附志》，第 1094 页。

6.《礼记发明》一卷。明代焦竑《国史经籍志》卷二:"《礼记要义》二卷,王安石。又《发明》一卷。"①清代朱景英《畲经堂诗文集》卷二《三礼授受考》:

> 王安石《礼记发明》一卷、《要义》二卷,未为完书。而方慤《礼记解义》二十卷,马晞孟《礼记解》七十卷,陈祥道《礼记讲义》二十四卷、陆佃《礼记解》四十卷,即鹤山所称方、马、陈、陆是也。然其书皆述王氏之说,人颇病之。独朱子以为方、马二解尽有好处,不可以其新学而黜之也。②

南宋后期卫湜《礼记集说》备采诸家之说,曰:"临川王氏,安石,字介甫,《礼记发明》一卷。"③潘斌从中辑得佚文65条,弥足可珍。

按,卫湜所引所谓"临川王氏"之注,应当出自王安石。如《中庸》"天命之谓性,率性之谓道,修道之谓教"三句,《礼记集说》卷一百二十三引曰:

> 临川王氏曰:人受天而生,使我有是之谓命,命之在我之谓性。不唯人之受而有是也,至草木、禽兽、昆虫、鱼鳖之类,亦禀天而有性也。然性果何物也?曰善而已矣。性虽均善,而不能自明。欲明其性,则在人率循而已。率其性不失,则五常之道自明。然人患不能修其五常之道,以充其性。能充性而修之,则必以古圣贤之教为法,而自养其心。不先修道,则不可以知命。《易》曰:"穷理尽性以至于命。"《易》何以不先言命,而此何以首之?盖天生而有是性命,不修其道,亦不能明其性命也。是《中庸》与《易》之说合。此皆因中人之性言也,故曰:"自诚明谓之

---

① 焦竑:《国史经籍志》卷二,《宋元明清书目题跋丛刊》之《明代卷》第二册,第895页。
② 朱景英:《畲经堂诗文集》卷二,清乾隆刻本。
③ 潘斌:《王安石佚书〈礼记发明〉辑考》,《古代文明》2010年第2期,第61页。

性,自明诚谓之教。"夫教者在中人,修之则谓之教。至于圣人,则岂俟乎修而至也? 若颜回者,是亦中人之性也,唯能修之不已,故庶几于圣人也。①

此条注解,仅见于此书。其中前二句,曾引起杨时批评:

> 荆公云:"天使我有是之谓命,命之在我之谓性。"是未知性命之理。其曰"使我",正所谓使然也。然使者可以为命乎? 以命在我为性,则命自一物。若《中庸》言"天命之谓性",性即天命也,又岂二物哉? 如云"在天为命,在人为性",此语似无病,然亦不须如此说。②

朱熹则对杨时的批评,不以为然:

> 曰:"杨氏所论王氏之失,如何?"
>
> 曰:"王氏之言固为多病,然此所云'天使我有是者',犹曰'上帝降衷'云尔,岂真以为有或使之者哉? 其曰'在天为命,在人为性',则程子亦云,而杨氏又自言之,盖无悖于理者。今乃指为王氏之失,不惟似同浴而讥裸裎,亦近于意有不平,而反为至公之累矣。③

可见,《礼记集说》所引这条注解,出自王安石无疑。

但《礼记发明》是否系王安石所撰? 窃恐未必。今按,此书在北宋中后期从未见提及,南宋官私书目及《宋史·艺文志》等亦未著录,仅见于卫湜《礼记集说》所引。此为疑点一。疑点二,有些注解,与王安石的其它文章著述重合。如卷二十九"天子命之教,然后为学。小学在公宫南之左,大学在郊。天子曰辟雍,诸侯曰泮宫"条引临川王

---

① 卫湜:《礼记集说》卷一百二十三,景印文渊阁四库全书,第 120 册,第 16 页。
② 《杨时集》卷十二,第 336—337 页。
③ 朱熹:《四书或问》卷三,《朱子全书》第 6 册,第 553 页。

氏曰：

　　古之教法，德则异之以智、仁、圣、义、中、和，行则同之以孝、友、睦、姻、任、恤，艺则尽之以礼、乐、射、御、书、数。淫言诐行、诡怪之术不足以辅世，则无所容乎其时。而诸侯之所以教，一皆听命于天子。天子命之矣，然后兴学。命之历数，所以时其迟速；命之权量，所以节其丰杀。命不在是，则上之人不以教，而为学者不以道也。士之奔走、揖逊、酬酢、笑语、升降，出入乎此，则无非教者。高可以至于命，其下亦不失为人用。其流及乎既衰矣，尚可以鼓舞群众，俱有以异乎后世之人。故当是时，妇人之所能言，童子之所可知，有后世老师宿儒之所惑而不悟者也。武夫之所道，鄙人之所守，有后世豪杰名士之所惮而愧者也。尧、舜、三代从容无为，同四海于一堂之上，而流风遗俗咏叹之不息，凡以此也。

　　天下不可一日无教，学不可一日废于天下。《王制》所谓"命之教，然后为学"者，何也？曰："学固不可一日无于天下，然其教不可不资之天子，资之天子，道德所以一也。""命之教，然后为学，礼乎？"曰："立诸侯矣，未有不命之教而不得立学也。盖古之立国也，必资礼于天子，所谓命之教矣。"①

以上引文，自"古之教法"至"凡以此也"，几乎与王氏名篇《虔州学记》全同。"天下不可一日无教，学不可一日废于天下"两句，则出自王氏《慈溪县学记》。又如，《礼记集说》卷五十五"鲁之郊禘，非礼也，周公其衰矣。杞之郊也，禹也；宋之郊也，契也。是天子之事守也。故天子祭天地，诸侯祭社稷"条引临川王氏曰：

　　"鲁有周公之功而用郊，不亦可乎？鲁之郊也，可乎？"曰：

---

① 《礼记集说》卷二十九，景印文渊阁四库全书，第117册，第591页。

"'有伊尹之心,则放其君可也;有汤武之仁,则绌其君可也。有周公之功,用郊不亦宜乎?"①

这条注解,其实出自王氏《淮南杂说》。

《慈溪县学记》撰于庆历七年,《淮南杂说》成书于皇祐、嘉祐年间,而《虔州学记》撰于治平元年(1064)。以上的雷同重复,表明《礼记发明》的成书过程比较复杂,至少存在三种可能:

一是王安石先是撰著《礼记发明》,继而将其中某些注解,进一步引申发挥撰成文章、著述。《礼记发明》应撰于王安石早年,约庆历、皇祐年间。若如此,不应王氏及同时代士人从未提及此书,亦似不符王氏学术思想的发展历程。

二是王氏先撰成《淮南杂说》《虔州学记》等,继而将之转移钞撮,来注解《礼记》中相关内容。这样,《礼记发明》应当成书于治平元年(1064)以后。熙宁元年(1068),王安石曾以翰林学士侍讲经筵,所讲之经即《礼记》。《礼记发明》倘真是王氏所撰,最有可能草成于此时,用作经筵讲义(其中各条注解,未必撰于此时)。然而,王氏经筵进讲《礼记》的篇章,有些尚可考证:

> 熙宁元年冬,介甫初侍经筵,未尝讲说。上欲令介甫讲《礼记》,至曾子易箦事,介甫于仓卒间进说曰:"圣人以义制礼,其详至于床第之际;君子以仁循礼,其勤见于将死之时。"上称善。安石遂言:"《礼记》多驳杂,不如讲《尚书》帝王之制,人主所宜急闻也。"于是罢《礼记》。②

(熙宁元年)十月壬寅,诏讲筵权罢讲《礼记》,自今令讲《尚书》。先是,王安石讲《礼记》,数难记者之非是。上以为然,曰:"《礼记》既不皆法言,择其有补者讲之,如何?"安石对曰:"陛下

---

① 《礼记集说》卷五十五,景印文渊阁四库全书,第118册,第150页。
② 朱弁撰、孔凡礼点校:《曲洧旧闻》卷九,第208页。

必欲闻法言,宜改它经。"故有是诏。①

王氏对曾子易箦的解释,并不见于《礼记集说》所引《礼记发明》。而且,他认为《礼记》与治道关联不甚紧密,遂奏请神宗经筵改讲《尚书》。这样看来,《礼记发明》似乎也不太可能撰于此时。

三是《礼记发明》并非王安石所撰,而是南宋书贾或他人,将王氏生平所著与《礼记》相关文字,拼凑成书,冠以王氏之名,贩鬻牟利。卫湜不经细察,贸然收入《礼记集说》中。这种可能性,足以解释有关此书的各种疑点。《直斋书录解题》卷二著录方慤《礼记解》二十卷,曰:

> 新安方慤性夫撰。政和三年表进,自为之序。以王氏父子独无解义,乃取其所撰《三经义》及《字说》申而明之,著为此解,由是得上舍出身。其所解文义亦明白。②

方慤《礼记解》序中称"王氏父子独无解义",可添一佐证。

7.《洪范传》一卷,今存。《郡斋读书志》卷一著录:

> 安石以刘向、董仲舒、伏生明灾异为蔽,而思别著此《传》。以"庶征"所谓"若"者不当训"顺",当训"如";人君之五事,如天之雨、旸、寒、燠、风而已。大意言天人不相干,虽有变异,不足畏也。③

明代归有光对此书评价甚高:"其论精,远出二刘、二孔之上。"④《洪范传》在英宗治平初年,便已行世。陆佃曰:"嘉祐、治平间……淮之南,学士大夫宗安定先生之学,予独疑焉。及得荆公《淮南杂说》与其

---

① 杨仲良《续资治通鉴长编纪事本末》卷五十三,第1075页。
② 《直斋书录解题》卷二,第48页。
③ 《郡斋读书志校证》卷一,第55页。
④ 归有光撰、周本淳点校:《震川先生集》卷一《洪范》,上海古籍出版社1979年版,第18页。

《洪范传》,心独谓然,于是愿扫临川先生之门。"①熙宁三年(1070),王安石将此书删润缮写,进呈神宗。②《进洪范表》曰:

> 臣尝以芜废腐余之学,得备论思劝讲之官。擢与大政,又弥寒暑,勋绩不效,俯仰甚惭。谨取旧所著《洪范传》,删润缮写,辄以草芥之微,求裕天地。③

吕惠卿指出:"安石必言垂示万世,恐误学者,《洪范义》凡有数本,《易义》亦然。"④"凡有数本",即指此书曾经删润缮写而言。哲宗绍圣二年(1095)正月,龚原等奏乞雕印颁行《洪范传》:"绍圣二年正月十七日,国子司业龚原等言:'故相王安石在先朝尝进《尚书·洪范传》,解释九畴之义,本末详备。乞雕印颁行,以便学者。'从之。"⑤今存,见《临川先生文集》卷六十五、《王文公文集》卷二十五。

8.《毛诗新义》二十卷,《郡斋读书志》卷一、⑥《宋史》卷二百二《艺文一》均著录为《新经毛诗义》二十卷。⑦《直斋书录解题》卷二著录为三十卷。⑧《宋史》卷二百二《艺文一》另有《舒王〈诗义外传〉》十二卷。⑨ 此书乃王安石与长子王雱及门人同撰,序曰:"《诗》三百二十一篇,其义具存,其辞亡者,六篇而已。上既使臣雱训其辞,又命臣某等训其义。"⑩熙宁八年(1075)九月辛未,"王安石言:'臣子雱奉诏

---

① 《陶山集》卷十五《傅府君墓志》,第179页。
② 《续资治通鉴长编》卷二百十六熙宁三年十月甲戌,第5257页。
③ 《王安石文集》卷五十六《进洪范表》,第986页。
④ 《续资治通鉴长编》卷二百六十八熙宁八年九月辛未条,第6567页。
⑤ 《宋会要辑稿》崇儒五,第2850—2851页。
⑥ 《郡斋读书志校证》卷一,第67页。
⑦ 《宋史》卷二百二《艺文一》,第5046页。
⑧ 《直斋书录解题》卷二,第37页。
⑨ 《宋史》卷二百二《艺文一》,第5046页。
⑩ 《王安石文集》卷八十四,第1462页。

撰进《诗义》，臣以当备圣览，故一一经臣手乃敢奏御。'"①"是日，吕惠卿曰：……自置局以来，先检讨官分定篇目，大抵以讲义为本。其所删润，具如圣旨。草创既就，臣即略为论次。初解《大序》及《二南》，凡五卷。每篇数已，即送安石详定。一句一字如有未安，必加点窜，再令修改如安石意，然后缮写。……又修《邶》《鄘》《卫》以后数卷，安石在此间，或就局已经数览。洎去江宁，又送详定。……自安石到京，令检讨官以续所撰义历呈安石。其余，臣于中书与安石面读，皆有修改去处。"②可见，此书主要修撰者是王雱与众检讨官，最终由王安石纂定进呈。

南宋之后，此书佚失。吕祖谦《吕氏家塾读书记》、李樗《毛诗集解》、刘瑾《诗传通释》等书引有若干条。今人邱汉生辑有《诗义钩沉》二十卷，③程元敏另辑有《三经新义辑考汇评·诗经》。④

9.《论语解》十卷，今佚。《郡斋读书志》卷四著录："王介甫《论语解》十卷。……并其子雱《口义》、其徒陈用之《解》，绍圣后皆行于场屋。"⑤朱熹《四书章句集注·论语》卷九载："子曰：'道听而途说，德之弃也。'王氏曰：'君子多识前言往行，以畜其德，道听涂说，则弃之矣。'"⑥王氏，即王安石。《朱子语类》卷三十五又载其解《论语·泰伯》"民可使由之，不可使知之"句曰："王介甫以为'不可使知'，盖圣人愚民之意。"⑦同书卷四十五又载其解《论语·卫灵公》"颜渊问为

---

① 《续资治通鉴长编》卷二百六十八熙宁八年九月辛未，第 6563 页。
② 《续资治通鉴长编》卷二百六十八熙宁八年九月辛未，第 6565—6566 页。
③ 王安石著、邱汉生辑：《诗义钩沉》，中华书局 1982 年版。
④ 王安石著、程元敏辑：《三经新义辑考汇评·诗经》，华东师范大学出版社 2011 年版。
⑤ 《郡斋读书志校证》卷四，第 136 页。
⑥ 朱熹：《四书章句集注·论语集注》卷九，中华书局 1983 年版，第 179 页。
⑦ 黎靖德编、王星贤点校：《朱子语类》卷三十五，中华书局 1986 年版，第 937 页。

邦"章:"因举《上蔡论语》举王介甫云:'事衰世之大夫,友薄俗之士,听淫乐,视慝礼,瞰然不惑于先王之道,难矣哉!'此言甚好。"① 其他佚文:

闵子骞曰:"仍旧贯,如之何,何必改作?"王氏(名安石,字介甫,临川人)曰:"改作劳民伤财,在于得已,则不如仍旧贯之善。"②

仲弓问仁,子曰:"出门如见大宾,使民如承大祭。己所不欲,勿施于人,在邦无怨,在家无怨。"仲弓曰:"雍虽不敏,请事斯语矣。"王氏曰:"主敬则内有以全其心之德,行恕则外有以推其爱之理。"③

子曰:"刚毅木讷近仁。"王氏曰:"刚必无欲,毅必能行,木无令色,讷无巧言。"④

子曰:"道听而涂说,德之弃也。"王氏曰:"君子多识前言往行,以畜其德。"⑤

10.《论语通类》一卷,《宋史》卷二百二《艺文一》著录,⑥今佚。《(至顺)镇江志》卷十一载元代镇江路学藏《论语通类》一册,⑦或即此书。

按,朱熹《论孟精义》中颇引王安石之说,或出自以上二书。

11.《孝经解》一卷,今佚。《郡斋读书志》卷三著录,⑧《郡斋读书

---

① 《朱子语类》卷四十五,第1154页。
② 胡广:《四书大全·论语集注大全》卷十一,景印文渊阁四库全书,第205册,第342页。
③ 《四书大全·论语集注大全》卷十二,第364页。
④ 《四书大全·论语集注大全》卷十三,第399页。
⑤ 《四书大全·论语集注大全》卷十七,第482页。
⑥ 《宋史》卷二百二《艺文一》,第5067页。
⑦ 《宋元方志丛刊》,第2765页。
⑧ 《郡斋读书志校证》卷三,第127页。

附志》卷上亦著录,题为《孝经义》。① 晁公武对此书颇有微词:

> 经云"当不义,则子不可以不诤于父",而孟子狠云"父子之间不责善",夫岂然哉? 今介甫因谓当不义则诤之,非责善也。噫! 不为不义,即善也。阿其所好,以巧慧侮圣人之言至此,君子疾夫! 佞者有以也。②

12.《孟子解》十四卷,今佚。《郡斋读书志》卷十著录:"右皇朝王安石介甫素喜《孟子》,自为之解。其子雱与其门人许允成皆有注释,崇、观间,场屋举子宗之。"③ 此书学者亦称许不已,吕南公曰:"当今善解《孟子》者,莫如王介甫,学者多称之。"④ 今佚。朱熹《偶读谩记》载注《孟子》"知言养气章"中"必有事焉而勿正心勿忘勿助长"句:

> 东坡手书煮猪肉法,引孟子曰:"心勿忘,勿助长。"知前辈读此,皆依古注"勿正"为句绝,非独程先生也。作"正心"者,其始于王氏乎? 然文势亦或有之,未可直以为非,故予于集注两存之。⑤

又《四书章句集注·孟子集注》卷七"父子之间不责善。责善则离,离则不祥莫大焉",注云:

> 责善,朋友之道也。王氏曰:"父有争子,何也? 所谓争者,非责善也,当不义则争之而已矣。父之于子也,如何? 曰,当不义,则亦戒之而已矣。"⑥

---

① 《郡斋读书志校证·附志》,第1100页。
② 《郡斋读书志校证》卷三,第127页。
③ 《郡斋读书志校证》卷十,第420页。
④ 吕南公:《灌园集》卷十四《与王梦锡书》,第138页。
⑤ 朱熹:《晦庵先生朱文公文集》卷七十一《偶读谩记》,《朱子全书》第24册,第3414—3415页。
⑥ 《四书章句集注·孟子集注》卷七,第284页。

以上所引"王氏",即王安石。

13.《群经新说》十二卷,《论五经疑难新说》三卷,今佚。《郡斋读书附志》卷下著录:"右荆国文公王安石之说也。"①

14.《字说》,今佚。《宋史》卷二百二《艺文一》著录作二十四卷,②为定稿。《郡斋读书志》卷四、③《文献通考》卷一百九十著录为二十卷,④为初稿。晁公武曰:"蔡卞谓介甫晚年闲居金陵,以天地万物之理,著于此书,与《易》相表里。"⑤

按,《字说》初撰于英宗治平年间。王安石《进字说札子》曰:"臣在先帝时,得许慎《说文》古字,妄尝覃思,究释其意,冀因自竭,得见崖略。若矇视天,终以罔然,念非所能,因画而已。"⑥先帝,指英宗。神宗熙宁年间,《字说》勒成初稿,并于士大夫中广泛流传:"余读许慎《说文》,而于书之意时有所悟,因序录其说为二十卷,以及门人所推经义附之。"⑦"王荆公在熙宁中作《字说》,行之天下。东坡在馆,一日因见而及之,曰……荆公无以答,迄不为变。"⑧可见,《郡斋读书志》《文献通考》所著录应为《熙宁字说》,即《字说》初稿二十卷。

《字说》流行之初,颇受士人嘲谑。苏轼诗曰:"儿童拍手笑何事,笑人空腹谈经义。未许中郎得异书,且共扬雄说奇字。"何焯曰:"说奇字,嗤《字说》也。"⑨晚年退居江宁后,王安石殚思竭虑,重新修订《字说》:

---

① 《郡斋读书志校证·附志》,第1213页。
② 《宋史》卷二百二《艺文一》,第5076页。
③ 《郡斋读书志校证》卷四,第165页。
④ 《文献通考》卷一百九十,第5535页。
⑤ 《郡斋读书志校证》卷四,第165—166页。
⑥ 《王安石文集》卷四十三,第715页。
⑦ 《王安石文集》卷八十四《熙宁字说序》,第1464页。
⑧ 岳珂撰、吴企明点校:《桯史》卷二,中华书局1981年版,第14页。
⑨ 《苏轼诗集》卷四十五《张竟辰永康所居万卷堂》,第2452页。

荆公晚年删定《字说》，出入百家，语简而意深，常自以为平生精力尽于此书。好学者从之请问，口讲手画，终席或至千余字。①

王荆公平生不喜坐，非睡即行。居钟山，每早饭已，必跨驴一至山中。或之西庵，或之定林，或中道舍驴遍过野人家，亦或未至山复还，然要必须出，未尝辍也。作《字说》时，用意良苦，尝置石莲百许枚几案上，咀嚼以运其思。遇尽，未及益，即啮其指，至流血不觉。②

荆公作《字说》时，只在一禅寺中。禅床前置笔砚，掩一龛灯。人有书翰来者，折封皮，埋放一边，就倒禅床睡。少时，又忽然起来写一两字，看来都不曾眠。字本来无许多义理，他要个个如此做出来，又要照顾须前后，要相贯通。③

可见用力之深。

《字说》的修订，蔡肇、谭掞等人曾参与其中，④最终定稿于元丰五年(1082)。随后，此书上呈神宗。王应麟《玉海》卷四十三载："元丰五年，王安石表上《字说》二十四卷。"⑤王安石《进字说二首》曰："鼎湖龙去字书存，开辟神机有圣孙。湖海老臣无四目，谩将糟粕污修门。"⑥《进字说表》曰："谨勒成《字说》二十四卷，随表上进。"⑦

《字说》进呈后，神宗并未立即颁行学校、科场，然其初稿之前已流行士林，士人在学校、科场中已有引用。《宋史》卷三百四十六《陈次升传》载：

---

① 黄庭坚：《豫章黄先生文集》卷二十七《书王荆公骑驴图》，四部丛刊本。
② 叶梦得撰，徐时仪整理：《岩下放言》卷中，《全宋笔记》第 27 册，大象出版社 2019 年版，第 163 页。
③ 黎靖德：《朱子语类》卷一百三十，第 3100 页。
④ 刘成国：《王安石年谱长编》卷七，第 2097 页。
⑤ 王应麟撰，武秀成、赵庶洋校证：《玉海艺文校证》卷四十三，凤凰出版社 2013 年版，第 420 页。
⑥ 《王安石文集》卷二十七，第 442 页。
⑦ 《王安石文集》卷五十六，第 985 页。

入太学,时学官始得王安石《字说》,招诸生训之。次升作而曰:"丞相岂秦学邪?美商鞅之能行仁政,而为李斯解事,非秦学而何?"坐屏斥。既而第进士,知安丘县。①

陈次升登熙宁六年(1073)进士第,学官以《字说》训导诸生,当在熙宁五年(1072)。哲宗元祐更化期间,《字说》遭禁。② 至绍圣元年(1095)哲宗亲政,新党上台,又除去《字说》之禁。③ 同年十月,因龚原奏乞,哲宗下诏国子监雕印《字说》,以便学者传习。④ 至徽宗朝,《字说》盛行,且衍生出一批音训注解之作,蔚为大观:

> 《字说》盛行时,有唐博士耜、韩博士兼,皆作《字说解》数十卷,太学诸生作《字说音训》十卷。又有刘全美者,作《字说偏旁音释》一卷、《字说备检》一卷,又以类相从为《字会》二十卷⑤。

钦宗靖康元年(1126),金人围城,《字说》再次遭禁。⑥

南宋之后,《字说》散佚。今人张宗祥、朱瑞熙、胡双宝等学者,陆续有辑佚之作。⑦

---

① 《宋史》卷三百四十六《陈次升传》,第10969页。
② 《续资治通长长编》卷三百七十九元祐元年六月戊戌:"诏自今科场程试,毋得引用《字说》。从殿中侍御史林旦言也。"第9211页。
③ 《续资治通鉴长编纪事本末》卷一百三十"尊王安石",第4046页。
④ 《续资治通鉴长编纪事本末》卷一百三十"尊王安石":"(绍圣元年)十月丁亥,国子司业龚原奏:'赠太傅王安石在先朝时,尝进所撰《字说》二十二卷。其书发明至理,欲乞差人就王安石家缮写定本,降付国子监雕印,以便学者传习。'诏可。"第4046—4047页。此言"《字说》二十二卷",不见他载,或是龚原误记。
⑤ 陆游撰,李剑雄、刘德权点校:《老学庵笔记》卷二,第25页。
⑥ 《宋史》卷二十三《钦宗本纪》:"己未,复以诗赋取士,禁用《庄》《老》及王安石《字说》。"第427页。
⑦ 张宗祥辑、曹锦炎点校:《王安石字说辑》,福建人民出版社2005年版。朱瑞熙:《王安石〈字说〉钩沉》,《朱瑞熙文集》,上海古籍出版社2020年版,第7册第278—332页。胡双宝:《王安石〈字说〉辑佚》,《汉语·汉字·汉文化》,北京大学出版社1998年版,第99—160页。

（二）史部著述考

1.《王氏日录》八十卷，今佚。《郡斋读书志》卷六著录甚详：

> 绍圣间，蔡卞合曾布献于朝，添入《神宗实录》。陈莹中谓安石既罢相，悔其执政日无善状，乃撰此书，归过于上，掠美于己，且历诋平生所不悦者，欲以欺后世。于是著《尊尧集》及《〈日录〉不合神道论》等十数书。此书起熙宁元年四月，终七年三月，再起于八年三月，终于九年六月，安石两执国柄日也。然无八年九月后至九年四月事，盖安石攻吕惠卿时。①

此书数名，卷帙亦异。《直斋书录解题》卷七题为《熙宁日录》："书本有八十卷，今止有其半。"②《宋史》卷二百三《艺文二》分别著录《舒王日录》十二卷，③《熙宁奏对》七十八卷。④《郡斋读书志》卷九又著录《钟山日录》，二十卷。⑤《遂初堂书目》题为《王文公日录》。⑥

关于此书的传世，邵伯温《邵氏闻见录》卷十二载：

> 公既病，和甫以邸吏状视公，适报司马温公拜相，公怅然曰："司马十二作相矣。"公所谓《日录》者，命（王）防收之。公病甚，令防焚去，防以他书代之。后朝廷用蔡卞请，下江宁府，至防家取《日录》以进。下方作史，惧祸，乃假《日录》减落事实，文致奸伪。⑦

---

① 《郡斋读书志校证》卷六，第 271 页。
② 《直斋书录解题》卷七，第 210 页。
③ 《宋史》卷二百三《艺文二》，第 5124 页。
④ 《宋史》卷二百三《艺文二》，第 5106 页。
⑤ 《郡斋读书志校证》卷九，第 378 页。
⑥ 尤袤：《遂初堂书目》，《宋元明清书目题跋丛刊》之《宋代卷》第一册，第 482 页。
⑦ 《邵氏闻见录》卷十二，第 128 页。

书中详载熙宁新法的始末原委,蔡卞据以修撰《神宗实录》,是以颇受宋人诟病。朱熹曾评论道:

> 盖尝即其书而考之,则凡安石之所以惑乱神祖之聪明,而变移其心术,使不得遂其大有为之志,而反为一世祸败之原者,其隐微深切,皆聚此书。而其词锋笔势,纵横捭阖,炜烨谲诳,又非安石之口不能言,非安石之手不能书也。以为蔡卞撰造之言,固无是理。况其见诸行事深切著明者,又以相为表里,亦不待晚年恣笔有所增加而后为可罪也。①

南宋以后,此书不传。顾宏义、孔学自《续资治通鉴长编》《四明尊尧集》等书中,辑出若干条。②

2.《南郊式》一百十卷,《宋史》卷二百四《艺文三》著录,③今佚。按,编《南郊式》始于神宗熙宁二年(1069)十二月,由王安石提领其事,参与者有刘瑾、赵咸、杨蟠、李定等人,后由沈括实董其事。④ 王安石《进修南郊敕式表》曰:"郊丘事重,笔削才难;猥以微能,叨承遴选。"⑤此书成于熙宁五年(1072)。⑥

3.《熙宁详定编敕》二十五卷、《新编续降并叙法条贯》一卷,今佚。《宋史》卷二百四《艺文三》著录曰:"编治平、熙宁诏旨并官吏犯罪叙法条贯等事。"⑦按,熙宁四年(1071)四月二十五日,"命王安石

---

① 《晦庵先生朱文公文集》卷七十《读两陈谏议遗墨》,《朱子全书》第 23 册,第 3378 页。
② 顾宏义、李文:《宋代日记丛编》第一册,上海书店出版社 2013 年版。孔学:《王安石日录辑校》,四川大学出版社 2015 年版。
③ 《宋史》卷二百四《艺文三》,第 5133 页。
④ 《王安石年谱长编》卷四,第 1563 页。
⑤ 《王安石文集》卷五十六《进修南郊敕式表》,第 986 页。
⑥ 《续资治通鉴长编》卷三百三十八元丰六年(1083)八月庚子条李焘注曰:"熙宁五年,沈括上《南郊式》。"第 8155 页。
⑦ 《宋史》卷二百四《艺文三》,第 5143 页。

提举修编敕"。① 熙宁六年（1073）八月七日，修成奏上："提举编敕宰臣王安石上《删定编敕》《赦书德音》《附令敕》《申明敕》《目录》共二十六卷，诏编敕所镂版，自七年正月一日颁行。"②王安石《进熙宁编敕表》曰："具惭浅学，莫副详延；屡弥岁年，仅就篇帙。"③即谓此。

4.《三司敕式》四百卷，今佚。王应麟《玉海》卷一百八十六："熙宁三年八月二十八日，命王珪等编修《三司令式》。十二月庚辰，宰臣王安石提举。七年三月八日，《三司敕式》成四百卷。"④熙宁七年（1074）三月，编成。《续资治通鉴长编》卷二百五十一载："王安石言：'提举编修《三司敕式》成四百卷，乞缮写付三司等处。'从之。"⑤

5.《时政记》，卷数不详，今佚。《续资治通鉴长编》卷二百十熙宁三年（1070）四月戊辰条引王安石所著《时政记》，曰：

> 公著数言事失实，又求见，言"朝廷申明常平法意，失天下心。若韩琦因人心如赵鞅举甲，以除君侧恶人，不知陛下何以待之？"因涕泣论奏，以为此社稷宗庙安危存亡所系，又屡求罢言职。上察其为奸，故黜。初，上欲明言公著罪状，令曾公亮等以旨谕当制舍人。公亮谕宋敏求草制，但言引义未安而已。安石曰："圣旨令明言罪状，若但言引义未安，非旨也。"敏求草制如公亮所教。翌日再取旨，公亮、陈升之、赵抃等皆争，以为不可。上曰："公著有远近虚名，不明言罪状，则人安知其所以黜，必复纷纷矣。"公亮等以为，如此则四方传闻大臣有欲举甲者，非便；且于韩琦不安。上曰："既黜公著，明其言妄，则韩琦无不安之理。虽传闻于四方，亦何所不便？"公亮等犹力争，至日旰，上终弗许，

---

① 《续资治通鉴长编》卷二百二十二熙宁四年四月庚辰，第5411页。
② 《宋会要辑稿》刑法一，第8220页。
③ 《王安石文集》卷五十六，第979页。
④ 王应麟：《玉海》卷一百八十六，景印文渊阁四库全书，947册，第742—743页。
⑤ 《续资治通鉴长编》卷二百五十一熙宁七年三月乙巳，第6112页。

而面令升之改定制辞行之。①

6.《王荆公奏议》。尤袤《遂初堂书目》著录,②当为陆佃所编。按哲宗元祐元年(1085),陆佃迁吏部侍郎,修撰《神宗实录》。修撰期间,"数与史官范祖禹、黄庭坚争辨,大要多是安石,为之晦隐"。③ 王安石的奏疏,应当于此期间编撰而成。《续资治通鉴长编》屡次提及陆佃所编王氏文字,共有八通奏札,分别是:熙宁三年(1070)七月壬辰《答诏问冯京等处置事宜札子》,李焘注:"此据陆佃所编文字。"④熙宁三年(1070)九月,《论陈襄不当除知制诰札子》,李焘注:"安石论襄,据陆佃所编安石文字,末称九月日参知政事王安石札子。"⑤熙宁三年(1070)十一月《论交阯事宜疏》,李焘注:"安石奏,乃陆佃所纪者,不得其时,今因王珪札子附十一月。"⑥熙宁五年(1072)二月《论秦凤沿边招纳事札子》,李焘注:"陆佃所编安石文字。"⑦熙宁六年(1073)正月《论宣德门事札子三》,李焘注:"陆佃所编安石文字,有三札子,皆论宣德门事,今并附此。"⑧熙宁八年(1074)十月《论星变不足信札子》,李焘注:"安石札子,今据陆佃所编增入,札子称十月而无其日。"⑨这些奏札均不载王集,而出于陆佃所编王氏奏疏。

(三)子部著述考

1.《淮南杂说》十卷,《郡斋读书志》卷十二著录为《王氏杂说》。

---

① 《续资治通鉴长编》卷二百十熙宁三年四月戊辰,第5097页。
② 《遂初堂书目》,《宋元明清书目题跋丛刊·宋代卷》第一册,第499页。
③ 《宋史》卷三百四十三《陆佃传》,第10918页。
④ 《续资治通鉴长编》卷二百十三熙宁三年七月壬辰,第5168页。
⑤ 《续资治通鉴长编》卷二百十五熙宁三年九月,第5235页。
⑥ 《续资治通鉴长编》卷二百十七熙宁三年十一月,第5286页。
⑦ 《续资治通鉴长编》卷二百三十熙宁五年二月,第5600页。
⑧ 《续资治通鉴长编》卷二百四十二熙宁六年正月,第5900页。
⑨ 《续资治通鉴长编》卷二百六十九熙宁八年十月,第6598页。

晁公武引蔡京(应为卞)《王安石传》曰：

> 自先王泽竭，国异家殊，源流浸深。宋兴，文物盛矣，然不知道德性命之理。安石奋乎百世之下，追尧、舜、三代，通乎昼夜阴阳所不能测而入于神。初著《杂说》数万言，世谓其言与孟轲相上下。于是天下之士始原道德之意，窥性命之端云。①

此书为王安石的成名作，天下推尊，以比孟子。刘安世曰："金陵在侍从时，与老先生极相好。当时《淮南杂说》行乎时，天下推尊之，以比孟子。其时又有老苏，人以比荀子。但后来为执政，与老先生论议不合耳。"②

从书名看，此书当作于王安石通判舒州期间(1051—1054)。最迟至仁宗嘉祐末，已广泛流传士林。陆佃曰："嘉祐、治平间……淮之南学士大夫宗安定先生之学，予独疑焉。及得荆公《淮南杂说》与其《洪范传》，心独谓然，于是愿扫临川先生之门。"③至北宋后期，此书隐然已成经典。刘弇曰："如欧阳公之《本论》、王文公之《杂说》、阁下《秘阁十序》，皆班班播在人口，虽不言可知，又知而不必言也。"④

此书今佚，惟北宋杨绘、二程、杨时、陈瓘等曾援引其说，可略窥一斑。如熙宁四年(1071)御史中丞杨绘上奏神宗，诬蔑王安石有"异志"，即引此书为证：

> 王安石《杂说》曰："鲁之郊也，可乎？曰：有伊尹之志，则放其君可也；有汤之仁，则绌其君可也；有周公之功，则用郊不亦可乎？"

---

① 《郡斋读书志校证》卷十二，第525—526页。
② 马永卿：《元城语录》卷上，清雍正元年钞本。
③ 《陶山集》卷十五《傅府君墓志》，第179页。
④ 刘弇：《龙云集》卷二十一《上知府曾内翰》，景印文渊阁四库全书，第1119册，第233—234页。

> 王安石《杂说》曰："周公用天子礼乐，可乎？周公之功，人臣所不能为；天子礼乐，人臣所不得用。有人臣所不能为之功，而报之以人臣所不得用之礼乐，此之谓称。"
>
> 王安石《杂说》曰："有伊尹之志而放君可也，有周公之功而伐兄可也，有周之后妃之贤而求贤审官可也。"①

南宋以后，此书失传。或疑《临川先生文集》卷六十五至七十即《杂说》，②可备一说。《淮南杂说》中一些条目，或许就摘录自此数卷中的某些篇章片段，如《原性》《材论》《命解》《性说》《性情》等。这很符合蔡卞所谓"其言与孟轲相上下""道德性命之理"。另，《临川先生文集》《王文公文集》均付梓于高宗绍兴年间，③其时《淮南杂说》尚存。据陆佃所言，《淮南杂说》《洪范传》均于嘉祐、治平间以单行本问世。既然《洪范传》已收入王安石文集中，则《淮南杂说》似不应完全失收。

台湾"国家"图书馆藏南宋科举用书《精骑》（编号为07576），全书共六卷，现存前三卷。此书主要截取唐宋古文及经解、史传纪赞而成，现存部分包括韩退之文、柳子厚文、李文公文、《唐文粹》、《欧阳公文集》、《王荆公文集》、《杂说》、《嘉祐集》、《东坡文集》、《东坡易解》等。其中卷二所收，有出自王安石38篇文章中的56段文字，之后又有31段约2 000余文字，目录题为《杂文》。杨曦博士认为，此即《淮南杂说》的佚文。④

今按，这2 000余字的佚文，体例与杨绘、二程所引颇为吻合，《临

---

① 赵汝愚编、邓广铭主持点校：《宋朝诸臣奏议》卷八十三《上神宗论王安石之文有异志》，第898页。
② 侯外庐等：《中国思想通史》第四卷上册，第446页。
③ 关于王安石文集在宋代的编撰、流传，可见拙文《王安石文集在宋代的编撰、刊刻及流传再探——以"临川本"与"杭州本"关系为核心的考察》，《文史》2021年第3辑，第147—172，242页。
④ 杨曦：《王安石淮南杂说辑考》，《中华文史论丛》2021年第4期，第311—344，407—408页。《精骑》承杨博士赐示，谨此致谢！

川先生文集》《王文公文集》均不载。然其中数条,如：

> 常人不见孚,则或急于进,以求有为而见其材;或急于退,以怼其上之不我知。惟君子为能不见孚而裕于进止也。然初六最在卦下,未受命者也,未受命,故裕于进止而无咎。其既受命,则有官府,有言责,不得其志,则不可一朝居也。其进止,亦可裕乎？(《晋罔孚裕无咎》)

> 九三不如九五之得尊位大中,未占有孚,是以言而后能革也。不待言而能革者,革之上也;待言而后能革者,革之次也。(《革言三就》)

> 俗之所荣,罚之不能止;俗之所耻,赏之不能诱。故君子无为也,反身以善俗而已矣。(《刑罚》)

以上三条,分别见于李衡《周易义海撮要》、朱熹《论孟精义》所引王安石的《易》注、《论语》注,更有可能出自王氏的《易解》《论语解》。故《精骑》中这 31 段文字,究竟出自《淮南杂说》,或是摘录王氏相关经解文字,尚可斟酌。

2.《扬子解》一卷,《郡斋读书志附志》卷上著录,①今佚。有学者自《永乐大典》第 4924 卷中辑得王安石《太玄》注佚文五条,或即出此。如：

> 初一,"昆仑旁薄,幽"。测曰："昆仑旁薄,思诸贞也。"舒王曰："幽昧而未判也,初为昼为君子,思无邪故也。"
>
> 次二,"神战于玄,其陈阴阳"。测曰："神战于玄,善恶并也。"舒王曰："首与时为水,而二为火也,故曰'神战于玄,其陈阴阳'。'善恶并者',二为夜,夜为小人,心杂故也。"
>
> 次三,"龙出于中,首尾伸,可以为庸"。测曰："龙出于中,见其

---

① 《郡斋读书志校证·附志》,第 1143 页。

造也。"舒王曰:"首与时为水,三为木,木生于水,龙亦生水,故曰龙。"

次五,"日正于天,利以其辰作主"。测曰:"日正于天,贵当位也。"舒王曰:"五位中位,为昼、阳。明盛而中,故曰'日正于天'。"

次六,"月缺其博,不如开明于西"。测曰:"月缺其博,明始退也。"舒王曰:"首、时为水,六又水而在次五福上,水上行而著者,六又为夜,故曰月。"①

"舒王"即王安石。王氏是宋代"尊扬"思潮的代表学者,惜注扬之作久佚,宋人著述中罕见称引。此数条佚文,弥足可珍。又按赵秉文《〈法言〉微旨引》曰:"扬子,圣人之徒与? 其《法言》《太玄》,汉二百年之书也。汉兴,贾谊明申韩,司马迁好黄老,董仲舒溺灾异,刘向铸黄金,独扬子得其正传,非诸子流也。予既整缉《太玄》,旧闻《法言》有宋衷注,亡之。今世传四注,柳、李二注十释一二,宋、吴二注颇有抵牾。其十二注中,数家大抵祖临川王氏,无甚发明;又多诋忤,而不中其失。"②"临川王氏"指王安石。然则王氏《扬子解》,应包括《法言注》《太玄注》,且在金源颇有影响。

3.《老子注》二卷,今佚。《郡斋读书志》卷十一著录:

介甫平生最喜《老子》,故解释最所致意。如"无,名天地之始;有,万物之母。常无,欲以观其妙;常有,欲以观其徼"。皆于"有""无"字下断句,与先儒不同,他皆类此。③

今佚。今人容肇祖辑有《王安石老子注辑本》,④蒙文通《道书辑校十种》亦收其佚文若干条,⑤其中有十几条为容辑本未收。

---

① 问永宁:《王安石〈太玄〉注佚文疏证》,《兰台世界》2008 年第 4 期,第 57 页。
② 赵秉文:《滏水集》卷十五《〈法言〉微旨引》,四部丛刊本。
③ 《郡斋读书志校证》卷十一,第 471 页。
④ 王安石注、容肇祖辑:《王安石老子注辑本》,中华书局 1979 年出版。
⑤ 王安石注、蒙文通辑:《道书辑校十种·老子注》,巴蜀书社 2001 年版。

此书具体作年不详。据刘惟永《道德经集义》、李霖《道德经取善集》中所引佚文,有数处征引《杂说》《字说》《丞相新说》等,容辑本皆略去,蒙辑本收之。其中如释"多言数穷,不如守中"句,引《丞相新说》曰"圣人不明,以百姓为刍狗,净而不污,洁而不垢,其祭祀足以隆礼而致恭者"云云;①注"非以其无私耶,故能成其私"句,引《字说》曰"《韩非》曰'自营为私,背公为私',夫自营者未有能成其私者也,故其字为自营而不周之形"云云;②注"上义为之而有以为"句,引《杂说》曰"上德无为而无以为,羲皇也"云云。③ 据此,则《老子注》或成于王氏晚年退居钟山以后。

4.《庄子解》四卷。《郡斋读书志·附志》卷上著录,④今佚。

5.《楞严经解》十卷,又名《楞严经王文公介甫解》或《定林疏解》。《郡斋读书志·附志》卷上著录。⑤ 今佚。此书作于王安石罢相之后,释惠洪《林间录》后集载:

> 王文公罢相,归老钟山,见衲子,必探其道学,尤通《首楞严》。尝自疏其义,其文简而肆,略诸师之详,而详诸师之略,非识妙者莫能窥也。每曰:"今凡看此经者,见其所示性觉妙明,本觉明妙,知根身器界,生起不出我心。窃自疑今钟山山川一都会耳,而游于其中无虑千人,岂有千人内心共一外境耶?借如千人之中一人忽死,则此山川何尝随灭?人去境留,则经言山河大地生起之理。不然,何以会通,称佛本意耶?"⑥

《楞严经指掌悬示》原注:"文公罢相归老钟山之定林,著有《楞严经疏

---

① 《道书辑校十种》,巴蜀书社2001年版,第682页。
② 《道书辑校十种》,第684页。
③ 《道书辑校十种》,第697页。
④ 《郡斋读书志校证·附志》,第1143页。
⑤ 《郡斋读书志校证·附志》,第1164页。
⑥ 释惠洪:《林间录》下,景印文渊阁四库全书,第1052册,第859—860页。

解》,略诸师之详,而详诸师之略。觉范称之,谓非智者莫窥也。"①《楞严经疏解》至晚明仍有传本,今已失传。释洪范《楞严尊顶法论》有数处征引,思坦《楞严经集注》征引约六十余条,明钱谦益《楞严经蒙钞》中亦列数则。张煜自《续藏经》中辑佚百十条,可略窥一斑。②

6.《维摩诘经注》三卷,《宋史》卷二百五《艺文四》著录,③今佚。

7.《金刚经注》,卷数不详,今佚。《遂初堂书目》著录为《王荆公注金刚经》,④《郡斋读书志》卷十六著录《金刚经会解》一卷,曰:"唐僧宗密、僧知恩、皇朝僧元仁、贾昌朝、王安石五家注。"⑤

王安石《进二经札子》曰:"臣蒙恩免于事累,因得以疾病之余日,覃思内典。切观《金刚般若》《维摩诘所说经》,谢灵运、僧肇等注多失其旨,又疑世所传天亲菩萨、鸠摩罗什、慧能等所解,特妄人窃借其名,辄以己见,为之训释。不图上彻天听,许以投进。……谨缮录上进。干浼天威,臣无任惶愧之至。"⑥可知《维摩诘经注》《金刚经注》系同时进呈神宗。

又叶梦得《岩下放言》卷上:"王荆公再罢相居钟山,无复他学,作《字说》外,即取藏经读之。……作《金刚经解》,裕陵尝宣取,令行于世。其余《楞严》《华严》《维摩》《圆觉》皆间有说,意以为尽其所言。"⑦据此,则王安石亦有注解《圆觉经》之作。

8.《华严经解》一卷,今佚。此为王安石晚年所撰,诸家书目未见著录,惟苏轼《跋王氏〈华严经解〉》曰:

---

① 通理述:《〈楞严经〉指掌疏悬示》,《续藏经》第一四八册,第82页。
② 张煜:《王安石〈楞严经解〉十卷辑佚》,《古典文献研究》第13辑,第404—422页。
③ 《宋史》卷二百五《艺文四》,第5187页。
④ 《遂初堂书目》,《宋元明清书目题跋丛刊》之《宋代卷》第一册,第490页。
⑤ 《郡斋读书志校证》卷十六,第777页。
⑥ 《王安石文集》集外文二《进二经札子》,第1771—1772页。
⑦ 《岩下放言》卷上,第153页。

予过济南龙山镇，监税宋保国出其所集王荆公《华严经解》相示，曰："公之于道，可谓至矣。"予问保国："《华严》有八十卷，今独解其一，何也？"保国曰："公谓我此佛语深妙，其余皆菩萨语尔。"①

此文作于元丰八年（1085）。② 宋保国，宋祁之子，曾致书王安石问学。③ 或因王氏只解《华严经》一卷，故未曾被诸家著录。

9.《佛书杂说》一卷，《秘书省续编到四库阙书目》卷二著录。④ 曾慥《类说》收录若干条。

10.《丞相新说》，卷数不详。此书各公私书目皆未见著录，惟刘惟永《道德经集义》、李霖《道德经取善集》所引王安石《老子注》佚文，曾数次提及。吕南公《王梦锡集序》："会熙宁天子将以经术作新士类，而丞相长安公父子实始受命成之。梦锡家远，方独取所谓《杂说》《字说》者读而思之，推见其指，乃解《诗》《孟子》合四十万言。书既成，而雱《新说》亦出，梦锡取而读之，顿脚大笑。"⑤然则《新说》或出王雱之手，待考。

11.《荆公语录》，卷数不详，亦未见各公私书目著录。然朱熹《三朝名臣言行录》卷六载王安石于神宗元丰七年（1084）风疾暴作：

元丰七年春，公有疾，两日不言。……公疾瘳，乃自悔曰："虽识尽天下理，而定力尚浅。或者未死，应尚竭力修为。"（《荆公语录》）⑥

---

① 《苏轼文集》卷六十六《跋王氏华严经解》，第2060页。
② 孔凡礼：《苏轼年谱》卷二十四，第693页。
③ 《王安石文集》卷七十八《答宋保国书》，第1368页。
④ 《秘书省续编到四库阙书目》卷二，《宋元明清书目题跋丛刊》之《宋代卷》第一册，第323页。
⑤ 吕南公：《灌园集》卷八《王梦锡集序》，第84页。
⑥ 朱熹：《三朝名臣言行录》卷六，《朱子全书》第12册，第548—549页。

所引出处即是《荆公语录》。宋代著述颇有征引,今勾辑如下:

《荆公语录》云:"或曰:'欧阳文忠公亦好奇巧。'公曰:'不然。犹转积水于千仞之溪,其清快孰能御之?'又曰:'欧阳公自韩吏部以来,未有也。辞如刘向,诗如韩愈,而功妙过之。'"①

《荆公语录》:"'映阶碧草自春色,隔叶黄鹂空好音。'此止咏武侯庙,而托意在其中矣。"②

《荆公语录》:"老杜云'无人觉来往',下得'觉'字大好。'暝色赴春愁',下得'赴'字大好。若非'觉'字、'赴'字,即小儿言语。足见吟诗要一字两字工夫。"③

《荆公语录》:"世间诸相,无所从来,亦无所从去。如钻木火出,可以遍世界,烧尽有形,还归于无。若知妄为妄,即妄是真;认妄为真,虽真亦妄。"④

12.《金陵语录》,卷数不详,亦未见各公私书目著录。宋人著述中颇有征引,又作《钟山语录》。今勾辑如下:

《钟山语录》云:"荆公次第四家诗,以李白最下,俗人多疑之。公曰:'白诗近俗,人易悦故也。白识见污下,十首九说妇人与酒,然其才豪俊,亦可取也。'"⑤

《钟山语录》云:"杜甫固奇,就其分择之,好句亦自有数。李

---

① 何汶撰,常振国、绛云点校:《竹庄诗话》卷九,中华书局1984年版,第166页。
② 张溍著、聂巧平点校:《读书堂杜工部诗文集注解》卷七,齐鲁书社2014年版,第448页。
③ 《读书堂杜工部诗文集注解》卷七,齐鲁书社2014年版,第477页。
④ 《锦绣万花谷》卷二十九,广陵书社2008年版,第980—981页。
⑤ 胡仔撰、廖德明校点:《苕溪渔隐丛话》前集卷六,人民文学出版社1962年版,第37页。

白虽无深意,大体俊逸无疏缪处。刘禹锡操行极下,内结宦官,外结柳子厚,作赋甚佳。诗但才短思苦耳。"①

《钟山语录》云:"晏相善作小词,诗篇过于杨大年。大年虽称博学,然颠倒少可取者。"②

《钟山语录》云:"或歌王琪诗者。荆公曰:'琪诗虽时有奇句,然雕镌不自在。'"③

《钟山语录》云:"'暝色赴春愁',下得'赴'字最好。若下'起'字,即小儿言语也。'"④

王介甫《金陵语录》:"观为觉为动,止为空为静,空觉未尝相离。有动无静,有觉无空,即成人见,是凡夫法。有静无动,有空无觉,即成我见,是三乘法。"⑤

王介甫《金陵语录》:"定有出定、入定,意非若止,无所不定。慧者,见微而已,不若止观,无所不见。故定慧为菩萨,止观为佛。"⑥

王介甫《金陵语录》:"五分法身,所谓戒、定、慧、解脱、解脱知见。此五者,皆以超出五阴,故戒超色阴,定超受阴,慧超想阴,解脱超行阴,解脱知见超识阴。"⑦

(四)集部著述考

1.《奉使诗录》。仁宗嘉祐五年(1060)春,王安石作为送伴使奉送辽使归国,途中撰有三四十篇诗歌。回朝后,他将这些诗歌编录示

---

① 《苕溪渔隐丛话》前集卷十四,第93页。
② 《苕溪渔隐丛话》前集卷二十六,第178页。
③ 《苕溪渔隐丛话》前集卷二十七,第182页。
④ 《苕溪渔隐丛话》前集卷三十六,242页。
⑤ 《锦绣万花谷》卷二十九,第980页。
⑥ 《锦绣万花谷》卷二十九,第986页。
⑦ 《锦绣万花谷》卷二十九,第954—955页。

诸亲友,并写下《伴送北朝人使诗序》:

> 某被敕送北客至塞上,语言之不通,而与之并辔十有八日,亦默默无所用吾意。时窃咏歌,以娱愁思,当笑语、鞍马之劳,其言有不足取者,然比诸戏谑之善,尚宜为君子所取。故悉录以归,示诸亲友。①

《王文公文集》卷七十《出塞》其二题下原注曰:"此一首误在《题试院壁》,观其文乃是出塞辞。《奉使诗录》不载,恐脱,不敢补次之,辄收附于《入塞》之后。"②即明确提及《奉使诗录》。《遂初堂书目》著录有《王文公送伴录》《王介甫送伴录》,③此二书与《奉使诗录》当为一书。今散见于文集中。

2.《手书诗》一卷。陆游《跋荆公诗》:"右荆公手书诗一卷。前六首赠黄庆基,后七首赠邓铸。石刻皆在临川。"④这十三首诗是王安石的手书,并刻石于临川,今散入文集。

3.《建康酬唱诗》一卷,《宋史》卷二百九《艺文八》著录。⑤据题名,当是王安石退居江宁后与友人弟子唱酬之作。

4.《半山集》二卷。陆游《跋半山集》曰:"右《半山集》二卷,皆荆公晚归金陵后所作诗也。丹阳陈辅之尝编纂刻本于金陵学舍,今亡矣。"⑥《半山集》乃陈辅所编刻。辅字辅之,号南郭先生,丹阳人。"少负俊才,不屑事科举。文辞雄伟,不蹈故常,尤工于诗。自号'南郭子',人因称'南郭先生'。……出入安石之门,安石厚遇之。……

---

① 《王安石文集》卷八十四,第1470页。
② 《王文公文集》卷三十一,第519页。
③ 尤袤:《遂初堂书目》,《宋元明清书目题跋丛刊》之《宋代卷》第一册,第482、483页。
④ 陆游:《渭南文集》卷二十七,钱仲联、马亚中主编:《陆游全集校注》第2册,浙江古籍出版社2015年版,第173页。
⑤ 《宋史》卷二百九《艺文八》,第5406页。
⑥ 《渭南文集》卷二十七,《陆游全集校注》第2册,第190页。

其他唱酬甚多,见《南郭集》中,盖有《临川集》所不载者。"①陈辅"学行甚高,诗文皆过人,与王荆公最雅素。荆公用事,他绝不自通。及公退居金陵,日与之唱和。"②他所编这部《半山集》虽是选集,因与王安石关系密切,其刊刻想必精审。

5.《半山别集》。汪藻《跋半山诗》曰:

> 《半山别集》有诗百余首,表、启十余篇,乃荆公罢相居半山时老笔也。祝邦直作淮南学事司属官时摹印,甚精。德兴建节乡人周彦直,旧从荆公学,亦用此集印行。余皆宝之。过江以来二十年,求之莫获。顷见徐师川,云黄鲁直读此诗,句句击节。公器之不可掩也如此。近观《临川前后集》,犹识其在集中者数十首,因择出录之,而表、启不存一字,可惜也。然录者极多舛误,非不知其非真,但不敢擅下雌黄耳。今人谓公诗皆其少作,而此老笔无人辨之,尤怅然也。③

此属选集,共收诗歌百余篇,表、启十余篇,皆为王安石居半山时所作。刊印者祝廷,字邦直,④括苍人,绍圣四年(1097)进士及第,⑤官至中大夫、卫尉少卿。⑥ 大观三年(1109),祝廷以提举利州路学事送吏部与合入差遣。⑦ 其摹印《半山别集》,当在此之前。另一位刊印

---

① 刘宰著,王勇、李金坤校证《京口耆旧传校证》卷三,第110页。
② 《苏轼文集》卷五十五《与章子平书》,第1641页。
③ 《永乐大典》卷九百七引汪藻《浮溪集》,中华书局1986年版,第397页。
④ 葛胜仲:《丹阳集》卷十九《次韵祝邦直廷题饮凤泉》,《宋集珍本丛刊》第32册,第685页。
⑤ 《(同治)丽水县志》卷九,《中国方志丛书》影印清同治十三年刊本,台北成文出版社1975年版,第586页。
⑥ 《(万历)括苍汇纪》卷十二:"祝廷字邦直,年十四,入太学。绍圣中,由进士屡持使节,明敏有声,官至中大夫、卫尉少卿。子镒,举贤良。"《四库全书存目丛书》史部第193册影印明万历七年刻本,齐鲁书社1996年版,第635页下栏。
⑦ 《宋会要辑稿》职官六八,第4882页。

者周廷俊,字彦直,信州弋阳县人。"少力学自立,尤工词赋",以其子周执羔"策高第,至大官",得赠官为承事郎,凡十封为右朝奉大夫致仕。绍兴三十二年(1152),年八十九,卒。①

6.《临川诗选》一卷,汪藻编选。《直斋书录解题》卷二十七著录:"《临川诗选》一卷。汪藻彦章得《半山别集》,皆罢相后山居时老笔,过江失之,遂于《临川集》录出。又言有表、启十余篇,不存一字。"②

7.《送朱寿昌诗》三卷,《宋史》卷二百四《艺文三》著录,③今佚。按,此为王安石所编。熙宁三年(1070),朱寿昌通判河中府,王安石、司马光、苏颂、苏轼等赋诗相送,后结集成此书。沈括《梦溪笔谈》卷九:"丞相荆公而下,皆有朱孝子诗数百篇。"④

8.《唐百家诗选》二十卷,今存。《郡斋读书志》、⑤《直斋书录解题》、⑥《宋史》卷二百四《艺文三》等均有著录。⑦

此书编于嘉祐五年(1060)前后,时王安石任三司度支判官。《唐百家诗选序》曰:"余与宋次道同为三司判官时,次道出其家藏唐诗百余编,委余择其精者,次道因名曰《百家诗选》。废日力于此,良可悔也。虽然,欲知唐诗者,观此足矣。"⑧哲宗元符元年(1098),由杨蟠初刊于杭州,《刻唐百家诗选序》曰:

> 诗之所可乐者,人人能为之,然匠意造语,要皆安稳惬当,流

---

① 孙觌:《南兰陵孙尚书大全文集》卷六十一《宋故右朝奉大夫致仕周公墓志铭》,《宋集珍本丛刊》第35册,第731页。
② 《直斋书录解题》卷二十,第591页。
③ 《宋史》卷二百四《艺文三》,第5406页。
④ 沈括撰、金良年点校:《梦溪笔谈》卷九,中华书局2015年版,第99页。
⑤ 《郡斋读书志校证》卷二十,第1064页。
⑥ 《直斋书录解题》卷十五,第444页。
⑦ 《宋史》卷二百九《艺文八》,第5406页。
⑧ 《王安石文集》卷八十四,第1470页。

丽飘逸，其归不失于正者，昔人之所长也。思采其长，而益已之未至，则非博窥而深讨之不可。夫自古风骚之盛，无出于唐，而唐之作者不知几家。其间篇目之多，或至数千，尽致其全编，则厚币不足以购写，而大车不足以容载，彼幽野之人，何力而致之哉！丞相荆国王公道德文章，天下之师，于诗尤极其工。虽婴以万务，而未尝忘之。是知诗之为道也，亦已大矣。公自历代而下，无不考正，于唐选百家，特录其警篇，而杜、韩、李所不与，盖有微旨焉。噫！诗系人之好尚，于去取之际，其论犹纷纷。今一经公之手，则帖然无复以议矣。合为二十卷，号《唐百家诗选》。得者几希，因命工刻板，以广其传。细字轻帙，不过出斗酒金而直挟之于怀袖中，由是人之几上，往往皆有此诗矣。予将会友以文，共求昔人之遗意而商榷之，有观此百家诗而得其所长，及明荆公所以去取之法者，愿以见告，因相与哦于西湖之上，岂不乐哉！元符戊寅七月望日，章安杨蟠书。①

此书的选旨取舍，向来议论不一，终无定谳。② 今缕列如下：

> 王公所选，盖就宋氏所有之集而编之，适有百余家，非谓唐人诗尽在此也。其李、杜、韩诗可取者甚众，故别编为《四家诗》，而杨氏谓不与此集，妄意以为有微旨，何陋甚欤！③

> 晁以道言："王荆公与宋次道同为群牧司判官，次道家多唐人诗集，荆公尽即其本，择善者签帖其上，令吏抄之。吏厌书字

---

① 杨蟠：《刻唐百家诗选序》，《全宋文》第48册，第242—243页。

② 见黄永年：《唐百家诗选序》，辽宁教育出版社2000年版。查屏球：《名家选本的初始化效应——王安石〈唐百家诗选〉在宋代的传播与接受》，《安徽大学学报》2012年第1期，第62—73页。童岳敏：《〈唐百家诗选〉刍议——兼论王安石早期唐诗观》，《中国典籍与文化》2006年第4期，第77—84页。

③ 黄伯思撰、陈金林整理：《东观余论》卷下，《全宋笔记》第28册，大象出版社2019年版，第216页。

多,辄移荆公所取长诗签,置所不取小诗上。荆公性忽略,不复更视,唐人众诗集以经荆公去取皆废。今世所谓《唐百家诗选》曰荆公定者,乃群牧司吏人定也。"①

王介甫在馆阁时,僦居春明坊,与宋次道宅相邻。次道父祖以来藏书最多,介甫借唐人诗集日阅之,过眼有会于心者,必手录之,岁久殆遍。或取其本镂行于世,谓之《百家诗选》。既非介甫本意,而作序者曰:"公独不选杜、李与韩退之,其意甚深。"则又厚诬介甫而欺世人也。不知李、杜、韩退之外,如元、白、梦得、刘长卿、李义山辈,尚有二十余家。以予观之,介甫固不可厚诬,而世人岂可尽欺哉!盖自欺耳。②

诗人之盛莫如唐,故今唐人之诗集行于世者,无虑数百家。宋次道龙图所藏最备,尝以示王介甫,且俾择其尤者。公既为择之,因书其后曰:"废日力于斯,良可叹也。然欲知唐人之诗者,视此足矣。"其后此书盛行于世,《唐百家诗选》是也。③

唐之举人,先借当世显人,以姓名达之主司,然后以所业投献;逾数日又投,谓之温卷,如《幽怪录》《传奇》等皆是也。盖此等文备众体,可以见史才、诗笔、议论。至进士则多以诗为贽,今有唐诗数百种行于世者是也,王荆公取而删为《唐百家诗》。或云,荆公当删取时,用纸帖出付笔吏,而吏惮于巨篇,易以四韵或二韵诗,公不复再看。余尝取诸家诗观之,不惟大篇多不佳,余皆一时牵课以为贽,皆非其得意所为,故虽富而猥弱。今人不曾考究,而妄讥刺前辈,可不谨哉!④

---

① 邵博撰,李剑雄、刘德权点校:《邵氏闻见后录》卷十九,中华书局1983年版,第147页。
② 朱弁撰、陈新点校:《风月堂诗话》卷下,中华书局1988年版,第107页。
③ 徐度撰、朱凯整理:《却扫编》卷中,《全宋笔记》第39册,大象出版社2019年版,第251页。
④ 赵彦卫撰、傅根清点校:《云麓漫钞》卷八,中华书局1996年版,第135页。

王荆公《百家诗选》，盖本于唐人《英灵》《间气集》，其初明皇、德宗、薛稷、刘希夷、韦述之诗，无少增损，次序亦同。孟浩然止增其数，储光羲后，方是公自去取。前卷读之尽佳，非其选择之精，盖盛唐人诗无不可观者。至于大历以后，其去取深不满人意。况唐人如沈宋、王杨卢骆、陈拾遗、张燕公、张曲江、贾至、王维、独孤及、韦应物、孙逖、祖咏、刘眘虚、綦毋潜、刘长卿、李长吉诸公，皆大名家，李、杜、韩、柳以家有其集故不载，而此集无之。荆公当时所选，当据宋次道之所有耳。其序乃言："观唐诗者观此足矣。"岂不诬哉！今人但以荆公所选，敛衽而莫敢议，可叹也。①

9.《四家诗选》十卷，今佚。《直斋书录解题》卷十五著录："《四家诗选》，十卷。王安石所选杜、韩、欧、李诗，其置李于末，而欧反在其上，或亦谓有所抑扬云。"②《宋史》卷二百九《艺文志八》："《四家诗选》十卷。"③此书北宋后期已经刊印，李纲《书四家诗选后》曰：

　　子美之诗非无文也，而质胜文。永叔之诗非无质也，而文胜质。退之之诗质而无文，太白之诗文而无质。介甫选四家之诗而次第之，其序如此。又有《百家诗选》，以尽唐人吟咏之所得。然则四家者，其诗之六经乎？于体无所不备，而测之益深，穷之益远。《百家》者，其诗之诸子百氏乎？不该不遍，而各有所长，时有所用。览者宜致意焉。偶读《四家诗选》，因书其后。宣和庚子仲夏十一日。④

下迄明英宗正统六年（1441）杨士奇等编《文渊阁书目》，已仅著录《唐

---

① 严羽：《沧浪诗话》，何文焕辑《历代诗话》，中华书局 2004 年版，第 705 页。
② 《直斋书录解题》卷十五，第 444 页。
③ 《宋史》卷二百九《艺文八》，第 5406 页。
④ 李纲著、王瑞明点校：《李纲全集》，岳麓书社 2004 年版，第 1488 页。

百家诗选》，而未及《四家诗选》。罗忼烈以为此书当亡于明初，似可从。①

关于此书的编选意旨，亦众说纷纭。一种说法流传甚广：王安石按照杜甫、韩愈、欧阳修、李白的次序编选四家诗，故意将李白置于末尾，以示贬抑。② 李之仪《姑溪居士文集》卷四十《跋吴思道诗》曰：

> 论诗如舒王，方可到剧挚之地。编《四家诗》从而命优劣，兹可见也。③

贬抑理由，大致有三类：荆公认为李白诗歌风格单一，不如杜甫体兼众美；④荆公认为李白识度污下，多言妇人与酒；⑤荆公以文质为标准，轩轾四家之诗。⑥ 北宋王巩、南宋陆游等对此则不以为然，否认《四家诗选》的编排次序含有深意（详下）。

至于此书编选时间及具体背景，罕见关注。罗忼烈推测，欧阳修诗文集由其子欧阳发等于熙宁七年（1074）秋七月编定，而欧阳氏于同年闰七月去世，《四家诗选》的成书年代，"大概上限不会超越熙宁

---

① 罗忼烈：《两小山斋杂著》，中国和平出版社1994年版，第143页。

② 或谓杜、欧、韩、李，如蔡絛《西清诗话》卷下载："王文公晚择四家诗以贻法，少陵居第一，欧阳公第二，韩文公次之，李太白又次之。"《中国诗话珍本丛书》第1册，北京图书馆出版社2004年版，第395页。

③ 《姑溪居士文集》卷四十，《宋集珍本丛刊》第27册，第89页。

④ 《苕溪渔隐丛话》前集卷六引《遁斋闲览》："或问王荆公云：'编《四家诗》，以杜甫为第一，太白为第四，岂白之才格词致不逮甫耶？'公曰：'白之歌诗豪放飘逸，人固莫及，然其格止于此而已，不知变也。至于甫，则悲欢穷泰，发敛抑扬，疾徐纵横，无施不可。故其诗有平淡简易者，有绮丽精确者，有严重威武若三军之帅者，有奋迅驰骤若泛驾之马者，有淡泊闲静若山谷隐士者，有风流蕴藉若贵介公子者。盖其绪密而思深，观者苟不能臻其阃奥，未易识其妙处，夫岂浅近者所能窥哉？此甫所以光掩前人而后来无继也。元稹以为兼人所独专，斯言信矣。'"第37页。

⑤ 《冷斋夜话》卷五："舒王以李太白、杜少陵、韩退之、欧阳永叔诗编为《四家诗集》，而以欧公居太白之上，世莫晓其意。舒王尝曰：'太白词语迅快，无疏脱处，然其识污下，诗词十句九句言妇人酒耳。'"第43页。

⑥ 《李纲全集》，第1488页。

五年秋七月。而王安石卒于宋哲宗元祐元年(1086)四月,然则成书的下限也不能超越这个时间。进一步推测,王安石在当宰相、推行新法期间,日不暇给,大概没有闲情逸致做这种'废日力于此'的工夫,可能是从宋神宗熙宁九年(1076)十月再次罢相至逝世前的十年间、闲居钟山时选辑成书的"。①

这一推测近是,可惜未曾详考。按,北宋华镇《题杜工部诗后》曰:

> 元丰间,王文公在江宁,尝删工部、翰林、韩文公、欧阳文忠诗,以杜、李、欧、韩相次,通为一集,目曰《四选》。此中用丹晕其题首者,皆《四选》之所录。或一诗数章,止取一二,则晕其首句,以志王公之去取。大观戊子七月八日,会稽华镇题。②

华镇字安仁,会稽人,元丰二年(1079)进士登第,授高邮尉。据他所言,《四家诗选》当编于神宗元丰年间。又,北宋王巩《闻见近录》载:

> 黄鲁直尝问王荆公:"世谓《四家选诗》,丞相以韩、欧高于李太白耶?"荆公曰:"不然。陈和叔尝问四家之诗,乘间签示和叔,时书史适先持杜集来,而和叔遂以其所送先后编集,初无高下也。李、杜自昔齐名者也,何可下之?"鲁直归,问和叔,和叔与荆公之说同。今乃以太白下韩、欧,而不可破也。③

王巩字定国,名相王旦之孙,张方平婿。④ 他与苏轼兄弟、黄庭坚皆为至交好友,所言黄庭坚曾面询王安石《四家诗选》旨趣,应当可信。

---

① 罗忼烈:《两小山斋杂著》,第 142 页。
② 《永乐大典》卷九百五,中华书局 1986 年版,第 378 页。
③ 王巩撰,张其凡、张睿点校:《清虚杂著三编·闻见近录》,中华书局 2017 年版,第 249 页。
④ 王巩生平事迹,可见李贵录:《宋代王巩略论》,《贵州大学学报》2003 年第 1 期,第 77—82,97 页。

元丰七年（1084）岁初，黄庭坚自江西太和县移监德州德平镇，途经江宁，拜谒王安石，二人相得甚欢。① 这是王、黄一生中唯一的会面。当时《四家诗选》已行世，而世人不解其编选次序，故黄庭坚乘间相询。王氏所答，即《四家诗选》的编选时间及背景。

另按，陈和叔即陈绎，王安石同年，《宋史》卷三百二十九有传。② 元丰元年（1082）冬，陈绎知广州，道访江宁，王安石有诗相送。③ 彼时陈绎匆匆赴任，自无暇请王氏编选诗集。元丰五年（1082）三月，陈绎自广州移知江宁。元丰六年（1083）八月，王益柔知江宁府事，陈绎去职。④ 在此期间，陈、王唱酬频频，⑤陈绎乘间以杜、欧、韩、李四家诗相询，王氏将四家诗中的精品签而示之，陈绎以所送先后编集，遂成《四家诗选》。

据此，《四家诗选》所选诗人的排序，系偶然为之，未必含有贬抑李白之意。陆游认为：

> 世言荆公《四家诗》后李白，以其十首九首说酒及妇人。恐非荆公之言。白诗乐府外，及妇人者亦少，言酒固多，比之陶渊明辈，亦未为过。此乃读白诗未熟者，妄立此论耳。《四家诗》未必有次序。使诚不喜白，当自有故。盖白识度甚浅，观其诗中，如……之类，浅陋有索客之风。集中此等语至多，但以其辞豪俊

---

① 郑永晓：《黄庭坚年谱新编》，社会科学文献出版社1997年版，第145页。
② 陈绎事迹，见《苏魏公文集》卷六十《太中大夫陈公墓志铭》，第911—915页。
③ 《王安石文集》卷二十七《送陈和叔》序："元丰元年，某食观使禄，居钟山南，和叔经略广东，道旧故怅然。某作此诗，以叙其事。"第276页。
④ 《（景定）建康志》卷十三："元丰五年三月十日，太中大夫、龙图阁待制陈绎知府事。……（六年）八月五日，以龙图阁直学士、太中大夫王益柔知府事。"《宋元方志丛刊》，第1486页。
⑤ 《王荆文公诗笺注》卷三十八《次韵陈绎学士小园即事》，李壁注曰："绎时为金陵，尝过公第，又公同年，故厚之也。"第954页。《王荆文公诗笺注》卷三十八《绝句呈陈和叔二首》，题注："陈绎也，时为江宁守。"第1100页。

动人,故不深考耳。又如以布衣得一翰林供奉,此何足道,遂云"当时笑我微贱者,却来请谒为交欢",宜其终身坎壈也。①

此论平实中允,而后人哓哓不休,似嫌牵强。

《四家诗选》南宋时尚存,《直斋书录解题》卷十五、②《宋史》卷二百九《艺文八》皆著录。③

因佚失已久,此书的编选体例、宗旨、内容等无从确考。据宋人笔记、诗话等零星记载,可略窥一斑。如所选篇目,杜诗不取长韵律诗,韩诗不取《符读书城南》《南溪始泛》:

> 子美诗善叙事,故号"诗史"。其律诗多至百韵,本末贯穿如一辞,前此盖未有。然荆公作《四家诗选》,而长韵律诗皆弃不取,如《夔府书怀一百韵》亦不载。退之诗豪健奔放,自成一家,世特恨其深婉不足。《南溪始泛》三篇,乃末年所作,独为闲远,有渊明风气,而《诗选》亦无有,皆不可解。公宜自有旨也。④

> 荆公集李、杜、韩吏部洎本朝欧阳文忠公歌诗,谓之《四选集》。王萃乐道谓予曰:"然不取韩公《符读书城南》,何也?"予曰:"是诗教子以取富贵,宜荆公之不取也。'有子贤与愚,何其挂怀抱?'渊明犹不免子美之讥,况示以取富贵哉!"乐道以为然。⑤

其中所选欧诗篇目,与各家文集不同,或自加润色:

> 右《雍家园》诗,吉、绵、闽本皆入公《外集》,而王荆公《四家

---

① 《老学庵笔记》卷六,第79页。
② 《直斋书录解题》卷十五,第444页。
③ 《宋史》卷二百九,第5406页。
④ 魏庆之撰、王仲闻整理:《诗人玉屑》卷十五引《蔡宽夫诗话》,中华书局2007年版,第467页。
⑤ 王得臣撰、俞宗宪点校:《麈史》卷中,上海古籍出版社1986年版,第45页。

诗选》亦有之。今乃载苏子美《沧浪集》，后人安得不疑？或谓公亲作《沧浪集序》，不应误杂己诗，可以无疑。姑附见于此。按王荆公取公诗凡一百二十五首，内一百三首载《居士集》，二十一首载《外集》，又一篇即此诗。其它或全改一联，或增减一联，甚者至增四联，或移两联之类，已注"一作"于逐篇。岂当时传本不同，抑荆公自加润色也。①

凡此种种，因是书久佚，多不可解。

第三节　新学学者著述考

新学学派的主要成员已见本章第一节，现考其著述如下：

王雱：

1.《元泽先生文集》三十六卷，《郡斋读书志·附志》著录，②今佚。

2.《新经尚书义》十三卷，《宋史》卷二百二《艺文一》著录："王安石《新经书义》十三卷。"③然此书实为王雱所撰，王安石提举。《书义序》曰："熙宁二年，臣某以《尚书》入侍，遂与政。而子雱实嗣讲事，有旨为之说以献。八年，下其说太学，班焉。"④《郡斋读书志》卷一著录：

> 右皇朝王雱撰。雱，安石之子也。熙宁六年，命吕惠卿兼修撰国子监经义，王雱兼同修撰，王安石提举。而雱董是经，颁于学官，用以取士。或少违异，辄不中程，由是独行于世者六十年，

---

① 欧阳修：《居士外集》卷七《和陆子履游泗上雍家园》，《欧阳修全集》，第832页。
② 《郡斋读书志校证》，第1191页。
③ 《宋史》卷二百二《艺文一》，第5042页。
④ 《王安石文集》卷八十四，第1463页。

而天下学者喜攻其短。自开党禁,世人鲜称焉。①

后佚。台湾程元敏辑有《三经新义辑考汇评·尚书》。②

3.《诸经尔雅》,《遂初堂书目》著录,卷数不详,③今佚。

4.《论语孟子解》,卷数不详,今佚。陆游《跋王元泽论语孟子解》:"元泽之殁,诏求遗书,荆公视箧中,得《论语孟子解》,皆细字,书于策之四旁,遂以上之。然非成书也。"④今佚。

5.《孟子解》十四卷。《郡斋读书志》卷十著录:

> 右皇朝王安石介甫素喜《孟子》,自为之解。其子雱与其门人许允成皆有注释,崇、观间,场屋举子宗之。⑤

今佚。按,《宋会要辑稿》崇儒五载:

> (熙宁九年)八月八日,诏宰臣王安石,令具故男雱所注《孟子》入进。

> (绍圣二年)三月九日,龚原言:"赠太傅王安石在先朝尝进其子雱所撰《论语孟子义》,乞取所进本雕印颁行。"诏令国子监录本进纳。⑥

据此,《论语孟子解》与《孟子解》或本为一书。王雱解《论语》《孟子》,颇受推许。朱熹曰:"《大学》《论语》《中庸》《孟子》则又皆有集解等书,而苏轼、王雱、吴棫、胡寅等说亦可采。"⑦王应麟《困学纪闻》卷七

---

① 《郡斋读书志校证》卷一,第57页。
② 《三经新义辑考汇评》,华东师范大学出版社2011年版。
③ 《遂初堂书目》,《宋元明清书目题跋丛刊》之《宋代卷》第1册,第479页。
④ 《渭南文集》卷三十一,钱仲联、马亚中主编:《陆游全集校注》第2册,第40—41页。
⑤ 《郡斋读书志校证》卷十,第420页。
⑥ 《宋会要辑稿》崇儒五,第2851页。
⑦ 《晦庵先生朱文公文集》卷六十九《学校贡举私议》,《朱子全书》第23册,第3360页。

载:"上蔡《论语解》引元泽云:'教之化民也深于命,民之效上也捷于令。'"①"上蔡"即谢良佐,程门高足。他引王雱之说,足见王解确有可取之处。

6.《庄子注》十卷,《郡斋读书志》卷十一著录。②《四库全书总目》著录为《南华真经新传》,二十卷。③ 按,此书后世评价极高,颇袭乃父之说。

7.《老子训传》,卷数不详。《宋史》卷三百二十七《王雱传》:

> 雱气豪,睥睨一世,不能作小官。作策三十余篇,极论天下事。又作《老子训传》及《佛书义解》,亦数万言。④

此书又名《道德真经注》,见北宋梁迥《道德真经集注》、南宋彭耜《道德真经集注》,今存。

8.《佛书义解》,卷数不详,今佚。此与《老子训传》同为王雱登进士第后所作。

9.《论语口义》十卷,今佚。《郡斋读书志》卷四著录为《王元泽口义》,"绍圣后皆行于场屋"。⑤

10.《老子注》二卷,今佚。《郡斋读书志》卷十一著录,⑥应即《老子训传》。

11.《孝经议》一卷,今佚。《秘书省续编到四库阙书目》卷一著录。⑦

12.《杂说》一卷,今佚。《秘书省续编到四库阙书目》卷二著录为

---

① 《困学纪闻》卷七,第320页。
② 《郡斋读书志校证》卷十一,第483页。
③ 《四库全书总目》卷一百四十六,第1246页。
④ 《宋史》卷三百二十七《王雱传》,第10551页。
⑤ 《郡斋读书志校证》卷四,第136页。
⑥ 《郡斋读书志校证》卷十一,第471页。
⑦ 《秘书省续编到四库阙书目》卷一,《宋元明清书目题跋丛刊》之《宋代卷》第一册,第262页。

"王滂",①"滂"当为"雱"之讹。

吕希哲:

1.《论语解》,今佚。朱熹曾采入《语孟集义》中。《直斋书录解题》卷三著录《语孟集义》曰:"二十四卷,朱熹撰。集二程、张氏及范祖禹、吕希哲、吕大临、谢良佐、游酢、杨时、侯仲良、周孚先凡十一家。初名《精义》,后刻于豫章郡学,始名集义。"②

2.《孟子解》,今佚。此书为吕希哲元祐年间经筵侍讲时所进讲义。《郡斋读书志》卷十著录:"《五臣解孟子》,十四卷。右皇朝范祖禹、孔武仲、吴安诗、丰稷、吕希哲,元祐中同在经筵所进讲义。贯穿史籍,辞旨精赡。"③

3.《岁时杂记》二卷。《直斋书录解题》卷六著录:"侍讲东莱吕希哲原明撰。希哲,正献公公著之子,号荥阳公。"④

4.《吕氏家塾记》一卷。《直斋书录解题》卷七著录:"侍讲希哲原明撰。"⑤

王无咎:

1.《论语解》十卷,今佚。曾肇《曲阜集》卷三《王补之文集序》:"独尝解《论语》十卷,行于世。"⑥吕南公《灌园集》卷十二《复傅济道书》:"先时,王补之解《论语》,众甚钦仰,俄而皆曰:'是得之介甫

---

① 《秘书省续编到四库阙书目》卷二,《宋元明清书目题跋丛刊》之《宋代卷》第一册,第338页。
② 《直斋书录解题》卷三,第77页。
③ 《郡斋读书志校证》卷十,第418页。
④ 《直斋书录解题》卷六,第192页。
⑤ 《直斋书录解题》卷七,第210页。
⑥ 曾肇:《曲阜集》卷三《王补之文集序》,第358页。

云耳。'"①

2.《教述》,今佚。汪应辰《文定集》卷十二《书王直讲所著教述篇》:"王公直讲著《教述》一篇,以为学者当高其志,至于圣人而后已。……直讲之孙植,既以先训锓木流布,又属予书其右端,因为道古人所以然者,庶知夫士之尚志,理所当然,非以为高。而《教述》所谓高其志者,亦为流俗趣向狭陋者云尔。"②

3.《老子义》,佚。彭耜《道德真经集注·杂说》卷上载王氏解《老子·道经》四章。③

4.《王直讲集》十五卷,已佚。《直斋书录解题》卷十七著录。④ 此集由王无咎之子王纲、王缊编纂,曾肇撰序。《王补之文集序》曰:"补之殁二十有八年,二子纲、缊既仕,乃克集其遗文,以授其舅南丰曾肇,且泣而请曰:'先人不幸,早岁文字散逸。今其存者才若干篇,离为若干卷,愿有以发明先志于其篇首。'予不得辞。"⑤汪应辰《跋王直讲集》曰:"补之之孙植,持其《家集》之仅存者以示余。即书以推其心,盖切切然以圣人为准,以谋道为务,忘其位之卑、身之穷也。"⑥《全宋文》收录其佚文若干篇,《全宋诗》卷六一九录其诗三首。

龚原:

1.《易讲义》十卷,《直斋书录解题》卷一著录:"给事中遂昌龚原深之撰。嘉祐八年进士。初以经学为王安石引用,元符后

---

① 吕南公:《灌园集》卷十二《复傅济道书》,第 127 页。
② 汪应辰:《文定集》卷十二《书王直讲所著教述篇》,景印文渊阁四库全书,第 1138 册,第 697 页。
③ 彭耜:《道德真经集注·杂说》卷上,影印《正统道藏》第 13 册,文物出版社 1988 年版,第 262 页。
④ 《直斋书录解题》卷十七,第 504 页。
⑤ 曾肇:《曲阜集》卷《王补之文集序》,第 368 页。
⑥ 《全宋文》第 215 册,第 4178 卷,第 214 页。

入党籍。"①《郡斋读书志》卷一著录为"龚原注《易》二十卷",②《研经室外集》卷五著录为"《周易新讲义》十卷"。③ 此书应撰于神宗朝,"舒王(王安石)称之,后学之所宗也"。④ 在绍圣以后,与王安石《易解》偕行场屋,⑤影响极大。邹浩《道乡集》卷二十八《括苍先生易传叙》曰:

> 《易》之旨,不明于世久矣!神宗皇帝以道莅天下,于是造士以经,表通经者讲于大学,以训迪四方。时陆公佃《诗》,孙公谔《书》,叶公涛《周礼》,周公常《礼记》,而先生专以《易》授,诸公咸推先焉。先生盖王文公门人之高弟也。三圣之所秘,文公既已发之于前;文公之所略,先生又复申之于后。始而详说之,终以反说约,故自熙宁以来,凡学《易》者,靡不以先生为宗师。因以取上科,跻显仕,为从官,为执政,被明天子所眷遇而功名动一时者,踵相蹑而起,至于今不绝也。先生之于斯文,岂曰小补之哉!⑥

理学家杨时则批评道:"《易》不比他经,须心通始得,如龚深父说《易》元无所见,可怜一生用功都无是处。"⑦此书久佚,唯日本有活字本,宜都杨守敬刊入"佚存丛书",今《续修四库全书》收入。

2.《续解易义》十七卷,《易传》十卷,今佚。《宋史》卷二百二《艺文一》著录。⑧

3.《论语孟子解》十卷,今佚。《东都事略》卷一百十四《龚原传》

---

① 《直斋书录解题》卷一,第 14 页。
② 《郡斋读书志校证》卷一,第 41 页。
③ 阮元撰、邓经元点校:《揅经室集》外集卷五,中华书局 1993 年版,第 1273 页。
④ 《泊宅编》卷上,第 73 页。
⑤ 《郡斋读书志校证》卷一,第 14 页。
⑥ 邹浩:《道乡集》卷二十八《括苍先生易传叙》,第 415 页。
⑦ 《杨时集》卷十三,第 380 页。
⑧ 《宋史》卷二百二《艺文一》,第 5037 页。

著录。①

4.《述礼新说》四卷,今佚,《宋史》卷二百二《艺文一》著录。②

5.《春秋解》十卷,今佚,《东都事略》卷一百十四《龚原传》著录。③

6.《龚原文集》七十卷,今佚。《宋史》卷二百八《艺文七》著录。④

7.《颍川唱和诗》三卷,今佚。《宋史》卷二百八《艺文七》著录。⑤

陆佃:

1.《二典义》一卷,今佚。《直斋书录解题》卷二著录:"为王氏学,长于考订。"⑥

2.《礼象》十五卷,今佚。《直斋书录解题》卷三著录:"以改旧图之失,其尊、爵、彝、舟,皆取公卿家及秘府秘藏古遗器,与聂图大异。岷隐戴先生分教吾乡,作阁斋馆池上,画此图于壁,而以'礼象'名阁,与论堂《礼图》相媲云。"⑦

3.《礼记解》四十卷,今佚,《宋史》卷二百二《艺文一》著录。⑧

4.《述礼新说》四卷,今佚,《宋史》卷二百二《艺文一》著录。⑨

5.《仪礼义》十七卷,今佚,《宋史》卷二百二《艺文一》著录。⑩

6.《大裘议》一卷,今佚,《宋史》卷二百二《艺文一》著录。⑪

7.《春秋后传》二十卷,《补遗》一卷,今佚。《宋史》卷二百二《艺

---

① 《东都事略》卷一百十四《龚原传》,第997页。
② 《宋史》卷二百二《艺文一》,第5050页。
③ 《东都事略》卷一百十四《龚原传》,第997页。
④ 《宋史》卷二百八《艺文一》,第5357页。
⑤ 《宋史》卷二百八《艺文一》,第5357页。
⑥ 《直斋书录解题》卷二,第30页。
⑦ 《直斋书录解题》卷二,第50页。
⑧ 《宋史》卷二百八《艺文一》,第5049页。
⑨ 《宋史》卷二百八《艺文一》,第5050页。
⑩ 《宋史》卷二百八《艺文一》,第5050页。
⑪ 《宋史》卷二百八《艺文一》,第5050页。

文一》著录。①

8.《尔雅新义》二十卷,《直斋书录解题》卷三著录:"以愚观之,大率不出王氏之学,与刘贡父所谓不撤姜食、三牛三鹿戏笑之语,殆无以大相过也。……顷在南城传写,凡十八卷。其曾孙子遹刻于严州,为二十卷。"②

9.《埤雅》二十卷,《直斋书录解题》卷三著录:"此书本号《物性门类》。其初尝以《释鱼》《释木》二篇上之朝,编纂将就,而永裕上宾,不及再上。既注《尔雅》,遂成此书。其于物性精详,所援引甚博,而亦多用《字说》。"③此书原为太学讲义,历四十年笔削而成。陆宰《埤雅序》曰:

> 熙宁后,始以经术革词赋,先公《诗讲义》遂盛传于时,学校争相笔受,如恐不及。元丰间,预修《说文》,因进书获对。神考纵言至于物性,先公敷奏称旨,德音称善,且恨古未有著为书者。先公又奏:"臣尝试为之,未成,未敢进也。"天意欣然,便欲见之,因进《说鱼》《说木》二篇。自是益加笔削,号《物性门类》。篇纂将终,而永裕上宾矣。先公旋亦补外,所至以平易临民,故其事简政清,因得专意论撰。既注《尔雅》,乃赓此书,号《埤雅》,言为《尔雅》之辅也。《埤雅》比之《物性门类》,盖愈精详,文亦简要。先公作此书,自初迄终,仅四十年。不独博极群书,而农父、牧夫、百工、技艺,下至舆台、皂隶,莫不辄询。苟有所闻,别加试验,然后纪录。则其深微渊懿,宜穷天下之理矣。后有博雅君子览之,当自知其美焉。④

10.《老子注》二卷,今佚。南宋彭耜《道德真经集注》、李霖《道德真经取善集》、元代刘惟永《道德真经集义》等辑有佚文若干条。

---

① 《宋史》卷二百八《艺文一》,第5059页。
② 《直斋书录解题》卷三,第88页。
③ 《直斋书录解题》卷三,第88页。
④ 《皕宋楼藏书志》卷十二,第205页。

11.《庄子注》，今佚。南宋褚伯秀《南华真经义海纂微》中辑有佚文若干条。

12.《鹖冠子解》三卷，《直斋书录解题》卷九著录。①

13.《陶山集》二十卷，佚，四库馆臣自《永乐大典》中辑出十四卷。

顾棠：

《周易义类》，三卷，今佚。《直斋书录解题》卷一著录："称顾叔思撰，未详何人。序言先儒论说甚众，而其旨未尝不同；卦爻或有不同，而辞意未尝不一。各立标目，总而聚之。"②

杨训：

《礼记解》，二十卷，今佚。《(弘治)八闽通志》卷六十五载："杨训，字公发，浦城人。……问学精博，尝著《礼记解》二十卷。"③

郭逢原：

文集二十卷，古律诗二十卷，奏议二十卷。④ 今佚。

韩宗厚：

文集百卷，⑤今佚。

蔡卞：

1.《诗学名物解》，二十卷，《四库全书总目》卷十五著录为《毛诗

---

① 《直斋书录解题》卷三，第289页。
② 《直斋书录解题》卷一，第12页。
③ 《(弘治)八闽通志》卷六十五，学生书局1987年版，第3634页。
④ 黄裳：《朝散郭公墓志铭》，《演山集》卷三十三，第224页。
⑤ 《金石萃编》卷一百四十二《宋故承议郎充庆成军使兼知河中府荣河县及管内劝农事骁骑尉赐绯鱼袋韩府君墓志铭》，第2601页。

名物解》。《直斋书录解题》卷二著录:"卞,王介甫婿,故多用《字说》。其目自《释天》至《杂释》凡十类,大略如《尔雅》,而琐碎穿凿,于经无补也。"①此书部分内容,与陆佃《埤雅》重复:

> 卞此书自首至尾,并钞陆佃《埤雅》之文,未曾自下一字,不知刻经解者何以收编,四库又何以入录。其人其书,皆可废也。②

今检陆、蔡二书,发现蔡书虽然未必"自首至尾"并抄陆书,"未曾自下一字",但确有大量原封不动照抄陆书的。以《释鸟》为例,大约有一半基本上是抄自陆书。③

然重复并非抄袭。④ 四库馆臣指出:

> 其书虽王氏之学,而征引发明,亦有出于孔颖达《正义》、陆玑《草木虫鱼疏》外者。寸有所长,不以人废言也。⑤

2.《尚书解》,今佚,《经义考》卷七十九著录。⑥

陈祥道:

1.《礼书》一百五十卷,《郡斋读书志》卷二著录为《太常礼书》。⑦《直斋书录解题》卷三著录:"于唐代诸儒之论,近世聂崇义之图,或正其失,或补其阙。元祐中表上之。"⑧四库馆臣曰:

---

① 《直斋书录解题》卷二,第 37 页。
② 余嘉锡:《四库提要辨证》卷一引莫友芝《郘亭书目》,中华书局 2007 年版,第 35 页。
③ 徐超:《关于〈六家诗名物疏〉》,《山东大学学报》(哲社版),1998 年第 4 期。
④ 沈伟:《蔡卞〈毛诗名物解〉抄袭说考论》,虞万里编:《经学文献研究集刊》第 24 辑,第 187—201 页。
⑤ 《四库全书总目》卷十五《毛诗名物解》提要,第 122 页。
⑥ 朱彝尊:《经义考》卷七十九,景印文渊阁四库全书,第 678 册,第 104 页。
⑦ 《郡斋读书志校证》卷二,第 90 页。
⑧ 《直斋书录解题》卷三,第 50 页。

盖祥道与陆佃皆王安石客，安石说经，既创造新义，务异先儒，故祥道与陆佃亦皆排斥旧说。佃《礼象》今不传，惟神宗时详定郊庙礼文诸议，今尚载《陶山集》中，大抵多生别解，与祥道驳郑略同。盖一时风气所趋，无庸深诘。①

2.《礼例详解》十卷，今佚。《宋史》卷二百二《艺文一》著录。②

3.《注解仪礼》三十二卷；《礼图》，今佚。《续资治通鉴长编》卷四百八十载元祐八年(1094)正月，"范祖禹言：'太常博士陈祥道注解《仪礼》三十二卷，精祥博洽，非诸儒所及，乞下两制看详，并所进《礼图》付太常，以备礼官讨论。'"③

4.《周礼纂图》，《经义考》卷一百二十二著录。④

5.《论语全解》十卷，《郡斋读书志》卷四著录。⑤ 四库馆臣曰：

祥道长于《三礼》之学，所作礼书，世多称其精博，故诠释《论语》亦于礼制最为明晰。……惟其学术本宗信王氏，故往往杂据《庄子》之文以作佐证，殊非解经之体。以其间征引详核，可取者多，故不以一眚掩焉。⑥

6.《庄子注》，今佚。南宋褚伯秀《南华真经义海纂微》中辑有佚文若干条。

沈季长：

1.《诗传》二十卷，今佚。⑦

---

① 《四库全书总目》卷二十二，第718页。
② 《宋史》卷二百二《艺文一》，第5050页。
③ 《续资治通鉴长编》卷四百八十元祐八年正月庚子，第11426页。
④ 《经义考》卷一百二十二，景印文渊阁四库全书，第678册，第104页。
⑤ 《郡斋读书志校证》卷四，第136页。
⑥ 《四库全书总目》卷三十五，第292页。
⑦ 王安礼：《王魏公集》卷七《故朝奉郎权发遣秀州军州兼管内劝农事轻车都尉借紫沈公墓志铭》，景印文渊阁四库全书，第1100册，第68页。

2.《论语解》十卷,今佚。①

沈铢:

《诗传》二十卷,今佚,《宋史》卷二百二《艺文一》著录。②

王昭禹:

《周礼详解》,四十卷。《直斋书录解题》卷二著录:"王昭禹撰,未详何人,今世为举子业者多用之,其学皆宗王氏新说。"③四库馆臣曰:

> 王与之作《周礼订义》,类编姓氏世次,列于龟山杨时之后,曰"字光远",亦不详其爵里。当为徽、钦时人。今案其书,……其附会穿凿,皆遵王氏《字说》。盖当时《三经新义》列在学官,功令所悬,故昭禹因之不改。然其发明义旨,则有不尽同于王氏之学者,如解《泉府》"以国府为之息"。④

全祖望则讥讽曰:"独王光远《周礼》至今无恙,因得备见荆公以《字说》解经之略。荆公《周礼》存于今者五官,缺《地》《夏》二种,足以补之。尝笑孔颖达于康成依阿过甚,今观此书亦然。"⑤

方悫:

《礼记解》二十卷,今佚。《直斋书录解题》卷二著录:"方悫性夫

---

① 《王魏公集》卷七《故朝奉郎权发遣秀州军州兼管内劝农事轻车都尉借紫沈公墓志铭》,第 68 页。
② 《宋史》卷二百二《艺文一》,第 5046 页。
③ 《直斋书录解题》卷二,第 45 页。
④ 《四库全书总目》卷十九《周礼详解》提要,第 150 页。
⑤ 全祖望撰、朱铸禹集注:《全祖望集汇校集注》卷二十七,第 1278 页;《题王昭禹〈周礼详解〉跋》,上海古籍出版社 2000 年版,第 1278 页。

撰。政和二年表进，自为之序。以王氏父子独无解义，乃取其所撰《三经义》及《字说》，申而明之，著为此书，由是得上舍出身。其解文义亦明白。"①是书久行科场。《朱子语类》卷八十四载：

> 场屋中，《礼记义》格调皆凡下。盖《礼记解》行于世者，如方（悫）、马（希孟）之属，源流出于熙、丰，士人作义者多读此，故然。②

然朱熹并未完全否定是书："方、马二解，合当参考，尽有说好处，不可以其新学而黜之。"③

郑宗颜：

《考工记注》一卷，《经义考》卷一百二十九著录："叶氏《菉竹堂》作《周礼讲义》，合王荆公《讲义》共一卷。"④

许允成：

《孟子解》十四卷，今佚。《郡斋读书志》卷十著录："介甫素喜《孟子》，自为之解。其子雱与其门人许允成皆有注释。崇、观间，场屋举子宗之。"⑤《宋史》卷二百五《艺文四》著录为《孟子新义》十四卷。⑥

唐耜：

《〈字说〉解》，一百二十卷，今佚。《郡斋读书志》卷四著录："皇朝唐耜撰。绍圣以来，用《字说》程式诸生，解者甚众。耜集成此书，颇

---

① 《直斋书录解题》卷二，第 48 页。
② 《朱子语类》卷八十四，第 2187 页。
③ 《朱子语类》卷八十七，第 2227 页。
④ 《经义考》卷一百二十九，景印文渊阁四库全书，第 678 册，第 630 页。
⑤ 《郡斋读书志校证》卷十，第 420 页。
⑥ 《宋史》卷二百五《艺文四》，第 5174 页。

注其用事所出书,一时称之。"①《宋会要辑稿》崇儒五载:"(政和)七年二月十一日,诏:唐耜进《字说集解》三十册,极有功力,有助学者,与知州差遣。其《字说集解》令国子监传示学生。"②

韩兼:

《〈字说〉解》,今佚。按,韩兼字彦和,崇宁五年(1106)进士,终承议郎、西京国子司业。③"《字说》盛行时,有唐博士耜、韩博士兼,皆作《〈字说〉解》数十卷。"④

刘发:

1.《〈字说〉偏旁音释》,一卷,今佚。

2.《〈字说〉叠解备检》,一卷,今佚。

3.《字会》,二十卷,今佚。《郡斋读书志》卷四著录:"右不见撰人姓名。"⑤陆游《老学庵笔记》卷二:"又有刘全美者,作《〈字说〉偏旁音释》一卷,《〈字说〉备检》一卷,又以类相从,为《字会》二十卷。"⑥

刘概:

1.《周易系辞解》十卷,今佚。《厚斋易学》附录一:"刘概《系辞解》。《中兴书目》:'《周易系辞解》,十卷,刘概撰。'有论,以括其大意。概,字仲平。"⑦

---

① 《郡斋读书志校证》卷四,第166页。
② 《宋会要辑稿》崇儒五,第2851页。
③ 《(淳熙)三山志》卷二十七,《宋元方志丛刊》,第8022页。
④ 《老学庵笔记》卷二,第25页。
⑤ 《郡斋读书志校证》卷四,第168页。
⑥ 《老学庵笔记》卷二,第25页。
⑦ 《厚斋易学》附录一,景印文渊阁四库全书,第16册,第832页。

2.《老子注》二卷,今佚。《郡斋读书志》卷十一著录,①彭耜《道德真经集注》、李霖《道德真经取善集》、刘惟永《道德真经集义》等辑有佚文若干条。

马希孟:

1.《礼记解》七十卷,今佚。《直斋书录解题》卷二著录:"马希孟彦醇撰。未详何人,亦宗王氏。"②按,马希孟,庐陵人,熙宁六年(1073)登进士第。③ 元丰三年(1080)为扬州府学教授,编有《扬州集》。④ 元丰六年(1083)三月,以景灵新官成献颂为太常博士。⑤ 后为宣德郎、太学博士。元丰八年(1085),以贡院失火而死。⑥

2.《扬州诗集》二卷,今佚。《直斋书录解题》卷十五著录:"教授马希孟编。元丰四年,秦观作序。"⑦

吕惠卿:

1.《论语义》十卷,今佚。《宋史》卷二百二《艺文一》著录。⑧

2.《孝经传》一卷,《宋史》卷二百二《艺文一》著录,⑨今佚。

3.《老子注》,二卷。

4.《庄子义》十卷,《直斋书录解题》卷九著录:"元丰七年,先表进

---

① 《郡斋读书志校证》卷十一,第 471 页。
② 《直斋书录解题》卷二,第 48 页。
③ 《(万历)吉安府》卷之五,中华书局 2018 年版,第 64 页。
④ 秦观撰、徐培均笺注:《淮海集笺注》卷三十九,上海古籍出版社 1994 年版,第 1259 页。
⑤ 《续资治通鉴长编》卷三百三十四元丰六年三月辛巳,第 8032 页。
⑥ 《续资治通鉴长编》卷三百五十一元丰八年二月辛巳,第 8408 页。
⑦ 《直斋书录解题》卷十五,第 455 页。
⑧ 《宋史》卷二百二《艺文一》,第 5067 页。
⑨ 《宋史》卷二百二《艺文一》,第 5066 页。

内篇,其余盖续成之。"①《宋史》卷二百五《艺文四》题作《庄子解》。②此书《四库全书总目》未载,《道藏》洞神部玉诀类题为《道德真经传》四卷,所解亦颇有可取之处。朱熹曰:"然旧看郭象解《庄子》,有不可晓处,后得吕吉甫解看,却有说得文义的当者。"③

黄朝英:

《靖康缃素杂记》十卷,《直斋书录解题》卷十著录:"有陈与者为之序,言甲辰六试礼部不利,盖政、宣中士子也。其书亦辨正名物,而学颇迂僻。言《诗》'芍药''握椒'之义,鄙亵不典。王氏之学,前辈以资戏笑,而朝英以为得诗人深意,其识可笑矣。"④四库馆臣评曰:

> 今观其书,颇引《新经义》及《字说》,而尊安石为舒王,解《诗》"绿竹"一条,于安石之说尤委曲回护,诚为王氏之学者。然所说自"芍药握椒"一条外,大抵多引据详明,皆有资考证,固非漫无根柢、徒为臆断之谈。⑤

朱允明:

《字括》,今佚。徽宗大观四年(1110),"新授守潭州长沙县丞朱允明言:'伏见许氏《说文》,其间字画形声多与王文公《字说》相戾。辄于许氏《说文》部中,撮其尤乖义理者,凡四百余字,名《字括》。'"⑥

---

① 《直斋书录解题》卷九,第 290 页。
② 《宋史》卷二百五《艺文四》,第 5181 页。
③ 《朱子语类》卷七十八,第 1986 页。
④ 《直斋书录解题》卷十,第 311 页。
⑤ 《四库全书总目》卷一百一十八,第 1018 页。
⑥ 《宋会要辑稿》崇儒五,第 2851 页。

薛昂：

《书解》，今佚，《示儿编》尚存其释文数条。①

吴颐：

《金谿先生文集》二十卷，今佚。黄虞稷《千顷堂书目》卷二十九载："吴颐，《金溪先生文集》二十卷。元符间人，官旌德簿。"②

周种：

《易说》十卷，今佚。夏荃《退庵笔记》卷六"周种行状"载："周种字仁熟，与弟秩同登熙宁癸丑榜进士。《府志》载秩《易说》十卷。……偶阅宋尤氏《逆初堂集》，本朝杂传中有《周种行状》一种，为诸家书目所无。"③

蔡肇：

《丹阳集》三十卷，今佚。《京口耆旧传》卷四载："（肇）宣和元年卒，遗文三十卷，曰《丹阳集》。"④

汪澥：

1.《诗书讲义》六卷，今佚。
2.《孟子句解》十四卷，今佚。
3.《诗义释音》三十篇，今佚。

---

① 孙奕撰，侯体健、况正兵点校：《履斋示儿编》卷二，中华书局 2014 年版，第 32 页。
② 黄虞稷撰，瞿凤起、潘景郑整理：《千顷堂书目》卷二十九，上海古籍出版社 2001 年版，第 705 页。
③ 夏荃：《退庵笔记》卷六，清钞本。
④ 《京口耆旧传校证》卷四，第 120 页。

4.《诏诰》三卷,今佚。

5.《乐章》一卷,今佚。

6.《文集》三十卷,今佚。①

徐君平:

1.《韩退之别传》,今佚。按,此书载韩愈与大颠往复之语,深诋韩氏,北宋中后期名噪一时,引起纷纭聚讼,而作者未详。今据新出《宋故朝奉大夫京西路计度转运副使兼劝农使护军赐绯鱼袋借紫徐君墓志铭》,谓其"尝作《韩退之别传》,王文公尤称之",②可以确认《韩退之别传》为徐所撰。

2.《〈论语〉〈孟子〉〈扬子〉义》六十八卷,今佚。③

3.《池阳杂著》三十卷,表章、杂文一百卷,今佚。④

4.《三经音辨》,今佚。《徐君墓志铭》载:"文公《诗》《书》《周礼义》行,学者颇苦文约,或不识所自,且音切多随义改。君作《三经音辨》行于世。"⑤姚宽《西溪丛语》卷下载:"王介甫云:'俟我于城隅,言静女之俟我以礼也。其美外发,其和中出,其节不可乱者,彤管也。贻我彤管,言静女之贻我以乐也。'徐安道《注音辨》云:'彤,赤漆也;管,谓笙箫之属。'"⑥高宗建炎二年五月,科举复诗赋,《三经新义》《音辨》遂与诸儒注疏并行。《宋会要辑稿》选举四载:"(五月四日)中书省言:'诗赋、经义两科,欲注疏、《三经义》许从使用,取文理通者。

---

① 汪藻:《宋故宣奉大夫显谟阁待制赠少保汪公神道碑》,《全宋文》第157册,第300页。

② 龚原:《宋故朝奉大夫京西路计度转运副使兼劝农使护军赐绯鱼袋借紫徐君墓志铭》,《新中国出土墓志·江苏·南京》下册,第33—34页。

③ 同上。

④ 同上。

⑤ 同上。

⑥ 姚宽撰、孔凡礼点校:《西溪丛语》卷下,中华书局1993年版,第79页。

音义如不同,听通用(原注:徐尹平《音义》同)。余依格。'从之。"①

5.《易说》,今佚。按,是书《墓志》未载,《经义考》卷三十七著录:"徐氏君平《易说》,佚。李氏《学易记》引之。"②朱学博据元代李简《学易记》,钩辑出五条佚文:

> 《讼卦·九二》。徐氏曰:"九二所以能逋窜者,坎为隐伏故也。"
>
> 《比卦·上六》。徐氏曰:"乾以阳在上,故能首出庶物。坤顺承天,故能大有终。"
>
> 《大过卦·初六》。徐氏曰:"巽则柔顺,而其色为白。"
>
> 《损卦》。徐氏曰:"君子所性,虽行不加,虽穷不损,而所损者忿欲而已,害性故也。"
>
> 《涣卦·九二》。徐氏曰:"机者,物之可凭以为安者,五之象也。当涣之时,惟五为能拯天下之涣而已,奔之则得所依矣,故失位之悔亡。奔者,速辞也。夫人情莫不欲安而恶危,而二奔于五,则即安矣,故曰'得愿'也。"③

黄裳:

1.《周礼讲义》六卷,今佚。此书疑非黄撰,仅《经义考》卷一百二十二著录。④

2.《演山集》六十卷。《直斋书录解题》卷十八著录曰:"元丰二年进士第一人,贵显于崇、观,死于建炎,年八十有七。"⑤《宋史》卷二百

---

① 《宋会要辑稿》选举四,第 5328 页。
② 《经义考》卷三十七,景印文渊阁四库全书,第 677 册,第 408 页。
③ 朱学博:《荆公门人徐君平生平发覆与著述辑考》,《东华理工大学学报》(哲社版)2021 年第 5 期,第 526—532 页。
④ 《经义考》卷一百二十二,景印文渊阁四库全书,第 677 册,第 408 页。
⑤ 《直斋书录解题》卷十八,第 522 页。

八《艺文七》题为《黄裳集》。①

3.《燕华仙传》。王安石曰：

> 燕华仙事异矣，黄君所为传，亦辩丽可喜。十方世界，皆智所幻。推智无方，幻亦无穷。必有合焉，乃与为类。则王夫人之遇，岂偶然哉？②

"黄君"即黄裳。章炳文《搜神秘览》下载："黄裳为《燕华仙传》，因书其大略。"③

林自：

1.《太学十先生易解》十二卷，佚。《厚斋易学》附录一："林疑独、慎微、吴子进、袁志行、李元量、刘仲平、路纯中、洪成季、陈子明、郑正夫、阎彦升，共成一书，凡十二卷。又有《说卦》以后论三卷，亦有发明处。"④

2.《老子解》，今佚，《莆阳比事》卷三著录。

3.《庄子解》，今佚，《莆阳比事》卷三著录。

4. 诗文十卷，今佚，《莆阳比事》卷三著录。⑤

梁子中：

1.《晋书评》三十卷。

2.《晋鉴》十卷。

3.《老子解》二卷。

---

① 《宋史》卷二百八《艺文七》，第5381页。
② 《王安石文集》卷七十一《题燕华仙传》，第1246页。
③ 章炳文：《搜神秘览》下，续古逸丛书本。
④ 《厚斋易学》附录一，第832页。
⑤ 《莆阳比事》卷三，宛委别藏本。

4.《道藏要旨》十卷。

5.《注阴符经》二卷。

6.《叙秋韵对》三卷。①

杨作：

《锦溪集》二十卷，②今佚。

---

① 李降:《梁子中墓志铭》,《全宋文》卷二五二六,第117册,第217页。
② 李之仪:《姑溪居士文集》卷四十九《杨判官墓志铭》,《宋集珍本丛刊》第27册,第121页。

第四章　荆公新学的学术建构和理论特色

第一节　重叙道统①
——以儒为主、整合百家的学术取向

"儒者之学,非道不谈。"②"道"是宋代儒学复兴中的核心概念,也是新学的基本范畴。对"道"的认识和理解,奠定了新学的治学取向和思想立场。因此,有必要首先探讨王安石及门人如何理解"道"的内涵与传承谱系,以正本清源。

作为唐宋古文运动的正宗传人,王安石所理解的"道",最初深受韩愈等古文家影响,指狭义的儒家仁义之道。韩愈曾明确界定:

> 博爱之谓仁,行而宜之之谓义,由是而之焉之谓道,足乎已无待于外之谓德。仁与义为定名,道与德为虚位。故道有君子有小人,而德有凶有吉。……凡吾所谓道德云者,合仁与义言之也,天下之公言也。老子之所谓道德云者,去仁与义言之也,一人之私言也。③

博爱即是仁,行此而宜即为义。"仁"与"义"自有固定的内涵,而"道"

---

① 宋代"道统"一词的溯源及内涵演变,可见拙文《9~12世纪初的道统"前史"考述》,《史学月刊》2013年第12期,第108—119页。
② 范仲淹:《范文正公集》卷八《上执政书》,四部丛刊本。
③ 《韩愈文集汇校笺注》卷一《原道》,第1页。

与"德"则为不同的思想体系所共用。儒家之道即仁义,与释老的清净寂灭判然不同。韩愈以此来排斥佛老,划清三教的界限。他进而指出,儒家之道通过历代圣贤间的传承,构成一个源远流长的历史谱系:

> 尧以是传之舜,舜以是传之禹,禹以是传之汤,汤以是传之文、武、周公,文、武、周公传之孔子,孔子传之孟轲。轲之死,不得其传焉。荀与扬也,择焉而不精,语焉而不详。①

儒家之道创自上古圣王,中间经由文王、武王、周公等传至孔子。春秋战国时,由于杨墨横行,它渐趋消沉,幸有孟子挺身而出,羽翼六经,才不致湮没。扬雄之后,此道失传,以致佛老兴盛,世俗陵替,圣王之治不复再现。韩愈建立这个儒道传承谱系,主要为排斥佛教,重新树立儒家思想的核心地位。同时,借助这一谱系,他隐隐批评汉唐章句之儒,试图确立本人在儒学史上的正统地位。

北宋前期古文家如柳开、石介等,基本沿袭韩愈的道论与传道谱系,攘斥佛老,独尊儒术。王安石自小成长于古文复兴的浓郁氛围中,自然认同韩氏之言:

> 某愚不识事务之变,而独古人是信。闻古有尧舜也者,其道大中至正,常行之道也。②

> 时乎杨墨,已不然者,孟轲氏而已;时乎释老,已不然者,韩愈氏而已。如孟、韩者,可谓术素修而志素定也,不以时胜道也。……孟、韩之道去吾党,岂若越人之望燕哉?以正之之不已而不至焉,予未之信也。③

所谓孟韩之道、圣人之道、尧舜之道,均为儒家之道的代称。孟子辟

---

① 《韩愈文集汇校笺注》卷一《原道》,第 4 页。
② 《王安石文集》卷七十七《上张太博书二》,第 1337 页。
③ 《王安石文集》卷八十四《送孙正之序》,第 1473 页。

杨墨,韩愈斥佛老,二人一前一后羽翼圣道,为王氏树立了学以至圣的人生理想。他早年的诗文创作出入韩愈之藩篱,对韩极为推崇,尝谓:"自孔子之死久,韩子作,望圣人于百千年中,卓然也。"①是以对"道"的理解,亦步亦趋。

然而,大约仁宗皇祐以后,王安石逐渐改变攘斥佛老的姿态,最终超越古文运动。这集中体现于他对"道"的理解:

> 语道之全,则无不在也,无不为也,学者所不能据也,而不可以不心存焉。道之在我者为德,德可据也。以德爱者为仁,仁譬则左也,义譬则右也。德以仁为主,故君子在仁义之间所当依者,仁而已。……韩文公知"道有君子有小人,德有凶有吉",而不知仁义之无以异于道德,此为不知道德也。②

> 万物待是而后存者,天也。莫不由是而之焉者,道也。道之在我者,德也。以德爱者,仁也。爱而宜者,义也。③

韩愈的儒家之道,主要指仁与义两种伦理行为,引申为包括道德原则、经典体系、政治制度等在内的整个文化—社会秩序,并不具备形而上的哲学意义。孙复、石介等庆历诸儒,他们理解的儒道不外乎治国之道与政治秩序:"所谓夫子之道者,治天下经国家大中之道也。"④"孔子之道,君臣也、父子也、夫妇也、朋友也、长幼也。"⑤王安石则借鉴道家,提出"道之全"的概念,认为它"无不在""无不为",是万物必须遵循的原理规则,从而将"道"提升到宇宙本原、万物本体的

---

① 《王安石文集》卷七十七《上人书》,第 1339 页。此文作于庆历六年(1046),《王安石年谱长编》卷二,第 158 页。
② 《王安石文集》卷七十二《答韩求仁书》,第 1252—1253 页。
③ 《王安石文集》卷六十七《九变而赏罚可言》,第 1161 页。
④ 孙复:《孙明复小集》卷一《上孔给事书》,《宋集珍本丛刊》第 3 册,第 166 页。
⑤ 石介撰、陈植锷点校:《徂徕石先生文集》卷八《辨私》,第 87 页。

高度。他进而认为,"仁义无以异于道德",德是天道在人身的体现,仁是由德而生发的行为,义是仁之行为合乎时宜规则,他将道、德、仁、义绾合一体,为儒家的仁义寻找到超越性根源。

王氏对"道"的理解既不同往日,他心目中的传道谱系也随之而变:

> 昔者道发乎伏羲,而成乎尧、舜,继而大之于禹、汤、文、武。此数人者,皆居天子之位,而使天下之道寖明寖备者也。而又有在下而继之者焉,伊尹、伯夷、柳下惠、孔子是也。①

> 扬雄者,自孟轲以来未有及之者,但后世士大夫多不能深考之耳。孟轲,圣人也。贤人则其行不皆合于圣人,特其智足以知圣人而已。②

> 道之不一久矣。人善其所见,以为教于天下,而传之后世。后世学者,或徇乎身之所然,或诱乎世之所趋,或得乎心之所好,于是圣人之大体,分裂而为八九,博闻该见有志之士,补苴调胹,冀以就完而力不足,又无可为之地,故终不得。……盖有见于无思无为、退藏于密、寂然不动者,中国之老、庄,西域之佛也。③

王氏认为,儒家之道始自伏羲,成于尧、舜,由禹、汤、文王、武王发扬光大,由伊尹、伯夷、柳下惠等继承赓续,最后至孔子而集于大成。此后,"道"由"一"而分裂为八九,不能完整地呈现于世。这个谱系形式上虽受韩愈影响,其实质则大不相同。后者之"道"是儒家之道,孟子以后,荀子、扬雄"择焉而不精,语焉而不详",日渐失传,导致佛老等异端盛行。王氏之道,则是"道之大全""大体""一"。它不是某家某派之道,而是宇宙之全体,相当于《庄子·天下篇》"道术将为天下裂"

---

① 《王安石文集》卷六十七《夫子贤于尧舜》,第1164页。
② 《王安石文集》卷七十二《答龚深父书》,第1255页。
③ 《王安石文集》卷八十三《涟水军淳化院经藏记》,第1456—1457页。

的"道术":

> 天下大乱,贤圣不明,道德不一,天下多得一察焉以自好。譬如耳、目、鼻、口,皆有所明,不能相通。犹百家众技也,皆有所长,时有所用。虽然,不该不遍,一曲之士也。判天地之美,析万物之理,察古人之全,寡能备于天地之美,称神明之容。是故内圣外王之道,暗而不明,郁而不发,天下之人各为其所欲焉以自为方。悲夫,百家往而不返,必不合矣!后世之学者,不幸不见天地之纯,古人之大体,道术将为天下裂。①

《天下篇》的主旨是评判、调和、兼容先秦各家的思想学术,它提出"天地之纯""古人大体"等概念,而以诸子所得各为一偏一隅。王安石对"道"之传承的叙述,与《天下篇》极为相似;同时,又糅合韩愈、石介等人所言——如将"道"之创生上溯到伏羲,遂形成独具特色的传道谱系。② 二者相较,韩愈指出,自扬雄后儒道断绝,仅存于经典,无人传承发明,故释老横行,世俗陵替。王安石则以为,自孟子之下,此"道之大全"并未失传,只是分裂不复为一个整体,"于是圣人之大体,分裂而为八九"。③ 秦朝不修政教,焚书坑儒,汉唐儒家沉溺于繁琐的章句传注,④遂导致"道日以衰熄"。⑤ 诸子百家包括释老,各得"道"之一隅:

> 杨墨之道,得圣人之一而废其百者是也。圣人之道,兼杨墨

---

① 王先谦:《庄子集解》卷八,中华书局1987年版,第288页。
② Wilson 认为,《庄子·天下》的谱系模式与韩愈完全不同。见氏著:《道之谱系》(Genealogy of the way),斯坦福大学出版社1995年版,第115—118页。但以王安石对韩愈之熟稔,很难避免其影响。
③ 《王安石文集》卷八十三《涟水军淳化院经藏记》,第1457页。
④ 《王安石文集》卷五十七《除左仆射谢表》,第1005页。
⑤ 《王安石文集》卷七十一《书洪范传后》,第1245页。

而无可无不可者是也。①

　　庄生之书,其通性命之分,而不以死生祸福累其心,此其近圣人也。……庄、墨皆学圣人而失其源者也。②

　　盖有见于无思无为、退藏于密、寂然不动者,中国之老庄,西域之佛也。③

这样,王氏的传道谱系隐含的排他性趋于弱化,而整合性相应增强。

既然整体浑沦之道,已经分裂散入释老各家,如何才能恢复道之大全呢? 就政府而言,须仿效先王政教,推行学校养士:

　　先王所谓道德者,性命之理而已。其度数在乎俎豆、钟鼓、管弦之间,而常患乎难知,故为之官师,为之学,以聚天下之士,期命辩说,诵歌弦舞,使之深知其意。夫士,牧民者也。牧知地之所在,则彼不知者驱之尔。然士学而不知,知而不行,行而不至,则奈何? 先王于是乎有政矣。④

将天下之士聚于学校,"为之官师、为之学",可以统一士人的价值观,防止他们因私利、兴趣或权势的诱惑,片面理解整体之道。具体到个体、学派的治学方法,则应当兼容并蓄,以儒家经典为主,整合杨墨、释老等诸家学说,从中汲取合理的一隅之见:

　　然世之不见全经久矣,读经而已,则不足以知经。故某自百家诸子之书,至于《难经》、《素问》、《本草》、诸小说无所不读,农夫、女工无所不问,然后于经为能知其大体而无疑。盖后世学者,与先王之时异矣,不如是,不足以尽圣人故也。扬雄虽为不好非圣人之书,然于墨、晏、邹、庄、申、韩,亦何所不读? 彼致其

---

① 《王安石文集》卷六十八《杨墨》,第1182页。
② 《王安石文集》卷七十七《答陈柅书》,第1351页。
③ 《王安石文集》卷八十三《涟水军淳化院经藏记》,第1457页。
④ 《王安石文集》卷八十二《虔州学记》,第1427—1428页。

知而后读,以有所去取,故异学不能乱也。惟其不能乱,故能有所去取者,所以明吾道而已。①

暴秦焚书,导致儒家经典残缺不全,之后汉儒区区补缀,未能恢复全经。② 仅阅读残存的儒家经典,不足以通晓"道之大全"。既然孔子之后,此道已分裂散入到诸子百家,那么,泛览遍读诸家著述,庶几可以明了经书的"大体",阐明此道。此即王氏治学的基本立场和宗旨:以儒为主,整合各家,以恢复所谓的"大全之道"。这与韩愈"人其人,火其书,庐其居"的激进做法,③以及"非三代两汉之书不敢观,非圣人之志不敢存"的治学理念,④形成鲜明对比。

这种思想立场,有一前提预设:儒学与其他各派尽管理论形态不同,彼此间却存在着某种根本性的契合。熙宁五年(1072),王安石与神宗讨论道:

> 安石曰:"臣观佛书,乃与经合,盖理如此,则虽相去远,其合犹符节也。"上曰:"佛西域人,言语即异,道理何缘异?"安石曰:"臣愚以为苟合于理,虽鬼神异趣,要无以易。"上曰:"诚如此。"⑤

理是隐藏在事物现象后的基本规则、秩序或原理。王氏用此词来概称儒佛间的内在一致性,认为佛经所言,与儒家经典有若干相合。他曾明确提出,学习的目标即求理:

> (安石曰)善学者读其书,惟理之求。有合吾心者,则樵牧之言犹不废;言而无理,周、孔所不敢从。⑥

---

① 《王安石文集》卷七十三《答曾子固书》,第1280—1281页。
② 《王安石文集》卷七十一《书洪范传后》,第1245页。
③ 《韩愈文集汇校笺注》卷一《原道》,第4页。
④ 《韩愈文集汇校笺注》卷六《答李翊书》,第700页。
⑤ 《续资治通鉴长编》卷二百三十三熙宁五年五月甲戌,第5660页。
⑥ 《冷斋夜话》卷六,第47页。

> 万物莫不有至理焉，能精其理则圣人也。精其理之道，在乎致其一而已。致其一，则天下之物可以不思而得也。①

"至理"贯穿于万物之中，是本体"一"与现象"多"的关系。圣人如能精其理，则可明了万物。"理"也是客观的、终极的价值标准，可用以裁定经典知识，乃至决定社会行为：

> 此七者，人生而有之，接于物而后动焉。动而当于理，则圣也、贤也。不当于理，则小人也。②

> 盖由前之说则蔽而葸，由后之说则固而怠，不蔽不葸、不固不怠者，亦以天变为己惧，不曰天之有某变必以我为某事而至也，亦以天下之正理考吾之失而已矣。③

以上论述，预示"理"之概念日渐流行，即将与"道"相提并论，成为儒学中的终极价值根源。

北宋中后期的新学学者，恪守王安石的学术宗旨与思想立场。他们都以"道之大全"的概念、以"理一"为基础，来统摄、整合佛老等诸子百家，表现出恢宏开阔的气度和规模。这与庆历前后的儒学复兴，颇为不同——石介、孙复、欧阳修、李觏等人，均步韩愈之后尘，攘佛斥老。如陆佃曰：

> 佛出西方，不知几千万里，其书之契理会通，与中国圣人之言一。④

这似乎转引王安石与神宗的对答。王雱则对此作出明确的理论阐释：

---

① 《王安石文集》卷六十六《致一论》，第 1156 页。
② 《王安石文集》卷六十七《性情》，第 1170 页。
③ 《王安石文集》卷六十五《洪范传》，第 1138 页。
④ 《陶山集》卷十一《台州黄岩县妙智寺记》，第 146 页。

> 或曰：孔孟明尧舜之道，专以仁义，而子以老氏为正，何如？曰：夏以出生为功，而秋以收敛为德。一则使之荣华而去本，一则使之凋悴而反根。道，岁也；圣人，时也。明乎道，则孔、老相为终始矣。①
>
> 窃尝考《论语》《孟子》之终篇，皆称尧、舜、禹、汤圣人之事业，盖以为举是书而加之政，则其效可以为比也。老子，大圣人也，而所遇之变适当反本尽性之时，故独明道德之意，以收敛事物之散而一之于朴。诚举其书以加之政，则化民成俗，此篇其效也。故经之义终焉。②
>
> 庄周之书，载道之妙也。盖其言救性命未散之初，而所以觉天下之世俗也，岂非不本于道乎？夫道，海也；圣人，百川也。道，岁也；圣人，时也。百川虽不同，而所同者海；四时虽不同，而所同者岁。孔孟、老庄之道虽适时不同，而要其归则岂离乎此哉？③

王雱旗帜鲜明地主张整合儒、道。他认为，儒、老之不同，皆因孔孟与老庄所处的具体时代不同，面临的问题和解决方法自然有异。然两家之学的终极根据和原理是一致的，唯表现方式有异而已。他将"大全之道"比喻成海、比喻成岁，将诸子之学比喻成川、比喻成时，指出孔老"相为终始""虽适时不同"，却相辅相成共同燮理天下。这一宗旨理念，始终贯彻于他的学术历程。陆佃《祭王元泽待制墓文》曰：

> 惟公才豪气杰，超群绝类。据依《六经》，驰骋百氏。金版六韬，坚白同异。老聃瞿昙，外域所记。并包渟蓄，迥无涯涘。④

---

① 王雱：《老子训传》第十九章，《王安石全集》第 9 册，第 53 页。
② 王雱：《老子训传》第八十章，《王安石全集》第 9 册，第 175—176 页。
③ 王雱：《南华真经拾遗》，《王安石全集》第 9 册，第 496 页。
④ 《陶山集》卷十三，第 166 页。

"六经"是儒家经典,"六韬"指兵学,"坚白异同"属名家,"老聃瞿昙"即佛老。陆、王二人相交甚深。这篇祭文,精准概括出王雱的学术规模与思想特色。至于他本人,同样遵循王安石的治学理念。其子陆宰概括道:

> 先公作此书,自初迄终,仅四十年。不独博极群书,而农父、牧夫、百工、技艺,下至舆台、皂隶,莫不谘询。苟有所闻,必加试验,然后纪录。则其深微渊懿,宜穷天下之理矣。

"此书"指陆佃《埤雅》,本号《物性门类》,撰于神宗元丰年间。"释鱼释兽以及于鸟虫马木草,而终之以释天,所以为《尔雅》之辅也。"①书中多用《字说》,通过考究物性来穷究天下之理,博极群书之余,又谘询农夫、百工、皂隶等,实践了王氏整合百家的学术理念。

新学内部政治主张不尽相同,党派立场亦有冲突,其治学取向则相对一致。如王安国曰:

> 世之儒者,以百氏出于道术散裂之余,而佛尤后出。自西域数译而至中国,上古之人不道也,《诗》《书》无有也,遂肆意诋斥,以为与杨墨、申韩等,为诡驳之说。虽然,杨墨、申韩能行于一时,而终无抗儒者之辨。独佛法之旋废旋兴,而山海荒忽之俗,闻佛则瞻仰赞叹,与儒者并出而牢不可坏者,岂非其道神妙,得于人心之自然邪?故虽不远万里,迹绝形殊,其言不可算数,而理则一也。②

王安国与其兄政见不同,而学术渊源本出一家。他认为,佛法与儒教虽"迹绝形殊",却遵循相同的基本原理,所以,佛法能与儒教并尊于世,超越杨墨、申韩之学。"而理则一也",即王安石所言"臣观佛书,

---

① 《直斋书录解题》卷三,第88页。
② 王安国:《治平禅院记》,《全宋文》第37册,第55页。

乃与经合,盖理如此"。即便激烈反对新法的郑侠,因曾亲炙王门,其治学取向深受王氏之影响:

> 居士本儒学,以孔氏为宗。得老氏之学以明,又得释氏,而后大明孔子之道,以三人名号不同耳。三氏之外,百家传记、历代史载,至于医方小说,见必取读。其于民物有补毫发,无不留意,此其学也。①

> 所以老于观书者,其心以为三代而上,无有孔孟、老庄、释氏之教,遇帝而帝,遇王而王。衰周以降,乃有三氏之降,其实忧世之溺,而致所以济之者云耳。故以孔孟之道救衰世之弊而不可得,于是有老庄之教。以老庄之教救之而不可得,于是有释氏之教。三教皆矫一时之枉,而救万世之沦溺。然不能无得失于其间。窃不自料,欲于其得失间措一二言,使万世而下,无所惑于其说,曰:知夫三者之教,一也。②

所谓的"三氏之外,百家传记、历代史载,至于医方小说,见必取读",以及"故以孔孟之道救衰世之弊而不可得,于是有老庄之教;以老庄之教救之而不可得,于是有释氏之教。三教皆矫一时之枉,而救万世之沦溺,然不能无得失于其间"等语句,都从王安石的《答曾子固书》《三圣人》等文转换而来。

自然,对新学学者而言,儒道的传承谱系中,王安石无疑应当占据一席之地。陆佃描述道:

> 夫君子之学,有体有用。体不欲迷一方,用不欲滞一体。而古之圣人,本数、末度足以周上下,圆神、方智足以尽往来,而蹈常适变莫逆于性命之理者,如此而已矣。……自王者之迹熄而

---

① 郑侠:《西塘集》卷二《大庆居士序》,景印文渊阁四库全书,第1117册,第377页。

② 《西塘集》卷六《复李君宝知县书》,第439页。

《诗》亡,夫子没而大义乖,道德之体分裂,而天下多得一体,诸子杂家各自为书,而圣人之大体始乱矣。故言体者迷于一方,言用者滞于一体,其为志虽笃,其为力虽勤,而不幸不见古人之大体,长见笑于大方之家者,由此也。嗟乎!道之不一久矣,而临川先生起于弊学之后,不向于末伪,不背于本真,度之以道揆,持之以德操,而天下莫能罔,莫能移,故奇言异行,无所遁逃,而圣人之道,复明于世。①

陆佃突破胡瑗"明体达用"的藩篱,重新界定儒学的真谛。所谓"君子之学",不仅有体有用,而且仁体上通超越的天道,故不迷一方;礼乐教化与法度刑政随时而用,故不滞一体。他义正词严地宣称,王安石就是宋代儒家之道的继承者。这不妨视为新学一派的理论宣言:以儒为主,整合百家,恢复"道之大全"。②

第二节 建构本体

《洪范传》中,王安石试图建立一种以"五行"为中心的图式,用以说明宇宙万物的形成与变化。五行,即水、火、木、金、土五种元素,王氏将它们视为构成万物的基质。五者始终处于运动变化中,具有变化的性能,故称之为"行":

> 五行,一曰水,二曰火,三曰木,四曰金,五曰土。

---

① 《陶山集》卷十二《答李贲书》,第151—152页。
② 诚如卢国龙所言,这是一种"大儒学"观。《宋儒微言·绪论》,第20页。北宋前期古文家孙何《尊儒》:"夫儒者,即人伦之大宗,而世教之总名耳。……儒之所谓端拱无为,化而为道家;儒之所谓历象日月,化而为阴阳家;儒之所谓明启刑书,化而为法家;儒之所谓必也正名,化而为名家;儒之所谓勤已节用,化而为墨家;儒之所谓专对四方,化而为纵横家;儒之所谓播殖百谷,化而为农家;儒之所谓广记备言,化而为杂家。"(《全宋文》第9册,卷一八六,第202—203页)

> 五行也者，成变化而行鬼神，往来乎天地之间而不穷者也，是故谓之行。①

具体而言，即"木变""土化""水因""火革""金从革"。它们既是构成万物的基质，也是万物变化的动因。万物的体质、性能、形态等，均由此而来：

> 五行，天之所以命万物者也。②

> 天一生水，其于物为精，精者，一之所生也。地二生火，其于物为神，神者，有精而后从之者也。天三生木，其于物为魂，魂者，从神者也。地四生金，其于物为魄，魄者，有魂而后从之者也。天五生土，其于物为意，精、神、魂、魄具而后有意。③

> 盖天地之用五行也，水施之，火化之，木生之，金成之，土和之。施之以柔，化成以刚，故木挠而水弱，金坚而火悍，悍坚而济以和，万物之所以成也，奈何终于挠弱而欲以收成物也之功也？④

五行各有独特的属性，如性、气、位、形、材等。它们通过内部相生相克的运动变化，形成千差万别的事物：

> 五行之为物，其时、其位、其材、其气、其性、其形、其事、其情、其色、其声、其臭、其味，皆各有耦。⑤

> 水言润，则火爌、土溽、木敷、金敛，皆可知也。火言炎，则水冽、土烝、木温、金清，皆可知也。水言下，火言上，则木左、金右、土中央，皆可知也。推类而反之，则曰后、曰前、曰西、曰东、曰

---

① 《王安石文集》卷六十五《洪范传》，第1124页。
② 《王安石文集》卷六十五《洪范传》，第1123页。
③ 《王安石文集》卷六十五《洪范传》，第1124页。
④ 《王安石文集》卷六十五《洪范传》，第1126页。
⑤ 《王安石文集》卷六十五《洪范传》，第1124页。

北、曰南,皆可知也。木言曲直,则土圜、金方、火锐、水平,皆可知也。金言从革,则木变、土化、水因、火革,皆可知也。土言稼穑,则水之井洳、火之爨冶、木金之为械器,皆可知也。①

五行只是构成万物的基质,而非本原。它们由阴阳二气的运动而生成:

> 北方阴极而生寒,寒生水。南方阳极而生热,热生火。……东方阳动以散而生风,风生木。……西方阴止以收而生燥,燥生金。……中央阴阳交而生湿,湿生土。土者,阴阳冲气之所生也。②

由阴阳二气再往上追溯,则是宇宙的根源——道。五行最终由道分化而来,道即"命万物"之天:

> 道者,万物莫不由之者也;命者,万物莫不听之者也。器者,道之散;时者,命之运。③

《老子注》中,王安石对此问题进行集中阐述。他指出,天即"道","道"是宇宙的本原、万物的本根:

> 吾不知道是谁所生之子,象帝之先。象者,有形之始也。帝者,生物之祖也。④
>
> 道者天也,万物之所自生,故为天下母。⑤
>
> 惟道,则先于天地而不为壮,长于上古而不为老。⑥

"道"不是具体的"物"。它隐微奥秘,缥缈恍惚,既非感官所能接触,单凭知觉也难以通晓;它无名无形,亦非言诠所能表述:

---

① 《王安石文集》卷六十五《洪范传》,第1126页。
② 《王安石文集》卷六十五《洪范传》,第1125页。
③ 《王安石文集》卷六十五《洪范传》,第1125页。
④ 《王安石老子注辑佚会钞》第4章,第24页。
⑤ 《王安石老子注辑佚会钞》第52章,第73页。
⑥ 《王安石老子注辑佚会钞》第55章,第77页。

>　　道深微妙，隐奥难见……道之妙，不可以智索，不可以形求，可谓隐矣。①
>
>　　道非物也，然谓之道则有物矣，恍惚是也。阴阳代谢，四时往来，日月盈虚，与时偕行，故不召自来。有无之变，更出迭入，而未离乎道。②
>
>　　道本不可道，若其可道，则是其迹也。有其迹，则非吾之常道也。道本无名，有其名，则非吾之常名。③

可见，此"道"即老子之"道"，是一种对事物的普遍规律加以绝对化的"非物质性的绝对"。④ 王氏又明确提出：

>　　一阴一阳之谓道，而阴阳之中有冲气，冲气生于道。道有体有用。体者，元气之不动；用者，冲气运行于天地之间。⑤

据此，则"道"又指元气之不动者。自秦汉以下，"道"或指规律，或指元气，而把二者杂糅混用以为宇宙本原，则是汉代宇宙发生论的特色。汤用彤指出："汉人以至抱朴子，二义混用。"⑥在这方面，王氏似乎尚未脱离汉儒陈窠。

另外，王安石还沿袭、整合有无、体用、本末、道器等概念，来论述"道"的特质。自魏晋以后，"有""无"等范畴得到广泛应用，意义不尽相同。大致而言，一者沿袭《老子》，从宇宙论的角度阐释，把"道"或"无"当作生成天地万物的本源、最高实体；一是受王弼"以无为本"思想的影响，将"无"视为天地万物之所以存在的根据或原则。前者是

---

① 《王安石老子注辑佚会钞》第41章，第65页。
② 《王安石老子注辑佚会钞》第21章，第46页。
③ 《王安石老子注辑佚会钞》第1章，第13页。
④ 张岱年：《老子哲学辨微》，《中国哲学发微》，第341页。
⑤ 《王安石老子注辑佚会钞》第4章，第23页。
⑥ 汤用彤：《贵无之学》，《魏晋玄学论稿》，上海古籍出版社2001年版，第137页。

生成的关系,具有时空的前后演变;后者则是一种实质、原则与表象、作用间的关系,只有逻辑上的前后。王氏注释《老子》曰:

> 道,一也,而为说有二。所谓二者,何也?有无是也。无则道之本,而所谓妙者也;有则道之末,所谓徼者也。①

> 道有本有末。本者,万物之所以生也;末者,万物之所以成也。本者,出之自然,故不假乎人之力而万物以生也;末者,涉乎形器,故待人力而后万物以成也。②

王氏以本末、体用等概念来解释有、无,当沿袭王弼。然既曰"体者,元气之不动;用者,冲气运行于天地",则此处体、用皆指气而言,惟动静不同,故一为元气、一为冲气,实为一物所处的不同形态。元气派生冲气(阴阳二气的相互作用),冲气产生五行,五行构成万物。这描述的依然是宇宙生成。"体"并非指存有论的本体,而是本原、本始。所谓体用、本末间的关系,"不是背后的实在与表面的假象之关系,而是源流根枝的关系"。③ 看来,他仍然将宇宙论与本体论的问题混为一谈:

> 无者,形之上者也。自太初至于太始,自太始至于太极。太始生天地,此名天地之始。有,形之下者也。有天地然后生万物,此名万物母。母者,生之谓也。④

《系辞》曰:"易有太极,是生两仪。"⑤《易纬乾凿度》解释曰:"有太易,有太初,有太始,有太素。"⑥太易即气未产生的阶段,相当于"无"。当

---

① 《王安石老子注辑佚会钞》第1章,第15页。
② 《王安石文集》卷六十八《老子》,第1183页。
③ 可见张岱年:《中国哲学大纲》,商务印书馆2015年版,第77页。
④ 《王安石老子注辑佚会钞》第1章,第14页。
⑤ 《周易正义》卷七《系辞上》,第340页。
⑥ 赵在翰辑,钟肇鹏、萧文郁点校:《七纬》,中华书局2012年版,第33页。

气质具备,进入太始、太初、太素三者混而未分的浑沦阶段,即太极。王安石糅合这些概念,结合道家的无中生有论,勾画出一幅宇宙生成图景:无/道→(太初→太始→太极)→阴阳→冲气→五行→万物。

"道"也是宇宙万物的本体。它超越时空,独立自存,自然而然,是万物存在运动的内在本质:

> 道则自本自根,未有天地,自古以固存,无所法也。无法者,自然而已,故曰:"道法自然。"……夫道者,自本自根,无所因而自然也。①

> 道之体,隐乎无名,而用乃善贷且成。②

这不过沿袭魏晋玄学中本体论述,无甚创新。

王氏的宇宙本体论,表现出较强的折衷、调和倾向。其创新与特色,是处处强调作为整体的道,必须有体有用、有本有末、道器为一;并刻意凸显"用""末""有""器"的重要性,从根本上扭转了道家哲学中崇本息末、重体轻用的"贵无"倾向:

> 道一也,而为说有二。所谓二者,何也?有无是也。无则道之本,而所谓妙者也;有则道之末,所谓徼者也。故道之本出于冲虚杳眇之际,而其末也散于形名度数之间。是二者,其为道一也,而世之蔽者常以为异,何也?盖冲虚杳渺者,常存于无;而言形名度数者,常存乎有。有无不能以并存。此所以蔽而不能自全也。③

> 夫无者,名天地之始;而有者,名万物之母。此为名则异,而未尝不相为用也。盖有无者,若东西之相反而不可以相无也。故非有则无以见无,而非无则无以出有。有无之变,更出迭入,而未

---

① 《王安石老子注辑佚会钞》第 25 章,第 50 页。
② 《王安石老子注辑佚会钞》第 41 章,第 65 页。
③ 《王安石老子注辑佚会钞》第 1 章,第 15 页。

离乎道。此则圣人之所谓神者矣。①

作为终极根原的"道",包括有、无两个层面。无作为本、作为体,它虚无缥缈,神妙莫测。有是末、用,表现在具体的刑名度数中。二者都是"道"的体现,共同构成"道"的整体,不可或缺。

王氏所针对的"世之蔽者",当为王弼等。王弼注《老子》,将万物视之为有、末,将道视之为无、本,在二者之间作出明确取舍:"《老子》之书,其几可一言而蔽之。噫!崇本息末而已矣。"②对此,王氏注解《老子》第一章,予以批判:

> 夫无者,名天地之始;而有者,名万物之母。③
>
> 彼老子者,既以异乎孔孟矣,而王弼又失老子之旨。盖其说以无名也,天地之始。夫神者,天地之至难名者也,而天下既名之以神矣,然物岂有无名者乎?又以为常有欲也,以观其徼。夫欲者,性之害者也。《易》曰"惩忿窒欲",而老子亦曰"不见可欲,使心不乱"。苟为有欲矣,则将沉溺转徙,丧我以逐物,而莫知所守矣,又何徼之能观乎?此之不察,而曰吾知天地之全、古人之大体也。吁,可笑哉!④

王弼注释此章,于无名、有名、无欲、有欲下断句。王安石认为,这种理解,割裂了道之大体。况且,有欲会导致本性的损害,导致主体沉溺于外物,丧失本真,又如何能够观徼?他独创性地在有、无下断句——无指称天地之始,有指称万物之母,⑤由此凸显出万物生成的过程中,天地共同作用,不可或缺。

---

① 《王安石老子注辑佚会钞》第 1 章,第 15 页。
② 王弼注、楼宇烈校释:《老子道德经注校释·老子指略》,中华书局 2008 年版,第 198 页。
③ 《王安石老子注辑佚会钞》第 1 章,第 15 页。
④ 《王安石老子注辑佚会钞》第 1 章,第 16—17 页。
⑤ 《郡斋读书志校证》卷十一,第 471 页。

王安石进而指出,不仅王弼有失老子之旨,老子本人也与孔孟不无扞格:

> 道有本有末。本者,万物之所以生也;末者,万物之所以成也。本者出之自然,故不假乎人之力,而万物以生也;末者涉乎形器,故待人力而后万物以成也。夫其不假人之力而万物以生,则是圣人可以无言也,无为也。至乎有待于人力而万物以成,则是圣人之所以不能无言也,无为也。故昔圣人之在上,而以万物为己任者,必制四术焉。四术者,礼、乐、刑、政是也,所以成万物者也。故圣人唯务修其成万物者,不言其生万物者。盖生者尸之于自然,非人力之所得与矣。老子者独不然。以为涉乎形器者皆不足言也,不足为也,故抵去礼、乐、刑、政,而唯道之称焉。是不察于理而务高之过矣。夫道之自然者,又何预乎?唯其涉乎形器,是以必待于人之言也,人之为也。①

王氏区分"道"之本末。道之本,即无,是万物创生所依据的自然规律,隐秘深奥而不可测。道之末,即有,体现为礼、乐、刑、政等制度,可见可知。"本"者天道自然,人力无法参与,但这样的创生仅具形体而已。"末"者人道有为,圣人等通过创法立制,参与完成万物的成就,使之具备人文化成的文明与秩序。老子过于轻视道之末("有""用"),仅将之视为道之本("无""体")的派生,忽视了它的成就之功。这是"不察于理而务高之过"。实则治理天下时,源自道之本的"无为",恰恰有待于道之末的"有为":

> 其书曰:"三十辐共一毂,当其无,有车之用。"夫毂辐之用,固在于车之无用。然工之琢削未尝及于无者,盖无出于自然之力,可以无与也。今之治车者,知治其毂辐,而未尝及于无也。

---

① 《王安石文集》卷六十八《老子》,第1183—1184页。

然而车以成者,盖毂辐具,则无必为用矣。如其知无为用而不治毂辐,则为车之术固已疏矣。

今知无之为车用,无之为天下用,然不知所以为用也。故无之所以为用者,以有毂辐也;无之所以为天下用者,以有礼、乐、刑、政也。如其废毂辐于车,废礼、乐、刑、政于天下,而坐求其无之为用也,则亦近于愚矣。①

"其书曰"三句,语出《老子》第十一章。意谓三十根辐条集中在一个车毂上,把车轴穿进毂中的空无处(轴孔),车子便可运动。《老子》用轴孔喻无,指出正因轴孔空无,车轮才会转动。王氏则反驳道,惟其先有毂辐,轴孔空无的作用,方能体现。于是,王氏颠倒了老子的有无论,改变了道家哲学中重无轻有的倾向。儒家积极有为的治国之术,其意义得到提升。创法立制,可与天地的生化之功相参:"故昔圣人之在上,而以万物为己任者,必制四术焉。四术者,礼、乐、刑、政是也,所以成万物者也。"

综上所述,王氏的宇宙论本体论,沿袭整合《老子》《易传》、汉代元气说、五行说等诸多思想资源,提出道是宇宙的本原、本体。其创新在于强调道之大全必须兼具体用、本末,扭转了道家哲学中重"无"轻"有"的倾向,特别强调"有"的优先性,从而为制度的创建、变革,进行超越性的客观论证。这与同时代理学家从伦理纲常出发重建宇宙本体论,极为不同。

第三节 辨析人性

人性是中国古代哲学中的一个重要范畴。北宋时,为应对佛道在心性领域的挑战,以及理想秩序的重建之需,人性论的建构成为儒学复兴的时代课题和重要使命。作为宋学的领军之一,王安石积极投入并

---

① 《王安石文集》卷六十八《老子》,第1184页。

引领仁宗朝新兴的论性之风。他探讨人性及相关的性情、性命关系的文章,有《性情》《原性》《性说》《性论》《扬孟》《答王深甫书二》等。各文的观点,颇有矛盾之处。比如,《性论》明确提出:"以一圣二贤之心而求之,则性归于善而已矣。"①这是典型的性善论。《原性》却谓"性不可以善恶言",②《再答龚深甫论语孟子书》宣称"性有善有恶"。③《性论》指出"性者,五常之谓也",④分明赞成韩愈以仁、义、礼、智、信作为性的内涵。《原性》则曰"性者,五常之太极也,而五常不可以谓之性。此吾所以异于韩子",⑤又明确反对韩氏之说。关于性情间的关系,《性情》认为"性情一也",⑥肯定了情在现实中的地位,反对"求性于君子,求情于小人"的性情二分。⑦《礼乐论》论述个人修养时,则提倡"去情却欲而神明生矣",⑧将情、欲视为干扰修养的负面因素。凡此种种,既表明王安石讨论人性时,并非从单一的角度出发,而追求"言岂一端""各有所当";又表明他的人性思想,有着复杂的演变历程。

近些年来,王安石的人性论已成为学界研究的一个焦点,成果丰硕,聚讼纷纭。其观点大致可划分为三派。贺麟认为,王安石从性情合一论出发,经由"性善恶混"论、"性无善无恶"论,晚年回归孟子的"性善"论。体现在具体文献上,即由《性情》→《原性》→《性论》《原过》。夏长朴、陈佩辉等踵武此说,提出《礼记发明》等新的文本证据。⑨ 另一派

---

① 《王安石文集》集外文二《性论》,第 1819 页。
② 《王安石文集》卷六十八《原性》,第 1188 页。
③ 《王安石文集》卷七十二《再答龚深甫论语孟子书》,第 1256 页。
④ 《王安石文集》集外文二《性论》,第 1819 页。
⑤ 《王安石文集》卷六十八《原性》,第 1187 页。
⑥ 《王安石文集》卷六十七《性情》,第 1169 页。
⑦ 《王安石文集》卷六十七《性情》,第 1170 页。
⑧ 《王安石文集》卷六十六《礼乐论》,第 1152 页。
⑨ 贺麟:《王安石的哲学思想》,《文化与人生》,第 314—323 页。夏长朴:《李觏与王安石研究》,第 203、209 页。陈佩辉:《王安石人性论嬗变考》,《孔子研究》2021 年第 6 期,第 71—79,155—156 页。

学者指出,王安石早年服膺"性善"论,中年转而支持"性善恶混",最后受佛教影响演变至"性无善无恶"论。① 还有少数学者,将"性善恶混"确定为王安石在人性问题上的定论。② 以上分歧,既反映出对王氏论性诸文的理解大相径庭,也由于这些文章缺乏明确的作年,研究者往往陷于文献编年与义理阐释间的循环论证。以下本文拟结合王氏学术思想的整体脉络,重新考证《再答龚深甫论语孟子书》等关键篇目的系年,对其人性论的内涵、演变等再作探讨。

(一)

王安石对人性的认识,大致可划分为四个阶段。第一阶段:早年至仁宗庆历年间,服膺性善论。仁宗天圣、明道以后,儒家复古思潮兴起,古文运动重振。谈心论性之风,在士人群体中逐渐流行。③ 作为古文运动的嫡系传人,王安石深受复古思潮的熏染,很早便留意于中唐

---

① 肖永明:《北宋新学与理学人性论建构的不同路径及特点》,《求索》2004年第2期。井泽耕一著、李寅生译:《略论王安石的性情命论》,《东华理工学院学报》(社会科学版)2004年第1期,第7—11页。胡金旺:《王安石人性论的发展阶段及其意义》,《孔子研究》2012年第2期。毕明良:《王安石人性论之演进》,《船山学刊》2011年第3期,第83—86页。丁四新:《性相近也,习相远也——王安石性命论思想研究(上)》,《思想与文化》辑刊,2012年,第193—202页。《王安石性命论思想研究(下)》,《思想与文化》辑刊,2013年,第165—202页。张建民:《王安石人性论的发展演变及其意义》,《孔子研究》2013年第2期,第57—65页。关素华:《王安石人性论新探》,《南昌大学学报》(社科版)2018年第1期,第14—23页。魏福明:《"性不可以善恶言"——试论王安石对儒家人性论传统的超越》,《齐鲁学刊》2019年第4期,第14—24页。吴远华、王伟:《礼乐视域下王安石性情论重构研究》,《求是学刊》2020年第5期,第144—152页。

② 刘丰:《王安石的礼乐论与心性论》,《中国哲学史》2010年第2期,第93—100页。此文将王安石的礼乐论与人性论关联考察,研究视角有所拓展。

③ 仁宗景祐二年(1035),欧阳修回书李诩曰"世之言性者多矣","修患世之学者多言性","今之学者……而好为性说",可见此风正方兴未艾。《欧阳修全集》卷四十七《答李诩第二书》,第669—670页。儒家论性之风在仁宗朝兴起的具体原因,比较复杂,有待详考。

古文家上承秦汉而重新开辟的儒家性论话题,撰写《性论》。其文曰:

> 古之善言性者,莫如仲尼。仲尼,圣之粹者也。仲尼而下,莫如子思。子思,学仲尼者也。其次莫如孟轲。孟轲,学子思者也。仲尼之言,载于《语》。子思、孟轲之说,著于《中庸》而明于七篇。然而世之学者,见一圣二贤性善之说,终不能一而信之者,何也? 岂非惑于《语》所谓"上智下愚"之说与? 噫,以一圣二贤之心而求之,则性归于善而已矣。其所谓愚智不移者,才也,非性也。性者,五常之谓也;才者,愚智、昏明之品也。欲明其才品,则孔子所谓"唯上智与下愚不移"之说是也。欲明其性,则孔子所谓"性相近习相远"、《中庸》所谓"率性之谓道"、孟轲所谓"人无有不善"之说是也。①

文章主要辨析性、才之别。王氏认为,性乃生而即有的自然之质,具体内涵是仁、义、礼、智、信等"五常"。根据孔子、子思、孟子三位圣贤所言,性是善的。不论上智还是下愚,都生而具备此善性。《论语》"上智与下愚不移者"之"不移",指才而非性,才有愚智、昏明的不同,而性则无有不善。荀子、扬雄、韩愈混淆了二者的区别,不足为训:

> 仲尼、子思、孟轲之言,有才性之异,而荀卿乱之。扬雄、韩愈惑于上智下愚之说,混才与性而言之。②

无论上智还是下愚,都生而具备善性,只不过前者得之全,后者得之微。圣人、中人、愚人之别,由此而判:

> 或曰:"所谓上智得之之全,而下愚得之之微,何也?"
>
> 曰:"仲尼所谓'生而知之',子思所谓'自诚而明',孟子所谓'尧舜先得我心之所同',此上智也,得之之全者也。仲尼所谓

---

① 《王安石文集》集外文二《性论》,第1818—1819页。
② 《王安石文集》集外文二《性论》,第1820页。

'因而学之',子思所谓'勉强而行之',孟子所谓'泰山之于邱垤,河海之于行潦',此下愚也,得之之微者也。"①

文中完全赞同孟子的"性善"论,认可韩愈以五常为性。这与王氏之后"性不可以善恶言""性有善有恶""五常不可以谓之性"等观点,明显相悖。

《性论》究竟是王氏性论的起点,抑或终点?学界对此饶有争议。贺麟指出,《性论》"醇正发明孟子本旨","真是洞达性体的至论"。王氏经过力图调和扬、孟后,在人性问题上的定论:"最后不能不归到孟子的性善说。"②陈植锷等则以为,《性论》是王氏早年之作。③

今按,此文出自南北宋间流行的文章总集《圣宋文选》,《临川先生文集》与《王文公文集》两种版本皆未收。从王安石的学术思想及散文写作的历程来考察,《性论》应当是他的早年之作。其一,在文体风格上,此文有些语句直接模拟《孟子》,符合王氏早年古文写作的特点。如曰:

夫性犹水也,江河之与畎浍,小大虽异,而其趋于下同也。性犹木也,梗楠之与樗栎,长短虽异,而其渐于上同也。

以江河畎浍、梗楠樗栎来比喻人性,这是沿袭《孟子·告子》中"性犹湍水""人性之善犹水之就下""顺杞柳之性而以为桮棬"等表述。仁宗庆历四年(1044),曾巩向欧阳修举荐王安石,④并转述欧阳修对王氏此期散文的评价:"欧公更欲足下少开廓其文,勿用造语及模拟前

---

① 《王安石文集》集外文二《性论》,第1819页。
② 《王安石的哲学思想》,《文化与人生》,第314—323页。《李觏与王安石研究》,第203、209页。
③ 陈植锷:《北宋文化史述论》,第270页。邓广铭认为此文作于庆历五年(1045)左右。《北宋政治改革家王安石》,第7—9页。《王安石年谱长编》将此文系于康定元年(1040),第89—91页。
④ 《曾巩集》卷十五《上欧阳舍人书》,第237页。

人。……欧云:'孟、韩文虽高,不必似之也,取其自然耳。'"①可见王氏早年的文章,模拟孟子、韩愈的痕迹颇重。②《性论》亦然。其二,此文辨析人性与才识之别,比较清楚。但孟子以道德意识来追溯说明人之性善,思路尚未尽善,给后世留下不少批驳、发挥的空间。王氏对此深有所见,曾提出过尖锐质疑(详下)。此文丝毫未予涉及。第三,孔子所曰"性相近,习相远",强调后天之习。文中将之与孟子"人无有不善"并论,以为皆指性善而言,明显不妥,反映出王氏此时只是牵引经典中的语句,曲成己说。全文颇多因循,甚少发明,不似王氏关于人性问题的定论,而更像他早年亦步亦趋的拟孟之作。他的第一部学术著作《淮南杂说》,"其言与孟轲相上下",③同样呈现出模拟之痕。

《性论》将性直接等同于五常,如此确定不移的"性善"论,也见于王安石对《礼记·中庸》的诠释。卫湜《礼记集说》卷一百二十三"天命之谓性,率性之谓道,修道之谓教"条:

> 临川王氏曰:人受天而生,使我有是之谓命,命之在我之谓性。不唯人之受而有是也,至草木、禽兽、昆虫、鱼鳖之类,亦禀天而有性也。然性果何物也?曰善而已矣。性虽均善,而不能自明。欲明其性,则在人率循而已。率其性不失,则五常之道自明。然人患不能修其五常之道,以充其性。能充性而修之,则必以古圣贤之教为法,而自养其心。不先修道,则不可以知命。《易》曰:"穷理尽性以至于命。"《易》何以不先言命,而此何以首之?盖天生而有是性命,不修其道,亦不能明其性命也。是《中

---

① 《曾巩集》卷十六《与王介甫第一书》,第 255 页。
② 又如《送陈升之序》:"堪大臣之事,可信而望者,陈升之而已矣。煦煦然仁而已矣,孑孑然义而已矣,非予所以望于升之也。"(《王安石文集》卷八十四,第 1472 页)这是模拟《孟子·公孙丑下》的句法:"千里而见王,是予所欲也,不遇,故去,岂予所欲哉?"(《孟子正义》卷九,第 307 页)
③ 《郡斋读书志校证》卷十二,第 526 页。

庸》与《易》之说合。此皆因中人之性言也，故曰："自诚明谓之性，自明诚谓之教。"夫教者在中人，修之则谓之教。至于圣人，则岂俟乎修而至也？若颜回者，是亦中人之性也，唯能修之不已，故庶几于圣人也。①

"临川王氏曰"指王安石《礼记发明》，其中荟萃了王氏对《礼记》的一些注解，以及相关的言论、文字。但此书并非他亲撰，而是出自新学传人或南宋书贾编集。② 王氏认为人性、物性皆善，唯人能率循教化后而自明。又指出，凡圣之别，在于圣人不必修教便可至"诚"，而中人则须修之不已，方可抵达圣人之境。这种将孟子"性善"论与孔子"上智下愚"调和折中的诠释取向，与《性论》相似。《性论》将"性相近""率性之谓道"之性，皆解读为孟子"人无有不善"的善性，处处留意协调《中庸》《孟子》中的相关论述，显示出《中庸》在王氏早年性论中的影响。毕明良认为：

> 王安石训释《中庸》所表达的人性观点与《性论》接近，但有向《性情》篇观点发展过渡的痕迹，其著述年代当在《性论》与《性情》之间。③

甚是。另外，王氏注解中"充其（善）性"的表述，又见于庆历六年（1046）《答孙长倩书》："《语》曰：'涂之人皆可以为禹。'盖人人有善性，而未必善自充也。若足下者，充之不已，不惑以变，其又可量邪？"④也反映出

---

① 卫湜：《礼记集说》卷一百二十三，景印文渊阁四库全书，第 120 册，第 16 页下。
② 近些年来，《礼记发明》屡屡被学者用于讨论王安石的人性论。其实，此书并非王氏所撰，只是新学传人或书贾汇集了王氏对《礼记》的一些注解、评论及相关的文字，拼凑而成。其中多条注解，与王安石《虔州学记》等文中片段几乎完全重复。可见本书第二章第一节。
③ 毕明良：《王安石人性论之演进》，《船山学刊》2011 年第 3 期。
④ 《王安石文集》卷七十六《答孙长倩书》，第 1326 页。系年见《王安石年谱长编》卷二，第 159 页。

他早年对孟子"性善"论的服膺。中年后，王氏转向"性有善有恶"论，不再言"充其性"，而变为"充其羞恶之性"（详下）。

（二）

第二阶段：庆历至嘉祐年间，反驳性善情恶，提出性"不可以善恶言"。庆历以后，王安石的学术思想逐渐迈出古文运动的藩篱。他入其室而操其戈矛，在人性问题上展开了对韩愈等古文家性论的反省和批驳。如《性说》：

> 孔子曰："性相近也，习相远也。"吾是以与孔子也。韩子之言性也，吾不有取焉。①

韩愈撰有《原性》，引领中晚唐古文家论性的风潮。在性善、性恶、性善恶混之外，他创立"性三品"说，提出性之品有三："上焉者，善焉而已矣；中焉者，可导而上下也；下焉者，恶焉而已矣。""其所以为性者五：曰仁、曰义、曰礼、曰信、曰智。"上品"主于一（仁）而行于四"；中品"之于五也，一也不少有焉，则少反焉，其于四也混"；下品"之于五也，反于一而悖于四"。② 针对韩氏之说，王安石引用孔子"性相近，习相远"来批驳。他认为，孔子所谓上智、下愚、中人三者，只是强调后天所习，并非指人性而言。上智习于善，下智习于不善，中人一习于善、一习于恶。上智、下愚通过对习的抉择，导致最终的善恶：

> 然则孔子所谓"中人以上可以语上，中人以下不可以语上，惟上智与下愚不移"，何说也？曰：习于善而已矣，所谓上智者；习于恶而已矣，所谓下愚者；一习于善、一习于恶，所谓中人者。上智也，下愚也，中人也，其卒也命之而已矣。有人于此，未始为

---

① 《王安石文集》卷六十八《性说》，第1189页。
② 《韩愈文集汇校笺注》卷一《原性》，第47页。

不善也，谓之上智可也；其卒也去而为不善，然后谓之中人可也。有人于此，未始为善也，谓之下愚可也；其卒也去而为善，然后谓之中人可也。惟其不移，然后谓之上智；惟其不移，然后谓之下愚。皆于其卒也命之，夫非生而不可移也。①

韩愈既以五常为性，则性自应是善，可又分性为三品，岂非自相矛盾？所谓的三品，其实不过是后天之习而已：

> 且韩子之言弗顾矣。曰："性之品三，而其所以为性五。"夫仁、义、礼、智、信，孰而可谓不善也？又曰："上焉者之于五，主于一而行于四；下焉者之于五，反于一而悖于四。"是其于性也，不一失焉，而后谓之上焉者；不一得焉，而后谓之下焉者。是果性善，而不善者习也。②

文章重在反驳"性三品"说，强调后天习的作用，对于性之善恶未曾展开论述，大致仍然坚持"性善"论："是果性善，而不善者习也。"其作年，应当稍晚于《性论》。

对于另一位中唐古文大家李翱的"性善情恶"论，王安石起初沿袭，认为"情性之所以正反"，从而主张"去情却欲，以尽天下之性"，"去情却欲而神明生矣"。③ 庆历以后，则逐渐改弦更张，转为批判。《性情》曰：

> 性情一也。世有论者曰："性善情恶。"是徒识性情之名，而不知性情之实也。喜、怒、哀、乐、好、恶、欲未发于外而存于心，性也；喜、怒、哀、乐、好、恶、欲发于外而见于行，情也。性者，情

---

① 《王安石文集》卷六十八《性说》，第1189页。
② 《王安石文集》卷六十八《性说》，第1190页。
③ 《王安石文集》卷六十六《礼乐论》，第1152页。又曰："圣人内求，世人外求，内求者乐得其性，外求者乐得其欲。欲易发而性难知，此情性之所以正反也。"（第1150页）将性情对立，求性于圣人，求情欲于世人，这明显是袭用《复性书》。

之本；情者，性之用。故吾曰：性情一也。

彼曰"性善"，无它，是尝读孟子之书，而未尝求孟子之意耳。彼曰"情恶"，无它，是有见于天下之以此七者而入于恶，而不知七者之出于性耳。①

按"世有论者"二句，指李翱《复性书》所言："情者，性之邪也。""情有善有不善，而性无不善焉。""情者，妄也，邪也。"李翱认为，性是情的根据，情是性的表现："无性则情无所生矣，是情由性而生，情不自情，因性自情；性不自性，由情有明。"但同时，李翱将性、情二者绝对对立。他把性当作是善的根源，把情当作是恶的根源，进而主张去情却欲，回复本性。他指出，众人皆具有至善的本性，通过回复本性，可以取得道德的净化，成为圣人。现实中圣人极少，是因为众人被"情"障蔽了本性："人之所以为圣人者，性也；人之所以惑其性者，情也。"②欲复性，就必须灭情。

王安石则认为，性与情并非对立而是同一的。二者一是"未发"，一是"已发"，属于心理活动的两个不同阶段和状态——性是"喜、怒、哀、乐、好、恶、欲未发于外而存于心"，情即"喜、怒、哀、乐、好、恶、欲发于外而见于行"。二者是体用的关系：性为体，情为用。前者是后者的根源，后者则是前者的表现。由此，王氏明确反对李翱的"情恶说""灭情说"。他指出，无论君子还是小人，他们的善恶都只有通过"情"表现出来。区别在于，圣贤之情符合规范，小人之情违反规范：

故此七者，人生而有之，接于物而后动焉。动而当于理，则圣也，贤也；不当于理，则小人也。彼徒有见于情之发于外者为外物之所累，而遂入于恶也，因曰情恶也，害性者情也。是曾不察于情之发于外，而为外物之所感，而遂入于善者乎？盖君子养

---

① 《王安石文集》卷六十七《性情》，第1169—1170页。
② 《李翱文集校注》卷二《复性书》，第13页。

性之善,故情亦善;小人养性之恶,故情亦恶。故君子之所以为君子,莫非情也;小人之所以为小人,莫非情也。①

即便是舜和文王这两位圣人,也做不到"灭情":

> 故君子之所以为君子,莫非情也;小人之所以为小人,莫非情也。彼论之失者,以其求性于君子,求情于小人耳。自其所谓情者,莫非喜、怒、哀、乐、好、恶、欲也。舜之圣也,"象喜亦喜"。使舜当喜而不喜,则岂足以为舜乎?文王之圣也,"王赫斯怒"。当怒而不怒,则岂足以为文王乎?举此二者而明之,则其余可知矣。②

假如以无情为善,"则是若木石者尚矣"。至于善恶,只是对情之是否合理的描述:"是以知性情之相须,犹弓矢之相待而用。若夫善恶,则犹中与不中也。"③

既然情可为善(当于理),可以为恶(不当于理),而"性情一也",然则性是否可以为恶?——"然则性有恶乎?"此时,反驳他人的逻辑,驱使王氏偏离孟子的"性善"论。他先是指出,"性善"未必反映出孟子的本意:"彼曰'性善',无它,是尝读孟子之书,而未尝求孟子之意耳。"④继而曰:"孟子曰:'养其大体为大人,养其小体为小人。'扬子曰:'人之性,善恶混。'是知性可以为恶也。"⑤这样,他开始将性理解为一种心理本能、倾向,消解了"性善"论的道德化面向。

《性情》一文,大致作于仁宗皇祐、嘉祐之间。⑥ 其中,对性情关

---

① 《王安石文集》卷六十七《性情》,第1170页。
② 《王安石文集》卷六十七《性情》,第1170页。
③ 《王安石文集》卷六十七《性情》,第1170页。
④ 《王安石文集》卷六十七《性情》,第1170页。
⑤ 《王安石文集》卷六十七《性情》,第1170页。
⑥ 《王安石年谱长编》系此文于皇祐元年(第214—216页)。王安石对"性善情恶"论的批判,或与王开祖有关。二王在皇祐初有过学术交流,很多论题、观点相近。见本书第一章第二节。

系的描述,可与王氏对《中庸》的注解相互印证。《礼记集说》卷一百二十四"喜、怒、哀、乐之未发谓之中,发而皆中节谓之和。中也者,天下之大本也;和也者,天下之达道也。致中和,天地位焉,万物育焉"引临川王氏曰:

> 人之生也,皆有喜、怒、哀、乐之事。当其未发之时,谓之中者,性也;能发而中喜、怒、哀、乐之节,谓之和者,情也。后世多以为性为善,而情为恶。夫性情一也。性善则情亦善,谓情而不善者,说之不当而已,非情之罪也。《礼》曰:"人生而静,天之性也。感物而动,性之欲也。"则是中者,性之在我者之谓中;和者,天下同其所欲之谓和。夫所谓大本也者性,非一人之谓也。自圣人、愚夫皆有是性也。达道也者,亦非止乎一人,举天下皆可以通行。①

这段注解与《性情》的表述,颇有相似,如曰"夫性情一也"。但仅言"性善则情亦善",将情之不善归于"说之不当",未暇详细探讨情恶的缘由。作为"大本"的性,与圣人、愚夫皆有的性,显然仍指孟子的性善之性。《性情》也未完全否认孟子"性善"说,只是提出"性可以为恶",并引用孟子的"养其大体为大人"、扬雄的"性善恶混"为据,作为辅证。二者相较,这段注解的作年当在《性论》《性说》之后、《性情》之前。

在此之后,王安石撰写《原性》一文,对儒学史上各种性论进行全面的清理与批驳:

> 或曰:"孟、荀、扬、韩四子者,皆古之有道仁人,而性者,有生之大本也。以古之有道仁人而言有生之大本,其为言也宜无惑,

---

① 卫湜:《礼记集说》卷一百二十四,第142页下。

何其说之相戾也？吾愿闻子之所安。"曰："吾所安者，孔子之言而已。"①

性是"有生之大本"，为何孟子、荀子、扬雄、韩愈四贤所言各异？王安石认为，不论性善、性恶或是善恶混、三品说，其实皆指情与习而言，并非性。他赞同的孔子"性相近也，习相远也"说——"相近之性"不再是孟子的善性。进而，王氏基于正名的逻辑——"圣人之教，正名而已"，对孟、荀、扬、韩论性诸说，进行全面的批驳：

> 夫太极者，五行之所由生，而五行非太极也。性者，五常之太极也，而五常不可以谓之性。此吾所以异于韩子。且韩子以仁、义、礼、智、信五者谓之性，而曰天下之性，"恶焉而已矣"。五者之谓性而恶焉者，岂五者之谓哉？孟子言人之性善，荀子言人之性恶。夫太极生五行，然后利害生焉，而太极不可以利害言也。性生乎情，有情然后善恶形焉，而性不可以善恶言也。此吾所以异于二子。②

他以太极生五行，来类比性之于情的关系。五行可以利害言之，而太极不可以利害言；情以可用善恶来描述、来确定，但性则不可。这正如卵生鸡雏后，可以用雌、雄来描述鸡雏，但不能用雌、雄来描述鸡卵。所谓的善恶，只适应于情生之后的描述命名。③ 至于情之所由生的性，则"不可以善恶言"。孟、荀等所言之善恶，乃指情经习后的表现：

> 且诸子之所言，皆吾所谓情也、习也，非性也。扬子之言为

---

① 《王安石文集》卷六十八《原性》，第 1187 页。
② 《王安石文集》卷六十八《原性》，第 1187—1188 页。
③ 这个比喻，与董仲舒的米、禾之喻，颇为神似："故性比于禾，善比于米。米出禾中，而禾未可全为米也。善出性中，而性未可全为善也。""善出于性，而性不可谓善。"苏舆撰，钟哲点校：《春秋繁露义证》卷十，中华书局 1992 年版，第 296 页、第 308 页。

似矣,犹未出乎以习而言性也。古者有不谓喜、怒、爱、恶、欲情者乎?喜、怒、爱、恶、欲而善,然后从而命之曰仁也、义也;喜、怒、爱、恶、欲而不善,然后从而命之曰不仁也、不义也。故曰:有情,然后善恶形焉。然则善恶者,情之成名而已矣。孔子曰:"性相近也,习相远也。"吾之言如此。①

此即王氏的"性不可以善恶言"。

《原性》的作年,应在仁宗皇祐、嘉祐年间,于《性情》之后。北宋中期著名学者刘敞的《公是先生弟子记》,详细记载了他对"性不可以善恶言"说的反驳:

> 王安石曰:"性者太极也,情者五行也。五行生于太极,而后有利害。利害非所以言太极也。情生于性而后有善恶,善恶非所以言性也。谓性善恶者,妄也。"
>
> 刘子曰:"王子之言,其谓人无性焉可已。夫太极者,气之先而无物之物者也,人之性亦无物之物乎?圣人之言人性也,固以有之为言,岂无之为言乎?是乱名者也。王子曰:'人之性无善恶之称,彼善不善者,情之成名也。'然则圣人无所言性可矣。《易》曰:'乾道变化,各正性命。'夫不以物为无性、性为无善,而以性为善,或不得本者也。如物也而无性,性也而无善,则乾尚何化而化,尚何正之有?夫言性而明其无性者,不足以明性,而固惑于有性者也。说何以免此。"
>
> 王子曰:"情生于性,而有善恶焉,善恶乃非性也。"往应之曰:"雏生于卵,而有雌雄,然则雌雄生于卵之前乎,生于雏之后乎?雌雄生于卵,卵虽无雌雄之辨,不可谓卵无雌雄也。善生于性,性虽未有善之动,岂可谓性无善哉?彼卵而无雌雄,性乃可

---

① 《王安石文集》卷六十八《原性》,第1188页。

以无善矣。"①

刘敞认为,王安石的"性不可以善恶言"会导致"圣人无所言性",将人性的论题引入死角:"不足以明性,而固惑于有性者也。"这自然不无道理。然而接下来的引申、反问——"卵虽无雌雄之辨,不可谓卵无雌雄也。善生于性,性虽未有善之动,岂可谓性无善哉",却明显转换了论题,将"性不可以善恶言"转变为:性中是否蕴含着为善为恶的可能、趋向或资质。这其实是王氏《性情》所承认的——"性可以为恶",可以为善。

需要强调的是,王安石仅仅提出"性不可以善恶言",似从未声称"性无善恶"。二者看似相近,实则大不相同。"性无善恶",意味着性是作为超越善恶之上的清净本体。然详王氏之意,乃言善恶之称,仅可用于定性、描述"情"之当理与否,而不可用于情所由生之性。正如可用"雌雄"来指称鸡雏,却不可用于鸡卵。王氏并未否认,鸡卵中孕育着或雌或雄的可能。刘敞的回应,不足以驳倒王氏。《四库全书总目》卷九十二《公是先生弟子记》提要曰:

> 王守仁谓"无善无恶者性之体,有善有恶者意之用",明人龂龂辨正,称为卫道。今观是书,乃知王安石先有是说。②

四库馆臣将王氏的"性不可善恶言",解读为超越善恶之上的绝对清净本体,并认为开明代王阳明"无善无恶者性之体"的先河,其实是在"时代意识"引导下的错误追溯。当代学者将"性无善无恶"视为王氏的人性论之一,受佛教影响所致,似不足据。

(三)

第三阶段:嘉祐、治平年间,王安石整合孟子、扬雄的人性论,正

---

① 刘敞:《公是先生弟子记》卷四,第 60—61 页。
② 《四库全书总目》卷九十二,第 778 页。

式提出"性有善有恶"论,并寻找人性的天道依据。如上所言,既然情由性生,而情有善恶,那么由情往上追溯,可以推导出性有善有恶,或者性可以为善为恶。在诸子性论中,这与扬雄的"性善恶混"说,最为接近。可是,如何解释孟子所言"性善"论呢?《扬孟》曰:

> 论者曰:"人之性善,不肖之所以不肖者,岂性也哉?"此学乎孟子之言性,而不知孟子之指也。……孟子之言性,曰性善;扬子之言性,曰善恶混。……孟、扬之道,未尝不同,二子之说,非有异也,此孔子所谓"言岂一端而已,各有所当"者也。孟子之所谓性者,正性也;扬子之所谓性者,兼性之不正者言之也。①

此文利用"正性""兼性"等概念,来调和孟子、扬雄在人性问题上的分歧。王氏认为,孟子言性善之"性",专指道德意识之"正性",不包括生理欲望之性;而扬雄言性善恶混之"性",则兼容二者。孟、扬论性,各有所当,并无根本不同。贤与不肖的关键,在于"羞恶之性"与后天的修行:

> 夫人之生,莫不有羞恶之性。有人于此,羞善行之不修,恶善名之不立,尽力乎善,以充其羞恶之性,则其为贤也孰御哉?此得乎性之正者,而孟子之所谓性也。有人于此,羞利之不厚,恶利之不多,尽力乎利,以充羞恶之性,则其为不肖也孰御哉?此得乎性之不正,而扬子之兼所谓性者也。……
>
> 今夫羞利之不厚,恶利之不多,尽力乎利而至乎不肖,则扬子岂以谓人之性而不以罪其人哉?亦必恶其失性之正也。……孟子曰:"口之于味也,目之于色也,耳之于声也,鼻之于臭也,四肢之于安逸也,性也。有命焉,君子不谓性也。仁之于父子也,义之于君臣也,礼之于宾也,知之于贤者也,圣人之于天道也,命

---

① 《王安石文集》卷六十四《扬孟》,第1112—1113页。

也。有性焉，君子不谓命也。"然则孟、扬之说，果何异乎？今学者是孟子则非扬子，是扬子则非孟子，盖知读其文而不知求其指耳，而曰"我知性命之理"，诬哉！①

或以善名不立为羞，以善行不修为恶，尽力乎善，努力扩充内在的羞恶之性；或以利之不厚、利之不多为羞，尽力乎利，努力扩充内在的羞恶之性。前者"得乎性之正者"，即孟子所谓的性善；后者"得乎性之不正"，即扬雄所谓的"性善恶混"。此处王氏提出一个重要概念：羞恶之性。它本身并非善性或恶性，而是能够感知、选择善恶的心理功能；再兼以后天之"习"的培养、熏染，善恶乃成。如此，性可以为善，可以为恶。② 也不妨说，性有善有恶。这与扬雄的"性善恶混"说最为接近。③ 王氏将"性善"解释为"正性"或"性之正者"，由此化解扬、孟论性的冲突，避免了是扬非孟、是孟非扬的尴尬。

《扬孟》所论，在《再答龚深父论语孟子书》中得到清晰阐述：

> 某启：亟勉从学，不能无劳，略尝奉书，想已得达。承手笔，知与十二娘子侍奉万福，欣慰可知。
>
> 所论及异论具晓。然道德性命，其宗一也。道有君子有小人，德有吉有凶，则命有顺有逆，性有善有恶，固其理，又何足以疑？伊尹曰："兹乃不义，习与性成。"出善就恶，谓之性亡，不可谓之性成。伊尹之言何谓也？召公曰"惟不敬厥德，乃早坠厥命"者，所谓命凶也。命凶者固自取，然犹谓之命。若小人之自取，或幸而免，不可谓之命，则召公之言何谓也？是古之人以无君子为无道，以无吉德为无德，则出善就恶谓之性亡，非不可也。

---

① 《王安石文集》卷六十四《扬孟》，第1113—1114页。
② 蒋义斌认为，王安石的性可以为恶说"恐是受天台宗'佛性具恶'的思想影响"。《宋代儒释调和论及排佛论之演进》，第45页。
③ 丁四新认为，嘉祐以后，王安石愈来愈重视扬雄。他"性有善有恶"的主张，受到扬雄的强烈影响。《王安石的性命论思想研究》，第177页。

虽然,可以谓之无道,而不可谓之道无;小人可谓之无德,而不可以谓德无凶;可以谓之性亡,而不可以谓之性无恶。孔子曰:"性相近也,习相远也。"言相近之性,以习而相远,则习不可以不慎,非谓天下之性皆相近而已矣。……

久废笔墨,言不逮意,幸察!知罢官遂见过,幸甚!然某疲病,恐不能久堪州事,不知还得相见于此否?向秋,自爱。①

之前所举王安石的诸篇文章,于前人论性或纯是沿袭,或旨在驳斥,或意主调和。这封书信,则明确主张性有善有恶,"固其理,又何足以疑?"书中引用孔子"性相近,习相远"以及伊尹"兹乃不义,习与性成"的名言,强调后天之习决定了性成或性亡。性成,即性中之善经由后天之习的成就;性亡,为性中之恶经由后天之习的养成。所谓"可以谓之性亡,而不可以谓之性无恶",并非否定之前所揭橥的"性不可以善恶言",只是指出性中蕴涵着现实之恶的根源。信中曰:"道德性命,其宗一也。道有君子有小人,德有吉有凶,则命有顺有逆,性有善有恶,固其理。"类似的表述,在王氏嘉祐后期所撰《洪范传》中曾出现:

盖五行之为物,其时,其位,其材,其气,其性,其形,其事,其情,其色,其声,其臭,其味,皆各有耦。推而散之,无所不通。一柔一刚,一晦一明。故有正有邪,有美有恶,有丑有好,有凶有吉。性命之理,道德之意,皆在是矣。②

王氏的宇宙生成模式为:太极→阴阳→五行→万物。作为五种基本元素,五行生成万物时,其时、其位、其材等皆各有耦,经过对立面的变化,落实于人的本性,也必然呈现为"有正有邪,有美有恶"的并存

---

① 《王安石文集》卷七十二《再答龚深父论语孟子书》,第 1256—1257 页。
② 《王安石文集》卷六十五《洪范传》,第 1124 页。

("有美有恶",即有善有恶)。王氏为"性有善有恶"论,寻找到更高的天道生成的依据——"固其理"。

《再答龚深父论语孟子书》作于何年呢?① 今按,此书首尾两段,《临川先生文集》不载,据龙舒本《王文公文集》补,后者题为《答王深甫书二》。王深甫,即北宋中期著名学者王回,王安石挚交。嘉祐二年(1057)进士及第,嘉祐五年(1061)"补亳州卫真县主簿,岁余(六年),自免去,有劝之仕者,辄辞以养母。其卒以治平二年七月二十八日,年四十三"。② 此书末言"知罢官遂见过""恐不能久堪州事",则当作于王安石知某州任上。当时深甫(父)刚罢官,欲来拜访。考王氏一生,共有四次知、判某州。一是嘉祐二年(1057)五月,他出知常州,九月到任,翌年三月移提点江东刑狱。二是治平四年(1067)闰三月至九月,知江宁府。三是熙宁七年(1074)四月知江宁,翌年二月再相。四是熙宁九年(1076)十月,以观文殿大学士出判江宁府,翌年六月免去。后三次知、判江宁时,王回已经去世。嘉祐二年至三年,王回尚未出仕,"知罢官遂见过"无从谈起。故此书所致之人,决非王深甫,而为龚深父。龙舒本系误题。

龚深父,即龚原(1043—1110),王安石侄婿、门人。嘉祐八年

---

① 此书作年,李德身重复系于嘉祐二年(1057)和治平元年(1064)。(《王安石诗文系年》,陕西人民出版社,1987年,第163,104—105页)丁四新、胡金旺系于治平元年(《王安石性命论思想研究》,第176页;《王安石的人性论的发展阶段及其意义》,第25页)。张建民、陈佩辉系于嘉祐二年(《王安石人性论的发展演变及其意义》,第60页;《王安石人性论嬗变考》,第75页)。毕明良指出:"嘉祐二年龚原还只不过是十四岁左右的孩子,不太可能已与王安石书信往来讨论《论语》《孟子》中的道德性命问题;其二,信中提到的'十二娘子'当是指龚原的妻子,也就是说此时龚原已婚。因此,此信当作于治平四年(1067)初秋前后。"(《王安石人性论之演进》,第85页)甚是。然毕忽略了此文在龙舒本《王文公文集》与杭州本《临川先生文集》中的版本差异,考证有疏漏。

② 《王安石文集》卷九十三《王深父墓志铭》,第1610—1611页。王回《抱关赋》曰:"嘉祐五年,回始仕为卫真主簿,日负吏责。"《宋文鉴》卷四,中华书局1992年版,第52页。

(1063),进士第五名及第,试校书郎、知县,①调颍州司法参军。② 此书既言他"罢官遂见过",当作于嘉祐八年以后。又王安石后两次知、判江宁时,龚原一直在开封国子监任职,仕途通顺。至元丰二年(1079)九月,龚原在国子直讲任上"以虞蕃讼失官",而王安石早已卸任判江宁府事。以此推断,《再答龚深父论语孟子书》当作于治平四年(1067)六七月份,王安石以工部郎中知江宁府。其时,新继位的神宗已有意重用王安石,九月,即召王氏入京任翰林学士。王氏对京城的政局、人事变化,有所知晓,③故书末言"恐不能久堪州事,不知还得相见于此否。向秋,自爱。"

(四)

第四阶段:新学门人的阐述生发。嘉祐、治平年间,王安石正式确立了"性有善有恶"的人性论,整合容纳了孟子的"性善"论与扬雄的"性善恶混"。之后,王安石对人性问题没有继续进行系统深入的探讨。其经学代表作《周官新义》主要聚焦于官制的阐释,基本未涉及人性的善恶。倒是从杨时等洛学门人的批评中,可隐约窥见王氏人性论的最终取向:

> 总老言:"经中说十识。第八庵摩罗识,唐言白净无垢;第九阿赖耶识,唐言善恶种子。"白净无垢,即孟子之言性善是也。言

---

① 《宋会要辑稿》选举二:"八年四月十一日,以新及第进士第一人许将为大理评事、金书奉国军节度判官厅公事,第二人陈轩、第三人左仲通为两使幕职官,第四人范祖禹、第五人龚原试校书郎、知县,余进士、明经、诸科及第人皆以为判司簿尉,出身人皆守选。"第5269页。

② 王称:《东都事略》卷一百十四《龚原传》,第997页。

③ 治平四年,围绕王安石知江宁的朝堂争执,可见《王安石年谱长编》卷三,第745—748页。朱义群:《宋神宗起用王安石知江宁府的背景及其政治和文化意涵》,《中华文史论丛》2017年第3期,第351—374,402—403页。

性善可谓探其本，言善恶混，乃是于善恶已萌处看。荆公盖不知此。①

"总老"即东林常总，临济宗黄龙慧南门下。"庵摩罗识"即阿摩罗识，又译为清净识、无垢识，或称真如心、自性清净心、佛性。"阿赖耶识"因其能含藏生长万有之种子，亦称种子识。常总认为，阿赖耶识兼有染（恶）净（善），更根本的庵摩罗识则以清净为体，超越善恶。② 杨时将后者比况为孟子的"性善"，将前者比况为扬雄的"性善恶混"，细揣其言，似谓王安石论性仅知性善恶混，而有失性善之本，不如孟子能得性之本源。杨时是北宋后期最著名的新学批判者，"于新学极精，今日一有所问，能尽知其短而持之"。③ 以他对新学的娴熟，足以反映出王氏的人性论，当止于"性有善有恶"及相近的"性善恶混"。南宋程学传人郭雍总结了北宋论性诸家，也明确指出：

> 本朝言性者四家：司马公谓"扬子兼之"，王荆公谓"扬子之言似矣"，苏氏亦曰"扬雄之论固已近之"，亦多蔽于雄之学。独程氏言孟子性善，乃极本穷原之理；又谓"荀、扬不知性"，故舍荀、扬不论。④

可见王氏在人性问题上历经数变，最终定论仍是性有善有恶。

另，神宗元丰六年（1083），王安石回书蒋之奇（字颖叔）：

> 所谓性者，若四大是也。所谓无性者，若如来藏是也。虽无

---

① 杨时撰、林海权点校：《杨时集》卷十三，第 393 页。
② 据九识说，阿赖耶识是第八识，庵摩罗识是第九识，常总混淆二者顺序。十识说则出自密教，在八识之上再加上"多一识""一一识"，其中并无庵摩罗识。杨时所引未必是常总原文。此承成玮兄赐示，谨此致谢！
③ 程颐、程颢著，王孝鱼点校：《二程集》，第 28 页。
④ 韩愈撰，魏仲举集注，郝润华、王东峰整理：《五百家注韩昌黎集》卷十一，中华书局 2019 年版，第 684 页。

性而非断绝,故曰一性所谓无性;曰一性所谓无性,则其实非有非无。此可以意通,难以言了也。惟无性,故能变;若有性,则火不可以为水,水不可以为地,地不可以为风矣。长来短对,动来静对,此但令人勿着尔。若了其语意,则虽不着二边而着中边,此亦是着。故经曰:"不此岸,不彼岸,不中流。"①

颇有学者以此信为例,证明王氏晚年的人性定论,为"性不可善恶言"或"性无善无恶"。② 然信中所言之"性",既非人性,亦非佛性,而是指事物的本性。黄震评曰:"《答蒋颖叔书》说佛家无性之义。"③"所谓性者,若四大是也",乃指佛教教义中构成事物的四种基本物质元素——地、水、火、风。"非有非无"实为"非有非空",即大乘中观学派所言:事物的本性为空,故非有;同时不能执着于空,要取其中道(边),故非空。此处所论,于人性毫无干涉,不宜引以为据,比附王氏性论诸文。④

王安石晚年不再纠结于人性之善恶。其人性论由新学门人继承,并予以清晰的阐释。王无咎《答王子发书》曰:

> 传曰:"天命之谓性。"盖命有逆顺,则性有善恶,但善则其正性也,恶则非正性也。故性者常可以善言,而不可以恶言。以其始同出于命,而卒以习而异,故孔子曰"性相近也,习相远也"。

---

① 《王安石文集》卷七十八《答蒋颖叔》,第1369页。系年见《王安石年谱长编》,第2133—2134页。

② 胡金旺:"(《答蒋颖叔书》)以佛教的中道观来诠释性空思想,这与《原性》中阐释的性无善无恶的思想很相似。因为既然性空,性当然就无所谓善恶。因此,从内容上看,王安石的《原性》也应作于其晚年失意时期,与《答蒋颖叔书》属于同一时期的作品。"《王安石人性论的发展阶段及其意义》,《孔子研究》2012年第2期,第22—28页。

③ 《黄氏日钞》卷六十四,《全宋笔记》第94册,第262页。

④ 此承成玮兄赐教,谨此致谢。张建民指出:"《答蒋颖叔书》所言之'性'为一本体论概念。……实不可为分析安石人性论之据。"(《王安石人性论的发展演变及其意义》,第63页)当然,王安石精通佛教义理,他的人性论极可能受过佛教影响。

习乎上而有至于上智,其达至于上智矣,故不移;习乎下而有至于下愚,其蔽至于下愚矣,故亦不移。故孔子曰"唯上智与下愚不移",此言性之大略也。方孟子时,天下之言性者,则故而已矣,故孟子救其言之偏也,特曰"性无不善"。扬子以孟子之时言善也,故又救其言之偏也,而曰"人之性也实善恶混"。虽然,所谓善恶混者,盖与"性相近"者合也。独荀子言"人之性恶",则非正性也。非正性者,君子盖不言也。至于韩子,又分性为三品,此与五经、孔孟之言不合,故与荀子俱为不知性也。①

作为新学的正宗传人,王无咎是公认的王安石思想的传声筒。② 他的这封书信,驳斥荀子的"性恶"论、韩愈的"性三品"说,将孟子、扬雄不同的性论解释为各自救时之偏,最终赞成"性有善有恶"。这是对王氏人性论最清晰的阐述。其他如王雱释《汤诰》"若有恒性"曰:"善者,常性也;不善者,非常性也。"常性与非常性,相当于"正性"与"非正性"。③ 陈祥道注解《论语》"性相近也,习相远也"句曰:"天命之谓性,人为之谓习,性则善恶混,故相近,习则善恶判,故相远。"④以上等等,可见新学传人对王氏人性论的继承。

(五)

以上对王安石人性论的发展演变,略作追溯。从简单的话题沿

---

① 王无咎:《答王子发书》,《全宋文》第70册,卷一五二五,第142页。
② 陈师道《后山谈丛》卷一:"王无咎、黎宗孟皆为王氏学,世谓黎为模画手,一点一画不出前人;王为转般仓,致无赢余,但有所欠,以其因人成material,无自得也。"第25页。另,吕南公《灌园集》卷十二《复傅济道书》:"今日解经人极多,大概不出于介甫之书,与皇祐以来题府韵类无异也。先时,王补之解《论语》,众甚钦仰。俄而皆曰:是得之介甫云耳。"第127页。
③ 南宋陈大猷评曰:"不几于善恶混乎?"《三经新义辑考汇评·尚书》,第79页。
④ 陈祥道:《论语全解》卷九,景印文渊阁四库全书,第196册,第206页。

袭,到反驳前人,再到正式确立自己的观点,最终由门人发挥阐述。一条比较清晰的脉络,从中大致可以梳理出来:性善论→性不可以善恶言→性有善有恶或性善恶混。其中有三点值得注意:

首先,王安石对人性的阐述,自始而终都处于一种"对话""论辨"的场域中。以上《性说》诸文,皆有部分篇幅以对话、问答的形式展开行文。王氏"好辨"的特色,①在论性时表现得淋漓尽致。金人赵秉文曾指出:"自韩子言仁义而不及道德,王氏所以有道德性命之说也。"②其实王氏论性所针对的,不止韩愈,还涉及孔子、孟子、荀子、扬雄、李翱等人。《性论》《性说》主要基于"性善"论,来批判韩愈混淆才性及其"性三品"说。《性情》则将性、情视为未发、已发两种心理状态,驳斥李翱的"性善情恶"论。《原性》进而提出"性不可以善恶言",认为孟、荀、扬、韩诸子论性,皆有混淆名实之嫌。对于荀子,王氏一直持批判的姿态,认为"性恶"论主张"化性起伪",导致天(本性)人(礼乐)隔绝。对于孟子的性善论,他最初服膺,继而以正名为由,指出"性善"未必符合孟子的原意:

> 孟子以恻隐之心人皆有之,因以谓人之性无不仁。就所谓性者如其说,必也怨毒忿戾之心人皆无之,然后可以言人之性无不善,而人果皆无之乎?孟子以恻隐之心为性者,以其在内也。夫恻隐之心与怨毒忿戾之心,其有感于外而后出乎中者有不同乎?荀子曰:"其为善者,伪也。"就所谓性者如其说,必也恻隐之心人皆无之,然后可以言善者伪也。为人果皆无之乎?荀子曰:"陶人化土而为埴,埴岂土之性也哉?"夫陶人不以木为埴者,惟土有埴之性焉,乌在其为伪也?③

---

① 曾巩谓:"介甫非前人尽,独黄帝、孔子未见非耳。"《王荆文公诗笺注》卷四十八《韩子》注引,第 1398 页。
② 赵秉文:《滏水集》卷一《原教》,四部丛刊本。
③ 《王安石文集》卷六十八《原性》,第 1188 页。

孟子所谓"性善"之性,专指人之异于禽兽的社会道德属性,即人之"大体"。至于人的自然属性,称为"小体",而不谓之性。孟子以人人都有恻隐之心,来论证人之性善,逻辑可以自洽。只是后世儒者论性,往往将孟子的特称之性理解为全称,遂不可避免地面临以下疑问:如果说现实中善的道德情感、意识、行为是来自先天之性善,那么恶的情感、意识、行为又来自哪里?沿着同样的方式追溯,就只能说性有善有恶。其实,"性有善有恶"的思想,一直以各种面目潜藏在诸子的性论中,如扬雄的"性善恶混",韩愈的"性三品说"。一直到程颐、朱熹以"天命之性"解释善之端,以"气质之性"解释恶之源,这个问题才得以妥善解决。王安石显然已经觉察到其中的论证疏漏,故予以尖锐质疑,最终脱离了孟子的"性善"论,提出"性可以为善为恶""性有善有恶"。

以上诸子的性论,只有孔子的"性相近也,习相远也",王氏始终引以为据,未曾表示异议。其实他对此句的理解和阐释,前后也不一致。起初,他将"相近"之习,理解为性善、天命之性,以迁就"性善"论,以此反驳"性三品"说。之后,又将此句解释为后天之习导致情有善恶,而性只是相近而已,来为"性不可以善恶言"辩护。最后,则将此句阐释为:"言相近之性,以习而相远,则习不可以不慎,非谓天下之性皆相近而已矣。"[①]重点已经完全放在后天之习,而于"性相近"之旨近乎否定。对于孔子的上智下愚之说,则定位于"才识"的层面。

由于始终处于一种论辩的语境中,王氏论性,往往能够敏锐犀利地抓住前人的疏漏,予以批驳。至于本人的论述逻辑,因每次批驳的对象不同,往往不尽相同,甚至前后冲突。这可能是他《性论》《原性》

[①]《王安石文集》卷七十二《再答龚深甫论语孟子书》,第1257页。

诸文,看似驳杂多变的一个重要原因。①

其次,王安石的"性不可以善恶言"论,是建立在正名的逻辑之上,以性情关系的认识为前提。北宋之前,早有儒者隐约提出性是情的根据,情是性的表现。如《荀子·正名》曰:"性之好、恶、喜、怒、哀、乐谓之情。"②南北朝刘昼曰:"性之所感者,情也。""情出于性。"③中唐李翱进而阐述:"无性则情无所由生矣,是情由性而生,情不自情,因性而情;性不自性,因情以明。"④但以性为未发、情为已发,性本、情为用,将魏晋以来在释、老中流行的本末、体用的思维模式用到性情的分析上,这在儒家人性史上,似属首次。贺麟认为,王安石是程朱以前对于人性论最有贡献的儒者。⑤虽略有溢美,不为无据。

至于钱穆所谓,王安石"辨性情,实颇近濂溪,此后晦翁仍沿此路",⑥这个论断有必要进一步分疏。"己丑之悟"后,朱熹逐渐形成性情相为体用,情之未发为性、性之已发为情的心性思想。⑦一般而言,"未发""已发"有两种用法,"一种是体用的用法,如四端之未发即性体。另一种用法,未发并不是指某些意识现象的内在根据,而是指意识现象不曾萌发时主体的本然状态"。⑧朱熹在第一种意义上运用"未发""已发",从而将其"性体"论证为标志人的先天道德本质的范畴。王安石所谓的"未发于外""发于外"则显然属于第二种用法,"性"并不具备人之道德本质的涵义,而指人本来的情感和心理状态。

---

① 前人批判王安石的学术思想多变,《王荆文公诗笺注》卷十五《寓言十五首》其三,李壁注曰:"余尝见杨龟山志谭勋墓云:'公雅不喜王氏。或问其故,曰:说多而屡变,无不易之论也。'"第379页。
② 王先谦撰,沈啸寰、王星贤点校:《荀子集释》,第412页。
③ 刘昼著、傅亚庶校释:《刘子校释》卷一,中华书局1998年版,第10页。
④ 《李翱文集校注》卷二《复性书》,第13页。
⑤ 贺麟:《王安石的哲学思想》,《文化与人生》,第314—323页。
⑥ 钱穆:《初期宋学》,《中国学术思想史论丛》卷五,第12页。
⑦ 陈来:《朱子哲学研究》,华东师范大学出版社2000年版,第173—189页。
⑧ 陈来:《有无之境:王阳明哲学的精神》,第246页。

朱熹认为,作为未发之性即是善,"仁义礼智信"即"乃所谓未发之蕴而性之真也"。王安石则拒绝直接以善恶来规定性之内涵,坚持性"不可以善恶言"。由此,王氏的人性论与程朱理学将伦理道德先验化、本体化的取向,呈现出根本性差异。

在论述性情关系时,王安石似乎混淆了本原与派生、本质与现象两种不同的思维模式。一方面,他指出"性情一也",性为本,情为用。同时又声称:"夫太极生五行,然后利害生焉,而太极不可以利害言也。性生乎情,有情然后善恶形焉,而性不可以善恶言也。"①二者之间,其实有所扞格。太极与五行,属于本原与派生的关系,实为二物。"性情一也",则指作为本质、实体的性,与作为现象、表现的情,实为一物。性决定情,情表现性,情的善恶由性来决定,而非由习。《性情》运用弓矢的比喻,来说明二者的关系:"是以知性情之相须,犹如弓矢之相待而用,若夫善恶,则犹中与不中也。"②这其实与"性情一也"的论点,并不协调。

再次,与理学人性论的比较。与王安石同时或稍后,张载与程颢、程颐兄弟等也对人性问题进行研精覃思。他们或以气为本体、或以理为本体,建立起一个庞大精细的道德形而上哲学体系。其特点是将道德规范内化为人的本性,并论证为超越性、普遍性的天理在人心中的呈现。"性即理也",是纯粹的至善,即天命之性;至于"恶",则是出于理与气相合后的气质之性。他们这一套以"天理"为核心的道德形而上人性论,为儒家的纲常伦理作出了深刻的本体论证,达到了极高的理论水准。

与之相比,王安石的人性论建构,属于另外一种不同的思想结构系统——制度儒学。其理论建构,并非旨在为道德伦理进行本体、心

---

① 《王安石文集》卷六十七《原性》,第1188页。
② 《王安石文集》卷六十七《性情》,第1170页。

性的深化，而是试图为制度变革提供内在的人性根源。王氏认为，制度（人、人为）与人性（天、天性）之间，并非截然断裂（如庄子肯定天性否定人为，荀子则反之），而是相互成就。制度既是天道在政事中的体现，又具备人性的内在根源。它一方面顺应人性中的某些趋向，另一方面又约束、铸就人性，使得人性的善端得以成就、恶端得以抑制。理学家强调内在本性之善的主动性、自发性呈现，王氏则否。他认为，人性中虽有善端，却不能自发地显现，必须借助于外在的制度环境。这正如非木不能成器，非马无以服驾；但木并不能自发成器，马不能自发服驾，必须有赖于斧斤绳墨等器具之助。制度对于人性的成就，不可或缺。① 新学与理学之不同，由此判然。

第四节　学以至圣
——圣人观与功夫论

自汉迄唐，儒家的圣人皆为身居王位、天赋异禀的君主，是礼乐刑政的制作者。孔子凭借董理六经之功、传承历代圣王之道，得以厕身其中。中唐韩愈着眼于儒道的传承，首次将孟子视为孔子的正宗继承者。从此后，儒家圣人的内涵逐渐转变，由"圣王"最终演变为仁义道德的完美实现者；而优入圣域、学以至圣遂取代汉唐的"圣人不可学、不可至"，成为南宋后士人的最高人格理想。这一漫长的历史过程中，王安石的圣人观曾经风靡一时，呈现出鲜明的制度儒学特色。② 它在沿袭汉唐的基础上，将内在心性与外在事功融为一体，既

---

① 《王安石文集》卷六十六《礼论》，第 1148—1149 页。
② 夏长朴指出："圣人论是王安石经世思想中相当重要的一个观点。"他从"圣人有为""圣人等同"等方面，探讨了王氏的圣人论。《王安石的圣人论》，载《王安石新学探微》，第 137 页。他特别追溯了王氏圣人观与孟子的关系。《王安石思想与孟子的关系》，载《李觏与王安石研究》，第 186—203 页。

超越了前者,又迥异于理学。

王安石的儒家圣人谱系,包括以下诸人:

> 昔者道发乎伏羲,而成乎尧、舜,继而大之于禹、汤、文、武。此数人者,皆居天子之位,而使天下之道寖明寖备者也。而又有在下而继之者焉,伊尹、伯夷、柳下惠、孔子是也。①

> 孟轲,圣人也。贤人则其行不皆合于圣人,特其智足以知圣人而已。②

这一谱系主要来自孟子和韩愈。其中的各位圣人,均为道的创立、实践与传承,作出巨大贡献。至于王氏对圣人内涵的界定,则与孟、韩不尽相同。他断言,所谓圣人,必须做到神、圣、大三位一体:

> 孟子曰:"充实而有光辉之谓大,大而化之之谓圣,圣而不可知之之谓神。"夫此三者皆圣人之名,而所以称之之不同者,所指异也。由其道而言谓之神,由其德而言谓之圣,由其事业而言谓之大人。古之圣人,其道未尝不入于神,而其所称止乎圣人者,以其道存乎虚无寂寞不可见之间。苟存乎人,则所谓德也。是以人之道虽神,而不得以神自名,名乎其德而已。夫神虽至矣,不圣则不显,圣虽显矣,不大则不形,故曰:此三者皆圣人之名,而所以称之之不同者,所指异也。

> 孔子曰:"显诸仁,藏诸用,鼓万物而不与圣人同忧,盛德大业至矣哉!"此言神之所为也。神之所为虽至,而无所见于天下。仁而后著,用而后功。圣人以此洗心,退藏于密。及其仁济万物而不穷,用通万世而不倦也,则所谓圣矣。故神之所为,当在于盛德大业。德则所谓圣,业则所谓大也。③

---

① 《王安石文集》卷六十七《夫子贤于尧舜》,第1164页。
② 《王安石文集》卷七十二《答龚深父书》,第1255页。
③ 《王安石文集》卷六十六《大人论》,第1155页。

"大""圣""神"之说出自《孟子·尽心下》,原指人格精神境界的三个品级。个体将仁义等善性扩而充之,此即"充实之谓美";"充实而有光辉之谓大","大"较之"美"更为广大壮观;"圣"不仅辉煌壮观,而且具有教化感染之力;"神"则为"圣而不可知之"。这三者依次递进。王安石颠覆了原来的次序,赋予新解。"神"用来描述作为万物原理、终极规律的本原本体之"道",它"存乎虚无寂寞不可见之间",无法凭感官得知。"德"则指"道"在个体身上的呈现,盛德至仁为"圣"。"大"指事业。具备至仁德性的圣人,根据本体之道,在世间建功立业、泽及生民。王氏认为,虚无寂静的本体之道,神妙莫测,它必须通过世俗的德与业体现出来。他批评释老二家:

> 世盖有自为之道而未尝知此者,以为德业之卑不足以为道,道之至在于神耳,于是弃德业而不为。夫为君子者皆弃德业而不为,则万物何以得其生乎?故孔子称神而卒之以德业之至,以明其不可弃。盖神之用在乎德业之间,则德业之至可知矣。故曰:神非圣则不显,圣非大则不形。此天地之全,古人之大体也。①

释老对神妙之道深有所见,却鄙薄德性功业,弃之不为。假如儒家的君子皆效其无为,不立德、不建功,则世间秩序将何以安顿,生民困苦谁来拯救?是以王氏郑重宣明:神、圣、大三位一体,方是道之大全的完整体现。这样,他就在内圣和外王间架起桥梁,为儒家的治平事功奠定基础。他心目中的圣人,内圣与外王兼备。内圣,意味着崇高的品德、对终极之道的深刻体悟、伟大的仁心,体现在外便是积极有为的事功。

《大人论》中的圣人观,直接沿袭孟子的话题;同时,又有整合、借

---

① 《王安石文集》卷六十六《大人论》,第 1156 页。

鉴佛老之处。"天地之全,古人之大体",即《庄子》中的"道之大全"。王安石借此概念,将道家中虚无寂寞的本体之道,与儒家的制度事功相融贯,并对老庄道家只注重道体冥悟、个体养生精神逍遥自足之境,表示批判。至于他强调"大""神""圣"三位一体,这种话语表述,或受佛教影响。① 佛教有法身、报身、应身三身说,又分自性身、受用身与变化身。三者以法身为主,依法身而有报身、应身,是谓由真转俗。报身、应身是佛教教化世人的俗谛,只有法身这一绝对虚无寂静的性体才是真谛。王氏颠倒了这一次序,强调本体之道可以洗心退藏,然只有"仁济万物而不穷,用通万世而不倦",方可谓圣。这从根本上扭转了佛、道二家的消极出世,变为儒家的积极入世。钱穆认为:"荆公则恰来一倒转,以大人为主,依大人而有圣人、神身,则为由俗显真。"这种"功利与心性融成一片,即世、出世之融成一片,亦即是儒释融成一片之一种理想境界,乃思想史上之一种更进之结合也"。②

圣人得"天地之全""古人之大体"。他既是"德之极""道之至","于道德无所不尽",③"其道未尝不入于神","以此洗心,退藏于密";又"仁济万物而不穷,用通万世而不倦"。这是古今圣人的共性,《周易》所谓"大人者与天地合其德,与日月合其明,与四时合其序,与鬼神合其吉凶"。④ 历史上,只有寥寥数人以道相承,堪能当此:伏羲→尧→舜→禹→汤→文→武→伊尹→伯夷→柳下惠→孔子→孟子。

王安石进而强调,圣人的本质在于因时救弊,即:根据道之大全,因时权变,立法济世。《夫子贤于尧舜》曰:

> 昔者道发乎伏羲,而成乎尧、舜,继而大之于禹、汤、文、武。

---

① 《初期宋学》,《中国学术思想史论丛》卷5,第8页。
② 《初期宋学》,《中国学术思想史论丛》卷5,第7页。
③ 《王安石文集》卷六十七《夫子贤于尧舜》,第1163页。
④ 《王安石文集》卷六十四《三圣人》,第1163页。

此数人者,皆居天子之位,而使天下之道寖明寖备者也。而又有在下而继之者焉,伊尹、伯夷、柳下惠、孔子是也。夫伏羲既发之也,而其法未成,至于尧而后成焉。尧虽能成圣人之法,未若孔子之备也。夫以圣人之盛,用一人之知,足以备天下之法,而必待至于孔子者,何哉?盖圣人之心不求有为于天下,待天下之变至焉,然后吾因其变而制之法耳。至孔子之时,天下之变备矣,故圣人之法亦自是而后备也。《易》曰:"通其变,使民不倦。"此之谓也。故其所以能备者,岂特孔子一人之力哉?盖所谓圣人者,莫不预有力也。孟子曰"孔子集大成"者,盖言集诸圣人之事而大成万世之法耳。此其所以贤于尧、舜也。①

《孟子·公孙丑上》载宰我之言:"以予观于夫子,贤于尧舜远矣。"据汉代赵岐注,"贤于尧舜"只是赞美孔子之言,如孔子处尧舜之时、居尧舜之位,则"贤之远矣"。② 二程则认为,尧舜之道,经由孔子阐明后又垂教万世;若无孔子修删六经,则尧、舜之道从难知,故门人推尊之:

> 用休问:"'夫子贤于尧舜',如何?"子曰:"此是说功。尧、舜治天下,孔子又推尧、舜之道,而垂教万世。门人推尊,不得不然。"伯温又问:"尧、舜非孔子,其道能传后世否?"曰:"无孔子,有甚凭据?"③

王安石的诠释与之不同。他区分了圣人之道与圣人之法两个不同层面,指出圣人根据天下之道,揆度时势之变,以创法安民。尧舜之时,圣人之道逐渐明备,然因时势限制,治世之法未能齐备。至春秋时,天下之变已臻极致,故孔子得以"集诸圣人之事,而大成万世之法"。孔子之所以贤于尧舜,在于他既具尧舜之道,又身处一个"天下之变

---

① 《王安石文集》卷六十七《夫子贤于尧舜》,第1164页。
② 《孟子正义》卷六,第217页。
③ 《二程遗书》卷二十二上,《二程集》,第279页。

备矣"的独特时机。孔圣不仅是伟大的教育家、完美的人伦践行者，也是创法立制（法度、法则、准则等）的集大成者。①

值得注意的是，王安石心目中的圣人特别重视"时"——时机、时势、历史情势等，他们因时而权变。圣人都传承"道之大全"，具有相同的本质和共性，然因所处时代不同，每位圣人的出处（迹、个性）各异。《禄隐》曰：

> 圣贤之言行，有所同而有所不必同，不可以一端求也。同者道也，不同者迹也。知所同而不知所不同，非君子也。夫君子岂固欲为此不同哉？盖时不同，则言行不得无不同，唯其不同，是所以同也。如时不同而固欲为之同，则是所同者迹也，所不同者道也。迹同于圣人而道不同，则其为小人也孰御哉？世之士不知道之不可一迹也久矣。圣贤之宗于道，犹水之宗于海也。水之流一曲焉，一直焉，未尝同也；至其宗于海，则同矣。圣贤之言行一伸焉，一屈焉，未尝同也；至其宗于道，则同矣。故水因地而曲直，故能宗于海；圣贤因时而屈伸，故能宗于道。②

"时"是决定圣贤出处的关键。比如伯夷与柳下惠，孟子推许为"古圣人也"，又以为前者隘、后者不恭，"隘与不恭，君子不由也。"王安石先是质疑：

> 夫动、言、视、听苟有不合于礼者，则不足为大贤人，而圣人之名非大贤人之所得拟也，岂隘与不恭所得僭哉？③

---

① 北宋后期著名学者刘安节谙熟新学，以经义登第。他将孔子视为集前代德行、法度、经典三者之大成，将王安石的圣人观阐述得淋漓尽致。《刘安节集》卷三《颜渊问为邦》，上海社会科学出版社 2006 年版，第 62—63 页。
② 《王安石文集》卷六十九《禄隐》，第 1193—1194 页。
③ 《王安石文集》卷六十四《三圣人》，第 1107 页。

继而解释道：

> 盖闻圣人之言行，不苟而已，将以为天下法也。昔者伊尹制其行于天下，曰："何事非君，何使非民，治亦进，乱亦进。"而后世之士多不能求伊尹之心者，由是多进而寡退，苟得而害义。此其流风末俗之弊也。圣人患其弊，于是伯夷出而矫之，制其行于天下，曰："治则进，乱则退，非其君不事，非其民不使。"而后世之士多不能求伯夷之心者，由是多退而寡进，过廉而复刻。此其流风末世之弊也。圣人又患其弊，于是柳下惠出而矫之，制其行于天下，曰："不羞污君，不辞小官，遗逸而不怨，阨穷而不悯。"而后世之士多不能求柳下惠之心者，由是多污而寡洁，恶异而尚同。此其流风末世之弊也。此三人者，因时之偏而救之，非天下之中道也，故久必弊。①

伊尹以天下安危为己任，积极入仕。后世之人不体察其心志，只模仿表面行为，导致社会风气"多进而寡退，苟得而害义"。为矫正这一弊端，伯夷拒绝出仕乱世，勇于退隐。相应的弊端，是世人"多退而寡进，过廉而复刻"。于是柳下惠又挺身而出，为天下树立行为准则：不以侍奉无道之君为耻，不辞小官，不因隐逸困穷而怨恨哀怜。世人模仿其迹，多污寡洁，恶异尚同。这三位圣人各自根据所处时代，为天下树立不同的行为准则，矫正社会风气之弊——孟子所谓"圣之任""圣之清""圣之和"，然皆有矫枉过正。至孔子时，"三圣人之弊各极于天下矣，故孔子集其行而制成法于天下，曰：'可以速则速，可以久则久，可以仕则仕，可以处则处。'然后圣人之道大具，而无一偏之弊矣。"②倘若易地而处，伊尹、伯夷、柳下惠"当孔子之时，则皆足以为孔子也"。"时"是决定四位圣人或任、或清、或和、或集大成的决定

---

① 《王安石文集》卷六十四《三圣人》，第 1108 页。
② 《王安石文集》卷六十四《三圣人》，第 1108 页。

性因素。

至于颜回穷居陋巷,亦因"时"之不同,并非出于刻意追求:

> 夫所谓儒者,用于君则忧君之忧,食于民则患民之患,在下而不用,则修身而已。当尧之时,天下之民患于洚水,尧以为忧,故禹于九年之间,三过其门而不一省其子也。回之生,天下之民患有甚于洚水,天下之君忧有甚于尧。然回以禹之贤,而独乐陋巷之间,曾不以天下忧患介其意也。夫二人者,岂不同道哉?所遇之时则异矣。盖生于禹之时而由回之行,则是杨朱也;生于回之时而由禹之行,则是墨翟也。故曰:贤者用于君则以君之忧为忧,食于民则以民之患为患。在下而不用于君,则修其身而已,何忧患之与哉?①

众所周知,"孔颜乐处"是宋明理学中的重要命题。周惇颐《通书》曰:"颜子'一箪食,一瓢饮,在陋巷,人不堪其忧,而不改其乐'。……夫富贵,人所爱也。颜子不爱不求,而乐乎贫者,独何心哉?"②理学家将"孔颜乐处"理解为一种崇高的道德境界,一种自足的精神享受,"人达到与道为一的境界所自然享有的精神和乐",③由此拓展出儒家道德哲学的新维度。王安石则认为,颜子独居陋巷,并非他刻意追求,只因他所处的时代与大禹不同。大禹与颜子,固然代表了儒家中为人、为己之学两个不同面向,但二者对于仁政的向往并无不同。④假如颜子生于禹时,面临滔天洪水,也必将行禹之行。儒家之

---

① 《王安石文集》卷六十四《子贡》,第1110—1111页。
② 周惇颐著、陈克明点校:《周敦颐集》卷二,中华书局1990年版,第32—33页。
③ 陈来:《宋明理学》,辽宁教育出版社1991年版,第45页。
④ 娴熟新学的刘安节发挥此义,认为颜子胸怀高远的政治理想,向往三代圣王之治,故"宁甘心于箪食瓢饮之乐,而不肯屈身以从仕,彼其志岂浅浅也哉"。《刘安节集》卷三《颜渊问为邦》,第63页。

外,杨朱之学为己、墨翟之学为人,圣人兼此二者,因时制宜。① 可见,王氏的圣人观恪守儒家达则兼济、穷则修身的传统,更为强调"时"的重要性。他甚至指出,圣贤之别,主要在于能否权时之变——根据时势的发展灵活应变,采取不同的策略。《禄隐》曰:

> 由是而言之,饿显之高,禄隐之下,皆迹矣,岂足以求圣贤哉? 唯其能无系累于迹,是以大过于人也。如圣贤之道皆出于一而无权时之变,则又何圣贤之足称乎? 圣者,知权之大者也;贤者,知权之小者也。②

伯夷饿显与柳下惠禄隐,二者出处看似悬殊,实则皆为圣人因时权变之迹,并不妨碍圣人的本质。

综上所述,王安石的圣人观与汉唐颇有一脉相承之处,即:作为圣人,必须通过创法立制建立外王的功业:"故昔圣人之在上而以万物为己任者,必制四术焉。四术者,礼、乐、刑、政是也,所以成万物者也。"③不同的是,他更强调圣人应当以身救弊,因时权变:"圣人之所以能大过人者,盖能以身救弊于天下耳。"④与此同时,他指出圣人必须体悟天地之道,通晓万物之理,具备崇高的品德。这是向内圣层面的开拓。

与理学相比,王安石的圣人观同样祛除前代圣王的异形神奇色彩,诸如舜四瞳、禹虎鼻、文王四乳等。二者都表现出内在化的趋向。他声称:"圣人内求,世人外求;内求者乐得其性,外求者乐得其欲。"⑤他借用《中庸》"诚者天之道""诚之者人之道"的概念,来严辨

---

① 《王安石文集》卷六十八《杨墨》,第1182—1183页。
② 《王安石文集》卷六十九《禄隐》,第1194页。
③ 《王安石文集》卷六十八《老子》,第1183页。
④ 《王安石文集》卷六十四《三圣人》,第1108页。
⑤ 《王安石文集》卷六十六《礼乐论》,第1150页。

圣贤之别,并将穷理尽性视为圣人的终极境界:

> 贤者,尽诚以立性者也;圣人,尽性以至诚者也。①
> 万物莫不有至理焉,能精其理则圣人也。②

如此等等,皆体现出王氏对时代新潮流的敏锐感知。但必须注意,他从未将圣人仅局囿于完美的德性,认为圣人即圆满实现天性中的道德伦理价值者,如朱熹所谓:"规矩是方圆之极,圣人是人伦之极。盖规矩便尽得方圆,圣人便尽得人伦。……惟圣人都尽无一毫之不尽,故为人伦之至。"③他始终强调,仅有个体道德的完善不足以成为圣人,圣人必须因时救弊。他心目中的孔子,之所以贤于尧、舜,乃因时势之变而集历代法度之大成。制度儒学与德性儒学之别,于此判然。倘若据此将他的圣人观划入汉唐,并不公允。④

既然儒家圣人不再是天赋异禀的圣王神君,那么,对于普通士人,圣人可学否?可至否?这本是魏晋玄学中的重要主题,通常认为圣不可学、不可至。宋代的理学家作出崭新的回应,从而为儒学的发展指明一条以德性修养为主的新方向:"圣人可学而至与?曰:然。"⑤王安石的学术思想发轫于中唐以来的古文运动,自青少年时

---

① 《王安石文集》卷六十六《礼乐论》,第1150页。
② 《王安石文集》卷六十六《致一论》,第1156页。
③ 《朱子语类》卷五十六,第1325页。
④ 小岛毅:"王安石所谓的圣人只是从作为'王'、作为'作者'的层面来定义的。……从'礼乐刑政的制作者才是圣人'这一点来看,王安石的圣人像基本属于宋代以前的谱系。"《儒教的圣人像》,《北大史学(第23辑):东亚思想与文化史专号》,社会科学文献出版社2022年版,第27—40页。
⑤ 程颐:《河南程氏文集》卷八《颜子所好何学论》,《二程集》,第577页。吾妻重二认为,"宋代道学的思想特征之一是'圣人可学论',即是说,每人都能通过学习而成为圣人","圣人可学论是所有的道学者共有的思想前提","宋代的非道学系的士人中,很难找到这种圣人论"。《道学的"圣人"观及其历史特色》,载朱杰人编:《迈入21世纪的朱子学》,华东师范大学出版社2001年版,第139—140页。

便树立起以孔孟为师的远大理想:

> 自予之得通叔,然后知圣人户庭可策而入也。①

> 予考其言行,其不相似者何其少也!曰:学圣人而已矣。学圣人,则其师若友必学圣人者。圣人之言行,岂有二哉?其相似也适然。②

> 某不思其力之不任也,而唯孔子之学;操行之不得,取正于孔子焉而已。③

> 盖继道莫如善,守善莫如仁,仁之施自父子始。积善而充之,以至于圣而不可知之,谓之神;推仁而上之,以至于圣人之于天道。此学者之所当以为事也。④

以上便是"圣人可学"之意。进而推断,既然伯夷、柳下惠、孟子堪入圣人之列,普通士人应当也可以抵达圣人之境,故曰"以至于圣人之于天道"。《礼乐论》曰:

> 是故君子之学,始如愚人焉,如童蒙焉。及其至也,天地不足大,人物不足多,鬼神不足为隐,诸子之支离不足惑也。是故天之高也,日月星辰阴阳之气,可端策而数也;地至大也,山川丘陵万物之形、人之常产,可指籍而定也。是故星历之数,天地之法,人物之所,皆前世致精好学圣人者之所建也。⑤

"及其至也"以下,即掌握万物之理的圣人之境。此处侧重于知性而言,已寖寖与道为一:

> 士者,事道之名,始乎为士,则未离乎事道者也。终乎为圣

---

① 《王安石文集》卷八十六《李通叔哀辞》,第 1499 页。
② 《王安石文集》卷七十一《同学一首别子固》,第 1239 页。
③ 《王安石文集》卷七十七《答王该秘校书》,第 1348 页。
④ 《王安石文集》卷八十二《太平州新学记》,第 1435 页。
⑤ 《王安石文集》卷六十六《礼乐论》,第 1154 页。

人,则与道为一。①

当然,最终能否成为圣人,尚需"时"与"位"来建功立业。②

如何学以致圣,达到此最高的理想境界?王安石力倡"为己之学":

> 杨子之所执者为己,为己,学者之本也。墨子之所学为人,为人,学者之末也。是以学者之事必先为己,其为己有余而天下之势可以为人矣,则不可以不为人。故学者之学也,始不在于为人,而卒所以能为人也。今夫始学之时,其道未足以为己,而其志已在于为人也,则亦可谓谬用其心矣。③

孔子曰"古之学者为己,今之学者为人",④意谓人之为学当以自我的完善与发展为首要目标,而非外在的功名利禄。王氏继续阐述,认为只有通过为学成就真己人格,然后才能因时势之宜,济世安民。这表明他"哲学思想的出发点首先是'建立自我'","作立本、立大、务内的工夫",⑤与理学等其他宋学各派并无二致。

涉及具体的修养工夫,可以从两方面入手:"学之之道"与"修之之道"。学之,侧重于理性的认知;修之,侧重于德性的培养。

---

① 《王安石老子注辑佚会钞》第15章,第39页。
② 王安石严判圣贤之别:"圣之为名,道之极、德之至也。非礼勿动,非礼勿言,非礼勿视,非礼勿听,此大贤者之事也。贤者之事如此,则可谓备矣,而犹未足以钻圣人之坚,仰圣人之高。"《王安石文集》卷六十四《三圣人》,第1107页。吾妻重二据此断言:"既然圣人与常人的距离这么远,圣人显然就不是人人所能达到的人格了。"《道学的"圣人"观及其历史特色》第141页。小岛毅:"他并没有考虑常人(世人)通过学习而能够达致的境地。即便圣门高足颜渊也不过是贤者,并不能被称为圣人。"《儒教的圣人像》,《北大史学》第23辑。其实,王氏只是强调,仅有高尚的品德不足以成为圣人,并非断言圣人不可至。
③ 《王安石文集》卷六十八《杨墨》,第1182—1183页。
④ 《论语正义》卷十七,第586页。
⑤ 王安石"求之于内"的为学特点,贺麟论述颇精。《王安石的哲学思想》,《文化与人生》,第288页。

"学之之道,则自粗而至精,此不易之理也。"①"粗",指事物的表面现象。"精",既指隐藏于现象之下的规律、事物的极致状态,又可指专致、精诚的工夫,"志致一谓之精"。② 万事万物皆有"至理"。学之之道,就要努力通过"精"的工夫——正如造父之于御、后羿之于射,③做到精通"其理","能精其理则圣人也"。圣人精于万物之理,并将万物之理会归于一,又据此反观天下万物,从而知微知彰,知柔知刚,这种境界称为"入神"。王安石指出,此即所谓"无思无为寂然不动之时"。儒、释、老皆能抵达这一境界,然儒家达此境界后尚须致用,付诸治国平天下的实践,彼此泾渭分明:"虽然,天下之事固有可思可为者,则岂可以不通其故哉?此圣人之所以又贵乎能致用者也。"④

"修之之道,则先崇德而后精义。"⑤崇德即"安身",二者"宜若一"。在此,王安石整合道家的养生和儒家的道德修养:"养生以为仁,保气以为义,去情却欲以尽天下之性,修神致明以趋圣人之域。"⑥道家的养生、育气等修养方法,儒家不妨同样运用。当然,二者并非完全等同。道家的养生是通过调息、吐纳等心理调节手段,而儒家则运用礼、乐等来进行。《礼乐论》曰:

> 故养生在于保形,充形在于育气,养气在于宁心,宁心在于致诚,养诚在于尽性,不尽性不足以养生。能尽性者,至诚者也;能至诚者,宁心者也;能宁心者,养气者也;能养气者,保形者也;能保形者,养生者也;不养生不足以尽性也。……先王知其然,

---

① 《王安石文集》卷六十六《致一论》,第1158页。
② 《王安石文集》卷六十五《洪范传》,第1125页。
③ 《王安石文集》卷六十六《礼乐论》,第1154页。
④ 《王安石文集》卷六十六《致一论》,第1156页。
⑤ 《王安石文集》卷六十六《致一论》,第1158页。
⑥ 《王安石文集》卷六十六《礼乐论》,第1150页。

> 是故体天下之性而为之礼,和天下之性而为之乐。礼者,天下之中经;乐者,天下之中和。礼乐者,先王所以养人之神,正人气而归正性也。①

从养生←→保形←→育气←→宁心←→致诚←→尽性,这是一个往复循环的过程,王安石描述为"先难后获"。开始时必须恪守礼法,摒弃外在的各种欲望,最后心中自有主宰,达到一种万物不能惑、举动无不自如而又合乎准则的自由之境。《礼乐论》曰:

> 非礼勿听,非谓掩耳而避之,天下之物不足以干吾之聪也;非礼勿视,非谓掩目而避之,天下之物不足以乱吾之明也;非礼勿言,非谓止口而无言也,天下之物不足易吾之辞也;非礼勿动,非谓止其躬而不动,天下之物不足以干吾之气也。天下之物岂特形骸自为哉?其所由来盖微矣。不听之时,有先聪焉;不视之时,有先明焉;不言之时,有先言焉;不动之时,有先动焉。②

> 耳损于声,目损于色,口损于言,身损于动,非先难欤?及其至也,耳无不闻,目无不见,言无不信,动无不服,非后得欤?③

王氏主张以儒家的礼乐来养生、保形,最终实现致诚、尽性:"礼乐者,先王所以养人之神,正人气而归正性也。"④这与佛老的养生、修性,存在着本质性差异,后者只是引导世人直入空虚寂寥之境。《礼乐论》借鉴道家的养生术及养生、育气等概念,来论述儒家的礼乐之意,痕迹比较明显。南宋黄震评论道:

---

① 《王安石文集》卷六十六《礼乐论》,第 1150 页。
② 《王安石文集》卷六十六《礼乐论》,第 1150—1151 页。
③ 《王安石文集》卷六十六《礼乐论》,第 1154 页。
④ 《王安石文集》卷六十六《礼乐论》,第 1150 页。

> 以道家修养法释先王立礼乐之意,则公溺于异端之见也。①

"溺于异端"之言颇为苛刻。然而王安石的确未能如二程等理学家,为儒学开辟出一条崭新的个体德性修养之路。至于余英时所言,《礼乐论》是王氏最先因佛教之刺激,重建儒家的"道德性命"以取代禅宗在"内圣"领域的独尊地位,②似乎混淆了释老之别。

第五节 制度之源
——天道与人性之间

王安石的新学,主要是一种制度之学。制度,按王氏的言说,相当于"法""法度",包括礼、乐、刑、政等。它不单纯指具体的严刑峻法、律令条文,而"通常意味着治理与规范","可以被解释为由政府建立的管理体系,对于行为有制度性控制的功能"。③

王氏认为,当今社会一切弊端的根源,主要在于政治制度与朝廷宪纲的荒芜失坠。《上仁宗皇帝言事书》曰:

> 顾内则不能无以社稷为忧,外则不能无惧于夷狄,天下财力日以困穷,而风俗日以衰坏,四方有志之士诿诿然常恐天下之久不安,此其故何也?患在不知法度故也。今朝廷法严令具,无所不有,而臣以谓无法度者,何哉?方今之法度,多不合乎先王之政故也。④

他反复强调,创法立制才是解决这些社会弊端、实现儒家理想秩序的

---

① 《黄氏日钞》卷六十四《读〈礼乐论〉》,《全宋笔记》第 94 册,第 257 页。刘丰引用郭店楚简,指出:"养生就是养性,这其实也是早期儒学的一个重要传统。"《王安石的礼乐论与心性论》,《中国哲学史》2010 年第 2 期。
② 《朱熹的历史世界》上篇,第 104 页。
③ 《宋代中国的改革——王安石及其新政》,第 120 页。
④ 《王安石文集》卷三十九《上仁宗皇帝言事书》,第 641—642 页。

根本要务：

> 盖夫天下至大器也，非大明法度，不足以维持；非众建贤才，不足以保守。①

> 盖君子之为政，立善法于天下，则天下治；立善法于一国，则一国治。……使周公知为政，则宜立学校之法于天下矣。②

正如刘子健所说：

> （富国、强兵）对于王安石的重要性，又不如官僚体制改革，以及官僚体制建立法度以最终改善社会风俗的努力。在实践中，王安石基本上忠于他的理论——我们将之描述为一种理想主义的表现，即希望利用组织有序的官僚体制以实现一个道德社会。③

> 官僚理想主义是指这样一种政治观念：它坚持由一个专业上训练有素、行政上控制有序的官僚系统作为主要工具，以努力实现儒家道德社会的理想。应该有良好的政府体制引导官僚的行为，同样也要有良好的政府发起的体制来控制和形塑民众的行为。④

官僚理想主义，是对王氏新学的精辟概括。

当然，通过强化中央集权、官僚行政体系来改革弊政、应对统治危机，并最终实现一道德、同风俗的儒家理想社会秩序，这是自中唐以来的社会主流思想取向。⑤ 范仲淹为首的庆历革新，即受到这一

---

① 《王安石文集》卷三十九《上时政疏》，第662页。
② 《王安石文集》卷六十四《周公》，第1110页。
③ 《宋代中国的改革——王安石及其新政》，第140—141页。
④ 《宋代中国的改革——王安石及其新政》，第124—125页。
⑤ 葛兆光指出："从中唐以来一直到北宋的改革思潮中含有相当强烈的集权主义或国家主义取向。政治上所谓的'立制度'背后，实际上是希望强化中央的权力，以国家权威的支持从根本上改变体制的弊病。文化上所谓的'一道德'的背后，实际上是用政治权力笼罩与涵盖文化权力，用统一的思想秩序削除普遍的混乱。"《洛阳与汴梁：文化重心与政治重心的分离》，《历史研究》2000年第5期，第24—38页。

思潮的推动。王安石的不同在于,他不仅更大规模地付诸变革实践,而且为之提出一系列哲学、经典论证,深化了儒学中重功利、制度的一脉。

在王氏看来,法或法度——包括礼、乐、刑、政在内的各项政治制度,并非单纯的人为建构,而是自然天道在政治中的展示和体现;或者说,它本身就是"道"的一部分。《余姚县海塘记》曰:

> 道以阂大隐密,圣人之所独鼓万物以然而皆莫知其所以然者,盖有所难知也。其治政教令施为之详,凡与人共而尤丁宁以急者,其易知较然者也。通涂川,治田桑,为之隄防、沟浍、渠川,以御水旱之灾;而兴学校,属其民人相与习礼乐其中,以化服之。此其尤丁宁以急,而较然易知者也。①

"阂大隐密"形容道体的宏大深奥,"鼓万物以然"描述道体的功能。它是宇宙的本原,是万物产生所依赖的终极规律;同时无声无形,神妙莫测。治政、教令、施为等各项具体制度,则是其外在的体现,具体包括修治田桑、建立堤防、兴修水利、举办学校等等,"易知较然"。尽管道之阂大隐密"有所难知",它却实实在在体现于政事中:

> 惟道之在政事,其贵贱有位,其先后有序,其多寡有数,其迟数有时。②

位、序、数、时,即天道规律性的体现,相当于制度中蕴含的内在合理性。这种论述,形式上似乎受到中唐柳宗元"官为道器"说的影响:

> 或问曰:守道不如守官,何如?
>
> 对曰:是非圣人之言,传之者误也。官也者,道之器也,离之非也,未有守官而失道,守道而失官之事者也。……凡圣人之

---

① 《王安石文集》卷八十二《余姚县海塘记》,第1441页。
② 《王安石文集》卷八十四《周礼义序》,第1461页。

所以为经纪,为名物,无非道者。命之曰官,官是以行吾道云尔。是故立之君臣、官府、衣裳、舆马、章绶之数,会朝、表著、周旋、行列之等,是道之所存也。则又示之典命、书制、符玺、奏复之文,参伍、殷辅、陪台之役,是道之所由也。则又劝之以爵禄、庆赏之美,惩之以黜远、鞭扑、梏拳、斩杀之惨,是道之所行也。故自天子至于庶人,咸守其经分,而无有失道者,和之至也。失其物,去其准,道从而丧矣。……是故在上不为抗,在下不为损,矢人者不为不仁,函人者不为仁,率其职,司其局,交相致以全其工也。易位而处,各安其分,而道达于天下矣。且夫官所以行道也,而曰守道不如守官,盖亦丧其本矣。未有守官而失道,守道而失官之事者也。①

"守道不如守官",此语出自孔子。② 倘若剥离具体语境,此言极易将为官与行道分为二截。柳宗元强调道器合一,官乃道之器,故为官即行道,二者完全统一。这就赋予了整个官僚系统、士人出仕以崇高的使命和迫切的责任,强化其合法性。他所谓的道,即儒家仁义之道、大中之道。相比之下,王氏之道则兼具道家的本体论,官僚系统作为"道"在人伦秩序中的展开,本身寓有道的规律性、原理性。

如此,礼、乐、刑、政等制度被赋予"道"的本体内涵,成为道之本体创生、成就万物的必要之术。王安石引入老子之"道",通过创造性诠释,将制度同超越性的自然天道联结一起:

道一也,而为说者有二。所谓二者何也? 有无是也。无则道之本,而所谓妙者也;有则道之末,所谓徼者也。故道之本,出于冲虚杳渺之际;而其末也,散于形名度数之间。是二者,其为

---

① 《柳宗元集校注》卷三《守道论》,第240—241页。
② 《孟子正义》卷十二《滕文公章句下》,第410页。

道一也。①

  道有本有末。本者,万物之所以生也;末者,万物之所以成也。本者出于自然,故不假乎人力而后万物以生也;末者涉乎形器,故待人力而后万物以成也。夫其不假人之力而万物以生,则是圣人可以无言也,无为也;至乎有待于人力而万物以成,则是圣人之所以不能无言也、无为也。故昔圣人之在上而以万物为己任者,必制四术焉。四术者,礼、乐、刑、政是也,所以成万物者也。②

汉唐儒学的重点集中于章句训诂、礼仪名教,相对忽略最高本体"道"的探寻。道家重视"道"的本体、本原意义,却轻视礼、乐、刑、政等治理国家的制度举措。二者各有偏重,皆有不足。王安石将道家之"道"引入儒家,进行创造性阐释。他把本体之道划分为本、末两个层面。"本"是天道自然,创生万物,自然而然,人力无法介入。"末"则指人力参与到自然造化中,人文化成,赋予万物以秩序、意义。由此,儒家的创法立制,便成为最高本体"道"的体现。老子"以为涉乎形器者皆不足言也,不足为也,故抵去礼、乐、刑、政,而唯道之称焉",这是"不察于理而务高之过"。③

"出于冲虚杳渺之际"的"道之本",虽是创生、支配万物的根本性原理、规律,却无声无形,感官不能直接把握,"道存乎虚无寂寞不可见之间"。④ 礼、乐、刑、政等制度举措,则可用语言来论述并付诸实践:

  是故先王之道,可以传诸言、效诸行者,皆其法度刑政,而非

---

① 《王安石老子注辑佚会钞》第1章,第15页。
② 《王安石文集》卷六十八《老子》,第1183页。
③ 《王安石文集》卷六十八《老子》,第1184页。
④ 《王安石文集》卷六十六《大人论》,第1155页。

神明之用也。①

"神明之用",指支配性的规律、原理隐藏于事物的内在,具有支配性,却视之不睹,听之不闻。法度刑政则表现在外,有迹可循,可以仿效。这样,王氏就在儒家的政治制度与道家的"天道"间架起桥梁,为制度的合理性、有效性及可行性予以哲学论证。

按王安石所言,道与法、本与末、天与人、无与有、内与外,可以视为同一逻辑层面的论述。前者指道的自然规律性,后者则指这种规律性的外在体现。这种二分式论述,深受《庄子·天道》的影响:

> 本在于上,末在于下;要在于主,详在于臣。三军五兵之运,德之末也;赏罚利害,五刑之辟,教之末也;礼法度数,刑名比详,治之末也;钟鼓之音,羽旄之容,乐之末也;哭泣衰绖,隆杀之服,哀之末也。此五末者,须精神之运,心术之动,然后从之者也。

精神之运、心术之动,即王氏所谓的"神明之用""出于冲虚杳渺之际"的"道之本";五末,即王氏所谓的"法度刑政""散于形名度数之间"的"道之末"。只不过,《天道》将"道之本"属于君主,"道之末"属于臣下,表现出鲜明的重本轻末倾向;王氏则取消了此种阶层属性,本末并重,赋予此命题以普遍的哲学意义。

《庄子》是王安石引"道"入儒、贯通天道与法度的重要思想资源。这方面的代表作,是《九变而赏罚可言》:

> 万物待是而后存者,天也。莫不由是而之焉者,道也。道之在我者,德也。以德爱者,仁也。爱而宜者,义也。仁有先后,义有上下,谓之分。先不擅后,下不侵上,谓之守。形者,物此者也;名者,命此者也。所谓物此者,何也?贵贱亲疏所以表饰之,其物不同者是也。所谓命此者何也?贵贱亲疏所以称号之,其

---

① 《王安石文集》卷六十六《礼乐论》,第1152页。

命不同者是也。物此者，贵贱各有容矣。命此者，亲疏各有号矣。因亲疏贵贱任之以其所宜为，此之谓因任。因任之以其所宜为矣，放而不察乎，则又将大弛，必原其情，必省其事，此之谓原省。原省明而后可以辨是非，是非明而后可以施赏罚。故庄周曰：先明天而道德次之，道德已明而仁义次之，仁义已明而分守次之，分守已明而形名次之，形名已明而因任次之，因任已明而原省次之，原省已明而是非次之，是非已明而赏罚次之。①

文章标题及文中所引庄周之言，出自《天道》。一般认为，此篇并非庄子亲撰，而是荟萃庄子后学中黄老学派的思想。它将儒家的仁义、形名家的形名、法家的赏罚等概念，纳入融贯到道家"道之大全"中，使之成为一个先后有序、轻重有别的连贯序列：天→道德→仁义→分守→形名→因任→原省→是非→赏罚，建构起黄老之学的政治纲领：

  古之语大道者，五变而形名可举，九变而赏罚可言也。骤而语形名，不知其本也；骤而语赏罚，不知其始也。②

对此，王安石颇为认同，认为此言虽出自庄周，却揭示出政治运作的普遍原则："是说虽微庄周，古之人孰不然？"他对其中若干概念，进行崭新阐释。"万物待是而后存"的"天"，即万物赖以存在的终极依据，在此意义上，天与道等同，"道者天也"。③"莫不由是而之焉者"，则强调"道"是万物必须遵循的理性、法则、规律，重在"道"的能动性、驱使性。"道"体现于个体上即为"德"，它是个体对"道"之所得。人们根据得之于"道"的"德"去施行兼济博爱的行为，便是"仁"；爱而得宜

---

① 《王安石文集》卷六十七《九变而赏罚可言》，第1161页。卢国龙最先敏锐拈出此文，认为它是王氏政治哲学中的纲领文献。《宋儒微言》，第106—110页。梁涛继而有进一步阐述。《王安石政治哲学发微》，《北京师范大学学报》（哲社版）2016年第3期。
② 《庄子集解》卷四，第116—117页。
③ 《王安石老子注辑佚会钞》第52章，第73页。

便是"义"。"分"指施行仁义过程中应当遵循的等差原则,"守"指坚持上下先后的等级、次序。"形名",指对以上原则、等级的一系列礼仪符号呈现,具体表现为贵贱亲疏的称号表饰等。比如,通过丧服的级别来表示亲疏,通过车马、舆服、钟鼓的设置来表明贵贱等等。根据贵贱亲疏、结合才能来选拔任用,即"因任"。因任之后,随之考核、监察,原情省事,即"原省"。原省明白,便能辨别是非曲直,在此基础上再施以赏罚。

上述的九变之序,天、道德属于自然天道的范畴,是无;仁义、分守、形名等类似于礼、乐、刑、政等法度,是有。对于仁、义的阐释,王安石因袭韩愈《原道》"博爱之谓仁,行而宜之之谓义"的界定。然与韩氏先仁义而后道德、将道与德视为"虚位"不同——这无疑剥离了"道""德"的形而上内涵,王氏将道德置于仁义之前,将"仁""义"视为天道内化为个体本性后的外在行为,由天道演绎而出,"是从天道到刑名赏罚的一个逻辑环节"。① 对于分守、形名、因任等概念,王氏也尽力淡化原有的刑名、法家色彩,着重从儒家政教的角度予以阐述。继而,他又引述儒家经典《尚书》中《尧典》《舜典》《大禹谟》关于制度的论述,与此九者相互印证:

> 古之言道德所自出而不属之天者,未之有也。尧者,圣人之盛也,孔子称之曰"惟天惟大,惟尧则之",此之谓明天。"聪明文思安安",此之谓明道德。"允恭克让",此之谓明仁义。"次九族,列百姓,序万邦",此之谓明分守。修五礼,同律度量衡以一天下,此之谓明形名。弃后稷,契司徒,皋陶士,垂共工,此之谓明因任。三载考绩,五载一巡狩,此之谓明原省。命舜曰"乃言底可绩",谓禹曰"万世永赖","时乃功","蠢兹有苗,昏迷不恭",

---

① 《宋儒微言》,第109页。

此之谓明是非。"皋陶方祗厥叙,方施象刑,惟明",此之谓明赏罚。①

通过上述格义比附,王氏将本属于道家、形名家、法家的一些概念,赋予儒家内涵,从而以"《天道》篇的'九变而赏罚可言也'为纲,将道家的理论思维引入儒家的政治实践,以庄补儒,建构起儒家政治宪纲"。②

该文篇末,王安石点明写作的思想语境和批判对象:

> 至后世则不然。仰而视之曰:"彼苍苍而大者何也?其去吾不知其几千万里,是岂能知我何哉?吾为吾之所为而已,安取彼?"于是遂弃道德,离仁义,略分守,慢形名,忽因任,而忘原省,直信吾之是非,而加人以其赏罚。于是天下始大乱,而寡弱者号无告。圣人不作,诸子者伺其间而出,于是言道德者至于窈冥而不可考,以至世之有为者皆不足以为言。形名者守物诵数,罢苦以至于老而疑道德。彼皆忘其智力之不赡,魁然自以为圣人者此矣。悲夫!庄周曰:"五变而形名可举,九变而赏罚可言。""语道而非其序,安取道?"善乎,其言之也!庄周,古之荒唐人也,其于道也荡而不尽善。圣人者与之遇,必有以约之;约之而不能听,殆将摈四海之外,而不使之疑中国。虽然,其言之若此者,圣人亦不能废。③

三代以后天下大乱,主要由于当权者凭借权力任意赏罚,忽略了赏罚的原则源于天道,须遵循道德→仁义→分守→形名→因任→原省的程序逻辑。其中,"仰而视之"者将"天"视为纯粹的自然之天,与社会

---

① 《王安石文集》卷六十七《九变而赏罚可言》,第1162页。
② 梁涛:《王安石政治哲学发微》,《北京师范大学学报》(哲社版)2016年第3期,第99页。
③ 《王安石文集》卷六十七《九变而赏罚可言》,第1162页。

秩序、政治事务丝毫无关。他们认为,"天"并无超越的价值意蕴,人间制度、行政行作纯系人为建构,不会亦不须受到更高的天道约束。他们的学术只知"守物诵数",局囿于法律条文、礼数条目,怀疑道德的存在,以道德为虚位。另一批人虽言及道德,却错误认为,道德作为根本性的规律,仅仅是虚无缥缈窈冥不可考究的存在,世间的有为之政皆为末流,不足称道。前者主要指向中唐以来的天人相分思潮,代表人物如柳宗元等。它冲淡了汉唐机械的天人感应论,提高了士人积极参政的政治主体性,然忽视了对政治宪纲的超越性追寻。流弊所及,乃至于不顾行政程序的合理性、系统性,任意赏罚予夺。① 后者则效仿老子,摒斥世间法度,强调天道的虚无寂寞。现实政治中,则以天道无为为理由,坚持无为而治,否定有为之政。如熙宁三年(1070)二月,司马光致书王安石,批评道:

> 老子曰:"天下神器,不可为也。为者败之,执者失之。"又曰:"我无为而民自化,我好静而民自正,我无事而民自富,我无欲而民自朴。"又曰:"治大国若烹小鲜。"今介甫为政,尽变更祖宗旧法,生者后之,上者下之,右者左之,成者毁之,弃者取之,矻矻焉穷日力,继之以夜,而不得息。……此岂老氏之志乎?②

此类无为而治的论调,正是《九变而赏罚可言》所要反驳的。

制度不仅体现超越性的天道,而且契合于个体的内在本性。道德、性命与法度,三者本有相互贯通之处:

> 先王所谓道德者,性命之理而已。其度数在乎俎豆、钟鼓、

---

① 卢国龙、梁涛都特别指出,这是针对握有最高权力的君主而言。他们缺乏天道的约束,君主不再相信政治权力之上还有更高的权威和法则,仅凭一己之私意判定是否,施行赏罚。二人都认为,此文针对的是专制政体中最高的政治主体——皇帝,体现出对皇权的约束和决策者行使决策权的理性原则。《宋儒微言》,第109页。梁涛:《王安石政治哲学发微》,《北京师范大学学报》(哲社版)2016年第3期。

② 司马光:《温国文正公文集》卷六十《与王介甫书》。

> 管弦之间，而常患乎难知。①
>
> 先王之道德，出于性命之理，而性命之理出于人心。②

先王所谓的道德，内在于人的本性和万物本质中。其标准、规则等，则通过具体的礼制，如俎豆、钟鼓、管弦等礼器的数量、规格安排而体现出来。礼、乐、刑、政等是圣人根据天道而创制。它们（人、人为）与人性（天、天性）的关系，并非截然断裂。庄子肯定天性否定人为，而荀子强调后天化性起伪，皆未免堕于一偏。王安石认为，制度既具有人性的根源，顺应人性中的为善趋向；同时，又纠正、防范人性中的为恶趋向。

他严厉批判"性恶"论，认为荀子的"化性起伪"割裂天人，将二者截然对立。《礼论》曰：

> 荀卿盛称其法度节奏之美，至于言化，则以为伪也，亦乌知礼之意哉？故礼始于天而成于人。知天而不知人则野，知人而不知天则伪。圣人恶其野而疾其伪，以是礼兴焉。今荀卿以谓圣人之化性为起伪，则是不知天之过也。③

"天"指天性、本性，"人"指人外的创制，包括礼乐制度等。王氏认为，后者的创制的确为约束人的情感、欲望等，体现了社会规范对人性的强制：

> 凡为礼者，必诎其放傲之心，逆其嗜欲之性。莫不欲逸，而为尊者劳；莫不欲得，而为长者让，擎跽曲拳以见其恭。夫民之于此，岂皆有乐之之心哉？患上之恶己，而随之以刑也。④

但这些外在的制度、规范，自有内在的根源，与人的本性并不完全冲

---

① 《王安石文集》卷八十二《虔州学记》，第1427页。
② 《王安石文集》卷八十二《虔州学记》，第1429页。
③ 《王安石文集》卷六十六《礼论》，第1148页。
④ 《王安石文集》卷六十六《礼论》，第1148页。

突,而有顺应的一面。这正如斫木为器、服马为驾,固然属于强制与规训,也因木与马本来就具备为器、为驾的本性资质:

> 夫斫木而为之器,服马而为之驾,此非生而能者也,故必削之以斧斤,直之以绳墨,圆之以规,而方之以矩,束联胶漆之,而后器适于用焉。前之以衔勒之制,后之以鞭策之威,驰骤舒疾,无得自放,而一听于人,而后马适于驾焉。由是观之,莫不劫之于外而服之以力者也。然圣人舍木而不为器,舍马而不为驾者,固亦因其天资之材也。①

比如尊卑、敬让等道德规范准则,本身即顺应人内在的孝爱父母之心。圣人因之而创制,之后又通过这些带有强制性的规范,来保证孝爱父母之心得以实现,不至于慢父疾母而"失其性":

> 今人生而有严父爱母之心,圣人因其性之欲而为之制焉,故其制虽有以强人,而乃以顺其性之欲也。圣人苟不为之礼,则天下盖将有慢其父而疾其母者矣,此亦可谓失其性也。得性者以为讹,则失其性者乃可以为真乎?此荀卿之所以为不思也。②

狙猿的形状似人,然本性中没有孝爱,欲以尊卑揖让的社会规范来驯化它们,"则彼有趋于深山大麓而走耳,虽畏之以威而驯之以化,其可服邪?"王氏断定:"礼始于天而成于人。天则无是而人欲为之者,举天下之物,吾盖未之见也。"③

王氏此处所谓的"礼",可视为广义的制度、规范,它既是天道的体现,同时具备人性的内在根源。它一方面顺应人性,另一方面又约束、铸就人性,使得人性的善端得以成就。此论或许受到一些晚唐思想家

---

① 《王安石文集》卷六十六《礼论》,第1149页。
② 《王安石文集》卷六十六《礼论》,第1149页。
③ 《王安石文集》卷六十六《礼论》,第1149页。

的影响,如罗隐,"思想之要点在肯定政治制度生于物理与人性之天然,非矫揉造作之结果"。① 其批判的锋芒直指荀子的性恶论,并反驳当时以胡瑗为代表的"礼惟制恶"论,②以李觏为代表的"礼顺人情"论。胡说将儒家礼乐完全置于人性的对立面,而李论则忽略了礼的强制性及对人性恶端的约束。王氏注《老子》"是以圣人常善救人"曰:

> 万物有常性,固有戾其性而梏之者。万物有正命,固有违其命而绝之者。圣人恻然于是,惟其所宝之慈以济之。因其悖于理也,发其塞而通之。因其戾于性也,除其害而若之。因其违于命也,继其绝而复之。③

"戾其性"或"违其命"者,违背了人之常性、正命,圣人必须施以人为的强制性规范,使之各正性命。制度对于人性的成就,不可或缺。

新学弟子继承王安石整合天道、仁义、刑名的思路,进一步阐述发挥。如熙宁三年(1070)贡举殿试,神宗发策问道:

> 盖圣王之御天下也,百官得其职,万事得其序……子大夫以为何施而可以臻此? 方今之弊,可谓众矣,救之之术,必有本末,所施之宜,必有先后。子大夫之所宜知也。生民以来,所谓至治,必曰唐虞、成周之时。……虽未尽善,要其所以成就,亦必有可言者。

---

① 萧公权:《中国政治思想史》上册,第424页。
② 冯茜阐明此点。《唐宋之际礼学思想的转型》,三联书店2020年版,第313页。胡瑗说见于李觏转引:"窃观《原礼》篇曰:民之于礼也,如兽之于圈也,禽之于继也,鱼之于沼也。岂其所乐哉? 勉强而制尔。民之于侈纵奔放也,如兽之于山薮也,禽之于飞翔也,鱼之于江湖也。岂有所使哉? 情之自然尔。云云。觏不敏,大惧此说之行,则先王之道不得复用,天下之人将以圣君贤师为雠敌,宁肯俛首而从之哉! 民之于礼,既非所乐,则勉强而制者,何欤? 君与师之教也。去自然之情而就勉强,人之所难也。而君欲以为功,师欲以为名,命之曰雠敌,不妄也。且制作之意,本不如此。唯礼为能顺人情,岂尝勉强之哉?"《李觏集》卷二十八《与胡先生书》,第317—318页。
③ 《王安石老子注辑佚会钞》,第27章,第52页。

陆佃对曰：

> 臣闻圣人之王天下也，教有条理，政有节目。其为数虽大且多，而其要乃在于任贤立本而已。盖其哲足以知人，然后有以任贤；其惠足以安民，然后有以立本。哲者，智之发也；惠者，仁之施也。其智能哲，其仁能惠，则其施于任贤立本之际也，无所不宜。使之以因任，责之以原省。翼修者无卑栖，器近者无远用，而长于教者不以典刑，审于礼者不以司乐，此百官之所以各得其职也。道德已明，然后次之以仁义；刑名已详，然后次之以分守。其治至于定，然后文之以礼；其功至于成，然后文之以乐。小大有秩，先后有宜，此万事之所以得其序也。当是之时，政教既成，道德同而风俗一，上有道揆，下有法守。①

圣王治理天下，其根本在于任贤立本。任贤，即运用智慧任用贤者；立本，即运用仁心施行恩惠予民。若其智能哲，其仁能惠，则其施于任贤立本之际，无所不宜。之后，以"因任"来选拔人才，以"原省"来考核人才，百官便会各得其职。当然，明智、仁心虽是君主为治的根本，前提仍需明于"道德"，因任、原省之前尚须详刑名、知分守。八者"小大有秩，先后有宜"，世间事务便会各得其序，实现理想之治。这篇对策明显附会王安石，化用《天道》中"九变而赏罚可言"，来阐述从治道到治具的内在逻辑结构，将"道德"树为政治制度的根本原理，从中演绎出仁义、刑名、分守、因任、原省等为政环节。至于"九变"中的"赏罚"，此处略而不言，或许为避免法家之痕，体现出陆佃重视君主的至诚恻恒之心。②

---

① 《陶山集》卷九《御试策》，第128—129页。

② 卢国龙认为，新学诸人"一方面接受其中（《天道》）所包含的以天、道德作为政治最根本依据的理论，一方面又肯定刑名赏罚的必要性和合理性"。"他们之间的差别，在于陆佃代表了现实感较强的思想倾向，审度人情"，"一方面肯定法度的必要性和合理性，另一方面又强调至诚恻怛之心"。《宋儒微言》，第186、188页。

王昭禹《周礼详解序》阐述更为全面：

> 道判为万物之成理，理之成，具不说之大法。礼者，法之大分，道实寓焉。圣人循道之序以制礼，制而用之则存乎法，推而行之则存乎人。……然道之常无，下散于常有之域。法象而为天一，变通而为四时。圣人体道之常无，以观其妙；体道之常有，以观其微。……天地四时，道之所任以致其用者也；六官，圣人任以致其事者也。噫！六官之建岂圣人之私智哉，实天理之所为。由此以观，则礼之事虽显于形名度数之粗，而礼之理实隐于道德性命之微，即事而幽者阐，即理而显者微，然则礼其神之所为乎？①

六官，指《周礼》中的天官冢宰、地官司徒、春官宗伯、夏官司马、秋官司寇、冬官司空，此处代指整个官僚行政体系。王昭禹认为，它出自圣人创建，并非出于私智妄凿，而是顺应了天理、天道。② 礼，可以指称广泛意义上的制度，它表现为一系列的刑名度数，其内在之理则道德性命中的规律、原理、原则。序文中"圣人体道之常无，以观其妙；体道之常有，以观其微"几句，引用王安石的《老子注》，来阐释有无、本末的关系。"圣人循道之序以制礼"，则化用《庄子·天道》及王安石《九变而赏罚可言》，阐述依道制礼的政治逻辑。与其师稍有不同，王昭禹的序文引入了"理""天理"两个概念。"道"是"理"的统称，而"理"则是"道"在万物中的具体体现，礼则是根据万物之理而制作。《周礼详解》成书于北宋徽宗朝，其时"天理"的概念已广泛流行，故此序引入以建构道→理→法→礼→人的政治原理。

---

① 王昭禹：《周礼详解》序，第199页。
② 张钰翰指出："制度有了道和理上的依据，出于不得不然，而非外在的约束与强制，那么，制度中的官员就是在守道、按理行事。贯彻制度、施行法令本身也就成为一种实践天道的过程。他们将《周礼》视作先圣本乎天道所构建的一套制度，是道在人间的反映。"《北宋新学研究》，第35页。

一些新学学者认为,天下"有道"与"失道"的区别,很大程度上表现为能否遵循"五变""九变"的政治逻辑。如陈祥道解《论语》"天下有道,则庶人不议",曰:

> 天下有道,政出于君,大夫议之而无所遂,庶人听之而无所议,以权有所在,分有所限也。圣人王天下,先之以道德,而民知修为,而议有所不及;次之以仁义,则民知亲爱而议有所不能。五变而举刑名,九变而言赏罚,则下知敬畏,而议有所不敢。虽然,圣人犹为之虑也,造言乱众者有刑,析言破律者有杀。如此,则横议息矣。后世失道,而民入则腹诽,出则巷议,于是乎有弭谤之禁、燔书之令,岂非犹夫壅川之流而致其溃哉。①

按注疏所言,"天下有道"指礼乐征罚出自天子,"上酌民言以为政教,所行皆是,则庶人无有非毁谤议也"。② 陈氏则阐释为圣人治理天下,按照先道德、次仁义、最后刑名赏罚的程序,这样可以彻底消除民众的横议。后世失道,违背这一程序,最终只能弭谤燔书,壅川致溃。

第六节 义理解经
——新学的治经特色、成就与弊病

新学的主要学术成就体现在经学领域。庆历前后,宋儒逐渐走出汉唐注疏的笼罩,各以己意注释儒家经典,另出新解。神宗熙宁八年(1075),《三经新义》问世,颁行各级官学,正式取代《五经正义》的意识形态地位。从此后,新学著作风靡科场与学校。作为一个学派,新学学者解经时呈现出鲜明的创新和时代风貌,经学史上的汉宋之别由此判然。夏长朴概括道:

---

① 《论语全解》卷八,第201页。
② 《论语注疏》卷十六,第5478页。

《三经新义》在著作形式上摆脱了汉唐注疏的固定格式,直接注解古人的典籍,不受汉唐注疏的约束,这是经学著作形式的一个改变;《三经新义》强调解经的目的在于义理的掌握,就解经而言,是经学研究的一大突破,彻底转变了经学研究的方向,这是宋代经学迥异于此前传统经学的重大改革,所谓"宋学"也因此而建立。①经学史上,新学在《五经正义》之后,开辟出一个以寻绎义理为旨归的新范式。以下结合其经学观,对此学派的治经特色、成就及弊病等各方面,详加论述。

(一)

新学学派对儒家经典体系的认知,颇具特色,整体上持有一种开放姿态。作为一名儒者,王安石当然承认,儒家经典是圣人之道的载体。同时,他认为,因暴秦焚书,五经流传至今已残缺不全;汉唐诸儒只知口耳相传,湮没圣人之道。诸子百家之书,乃至《难经》、《素问》、诸小说等,也蕴含道之一隅。所以,他提出"读经而已,不足以知经",②赋予经典体系某种开放性。特别新颖的是,他晚年将五经区分为有、无两类:

> 盖圣人之于道,未尝欲有所言也。凡所以言者,皆出于应天下之变,而为中才之不知者言耳。以其道虽有无并载,而及其言也,务详于有而略于无。盖《诗》《书》《礼》《乐》《春秋》之文,皆所以明有,而及其所谓无,则独《易》尝言之而已矣。然其说也,又必寓之爻、《象》、《彖》、《系》、吉凶、悔吝之间。而使世之学者,自上观之,则见其详乎事物而得其所以有;自下而观之,则见其外乎器用而得其所以无。所以贤者观之,愈有以自信;而愚者窥

---

① 《王安石新学探微·序》,第2—3页。
② 《王安石文集》卷七十三《答曾子固书》,第1280页。

之,亦不至乎疑而(不)得也。①

无、有两个范畴,作为构成本体之"道"的体用、末本,②分别对应着经典体系中的《周易》与其他经典。《易》言神秘莫测的"无",而《诗》《书》等言形名度数之"有"。黄裳进而阐述道:

> 既有典常者,《易》之书也。不可为典要者,《易》之道也。言要以其不及详,言常以其不及变。典之为道,要、常而已。典者,道之降;则者,典之降;法者,则之降。《易》之道,至于为书,亦已粗矣。然而不言法、则,何也?以《易》而视他经,则其为书犹主于道焉。《礼》以世法为主,《诗》以人情为主,《书》以时务为主。……"变动不居"至"惟变所适",言《易》所以为道。其"出入以度"至"既有典常",言《易》所以为书。《易》之为书,有道存焉,故以同民患则有济天下之仁,以前民用则有周万物之智。③

黄裳借用《周礼》中的六典、八法、八则之称,来描述《周易》与《诗》《书》《礼》的关系。前者主于形而上的道,而后三者则应对形而下的世法、人情和时务。道之由无入有,由体见用,依次展现于《易》→《礼》→《诗》→《书》的次序中。

《易》与道一以贯之,不即不离。此道作为宇宙根源、万物本体,"退藏于秘","无思无为",圣人、老庄、佛陀均有所见,"盖有见于无思无为退藏于秘寂然不动者,中国之老庄、西域之佛也"。④ 就此而言,《老子》《庄子》两部著作在新学体系中的重要性,并不亚于五经。新学弟子注经时会通道、儒,并纷纷注释《老子》《庄子》,与此有关。

---

① 《王安石老子注辑佚会钞》第1章,第16页。
② 《王安石老子注辑佚会钞》第1章,第15页。
③ 黄裳:《演山集》卷五十三《杂说》,静嘉堂文库藏明谢肇淛影宋钞本,据景印文渊阁四库全书本校。
④ 《王安石文集》卷八十三《涟水军淳化院经藏记》,第1457页。

此外，王安石将《周礼》《尚书》《诗经》三部经典视为儒家圣王治世之政典，视为"造士之书"；又特重《周礼》，推尊《孟子》，忽略《春秋》。这打破了唐代《五经正义》构建的经学秩序，"突出强调的是儒家政治思想和政治哲学方面的内容"，与"回归三代的潮流是完全一致的"，①影响深远（详下）。

解经方法上，按《字说》释字是新学特色。新学学者解经时，文字训诂多从《字说》。他们谨遵师法，将《字说》中的会意解字，视为解释经典的方便法门，以至于蔚然成风。王辟之《渑水燕谈录》卷十载：

> 公之治经，尤尚解字，末流务为新奇，浸成穿凿。②

陆佃、蔡卞、王昭禹、陈祥道等皆奉《字说》为圭臬，用以注释群经，标新立异。如王昭禹撰《周礼详解》，四库馆臣评曰：

> 今案其书，解"惟王建国"云："业格于上下谓之王，或而围之谓之国。"解"匪颁之式"云："散其所藏曰匪，以等级之曰颁，故匪从匚，从非，言其分而非藏也；颁从分，从页，言自上而颁之下。"解"圃"曰："园有众甫谓之圃。"解"鲍鱼"曰："鱼之鲜者包以致之。"解"鱐"曰："鱼之干者肃以致之。"解"司徒"云："于文，反'后'为'司'。盖'后'从'一'从'口'，从'口'则所以出命。'司'反之，则守令而已。从'一'则所以一众，'司'反之，则分众以治之而已。从'厂'，则承上世之庇覆，以君天下，'司'反之，则以君之爵为执事之法而已。"其穿凿附会，皆遵王氏《字说》。盖当时《三经新义》列在学官，功令所悬，故昭禹因之不改。然其发明义旨，则有不同于王氏之学者。③

---

① 刘丰：《北宋礼学研究》，第 224 页。此书详细分析了王安石的经学观，第 221—230 页。
② 王辟之撰、吕友仁点校：《渑水燕谈录》卷十，第 126 页。
③ 《四库全书总目》卷十九，第 150 页。

《周礼详解》是新学巨著,礼学史上颇具影响,"近世为举子业者多用之"。① 其经文诠释,并未亦步亦趋王安石的《周官新义》(详下);训诂之法,则时时踵继《字说》。如解释"国""匪""圃""鲍""鲡"等字,分别用它们形符、声符的涵义叠加而成,而不顾及它们本为形声字。如司徒之"司",《说文解字》曰:

> 臣司事于外者。从反后。②

王昭禹先是沿袭《说文》,将"司"的字形解为"反'后'",继而将"后"分解为"一"、"口"、"厂"三个部件,三者意义的叠加即"后"的职责与权限;而"司"的字形既然反"后",其意义也与"后"相对,指受君爵禄以执法的大臣。这种解释将"反后为司"进一步落实到每一字形笔画,从中推导出"司"的职掌与"后"相对,是天地自然之反映,可谓深得王氏《字说》之精髓:文字本于自然之理,能指与所指间存在必然联系;究明字义,便可穷尽该字所指示事物的本性,包括官司执掌。其他如解"膳"字曰:"从'肉'从'善',膳以肉为主,肉以善为尚。"③解"域"字曰:"域字从'土''或',为其或之也,故为其封疆以辨之。"④如此之类,不胜枚举。

作为王安石的高足,陆佃撰有《埤雅》《尔雅新义》等著述。其中对乃师解字之法手摹心画,运用次数之频,分析字形之广,可谓青出于蓝。四库馆臣曰:

> 其说诸物,大抵略于形状而详于名义。寻究偏旁,比附形声,务求得名之所以然。又推而通贯诸经,曲证旁引,稽假物理,

---

① 《直斋书录解题》卷二,第45页。
② 许慎撰、陶生魁点校:《说文解字》卷九上,中华书局2020年版,第289页。
③ 王昭禹:《周礼详解》卷四,景印文渊阁四库全书,第91册,第242页。
④ 《周礼详解》卷十五,第362页。

以明其义。中多引王安石《字说》。盖佃以不附安石行新法,故后入元祐党籍。其学问渊源,则实出安石。①

陆佃考证名物时,略言形状而详于考究名物之义。所用之法,多引《字说》。如以下各例:

鲋:今此鱼旅行,吹沫如星,然则以相即也谓之鲋,以相附也谓之付。②

猫:鼠善害苗,而猫能捕鼠,去苗之害,故猫之字从苗。③

藻:水草之有文者,出乎水下而不能出水之上,其字从澡,言自洁如澡也。④

燕:其畏人也而袭诸人间,此燕安之道也,故其字又为燕安之燕。⑤

贿:才之也,故有之,谓之贿,未有无悔者。⑥

这种训释,穿凿太甚,难免贻人口实。

(二)

摆脱汉唐经学繁冗的章句注疏,注重根据主观体认阐述经典中的义理,自出新解;为社会实践提供理论指导,具有强烈的时代意识。一般而言,"汉儒多尚专经讲习,纂辑训诂,着意所重,只在书本文字上。所谓通经致用,亦仅是由于政事而牵引经义,初未能于大法有建树"。⑦ 王安石曾批评道:

---

① 《四库全书总目》卷四十一,第 342 页。
② 《埤雅》卷一,景印文渊阁四库全书,第 222 册,第 64 页。
③ 《埤雅》卷四,第 90 页。
④ 《埤雅》卷十五,第 188 页。
⑤ 《埤雅》卷八,第 123 页。
⑥ 《尔雅新义》卷四,宛委别藏本。
⑦ 钱穆:《朱子学提纲》,三联书店 2002 年版,第 8 页。

> 孔子没，道日以衰熄，浸淫至于汉，而传注之家作。为师则有讲而无应，为弟子则有读而无问。非不欲问也，以经之意为尽于此矣，吾可以无问而得也。岂特无问，又将无思。非不欲思也，以经之意为尽于此矣，吾可以无思而得也。夫如此，使其传注者皆已善矣，固足以善学者之口耳，不足善其心，况其有不善乎！宜其历年以千数，而圣人之经卒于不明，而学者莫能资其言以施于世也。①
>
> 夫圣人之术，修其身，治天下国家，在于安危治乱，不在章句名数焉而已。②

汉唐经学拘泥于家传师说，沉溺于繁冗细琐的章句训诂。经师们不思不问，墨守陈规，忽略经典中蕴含的微旨奥义，导致圣人之道湮没，圣人之经不明。他们对儒道的认识，本末倒置，把字词训诂、名物考释等当作儒道本身。王氏指出，圣人之道重在修身治国平天下，这才是注释时应着力阐述的，所谓"经术者，所以经世务也"。

新学学者抛弃汉唐经师繁琐的章句注疏，以简明扼要的笔法训释经义。如《周官》开篇"惟王建国，辨方正位，体国经野，设官分职，以为民极"，郑玄注有450余字，贾公彦疏有3000余言。王安石则依次解释"辨方""正位""体国""经野""设官""分职""民极"之义，仅180字。③ 除"极"字的训释牵合《字说》外，其他言简意赅，清楚明了。他们注重从整体上理解、探索经典的意义。一般先对个别字词进行简略注释，随后疏解段落，统合全篇，并按照自己的政治、哲学观点来阐发义理，形成新解。如《周礼·天官·小宰》"以听官府之六计，弊群吏之治：一曰廉善，二曰廉能，三曰廉敬，四曰廉正，五曰廉法，六曰

---

① 《王安石文集》卷七十一《书洪范传后》，第1245页。
② 《王安石文集》卷七十五《答姚辟书》，第1317页。
③ 《三经新义辑考汇评·周礼》，第3—4页。

廉辨",郑玄注曰：

> 听,平治也,平治官府之计,有六事。弊,断也,既断以六事,又以廉为本。善,善其事,有辞誉也。能,政令行也。敬,不解于位也。正,行无倾邪也。法,守法不失也。辨,辨然不疑惑也。①

王安石注曰：

> 治污谓之污,治荒谓之荒,治乱谓之乱,治扰谓之扰,则治弊谓之弊矣。所谓"弊群吏之治"者,治弊之谓也。善其行谓之善,善其事谓之能,能直内谓之敬,能正直谓之正,能守法谓之法,能辨事谓之辨。廉者,察也,听官府、弊吏治,察此而已。欲善其事,必先善其行。善行宜以德,不宜以訛,直内则所以为德也。直而不正,非所以成德。正,然后能守法,守法则将以行之。行之则宜辨事,辨事则吏治所成终始也。故"一曰廉善,二曰廉能,三曰廉敬,四曰廉正,五曰廉法,六曰廉辨"。此人之行能。谓之六计者,察其吏治,而知其所以治者行能如此。此听官府、弊吏治之数也,故谓之六计焉。②

郑玄依次训释"听""弊"等字词含义,非常简洁。王氏则先以反训之例,归纳推导出"弊"即治弊；继而诠释"善""能""敬""正""法""辨"之义。他将"廉"释为考察、考核,与郑注训为"廉洁"截然不同。其注解之新,尤在于对从整体上赋予六计程序上的合理性——从"一"至"六"不是随意罗列,而是吏治所必需的终始环节。"六",体现出官僚体系内的秩序、行政运作的规律。形式上,王注先是训释字词,然后推寻整段文义,最后总括主旨,层次井然,宛如一篇精短的经义文。

---

① 郑玄注、贾公彦疏、赵伯雄整理、王文锦审定：《周礼注疏》卷三十五,第72页。
② 《三经新义辑考汇评·周礼》,第61页。

以鲜明的当代意识,激活古老经典中的义理,这是新学注经时秉持的基本立场——"以所观乎今,考所学乎古"。① 他们的注疏,体现出熙宁变革与经典阐释间的互动。以下试以《尚书新义》为例,略作论述。

《尚书·召诰》:"其惟王勿以小民淫用非彝,亦敢殄戮,用乂民,若有功。"《传》曰:

> 勿用小民过用非常,欲其重民秉常。亦当果敢绝刑戮之道用于民,戒以慎罚。

《疏》曰:

> 上戒王以明德,此戒王以慎罚,故言"亦"也。②

《传》《疏》之意,谓王勿因小民有过而轻率地加以刑戮,慎罚之意甚明。王雱解曰:

> 不敢慢小民而淫用非彝,亦当敢于殄戮有罪以乂民也。③
> 敢于殄戮,而刑足以服人心。④

此则强调小民若过用非常,王不敢怠慢,应当敢于用刑诛罚,以此镇服人心。苏轼指责曰:"又劝王亦须果敢殄灭杀戮以为治⋯⋯儒者之叛道,一至于此哉!"⑤这一新解与时政关系密切,反映出变革时期王氏父子对刑罚的特别重视。

熙宁初,各项新法陆续出台,朝野上下反对之声此起彼伏。许多大臣或阳奉阴违,或公开抨击攻讦,严重阻碍了新法的推行。这种形势下,王安石多次劝谏神宗,须申明纲纪,严惩异议大臣以及违法欺

---

① 《王安石文集》卷八十四《周礼义序》,第 1462 页。
② 《尚书正义》卷十五《召诰第十四》,第 474 页。
③ 《三经新义辑考汇评·尚书》,第 176 页。
④ 《三经新义辑考汇评·尚书》,第 177 页。
⑤ 《三经新义辑考汇评·尚书》,第 176 页。

罔的官僚：

> （熙宁三年四月）上谓王安石曰："人情如此纷纷，奈何？"安石曰："尧御众以宽，然流共工、放驩兜。驩兜止是阿党，共工止是'静言庸违，象共滔天'。如吕公著真所谓'静言庸违，象共滔天'。陛下察见其如此非一事，又非一日，然都无行遣。……以此示天下，天下皆知朝廷无纲纪，小人何缘退听？陈襄、程颢专党吕公著，都无助陛下为治之实。今天下事不如理至多，人臣为奸罔至众，襄与颢曾有一言及之否？专助吕公著言常平法，此即是驩兜之徒"①

> （熙宁五年闰七月）王安石曰："太祖敢于诛杀，然犹为史圭、丁德裕之徒所欺，而滥及无辜，不知陛下于欺罔之人，能有所诛杀否？非特不能有所诛杀，能有所黜责否？非特不能黜责，能有所诘问否？"②

吕公著原为王安石好友，熙宁初曾力助王氏，后因青苗法反目；陈襄、程颢曾得吕之荐引。"静言庸违，象共滔天"语出《虞书·尧典》，形容共工外貌恭敬，内心险恶。王安石以此代指吕公著，将陈、程视为"驩兜之徒"党附于吕。他以尧流放共工、太祖敢于诛杀为例，劝说神宗须严明刑罚。同时，王氏父子又将此义寓于《尚书》注解中，寻求经典的权威支持。《尚书义》中对君道的诠释，往往措意于此：君主应当恩威并用，果敢用刑。如《周书·康诰》"王曰：呜呼！封，敬明乃罚"，意谓慎重严明地使用刑罚。《尚书新义》曰：

> 敬明乃罚者，教康叔以作新民之道也。民习旧俗，小大好草窃奸宄，卿士师帅非度。而一日欲作而新之，其变诈强梗，将无

---

① 《续资治通鉴长编》卷二百十熙宁三年四月癸未，第 5111—5112 页。
② 《续资治通鉴长编》卷二百三十六熙宁五年闰七月乙丑，第 5747 页。

所不为。非有以惩之则不知所畏,故当"敬明乃罚"也。①

变革作新之初,民众、官员皆耽于旧俗,阻挠变法无所不为,必须严厉惩处才能保障变革顺利进行。如此,经文中的谨刑慎罚之意,被彻底转换。此即王雱所谓"枭韩琦、富弼之头于市,则法行矣"之意。②

又如《尚书·君陈》:"王曰:君陈!而惟弘周公丕训……必有忍,其乃有济;有容,德乃大。"《传》曰:

> 为人君长,必有所含忍,其乃有所成;有所包容,德乃为大。欲其忍耻藏垢。③

《尚书义》曰:

> 此刚柔相济、仁义并行之道。忍,所以为义,故能济;容,所以为仁,故能大。④

据《传》,"忍"即容忍,"容"是包容,君主应当具备容忍、宽容的品德。王雱却出新解,将"忍"字释为"忍心""狠心"之意,指出君主应当刚柔并济、仁义并行。"柔",指仁爱包容;"刚",指当断则断果于施刑。苏轼驳斥道:

> 有残忍之忍,有容忍之忍。……曰"必有忍其乃有济"者,正孔子所戒,小不忍则乱大谋者也。而近世学者乃谓当断不可以不忍,忍所以为义。是成王教君陈果于刑杀,以残忍为义也。夫不忍人之心,人之本心也。故古者以不忍劝人,以容忍劝人也,则有之矣,未有以残忍劝人者也。不仁之祸,至六经而止,今乃

---

① 《三经新义辑考汇评·尚书》,第154页。
② 《宋史》卷三百二十七《王雱传》,第10551页。
③ 《尚书正义》卷十八《君陈》,第581页。
④ 《三经新义辑考汇评·尚书》,第212页。

析言诬经,以助发之,予不可以不论。①

"忍"有残忍、容忍二义。王雱将容忍之"忍"释成残忍之"忍",析言诬经,故苏轼力辨其非。林之奇指出:"盖王氏之解经,多以'忍'为'义',亦多以'仁''义'对说……(苏氏)此盖指王氏以为言。"②

熙宁时期,为顺利推行变法,克服官僚系统内的强烈反对,王安石必须最大限度争取最高皇权的支持。作为杰出的经学家、政治家,他极善于利用儒家经典的权威性,援古证今,劝导神宗。五经中,《尚书》记载三代圣王治国理政的言行,最能"恢弘至道,示人主以轨范",③指导帝王的政治实践,因而成为王氏最常引用的经典之一。他通过《尚书》的解读阐述为君之道,鼓励神宗效法先王,刚健有为,勇于变革百年弊政;面对复杂的政务,须"以道揆事";面对异议与抱怨,须"度义而后动","任理不任情"。④ 上述思想和话语,《尚书义》借助二帝三王的言行,予以明确阐述。如《汤诰》"慄慄危惧,若将陨于深渊",《尚书新义》曰:

> 汤始伐桀,商人皆咎汤不恤我众,然汤升自陑,告以必往,至于孥戮誓众,无所疑难也。及夫天下已定,乃曰"慄慄危惧,若将陨于深渊"。盖有为之初,众人危疑,则果断之以济功;无事之后,众人豫怠,儆戒所以居业。其异于众人也远矣,此其所以为汤也。若夫事未济则从而惧,事已济则喜而怠,则是众人也,岂足以制众人哉!⑤

汤伐桀时,敢于孥戮异议者示众;及天下已定后,则恒怀警惧之心。

---

① 《三经新义辑考汇评·尚书》,第 212 页。
② 林之奇:《尚书全解》卷三十六,景印文渊阁四库全书,第 55 册,第 748 页。
③ 《尚书正义》卷一《尚书序》,第 12—13 页。
④ 刘励耘有所论述,可见《王安石〈尚书〉学与熙宁变法之关系考察》,《中国史研究》2019 年第 1 期,第 119—137 页。
⑤ 《三经新义辑考汇评·尚书》,第 80 页。

熙宁五年(1072)七月,当保甲法界推行于开封府时,神宗因"人户尚有惊疑"欲暂停"徐议此事"。王安石即引用此段予以辩解:

> 自古作事,未有不以大势驱率众人而能令上下如一者。……如今日令保甲巡检下捕贼,若任其自来,则谁肯向前用命? 若以法驱之,即又非人情愿。若止欲任情愿,即何必立君而为之张官置吏也。且汤、武革命,名为应天顺人,然汤众皆以谓汤不恤我众,而汤告以必往,誓之以孥戮。汤其所以为顺人者,亦不须待人人情愿然后使之也。①

此即王氏所谓"任理而不任情""度义而后动":变法自有固定的目标与合理的行政程序,岂能一一顺从每个人的情愿?《尚书新义》中,王雱则进而申论:君主有为之初,必须果断,不恤众人的危疑;事功既成,众人逸豫懈怠,君主必须儆戒。否则,君主将沦为"众人",不足以统治天下。其注《周书·大诰》曰:

> 然承文、武之后,贤人众多,而迪知上帝以决此议者,十夫而已。况后世之末流,欲大有为者,乃欲取同于污俗之众人乎?②

《大诰》篇讲述周公东征,出师前说服大臣,有十位贤人前来辅助,完成功业。王雱借此强调,欲行大有为之政,不必虑及流俗众人。君主(圣人)与"众人"(流俗)的对立,由此凸显。这正体现了王安石"三不足"说的精神——人言(流俗)不足恤。

又如,《周书·洛诰》载周公还政成王曰:"朕复子明辟。"王雱注曰:

> "复"如复逆之"复"。成王命周公往营成周,周公得卜,复命于成王。谓成王为"子"者,亲之也。谓成王为"明辟"者,尊

---

① 《续资治通鉴长编》卷二百三十五,熙宁五年七月己亥,第5716—5717页。
② 《三经新义辑考汇评·尚书》,第150页。

之也。

　　先儒谓：成王幼，周公代王为辟，至是乃反政于成王，故曰"复子明辟"。荀卿曰："以叔代王，而非越也；君臣易位，而非不顺也。"以《书》考之，周公位冢宰、正百工而已，未尝代王为辟，则何君臣易位、复辟之有哉？如《礼·明堂位》曰："昔者周公朝诸侯于明堂之位，天子负斧扆，南乡而立。"又曰："武王崩，成王幼弱，周公践天子之位以治天下。"则是周公正天子之位以临万国。①

成王幼弱，周公摄政，践天子之位以治天下，这明确载于《礼记·明堂位》。《传》《疏》亦曰"复还明君之政于子"，"王往日幼小，其志意未成……故我摄王之位，代王为治。"②王雱却把"复逆"释为"复命"，谓周公营建洛邑后向成王复命，并将"周公践天子之位"解读为"周公正天子之位"，否认周公曾摄政践位及还政成王。这不仅迥异于旧说，且与王安石早年的君臣观扞格。③ 此或因熙宁期间，为推动变法，王安石的相权得到扩展强化。颇有官僚抨击王氏专权恣肆，不守臣节。如熙宁四年(1071)，御史中丞杨绘引用《淮南杂说》"周公之功，人臣所不能为；天子礼乐，人臣所不得用。有人臣所不能为之功，而报之以人臣所不得用之礼乐，此之谓称"，暗示王安石素怀异志，有不臣之心，提醒神宗"详其文而防其志"。④《尚书新义》打破先儒旧说，断然否认周公摄位，严明君臣之分，不妨视为王氏父子的郑重回应。

（三）

　　融贯释、道诸家之说，解释儒家经典。如前所述，以"理一"为基

---

① 《三经新义辑考汇评·尚书》，第179页。
② 《尚书正义》卷十五《洛诰》，第477页。
③ 可见本书第一章第三节。
④ 《宋朝诸臣奏议》卷八十三《上神宗论王安石之文有异志》，第898页。

础,以"道之大全"为据,以儒家为主来整合释、道等诸子百家,这是新学学派的治学取向,而贯彻于他们的经典注释中。王安石肇此先例。如《周礼·天官冢宰·膳夫》"王齐,日三举",郑《注》曰:"齐必变食。"贾《疏》曰:

> 齐,谓散齐、致齐。齐必变食,故加牲体至三大牢。案《玉藻》云,朔食加日食一等,则于此朔食当两大牢。不言之者,文不具。齐时不乐,故不言以乐侑食也。①

王氏解曰:

> 孔子齐必变食者,致养其体气也。王齐日三举,则与变食同意。孔子之齐,不御于内,不听乐,不饮酒,不膳荤,丧者则弗见也,不蠲则弗见也。盖不以哀、乐、欲、恶贰其心,又去物之可以昏愦其志意者,而致养其气体焉,则所以致精明之至也,夫然后可以交神明矣。然此特祭祀之齐,尚未及夫心齐也。所谓心齐,则圣人以神明其德者是也。故其哀、乐、欲、恶,将简之弗得,尚何物之能累哉?虽然,知致一于祭祀之齐,则其于心齐也,亦庶几焉。②

案,"齐"即"斋",此句意谓周王斋祭日三次杀牲备膳。郑《注》简洁明了,以"变食"释之,未及"三举"之义。贾《疏》敷衍之,将"三举"释为"加牲体至三大牢"。王氏先引用孔子"齐必变食"来疏通"王齐日三举",并列出孔子不御内、不听乐、不饮酒、不膳荤等斋戒之举;继而指出,如此便可与神明相交:不以哀乐欲恶贰其心→去除昏愦志意之物→致养气体→致精明之至→交神明。然后,又借用庄子"心斋"概念,③阐述

---

① 《周礼注疏》卷四,第98页。
② 《三经新义辑考汇评·周礼》,第88页。
③ 清代王太岳评曰:"案:心斋之义,本庄子,但庄子以不饮酒、不茹荤为祭祀之斋,与周官'斋日三举'之斋,义各不同,安石盖借用。"《三经新义辑考汇评·周礼》,第89页。

与神明相交后尚须屏祛物欲"神明其德",将"变食"的最终目的归结为培养崇高品德。于是,儒家的祭祀之斋,经由"心斋"的创造性转换,被阐发出修身养性之旨。这一修养次序,即养气→致精→交神明→神明其德,也见于王氏《礼乐论》。

新学学者全面继承了这一解经途辙。他们认为,儒、释、道三家尽管彼此立言、教导不同,然"三圣立教,其心则一",[①]本原之道、本质之理则同:"孔孟、庄老之道,虽适时不同,而要其归则岂离乎此哉!"[②]只有融贯百家,才能恢复"道之大全"。他们经常援引释、老以解儒典,试图融会贯通。如陈祥道《论语全解》,四库馆臣评曰:

> 于"关雎之乱"章,则云"治污谓之污,治弊谓之弊,治荒谓之荒,治乱谓之乱"。此类皆不免创立别解,而连类引伸,亦多有裨于考证。惟其学术本宗信王氏,故往往杂据《庄子》之文以作佐证,殊非解经之体。[③]

《论语全解》是新学后学的代表作之一,北宋后期流行场屋,颇为时人所重。书中除引《庄子》外(39 处),还多处援引《老子》以解儒家圣贤之言(31 处)。如《论语·为政》:

> 哀公问曰:"何为则民服?"孔子对曰:"举直错诸枉,则民服;举枉错诸直,则民不服。"

陈祥道解曰:

> 自道言之,贤者非在所尚;自事言之,贤者不得不举。老子曰:"不尚贤,使民不争。"庄子曰:"举贤则民相轧。"自道言之也。庄子曰:"行事尚贤,贵贱履位,仁贤不肖袭情。"自事言之也。孔

---

① 褚伯秀:《南华真经义海纂微》卷五十一《秋水第一》,中华书局 2018 年版,第 702 页。
② 王雱:《南华真经新传·拾遗》,第 496 页。
③ 《四库全书总目》卷三十五,第 292—293 页。

> 子之答哀公,则事而已,故曰:"举直错诸枉,则民服。"盖民情好直而丑枉,举枉错诸直,则拂民之欲,而民莫不怨;举直错诸枉,则适民之愿,而民莫不服。《诗》云:"乐彼之园,爰有树檀,其下维榖。"以言上贤而下不肖,则人莫不服而乐焉。此"举直错枉民服"之意也。①

孔子回复鲁哀公曰"举直错诸枉",意谓选拔正直贤能之士,罢黜奸邪佞人。这是典型的儒家治国之道,即重视尚贤举能。包咸释曰"今日举用正直之人,废置邪枉之人,则民服其上",②深得其意。老子则以为,"尚贤"只能使民众为达到贤能的标准而丧失本性,相争相轧,故主张"不尚贤,使民不争"。可见,"尚贤"与"不尚贤"属于两种相互对立的思想体系。陈祥道别出新解,以"自道言之""自事言之",将儒老二家调和在一起,认为"尚贤"与"不尚贤"分别对应"事"与"道"两个不同层面;前者为根本,后者为权宜。仔细体味,这种诠释话语,实则沿袭王安石"天""人"、"有""无"一分为二的思维模式。

又如《论语·为政》:

> 子曰:"吾与回言,终日不违,如愚。退而省其私,亦足以发,回也不愚。"

陈氏解曰:

> 道无问,问无应,故无始以无穷,谓之不知为深。黄帝以无为,谓之不知为真。此孔子以颜回之"如愚"为"不愚",皆所以贵其不知之知,不言之言也。回与孔子则如愚,于其私则不愚者,道相迩者可以意会,而道相远者必以言传也。老子曰:"我若愚

---

① 《论语全解》卷一,第 75—76 页。
② 《论语正义》卷二,第 63 页。

> 人兮。"又曰:"盛德容貌若愚。"颜子其近之矣。①

颜回是孔门高足。孔子讲学时,他循循默默,从不质疑反驳,不轻易发表见解,显得迟滞愚钝;私下则仔细揣摩孔子学问的要谛,深有阐发。所以,颜回并非资质愚钝,其"终日不违"出于个性谦逊、尊师重教。陈祥道则将一位沉默谦逊的儒家贤人,阐释成道家"大智若愚"的圣人。其解读如"不知之知,不言之言""可以意会"等句式,皆套用老、庄之语,整合儒道的痕迹相当明显。

又如《论语·述而》:

> 子曰:"甚矣,吾衰也!吾不复梦见周公。"

此为孔子自叹衰老之词。朱熹注曰:

> 孔子盛时,志欲行周公之道,故梦寐之间,如或见之。至其老而不能行也,则无复是心,而亦无复是梦矣,故因此而自叹其衰之甚也。②

陈氏解曰:

> 形接为事,神遇为梦。事见于有为,梦出于有思。孔子之盛时,尝欲有大勋劳于天下,而思周公之所为,故梦见之。及其衰也,知时命不我与,而不复思周公所为,故不复梦见之。高宗之梦傅说,文王之梦臧丈人,其出于有思亦如此。庄周曰:"古之真人不梦。"何也?真人以性言,圣人以德言。言性则入而冥道,故无梦;(言)德则出而经世,故有梦。③

自"形接"至"亦如此",陈注与朱注略同,本已完整阐释出孔子语意。

---

① 《论语全解》卷一,第73页。
② 朱熹:《论语集注》卷四,《四书章句集注》,中华书局1983年版,第94页。
③ 《论语全解》卷四,第115页。

然陈氏意犹未尽，又引庄子之说继续发挥，来调解"圣人"有梦和"真人"不梦二者的扞格。前者是儒家的最高典范，须建功立德，故有梦；后者受道家所标榜，"真人"保持本性与道冥合，故无梦。二者内外贯通，大致对应内圣和外王。

除儒家经典外，新学学者大多于佛老二家用力甚深。王雱、陆佃、陈祥道、吕惠卿、刘仲平等均曾注解《老子》《庄子》，颇有发明。其诠释经文，亦刻意调和儒、释、老三家之说。如王雱著《南华真经新传》，"间有会通儒佛之言，如以'逍遥'况佛氏之'身遍法界'；以'注焉而不满，酌焉而不竭'比孟子之'不加不损'、佛氏之'不增不减'；谓'缘督以为经'乃儒中庸之道等"。① 吕惠卿著《道德真经传》，称"道"为"真君"，实受道教之影响；而以人心道心，"唯精唯一，允执厥中"来解"守中"，则明目张胆地援儒解老，"要言之，此传以道家儒家治身理国之说相参"。②

（四）

注重阐发道德性命之理，是新学经解的另一鲜明特色。

道德性命之理，曾被视为新学的精义。北宋后期，旧党官僚陈瓘抨击道：

> 臣闻"先王所谓道德者，性命之理而已矣"，此王安石之精义也。有《三经》焉，有《字说》焉，有《日录》焉，皆性命之理也。蔡卞、蹇序辰、邓洵武等用心纯一，主行其教，其所谓大有为者，亦性命之理而已矣；其所继述者，亦性命之理而已矣；其所谓一道德者，亦以性命之理而一之也；其所谓同风俗者，亦以性命之理

---

① 任继愈、钟肇鹏主编：《道藏提要》，中国社会科学出版社1991年版，第531页。

② 《道藏提要》，第491页。

而同之也。不习性命之理者,谓之曲学;不随性命之理者,谓之流俗。黜流俗则窜其人,怒曲学则火其书。故自下等用事以来,其所谓国是者,皆出于性命之理,不可得而动摇也。①

陈氏早年本由新学及第,非常崇敬王安石。哲宗绍述后,因与蔡卞等新党政见不合,逐渐脱离新学,并反戈一击。他指出,不论《三经新义》《字说》,还是大有为的新法、哲宗的绍述之政,乃至沦为钳制异论的"一道德、同风俗",皆为道德性命之理的体现。道德性命之理,为新法、国是提供了理论支撑。这凸显出"道德性命之理"在新学体系中的核心地位,足以与"法度"内外并论。

新学学者认为,道德性命之理与王朝兴衰、时世治乱密切相关。王安石《性命论》曰:

> 天授诸人则曰命,人受诸天则曰性。性命之理,其远且异也,故曰"保合太和,各正性命"。是圣人必用其道,以正天下之命也。
>
> 去周之远,又不明情生于性,分出于命,而有命授分定之说。是以汉唐之治,亦曰尧舜之治。尧舜以君子知命,民下知分;汉唐之治,亦以君子知命,民下知分。然曰命与分则同矣,其所以知之则异,岂概于振古乎?振古,圣人行于上者也。所谓君子知命,则侯奉上,卿奉官,士奉制,没而后止。夫然,贵贱寿短,未始不悉以礼义上下也。汉唐则不然。其间阴阳之术炽,而运数之惑兴;谶纬之说侵,而报应之讹起。其所谓命者,非曰性命也,则命授分定也。所谓行命者,非曰圣人也,则曰冥有所符,默有所主也。故朝耕汉陇,暮逾三国之魏;晨借唐版,夕归五代之梁。此不曰不臣不民,而曰命受分定者,岂不瞀惑哉?然亦谁阶之

---

① 陈瓘:《四明尊尧集》卷一《序》,续修四库全书,第 448 册,上海古籍出版社 2002 年版,第 359 页。

乎？其皆赏罚不当，而德肯无归，民厌其势，而一归于命，悲夫！①振古时圣人在位，利用教化来正天下之命，使人不失本性。故君子知命，百官奉职，民下守分，尊卑高下，秩序井然。汉唐时既无圣人，其所谓"性命"乃糅合阴阳、运数、谶纬、报应之说的"命授分定"，遂与三代之治迥然不同——叛乱相寻，不臣不民，赏罚不当，德肯无归。吕惠卿、林自、黄裳等新学学者继续阐述道：

> 道之大全，本无不备。三代之末，隐于小成。天下失其性命之情，而搢绅先生之所传者，独得其迹，遂以为圣人之所以为圣人者为止于此。②

> 夫仁义出于道德，礼乐出于性情。上古世质民淳，仁义与道德为一，礼乐与性情不离。后世废道德以言仁义，离性情而议礼乐，是以有曾、史之仁义，非尧、舜之仁义；有世俗之礼乐，非三代之礼乐。③

> 周衰，先王之泽既不下流，诸侯之贤者无命可待，故鲁钦明其德而有泮宫之颂；诸侯之不贤者无德可明，故郑学不修而有子衿之变风。性命之理，类为异端所蔽，流入偏见，不得古人之大体，分裂而为八九。以从事则害政，以长民则坏俗。汉唐之世未有能攻之者，其学失真故耳。道益不明，历千余岁，朝廷法度，士人名节，四方风俗，由是不足以望三代。④

自周以后，先王教化不行，世俗陵替，盛世不再。究其主要原因，即道之大全分裂，性命之理湮没，天下人失去性命之情。儒家的仁义礼乐

---

① 《王安石文集》集外文二《性命论》，第1820—1821页。
② 吕惠卿撰、汤君集校：《庄子义集校》，中华书局2009年版，第1页。
③ 《南华真经义海纂微》卷二十六，第379页。
④ 黄裳：《演山集》卷十八《青州学记》，景印文渊阁四库全书，第1120册，第135页。

与道德、性情割裂,失去了超越天道与内在心性的支撑,以至于朝廷法度、士人名节、四方风俗,"不足以望三代"。新学欲恢复道大之全,实现回归三代的政治理想,必须突破汉唐传注的繁冗,阐明经典中的道德性命之理。正如陆佃所曰:

> 自秦以来,性命之学不讲于世,而道德之裂久矣。世之学者,不幸蔽于不该不遍一曲之书,而日汩于传注之卑,以自失其性命之情,不复知天地之大醇、古人之大体也。予深悲之,以为道德者,关尹之所以诚心而问,老子之所以诚意而言,精微之义、要妙之理多有之,而可以启后学之蔽,使之复性命之情。不幸乱于传注之卑,千有余年尚昧,故为作传,以发其既昧之意。①

汉唐传注,只知训释名物章句,琐细繁冗,反而湮没性命之理。陆佃挺身而出,以继承王氏性命之学为己任。他注《尔雅》,撰《埤雅》,通过对字词名物的考释,探求字义中隐含的物性与天道。他对礼仪制度、礼器形制的考订,也措意于其中体现的性理、天道。《老子》《庄子》等道家著作,更被他视为道德性命之学的渊薮。②

其他新学学者,各从道德性命的视角,重新审视儒家经典。如蔡卞著《毛诗名物解》,将考订名物视作学习《诗经》的起点,由此探求道德性命之理:

> 圣人言《诗》,而终于鸟兽草木之名。盖学《诗》者始乎此,而由于此以深求之,莫非性命之理、道德之意也。③

王昭禹则将《周礼》六官之制视为天理自然所为,并非人力私创。制度与道德性命,互为表里:

---

① 彭耜:《道德真经集注·杂说》卷上,第 260 页。
② 张钰翰对此有详细论述,可见《北宋新学研究》,第 78—92 页。新学学者注重道家著作,皆因其道德性命概念,借自老庄,故重视程度不亚儒家五经。
③ 蔡卞:《毛诗名物解》卷十七,景印文渊阁四库全书,第 70 册,第 596 页。

> 噫！六官之建，岂圣人之私智哉？实天理之所为也。由此以观，则礼之事虽显于形名度数之粗，而礼之理实隐于道德性命之微。①

马希孟、陈祥道则将性命道德视为礼数、礼仪的内在规定与本质，将礼学视为穷理尽性之具：

> 夫郊社之礼，禘尝之义，其粗虽寓于形名度数，其精则在于性命道德。②

> 学术道者，所以穷理；修身者，所以尽性。礼足以穷理尽性，故圣人务焉。③

道德之意，性命之理，构成新学学者诠释经典时一个崭新的维度。这与汉唐注疏孜孜矻矻从事于字词名物的训释考辨，迥然有别。

对于儒家经典中涉及心性之处，新学学者自然格外措意。《尚书·商书·汤诰》"若有恒性"句，王雱解曰：

> 善者，常性也；不善者，非常性也。④

《论语·阳货》"子曰：'性相近也，习相远也'"，陈祥道解曰：

> 天命之谓性，人为之谓习，性则善恶混，故相近，习则善恶判，故相远。⑤

此借注经的方式，阐明新学的人性论。"常性"与"非常性"，近似于王安石所谓"正性"与"性之不正"。性善恶混，即王氏所谓"性有善有恶"。以上可视为新学在人性问题上的定论。

---

① 《周礼详解·序》，第 199 页。
② 陈祥道：《论语全解》卷二，第 81 页。
③ 王梓材、冯云濠：《宋元学案补遗》卷九十八引《马氏礼记解》，中华书局 2012 年版，第 5886 页。
④ 《三经新义辑考汇评·尚书》，第 79 页。
⑤ 《论语全解》卷九，第 206 页。

王安石曾指出,性命之理来自天道,根于人心,同时蕴含在经典中。① 他对道德性命的阐述,主要见于各篇文章,《周官新义》偶尔为之。王昭禹步武王氏,继续将道德性命之理贯彻到《周官》注释中。他屡屡从天道、人性的角度,注解《周礼》六官等官僚体制。如《周礼·小司徒》:"调人,掌司万民之难而谐和之。"郑玄注曰:

> 难,相与为仇雠。谐犹调也。

贾公彦疏曰:

> 言仇雠者,案《左氏·桓公传》云"怨耦曰仇",则仇是怨也。雠谓报也,即下文"父之雠"已下,皆是怨,当报之,故云仇雠也。②

王昭禹解曰:

> 万民之难,常起于有心。有心斯有己,有己斯有物,己与物偶,故不能无爱恶。爱恶相攻,故不能无情伪。情伪相感,故不能无利害。利害迫于外,情伪攻于中,忮心日生,拂气交作,则以一朝之忿,连终身之雠。此眦睚必报,有虽死且无所顾忌者,此其为难,可胜言哉!惟圣人有以调之,故使之各正性命,保合太和,以相忘乎道术之中,则无难矣。不幸而至于难,则又为之设官掌,司万民之难而谐和。此调人之职所由立也。所以无难,在圣人则调之于未然者也。以和难在调人,则调之于已然者也。相比之谓谐,相济之谓和。掌司万民之难而谐和之,则谐之而后和也。③

王昭禹接受郑、贾的训诂,将"难"解为"仇雠",然后重点阐释"调人"之职。他先追溯"难"之所起,起于民之有心,即主体意识的形成。继

---

① 《王安石文集》卷八十二《虔州学记》,第1429页。
② 《周礼注疏》卷十四,第421页。
③ 《周礼详解》卷十三,第345页。

而,主体与外物发生对立(偶)关系。主体对外物的爱恶,导致情伪、利害的发生。内外交迫,主体彼此之间因争夺而有仇雠。圣人先以道术予以调和,使之各正性命之情,保存和气。若不幸"难"仍发生,圣人便设官职掌,除民之难。此即调人之职的设立。王昭禹将"难"的发生,一直追溯至主体的爱恶情伪,显示对性命之理的探深求赜。

又如《周礼春官》:"大司乐掌成均之法,以治建国之学政,而合国之子弟焉。""成均",郑《注》、贾《疏》仅言"五帝之学",王安石亦无他解。王昭禹释曰:

> 成均,盖五帝学名也。教学之道,成其亏、均其过不及而已,故其命名如此。夫自天之莫为言之,则性之在人无成与亏也;自人之或使而言之,则有成与亏也。自合而浑以言其同,则道之在人无过与不及也;自离而散以言其异,则道之在人有过与不及也。庄子曰:"是非之彰,道之所以亏也。果且有成与亏乎哉?果且无成与亏乎哉?"由此观之,则人之性虽有无待于外,德不殊天降之才,一诱于物,则孰能全之而使不亏哉?则成者所以成其亏而使之全也。《中庸》曰:"道之不明也我知之矣,知者过之,愚者不及也。道之不行也我知之矣,贤者过之,不肖者不及也。"由此观之,则人之生虽受中于天地,降衷于上帝,一流于伪,则孰能折其过而使之就乎中,勉其不及而使之企而及于中哉?则均者均其过与不及,而使之中矣。成均之学,所以教人者如此,则性命之理,实寓于度数之间矣。大司乐之所掌,所以又有法焉。①

王注先是引用郑注,继而叙述"成均"的字面意义。"成",成就人性之亏;"均",均过与不及。前者出自《齐物论》,后者出自《中庸》。人性之所以有亏,是因外物的诱惑而背离天性;之所以有过不及,是因中

---

① 《周礼详解》卷二十,第416页。

和之气流之于伪。成均之学,即教人克服外诱,分辨情伪,恢复自然、中和的天性。其教学的方式、步骤内容中,寓有天道性命之理。成均的职掌,就蕴含在"成""均"的文字含义中。

道德性命之理,甚至体现在物性中。蔡卞释《周南·关雎》"雎鸠"曰:

> 雎鸠或谓之鴡,或谓之王雎,凡鸠皆阳鸟也。刚而能制者,真若乎阳,故鸠训聚而有别者也。和而不同,则有是意,故谓之雎鸠。然有不可犯之道也,故又谓之鴡。王,大也,于鸤鸠则为大矣,故又谓之王雎。勒以法度足以一众者,莫如雎鸠,故雎鸠氏为司马。夫有可归之德,又有可归之位者,后妃也,故《关雎》又为王者之风,而不为诸侯之风。能聚,所以喻后妃之求淑女;能别,所以喻后妃不失礼义也。①

雎鸠,又称为鴡、王雎、鸤鸠等。不同的名称,反映了此鸟不同的本性,分别对应着"刚而能制""和而不同"等品德。《关雎》之所以用雎鸠来咏后妃之德,乃因二者本性、功能相似,能聚能别;只是前者体现在鸟类,后者体现在人类中。通过辨释雎鸠之名,蔡氏追寻到人、鸟共通的道德性命之理,再用以解释《周南·关雎》的颂美之旨。

(五)

新学学者的治经方法对王安石亦步亦趋,义理阐述方面则经常演绎发挥师说。如《周礼·天官·小宰》:"以官府之六叙正群吏:一曰以叙正其位,二曰以叙进其治,三曰以叙作其事,四曰以叙制其食,五曰以叙受其会,六曰以叙听其情。"王安石解曰:

> 叙,叙其伦之先后也。以叙正其位者,以其人之叙正之。以

---

① 《毛诗名物解》卷六,第555—556页。

叙进其治者，以其位之叙进之，谓治以有功，进使治凡也。以叙作其事者，以其位治之叙作之。以叙制其食者，以其治事之叙制之。以叙受其会者，以其治事与食之叙受之。以叙听其情者，自会以上不得其情，则皆有讼，讼则各以其叙听之。①

王昭禹解曰：

> 古之明大道之序者，先明天而道德次之，语道而非其叙，则安所取道？然则于治而非其叙，又安所以治哉！诸子百家非不知道也，不知道之序而已。是以离道而言，忤道而说，而道之所以不明也。……先王循道之序以制治，因治之序以正群吏，此小宰所以掌之，使不失其伦之先后也。若夫道隆德峻而王所宅以为准者，岂六叙所得而正哉！②

"六叙"指官秩的尊卑次序。贾公彦疏曰："凡言叙者，皆是次叙，先尊后卑，各依秩次，则群吏得正，故云正群吏也。"③王安石则先释"叙"字之义，然后逐一解释"六叙"，依文诠义，毫无冗赘枝蔓。王昭禹却由"叙"字生发出去，阐述"六叙"中蕴含的天道原则，即天→道德→仁义……→赏罚的"大道之序"，强调先王循序制治。这正是王氏政治哲学的精髓。最末句"若夫道隆而德峻而王所宅以为准者，岂六叙所得而正哉"，则为"道隆而德峻"者设置一个类似帝师、超越"六叙"官僚体制的崇高位置，明显演绎《虔州学记》所言"若夫道隆而德骏者，又不止此，虽天子北面而问焉，而与之迭为宾主，此舜所谓承之者也"。④

《周礼》六官中，王安石特重天官冢宰，强调其代君理政、管理百

---

① 《三经新义辑考汇评·周礼》，第53—54页。
② 《周礼详解》卷二，第266页。
③ 《周礼注疏》卷三，第64页。
④ 《王安石文集》卷八十二《虔州学记》，第1428页。

僚之职,寄寓着君臣共治的政治理想。① 黄裳进一步阐述道:

> 正朝廷以正百官,正百官以正万民。大宰建其书,佐王而治其近者也,故以正典以正百官。②

> 邦国治之大者,王不能独任,大宰不得专听。是故治邦国以王为主,大宰则佐之而已。③

> 相高下,视肥硗,序五种,君子不如农人。相美恶,辨贵贱,君子不如贾人。陈绳墨,设规矩,便备用,君子不如工人。以义理财,以知创物,则未有如君子者。是故王公士大夫之序在其上焉。天下之民无致养之物,无以为生;无致用之物,无以为利。财成天地之道,辅相天地之宜,王之务也。大宰,以道佐王者也。④

大宰相当于宰相,位居百僚之上,协助君主治理邦国之大政,小事则专擅。这无非重申王氏的注解。然将君子之职界定为"以义理财,以知创物",将君子中位最高、势最尊的大宰,与"致养""致用"等理财之事相缔结,这已接近突破传统四民论的框架:士居农、工、商之上,不仅因为攸关教化,而且负有创法立制、养生致用之责。北宋前期,本以三司使专领朝廷财赋等事。自王安石开始,以宰相董理财政成为政治常态。黄裳借阐释《周礼》,为这种权力运作赋予新的经典依据。⑤

又如,《诗经·邶风·静女》:

> 静女其姝,俟我于城隅。爱而不见,搔首踟蹰。

---

① 可见第一章第七节。
② 黄裳:《演山集》卷五十《杂说》,第 323 页。
③ 《演山集》卷五十四《杂说》,第 350 页。
④ 《演山集》卷三十九《周礼义》,第 263 页。
⑤ 相关研究,可见梶田祥嗣:《黄裳的周礼思想——王安石周礼义的继承为中心的考察》,《日本中国学会报》第 69 集,2017 年。

> 静女其姝，贻我彤管。彤管有炜，说怿女美。
> 自牧归荑，洵美且异。匪女之为美，美人之贻。

《小序》认为，"静女，刺时也。卫君无道，夫人无德。"郑《笺》"以君及夫人无道德，故陈静女遗我以彤管之法，德如是，可以易之为人君之配。"诗中的"彤管"，即"彤管，笔赤管也"，女史用以记载后妃功过之笔。毛《传》曰："古者，后夫人必有女史彤管之法，史不记过，其罪杀之。""彤管以赤心正人也。"① 至欧阳修始提异议，将此诗理解为一首情诗，而彤管是男女定情之物，"盖男女相悦，用此美色之管相遗，以通情结好尔"。② 王安石则对"彤管"别出新解，释为一种乐器：

> 其美外发，其和中出，其节不可乱者，彤管也。"贻我彤管"，言静女之贻我以乐也。③

彤管虽非史笔，不能记载功过，然作为一种乐器外美中和，仍可戒以礼节。这种诠释非常新颖，被新学学者奉为圭臬。徐君平为《诗经新义》注音辩曰："彤，赤漆也。管，谓笙箫之属。"④陈旸释《乐记》"礼乐皆得，谓之有德，德者得也"进一步发挥：

> 《静女》之诗，以城隅、彤管刺夫人无德，则"俟我城隅"，礼也；"贻我彤管"，乐也。后妃以得礼乐为有德，岂不信哉！⑤

彤管是一种红色的笙箫乐器，成为新学学派的独特释义。

当然，作为一个学派，新学弟子对义理的阐释，往往又有轶出王氏之藩篱，体现出学派正常的发展轨迹。时人抨击他们"因人成能，

---

① 《毛诗正义》卷二，第205页。
② 《诗本义》卷三，景印文渊阁四库全书，第70册，第193页。
③ 姚宽撰，孔凡礼点校：《西溪丛语》卷下，第79页。
④ 《西溪丛语》卷下，第79页。
⑤ 陈旸：《乐书》卷十《礼记训义》，景印文渊阁四库全书，第211册，第72页。

无自得也","一点一画不出前人",①这是严重的偏见。如王安石注《天官·大宰》曰:

> 大宰以六典佐王治邦国,其职之大者也。以八灋治官府,以八则治都鄙,其职之小者也。②

> 于六典曰"佐王治邦国",大治,王与大宰共之也。于八灋、八则直曰"治官府都鄙",小治,大宰得专之也。③

六典、八法、八则详略有别,轻重不同,分别针对邦国、官府、都鄙三种不同区域。六典是大治,职掌涉及政体的基本构成,如治、教、礼、政等,大宰须佐周王共治;八法八则是小治,囊括管理百姓、都鄙的具体律令条法,太宰可以专擅。这实质上阐述了王安石的君相分职观念。④ 君主应当以道揆事,讲求精神之运,不必一一细究刑名法制等具体政事,后者不妨委之宰相统率。⑤ 黄裳演绎道:

> 典者,立道以为经者也。则者,明理以为约者也。法者,行义以为制者也。……邦国,治之大者,王不能自任,太宰不得专听,是故治邦国以王为主,太宰则佐之而已。王者之务所好者要,而详不与焉,则八法八则非王所行矣。所治者大而小者不与焉,则官府都鄙非王所任矣。⑥

---

① 陈师道撰、李伟国点校:《后山谈丛》卷一,第25页。
② 《三经新义辑考汇评·周礼》,第49页。
③ 《三经新义辑考汇评·周礼》,第27页。
④ 肖永奎:《法度与道德:王安石学术及其变法运动述论》,第196—201页。
⑤ 《续资治通鉴长编》卷二百三十熙宁五年二月乙卯:"刑名法制,非治之本,是为吏事,非主道也。国有六职,坐而论道谓之三公,所谓主道者,非吏事而已。盖精神之运,心术之化,使人自然迁善远罪者,主道也。"第5590页。卷二百三十二熙宁五年四月辛未:"陛下于刑名、度数、簿书丛脞之事,可谓悉矣。然人主所务在于明道术,以应人性无方之变,刑名、度数、簿书之间,不足以了此。"第5634页。
⑥ 《演山集》卷五十四《杂说》,第350页。

此处发挥王氏之说,区别王者之务与太宰之职,然释"典""则""法"之义,并未迁就王氏以字形分析,①而是径自界定它们的意义。黄裳进而将六典→八法→八则的次序,与"道之序"相贯通:

> 无名之道,立为纲常而有六典,降为大要而有八则;八法之详,则又其降者也。②

"无名之道"即王氏所谓"道之本",它作用于人间秩序中,便体现为以六典→八法→八则的次序展开。这将王氏之注,提升至由道生法的政治哲学高度。

又如,陆佃解《鹖冠子·环流》"夫先王之道备,然而世有困君,其失之谓也"曰:

> 礼义法度,应时而变,时命不停,法亦随。故而昧者胶柱刻舟,守先王之腐余,其道虽备,而只益困穷,此犹枕卧刍狗而更以遭魇,岂易恒也哉?

陈祥道注《庄子·天运》曰:

> 圣人之治天下,乘时以制宜,因民以立法。果可以利其国,不一其用;果可以便其事,不同其礼。故伏羲、神农教而不诛,黄帝、尧、舜诛而不怒。夏质而不文,周文而不质,古之法其可行于今,今之法其可胶于古乎?孔子推古以御今,非胶之也,欲缘迹以复于所以迹而已。③

熙宁期间,王安石动辄以"先王之法"为号召呼吁变革;司马光则针锋相对,提出应谨守"祖宗法度",反对更张。面对这种情势,陆佃、陈祥道强调"应时而变""乘时制宜",肯定变革的必要;又意识到不能拘泥

---

① 《三经新义辑考汇评·周礼》,第17页。
② 《演山集》卷五十四《杂说》,第349页。
③ 褚伯秀:《南华真经义海纂微》卷四十五,第637页。

古人的制度措施，必须"因民以利法"，顾及民众的情绪意愿。王氏认为，"（民）既难与虑始，此所以烦朝廷驱使"①，并将众人异议斥为流俗之言。陆佃却将变革的评价标准，系于民心："民之所未安，圣人不强行；民之所未厌，圣人不强去。"②这未必不是对其师强硬的独断作风，进行理论反省。③

哲宗、徽宗两朝，激烈的党争倾轧，使得学界普遍呈现"内转"的思想倾向。新学学者对变革理论的阐述，意义重大。至于陆佃、陈祥道、王昭禹等人在礼学方面研精覃深，为神宗的礼制改革、徽宗的制礼作乐提供经典论证，不仅推动汉宋礼制之学的转型，而且影响远及清代。④ 他们开拓出《三经新义》外的另一片经学天地，其成就远非同时代蜀学、洛学、朔学可比，展示出新学强劲的生命力。

毋庸讳言，由于治经方法存在明显缺陷，新学解经衍生出诸多流弊。晚清经学家皮锡瑞批评道："王氏新学，不遵古义……说经之书，亦多空衍义理，横发议论，与汉唐注疏全异。"⑤一个"空"字，一个"横"字，点出新学穿凿破碎、牵强附会之病。这首先归咎于新学弟子盲从《字说》，以会意之法训释形声字，导致若干荒谬解义。叶梦得指出：

> 凡字不为无义。但古之制字，不专主义，或声或形，其类不

---

① 《续资治通鉴长编》卷二百五十熙宁七年二月丙子，第6089页。
② 黄怀信撰：《鹖冠子校注》卷上《天则第四》，中华书局2014年版，第56页。
③ 卢国龙指出，新学弟子内部存在两种相对不同的学术倾向：其一以王雱为代表，主张"任理而不任情"，强调自然主义的理性原则；其一以陆佃为代表，强调至诚恻怛之心。《宋儒微言》，第140页。
④ 新学这方面的成就，一直遭到忽视。近些年来，一些优秀研究成果推进了相关研究。如冯茜：《唐宋之际礼学思想的转型》，第204—295页；张钰翰：《北宋新学研究》，第357—364页；孙逸超：《器以载道：政和亲祭天地与徽宗皇权的神化》，未刊稿。
⑤ 《经学历史》，第274页。

一。……王氏见字多有义,遂一概以义取之……是以每至于穿凿附会。①

"字本来无许多义理,他要个个如此做出来,又要照顾,须前后要相贯通。"②这种机械的解字方法,尽管寄寓着寻绎万物性理的哲学意图,毕竟违背了汉字构造原理,难免牵强附会,导致上下经文破碎离析。

另外,新学本着"经术者,所以经世致用也"的精神,注重儒家经典与政治实践之间的相互激发。这诚然为传统儒学注入新的活力,开辟出新的解经范式。然而,并非每部经典,都具有无限的阐释性。经典的意义阐释空间,仍然受限于具体的文本脉络。王安石及弟子们借注解形式,阐述新学义理,往往将义理强行赋予到经典文本中,看似标新,实则穿凿。经文本身的意义变得无足轻重,重要的是他们所要论述的义理。以下试以新学的集体之作《诗经新义》为例,略作分析。

《诗经·邶风·北门》:

> 出自北门,忧心殷殷。终窭且贫,莫知我艰。已焉哉,天实为之,谓之何哉!
>
> 王事适我,政事一埤益我。我入自外,室人交遍讁我。已焉哉,天实为之,谓之何哉!
>
> 王事敦我,政事一埤遗我。我入自外,室人交遍摧我。已焉哉,天实为之,谓之何哉!

《北门》写一位官吏的诉苦。《小序》曰:"刺仕不得志也。言卫之忠臣,不得其志尔。"郑《笺》曰:"'不得其志'者,君不知己志而遇困苦。"《正义》曰:"谓卫君之暗,不知士有才能,不与厚禄,使之困苦不得其

---

① 《文献通考》卷一百九十引,第5536页。
② 《朱子语类》卷一百三十,第3100页。

志,故刺之也。"①可见所刺者,指向君主。《新义》释曰:

> 人臣事君为容悦者,其北门大夫之谓乎？若有道之士,道合则从,不合则去。②

北门大夫不能去位,只知以容悦事君,违背了士人的出处之道。这种解释,与小序、注疏之意大有出入：后者所"刺"为君主,而《新义》却批判北门大夫。很明显,此处借题发挥士人的出处之道。"有道之士,道合则从,不合则去"——王安石曾反复强调类似之意,③被强行赋予到诗歌文本中。

又如,《诗经·唐风·有杕之杜》：

> 有杕之杜,生于道左。彼君子兮,噬肯适我。中心好之,曷饮食之？
>
> 有杕之杜,生于道周。彼君子兮,噬肯来游。中心好之,曷饮食之？

此诗讽刺郑武公不知求贤。《小序》曰："刺晋武也。武公寡特,兼其宗族,而不求贤以自辅焉。"郑《笺》曰：

> 道左,道东也。日之热恒在日中之后,道东之杜,人所宜休息也。今人不休息,以其特生,阴寡也。兴者,喻武公初兼其宗族,不求贤者与之在位,君子不归,似乎特生之杜然。

《正义》曰：

> 言有杕然之杜特生之杜,生于道路之左,人所宜休息也。今日所以人不休息者,由其孤特独生,阴凉寡薄故也。以兴武公一国

---

① 《毛诗正义》卷二,第 200 页。
② 《三经新义辑考汇评·诗经》,第 40 页。
③ 关于王安石对士人出处与"道"之关系的论述,见本文第一章第三节。

之君,人所宜往仕,今日所以人不往仕者,由其孤特,为君不求贤故也。①

郑《笺》与《正义》都将注释重点放在"有杕之杜"这一意象上,认为它的孤独特立,象征着武公因不求贤而导致寡助。《新义》则进而把"道左""道周"固定为"况仁""况义"的喻义,以迁就《小序》之旨:

> 爱之也仁,而其敬之也有礼;仁而有礼,此君子所以适我而来游,以获其助也。然则武公之见刺,必以不仁也,必以无礼也。道左者盖以况仁,道周者盖以况礼。②

武公不仁且无礼,故君子不来依附。这种解释,勉强可通。然以道左况仁、道周况礼,根据何在?前者或出自王安石《答韩求仁书》"以德爱者为仁。仁譬则左也,义譬则右也",③后者似乎完全无据。《新义》强行匹配仁、礼,穿凿之甚:"诗言道左、道周,王氏以谓仁与礼。如此,则何之而不可为也?其穿凿至于如此。"④

又如《新义》解《秦风·蒹葭》"蒹葭苍苍,白露为霜"句:

> 仁,露;义,霜也,而礼节斯二者。襄公为国而不能用礼,将无以成物,故刺之曰"蒹葭苍苍,白露为霜"。
>
> 降而为水,生而为露,凝而为霜,其本一也。其升也,降也,凝也,有度数存焉,谓之时。此天道也。畜而为德,散而为仁,敛而为义,其本一也。其畜也,敛也,散也,有度数存焉,谓之礼。此人道也。⑤

---

① 《毛诗正义》卷六,第 468 页。
② 《三经新义辑考汇评·诗经》,第 91 页。
③ 《王安石文集》卷七十二《答韩求仁书》,第 1252 页。
④ 《三经新义辑考汇评·诗经》,第 90 页。
⑤ 《三经新义辑考汇评·诗经》,第 95 页。

《毛序》曰:"《蒹葭》,刺襄公也。未能用周礼,将无以固其国焉。"①《新义》发挥此义,以露譬仁,以霜譬义,将水→露→霜的形态变化规律,譬作礼数。此句景物描写,被诠释成襄公不能按照周礼的节制来行仁施义。于是《诗经》中描写景物的秀丽名句,变为劝谏讽刺之说教。除恪遵《小序》外,这段诠释的义理逻辑,在于天道、人道间的比附:其畜、其敛、其散的度数,既是自然规律,也体现为人间的秩序原理。

---

① 《毛诗正义》卷六,第791页。

第五章　荆公新学的盛衰

有宋一代,新学的盛衰经历了五个阶段,历时约二百年之久。第一个阶段:自仁宗庆历至英宗治平年间,新学崛起。第二个阶段:自神宗熙宁至哲宗元祐年间,新学成为官学。第三个阶段:自哲宗绍圣至徽宗宣和末年,新学鼎盛。第四个阶段:南宋高宗朝,新学衰落。第五个阶段:南宋孝宗朝以后,新学消亡。大致而言,自神宗熙宁至钦宗靖康约六十年间(1068—1126),除元祐更化外,新学作为一个学术流派以及官方正统的意识形态,在北宋后期的学界占据绝对的统治地位,其影响远超洛学、蜀学、朔学等。南宋以后,新学才走向衰落,逐渐消亡。这一漫长历史过程中,新学的学理建构、新学与政治的关系、新学与其他学派的竞争等,是影响其发展走向的重要因素。

第一节　新学在宋代的盛衰

(一)

仁宗庆历年间,传统儒学开始焕发出崭新生机,学统四起。作为宋学中一个重要流派,新学的起源最早可追溯至此。自庆历二年(1042)科举入仕后,王安石以其高尚的品格、出色的政绩、杰出的创作,逐渐在士林中崭露头角。不少士人很早即关注到王氏学术思想的独特性、创新性,予以推崇。如王令曰:"以令所考,自扬雄以来,盖未有如临川之学也。"①至嘉祐末年，王安石的一系列重要著述相继问世，如《淮南杂说》《易解》《洪范传》等，由此奠定他在学界的影响和地位。据陆佃回忆：

> 嘉祐、治平间……予亦年少耳。淮之南学士大夫皆宗安定先生之学，予独疑焉。及得荆公《淮南杂说》与其《洪范传》，心独谓然，于是愿扫临川先生之门。②

胡瑗是"宋初三先生"之一。仁宗明道后，胡氏在东南地区"明体用之学，以授诸生。夙夜勤瘁，二十余年，专切学校。始自苏、湖，终于太学，出其门者，无虑二千余人"，③影响至为深远。然而至嘉祐、治平年间，原本跟随胡瑗高足孙觉求学的陆佃，④已不惬意于安定之学，转投王门。这充分说明当时众多学术流派中，王氏之学已骎骎后来居上。

治平三年（1066），王安石于江宁设帐授学。士人"闻风裹粮走"，⑤"归赴如市"。⑥陆佃、龚原、王无咎、杨骥等多名士人投入王门，以王氏为核心的一个新学学派初步形成。它以北宋东南（江南东西路、两浙路、淮南路、福建路）士人为主体，具有强烈的地域色彩。他们以师承传授关系为纽带，大多在熙宁、元丰年间积极参与王氏主持的新法或学术建构，成为北宋后期政治文化的主体之一。江宁讲

---

① 《王令集》卷十八《与束伯仁手书五》，第320页。
② 《陶山集》卷十五《傅君墓志铭》，第179页。
③ 朱熹：《五朝名臣言行录》卷十之二，《朱子全书》第12册，第316页。
④ 陆游撰、孔凡礼点校：《家世旧闻》卷上："楚公未第时，游四方，留高邮最久。盖从孙莘老游，客于处士傅琼家。"中华书局1993年版，第195页。孙觉字莘老，高邮人，《宋史》卷三百四十四有传："甫冠，从胡瑗受学。瑗之弟子千数，别其老成者为经社，觉年最少，俨然居其间，众皆推服。"第10925页。
⑤ 《陶山集》卷一《依韵和李知刚黄安见示》，第60页。
⑥ 吕南公：《灌园集》卷二十《临川王公墓志铭》，景印文渊阁四库全书，第1123册，第185页。

学,标志着新学的崛起。

(二)

熙宁元年(1068)四月,王安石以翰林学士兼侍讲越次入对,深得神宗器重。之后,他通过经筵侍讲的机遇,鼓动神宗变法更制:

> 王荆公熙宁初召还翰苑。初侍经筵之日,讲《礼记》"曾参易箦"一节,曰:"圣人以义制礼,其详见于床笫之间;君子以仁行礼,其勤至于垂死之际。姑息者,且止之辞也,天下之害,未有不由于且止者也。"此说不见于文字,予得之于从伯父彦远。①

"曾子易箦"出自《礼记·檀弓上》,指曾子重病临死前守礼不变,原文为:

> 曾子曰:"然斯(箦)季孙之赐也,我未之能易也,元,起易箦。"曾元曰:"夫子之病革矣,不可以变,幸而至于旦,请敬易之。"曾子曰:"尔之爱我也不如彼。君子之爱人也以德,细人之爱人也以姑息。吾何求哉?吾得正而毙焉,斯已矣。"举扶而易之,反席未安而没。②

王安石以"详"和"勤"来解释曾子易箦的行为,颇为精审;对于"姑息"的解释,则超出经文本身的内涵,明显借题发挥变革更制的迫切性,体现出"经术正所以经世务"的解经特色。只是《礼记》的内容比较驳杂,不太适合阐述帝王统治之学,"安石遂言《礼记》多驳杂,不如讲《尚书》帝王之制,人主所宜急闻也。于是罢《礼记》"。③

经筵之制,起源于唐,至宋代已日趋成熟。通过经筵侍讲,宋代

---

① 《老学庵笔记》卷九,第122页。
② 《礼记正义》卷六,第186—187页。
③ 《曲洧旧闻》卷九,第208页。

儒者可以宣讲个人或所属派别的学说理念，利用对儒家经史典籍的独特解读来影响君主。经筵成为一个君主与士大夫、政治与学术、朝堂与儒林彼此互动的场域，为儒者提供"得君行道"的重要途径。① 熙宁元年（1068）四月十九日，王安石甫入经筵，便请求恢复侍讲赐坐的故事：

> 熙宁元年四月庚申，翰林学士兼侍讲吕公著、王安石等言："切寻故事，侍讲者皆赐坐。自乾兴以后，讲者始立，而侍者皆坐听。臣等窃以为侍者可使立，而讲者当赐坐。乞付礼官考议。"诏太常礼院详定以闻。②

本月五日，神宗命王安石一一条奏为政之道、设施之方。王氏则劝神宗先"以讲学为事，则诸如此类，皆不言而自喻。若陛下择术未明，寔未敢条奏"。③ 他之所以发起讲官坐讲之议，正如姜鹏所言："王安石的思路是，神宗必须先通过'学'来掌握普遍真理（"道"），然后将它变成应用于实践层面的'术'，并自信地认为他自己的学问便是'道'的来源。"④ 这正体现了王氏的师道观，与《虔州学记》的阐述一脉相承："若夫道隆而德骏者，又不止此。虽天子北面而问焉，而与之迭为宾主，此舜所谓承之者也。"⑤ 从中，体现出北宋中期士大夫政治的最高理想，"为'士以天下为己任'和'与士大夫共天下'提供了理论的根据"。⑥

侍讲任上，王安石屡次向神宗宣扬改革积弊、回归三代的政治理

---

① 相关研究，可见姜鹏：《北宋经筵与宋学的兴起》，上海古籍出版社2013年版，第123—150页。
② 彭百川：《太平治迹统类》卷二十六，江苏广陵古籍刻印社1981年版。
③ 杨仲良：《续资治通鉴长编纪事本末》卷五十九，北京图书馆出版社，2003年版，第1913页。
④ 《北宋经筵与宋学的兴起》，第206—207页。
⑤ 《王安石文集》卷八十二《虔州学记》，第1428页。
⑥ 《朱熹的历史世界》上篇，第226页。

想,神宗欣然接纳:

> 一日讲席,群臣退,帝留安石坐,曰:"有欲与卿从容论议者。"因言:"唐太宗必得魏征,刘备必得诸葛亮,然后可以有为,二子诚不世出之人也。"安石曰:"陛下诚能为尧、舜,则必有皋、夔、稷、契;诚能为高宗,则必有傅说。彼二子皆有道者所羞,何足道哉? 以天下之大,人民之众,百年承平,学者不为不多。然常患无人可以助治者,以陛下择术未明,推诚未至,虽有皋、夔、稷、契、傅说之贤,亦将为小人所蔽,卷怀而去尔。"帝曰:"何世无小人? 虽尧、舜之时,不能无四凶。"安石曰:"惟能辨四凶而诛之,此其所以为尧、舜也。若使四凶得肆其谗慝,则皋、夔、稷、契亦安肯苟食其禄以终身乎?"①

> 上问:"周公用天子礼乐,有之乎?"对曰:"于传有之。""然则人臣固可僭天子?"曰:"周公之功,众人之所不能为;天子礼乐,众人所不得用。若众人不能为之功,报之众人所不得用之礼乐,此所以为称也。然周用骍而祭周公以白牡,虽用天子礼乐,亦不嫌于无别。"②

> (熙宁元年八月)甲寅,迩英讲读罢,上独留王安石与语。两府不敢先出以俟之,至晡后乃出。③

> (熙宁元年八月)癸亥,迩英讲读罢,上又独留王安石赐坐。④

王安石取得神宗的充分信任,君臣遇合,千载一时。新学的一些基本理念,由此逐渐为神宗接受,开启了从一家之私学走向官学的第一

---

① 《宋史》卷三百二十七《王安石传》,第 10544 页。
② 《杨时集》卷六《神宗日录辨》,第 105—106 页。
③ 《续资治通鉴长编纪事本末》卷五十九,第 1914 页。
④ 《续资治通鉴长编纪事本末》卷五十九,第 1914 页。

步：通过经筵得君心。①

翌年(1069)二月，王安石除参知政事，不再侍讲经筵。其他新学学者则相继占据经筵进讲这一君臣交流互动的空间场域，试图垄断对儒家经典的解释，"使经筵成为变法理论基础的研讨中心"。② 熙宁、元丰期间，担任经筵官的新学学者、新党官员，先后有吕惠卿、曾布、谢景温、朱明之、王雱、吕升卿、沈季长、黄履、陆佃、蔡卞、蔡京、邓伯温等人。③ 他们都是新党、新学的中坚，充分利用经筵进讲、说书的机会，驳斥旧党，宣扬新学，为新法的实施提供儒家经典的合法化论证。最具影响的一次是熙宁二年(1069)十一月，崇政殿说书吕惠卿于迩英阁借进讲《尚书》"咸有一德"，阐述变革的经典依据，驳斥司马光"萧规曹随"之说。④ 熙宁三年(1070)九月，吕惠卿因丁忧解职，王安石推荐曾布为太子中允、崇政殿说书。李焘认为，这是王氏杜塞异议的权谋之术：

> 王安石常欲置其党一二人于经筵，以防察奏对者。吕惠卿既遭父丧，安石未知腹心所托，布巧黠善迎合，安石悦之，故以布代惠卿入侍经筵。⑤

这未免小觑了宋代经筵的功能，以及王安石的良苦用心。

熙宁年间的科举改革，成为新学"官学化"最重要的制度渠道，直接推动新学由一家之私学，上升为神宗朝正统的意识形态。熙宁四

---

① 程颢、程颐兄弟觑破其中关键。《二程遗书》卷二下："如介甫之学，他便只是去人主心术处加功，故今日靡然而同，无有异者，所谓一正君而国定也。"《二程集》，第50页。哲宗元祐初，程颐仿效王安石，试图在经筵中实践师道，提出："天下治乱系宰相，君德成就责经筵。"《河南程氏文集》卷六《论经筵第三札子》，《二程集》，第540页。

② 《北宋经筵与宋学的兴起》，第208—209页。

③ 此名单据姜鹏统计，《北宋经筵与宋学的兴起》，第164页。

④ 具体可见《北宋经筵与宋学的兴起》，第174—176页。

⑤ 《续资治通鉴长编》卷二百十五熙宁三年九月癸巳，第5236页。

年(1071)二月,朝廷颁布贡举新制:

> 进士罢诗赋、帖经、墨义,各占治《诗》《书》《易》《周礼》《礼记》一经,兼以《论语》《孟子》。每试四场,初本经,次兼经并大义十道,务通义理,不须尽用注疏。次论一首,次时务策三道,礼部五道。①

唐代以来科举考试中的诗赋、贴经、墨义等科目正式遭废除,而经义的重要性骤然凸显。经义考察对儒家经典的理解和诠释,考生可自由发挥,不需再恪守五经正义为主的汉唐注疏。由此带来的弊端,是考生们各凭胸臆自出新解,考官则莫知所适。一些考生甚至剽窃王安石父子的解经文字,敷衍成文,以求获得考官青睐:

> 上谓王安石等曰:"蔡确论太学试,极草草。"冯京曰:"闻举人多盗用王安石父子文字,试官恶其如此,故抑之。"上曰:"要一道德。若当如此说,则安可臆说?《诗》《书》法言相同者乃不可改。"②

再兼以自熙宁二年(1069)各项新法出台后,士大夫们各分党与,异论相扰。王安石固然可以引经据典,为青苗、免役等各项新法寻求儒家经典的根据;反对者同样通过对经典文句的不同解释,为异议寻求经典论证。③ 经典解释争执不休,一定程度上妨碍了新法的施行。王安石极为不满,亟欲消除学术争论,一道德而同风俗,为朝廷的大有为之政扫清障碍:

> (王安石曰)今人材乏少,且其学术不一,一人一义,十人十

---

① 《续资治通鉴长编》卷二百二十熙宁四年二月丁巳朔,第 5334 页。
② 《续资治通鉴长编》卷二百三十三熙宁五年五月甲午,第 5659—5660 页。
③ 如熙宁三年,围绕青苗法取息的经典依据——《周礼》"凡民之贷者,以国服为之息",反对者纷纷阐释引用,注解纷纭。相关言论,详见《宋朝诸臣奏议》卷一百十二,第 1216—1226 页。

义,朝廷欲有所为,异论纷然,莫肯承听,此盖朝廷不能一道德故也。①

于是,以新法发动者王安石的思想学说来统一科场,已成为当务之急:

> (熙宁五年正月戊戌)上曰:"经术,今人人乖异,何以一道德?卿有所著可以颁行,令学者定于一。"安石曰:"《诗》,已令陆佃、沈季长作义。"上曰:"恐不能发明。"安石曰:"臣每与商量。"②
> (五日后,神宗)乃曰:"朕欲卿录文字,且早录进。"王安石曰:"臣所著述,多未成就,止有训诂文字,容臣缀缉进御。"③

因王氏的著述多未成就,神宗数次催促他撰写新经义,作为科场取士的标准:

> (熙宁六年三月)上谕执政曰:"今岁南省所取多知名举人,士皆趋义理之学,极为美事。"王安石曰:"民未知义,则未可用,况士大夫乎?"上曰:"举人对策,多欲朝廷早修经义,使义理归一。"④

熙宁六年(1073)三月庚戌,"命知制诰吕惠卿兼修撰国子监经义,太子中允、崇政殿说书王雱兼同修撰。……已而又命安石提举,安石又辞,亦弗许"。⑤至熙宁八年(1075)六月,《三经新义》全部修成,⑥并送国子监镂板颁行。⑦七月,神宗下诏,"以新修经义赐宗室、

---

① 马端临:《文献通考》卷三十一《选举考四》,中华书局2011年版,第907页。
② 《续资治通鉴长编》卷二百二十九,第5570页。
③ 《续资治通鉴长编》卷二百二十九,第5574—5575页。
④ 《续资治通鉴长编》卷二百四十三,第5917页。
⑤ 同上。
⑥ 《续资治通鉴长编》卷二百六十五熙宁八年六月丁未,第6487页。
⑦ 《续资治通鉴长编》卷二百六十五熙宁八年六月己酉,第6493页。

太学及诸州府学"。① 至此,《三经新义》正式成为州府学、太学、科场中士人阐释经义的经典教材和标准答案,新学正式由一家之说成为朝廷的正统意识形态,风靡全国。据传,"王荆公在中书,作《新经义》以授学者,故太学诸生,几及三千人"。②

元丰年间,王安石罢相后退居江宁。他改正《三经新义》的讹误,修订《字说》,注解佛经,继续致力于建构新学体系。元丰五年(1082),《字说》定稿进呈神宗。虽未曾列于学官,颁行天下,而有司已据以取士,泛滥科场。③ 在此期间,无论经筵、学校、科场,还是士林中,新学皆已取代五经正义,牢固树立起一家独尊的官学地位:

> 初,安石训释《诗》《书》《周礼》,既成,颁之学官,天下号曰"新义"。晚居金陵,又作《字说》,多穿凿傅会,其流入于佛老。一时学者,无敢不传习,主司纯用以取士,士莫得自名一说,先儒传注,一切废不用。④

王安石成为一代文宗,执学界之牛耳,甚至被誉为当代孔孟,于汉唐章句儒学外另辟新境:

> 况取公万世之道,翕然载之经者,告彼方来之学者乎?视孔孟为无憾,惟故丞相荆国文公实然。且其论著也,霆发幽瞆,日烁涂目,原性命,该道德,波澜不生而睹奥冥海,洗章句之霾蚀,雾剥云绽而开青天,绪余陶铸,况咳唾通、焯,秕糠马、郑。此自

---

① 《续资治通鉴长编》卷二百六十六熙宁八年七月癸酉,第 6525 页。
② 《东轩笔录》卷六,第 71 页。
③ 晁说之《嵩山文集》卷一《哲宗元符三年应诏上封事》曰:"如其所著《字说》者,神宗留中不以列学官;近乃列在学官,使学者纷纷然异端。"《续资治通鉴长编纪事本末》卷一百三十《尊王安石》:"太学博士詹文奏:'王安石实进其说,当时未及颁行,而学者亦已述之。……元祐贡举救乃令进士不得引用《字说》,而与申、韩、释氏之书同禁,乞除去《字说》之禁。'从之。"第 4046 页。
④ 《宋史》卷三百二十七《王安石传》,第 10550 页。

儒家不赞赐,非直训说者之事也。①

元丰八年(1085)三月神宗去世,旧党上台,陆续废除各项新法。作为新法理论基础的新学,开始面临清洗。哲宗元祐元年(1086)闰二月,侍御史刘挚上疏抨击《三经新义》《字说》,奏乞恢复诗赋取士,取消新学一家独尊的官学地位:

> 熙宁初,神宗皇帝崇尚儒术,训发义理,以兴人才。谓章句破碎大道,乃罢诗、赋,试以经义,儒士一变,皆至于道。夫取士以经,可谓知本。然古人治经,无慕乎外,故其所自得者,内足以为己,而外足以为政。今之治经,以应科举,则与古异矣。以阴阳性命为之说,以泛滥荒诞为之辞,专诵熙宁所颁《新经》《字说》,而佐以庄、列、佛氏之书,不可究诘之论,争相夸尚。场屋之间,群辈百千,浑用一律,主司临之,珉玉朱紫,困于眩惑。其中虽有深知圣人本旨、该通先儒旧说,苟不合于所谓《新经》《字说》之学者,一切在所弃而已。至于蹈袭他人,剽窃旧作,主司猝然亦莫可辨。……臣愚欲乞试法复诗赋,与经义兼用之。……其解经义,仍许通用先儒传注或己之说,而禁不得引用《字解》及释典。②

奏疏指出,新学独尊导致科场上所有士子"浑用一律",雷同剽窃。它既眩惑了考官,又压制了有独立见解的真正人才。由于《字说》援引释老入儒,导致阴阳性命之说、泛滥荒诞之辞风行场屋。应当允许士人撰写经义时,通用先儒传注或自出新解,不再把《三经新义》当作唯一标准。

三月,司马光批评王安石将一家之私学,当成官学、科举考试的

---

① 刘弇:《龙云集》卷十七《上蔡元度右丞书》,景印文渊阁四库全书,第 1119 册,第 203 页。

② 《续资治通长长编》卷三百六十八元祐元年闰二月庚寅,第 8858—8859 页。

标准,废弃先儒传注:

> 不当以一家私学,欲掩盖先儒,令天下学官讲解及科场程试,同己者取,异己者黜。使圣人坦明之言,转而陷于奇僻;先王中正之道,流而入于异端。①

韩维、上官均等人以为,《三经新义》不无可取之处,宜与诸儒之说并行,只要不任其垄断科场即可:"安石经义,发明圣人之意,极有高处,不当废,议与先儒之说并行。"②元祐元年(1086)四月,苏辙奏乞来年科场之上,举子所对经义"兼取注疏及诸家议论,或出己见,不专用王氏之学"。③哲宗遂下诏:"进士经义,并兼用注疏及诸家之说或己见。"④六月,诏"自今科场程试,毋得引用《字说》"。⑤

由此可见,元祐更化之初,旧党抨击新学,主要为了科举改制,并取消新学的独尊地位。即使刘挚等旧党中坚,对王氏新学也颇多推崇,不主张一概抹杀。元祐元年(1086)十月,国子司业黄隐肆意诋毁安石之学,"讽谕太学诸生,凡程试文字不可复从王氏新说,或引用者类多黜降",⑥并禁止太学诸生设奠祭拜王安石。旧党刘挚、吕陶、上官均上疏:

> 故相王安石训经旨,视诸儒义说得圣人之意为多,故先帝以其书立之于学,以启迪多士。而安石晚年溺于《字说》、释典,是以近制禁学者勿习此二者而已。至其所颁经义,盖与先儒之说并行而兼存,未尝禁也。隐微见安石政事多已更改,辄尔妄意迎合傅会,因欲废安石之学。每见生员试卷引用,隐辄排斥其

---

① 《续资治通鉴长编》卷三百七十四元祐元年三月壬戌,第8976页。
② 韩维:《南阳集》附录《行状》,景印文渊阁四库全书,第1101册,第773页。
③ 《续资治通鉴长编》卷三百七十四元祐元年四月庚寅,第9060页。
④ 《续资治通鉴长编》卷三百七十六元祐元年六月辛亥,第9117页。
⑤ 《续资治通鉴长编》卷三百七十九元祐元年六月戊戌,第9211页。
⑥ 《续资治通鉴长编》卷三百九十六十月,第9498页。

说,此学者所以疑惑而怨之深也。夫安石相业虽有间然,至于经术、学谊,有天下之公论所在,岂隐之所能知也?朝廷既立其书,又禁学者之习,此何理哉!伏望速赐罢隐,以允清议,而正风俗。①

且经义之说,盖无古今新旧,惟贵其当。先儒之传注既未全是,王氏之解亦未必尽非,善学者审择而已,何必是古非今,贱彼贵我,务求合于世哉?方安石之用事,其书立于学官,布于天下,则肤浅之士莫不推尊信向,以为介于孔孟;及去位而死,则遂从而诋毁之,以为无足可考。盖未尝闻道而烛理不明故也。隐亦能诵记安石新义,推尊而信向之久矣,一旦闻朝廷欲议科举,以救学者浮薄不根之弊,则讽谕太学诸生,凡程试文字不可复从王氏新说。或引用者,类多黜降,何取舍之不一哉?②

安石自为宰辅,更张政事,诚有不善,至于沉酣六经,贯通理致,学者归向,固非一日,非假势位贵显,然后论说行于天下。其于解经,虽未能尽得圣人之意,然比诸儒注疏之说,浅深有间矣,岂隐肤陋所能通晓,此中外士大夫之所共知也。又朝廷昨来指挥,止禁学者不得援引《字说》,其于《三经新义》,实许与注疏并行。而隐学无所主,任意颇僻,便以为朝廷尽斥安石之学,肆言排诋,无所顾忌,妄倡私说,取笑学者。③

黄隐初名降,字从善,后改名隐,字仲光。治平四年(1067)进士高第,司马光门人,《宋元学案》卷八《涑水学案》列之于"涑水私淑"。④"元丰五年,入为监察御史里行。时方尚王安石学,神宗问隐学术何宗,隐以司马光对。……寻迁国子司业,取《三经新义》板火

---

① 《续资治通鉴长编》卷三百九十元祐元年十月,第9497页。
② 《续资治通鉴长编》卷三百九十元祐元年十月,第9498页。
③ 《续资治通鉴长编》卷三百九十元祐元年十月,第9497—9500页。
④ 《宋元学案》卷八,第357页。

之,力排王氏新说。"①他肆意排击新学,一方面固然出于学术、政见之不同;另一方面可能挟个人私怨,乘更化之机行报复之实。② 其所作所为,既逾越元祐旧党取消新学一家独尊的政策底线;同时在太学擅权妄为,进人唯亲,谄附权要。③ 这导致太学的混乱——"学者所以疑惑而怨之","学舍沸腾,至为匿名诗曲,嘲诮百端",严重影响到政局安定。刘挚等人予以弹劾,表明他们对新学的利弊知之甚深。他们清楚了解,完全禁止新学,势必会引起久习新学的士人群体的强烈反弹,从而阻碍元祐更化的稳定。

刘挚等奏请罢免黄隐的国子司业之职,"奏讫不行"。④ 元祐二年(1087)正月,朝廷又诏令:"自今举人程试,并许用古今诸儒之说,或出己见,勿引申韩、释氏之书。试官于经义、论、策,通定去留,毋于《老》《列》《庄子》出题。"⑤此时仍未明文禁止《三经新义》,然朝廷黜降新学的意图,已昭然若揭。元祐三年(1088),一直对新学深恶痛绝的苏轼主持贡举,引起许多举子恐慌:"以为苏轼主文,意在矫革,若见引用《新义》,决欲黜落。"监察御史赵挺之为此上奏,"请礼部贡院将举人引用《新经》与注疏文理通行考校"。⑥ 省试时,苏轼贬黜新学的倾向的确十分明显。如马存,便因痛斥扬雄而被苏轼置于高等。⑦ 章惇之子章致平,最初"文法荆公,既见先生知举,为文皆法

---

① 陆心源撰、吴伯雄点校:《宋史翼》卷三,浙江古籍出版社 2016 年版,第 61—62 页。
② 其婿张汝明,"兄侍御史汝贤,元丰中以论尚书左丞王安礼,与之俱罢,未几卒"。《宋史》卷三百四十八《张汝明传》,第 11026 页。
③ 《续资治通鉴长编》卷三百九十元祐元年十月,第 9500 页。
④ 《续资治通鉴长编》卷三百九十元祐元年十月,第 9501 页。
⑤ 《续资治通鉴长编》卷三百九十四元祐二年正月戊辰,第 9593 页。
⑥ 《续资治通鉴长编》卷四百八元祐三年二月己卯,第 9925 页。
⑦ 《宋史翼》卷二十六《马存传》:"省试论以扬雄、刘向为题,存论曰……典举苏轼奇之,置高等。"第 615 页。

坡,遂为第一"。① 这典型地体现出,知贡举的党派立场促成了学风转移。元祐四年(1089)四月,科举改革,正式分立"诗赋进士"和"经义进士"两科。这进一步驱使士人冷落新学。他们纷纷由经学而改习诗赋,"自复诗赋,士多向习,而专经者十无二三",②甚至"专习经义,士以为耻"。③ 这种社会风气下,新学难免受到士人的摒弃:

> 荆国王文公,以多闻博学为世宗师,当世学者得出其门下者,自以为荣,一被称与,往往名重天下。公之治经,尤尚解字,末流务多新奇,寖成穿凿。朝廷患之,诏学者兼用旧传注,不专治新经,禁援引《字解》。于是学者皆变所学,至有著书以诋公之学者,且讳称公门人。故芸叟为挽词云"今日江湖从学者,人人讳道是门生",传士林。及后诏公配享神庙,赠官并谥,俾学者复治新经,用《字解》,昔从学者,稍稍复称公门人。有无名子改芸叟词曰:"人人却道是门生。"④

这条记载,很形象地呈现出新学随着元丰、元祐政局的变化,起伏消长的历程。⑤ 从"得出其门者自以为荣"到"皆变所学",是由于元祐更化废弃新法以及科举变革;从"著书以诋公""讳称公门人"再到"人人却道是门生",则反映出新学重返官学后士人的趋向。

(三)

元祐更化只是暂时取消新学定于一尊的官学地位,未能持久。

---

① 赵彦卫撰、傅根清点校:《云麓漫钞》卷九,中华书局 1996 年版,第 155 页。
② 《宋史》卷一百五十五《选举一》,第 3621 页。
③ 《苏轼文集》卷二十九《乞诗赋经义各以分数取人将来只许诗赋兼经状》,第 844 页。
④ 王辟之撰、吕友仁点校:《渑水燕谈录》卷十,中华书局 1981 年版,第 126—127 页。
⑤ 《三经新义》元祐期间并未遭禁,程元敏《三经新义与字说科场显微录》(收于《三经新义辑考汇评》一下编)考之甚详。

元祐八年(1093)九月,哲宗亲政,开始恢复熙丰之政。杨畏最先"称述熙宁、元丰政事与王安石学术,哲宗信之",①再次开启新学走向官学的鼎盛之路。

与神宗朝相比,哲宗绍圣以后,新学官学化的机制更趋多元,成为北宋后期意识形态建构中的一个核心环节。首先,推尊王安石,树立他在政统、道统中的崇高地位:

> 绍圣元年四月甲寅,诏故观文殿大学士、集禧观使、守司空、荆国公、赠太傅王安石配享神宗皇帝庙庭。②

> 绍圣初,谥曰"文"。③

> (崇宁三年)六月,诏以王安石配享孔子庙,设位于邹国公之次,仍令国子监图其像颁之天下。④

> (崇宁)四年五月癸亥,河东提举学事言绛州州学申荆国公王安石未有赞,国子监乞依邹国公例。诏学士院撰赞颁降。……赞曰:"孔孟云远,六经中微。斯文载兴,自公发挥。推阐道真,启迪群迷。优入圣域,百世之师。"⑤

> (政和)三年正月庚午,诏:"昔郑康成、孔安国从祀孔子。王安石被遇先帝,与其子雱修撰经义,功不在数子之下。安石可封王爵,雱可配享(当为从祀)文宣王庙廷。"壬申,故特进、守司空、赠太傅、荆国公王安石追封舒王。⑥

配享神宗庙廷、追封舒王,这是树立新法的合法化地位,进而彰显其神圣性。谥文、入祀孔庙,则是确认王安石传承儒学道统,表彰

---

① 《宋史》卷三百五十五《杨畏传》,第11184页。
② 《续资治通鉴长编纪事本末》卷一百三十《尊王安石》,第4045页。
③ 《东都事略》卷七十九《王安石传》,第666页。
④ 《文献通考》卷四十四,第1283页。
⑤ 《续资治通鉴长编纪事本末》卷一百三十《尊王安石》,第4048—4049页。
⑥ 《续资治通鉴长编纪事本末》卷一百三十《尊王安石》,第4049页。

其辅助神宗兴起斯文之功。王安石阐明儒道,功业堪侔孟子:"由先觉之智,传圣人之经,阐性命之幽,合道德之散……有功于孔子至矣。……盖天降大任,以兴斯文,孟轲以来,一人而已。"①王氏新学则因对儒家经典进行新注释,超越郑玄、孔安国的汉唐章句之学,成为宋代儒学正统。

其次,新学与科举的关系进一步强化,并与三舍法结合,实现了与教育、贡举的三位一体。学习新学,成为哲宗(绍圣以后)、徽宗朝士人通过考试入仕为官的最重要途径。绍圣以后,新学著述全面垄断科场。除《三经新义》外,其他新学学者的著作,如龚原《周易新讲义》,许允成《孟子解》,陈祥道《论语解》,方悫、马希孟《礼记解》等相继镂板刊行,成为官学中的标准教材、科场上经义的标准答案。②元符元年(1098),新党甚至上言,"乞于《诗》《书》《周礼》三经义中出题试举人",③企图将《三经新义》抬高到与经文并论。徽宗崇宁元年(1102)七月,蔡京立书学,④于是屡受士人非议、一度遭禁的《字说》得与《三经新义》相埒,盛行天下。至崇宁三年(1104)行三舍法,"诏'天下取士,悉由学校升贡,其州郡发解及试礼部法并罢。'自此岁试上舍,悉差知举,如礼部试"。⑤一般士人,须先隶身学籍由三舍升贡,才有仕进之途。三舍之中,则"一用王氏之学",⑥"学校经义、论、策,悉用《字说》"。⑦士人只能"专意王氏之学,士非《三

---

① 《宋大诏令集》卷一百五十六《故荆国王安石配飨孔子庙廷诏》,中华书局1962年版,第584页。
② 可见本书第二章第二节。
③ 《续资治通鉴长编》卷五百三元符元年十月甲辰,第11991页。
④ 《宋史》卷一百五十七《选举三》:"书学生习篆、隶、草三体,明《说文》、《字说》、《尔雅》、《博雅》、《方言》,兼通《论语》、《孟子》义,愿占大经者听。"第3688页。
⑤ 《宋史》卷一五五《选举一》,第3622页。
⑥ 《扪虱新话》卷十一,《全宋笔记》第47册,第320页。
⑦ 曾慥撰、俞钢整理:《高斋漫录》,《全宋笔记》第4编第5册,大象出版社2008年版,第13页。

经》《字说》不用"。① "内外校官,非《三经义》《字说》,不登几案。"②这样,以《三经新义》和《字说》为代表的荆公新学,徽宗崇宁以后臻于极盛,朝野并崇。下至民间书坊,竞相翻刻摹印,泛滥成灾。③

再次,独尊新学与禁锢元祐学术互为表里,构成徽宗朝意识形态建构的两条重要主线。崇宁元年(1102)七月,徽宗任用蔡京为相,罗织元祐党籍迫害旧党及政敌。与此同时,元祐学术也遭到严酷禁锢:

(崇宁元年十二月)丁丑,诏诸邪说诐行,非先圣之书并元祐学术政事,不得教授学生,犯者屏出。④

(崇宁二年四月)丁巳,诏焚毁苏轼《东坡集》并《后集》印版。……乙亥,诏三苏、黄(庭坚)、张(耒)、晁(补之)、秦(观)及马涓文集,范祖禹《唐鉴》、范镇《东斋记事》、刘攽《诗话》、僧文莹《湘山野录》等印版,悉行焚毁。⑤

(崇宁二年)十一月庚辰,以元祐学术、政事聚徒传授者,委监司察举,必罚无赦。⑥

崇宁三年正月,诏三苏集及苏门学士黄庭坚、张耒、晁补之、秦观等集并毁板。⑦

(宣和五年)七月十三日,中书省言:勘会福建等路近印造苏轼、司马光文集等。诏:"今后举人传习元祐学术,以违制论,

---

① 《能改斋漫录》卷十二,第 96 页。
② 《建炎以来系年要录》卷八十七绍兴五年三月庚子,中华书局 1988 年版,第 1449 页。
③ 《宋会要辑稿》选举四载政和二年正月二十四日臣僚上言:"兼鬻书者以《三经新义》并《庄》、《老子》说等作小册刊印,可置掌握,人竞求买,以备场屋检阅之用。"第 5320 页。
④ 《续资治通鉴长编纪事本末》卷一百二十六《八行取士》,第 3918 页。
⑤ 《续资治通鉴长编纪事本末》卷一百二十一《禁元祐党人上》,第 3784—3785 页。
⑥ 《宋史》卷十九《徽宗一》,第 368 页。
⑦ 《续资治通鉴长编纪事本末》卷百二十二《禁元祐党人下》,第 3787 页。

印造及出卖者与同罪,著为令。见印卖文集,在京令开封府,四川路、福建路令诸州军毁板。"①

(宣和六年)明年,又申严之。冬又诏曰:"朕自初服,废元祐学术。比岁,至复尊事苏轼、黄庭坚。轼、庭坚获罪宗庙,义不戴天。片文只字,并令焚毁勿存。违者以大不恭论。"②

所谓元祐学术,囊括司马光刘挚的朔学、苏轼苏辙的蜀学、程颐的洛学。正如新学奠定新法的理论基础,元祐学术则是元祐政事的理论形态,③是元祐党人排击新法的学术利器:"王安石以新说行……先正文忠公苏轼首辟其说,是为元祐学,人谓蜀学云。时又有洛学本程颐、朔学本刘挚,皆曰元祐学,相羽翼以攻新说。"④既然元祐更化时旧党曾禁习《字说》,贬斥新学,甚至焚毁《三经新义》印版,新党上台后遂反戈一击,以其人之道还治其人之身。元祐学术遭禁,体现出北宋后期新旧党争的逻辑一致性。它主要包括两点:一、焚毁元祐党人的文集印版,严禁士林中流传或收藏;二、禁止元祐党人以元祐学术、政事聚徒传授讲学。它始自崇宁,下迄宣和,几乎延续徽宗一朝。不妨说,新学的独尊地位,就是以不遗余力地排斥异己之学为前提。如经筵上,政和元年(1111),诏经筵进讲"其音释意义,并以王安石等所进经义为准"。⑤ 重和元年(1118)十一月,又从翟栖筠奏,"诏儒臣重加修定去其讹谬,存其至当,一以王安石《字说》为正,

---

① 《宋会要辑稿》刑法二,第 8330 页。
② 陈均编、许沛藻等点校:《皇朝编年纲目备要》卷二十九,中华书局 2006 年版,第 750 页。
③ 沈松勤将元祐学术界定为:"它是元祐政事的理论形态,具体表现为排斥荆公新学、废弃熙丰新法、打击变法小人,最终恢复祖宗旧法。"《论元祐学术与元祐叙事》,《中华文史论丛》2007 年第 4 期,第 201—238、363—364 页。
④ 李石:《苏文忠集御叙跋》,《全宋文》卷四千五百六十二,第 205 册,第 343—344 页。
⑤ 《续资治通鉴长编纪事本末》卷一百三十《尊王安石》,第 4049 页。

分次部类，号为新定五经字样，颁之庠序"。① 科场上，学校内，则严厉排斥元祐学术：

> 崇、观间，朝廷禁元祐学甚切，皆号为颇僻之文。举子在学校及场屋，一字不敢用，虽碑刻亦尽仆之。②

> 时禁元祐学术甚厉，而以剽剥颓阘熟烂为文。博士弟子更相授受，无敢异。一少自激昂，辄摈弗取，曰："是元祐体也。"③

> 自朝廷设元祐学术之禁，士非王氏书不读。宣和禁稍弛，而远方人士狃于所习，未尽变也。④

> 三家则蜀学、洛学、朔学也。三家操尚虽殊，守正则一。自绍圣奸臣执政，发其私愤，尽谪三家入元祐党禁，专尚王氏学，用以取士，谓之新学。士趋私尚，以钓爵位，谓之时官。⑤

> 自蔡京擅权，专尚王氏之学，凡苏氏之学悉以为邪说而禁之。⑥

此时的新学，某种程度上已经异化为徽宗、蔡京等人用以压制迫害元祐旧党的理论工具。

（四）

宣和七年（1125），因金兵入侵，徽宗禅位，北宋政治生态陡然剧

---

① 《续资治通鉴长编拾补》卷三十八，第1203页。
② 龚昱：《乐庵语录》卷三，景印文渊阁四库全书，第849册，第304页。
③ 《渭南文集校注》卷第三十二《曾文清公墓志铭》，《陆游全集校注》第16册，第52页。
④ 程洵：《尊德性斋小集》卷三《钟山先生行状》，《全宋文》卷五八三二，第259册，第246页。
⑤ 林表民：《赤城集》卷十郑公鲤《韦溪先生祠堂记》，景印文渊阁四库全书，第1356册，第694页。
⑥ 汪藻撰、王智勇笺注：《靖康要录笺注》卷六，四川大学出版社2008年版，第731页。

变。靖康元年(1126),新即位的钦宗开始清算蔡京集团。新学也随之遭受批判,走下意识形态的神坛。四月,《字说》遭禁。五月,谏议大夫兼国子祭酒杨时上疏钦宗:

> 蔡京用事二十余年,蠹国害民,几危宗社……今日之祸,实安石有以启之。谨按安石挟管、商之术,饰六艺以文奸言,变乱祖宗法度。……其著为邪说以涂学者耳目,而败坏其心术者,不可缕数。……伏望追夺王爵,明诏中外,毁去配享之像。①

杨时"独邀耆寿,遂为南渡洛学大宗",②是理学由北传南的转捩。他早年曾习新学,后转入程门,对新学支离穿凿之病了解甚深,"一有所问,能尽知其短而持之"。③ 他在国家危亡之际,"争法新旧,辨党邪正,识者讥其治不急之务"。④ 这次上疏,因"士之习王氏学取科第者,已数十年,不复知其非,忽闻以为邪说,议论纷然……时亦罢祭酒",⑤但已肇启把王安石及新学当作北宋衰亡罪魁祸首的论调。新学再次由官学降为一家之说,与元祐学术并行,而王安石则由孔庙配享降为从祀。

宋室南渡后,新学整体上逐渐衰落,直至消亡。实际历程则相当复杂,大致分为三个阶段。首先,自高宗建炎元年至绍兴十一年(1127—1141),新学开始衰落。南渡初期,"举国上下,包括一些有识之士在内,便都不免用极其简便的逻辑推理,由'崇宁'而上溯到熙丰,由蔡京而上溯到创立和推行新法的王安石、吕惠卿、章惇等人,把他们作为集矢之的"。⑥ 这种普遍的社会追责心态,驱使朝野上下对王安石

---

① 《宋史》卷四百二十八《杨时传》,第 12741—12742 页。
② 《宋元学案》卷二十五《龟山学案》,第 944 页。
③ 《河南程氏遗书》卷二上,《二程集》,第 28 页。
④ 《建炎以来系年要录》卷五引吕中《大事记》,第 117 页。
⑤ 《宋史》卷四百二十八《杨时传》,第 12742 页。
⑥ 邓广铭:《校点本宋诸臣奏议弁言》,《邓广铭治史丛稿》,第 382—383 页。

一片责难。① 况且,高宗的帝统,直接来自被哲宗及新党废黜的"元祐皇后"——孟太后。"为了维护政权的合法基础,他事实上已非推尊宣仁和元祐之政不可。"②即位以后,高宗对王安石厉行追贬。建炎三年(1129)六月,诏罢王安石配享神宗庙,代以司马光。③ 绍兴四年(1134)八月,高宗宣称"朕最爱元祐",④下诏追王安石舒王告毁抹。⑤ 绍兴六年(1136)正月,吏部尚书兼侍讲孙近兼侍读,其任官制书曰:

> 慨念熙宁以来,王氏之学行六十余年。邪说横行,正途壅塞,学士大夫心术大坏,陵夷至于今日之祸,有不忍言者。⑥

这标志着高宗朝前期对王安石及新学的全面否定。绍兴四年(1134)赵鼎为相后,程学之徒群聚于朝,对新学展开持续而激烈的批判。⑦ 伊洛之学一度取代新学,成为科场显学。如绍兴五年(1135)九月,"殿试策不问程文善否,但用颐书多者为上科"。⑧ "初,赵鼎立专门(洛学)之后,有司附会,专务徇私,不论才与不才,有是说必置之高等。"⑨

即使如此,出于强大的社会惯性,新学仍然在士人群体中根深蒂固。李心传《道命录》卷三载:

> 绍兴五年省试举人,经都堂陈乞,不用元祐人朱震等考试。盖从于新学者,耳目见闻既已习熟,安于其说,不肯遽变。而传

---

① 刘成国:《王安石身后评价考述》,《中华文史论丛》2004 年第 3 辑,第 217—246 页。
② 余英时:《朱熹的历史世界——宋代士大夫政治文化的研究》上册,第 270 页。
③ 《宋史》卷二十五《高宗本纪二》,第 466 页。
④ 《建炎以来系年要录》卷七十九,第 1289 页。
⑤ 《建炎以来系年要录》卷七十九,第 1296 页。
⑥ 《建炎以来系年要录》卷九十七,第 1605 页。
⑦ 南渡初期对王安石的批判,可见拙文《王安石身后评价考述》,《中华文史论丛》2004 年第 3 辑。
⑧ 《建炎以来系年要录》卷八十八引朱胜非《秀水闲居录》,第 1477 页。
⑨ 《建炎以来系年要录》卷一百六十五,第 2704 页。

河洛之学者，又多失其本真，妄自尊大，无以屈服士人之心。①

很多参加省试的举人，还有一批朝廷、地方上的各级官员，都曾在徽宗朝学习新学，或凭借新学入仕。他们早已形成固定的知识结识和学术视野，骤然的政治巨变，尚不足以完全祛除新学的潜移默化。在此期间，《三经新义》仍然流行科场，与诸家之说并行。② 许多制度政策，仍自徽宗朝延续而来，与王安石、蔡京一脉相承："中兴以来学校、贡举大抵皆蔡京之法，而差役、雇役之并行，经总制钱之立额，又王安石诸人之所未为也。"③

第二阶段，自"绍兴和议"至绍兴二十六年（1141—1156），新学短暂恢复。绍兴十一年（1141），高宗、秦桧确立了与金议和的战略决策。此后终高宗一朝，和议成为南宋政治的最高指导原则——"国是"。这一决策招致道学传人的激烈抨击，秦桧与道学官僚之间产生严重的政见冲突。④ 为推行国是，高宗一改"最爱元祐"、贬斥新学的立场，强调二者各有所长，应当并行。绍兴十四年（1144）三月，"上又曰：'王安石、程颐之学各有所长，学者当取其所长，不执于一偏，乃为善学。'"⑤四月，"上谕秦桧曰：'此论甚当。若取其说（近世儒臣所著经说）之善者颁诸学官，使学者有所宗一，则师王安石、程颐之说者不至纷纭矣。'"⑥八月，殿中侍御史汪勃上疏，"欲望戒敕攸司，苟专师

---

① 李心传辑、朱军点校：《道命录》卷三，上海古籍出版社2016年版，第30页。
② 《宋会要辑稿》选举四："同年（建炎二年）五月三日，中书省言：'……诗赋、经义两科，欲注疏、《三经义》许从使用，取文理通者，音义如不同，听通用。余并从格。'从之。"第5328页。"绍兴五年六月二十二日，诏应省试举人程文，许通用古今诸儒之说，并出自己意。"第5329页。
③ 吕中：《类编皇朝大事记讲义》卷一《制度论》，第41页。
④ 秦桧与道学再次被禁，可参见高纪春：《秦桧与洛学》，《中国史研究》2002年第1期，第97—108页。
⑤ 《建炎以来系年要录》卷一百五十一，第2431页。
⑥ 《建炎以来系年要录》卷一百五十一，第2432页。

孔孟而议论粹然一出于正者，在所必取；其或采摭专门曲说流入迂怪者，在所必去"。高宗欣然认可："勃论甚善。曲学臆说诚害经旨，当抑之使不得作，则人之心术自正矣。"①所谓的"专门曲说"，正指伊川之学。十月，右正言何若上疏，攻击赵鼎、高闶提倡程学，"大率务为好奇立异，而流入于乖僻之域"，"伏望申戒内外师儒之官，有为乖僻之论者悉显黜之，如此则专门曲学不攻自破矣"。高宗不仅予以首肯，而且追溯了程颐侍讲经筵时的一桩不敬之举，引宣仁太后之语斥责程颐"措大家不识事体如此"。②绍兴十四年（1144）十一月，御史中丞兼侍讲杨愿奏言：

> 治道之要，在总核名实。名实未辨，则人材学术难得其真。此国家治乱之所繇分也。数十年来士风浇浮，议论蜂起，多饰虚名，不恤国计。沮讲和之议者，意在避出疆之行；腾用兵之说者，止欲收流俗之誉。甚者私伊川元祐之说，以为就利避害之计。慢公死党，实繁有徒。今四方少事，民思息肩，惟饰诈趋利之徒，尚狃于乖谲悖伪之习，窥摇国论，诖误后生。此风不革，臣所深忧也。愿下臣章，揭示庙堂，俾中外洗心自新，以复祖宗之盛。③

杨愿是秦桧的党羽。他将"沮讲和之议"直接与"私伊川、元祐之说"联系起来，揭示出高宗君臣转变学术取向的根本原因：从"最爱元祐"转而攻击程学，皆因以赵鼎为首的伊洛传人反对绍兴和议。曾被禁锢多年的程氏之学，再遭厄运。④ 新学则受到秦桧的尊奉崇尚，用

---

① 《建炎以来系年要录》卷一百五十二，第2448页。
② 《建炎以来系年要录》卷一百五十二，第2453页。
③ 《建炎以来系年要录》卷一百五十二，第2456页。
④ 此后，高宗君臣数次下诏明禁道学。绍兴二十年（公元1150），曹筠上《论考官取专门之学者令御史弹劾》；绍兴二十三年（公元1153）十一月，郑仲熊上《论赵鼎立专门之学可为国家虑》；绍兴二十五年（公元1155）十月，张震上《乞申敕天下学校禁专门之学》。《道命录》卷四，第40—42页。

以抑制程学:"自赵忠简去后,(秦)桧更主荆公之学。……然桧非但不知伊川,亦初不知荆公也。"①

绍兴和议之后十余年里,秦桧擅权,掌控朝政。新学至少在科场上,仍有较大影响。绍兴二十五年(1155)十月,秦桧去世。二十六年(1156)六月,秘书省正字兼实录院检讨官叶谦亨奏请高宗:

> 陛下留意场屋之制,规矩一新,然臣犹有虑者;学术粹驳,系于主司去取之间。向者朝论专尚程颐之学,有立说稍异者皆不在选;前日大臣则阴佑王安石而取其说,稍涉程学者一切摈弃。夫理之所在,惟其是而已,取其合于孔孟者,去其不合于孔孟者,可以为学矣,又何拘乎? 愿诏有司精择而博取,不拘一家之说,使学者无偏曲之弊,则学术正而人才出矣。②

可见,秦桧专权期间,新学处于他的"阴祐"之下,可以左右科场取舍。甚至直到绍兴末年,还有士人上书,"欲以王氏《三经义》复使学者参用其说,而有司视以升沉多士"。③ 很多曾学习、私淑新学的官僚士大夫,一如既往地恪守初学。陆游《老学庵笔记》卷二载:

> 乡中前辈胡浚明尤酷好《字说》,尝因浴出,大喜曰:"吾适在浴室中有所悟。《字说》'直'字云:'在隐可使十目视者直。'吾力学三十年,今乃能造此地。"近时此学既废,予平生惟见王瞻叔参政笃好不衰,每相见必谈《字说》,至暮不杂他语。虽病,亦拥被指画诵说不少辍。其次,晁子止侍郎亦好之。④

胡浚明名宗汲,越州余姚人。于徽宗朝曾"翱翔两学几十年,会朝

---

① 《道命录》卷四,第39页。
② 《建炎以来系年要录》卷一百七十三,第2847页。
③ 林之奇:《拙斋文集》卷六《上陈枢密论行三经事》,《宋集珍本丛刊》第44册,第643页。
④ 《老学庵笔记》卷二,第25—26页。

廷以舍选取士,移其籍以归"。① 绍兴十八年(1148)卒,享年七十。王瞻叔名之望,襄阳谷城人,登绍兴八年(1138)进士第,官至参知政事、兼同知枢密院事,淳熙六年(1179)卒。② 晁子止即晁公武,绍兴二年(1132)登进士第,官至吏部侍郎,淳熙七年(1180)卒。以上三位,青少年时期曾对新学耳濡目染,政治生态的剧变未曾彻底改变其学术初衷。不过,经历建炎、绍兴初期的新学批判后,南宋朝野几乎已达成共识:新法间接导致北宋覆亡,而新学则为新法提供理论支撑。这决定了尽管新学凭借权相秦桧的"阴祐"获得一定程度的"复兴",却远远不能与徽宗朝的鼎盛相提并论。

另外,科举制度的变革,则间接促进它的衰退。建炎二年(1128)五月,"定诗赋、经义取士。……自绍圣后,举人不习诗赋,至是始复"。③ 以诗赋、经义分科取士后,很快便出现了元祐年间"自复诗赋,士多向习,而专经者十无二三"的情况。④ 由于学习诗赋远较研治经学为易,士人自然倾向于选择前者。"于是学者竞习词赋,经学寝微。"⑤绍兴二十六年(1156)十月,高宗忧心忡忡道:"举人多习诗赋,习经义者绝少,更数年之后,恐经学遂废。"⑥这种形势下,新学很难再享往日一家独尊的官学荣耀。何况,经义科中,《三经新义》只是和诸儒注疏并行,《字说》则已遭禁。这与北宋后期"主司纯用以取士,士莫得自名一说,先儒传注,一切废不用",⑦实有霄壤之别。新

---

① 李光:《庄简集》卷十八《胡府君墓志铭》,《宋集珍本丛刊》第 34 册,第 97 页。
② 《宋史》卷三百七十二《王之望传》,第 11537—11539 页。
③ 《宋史》卷一百七十一《选举二》,第 3625 页。
④ 《宋史》卷一百五十五《选举一》,第 3621 页。
⑤ 李心传撰、徐规点校:《建炎以来朝野杂记》卷十三,中华书局 2000 年版,第 261 页。
⑥ 《宋会要辑稿》选举四,第 5333 页。
⑦ 《宋史》卷三百二十七《王安石传》,第 10550 页。

学的衰落,已是"青山遮不住,毕竟东流去"。

(五)

孝宗朝,新学逐渐由衰落走向消亡。乾道四年(1168),伊洛传人太学录魏掞之奏请罢免王氏父子从祀孔庙:

> 先事白宰相,言王安石父子以邪说乱天下,不应祀奠。河南二程唱明绝学,以幸方来,其功大。请言于上,罢王安石父子勿祀,而追爵二程先生,使从食。宰相陈魏公康伯不可,且谕元履姑密之。元履曰:"此事何以密为?"丞相曰:"恐人笑君尔!"盖程学不为当路者所知如此。①

"康伯"应为"俊卿"之误,指宰相陈俊卿。② 他同情道学,曾屡次推荐朱熹。他不赞成罢免王安石从祀孔庙而代以二程,且让魏元履保密,惟恐招人嘲笑。这反映出当时朝堂之上,新学的影响仍超过道学。之后,乾道、淳熙年间,道学经历迅猛的发展。朱熹、张栻、吕祖谦等道学家纷纷著书立说,聚众讲学,引起巨大反响:

> 绍兴辛巳、壬午之间……又四五年,广汉张栻敬夫、东莱吕祖谦伯恭相与上下其论,而皆有列于朝。新安朱元晦讲之武夷,而强立不反,其说遂以行而不可遏止。齿牙所至,嘘枯吹生,天下之学士大夫贤不肖,往往系其意之所向背,虽心诚不乐而亦阳相应和。③

> (道学)百年之间,更盛衰者再三焉,乾道五六年始复大振。讲说者被闽、浙,蔽江、湖。士争出山谷,弃家巷,凭馆贷

---

① 《道命录》卷四,第44页。
② 乾道四年(1168),陈康伯已去世。可见余英时:《朱熹的历史世界》上册,第43页。
③ 陈亮著、邓广铭点校:《陈亮集》卷三十六《钱叔因墓碣铭》,河北教育出版社2003年版,第382页。

食,庶几闻之。①

屡遭禁锢的道学,终于占据学术中心。它最大的竞争对手王氏新学,则面临着第一流道学大师们严厉的批判(详下)。有学者试图调和二者的分歧,认为"宜合三家之长以出一道,使归于大公至正",②他们断然驳斥:

> 窃观左右论程氏、王氏之学,有兼与而混为一之意。此则非所敢闻也。学者审其是而已。王氏之说,皆出于私意之凿,而其高谈性命,特窃取释氏之近似者而已。夫窃取释、老之似,而济之以私意之凿,故其横流蠹坏士心,以乱国事,学者当讲论明辨而不屑焉可也。今其于二程子所学,不翅霄壤之异,白黑之分,乃欲比而同之,不亦异乎?③

新学窃取释老之似,穿凿附会,淆乱儒学。程学与之非黑即白,势不两立,岂可"比而同之"? 于是,曾被北宋士人视为独得孔孟真传的荆公新学,反而被摒弃为异端。淳熙十五年(1188),陆九渊撰《荆国王文公祠堂记》,其时"(安石)祠宇隳败,为日之久,莫有敢一举手者,亦习俗使然耳"。④ 新学已被彻底边缘化。下迄宁宗朝,方大琮的策问历数本朝诸儒之学,共有欧阳修之学、蜀学、程学、安定之学、邵雍之学等各派的渊源传承,惟独不及新学。⑤

---

① 叶适著,刘公纯、王孝鱼点校:《叶适集》卷十三《郭府君墓志铭》,中华书局 2010 年版,第 246 页。
② 员兴宗:《九华集》卷九《苏氏王氏程氏三家之学是非策》,《宋集珍本丛刊》第 56 册,第 243 页。
③ 《新刊南轩先生文集》卷十九《与颜主簿》,张栻著、杨世文点校:《张栻集》,中华书局 2015 年版,第 1053 页。
④ 陆九渊著、钟哲点校:《陆九渊集》卷九《与钱伯同》,中华书局 1980 年版,第 122 页。
⑤ 方大琮:《宋宝章阁直学士忠惠铁庵方公文集》卷二十七《本朝诸儒之学》,《宋集珍本丛刊》第 79 册,第 52—53 页。

学校和科场中，《三经新义》仍然流行。王安石依旧从祀孔庙，虽屡有学者奏请罢祀，皆未能如愿。① 直到宁宗庆元元年(1195)，魏了翁犹耿耿于怀："相承至章蔡，九州半膻腥。历年百七十，众寐未全醒。《三经》犹在校，从祀犹在庭。"②只是作为一个学派而言，新学的真正传人和著述已经罕睹。淳祐元年(1241)正月，理宗临驾太学，诏以周惇颐、张载、程颢、程颐、朱熹五人从祀，黜免王安石。③ 这标志着新学在南宋的消亡。

在北方金源，新学的命运如何，由于文献阙佚，颇难征实。据传，金人攻破汴京时，"征索图书、车服，褒崇元祐诸正人，取蔡京、童贯、王黼诸奸党，皆以顺百姓望"。④ "入国子监取书，凡王安石说皆弃之。"⑤似乎对新学弃之若履。之后金人入主中原，草创未就，未暇如南宋高宗君臣般清理新学。其科举取士等制度基本沿袭北宋之旧，对新学并未明确禁止：

> 南北分裂而相师成风者，皆介甫旧制，无以五十百步为也。⑥

> 国初，因辽、宋之旧，以词赋、经义取士。预此选者，选曹以为贵科，荣路所在，人争走之。传注则金陵(安石)之余波，声律则刘、郑之末光，固已占高爵而钓厚禄。至于经为通儒，文为名

---

① 淳熙四年(1177)，"李仁甫(焘)侍郎淳熙间因阜陵论先儒从祀当升黜去取，遂奏言……悉去王安石父子而取光、轼，斯为允当，龚、李二参皆不以为可。"叶寘撰、孔凡礼点校：《爱日斋丛钞》卷二，中华书局 2010 年版，第 45—46 页。

② 魏了翁：《鹤山全集》卷六《江东漕使兄约游钟山分韵得泠字》，四部丛刊本。

③ 《宋史》卷四十二《理宗本纪二》，第 821—822 页。

④ 刘祁撰、崔文印点校：《归潜志》卷十二《辨亡》，中华书局 1983 年版，第 136 页。

⑤ 《靖康要录笺注》卷十四，第 1487 页。

⑥ 袁桷著、杨亮校注：《袁桷集校注集》卷四十九《书凌生功课历后》，中华书局 2012 年版，第 2157 页。

家，良未暇也。①

"金陵"即王安石，"刘、郑"指金代词赋科状元刘㧑与郑子聃。既然金代的经义取士，仍以《三经新义》等为录取标准，北方士人传习新学者当不乏其人。可惜史料散缺，不能深入探求其为学本末。②

在西夏，新学的传播与发展似乎相当可观。吕惠卿《庄子注》《孝经传》、陈禾《孟子传》等一系列新学著述，被译成西夏文广泛传播。具体状况，有待于新文献的出现才能明了。

以上对王氏新学的盛衰历程，略作考述。其中几个关键转捩点，值得进一步深思。

一、新学的崛起，不是偶然。与深于心性的洛学、偏重文学的蜀学、精于史学的朔学等相比，新学堪称儒家中的内圣外王之学。它致力于制度的建构和变革，针对当时的社会危机、政治积弊，指出高远的政治理想，提出一整套解决方案和策略。同时，它又以开阔的视野，融汇儒、释、道、法等各家思想精华，率先探讨儒家道德性命之学；既注重新兴科举士人阶层主体精神的凝铸，又为制度寻求天道、心性的基础。梁启超所谓："内之在知命厉节，外之在经世致用，凡其所以立身行已与夫施于有政者。"③这种"致广大而极精微"的学术特色，使它能够在北宋中期各个学术流派中，率先脱颖而出。

二、新学定型于熙宁变革时期。它之所以成为官学，皆因王安石获得"得君行道"的旷世机遇，身为宰相主持变革。神宗和王安石希望新学为新法提供理论基础，消除异论，保障新法的顺利推行；与此同时，为科举改革中的经义取士提供标准答案，为新法培养合格的

---

① 元好问著，狄宝心校注：《元好问文编年校注》卷三《闲闲公墓铭》，中华书局2012年版，第257页。

② 此处多承晏选军兄提供相关材料与信息，谨此致谢。

③ 梁启超：《王安石传》第二十章，第289页。

官僚人材,"一道德而同风俗"。这注定新学难以摆脱意识形态工具的本性,它的命运难免与熙丰变革相始终。

三、当新学成为科场经义取士的录取标准、官学中的标准教材后,它把持了士人的科举入仕之途,风靡天下。其弊端很快便凸显无遗。《吕公著传》曰:

> 于是学者不复思索经意,亦不复诵正经,惟诵安石、惠卿书,精熟者辄得上第。有司发策问,必先称诵时政,对者因大为谀辞以应之。……学者不复解经而专解字,往往离析字画,说一字至数百言,去经意益远。①

作为官学的新学,本应为新法培养合格的官僚人才——既能领会儒家的经典大义,又具备专业的知识技能。然而,事实却是,士人对"王氏之学固未必人人知而好之,盖将以为进取之阶、宫室之奉、妻孥之养、哺啜之具耳"。② 一方面造就众多的雷同剽窃阿谀之徒,另一方面严重束缚士人的创新力。陈师道讽刺道:

> 盖举子专诵王氏章句而不解义,正如学究诵注疏尔。③

王安石本人晚年察觉到问题所在,后悔道:"欲变学究为秀才,不谓变秀才为学究也。"④新学的师门传承,基本上二传便止,缺乏青出于蓝的杰出后学。这是一家之学变质为意识形态后,必然导致的教条化弊端。新学二代、三代门人中,没有出现王安石、朱熹、张栻般杰出的学者,当与此有关。

四、徽宗一朝,不仅某些新法逐渐偏离熙宁变革的崇高理想和

---

① 《续资治通鉴长编》卷四百八元祐三年二月癸巳条李焘注引,第9939页。
② 毛滂著、周少雄点校:《毛滂集》卷六《上苏内翰书》,浙江古籍出版社2012年版,第202页。
③ 陈师道撰、李伟国点校:《后山谈丛》卷一,第24—25页。
④ 《后山谈丛》卷一,第24页。

立法本意,新学也很大程度上异化为蔡京等人迫害政敌的意识形态工具,导致士风、学风日益恶劣:

> 按熙宁之立学校,养生徒,上自天庠,下至郡县,其大意不过欲使之习诵新经,附和新法耳。绍圣、崇观而后,群憸用事,丑正益甚,遂立元祐学术之禁,又令郡县置自讼斋,以拘诽谤时政之人。士子志于进取,故过有拘忌。盖言休兵节用,则恐类元祐之学;言灾凶危乱,则恐涉诽谤之语。所谓转喉触讳者也,则惟有迎逢谄佞而已。①

不仅如此,蔡京等以新学为幌子厉行学术思想专制,引起其他各派的同仇敌忾,导致新学成为众矢之的,并与蔡京集团捆绑一起。北宋的灭亡,决定了新学的命运。

五、新学的学理建构不无缺陷。宋初的儒学复兴,发轫时便呈现出有体有用、致广大而极精微的恢宏气象。它的理想目标,一方面以儒家经典中的价值、制度来规范指导现实政治,解决社会弊端,实现儒家理想的政治秩序;另一方面,即应对释、老二家的挑战,为秩序提供本体、心性层面的论证,为士人的安身立命提供合理的哲学诠释。换言之,面临"儒门淡薄,收拾不住,皆归释氏"的严峻挑战,②如何通过宇宙论、本体论、人性论和修养论的建构,"为天地立心,为生民立命",为士人们指出一条向上之路,开辟一个崇高的精神境界。这方面,新学不无欠缺,远不如理学。

第二节 理学与新学的对峙

新学的衰亡,除去学派自身原因和政局影响外,也与宋学其它各

---

① 《文献通考》卷四十六,第 1345 页。
② 《扪虱新话》卷十,《全宋笔记》第 47 册,第 311—312 页。

派的竞争密切相关。自新学升格为朝廷官学后,以二程为首的洛学、以苏轼为首的蜀学,不约而同对新学展开激烈抨击,将新学中若干弊端集中揭露出来。从思想史的发展看,当某一学派受到其它学派批评时,正常的方式是积极回应,展开反驳,以对方的挑战作为建构、修订自身学术体系的契机。然而,作为意识形态的新学,却无法容忍任何学术批评。当新党兴起党锢学禁来压制迫害其他学派时,便将新学推上教条化之路,失去进取动力,最终衰落。

王氏新学和二程洛学是宋代儒学中最有影响的两个学术流派。二者皆为仁宗朝儒学复兴的产物,面临相同的时代困境。他们都摆脱章句训诂之学的束缚,向义理之学转换,并分别提出不同的学术理路、思想体系。作为北宋最富创造力的学者,二程对新学的批评立足于独特的思想逻辑,具备充分的学理基础,且薪火相传,从洛学草创一直延续到南宋末期。理学发生、发展、壮大的历史进程中,始终伴随着对新学不懈的攻击与排斥。最终,理学取代新学,成为元代以后中国古代社会的主流意识形态。追源溯始,程颢、程颐居功至伟。①

(一)

神宗熙宁之前,程颢与王安石之间未见交往的迹象。② 二人的分歧,肇始于熙宁变革。与苏轼、司马光不同,变革初期,程颢曾积极参与其中,甚至被视为王党中人。熙宁二年(1069),经宰相陈升之举荐,程颢进入变法的核心机构制置三司条例司,成为王安石的

---

① 二程对王安石的批判,夏长朴归纳为四点:支离;不识道;不知事君道理;只是去人主心术处用功。《介父之学,大抵支离——二程论王安石新学》,《王安石新学探微》,第209—150页。另可见卢国龙:《宋儒微言》,第309—314页。

② 王安石妻堂妹嫁晏殊之侄晏修睦(昭素),而程颢岳父彭思永娶晏殊之侄女。《河南程氏文集》卷四,程颢《故户部侍郎致仕彭公行状》,《二程集》,第494页。《王安石年谱长编》卷七,第2163页。

一名属官。① 本年四月,制置三司条例司派遣八名官员巡行天下,"于诸路相度农田水利、税赋科率、徭役利害",②程颢是其中之一。八月,为配合王安石控制御史台,吕公著举荐程颢担任监察御史里行。③ 程颢遂上疏神宗,完整表述自己的政治理想与志向:

> 君道之大,在乎稽古正学……晓然趋道之正。故在乎君志先定,君志定而天下之治成矣。夫义理不先尽,则多听而易惑;志意不先定,则守善而或疑。惟在以圣人之训为必当从,先王之治为必可法,不为后世驳杂之政所牵制,不为流俗因循之论所迁惑,自知极于明,信道极于笃,任贤勿贰,去邪勿疑,必期致世如三代之隆而后已也。或谓:人君举动,不可不慎,易于更张,则为害大矣。臣独以为不然。所谓更张者,顾理所当耳。其动皆稽古质义而行,则为慎莫大焉,岂若因循苟简卒致败乱者哉?自古以来,何尝有师圣人之言,法先王之治,将大有为而返成祸患者乎?愿陛下奋天锡之智,体乾刚而独断,霈然不疑,则万世幸甚。④
>
> 汉、唐之君,有可称者,论其人则非先王之学,考其时则皆驳杂之政,乃以一曲之见,幸致小康。其创法立统,非可继于后世者,皆不足为也。⑤

文中提倡变革更张,鼓励神宗行大有为之政,告诫神宗应当乾刚独

---

① 《宋史》卷一百六十一《职官一》:"制置三司条例司。掌经画邦计,议变旧法以通天下之利。熙宁二年置,以知枢密院陈升之、参知政事王安石为之,而苏辙、程颢等亦皆为属官。"第3792页。
② 《宋会要辑稿》食货六五,第7798页。
③ 《续资治通鉴长编》卷二百十熙宁三年四月甲申:"(司马)光曰:'公著诚有罪,不在今日。向者(指熙宁二年九月)朝廷委公著专举台官,公著乃尽举条例司之人,与条例司互相表里,便炽张如此。逼于公议,始言其非,所谓有罪也。'"第5113页。
④ 《河南程氏文集》卷一《上殿札子》,《二程集》,第447页。
⑤ 《河南程氏文集》卷一《论王霸札子》,《二程集》,第451页。

断、不惑流俗因循之论,等等论调,几乎与王安石毫无二致。当时,面对仁、英两朝遗留下的弊政,士人们普遍具有一种批判、改革的意识,以及超越汉唐、回归三代的崇高政治理想。这应当是程颢投身熙宁变革的原始动力。

任监察御史里行时,程颢就某些新法举措提出异议。一、反对鬻卖祠部度牒作为青苗法的出贷本钱。《宋史全文》卷十一载:

> (熙宁二年九月)戊辰,初开经筵。王安石独奏事,上问曰:"程颢言不可卖祠部度牒作常平本钱,如何?"安石曰:"颢所言自以为王道之正,臣以为颢所言未达王道之权。今度牒所得,可置粟凡四十五万石,若凶年人贷三石,则可全十五万人性命。卖祠部所剃者三千人头,而所可救活者十五万人性命。若以为不可,是不知权也。"①

度牒是官府发给出家僧尼的凭证。唐宋时,僧尼簿籍归祠部掌管,由祠部发放度牒。凡有牒的僧尼得免地税、徭役,官府可出售度牒,其收入以充军政费用。程颢反对将鬻卖度牒,充任常平出贷的本钱,具体理由不详。王安石则计算一年鬻卖所得,可置粟四十五万石,凶年出贷,可救活十五万人。他认为程颢所言,自以为得王道之正,却不知王道之权变——为拯黎民之苦,须灵活变通,不可拘泥教条。

二、弹劾京东转运使王广渊因和买䌷绢抑配掊克,勒困贫民。《宋会要辑稿》食货三八:

> (熙宁)三年正月二十三日,御史程颢言:"闻京东转运司去岁因和买䌷绢,多拖数目于人户上配散,每钱一千买绢一匹。后来却令买绢并税绢,每匹令输钱一千五百文,又配上等户俵粟豆钱。"诏具析以闻。京东转运司具析到所散粟豆钱,只是要济民

---

① 汪圣铎点校:《宋史全文》卷十一,中华书局 2016 年版,第 653 页。

乏，兼只召人户情愿，即不是等第一例配俵。诏："已行常平仓新法，今后更不得支俵粟豆钱。其支散内藏库别额䌷绢钱五十万贯，纳到本钱，即拨充北京对桩，所收息钱于内藏库送纳。"①

青苗法规定由地方官府贷钱给贫民，济其困乏，同时收取二分利息。王广渊向人户配散和买的䌷绢，又在青苗法实施后，强行抑配支俵上等户粟豆钱，明显有掊克取息的嫌疑。程颢的弹劾制止了京东路的支俵，王广渊则受到王安石的庇护，未受惩罚。②

三、青苗法向全国各国推行时，程颢提出异议：

> （熙宁三年三月）壬戌朔，先是，御史程颢言："成都不可置常平，民多米少故也。"安石曰："民多米少，则尤不可以无常平，米少则易以踊贵，以常平抑之，兼并乃不能使米踊贵。"上曰："颢以为蜀人丰年乃得米食，平时但食豆芋等。今丰年乃夺而籴之，是贫人终身不得米食也。"安石曰："今常平不夺而籴之，则兼并亦夺而籴之，至于急时，取息必倍。"上曰："俵青苗钱而纳米，方贵如何令纳？"安石曰："贵则民自纳钱。"上曰："纳钱则仓但有钱，凶年何以振贷？"安石曰："常平米既出尽，则常平但有钱，非但今法如此，虽旧法亦不免如此。"上终以韩琦所说为疑。安石曰："臣以为此事至小，利害亦易明，直使州郡抑配上户俵十五贯钱，又必令出二分息，则一户所陪止三贯钱。因以广常平储蓄，以待百姓凶荒，则比之前代科百姓出米为义仓，亦未为不善。况又不令抑配，有何所害？而上烦圣心过虑。臣论此事已及十数万言，然陛下尚不能无疑，如此事尚为异论所惑，则天下何事可

---

① 《宋会要辑稿》食货三八，第6827页。
② 《宋史》卷三百二十九《王广渊传》："程颢、李常又论其抑配掊克，迎朝廷旨意以困百姓。会河北转运使刘庠不散青苗钱奏适至，安石曰：'广渊力主新法而遭劾，刘庠故坏新法而不问，举事如此，安得人无向背？'故颢与常言不行。"第10608—10609页。

为?"……翌日,安石遂称疾不出。①

"俵青苗钱而纳米"应指成都推行青苗法,由官府贷钱给农户,农户在交纳二税时,以粟米来偿还本金和利息。程颢认为,成都人多米少;米少,则农户偿还青苗借贷时,需花费更多钱去市场购米,导致米价涌贵,农户利益受损。王安石反驳道,若市场米贵,农户自会选择交纳现钱还贷。神宗继续质疑,若农户只缴纳现钱,则官府的常平仓便只有现钱而没有粟米,如何执行凶年振贷的功能呢?王安石只能回复,青苗法未行之前,常平仓的运行"亦不免如此"。

程颢提出异议不久,恰逢元老重臣韩琦上疏反对青苗法。神宗为此踌躇不决,王安石遂称疾不出,新政是否继续推行,前景未卜。就程颢而言,仅是履行言责,指摘青苗法执行过程中的若干弊病,并未有反王、反变革的政治意图。稍后,王安石因争青苗法而请辞参知政事,外出分司,程颢与王子韶、李常等极力劝谏神宗挽留:

> (熙宁三年二月)十日,参知政事王安石乞分司,不许。②
>
> 安石之求分司也,御史王子韶、程颢,谏官李常皆称有急奏,乞登殿,言不当听安石去位,意甚惧。及安石复视事,子韶等乃私相贺。③
>
> 熙宁三年,安石求去甚切。御史王子韶、程颢,谏官李常请对,言不当听安石去位,盖犹望安石出而改之也。人不知颢者意,以为皆安石之党。初,吕公著为安石厚,颢与子韶皆公著所厚者,虽司马光亦以颢等为安石党也。④

王安石复出视事,程颢等人私相庆贺,以至于司马光等旧党将程颢视

---

① 《续资治通鉴长编纪事本末》卷六十八,第 2204—2205 页、第 2210—2212 页。
② 《宋会要辑稿》食货四,第 6046 页。
③ 《续资治通鉴长编纪事本末》卷六十八,第 2217—2218 页。
④ 吕中:《类编皇朝大事记讲义》卷十七,第 313 页。

为王党的核心成员。其实,程颢的政治立场更偏向于其恩主吕公著。对于青苗法,他始终持有严厉的批评。二、三月间,他陆续上疏:

> 臣近累上言,乞罢预俵青苗钱利息及汰去提举官事。朝夕以觊,未蒙施行。……盖安危之本在乎人情,治乱之机系乎事始。众心睽乖,则有言不信;万邦协和,则所为必成。固不可以威力取强,语言必胜。而近日所闻,尤为未便。伏见制置条例司疏驳大臣之奏,举劾不奉行之官,徒使中外物情,愈致惊骇,是乃举一偏而尽沮公议,因小事而先失众心。权其轻重,未见其可。臣窃谓陛下固已烛见事体,究知是非,在圣心非吝改张,由柄臣尚持固必。是致舆情大郁,众论益讙。若欲遂行,必难终济。伏望陛下……外汰使人之扰,亟推去息之仁。……(时为监察御史里行)①

所谓"制置条例司疏驳大臣之奏",指本年二月判大名府韩琦上疏抨击青苗法,王安石撰疏逐一反驳,并以制置三司条例司名义申敕诸转运使、提举常平等。"柄臣尚持固必",指王安石坚决推行青苗法,导致"舆情大郁,众论益讙"。程颢认为条例司不应疏驳大臣之奏举,"乃言大臣论列,事当包含"。王安石则以为,"若不申明法意,使中外具知,则是纵使邪说诬民,而令诏令本意,更不明于天下"。二人的分歧,集中于此。

之后,王安石"持新法益坚,人言不能入矣,于是争新法始急"。朝堂上,士大夫则因新法之争,分裂为新旧两党,壁垒分明。特别是王安石的政治盟友、程颢的恩主吕公著,因屡次请罢青苗法并撤并制置三司条例司,与王氏隔阂日益深化。期间,程颢曾面谏王氏,发令施政勿强拗人情,后者颇感其诚:

---

① 《二程文集》卷一《谏新法疏》,《二程集》,第 456—457 页。

伯淳尝言："管仲犹能言'出令当如流水，以顺人心'，今参政须要做不顺人心事，何故？"介父之意，只恐始为人所沮，其后行不得，伯淳却道："但做顺人心事，人谁不愿从也？"介父道："此则感贤诚意。"却为天祺其日于中书大悖，缘是介父大怒，遂以死力争于上前，上为之一以听用，从此党分矣。①

熙宁三年（1070）四月八日，吕公著被罢御史中丞，王、吕同盟宣告破裂。于是，程颢遂上疏请免监察御史之职。四月十八日，除权发遣京西路提点刑狱：

> （熙宁三年四月己卯）太子中允、权监察御史里行程颢权发遣京西路提点刑狱。颢先上疏言："臣闻天下之理，本诸简易，而行之以顺道，则事无不成。故曰智者如禹之行水，行其所无事也。舍而之于险阻，则不足以言智矣。盖自古兴治，虽有专任独决能就事功者，未闻辅弼大臣人各有心，睽戾不一，致国政异出，名分不正，中外人情交谓不可，而能有为者也。况于措置沮废公议，一二小臣实与大计，用贱陵贵，以邪妨正者乎！凡此皆天下之理不宜有成，而智者之所不行也。设令由此徼幸事小有成，而兴利之臣日进，尚德之风寖衰，尤非朝廷之福。矧复天时未顺，地震连年，四方人心，日益摇动，此皆陛下所当仰测天意，俯察人事者也。臣奉职不肖，论议无补，望允前奏，早赐降责。"故罢。②

程颢指出，辅弼大臣"人各有心，睽戾不一"，以致新法颁行后，"中外人情交谓不可"。这些异议未被听取，反遭压制。兼以新党中颇有小人，参与新法的执定决策，以下陵上，以邪犯正。如此，即便新法幸有小成，兴利之风日盛，尚德之风渐衰，也不足为取。而王安石则认定

---

① 《河南程氏遗书》卷二上，第28页。
② 《续资治通鉴长编》卷二百十熙宁三年四月己卯，第5103—5104页。

程颢实属吕公著一党,故与吕政见一致,共同进退:

> 太子中允、同提点京西刑狱程颢签书镇宁节度判官事。颢既罢御史,恳辞京西故也。上谓王安石曰:"人情如此纷纷,奈何?"安石曰:"……如吕公著真所谓静言庸违,象共滔天。……陈襄、程颢专党吕公著,都无助陛下为治之实。今天下事不如理至多,人臣为奸罔至众,襄与颢曾有一言及之否?专助吕公著言常平法,此即是驩兜之徒。……此辈小人若附吕公著,得行其志,则天下之利皆归之;既不得志,又不失陛下奖用,何为肯退听而不为奸?"①

至此,程颢正式脱离变法阵营,与王安石的仕途交往戛然而止。

综上所述,熙宁初,程颢受到回归三代的儒家复古理想驱动,追随吕公著积极参与到变革中。他只是抨击青苗法,认为推行新法应顾及人心向背,不妨集思广益循序渐进。他未曾明确反对变革的必要性、变革的目标、整体方向等,从未公开抨击王安石。泊士大夫群体各分党与——特别在王、吕分裂后,程颢最终选择追随吕公著,与王安石及新政分道扬镳,成为旧党一员。他对熙宁变法及其弊端的认识,比较平允:

> 新政之改,亦是吾党争之有太过,成就今日之事,涂炭天下,亦须两分其罪可也。②

> 熙宁初,王介甫行新法,并用君子小人。君子正直不合,介甫以为俗学不通世务,斥去;小人苟容谄佞,介甫以为有材能知变通,用之。介甫性狠愎,众人以为不可,则执之愈坚。君子既去,所用皆小人,争为刻薄,故害天下益深。使众君子未用与之

---

① 《续资治通鉴长编》卷二百十熙宁三年四月壬午,第 5111—5112 页。
② 《河南程氏遗书》卷二上,《二程集》,第 28 页。

敌,俟其势久自缓,委曲平章,尚有听从之理,俾小人无隙以乘,其为害不至此之甚也。①

王安石重用的吕惠卿、曾布、章惇等人是否属于小人,尽可商榷。至少,程颢承认,士大夫群体分裂成新旧两党,以至于党争成为北宋后期的政治痼疾,追源溯流,王安石与司马光等须各负其责。元丰八年(1085)三月,神宗去世,程颢针对即将展开的政局更化,表现得异常清醒:

> 韩康公之子宗师问:"朝廷之事如何?"曰:"司马君实、吕晦叔作相矣。"又问:"果作相,当如何?"曰:"当与元丰大臣同。若先分党与,他日可忧。"宗师曰:"何忧?"曰:"元丰大臣皆嗜利者,使自变其已甚害民之法,则善矣;不然,衣冠之祸未艾也。"②

遗憾的是,元祐旧党执政后,不仅排斥新党甚于仇雠,自身内部同样"先分党与",洛、朔、蜀三党为权势和意气缠斗不已,从而严重激化北宋后期的党派倾轧,完全偏离神宗元丰时期兼用新旧的政治意图。程颢对于新旧党争和政局演变的真知灼见,不仅未被司马光等人重视,他本人曾积极参与新法一事,也被蓄意掩盖。③

(二)

与新法相比,二程对新学的批判相当严峻。他们认为,王安石早期的学术思想,如《易解》和《淮南杂说》中一些言论,不无可取之处:

> 《易》有百余家,难为遍观。如素未读,不晓文义,且须看王

---

① 《邵氏闻见录》卷十五,第164—165页。
② 李幼武:《宋名臣言行录外集》卷二,景印文渊阁四库全书,第449册,第660页。
③ 程颐撰《明道先生行状》,不提程颢曾任制置三司条例司属吏。《河南程氏文集》卷十一,《二程集》,第633页。

弼、胡先生、荆公三家。理会得文义，且要熟读，然后却有用心处。①

王介甫为舍人时，有《杂说》行于时。其粹处有曰："莫大之恶，成于斯须不忍。"又曰："道义重，不轻王公；志意足，不骄富贵。"有何不可？伊川尝曰："若使介甫只做到给事中，谁看得破？"②

若欲治《易》，先寻绎令熟，只看王弼、胡先生、王介甫三家文字，令通贯。余人《易》说无取，枉费功。年亦长矣，宜汲汲也。③

后来，王安石违背了早年的思想，支离穿凿、自相矛盾：

荆公旧年说话煞得，后来却自以为不是，晚年尽支离了。④

他们认为，新法固然有害，一旦废去即可；新学化革人心，唆使士人沉没利欲，为害最甚：

浮屠之术最善化诱，故人多向之。然其术所以化众人也，故人亦有向有不向者。如介甫之学，他便只是去人主心术处加功，故今日靡然而同，无有异者，所谓一正君而国定也。此学极有害。以介甫才辨，遽施之学者，谁能出其右？始则且以利而从其说，久而遂安其学。今天下之新法害事处，但只消一日除了便没事。其学化革了人心，为害最甚。其如之何！故天下只是一个风，风如是，则靡然无不向也。⑤

介父当初只是要行己志，恐天下有异同，故只去上心上把得定，他人不能摇。以是拒绝言路，进用柔佞之人，使之奉行新法。

---

① 《河南程氏遗书》卷二十，第248页。
② 《河南程氏外书》卷十二，第434页。
③ 《河南程氏文集》卷九《与金堂谢君书》，《二程集》，第613页。
④ 《河南程氏遗书》卷十九，第247页。
⑤ 《河南程氏遗书》卷二上，第50页。

> 今则是他已去,不知今日却留下害事。①

佛教僧侣善于以生死祸福之说,化诱普通民众,民众或信奉或不听,可以选择。王氏以富国强兵之说取得神宗信任,诱导神宗进行以理财为核心的变革,出台青苗法等一系列为国聚敛的政策。这驱使官僚群体上行下效,同时激发出士人的追逐利欲之心,风俗败坏。从"人主心术处加功"到天下"靡然无不向",关键是获得君主支持,通过权力来推行实施新法新学。所以,二程将新学视为最大的学术对手,其危害甚至超过佛、道二家异端:

> 今异教之害,道家之说则更没可辟,唯释氏之说衍蔓迷溺至深。……然在今日,释氏却未消理会,大患者却是介甫之学。……如今日,却要先整顿介甫之学,坏了后生学者。②

"坏了后生学者",指新学成为官学后,《三经新义》取代汉唐注疏成为科举必考、学校肄习的儒家经典的标准解释。这导致士人为追求功名利禄,"不复思索经意,亦不复诵正经,惟诵安石、惠卿书,精熟者辄得上第"。③ 长此以往,士人难免沉没利欲,器识卑下,岂能成才?

具体而言,二程对新学的批评,集中于以下几个方面:首先,王安石不识道,并未认识到儒道的真正本质,只是捕风捉影:

> 荆公尝与明道论事不合,因谓明道曰:"公之学如上壁。"言难行也。明道曰:"参政之学如捉风。"及后来逐不附己者,独不怨明道,且曰:"此人虽未知道,亦忠信人也。"④

新学与程学都诞生于庆历以后的儒学复兴思潮中,面临着相同的时

---

① 《河南程氏遗书》卷二上,第45页。
② 《河南程氏遗书》卷二上,第38页。
③ 《续资治通鉴长编》卷四百八元祐三年正月癸巳条李焘引《吕公著传》,第9939页。
④ 《河南程氏遗书》卷十九,第255页。

代挑战,肩负着相似的儒学振兴使命,然而二者的学术建构取向明显不同。新学是一种制度儒学。它以儒学为主体,以制度为核心,整合老庄、佛教、法家等各家学说,为创法立制提供天道、人性、经典等各个层面的论证。程学则是一种德性之学,在天人合一、万物一体的视域下,为儒家的道德伦理进行本体论、心性论的哲学深化。王安石与程颢互称对方之学为"上壁""捉风",表明他们意识到彼此属于两种不同形态的儒学,意识到彼此间的根本性分歧。仁宗庆历以后,以继承绝学为己任的道统意识逐渐兴起。当时涌现出的多个儒学流派,皆以为只有本派才真正继承孟子以后湮没失传的儒家之道。王氏评价程颢"未知道",发生于熙宁二三年间,仅此一见。程氏批判新学"不知道",之后则全面展开:

> 先生尝语王介甫曰:"公之谈道,正如说十三级塔上相轮,对望而谈曰相轮者如此如此,极是分明。如某则戆直,不能如此。直入塔中,上寻相轮,辛勤登攀,逦迤而上。直至十三级时,虽犹未见相轮,能如公之言,然某却实在塔中,去相轮渐近。要之,须可以至也。至相轮中坐时,依旧见公对塔说,此相轮如此如此。"①

相轮,又称"轮相",指佛塔上的檠盖。程颢意谓,王安石只把道当作认识、谈论的对象,缺乏真切体会和亲身践履。自己尽管不如王氏般高谈阔论,却脚踏实地,身体力行;总有一天,会接近道的实体。"道"体现于日常生活中,一举一动若循规而行,便是"行道"。王氏不明此理,与道割裂:

> 介甫只是说道,云我知有个道如此如此。只他说道时,已与道离。他不知道,只说道时,便不是道也。有道者亦自分明,只

---

① 《河南程氏遗书》卷一,《二程集》,第5页。

作寻常本分事说了。孟子言"尧舜性之""舜由仁义行",岂不是寻常说话?至于《易》,只道个"立人之道曰仁与义",则和性字由字,也不消道,自己分明。阴阳、刚柔、仁义只是此一个道理。①

> 介甫之言道,以文焉耳矣。言道如此,己则不能然,是己与道为二也。夫有道者不矜于文学之门,启口容声,皆至德也。②

"言道则不能然""己与道二",意谓王氏只把"道"当作一种客观的认识对象,仅止于文字描述、语言谈论,未能将道内化为人性中的本质,以规范对外在事物的反应。换言之,即能言而不能行。大概程氏眼中,王安石仍然停留在古文家"以文明道"的层面,距离"有道者"尚隔一间——一个道德高尚的人,一举一动、一言一行都符合天理,本身即是道德准则的体现。程颢进而认为,王氏的外在仪表,足以表明其学术不正:

> 昔见上称介甫之学,对曰:"王安石之学不是。"上愕然问曰:"何故?"对曰:"臣不敢远引,止以近事明之。臣尝读《诗》,言周公之德云:'公孙硕肤,赤舄几几。'周公盛德,形容如是之盛。如王安石,其身犹不能自治,何足以及此!"③

> 又尝称介甫,颢对曰:"王安石博学多闻则有之,守约则未也。"④

"公孙硕肤,赤舄几几。"周公的盛德,体现于外表的仪容修饰。王安石却仪表邋遢,不修边幅,故程颢讽其"其身犹不能自治"、不能守约。然王氏一生淡泊名利,不溺声色,品格之高,其他宋代士大夫罕有其

---

① 《河南程氏遗书》卷一,《二程集》,第6页。
② 《河南程氏粹言》卷一,《二程集》,第1176页。
③ 《河南程氏遗书》卷二上,第17页。《朱子语类》卷第一百三十记载稍异:"神宗尝问明道云:'王安石是圣人否?'明道曰:'"公孙硕肤,赤舄几几。"圣人气象如此,王安石一身尚不能治,何圣人为?'先生曰:'此言最说得荆公著。'"第3097页。
④ 《河南程氏遗书》卷二上,《二程集》,第17页。

匹。南宋陆九渊评曰"洁白之操,寒于冰霜",①洵非虚誉。程氏由外在仪容追溯其学术不正,体现出理学家狭隘局谨的道德观,不足为据。

其次,治学方法上,二程批评王氏新学分析支离,破碎穿凿:

> 介父之学,大抵支离。伯淳尝与杨时读了数篇,其后尽能推类以通之。②

> 介甫致一。③

> "人心",私欲也;"道心",正心也。"危"言不安,"微"言精微。惟其如此,所以要精一。"惟精惟一"者,专要精一之也。精之一之,始能"允执厥中"。"中"是极至处。或云:介甫说"以'一'守,以'中'行",只为要事事分作两处。④

"支离""致一",意谓将原本统一的整体,分析为各个不同部分,然而再寻求、拼合其中的一致性。王安石的《字说》将每个完整的文字离析为不同的字符,然后采用会意的方法,将各个字符的意义拼凑起来,形成定义。⑤ 程氏将此视为王氏治学的重要方法,不为无据。"事事分作两处",则针对王氏对《尚书·大禹谟》"惟精惟一,允执厥中"的解释。程氏认为,因人欲极易汩没道心,只有精一专一,方能维持、抵达人心未发时的状态(中)。"一"是工夫,"中"的前提;"中"是境界,"一"的结果。王氏则解释为,以一种专一的态度来持守、以一种不偏不倚的态度去做事,从而将"一""中"理解为道德修持与行为实践所遵循的两种不同准则。程氏认为,这种阐释消解了两句间的

---

① 《陆九渊集》卷十九《荆国王文公祠堂记》,第 232 页。
② 《河南程氏遗书》卷二上,第 28 页。
③ 《河南程氏遗书》卷七,第 96 页。
④ 《河南程氏遗书》卷十九,第 256 页。
⑤ 精于新学的陈瓘,批判王氏的分析倾向:"离析偏旁不可以见全字。""取一体凿为多字。"张有:《复古编·序》,中华再造善本丛书,北京图书馆出版社 2004 年版。

体用关联,并不准确。

程氏甚至以为,王氏之所以"不识道",正由他一分为二的治学方法所导致:

> 或问:"介甫有言:'尽人道谓之仁,尽天道谓之圣。'"子曰:"言乎一事,必分为二,介甫之学也。道一也,未有尽人而不尽天者也。以天人为二,非道也。子云谓'通天地而不通人曰伎',亦犹是也。"①

> 问曰:"人有言:'尽人道谓之仁,尽天道谓之圣。'此语何如?"曰:"此语固无病,然措意未是。安有知人道而不知天道者乎?道一也,岂人道自是人道,天道自是天道?《中庸》言:'尽己之性,则能尽人之性;能尽人之性,则能尽物之性;能尽物之性,则可以赞天地之化育。'此言可见矣。杨子曰:'通天地人曰儒,通天地而不通人曰伎。'此亦不知道之言。岂有通天地而不通人者哉?如止云通天之文与地之理,虽不能此,何害于儒?天地人只一道也,才通其一,则余皆通。如后人解《易》,言乾天道也,坤地道也,便是乱说。论其体,则天尊地卑;如论其道,岂有异哉?"②

> 又问:"介甫言'尧行天道以治人,舜行人道以事天',如何?"曰:"介甫自不识'道'字。道未始有天人之别,但在天则为天道,在地则为地道,在人则为人道。"③

"人有言"之"人",即王安石。二程的哲学体系中,作为万物根源、万物本体的道,也即理。它具有以下四种内涵:天道、物理、性理、义理。天道,指自然法则、自然规律;物理,指事物的具体规律和性质;义理,指社会的道德原则和伦理;性理,指人的道德本质。二程主张

---

① 《河南程氏粹言》卷一,《二程集》,第 1170 页。
② 《河南程氏遗书》卷十八,第 182—183 页。
③ 《河南程氏遗书》卷二十二上,第 282 页。

天人合一，万物一体。他们认为，天道、物理与性理、义理，作为一个浑沦的整体，不可以分割离析。己性、人性、物性、天地运行的规律，一理贯通，故知人道即知天道，尽人道便可尽天道。王氏则始终未曾将天人统贯合一，"固执地保障了与天相对、与物相对的我的独立性，完全是一种割裂主义"。①

的确，与二程不同，王安石论"道"始终坚持"道一也，而为说有二"的根本立场。所谓"二"者，指作为宇宙根源、万物本体的道，应当区别为有无、本末、天人两个相对的层面。无、本、天，指创生万物的自然规律；有、末、人，是成就万物的人文创制。前者虚无神秘，人力无法干预；后者体现于刑名度数中，需要人力参预，参悟效法前者，予以执行。自中唐以后，主张"天自天""人自人"的天人分离思潮，在士人群体中日益流行。它批判汉代以下盛行的天人感应论，强调自然运行（天）与社会政治（人）属于两个截然不同的领域，遵循不同的规律原则，彼此之间互不相干。直至北宋，张载、二程、邵雍等道学诸子，或以气、或以理、或以数为核心，重新建构天人合一、万物一体论。王安石的思想立场，正处于二者之间，"尊天而不依赖天"。② 他既未恪守激进的天人分离论，也未曾如理学家将天人、物我重新合而为一。正如萧永明指出："王安石的本体之道是最终只具有天地万物客观规律含义的自然之道，而并不具备价值的含义。新学本体论的特点便在于以人法天……天与人之间存在着巨大的裂缝。"③程氏的批评，体现出洛学与新学在治学方法、学术取向上的根本分歧："王氏之学离，伊川之学合。"④

---

① 土田健次郎：《道学之形成》，第 438 页。
② 《道学的形成》，第 438 页。
③ 《北宋新学与理学》，第 189 页。
④ 龚昱：《乐庵语录》卷一，第 298 页。之后，杨时将程学之"合"明确概括为"合内外之道"，"自诚意、正心至于平天下，其理一而已"；将新学之"离"概括为"离内外""判心迹"。《杨时集》卷二十六《题萧欲仁大学篇后》，第 694 页。

再次,批评王安石"不知事君道理"。如前所述,王安石的君臣观继承了"从道不从君""君臣之间以道合"的先秦儒家精神;同时,又颇受五代士人价值观的影响,以守道、行道为己任,将安民作为出仕的最高道德准则。二程则恪守君为臣纲、君尊臣卑的传统信条,进而将君臣关系提高到宇宙本体的地位,强调从君即从道。由此,他们指责王安石执政时一些举止言行,近似僭越:

> 介甫不知事君道理。观他意思,只是要"乐子之无知"。如上表言:"秋水既至,因知海若之无穷;大明既升,岂有爝火之不熄?"皆是意思常要己在人主上。自古主圣臣贤乃常理,何至如此!①

王安石执政时,敢于和神宗据理力争,"每议事于人主前,如与朋友争辩于私室,不少降辞气,视斧钺鼎镬无如也"。② 有时政见被驳回,便欲辞职而去。③ 这正反映出他恪守原则,坚持君臣之间应当以义相合、共与行道。程氏则认为,这些举动表明王氏"不知事君道理",故而于神宗前言行不逊,时吐怨辞。

对于王安石释经中体现出"不臣之心"、悖逆之意,程氏更予以剔抉指摘,严厉批判。如《乾》卦九三《文言》曰:

> 九三曰:"君子终日乾乾,夕惕若,厉无咎,何谓也?"子曰:"君子进德修业。忠信,所以进德也。修辞立其诚,所以居业也。知至至之,可与言几也;知终终之,可与存义也。是故居上位而

---

① 《河南程氏遗书》卷二十二上,《二程集》,第281页。
② 《温国文正公文集》卷六十《与王介甫书》。
③ 谢良佐《上蔡语录》:"王荆公平生养得气完,为他不好做官职。作宰相只吃鱼羹饭,得受用底,不受用缘省便去就自在。尝上殿进一札子拟除人,神宗不允,对曰:'阿除不得。'又进一札子拟除人,神宗亦不允,又曰:'阿也除不得。'下殿出来便乞去,更留不住。平生不屈也奇特。"佚名撰、顾宏义点校:《近思后录》卷七,华东师范大学出版社2015年版,第54页。

不骄,在下位而不忧,故乾乾因其时而惕,虽危无咎矣。"

王弼注曰:

> 处一体之极,是"至"也。居一卦之尽,是"终"也。处事之至而不犯咎,"知至"者也,故可与成务矣。处终而能全其终,知终者也。夫进物之速者,义不若利;存物之终者,利不及义。故靡不有初,鲜克有终。夫可与存义者,其唯知终者乎?①

王弼将"知至"之"至"、"知终"之"终",理解为九三所处的爻位:处于下卦的最上,故为"至";处于下卦的最后一爻,故为"终"。于是,"知至至之""知终终之"被解释为处理事务善始善终,不犯咎错。王安石注曰:

> 忠信,行也;修辞,言也。知九五之位可至而至之,舜、禹、汤、武是也,非常义也,故曰"可与几也"。知此位可终则终之,伊(尹)、周文王是也,可与存君臣之大义也。②

相比之下,王氏将"知至"之"至"解释为九五爻位,比拟君主;将"知终"之"终"解释为九三爻位,比拟大臣。由此,"知至至之"被诠释为舜、禹、汤、武等圣人以人臣而取代君主,"知终终之"被诠释为伊尹、周文王等圣人恪守人臣之位。以臣代君,权变救民,逾越君臣常理,故曰"可与言几";恪守臣节,有助于维系君臣大义,故曰"可与存义"。这种解释,明显受到孟子革命思想的影响,体现出王氏激进的君臣观。程氏对此相当不满:

> 反复道也,言终日乾乾,往来皆由于道也。三位在二体之中,可进而上,可退而下,故言反复。"知至至之",如今学者,且先知有至处,便从此至之,是"可与几"也。非知几者,安能先识

---

① 《周易正义》卷一,第15—17页。
② 李衡:《周易义海撮要》卷一,第282页。

至处？"知终终之"，知学之终处而终之，然后"可与守义"。王荆公云："九三知九五之位可至而至之。"大煞害事。使人臣常怀此心，大乱之道，亦自不识汤、武。"知至至之"，只是至其道也。①

程氏强调九三爻处于《乾》卦的内外两卦之间，可上可下。他将"至""终"比拟为进德修业的最高理想与最终境地，"至之""终之"便被视为修德的最初、最后两个阶段。他认为，王氏注解蕴含对君臣伦理的消解；假如人臣"常怀此心"，会引起僭逆。商汤与武王的"知至至之"，指恪尽人臣之道，而非觊觎君主之位。他又指出，王安石注释《乾》卦九四爻辞"或跃于渊"，同样体现出不臣之心：

> 介甫以武王观兵为九四，大无义理，兼观兵之说亦自无此事。如今日天命绝，则今日便是独夫，岂容更留之三年？今日天命未绝，便是君也，为人臣子，岂可以兵胁其君？安有此义！②

王氏以武王观兵图谋伐纣，来比附《乾》卦九四爻辞"或跃于渊"。这并非他首创，东晋时干宝便曾如此解释："或之者，疑之也。此武王举兵孟津，观衅而退之爻也。"③程氏忽略了王氏继承前人，抨击他"大无义理""以兵胁其君"，反映出彼此君臣观的尖锐对立。④

复次，对于新学最重视的《周礼》，二程提出质疑，认为其内容未必全部出自周公，或有后世添入。⑤ 当有弟子询问："《周礼》之书有讹缺否？"程颐回复："甚多，周公致治之大法，亦在其中。须知道者观

---

① 《河南程氏遗书》卷十九，第 248 页。
② 《河南程氏遗书》卷十九，第 250 页。
③ 李道平撰、潘雨廷点校：《周易集解纂疏》卷一，中华书局 1994 年版，第 32 页。
④ 夏长朴认为："安石在此所注意的是秦汉以来儒家极关心的经权之道，并非刻意鼓励冲击或违反君臣伦常。"《介父之学，大抵支离——二程论王安石新学》，《王安石新学探微》，第 135 页。
⑤ 《河南程氏外书》卷十："《周礼》不全是周公之礼法，亦有后世随时添入者，亦有汉儒撰入者。"《二程集》，第 404 页。

之,可决是非也。"① 重要的是先须"知道",致力于二程发明的"道学",进行正心诚意的德性修养,然后才能辨别《周礼》记载的真伪,判决是非。

元丰七年(1084),程颢请吴师礼将批评意见传达给王安石,希望往复商榷。② 可惜文献阙佚,不详王氏是否曾予回应。一年多后,程、王相继去世。宋代最有影响的两大儒学流派开创者,未能在人生暮年把酒论道,为思想史留下深深的遗憾。

(三)

二程将王安石视为主要的思想对手。他们批评王氏,主要集中于纯学理层面,体现出程学独特的道德哲学立场。哲宗绍圣以后,新学日益沦为政治高压、党派倾轧的意识形态工具。许多亲炙程氏的弟子或再传,都经历过徽宗年代严酷的党锢学禁,其读书应举"非《三经》《字说》不用"。③ 他们深悉新学末流之弊,踵武其师,对新学展开激烈批评。日积月累,逐渐汇聚成一股强大的批判浪潮,深刻影响了两宋之交的政治文化和思想版图。杨时是其中的代表。

杨时字中立,号龟山先生,福建南剑州人,《宋史》卷四百二十八有传。神宗熙宁九年(1076),杨时登进士第,调官不赴,至颍昌、洛阳从学程颢、程颐。之后历知浏阳、余杭、萧山三县,皆有惠政。蔡京当国,召为秘书郎,迁著作郎。钦宗即位后,杨时兼国子祭酒,上疏抨击王氏新学,乞追夺王安石的王爵,毁去孔庙配享之像。高宗即位,除工部侍郎兼侍读,旋以龙图阁直学士提举杭州洞霄宫,以本官致仕。

---

① 《河南程氏遗书》卷十八,《二程集》,第 230 页。

② 《河南程氏遗书》卷一:"伯淳近与吴师礼谈介甫之学错处,谓师礼曰:'为我尽达诸介甫,我亦未敢自以为是。如有说,愿往复。此天下公理,无彼我。果能明辨,不有益于介甫,则必有益于我。'"《二程集》,第 9 页。

③ 《能改斋漫录》卷十二,第 96 页。

卒，年八十三，谥文靖。

杨时"始宗安石，后得程颢师之"，①深得器重。程门中他独邀耆寿，成为道学南渐的重要传人，尤其"长于攻王氏"。② 两宋之际新学、程学兴衰嬗替过程中，他是首屈一指的功臣。③

杨时批判新学，以徽宗宣和六年(1124)为界，前后颇有不同。前期比较隐晦含蓄，绵里藏针；后期则明白张胆，大张旗鼓。风格之变，表现出杨时深沉的心机、高明的策略。早在神宗元丰年间，杨氏便与程颢一起推敲新学之弊，因应举时曾修习新学，故能尽知其短：

> 杨时于新学极精，今日一有所问，能尽知其短而持之。……伯淳尝与杨时读了数篇，其后尽能推类以通之。④

之后哲宗绍圣、徽宗两朝，新学成为朝廷的意识形态，元祐学术遭禁。杨时历仕州县，仕宦不显，对新学的批评仅囿于私人讲学场合，比较隐晦。或称王安石为"荆公"，或隐其名，基本针对某一具体问题进行非议。如：

> 或曰："圣人所以大过人者，盖能以身救天下之弊耳。……此三人者(昔伊尹之任，伯夷之清，柳下惠之和)，因时之偏而救之，非天下之中道也，故久必弊。至孔子之时，三圣人之弊各极于天下，故孔子集其行而大成万世之法，然后圣人之道无弊。其所以无弊者，岂孔子一人之力哉？四人者相为终始也。使三圣

---

① 《宋史》卷三百七十六《陈渊传》："杨时始宗安石，后得程颢师之。"第11630页。

② 《朱子语类》卷一百三十，第3099页。

③ 夏长朴称杨时是一个"彻头彻尾的反王学者"。《安石力学而不知道——杨时论王安石新学》，《王安石新学探微》，第255页，他将杨时对新学的批判，归纳为四点：力学不知道；支离；心迹常判而为二；不知事君道理；论圣人不妥。第259—292页。其他相关研究，可见彭国翔：《杨时三经义辨考论》，《近世儒学史的辩证与钩沉》，中华书局2015年版。土田健次郎：《道学之形成》，第435—444页。

④ 《河南程氏遗书》卷二上，《二程集》，第28页。

人者当孔子之时,皆足以为孔子矣。"

曰:"何不思之甚也?由汤至于文王之时,五百有余岁,其间圣贤之君六七作。其成就人才之众,至其衰世尤有存者。使伊尹有弊,当时更世之久,上之为君,下之为臣,皆足以有为,独无以革之乎?由周至于战国之际,又五百有余岁,文、武、周公之化,不为不深。使伯夷之弊至是犹在,则周之圣人所谓一道德以同风俗者,殆无补于世,而独侯一柳下惠邪?况孔子去柳下惠未远,若柳下惠能矫伯夷之清,使天下从之,其弊不应继踵而作。而孔子救之,又何其遽也?且孔子之时,荷蒉、荷蓧、接舆、沮、溺之流,必退者尚多也,则柳下惠之所为,是果何益乎?故为圣人救弊之说者,是亦不思而已矣。夫伊尹固圣人之任者,然以为必于进,则不可也。汤三使往聘之,然后幡然以就汤,不然,将不从其聘矣,则伊尹之不必进可见。伯夷固圣人之清者,然以为必于退,则不可也。方其辟纣居诸海滨以待天下清,闻西伯善养老者则归之,则伯夷之不必退亦可见。若柳下惠,孔子盖以谓'直道而事人',孟子亦称其'不以三公易其介'矣,亦岂以同为和乎?由是观之,其弊果何自而得之邪?若曰孔子之道所以无弊者,四人者相为终始,使三圣人当孔子之时,亦皆足以为孔子。此尤不可。孟子曰:'伯夷、伊尹不同道。'又曰:'自生民以来,未有盛于孔子。'而伯夷、伊尹不足以班之。而其所谓同者,得百里之地而君之,皆能以朝诸侯、有天下,行一不义、杀一不辜而得天下,皆不为而已。彼为任、为清、为和一节之至于圣人者也,其可以为孔子乎?夫以三人为圣者,孟子发之也,而孟子之言,其辨如彼。今释孟子之言,安得强为之说乎?虽然,此孟子之言也。学者于圣人,又当自有所见;自无所见,纵得孟子之旨,何与吾事?"[1]

---

[1] 《杨时集》卷十,第244—245页。

此为杨时荆州教授任上所言。"或曰"以下,指王安石的名篇《三圣人》。王氏指出,圣人的伟大,皆因他们能"以身救天下之弊"。伊尹、伯夷、柳下惠三人,都根据时势之需挺身而出,或勇于仕进,或清介自守,或和同世俗,以矫正时俗之弊。至孔子时,这三人面临的时弊集中体现出来,于是孔子"集其行而大成万世之法,然后圣人之道无弊"。杨时则陈述伊尹、伯夷、柳下惠的事迹,予以批驳:"故为圣人救弊之说者,是亦不思而已矣。"他认为,这三人或任、或清、或和,只能堪比圣人之"一节"。王氏误解孟子所言,"强为之说"。王、杨的分歧,反映了不同的圣人观。前者强调圣人不仅是道德之至,而且必须根据不同的时势,建立功业。后者所谓的圣人,则象征着人伦之极至、道德之圆满。①

又如:

> 问:"伊尹五就汤五就桀,何也?"曰:"其就汤也,以三聘之勤也;其就桀也,汤进之也。""然则何为事桀?"曰:"既就汤,则当以汤之心为心。汤岂有伐桀之意哉? 其不得已而伐之也。人归之,天命之耳。方其进伊尹以事桀也,盖欲其悔过迁善而已;苟悔过迁善,则吾北面而臣之,固所愿也。若汤初求伊尹即有伐桀之意,而伊尹遂相之,是以取天下为心也。以取天下为心,岂圣人之心哉?"②

此条针对王安石来讨论伊尹的出处。王氏认为,伊尹五就汤五就桀,皆为拯救生民之苦:"正在安人而已,岂可亦谓之非纯臣也?"③杨时则以为,成汤之所以举荐伊尹仕桀,是希望伊尹辅佐夏桀悔过迁善,

---

① 夏长朴有更详尽分析。他认为此条"应是杨时评王最著力也最有见解的部分,彻底指出了王安石理论上的弱点"。《安石力学而不知道——杨时论王安石新学》,《王安石新学探微》,第 299 页。
② 《杨时集》卷十,第 246 页。
③ 《东轩笔录》卷九,第 99 页。

自己可以继续"北面而臣之"。显然,杨氏以忠君之意,消解了王氏评论中以民为本的权变思想。

其他,如曰"世之君子,其平居谈道甚明,论议可听,至其出立朝廷之上,则其行事多与所言相戾,至有图王而实霸,行义而规利者";①"世儒所谓理财者,务为聚敛;而所谓作人者,起其奔竞好进之心而已";②"大抵今之说诗者,多以文害辞。非徒以文害辞也,又有甚者,分析字之偏旁,以取义理",③等等。或指摘王氏言行不符、图王行霸,或批评新法沦为聚敛之术,或讥讽《字说》支离解经。所指皆为王安石,而不言其名,以"君子""世儒""世所谓某某才"代之。

以上修辞策略,也贯穿于杨时对王氏经注的批评:

> 或者曰:"'高明所以处己,中庸所以处人。'如此,则是圣贤所以自待者常过,而以其所贱者事君亲也,而可乎? 然则如之何?"曰:"高明即中庸也。高明者,中庸之体;中庸者,高明之用耳。高明,亦犹所谓至也。"④

此处反驳王安石解《中庸》。"高明即中庸",指《中庸》的名言"极高明而道中庸":

> 故君子尊德性而道问学,致广大而尽精微,极高明而道中庸。温故而知新,敦厚以崇礼。

孔颖达疏曰:

> "极高明而道中庸"者,高明,谓天也。言贤人由学,极尽天之高明之德。道,通也,又能通达于中庸之理也。⑤

---

① 《杨时集》卷十,第 261 页。
② 《杨时集》卷十,第 263 页。
③ 《杨时集》卷十,第 272 页。
④ 《杨时集》卷十,第 230 页。
⑤ 《礼记正义》卷五十二,第 1455—1456 页。

据孔疏,则"极高明"与"道中庸"均指圣人的道德修为,既极高明之德,又通中庸之理。王安石早年注解《礼记》"子曰:中庸其至矣乎!民鲜能久矣"句,本来赞同中庸为"德之至"。① 嘉祐年间,他引用"极高明而道中庸"来注释《洪范》"无偏无陂,遵王之义。……于帝其训"句,有所改变:

> 卒曰"无反无侧"者,及其成德也,以中庸应物,则要之使无反侧而已。路,大道也。正直,中德也。始曰"义",中曰"道"、曰"路",卒曰"正直",尊德性而道问学,致广大而尽精微,极高明而道中庸之谓也。②

前二句意谓君王成就道德后,再以"中庸"的准则来应对外界人事。细绎上下文,"及其成德"即"极高明","正直,中德也"即"中庸",指中等之德。此时,"极高明"与"道中庸"已被区分为前后两阶段,且有物我、高下之别。这种区分,至熙宁年间王氏父子训释《尚书》"王懋昭大德,建中于民,以义制事,以礼制心,垂裕后昆"五句时,被确定下来。夏僎评曰:

> 王氏乃谓:"'懋昭大德'所以极高明,高明所以处己;'建中'所以道中庸,中庸所以待人。"③

按此解释,则君主修养德行与治理民众,分别遵循"高明"与"中庸"两种不同标准。

推敲王氏原意,"中庸所以待人"或即指"以中人为制"。此语出自《礼记·表记》郑玄注:

---

① 《礼记集说》卷一百二十五:"临川王氏曰:孔子叹此中庸为德之至,而当时之人鲜能久之。语亦曰:'中庸之德至矣乎,民鲜久矣。'盖孔氏重伤政化已绝,天下之人执乎一偏,中庸之道所以不能行也。"《王安石全集》,第1册,第176页。
② 《王安石文集》卷六十五《洪范传》,第1132页。
③ 夏僎:《尚书详解》卷十,景印文渊阁四库全书本,第56册,第614页。

> 子曰：仁之难成久矣，人人失其所好，惟君子能之。是故君子不以其所能者病人，不以人之所不能者愧人。是故圣人之制行也，不制以己，使民有所劝勉愧耻，以行其言。注曰："以中人为制，则贤者劝勉，不及者愧耻，圣人之言乃行也。"①

郑玄指出，圣人制定行为准则时，不以自己为标准，而以中人为据。这样制定出的准则，就容易推行下去。换而言之，圣人以高标准要求自己，以中人标准要求他人。王安石借鉴郑注，用以阐述政治原则：君主治理天下、制定政策时，当面向中人为对象，而非具备高尚人性的君子、圣贤。人群中绝大部分都是中人，根据他们的欲望、需求、特点制定出的政策，容易贯彻实施。此即王安石以翰林学士越次入对时，鼓励神宗为政应当取法尧、舜的重要理由。即，尧舜之治并不像世俗以为的高不可及。相反，"尧、舜所为，至简而不烦，至要而不迂，至易而不难"；"圣人经世立法，以中人为制也"。② 早在《上仁宗皇帝言事书》中，王安石便阐述过这一政治原则：

> 先王以为众不可以力胜也，故制行不以己，而以中人为制，所以因其欲而利道之，以为中人之所能守，则其志可以行乎天下而推之后世。③

如此看来，王氏注释"王懋昭大德，建中于民"，或许引用了《中庸》"极高明而道中庸"的名言——"群经互解"之法，他一贯重视，④来阐述他的君主观：君主应当先成就极高明的德行，成为圣人；然后以普通

---

① 《礼记正义》卷五十四，第1477页。
② 《东都事略》卷七十九《王安石传》，第663页。
③ 《王安石文集》卷三十九《上仁宗皇帝言事书》，第649页。张呈忠十分重视"以中人为制"，认为这是王安石政治思想的人性基点。详细阐述，可见《"以中人为制"——王安石政治思想的人性基点与制度理念》，《政治思想史》2017年第4期，第19—35，197—198页。
④ 《王安石文集》卷七十四《答吴孝宗书》，第1295页。

人的标准、以"中德"(中等之德),来要求民众或制定政策。或以赏罚驱之,或以利欲诱之,或以教育成之等等。这虽然违背他之前"中庸之为至德"的解释,将"极高明"与"道中庸"断为两截,分别指向不同对象,却阐明自己的政治哲学,使经典焕发新意。

对此,程颢极为不满,曾驳斥道:

> "极高明而道中庸",非二事。中庸,天理也,天理固高明,不极乎高明,不足以道中庸。中庸乃高明之极。(原注:伯淳)①

这条语录缺乏语境,看似突兀,实则正针对王氏而言。程颢强调"极高明""道中庸"的同一性——二者均为德性修养的至高境界,维护此句语序的连贯性。相比之下,杨时的批评沿袭其师,并恶意阐述王氏之说:

> 或者曰:"'高明所以处己,中庸所以处人。'如此,则是圣贤所以自待者常过,而以其所贱者事君亲也,而可乎?"②

王氏本谓以较低的标准来要求众人,杨氏却解读成"以其所贱者"侍奉君亲,暗讽王氏侍奉君亲不忠不孝。然"中庸所以待人",林之奇《尚书全解》卷十又引作"用人",③胡安国引为"接物"。④ 两处异文足以表明,王氏所谓以中庸之道所"处"、所"用"之人,决非"极高明"的圣贤君主。杨氏的曲解,可谓用心叵测,而又隐晦甚深。

徽宗宣和六年(1124),杨时凭蔡京父子的举荐出任秘书郎。七年(1125),升著作郎,上殿面对时奏乞搁置熙丰、元祐之争:

> 尧、舜曰"允执厥中",孟子曰"汤执中",《洪范》曰"皇建其有极",历世圣人由斯道也。熙宁之初,大臣文六艺之言以行其私,祖宗之法纷更殆尽。元祐继之,尽复祖宗之旧,熙宁之法一切废

---

① 《河南程氏外书》卷三,《二程集》,第367页。
② 《杨时集》卷十,第230页。
③ 林之奇:《尚书全解》卷十,景印文渊阁四库全书,第55册,第270页。
④ 《斐然集》卷二十五《先公行状》,第554页。

革。至绍圣、崇宁抑又甚焉，凡元祐之政事著在令甲，皆焚之以灭其迹。自是分为二党，缙绅之祸至今未殄。臣愿明诏有司，条具祖宗之法，著为纲目，有宜于今者举而行之，当损益者损益之。元祐、熙丰姑置勿问，一趋于中而已。①

疏中对熙丰、元祐及绍圣、崇宁间的政事均提出批评，认为几十年的反复，导致新旧两党相互倾轧，缙绅受祸。为今之计，应当走出熙丰、元祐之争，根据时势损益祖宗之法，执行大中之政，以挽危局。此言不无见地。然而，靖康元年（1126），随着金兵入侵、蔡京失势，元祐党禁解除，杨时的政治姿态突然转变。二月十八日，时任国子祭酒的杨时上疏弹劾蔡京，乞罢王安石配享，并追夺王爵：

蔡京用事二十余年，蠹国害民，几危宗社，人所切齿。而论其罪者，莫知其所本也。盖京以继述神宗为名，实挟王安石以图身利，故推尊安石，加以王爵，配飨孔子庙庭。今日之祸，实安石有以启之。

谨按，安石挟管、商之术，饰六艺以文奸言，变乱祖宗法度，当时司马光已言其为害当见于数十年之后，今日之事，若合符契。其著为邪说，以涂学者耳目，而败坏其心术者，不可缕数，姑即一二事明之。昔神宗尝称美汉文惜百金以罢露台，安石乃言："陛下若能以尧、舜之道治天下，虽竭天下以自奉不为过，守财之言非正理。"曾不知尧、舜茅茨土阶，禹曰"克俭于家"，则竭天下以自奉者，必非尧、舜之道。其后王黼以应奉花石之事，竭天下之力，号为享上，实安石有以倡之也。其释《兔罝》守成之诗，于末章则谓："以道守成者，役使群众，泰而不为骄；宰制万物，费而不为侈，孰弊弊然以爱为事？"《诗》之所言，正谓能持盈则神祇祖

---

① 《宋史》卷四百二十八《杨时传》，第12739页。

考安乐之,而无后艰尔。自古释之者,未有泰而不为骄、费而不为侈之说也。安石独倡为此说,以启人主之侈心。后蔡京辈轻费妄用,以侈靡为事。安石邪说之害如此。

伏望追夺王爵,明诏中外,毁去配享之像,使邪说淫辞不为学者之惑。①

疏中将蔡京蠹国害民的责任,追溯到王安石,认为正是王氏变革祖宗法度、发起新法,才导致今日面临覆亡之祸。杨时进而指出,王黼以应奉花石纲为名盘剥天下,蔡京等"轻费妄用,以侈靡为事",皆因王安石倡导在前。他奏乞追夺王氏的王爵,毁去孔庙配享之像,并明诏中外,以正王氏之罪。

杨时此举,不无投机之嫌。罗家祥分析道:

他既出于"荆舒之学",又受蔡京之荐,除了以极端言行痛诋王安石,进行反戈一击、表示与蔡京划清界限,别无良策划归"君子"之列。②

此疏上后,太学中一片哗然,"士之习王氏学取科第者已数十年,不复知其非,忽闻以为邪说,议论纷然。谏官冯澥力主王氏,上疏诋时"。③ 杨时被罢祭酒之职。尽管如此,钦宗仍部分接受了杨时建议,王安石从孔庙配享降为从祀。新学的官学地位,遭到撼动。④

之后,杨时倾全力撰写《三经义辨》《神宗日录辨》《字说辨》等著

---

① 《宋史》卷四百二十八《杨时传》,第 12741—12742 页。
② 罗家祥:《杨时与两宋之际的王氏新学》,《宋代政治与学术论稿》,华夏文化艺术出版社 2008 年版,第 76 页。清代蔡上翔指出,杨时"不攻蔡京而攻荆公,则感京之恩、畏京之势,而欺荆公已死者为易与,故舍时政而追往事耳"。《王荆公年谱考略》卷二十四,《王安石年谱三种》,第 585 页。
③ 《宋史》卷四百二十八《杨时传》,第 12742 页。
④ 夏长朴将杨时此举视为"程颐批评王学以来,道学家在行动上的首次胜利"。《安石力学而不知道——杨时论王安石新学》,《王安石新学探微》,第 256 页。

作,并纠合其他洛学弟子,全面清剿新学。首先,抨击王安石"力学而不知道",否认儒学传承中王氏的正统地位:

> 朝廷议更科举,遂废王氏之学。往往前辈喜攻其非,然而真知其非者或寡矣。某尝谓王金陵力学而不知道,妄以私智曲说瞽瞀学者耳目,天下共守之,非一日也。①
>
> 王氏末年溺于释老,又为《字说》,此为大戾。夫知道者,果且有大戾乎?且王氏奉佛,至舍其所居以为佛寺。其徒有为僧者,则作诗以奖就其志,若有羡而不及者。夫儒、佛不两立久矣,此是则彼非,此非则彼是。又佛之去中国不知其几千万里,正孟子所谓"鴃舌之人"也。王氏乃不会其是非邪正,尊其人、师其道,是与陈良之徒无以异也,而谓知道者为之乎?夫所贵乎知道者,谓其能别是非、审邪正也。如是非邪正无所分辨,则亦乌在其知道哉?然以其博极群书,某故谓其力学;溺于异端以从夷狄,某故谓其不知道。……以王氏之博物洽闻,某虽穷日夜之力以终身焉,不敢望其至也。若以知道如王氏而止,则某不敢与闻焉。②

杨时承认王安石博极群书,己所不能,但认为王氏"不知道"。这沿袭二程对新学的整体评价,显示出洛学门人对儒学正统的争夺。不同的是,二程主要立足于心性儒学,批评王氏对儒道的认知停留在"对塔说相轮",缺乏主体的道德践履。杨时则将王氏晚年奉佛,视为他"不知道"的主要表现,③从而自比孟子,将王氏贬为杨墨、陈良等异端。在此之前,新学独享官学之尊已有多年,王氏则配享孔庙,获朝

---

① 《杨时集》卷十七《与吴国华》,第 467 页。
② 《杨时集》卷十七《答吴国华书》,第 470—471 页。
③ 二程认为:"今异教之害,道家之说则更没可辟,惟释氏之说衍漫迷溺至深。……然在今日,释氏却未消理会,大患者却是介甫之学。"《河南程氏遗书》卷二上,《二程集》,第 38 页。

廷正式认可继承儒家道统。① 杨时瞅准钦宗即位后清理蔡京集团、废除元祐党禁的政治契机，毅然掀起反王的大旗，成为两宋之际清理新学的前驱。

杨时所谓"至舍其所居以为佛寺"，指元丰七年（1084）六月王安石大病愈后，将半山园舍为佛寺，为神宗延寿。所谓"其徒有为僧者，则作诗以奖就其志，若有羡而不及者"，指诗人俞澹欲出家为僧，王氏为其置办祠部度牒。前者在宋代士人的日常生活中甚为寻常，后者则堪称文人雅事，黄庭坚即有诗咏之。② 杨时居然将此视为王安石"不会其是非邪正"溺于异端的罪证，诚可谓欲加之罪何患无辞。他列举新学援佛入儒之例，如《字说》释"空"字：

> 无土以为穴，则空无相；无工以穴之，则空无作。无相无作，则空名不立。

杨时辨曰：

> "作""相"之说，出于佛氏，吾儒无有也。佛之言曰："空即无相，无相即无作。"则空之名不为"作""相"而立也。工穴之为空，是灭色明空，佛氏以为断空，非真空也。太空之空，岂工能穴之邪？色空，吾儒本无此说，其义于儒佛两失之矣。③

王氏先将"空"字拆解为"穴""工"两个偏旁，然后引用佛经中语，强调必须有工作穴，有所作为，"空"字方能成立，故曰"无相无作，则空名不立"。这符合王氏一贯强调的利用礼乐刑政等各种制度，来行有为之政的思想。只是佛教中，"作"指因缘聚合，"相"谓现象，"作"是"相"成立的原因（因）和辅助条件（缘）。"空"则指万物因缘凑合而

---

① 《宋大诏令集》卷一百五十六《故荆国公王安石配飨孔子庙廷诏》："天降大任，以兴斯文，孟轲以来，一人而已。"第584页。
② 《王安石年谱长编》卷七，第2132页。
③ 《杨时集》卷七《王氏字说辨》，第143页。

成，缺乏自性。"作""相"是暂时的、相对的，而"空"则是永恒的、绝对超越的。王氏强调"无相无作，则空名不立"，将"作""相"与"空"错误地理解为相互依存的对等关系，并不符合佛教原义。杨氏指出，王氏所言，即为佛氏中的断灭空："断灭空者，灭色明空。如穿井除土出空，要须灭色也。"①这并非即色即空的真空。同时，儒家中并没有"色""空"之类术语，故王氏的解释"于儒佛两失之"。②

的确，王安石援佛入儒时，对一些佛教概念、教义的运用存在着误读。③ 可杨时本人同样泛滥佛教，受其影响不谓不深。南宋黄震评论道：

> 龟山气象和平，议论醇正，说经旨极切，论人物极严，可以垂训万世。使不间流于异端，岂不诚醇儒哉！乃不料其晚年竟溺于佛氏。如云："总老言：'经中说十识，第八庵摩罗识，唐言白净无垢；第九阿赖耶识，唐言善恶种子。'白净无垢，即孟子之言性善。"又云："庞居士谓'神通并妙用，运水与搬柴'，此即尧、舜之道在行止疾徐间。"又云："《圆觉经》言作、止、任、灭是四病。作即所谓助长，止即所谓不耘苗，任、灭即是无事。"又云："谓'形色为天性'，亦犹所谓'色即是空'。"又云："《维摩经》云'真心是道场'，儒佛至此，实无二理。"……如此数则，可骇可叹。④

杨时认为，自性清净的庵摩罗识（佛性）即孟子之性善；作、止、任、灭四病即《孟子》中"助长""不耘苗""行所无事"；《孟子》中"形色为天性"犹"色即是空"。这种术语间的机械格义，表明他援佛入儒、调和

---

① 宗密：《注华严法界观门·真空观》，石峻等编：《中国佛教思想资料选编·隋唐五代卷》，中华书局 2014 年版，第 396 页。
② 此承成玮兄赐教，谨此致谢！
③ 黄庭坚《跋王荆公禅简》："荆公学佛，所谓吾以为龙又无角，吾以为蛇又有足者也。"刘琳等点校：《黄庭坚全集》卷二十六，中华书局 2021 年版，第 628 页。
④ 《宋元学案》卷二十五，第 951 页。

儒释的程度，较之王氏有过之而无不及。"流于异端""溺于佛氏"，黄震倒不算苛评。① 可见，杨时批评王氏晚年溺于佛教，不过五十步笑百步，实乃一种攻击的策略，以此将新学"异端化"。

其次，撰《神宗日录辨》《王氏字说辨》《三经义辨》，全面批驳王氏新学的经典著述。杨时被罢国子祭酒后，考虑到新学传习已久，难以仅凭政治之力彻底清除，于是致力撰写以上三书，试图对新学釜底抽薪：

> 荆公黜王爵，罢配享，谓其所论多邪说，取怨于其徒多矣。此《三经义辨》盖不得已也。如《日录》《字说》亦有少论著。然此事不易为，更须朋友参订之也。今粗已成书，更俟审详脱稿，即缮写附去也。②

> 近因阅《三经义》，见有害义理处，略为之著论，以正王氏之失。盖尝论之于朝，去其王爵，罢配享，后生晚学，未必知其非也，姑欲终此一事。书成，未脱稿。③

《神宗日录辨》主要就王安石《日录》中的若干议论及新法，进行批驳。如熙宁三年（1070）三月五日，孙觉等上疏言青苗法称贷取利，乞罢制置三司条例司及青苗法。王安石于神宗面前据理力争："觉言今法则以为掊利，言周公之法则以为欲民勤生节用，不妄称贷。若说今法之意如说周法，则今法何由致人异论？……此可谓私忧过计也。"对此，杨时反驳道：

> 今兼并之家能以其资困细民者，初非能抑勒使之称贷也，皆其自愿耳。然而其求之艰，其出息重，非迫于其急不得已，则人

---

① 朱熹即多有批评。《朱子语类》卷一百一："游、杨、谢三君子初皆学禅，后来余习犹在。"第2556页。"龟山佛氏之说多。"第2558页。
② 《杨时集》卷二十《与胡康侯书》其十，第553页。
③ 《杨时集》卷二十《与胡康侯书》其十一，第554页。

孰肯贷也？今比户之民概与之，岂尽迫于其急不得已哉？细民无远虑，率多愿贷者，以其易得而息轻故也。以易贷之金资不急之用，至期而无以偿，则荷校束手为囚房矣。乃复举贷于兼并之家，出倍称之息以还偿官逋。明年复贷于官，以还私债，岁岁转易无穷已也。欲摧兼并，其实助之。兴利之源，盖自兹始。而莘老之比作俑者，亦不为过论也。余以为青苗利害，不在愿与不愿，正在官司以轻息诱致之也。孟子曰："徒善不足以为政，徒法不能以自行。"青苗其意乃在取息而已。行周公之法而无仁心仁闻，是谓"徒法"。然则周公法、今法，安得不为异？①

杨时比较兼并之家出贷与官府出贷的区别。他指出，官府以轻息出贷，会引诱民户轻率举贷；及逾期难还，再举贷于兼并之家以还官贷，从而陷于以贷还债的恶性循环。官府出台青苗法，本欲摧抑兼并，最终却助长兼并。青苗法的弊端，不在于民户是否自愿，而在于官府推行此法的原意，本为逐利取息。由此，他从批判法度的具体弊端，转向推行法度的动机——无仁心仁闻，进而将弊端根源追溯至王氏新学：

> 古人修身齐家治国平天下，本于诚吾意而已。《诗》《书》所言，莫非明此者。但人自信不及，故无其效。圣人知其效必本于此，是以必由也。……观王氏之学，盖未造乎此。其治天下，专讲求法度。如彼修身之洁，宜足以化民矣，然卒不逮王文正、吕晦叔、司马君实诸人者，以其所为无诚意故也。明道尝曰："有《关雎》《麟趾》之意，然后可以行《周官》之法度。"盖深达乎此。……然则法度虽不可废，岂所宜先？②

"有《关雎》《麟趾》之意，然后可以行《周官》之法度。"程颢即如此批评

---

① 《杨时集》卷六《王氏神宗日录辨》，第120—121页。
② 《杨时集》卷十一，第308—310页。

王安石及新法。《关雎》《麟趾》是《诗经·周南》中首尾两篇,《诗序》以为《关雎》言周公之化,《麟趾》为"《关雎》之应"。"《关雎》《麟趾》之意",即周公治理天下的用心、意图。程颢之言语焉不详,杨时则将此阐述为《中庸》的"诚"。他认为,王安石本人虽修身纯洁,治理天下却缺乏诚意。王氏之学则专讲求法度,忽略治国之法应当以正心诚意为前提。诚,即至诚恻怛、仁民爱物之意。① 王氏治理天下只讲求法度,忽视德性修养,从而使得各项新法由于执行者缺乏仁爱之意,沦为剥民之政。追根究底,即王氏错误理解"诚"的内涵。《神宗日录辨》载:

> 上(神宗)因问:"诚则明矣,明则诚矣,何谓也?"余(王安石)曰:"能不以外物累其心者,诚也。诚则于物无所蔽,于物无所蔽,则明矣。能学先王之道以解其心之蔽者,明也。明则外物不能累其心,外物不能累其心,则诚矣。人之所以不明者,以其有利欲以昏之。如能不为利欲所昏,则未有不明也。明者,性之所有也。"
>
> 诚者,天之道也,非外物不能累其心者所能尽也。告子之不动心,岂利欲能昏之哉?然而未尝知义也。未尝知义,非明也。然则所谓明者,非物格知至,乌足与此哉!荆公自谓能不以外物累其心,故其言每以是为至。盖以其未尝知天道故也。②

"诚则明矣,明则诚矣"出自《礼记·中庸》。《中庸》在北宋特为帝王所重,真宗、仁宗均视为帝王心术、治国大法。神宗拈出这两句相询,洵非偶然。王安石回复道,"诚"指事过境迁、不以外物为悲喜的一种

---

① 冯友兰指出:"二程所谓《关雎》《麟趾》之意,就是至诚恻怛之心。"《中国哲学史新编》下卷,人民出版社 2001 年版,第 113 页。《河南程氏外书》卷十一:"或问:'贞观之治,不几三代之盛乎?'曰:'《关雎》《麟趾》之意安在?'"《二程集》,第 411 页。

② 《杨时集》卷六,第 113 页。

洒脱的心灵境界。"明"则指本性中的一种心理能力,平时受到外界利欲的昏蔽;若能学习先王之道,祛除利欲的诱惑,便能恢复"明"的本能,不受外在遮蔽。杨时不以为然。他指出,所谓的"明",必须要经由格物至知的功夫才能获得。又《孟子》曰:"诚者,天之道也;思诚者,人之道也。"①"外物不能累其心",仅指后者而言,尚非天之道。由于王安石割裂天人,故于"诚"的工夫与境界,理解均有偏差不足。新法之所以沦为残民的弊法,此为根本原因。

《三经义辨》《字说辨》专门指摘王安石解经释字中的错误。二书久佚,其说犹存十之一二。② 今略加征引,以窥一斑。如《周礼·天官》"以八则治都鄙。……六曰礼俗,以驭其民。"俗即礼,指长期形成的礼节,故郑注曰:"礼俗,昏姻丧纪,旧所行也。"贾疏曰:"六曰礼俗以驭其民者,俗谓昏姻之礼,旧所常行者为俗,还使民依行,使之入善,故云以驭其民。"③王安石注曰:

> 礼则上之所以制民也,俗则上之所以因乎民也。无所制乎民,则政废而家殊俗;无所因乎民,则民偷而礼不行,故驭其民当以礼俗也。④

王氏将"礼俗"一分为二,释为两种不同的统治方式。君主用礼来制约民众的性情,具有强制性;用俗来顺应民众的性情,具有趋应性,二者并用以驭民。杨时不以为然:

> 五方之民皆有性也,其安居、和味、宜服、利用、备器,不可推移。先王修礼以节其性,因之以达其志,通其欲,为之节文,道之

---

① 《孟子正义》卷十五,第509页。
② 程元敏《三经新义辑考汇评》辑有若干条。又可见朱学博:《杨时〈三经义辨〉辑考》,《古籍整理与研究学刊》2017年第5期,第21—29页。
③ 《周礼注疏》卷二,第32—33页。
④ 《三经新义辑考汇评·周礼》,第22页。

> 使成俗也。以是驭之，故无殊俗。离而二之，则非矣。①

杨氏认为，民众皆有内在相同的本性，体现于饮食、起居、利用等各方面，不可改变。先王制礼来节制这种本性，使其畅达通顺，长此以往便成为人们共同遵守的社会习俗。俗，是制礼以节性的表现。将二者分析为两种并列的统治方式，并不正确。

《诗经·周南·桃夭》表彰后妃之德，《小序》认为："桃夭，后妃之所致也。不妒忌，则男女以正，婚姻以时，国无鳏民也。"②《诗经新义》释曰：

> 礼义明，则上下不乱，故男女以正；政事治，则财用不乏，故婚姻以时。③

二者比较，《新义》未否定小序之旨，却格外强调男女以正、婚姻以时源自礼义、政事、财用之功，由此将诠释重点，由内在之德转向外在客观的礼义制度。婚姻必须彩礼。《新义》由此牵扯出"财用不乏"之义，虽在《桃夭》文本中并无迹象，亦勉强可通，体现出新学重视制度、理财之旨。杨时反驳道：

> 盖男女以正、婚姻以时，此乃是不妒忌之所致，非缘政事之治也。后妃能躬行于上，则周南之国皆闻风而化。故《周官》媒氏会男女之无夫家者，此乃政事然也。越王之时，女十五而嫁、男二十而娶者，此亦政事然也。惟其出于风化，故有不待政令而人乐从之矣。④

杨氏恪守《小序》，认为桃夭之盛，乃后妃之德所致，非政事命令使然。他之所以如此严格区分二者，反映出洛学与新学以制度治理天下和

---

① 陈友仁：《周礼集说》卷二，景印文渊阁四库全书，第 95 册，第 313—314 页。
② 《毛诗正义》卷一，第 54 页。
③ 《三经新义辑考汇评·诗经》，第 15 页。
④ 《三经新义辑考汇评·诗经》，第 15 页。

以道德风化天下的分歧。

《字说》是王安石晚年最重要的著述,徽宗朝流行于科场,影响广泛。杨时意识到此书在新学中的地位,直斥其非:"某观王氏之学,其精微要妙之义,多在《字说》。"①"故王氏末年溺于释老,又为《字说》,此为大戾。"②《字说辨》收集《字说》中二十几个字词,予以批判。如"同"字,《字说》曰:

> "彼亦一是非也,此亦一是非也",物之所以不同。冂一口,则是非同矣。

杨时辨曰:

> "此亦一是非,彼亦一是非",非冂其一口所能同也。"防民之口,甚于防川",川壅必溃矣,何同之有?"唯君子为能通天下之志",乃能同也。同、异之名,不为是非而有也。如乐统同,礼辨异,同姓异姓之类,何是非之有?③

王氏将"同"字拆分为冂、一、口三个字符,然后引用《庄子·齐物论》名言,来说明万物之不同,皆因是非纷纭缺乏统一的价值标准;继而将冂、一、口的意义拼凑起来,解释"同"的意义便是统一众口、杜绝异议。杨氏反驳道,这种解释类似于防民之口。价值标准之"同",只有沟通、通达天下人的情志才能实现,强行禁止则难以做到。另外,同与异之名并不依赖是非价值观而存在。

又如"忠"字,《字说》曰:

> 有中心,有外心。所谓忠者,中心也。

杨时辨曰:

---

① 《杨时集》卷十七《答吴国华》,第 471 页。
② 《杨时集》卷十七《答吴国华》,第 470 页。
③ 《杨时集》卷七《王氏字说辨》,第 145 页。

> 心无中外。以忠为中心，无是理也。《礼器》曰：礼，"以多为贵者"，以其外心也；"以少为贵者"，以其内心也。盖用心之有内外耳，非心有内外也。①

王氏将"忠"字拆为中、心两个字符，指出心有中、外之分，"忠"字即中心。这强调"忠"之品行发自内心之意。杨氏则指出，心作为思维器官，并不分中外，而仅有用心于内、用心于外之别。"以忠为中心"，不通。

由上可见，杨时指摘《字说》，主要集中于它对每个偏旁的意义理解不当，从而导致错误解读文字的意义。比如"笼"字，本为形声字，"龙"字表音。《字说》则曰："从竹从龙。内虚而有节，所以笼物。虽若龙者，亦可笼焉。"杨时辨曰："龙非可笼之物也。"②这种批驳，不同于南宋后学者（如朱熹）普遍批评《字说》不晓"六书"，专以会意之法来解释形声、象形等汉字，其实仍然沿袭《字说》之弊。朱熹指出：

> 《周礼》"六书"，制字固有从形者，然为义各不同，却如何必欲说义理得！龟山有辩荆公《字说》三十余字。荆公《字说》，其说多矣，止辩三十字，何益哉？又不去顶门上下一转语，而随其后屑屑与之辩。使其说转，则吾之说不行矣。③

杨时不晓得《字说》的根本错误，出于解字方法不当，却只纠缠每个字符的意义；且辨析之字仅有三十余个，意义不大。这也表明，杨时虽批判新学，其实并未完全摆脱早年所受新学影响。④ 另外，他指责王安石解"空"字援佛入儒、溺于异端，可批驳分辨时，同样蹈其覆辙。如"天""示"二字，《字说》曰：

---

① 《杨时集》卷七《王氏字说辨》，第147页。
② 《杨时集》卷七《王氏字说辨》，第150页。
③ 《朱子语类》卷八十六，第2222页。
④ 朱学博指出，《三经义辨》"也有受王学浸染之痕迹"。《杨时〈三经义辨〉新考——兼论其对王安石〈三经新义〉驳正》，《孔子研究》2017年第6期，第88—97页。

> 一而大者,天也;二而小者,示也。又曰:"天得一而大,地得一而小。"

杨时引入道教"四大"概念——道、天、地、人,辨曰:"夫域中有四大,而地居一焉,何小之有?"①佛老均为儒家劲敌,何以王氏援佛便沦为异端,而杨时引老却自居正统?以五十步笑百步,道学家之强词夺理诡僻不通,往往类此。

《三经义辨》多不中理,发明甚少,经学价值不高,流传有限。传统以为,"二书(《三经义辨》、王居正《三经辨学》)既行,天下遂不复言王氏学",②未免夸大其词。朱学博考察此书的版本流传,认为它"对王学的打击有限"。③ 尽管如此,《三经义辨》毕竟获得高宗认可,为绍兴前期的反王运动提供学术资源:

> 上曰:"杨时之学,能宗孔孟,其《三经义辨》甚当理。"④

此书撰写过程中,"杨时借此聚集了一批学者力反王氏新学,使新学的生存及传播环境更加恶化"。⑤《三经义辨》作为一根特殊的政治纽带,将志同道合的程学传人凝聚到杨时周围,汇成南宋初期声势浩大的清理新学浪潮。

综上所述,杨时遵循程颢、程颐的基调,将新学纳入程学独特的天人合一、万物一体的心性视域中,予以激烈批判。⑥ 宋代的制度儒学与心性儒学两派的分歧,得以全面呈现。由于徽宗朝曾历任州县

---

① 《杨时集》卷七《王氏字说辨》,第 151 页。
② 《宋史》卷三百八十一《王居正传》,第 11737 页。
③ 《杨时〈三经义辨〉新考——兼论其对王安石〈三经新义〉驳正》,第 96 页。《三经义辨》版本流传,可见彭国翔:《杨时三经义辨考论》,《近世儒学史的辨正与钩沉》,中华书局 2015 年版,第 1—22 页。
④ 《宋史》卷三百七十六《陈渊传》,第 11629—11630 页。
⑤ 罗家祥:《杨时与两宋之际的王氏新学》,《宋代政治与学术论稿》,第 87 页。
⑥ 土田健次郎指出,杨时"从程学的立场出发,成就了对王学的全面批判"。《道学之形成》,第 444 页。

地方官，亲身接触过新法执行过程中的种种弊端，真切体验到徽宗、蔡京集团以新学为意识形态幌子、厉行党锢学禁的残酷政治生态；再兼以欲遮掩曾受蔡京推荐而升迁的尴尬，杨时较之二程更为变本加厉地批判新学。他不仅系统批判新学的代表作《三经新义》，即便二程认可的《易解》，也斥为"只是理会文义，未必心通"，"不济事"。① 至于《字说》，二程原本未置可否，他却百般挑剔，诋为异端邪说。王氏新学，几乎遭他全盘否定。

适逢两宋之际的政治巨变，杨时挺身而出，将徽宗、蔡京集团祸国殃民的责任，归咎到王安石及新学，动摇了新学的官学地位，王安石从孔庙配享降为从祀。南渡以后，他的批判迎合了高宗"最爱元祐"的政治导向，以及朝野上下将王安石视为北宋灭亡罪魁祸首的社会心理，产生广泛的社会影响。② 他登高一呼，陈渊、王居正、胡安国、廖刚、朱震等洛学传人相继批判新学，形成一股强大的"反王"思想潮流。从此后，程学的声势逐渐胜过新学。在新学与程学此消彼长的竞争中，杨时是一个重要的转捩点，故朱熹赞扬道："尝历考一时诸贤之论以求至当，则唯龟山杨氏指其离内外，判心迹，使道常无用于天下，而经世之务皆私智之凿者，最为近之。"③

综上所述，二程等对王氏新学的批评，具有深厚的学理基础，能够剖抉到新学理论核心之弊。他们于新学之外提出另外一种儒学模式，为士人开辟出一条通往崇高精神世界的修德之路——通过格物致知、正心诚意的心性修养，改变气质，实现个体的道德完善。北宋后期，他们的学说逐渐产生广泛影响。许多士人就是在新学炙手可

---

① 《杨时集》卷十三，第380页。
② 罗家祥指出："杨时的诡激言行成为政治资本，受到了急于收揽人心的宋高宗的垂青和重用。"《杨时与两宋之际的王氏新学》，《宋代政治与学术论稿》，第81页。
③ 《晦庵先生朱文公文集》卷七十《读两陈谏议遗墨》，《朱子全书》第23册，第3384页。

热、元祐学术之禁异常严峻时,改师程学。如朱熹的老师刘勉之:

> 时蔡京用事,方禁士毋得挟元祐书,制师生收司连坐法,犯者罪至流徙。名为一道德者,而实以钳天下之口。先生心独知其非是,阴访河洛程氏之传,得其书藏去。深夜,同舍生皆熟寐,乃始探箧解帙,下帷然膏,潜抄而默诵之。闻涪陵谯公天授尝从程夫子游,兼邃《易》学,适以事至京师,即往扣焉,尽得其学之本末。既而遂厌科举之业,一日,弃录牒,揖诸生而归。①

"科举之业",即研习新学。曾几何时,"一道德,同风俗"的政治文化理想,已经蜕变为徽宗、蔡京集团钳制异论、打击元祐党人的专制手段。怀揣真诚的学术理想、以追求儒学真谛为目标的一些士人,如刘勉之,毅然放弃新学转习程学。

另有一些士人为应科举,不得不修习新学,可内心自有真正的学术取舍。据胡寅自述:

> 某年十六七(政和年间),见先君书案上有河南语录、上蔡谢公、龟山杨公《论语解》,间窃窥之,乃异乎塾之业。一日,请诸塾师,曰:"河南、杨、谢所说,与王氏父子谁贤?"塾师曰:"彼不利于应科举尔。将趋舍选,则当遵王氏。"②

王安石父子与程颐、杨时、谢良佐等,皆曾为《论语》作注解,前者流行三舍之中。塾师很清楚,"遵王氏"只是应科举、升三舍的权宜之计,并不意味着前者的学术价值高过后者。实际上,由于缺乏真诚的信仰,很多士人凭新学入仕后往往入室操戈,反攻新学。如钦宗朝少宰吴敏:

---

① 《晦庵先生朱文公文集》卷九十《聘士刘公先生墓表》,《朱子全书》第24册,第4191页。

② 《斐然集》卷十九《鲁语详说序》,第403页。

> 吴元中丞相在辟雍,试经义五篇,尽用《字说》,援据精博。蔡京为进呈,特免省赴廷试,以为学《字说》之劝。及作相,上章乞复《春秋》科,反攻王氏。①

以攻击蔡京得名、与陈瓘并称"二陈"的陈师锡,则坦言道:

> 吾辈在学校时,应举觅官,析字谈经,务求合于有司,不得不从其说。至于立朝行己,则是是非非,乌可私也?②

新学只是应试的工具而已,入仕后无论政事、学术,均不应据以为准。

新学与程学的消长趋势,徽宗政、宣年间已经初露端倪。陈瓘《责沈文贻知默侄》曰:

> 予元丰乙丑夏,为礼部贡院点检官,适与校书郎范公醇夫同舍。公尝论颜子之不迁不贰,惟伯淳有之。予问公曰:"伯淳谁也?"公默然久之,曰:"不知有程伯淳耶?"予谢曰:"生长东南,实未知也。"时予年二十有九矣。③

陈瓘字莹中,福建南剑州沙县人,《宋史》卷三百四十五有传。元丰二年(1079),陈瓘以新学应举,高中进士甲科第二名,调湖州掌书记、签书越州判官。元丰五年(1082),他在京城任礼部贡院点检官,居然从未听闻程颢之名。可见,其时程学的影响微乎其微,远不能望新学之项背。然而至政和三年(1113),早年服膺新学、奉王安石为圣人的陈瓘,当致书侄孙陈渊传授治学心得时,已通过杨时之言领悟到程学之奥。他鼓励陈渊善始善终,恪守师学,"渐之能谋其始,而笃之使有

---

① 《老学庵笔记》卷四,第 45 页。
② 陈师锡:《与陈莹中书》,《宋文鉴》卷一百二十,第 1672 页。
③ 陈瓘:《责沈文贻知默侄》,《宋文鉴》卷一百二十七,第 1783 页。此信的思想史意义,王建生有详尽分析。《北宋晚期理学传承剪影》,《集美大学学报》(哲社版)2019 年第 2 期,第 11—15 页。

成"。① 另据朱弁《曲洧旧闻》卷三载：

> 崇宁以来，非王氏经术皆禁止，而士人罕言。其学者号伊川学，往往自相传道。举子之得第者，亦有弃所学而从之者，建安尤盛。②

严酷的党锢学禁未能阻止程学的传播。徽宗末年，至少福建一路，程学已奠立起牢固的社会根基，为地方士人接受。③ 这为南渡后洛学的崛起，创造了有利条件。

从长时段来看，二程、杨时对新学的批评，意义深远。本来，新学与程学分别代表宋代儒学复兴中两种不同的思想趋向。新学重视官僚制度体系的改革，而程学更加强调士人的心性修养，将个体德性的完善视为社会秩序的基础。二程、杨时等系统性的批判新学，凸显出二者的本质分歧。新学关于天道、人性、圣贤人格等诸多论述，本来以制度为指向，却被强行纳入理学以成德为目标的话语模式中比较。随着南渡后理学崛起，理学话语逐渐成为思想史的主流范式，新学独特的问题意识、思想语境被湮没。于是，以理学为主体的思想史建构中，新学的独立性被消解，沦为被理学超越的对象：理学代表了儒学内圣外王的最高阶段；新学虽有外王的制度建构，却因心性方面的不足，导致它沦为宋代儒学演进的叙述中一个尚未完全成熟的环节。

第三节 蜀学对新学之批评

仁宗庆历以后，儒家学统四起，一改宋初因循守旧、萎靡不振之

---

① 《宋文鉴》卷一百二十七，第1783页。
② 《曲洧旧闻》卷三，第123页。
③ 政和四年(1114)，吕本中赋《别后寄舍弟三十韵》曰："惟昔交朋聚，相期文字盟。笔头传活法，胸次即圆成。……莫以东南路，而无伊洛声。"可见程学自相传授的状况。韩酉山校注：《吕本中诗集校注》卷六，中华书局2017年版，第468页。

风。如雨后春笋般涌现出的学术流派中,王安石的新学和苏氏父子的蜀学尤享盛名:"荆公《淮南杂说》初出,见者以为《孟子》。老泉文初出,见者以为《荀子》。"①从嘉祐后期开始,二氏"聚讼大起","遂为敌国"。② 神宗熙宁以后,以苏轼为首的蜀学群体对新法、新学展开激烈抨击,加速了新学的衰落,推动了宋代学术思想史的嬗变。

(一)

早在仁宗嘉祐年间,王安石与苏氏父子间似乎就已龃龉不和。方勺《泊宅编》卷上载:

> 公在翰苑时,尝饭客,客去,独老苏少留,谓公曰:"适坐有囚首丧面者,何人?"公曰:"王介甫也,文行之士,子不闻之乎?"(原注:介甫不修饰,故目之曰囚首丧面)洵曰:"以某观之,此人异时必乱天下,使其得志立朝,虽聪明之主,亦将为其诳惑。内翰何为与之游乎?"③

叶梦得《避暑录话》卷一亦载:

> 苏明允本好言兵,见元昊叛,西方用事久无功,天下事有当改作,因挟其所著书,嘉祐初来京师,一时推其文章。王荆公知制诰,方谈经术,独不喜之,屡诋于众,以故明允恶荆公甚于仇雠。④

这两条记载牵涉到苏洵《辨奸论》的真伪,其真实性历来颇有争议。

---

① 《宋元学案》卷九十八,第 3237 页。
② 《宋元学案》卷九十八,第 3237 页。
③ 方勺撰,许沛藻、杨立扬点校:《泊宅编》卷上,中华书局 1983 年版,第 65 页。
④ 叶梦得撰、徐时仪整理:《避暑录话》卷上,《全宋笔记》第 27 册,第 28—29 页。

揆之史实,其中对王、苏不睦的叙述,应当可信。如嘉祐六年(1061)苏轼兄弟应制科考试,苏辙考中末等,除商州推官。时为知制诰的王安石,"意其右宰相专攻人主,比之谷永",①不肯撰写苏辙除官的制词。对于苏轼的制策,王安石斥为"全类战国文章",宣称:"若安石为考官,必黜之。"②王安石与三苏的交恶,当始于此。③

神宗熙宁元年(1068),著名学者刘敞(字原父)去世。苏轼撰文祭曰:

> 自公之亡,未几于兹。学失本原,邪说并弛。大言蹈天,诡论蔑世。不谓自便,曰固其理。岂不自有,人或叹嘻。孰能诵言,以告其非。公自平昔,灼见隐伏。指摘讥诮,俾不克立。公归于原,谁与正之?酹以告哀,莫知我悲。④

祭文之体,自以悼念死者、抒发悲情为宜。此文却凭空添出一段,叙述某人"大言蹈天",曾被刘敞"灼见隐伏"、指摘讥诮。如今其人得志,而刘敞已去世,"谁与正之"?文章表面上祭悼死者,实暗寓讽刺贬斥之意。所刺之人,即王安石。朱弁《曲洧旧闻》卷二载:

> 东坡《祭原父文》云:"大言滔天,诡论灭世。"盖指介甫也。介甫当时在流辈中,以经术自尊大,唯原父兄弟敢抑其锋。故东坡特于祭文表之,以示后人。⑤

若无怨隙在前,苏轼焉能在祭文中如此持论?

苏洵去世后,王、苏轼间的龃龉并未涣然冰释,反而因变革时期

---

① 《栾城后集》卷十二《颍滨遗老传上》,《苏辙集》,第1015页。
② 《邵氏闻见后录》卷十四,第111页。
③ 朱刚:《苏轼十讲》,上海三联书店2019年版,第44页,第200—208页。
④ 张志烈、马德富、周裕锴主编:《苏轼全集校注》卷六十三《祭刘原父》,河北人民出版社2010年版,第6998页。注者将此文系于熙宁二年。
⑤ 《曲洧旧闻》卷四,第144页。

的政分歧日趋紧张。熙宁元年至四年(1068—1071),王、苏在政坛上壁垒分明,针锋相对。以往的个人私怨,使得二人变法伊始即深怀成见,意气偏颇,在所难免。如熙宁三年(1070),史学家刘恕归觐南康,苏轼赋诗送行曰:"孔融不肯下曹操,汲黯本自轻张汤。虽无尺棰与寸刃,口吻排击含风霜。"施注曰:

> 刘道原名恕,筠州人。……介甫执政,道原在馆阁,欲引置条例司,固辞。……是时,介甫权震天下,人不敢忤,而道原愤愤欲与之校。又条陈所更法令不合众心者,至面刺其过,介甫怒变色,道原不以为意。或稠人广坐,对其门生诵言得失,无所避,遂与之绝。……此诗端为介甫而发……以孔融、汲黯比道原,曹操、张汤况介甫。又云"虽无尺棰与寸刃,口吻排击含风霜",盖著其面折之实也。①

刘恕不畏权势,于王安石面前直斥新法之非,毫不避讳,的确难能可贵。然苏轼以孔融、汲黯比之,以奸雄曹操、酷吏张汤况王安石,未免刻薄失实。成见与意气,难免影响到他最初对新法的态度,诚如日后所承认:"吾侪新法之初,辄守偏见,至有异同之论。虽此心耿耿,归于忧国,而所言差谬,少有中理者。"②

王安石同样未能表现出宰相应有的宽宏气度,去消释前嫌,反而对苏轼的升迁极力压制。熙宁二年(1069)五月,神宗欲以苏轼编修中书条例;十月,又欲以苏轼修起居注。王安石皆明确反对:

> 它日,上问王安石以轼为人何如,安石知轼素与己异,疑上亟用之也……上曰:"欲用苏轼修中书条例。"安石曰:"轼与臣所学及议论皆异,别试以事可也。"③

---

① 《苏轼诗集》卷六,第 257—258 页。
② 《苏轼文集》卷五十一《与滕达道书》第八,第 1478 页。
③ 《续资治通鉴长编纪事本末》卷六十二,第 2038—2040 页。

上初欲用苏轼及孙觉。王安石曰:"轼岂是可奖之人?"上曰:"轼有文学,朕见似为人平静,司马光、韩维、王存俱称之。"安石曰:"邪险之人,臣非苟言之,皆有事状。作《贾谊论》言优游浸渍,深交绛、灌,以取天下之权。欲附丽欧阳修,修作《正统论》,章望之非之,乃作论排章望之。其论都无理。非但如此,遭父丧,韩琦等送金帛不受,却贩数船苏木入川,此事人所共知。司马光言吕惠卿受钱,反言苏轼平静,斯为厚诬。陛下欲变风俗、息邪说,骤用此人,则士何由知陛下好恶所在?"①

神宗屡欲重用苏轼,都被王安石劝沮,理由是苏轼"所学不正""素与己异";倘若起用,必然会妨碍新法推行。王氏攻击苏轼丁忧回川时贩卖木材,并不准确。② 至于强调二人政见素来不和,则道出他压制苏轼的真正原因。这是始终影响王、苏关系的一个重要因素,以下略加分析。

仁宗亲政以后,社会积弊日甚,范仲淹等人率先提倡革新政令。至庆历、嘉祐年间,"世之名士常患法之不变",③王安石与苏轼均在"名士"之列。嘉祐四年(1059),王氏上书仁宗,全面揭露与批判当前的社会弊端,系统提出变革的各项措施。嘉祐六年(1061),又进《上时政疏》,再次强调变法的紧迫性。与此同时,苏氏写下二十五篇《进策》及《思治论》,提出一系列变革主张。从中不难发现,对于当时的社会形势,王、苏可谓所见略同。如王氏曰:"顾内则不能无以社稷为忧,外则不能无惧于夷狄,天下之财力日以困穷,而风俗日以衰坏。"④苏氏则云:"天下有治平之名,而无治平之实。……咨嗟怨愤,

---

① 《续资治通鉴长编纪事本末》卷六十二,第 2041—2042 页。
② 苏轼贩卖货物一事,可见《苏轼十讲》,第 219—220 页。
③ 陈亮著、邓广铭点校:《陈亮集》卷十二《铨选资格》,第 106 页。
④ 《王安石文集》卷三十九《上仁宗皇帝言事书》,第 641 页。

常若不安其生。……修养生息,常若不足于用。……中国皇皇,常有外忧。"①王氏《上仁宗皇帝言事书》就官僚培养、选拔、任用中的诸项弊端,予以详尽论述。苏氏《思治论》则将天下弊病明确归结为三点:"天下常患无财""兵终不可强""吏终不可择"。并视之为兴亡盛衰的关键所在:"此三者,存亡之所从出,而天下之大事也。"②二人都强烈反对官场上流行的因循苟简、逸豫无为之风,认为人主必须有所振作,乾纲独断,发起变革。苏轼援史为例,指出西汉王朝"怠惰弛废,溺于宴安,畏期月之劳,而忘千载之患,是以日趋于亡而不自知也"。他警诫道,"方今之世,苟不能涤荡振刷,而卓然有所立,未见其可也"。继而引用"天行健,君子以自强不息"的名言,鼓励仁宗效法上天,励行变革:"夫君者,天也。……天之所以刚健而不屈者,以其动而不息也。"③王安石更直言不讳地指出:"夫因循苟且,逸豫而无为,可以侥幸一时,而不可以旷日持久。"④欲避免重蹈晋武帝、梁武帝、唐玄宗三位帝王的覆辙,仁宗必须以至诚恻怛之心,着眼于王朝的长远利益,坚定不移地推动变法,"虑之以谋,计之以数,为之以渐,而又勉之以成,断之以果"。⑤

问题是如何变革,王、苏的思路相去甚远,由此呈现出新学和蜀学经世思想上的分歧。首先,王安石强调法度与人才同等重要。他指出,方今天下内忧社稷外惧夷狄、财力困穷风俗衰坏的根本原因,即"不知法度",而"方今之法度,多不合乎先王之政故也",进而强调要"法先王之意",对当今的法度"改易更革"。在此之前,必须培养能够贯彻执行法度的官僚人才。煌煌万言的《上仁宗皇帝言事书》,便

---

① 《苏轼文集》卷八《策略一》,第 226 页。
② 《苏轼文集》卷四,第 115—116 页。
③ 《苏轼文集》卷八《策略一》,第 227 页。
④ 《王安石文集》卷三十九《上时政疏》,第 662 页。
⑤ 《王安石文集》卷三十九《上仁宗皇帝言事书》,第 658 页。

围绕这一主题展开。其它文章中,王安石反复强调法度、人才必须兼备:"盖夫天下至大器也,非大明法度不足以维持,非众建贤才不足以保守。"①"盖君子之为政,立善法于天下,则天下治;立善法于一国,则一国治。"②

其次,王安石重视理财与生财。针对北宋中期因冗兵、冗吏等造成的财政困难,王氏分析道,主要原因是理财不得其法:"然而公私常以穷困为患者,殆亦理财未得其道,而有司不能度世之宜而通其变耳。"③当务之急是建立法度,选用良吏进行理财:

> 夫合天下之众者财,理天下之财者法,守天下之法者吏。吏不良则有法而莫守,法不善则有财而莫理。……善吾法而择吏以守之,以理天下之财,虽上古尧舜,犹不能毋以此为先急,而况后世之纷纷乎?④

可见,王氏把法度、人才、理财视作治理天下不可或缺的三大要素,变革中最关键的三个环节。具体思路就是以立法先行,通过完善理财之法,创建各项法制;并以"众建贤才"来保证法制的贯彻实施,从而力挽时弊,实现理想秩序。

相比之下,苏轼对社会弊端根源的认识,极为不同。他认为:"当今之患,虽法令有所未安,而天下之所以大不治者,失在于任人,而非法制之罪也。"⑤这与王安石将天下不治归咎于"患在不知法度",大相径庭。苏氏尤其强调君主的统治才能。君主必须具备"卓然有所树立""自断于中"的意志决心,而且必须有"术":"是故不可以无术。

---

① 《王安石文集》卷三十九《上时政疏》,第662页。
② 《王安石文集》卷六十四《周公》,第1110页。
③ 《王安石文集》卷三十九《上仁宗皇帝言事书》,第651页。
④ 《王安石文集》卷八十二《度支副使厅壁题名记》,第1431页。
⑤ 《苏轼文集》卷八《策略三》,第232页。

其术非难知而难听,非难听而难行,非难行而难收。"①所谓"术",即君主统驭天下的权谋和手段。《进策》二十五篇基本围绕君主统治之"术",展开论述。如《策略》四建议"开功名之门","开其厉害之端,而辨其荣辱之等,使之踊跃奔走,皆为我役而不辞,夫是以坐而收其功也";《策略》五强调君主要运用各种渠道"深结天下之心",包括运用利禄、刑罚、功名等驾驭群臣、笼络民众。不难发现,苏轼对于"术"的强调,与其父苏洵的观点一脉相承。朱熹批评苏洵曰:"看老苏《六经论》,则是圣人全是以术欺天下也。"②这或多或少也适合于苏轼,无怪乎王安石将这组策论斥为"全类战国文章"。③

苏轼与王安石最大的分歧,是他对变"法"不以为然。他认为,"夫法者,末也,又加以惨毒繁难,而天下常以为急"。④任何制度必然有其弊端,关键在于任人,而不必改变法度:

> 夫法之于人,犹五声六律之于乐也。法不能无奸,犹五声六律之不能无淫乐也。先王知其然,故存其大略,而付之于人,苟不至于害人,而不可强去者,皆不变也。⑤

他以汉承秦制、唐承隋制为例,论证王朝的治乱安危与法制并无必然联系:

> 昔汉受天下于秦,因秦之制而不害为汉。唐受天下于隋,因隋之制而不害为唐。汉之于秦,唐之与隋,其治乱安危至相远也,然而卒无所改易,又况于积安久治,其道固不事变也。⑥

---

① 《苏轼文集》卷四《思治论》,第117页。
② 《朱子语类》卷一百三十,第3118页。
③ 《邵氏闻见后录》卷十四,第111页。
④ 《苏轼文集》卷二《礼以养人为本论》,第50页。
⑤ 《苏轼文集》卷八《策略在三》,第232页。
⑥ 《苏轼文集》卷七《永兴军秋试举人策问》,第207页。

这与王安石以建明法度为中心的变革思路,方枘圆凿。①

关于财政问题,苏轼提出"省费用""定军制"两条改进途径。他主张从节流入手,去除无益之费,裁减冗兵以节省军费。他反对求财,认为这只能带来物质欲望的增长,促进奢侈的消费,无助于财政危机的解决:

> 夫民方其穷困时,所望不过十金之资,计其衣食之费,妻子之奉出入于十金之中,宽然而有余。及其一旦稍稍蓄聚,衣食既足,则心意之欲日以渐广,所入益众,而所欲益以不给。不知罪其用之不节,而以为求之未至也。是以富而愈贪,求愈多而财愈不供,此其为惑,未可以知其所终也。②

一方面是物质的增长,一方面是欲壑难填,结果导致"求愈多而财愈不供"。王安石设想"因天下之力以生天下之财,取天下之财以供天下之费",③未免过于乐观。

对于嘉祐、治平年间士林中的复古理想及学术风气,苏轼不无奚落:

> 仕者莫不谈王道、述礼乐,皆欲复三代、追尧舜,终于不可行,而世务因以不举。学者莫不论天人、推性命,终于不可究,而世教因以不明。自许太高而措意太广,太高则无用,太广则无功。是故贤人君子布于天下,而事不立。听其言,则侈大而可乐;责其效,则汗漫而无当。此皆好名之过。④

---

① 苏轼并非绝对不重视法。嘉祐六年,他应试制举前上书两制,提出:"轼闻治事不若治人,治人不若治法,治法不若治时。时者,国之所以存亡,天下之所最重也。"《苏轼文集》卷四十八《应制举上两制书》,第1391页。当然,这封书信属于干谒性质,苏轼所言,可能蓄意迎合所上之人。
② 《苏轼文集》卷八《策别厚货财一》,第267—268页。
③ 《王安石文集》卷三十九《上仁宗皇帝言事书》,第651页。
④ 《苏轼文集》卷四十八《应制举上两制书》,第1392页。

高谈王道欲追复尧舜之盛治,论天人之道推性命之理,这些都是当时极为流行的思想话题,未必专讥王安石。但王氏的确是这些话题的引领者、推动者,影响巨大。苏轼一概斥为"自许太高""好名过深",可见二人思想隔阂之深。王安石具有"回归三代"的崇高政治理念。他致力于恢复经典中记载的先王之法,领会法度背后隐藏的先王之意,然后根据时势之变,斟酌损益,施之于今。苏轼则热衷于历史兴衰,擅长比较汉唐制度得失,从中总结历史经验教训。蒙文通曾予比较:

> 荆公期君为尧舜之君、民为尧舜之民,陋汉唐而追踪三代。于汉唐之近迹,终以卑卑不足道。……二苏自述家学,皆谓以古今成败得失为议论之要。①

王、苏之别,于此判然。②

如上所述,尽管嘉祐年间王、苏同倡变革,然二人的变革思路隐含着深刻分歧。这种分歧在嘉祐七年(1062)苏轼《策问》中有所表露,至熙宁初则完全表现为政见之争。这样,变革初期苏轼迅速加入反新法的阵营,尖锐批评新法。如熙宁二年(1069),神宗下诏议更贡举法,欲罢诗赋、明经、诸科,改以经义、论、策取士。苏轼上奏明确反对:

> 自文章而言之,则策论为有用,诗赋为无益。自政事言之,则诗赋、策论均为无用矣。虽知其无用,然自祖宗以来莫之废

---

① 蒙文通:《中国史学史》,载氏著《经史抉原》,巴蜀书社 1995 年版,第 316—317 页。

② 晁说之评道:"王荆公著书立言,必以尧、舜、三代为则;而东坡所言,但较量汉唐而已。"黄纯艳整理:《晁氏客语》,《全宋笔记》第 22 册,第 103 页。朱刚认为,恢复三代还是继承汉唐,"很可能体现了王苏两家在学术思想上的根本差异"。《苏轼十讲》,第 216 页。

者，以为设法取士，不过如此也。岂独吾祖宗，自古尧舜亦然。①

科举考试不论考试诗赋、策论还是考察德行，都不过是选拔官僚的一种权宜手段而已，各有其弊。相比之下，诗赋取士行之已数百年，易于考校，"以诗赋为名臣者不可胜数"，何必多此一举实行改革？能否选拔出真正的人才，关键在于知人责实，而非变法："得人之道，在于知人，知人之法，在于责实。"假如"君相有知人之才，朝廷有责实之政……虽因今之法，臣以为有余。使君相无知人之才，朝廷无责实之政……虽复古之制，臣以为不足矣"。② 其立论基点，是他嘉祐年间阐述的重人思想。

本年底，苏轼上书神宗，尖锐批评制置三司条例司、均输法、青苗法、免役法等，指出当务之急是"结人心、厚风俗、存纪纲"，而非遽变旧法：

> 国家之所以存亡者，在道德之浅深，不在乎强与弱；历数之所以长短者，在风俗之薄厚，不在乎富与贫。道德诚深，风俗诚厚，虽贫且弱，不害于长而存。道德诚浅，风俗诚薄，虽强且富，不救于短而亡。人主知此，则知所轻重矣。……故臣愿陛下务崇道德而厚风俗，不愿陛下急于有功而贪富强。③

神宗重用王安石实施变法，一个重要目标便是富国强兵，苏轼予以全盘否定。他提出的应对之策，不过老调常谈的"崇道德而厚风俗"。这不仅与新法几乎背道而行，也偏离了嘉祐年间他宣称的各项变革主张。此后，苏轼离开京城，通判杭州。他创作了大量诗歌，对新法执行过程中出现的种种弊端进行冷嘲热讽，最终导致"乌台诗案"，身陷囹圄。

---

① 《苏轼文集》卷二十五《议学校贡举状》，第724页。
② 《苏轼文集》卷二十五《议学校贡举状》，第723页。
③ 《苏轼文集》卷二十五《上神宗皇帝书》，第737页。

对于熙宁初曾广泛流传、最能体现王安石变革精神的"三不足"说,苏轼直斥其谬:

> (历代)其施设之方,各随其时而不可知。其所以可知者,必畏天,必从众,必法祖宗。……《诗》《书》所称,大略如此,未尝言天命不足畏、众言不足从、祖宗之法不足用也。①

历代施政,各随时势不同采取适当的措施,并无一定之规。惟一可以确定的,是敬畏天命、听从人言、取法祖宗。《诗》《书》等经典中,从未提及天命不足畏、众言不足从、祖宗之法不足用。多年以后,针对"三不足"说体现出的天人分离思想,苏轼严厉批判:

> 而或者乃谓,先王遇灾异非可以象类求天意,独正其事而已。……此乃谄事世主者,言天人本不相与,欲以废《洪范》五行之说。予以为《五行传》未易尽废也。《书》曰"越有雊雉"足矣,而孔子又记其"雊于耳",非以耳为祥乎?而曰不可以象类求,过矣。人君于天下无所畏,惟天可以儆之。今乃曰天灾不可以象类求,我自视无过则已矣。为国之害,莫大于此,予不可以不论。②

"谄事世主者",暗讽王安石。"欲以废《洪范》五行之说",指王氏撰《洪范传》,质疑灾异以类而至的发生机制难以自圆:"僭常旸若,狂常雨若,使狂且僭,则天如何其顺之也?"③"天灾不可以象类求,我自视无过则已矣",指王氏虽抛弃机械的汉唐天谴论,却未走向彻底的天人二分论:

> 盖由前之说,则蔽而葸;由后之说,则固而怠。不蔽不葸、不

---

① 《苏轼文集》卷九《拟进士对御试策》,第 307 页。
② 苏轼撰,舒大刚、张尚英校点:《东坡书传》卷八,《三苏经解集校》,四川大学出版社 2017 年版,第 279 页。
③ 《王安石文集》卷七十《策问五》,第 1222 页。

固不怠者,亦以天变为已惧,不曰天之有某变必以我为某事而至也,亦以天下之正理考吾之失而已矣。此亦"念用庶征"之意也。①

王安石认为,若信奉天谴论,则君主施政容易受到种种异常天象的蒙蔽恐吓,畏缩不前。若恪守天人二分论,君主便无所畏惧,容易固执己见或有所懈怠。对待灾异的正确方法,是对灾异心生畏惧,却不机械地以各项政事来附会灾异,而以"正理"考究政事缺失,予以改正。此即所谓"独正其事而已"。苏轼则认为,这种理论"欲以废《洪范》五行之说",使得王权不再受天命制约,实为专制扩张张目,乃"谄事世主"。"天不足畏"与"必畏天"的对峙,反映了王、苏不同的天人观。王安石大致介于天人二分与天人合一之间;苏轼则坚决反对天人二分,赞成天谴论。② 这不仅出于反对王氏、限制君权的政治考量,"更重要的是他富有感性,能体会到自然界的灵妙作用","从感情上拒绝对世界作完全理性的解释"。③

(二)

神宗元丰七年(1084),苏轼到江宁拜访久已退居的王安石。历经多年的宦海沉浮与世事沧桑,二人坦露出诗人的真率本色。他们流连山水,论文赋诗,相得甚欢。彼此的文章才华、人格魅力使得对方倾倒不已,乃至相约卜邻,终老钟山。二十多年的私人恩怨,在相逢一笑中消释泯灭。④ 哲宗元祐元年(1086),王安石病逝,苏轼写下

---

① 《王安石文集》卷六十五《洪范传》,第1138页。
② 包弼德:"苏轼试图恢复对宇宙的应兆做政治实用性的解释(这是王安石所否定的)。"《斯文:唐宋思想的转型》,第364页。
③ 土田健次郎:《道学之形成》,第380—381页。
④ 朱刚认为,此次相会,"王、苏之间恐怕不是一般的和解……而是在政治上也已经取得某种程度的互相谅解"。《苏轼十讲》,第229页。

《西太一见王荆公旧诗偶次其韵二首》,其一曰:

> 秋早川原净丽,雨余风日清酣。从此归耕剑外,何人送我池南?①

诗歌以次韵的方式,表达对王诗原作中思乡之情的共鸣,隐隐流露出对退居金陵时期王安石的认同和缅怀,呈现出淡淡的伤感与怅惘。

当然,这绝不意味着苏轼认同王氏的学术思想。历经各地方州县任职,苏轼于行政实践中意识到某些新法的合理性,有所反省转变。② 对于新学,则始终持有严厉的批判,认为新学援释老入儒,淆乱真正的儒学:

> 欧阳子没十有余年,士始为新学,以佛老之似,乱周孔之真,识者忧之。③

众所周知,苏轼的思想出入释、老、纵横等各家,最为庞杂。此处他却俨然以儒家正统自居,攻击王安石的学术不正,杂糅释老。所谓"以佛老之似,乱周孔之真",一般认为,这是贬斥王氏援引佛老学说,助长儒家的论性之风。如熙宁二年(1069)六月,苏轼上书神宗,谈及科场流行的谈论性命之弊:

> 夫性命之说,自子贡不得闻,而今之学者耻不言性命,此可信也哉!今士大夫至以佛老为圣人,鬻书于市者,非老庄之书不售也。读其文,浩然无当而不可穷;观其貌,超然无著而不可扣。岂此真能然哉?盖中人之性,安于放而乐于诞耳。使天下之士,能如庄周齐死生,一毁誉,轻富贵,安贫贱,则人主之名器爵禄,所以励世摩钝者,废矣,陛下亦安用之?而况其实不能,而窃取

---

① 《苏轼诗集》卷二十七《西太一见王荆公旧诗偶次其韵二首》,第 1449 页。
② 可见王水照:《苏轼〈与滕达道书〉的系年和主旨问题》,《苏轼研究》,河北教育出版社 1999 年版,第 148—161 页。
③ 《苏轼文集》卷十《六一居士集叙》,第 316 页。

其言以欺世者哉!①

"今之学者"不专指王安石,可王安石无疑是这些学者的代表。对于性论的蔓延,以及佛老、庄子之说的泛滥,他负有引领之责。苏轼反对奢谈性命,②他提醒神宗:假如士人通晓性命之理,能够做到齐死生、一毁誉、轻富贵、安贫贱,君主还可利用什么手段来驾驭他们呢?

愈到晚年,苏轼越发将攘斥新学视为自己的崇高使命:

> 申韩本自圣,陋古不复稽。巨君纵独欲,借经作岩崖。遂令青衿子,珠璧人人怀。凿齿井蛙耳,信谓天可弥。……我如终不言,谁悟角与羁。③

诗歌前四句讥讽王安石本是申(不害)韩(非)之流,假借《周礼》来傅会新法,正如王莽改制扰乱天下。中间讥讽王氏解经,无异井底之蛙。末二句颇以正讹祛邪为己任。清代纪昀评道:"此诗刺介甫也。"给王安石贴上法家刑名的标签,不算苏轼首创,但他运用得最为娴熟。如《商鞅论》视商鞅变法为"豺虎毒药",引用司马光之言驳斥"不加赋而财用足",甚至诅咒曰"后之君子,有商君之罪,而无商君之功,飨商君之福,而未受商君之祸者,吾为之惧矣"。看似讨论商鞅功罪,其实含沙射影攻击王安石,"此论亦为荆公发也"。④ 他晚年殚精竭

---

① 《苏轼文集》卷二十五《议学校贡举状》,第725页。

② 土田健次郎认为:"苏轼在性说上的特色在于,他从无法获得认同的结果的无效性,或者善恶概念在性的层面无法成立的论法,更加深入一步,联系道论而执拗地主张对性的把握和操作之不可能。"第369页。"在欧阳修与苏轼之间,对性说本身持否定的态度,是相似的。""对性说本身加以否定,是苏轼从年轻时起一贯保持着的姿态。"第367页。

③ 《苏轼诗集》卷四十一《和陶杂诗》十,第2278页。

④ 郎晔撰、庞石帚校订:《经进东坡文集事略》卷十四《商鞅论》解题,文学古籍刊印社1957年版,第206页。陈寅恪曰:"苏子瞻之史论,北宋之政论也。"《冯友兰〈中国哲学史〉上册审查报告》,《金明馆丛书二编》,三联书店2001年版,第281页。

虑撰述《东坡书传》《易传》《论语说》,动机之一便是不忿于《三经新义》《字说》借助官学之威而风靡天下,欲以一己之力力挽狂澜。南宋王十朋指出:"《易》《书》《论语》忘忧患,天下《三经》《字说》时。"①

苏轼最深刻之处,体现在他强烈批判王氏以一家之学尚同天下之士。元祐更化初,与旧党清理新法同步,苏轼猛烈抨击新学:

> 文字之衰,未有如今日者也,其源实出于王氏。王氏之文,未必不善也,而患在于好使人同已。自孔子不能使人同,颜渊之仁、子路之勇,不能以相移,而王氏欲以其学同天下。地之美者,同于生物,不同于所生。惟荒瘠斥卤之地,弥望皆黄茅白苇,此则王氏之同也。②

元丰时代,王安石一代文宗的地位已经牢固确立。苏轼肯定了"王氏之文,未必不善",但王氏将新学树为官学,把个人经注当作科举考试中经义的标准答案,强制所有士人学习,致使士人解经千篇一律,缺乏自得。士林成为一片荒瘠斥卤之地,生长的全是黄茅白苇。王氏以新学取士,恰如先制作成模板,然后将器具一个个翻刻出来:

> 士之不能自成,其患在于俗学。俗学之患,枉人之材,窒人之耳目,诵其师傅造字之语,从俗之文,才数万言,其为士之业尽此矣。……王氏之学,正如脱墼,案其形模而出之,不待修饰而成器耳,求为桓璧彝器,其可乎?③

"诵其师傅造字之语",指士人引用王安石的《字说》析字解经。王氏之学不仅未能成就人才,反而窒碍了士人"自得""自成",名曰"新学",实为"俗学"。

---

① 王十朋:《梅溪先生文集》后集卷十五《游东坡十一绝之八》,四部丛刊本。
② 《苏轼文集》卷四十九《答张文潜县丞书》,第 1427 页。
③ 《苏轼文集》卷十《送人序》,第 325 页。

以上两段文字,将文字之衰的根源归咎于王安石"使人同己"的专制作风,表现出苏轼卓越的见识。"欲以其学同天下",即指王氏"一道德,同风俗"的政治理想。此语出自《礼记·王制》:

> 司徒修六礼以节民性,明七教以兴民德,齐八政以防淫,一道德以同俗,养耆老以致孝,恤孤独以逮不足,上贤以崇德,简不肖以绌恶。①

司徒属地官,掌邦国之教。孔颖达疏曰:"一道德以同俗者,道履蹈而行,谓齐一所行之道,以同国之风俗。"②意谓通过学校教育,来统一邦国的价值观念,夑同邦国的风俗习惯。仁宗嘉祐三年(1058),王氏由知常州改任提点江南东路刑狱。他打破因循苟且的官场惯例,颇有按举,处置了几位不法官员,引起谤声纷然。好友王回、丁宝臣来信询问,王氏便引用"一道德以同风俗"的名言作为辩解:

> 古者一道德以同天下之俗,士之有为于世也,人无异论。今家异道,人殊德,又以爱憎喜怒变事实而传之,则吾友庸讵非得于人之异论变事实之传,而后疑我之言乎?③

> 古者一道德以同俗,故士有揆古人之所为以自守,则人无异论。今家异道,人殊德,士之欲自守者,又牵于末俗之势,不得事事如古,则人之异论,可悉弭乎?要当择其近于礼义而无大谴者取之耳。④

王氏以为,与上古不同,当今之世缺乏共同的价值观念和道德标准。士人一旦有所作为,难免受到那些各凭喜怒爱憎变乱事实的谣言谤声困扰。乃至朝廷欲兴起变法,改革弊政,受阻于这些浮言异论:

---

① 《礼记正义》卷十三,第 403 页。
② 《礼记正义》卷十三,第 405 页。
③ 《王安石文集》卷七十二《答王深甫书二》,第 1263 页。
④ 《王安石文集》卷七十五《与丁元珍书》,第 1311 页。

> 神宗熙宁二年,议更贡举法,罢诗赋、明经、诸科,以经义、论、策试进士。……直史馆苏轼上议……上读轼疏曰:"吾固疑此,今得轼议,释然矣。"他日,以问王安石,安石曰:"不然,今人材乏少,且其学术不一,一人一义,十人十义,朝廷欲有所为,异论纷然,莫肯承听。此盖朝廷不能一道德故也。故一道德,则修学校;欲修学校,则贡举法不可不变。"赵抃是轼言,安石曰:"若谓此科尝多得人,自缘仕进别无他路,其间不容无贤;若谓科法已善,则未也。今以少壮时正当讲求天下正理,乃闭门学作诗赋。及其入官,世事皆所不习,此乃科法败坏人才,致不如古。"于是卒如安石议。①

庆历以后,儒家各派学者不再恪守汉唐注疏,各以新意解经,出现了"学术不一,一人一义、十人十义"的纷歧局面。作为个体的士人只能择善而从,坚持自守,不为浮议所摇。站在君主、朝廷的立场,则必须通过制度改革,"一道德以同风俗"。既为变法的顺利实施清除异议障碍,又为大有为之政培养具备统一价值观的合格官僚。熙宁贡举改革与《三经新义》的编撰,相辅相成,包括王安石晚年倾力修订《字说》,皆出于相同的理念:

> 窃以书用于世久矣。先王立学以教之,设官以达之,置使以喻之,禁诛乱名,岂苟然哉?凡以同道德之归,一名法之守而已。②

> 先王以为不可忽,而患天下后世失其法,故三岁一同。同之者,一道德也。③

惟其如此,《字说》初稿问世后,苏轼立即抓住它解字的谬误,进行冷

---

① 《文献通考》卷三十一,第906—907页。
② 《王安石文集》卷五十六《进字说表》,第984页。
③ 《王安石文集》卷八十四《熙宁字说序》,第1464页。

嘲热讽。这与他反对科举改革、抨击《三经新义》相似，体现出他对王氏一元化政治模式的对抗。《东都事略》卷七十九《王安石传》曰：

> 初，安石提举修撰经义，训释《诗》《书》《周官》，既成，颁之学官，天下号曰"新义"。晚岁为《字说》二十四卷，学者争传习之。日以经试于有司，必宗其说，少异辄不中程。先儒传注既尽废，士亦无复自得之学，故当时议者谓王氏之患在好使人同己。①

"当时议者"即苏轼。"士亦无复自得之学""王氏之患在好使人同己"，在众声喧哗的新学批评中，惟独这个犀利的评价被王称写入史传，作为新学之弊的定论。

苏轼据以对抗王氏的多元化立场，其思想资源部分来自道家的无为而治。无为，不是无所作为，而是不强行干涉、不强制同一，放任万物按照自然本性来自由发展。"地之美者，同于生物，不同于所生。"这种表述，与《庄子》对天籁的描述略有相似："敢问天籁？子綦曰：'夫吹万不同，而使其自己也，咸其自取，怒者其谁邪？'"②"不同于所生"，换而言之，也即"使其自己""自取"，意味着对个性的尊重。当然，最重要的是苏轼对于"道"的体认，迥异于王安石。他指出：

> 天下之至信者，唯水而已。江河之大与海之深，而可以意揣，唯其不自为形，而因物以赋形，是故千变万化，而有必然之理。③

> 天下之理未尝不一，而一不可执。知其未尝不一而莫之执，则几矣。④

---

① 《东都事略》卷七十九《王安石传》，第666页。
② 郭象注、成玄英疏：《南华真经注疏》卷一《齐物论》，中华书局1998年版，第26页。
③ 《苏轼文集》卷一《滟滪堆赋》，第1页。
④ 苏轼撰、金生扬点校：《苏氏易传》卷七《系辞上》，《三苏经解集校》，第133页。

苏轼承认,在万事万物的背后存在着必然性、一致性的理,即终极之道。这与王安石相同。不同的是,王氏自称继承了自孟子以后被湮没的道,将"道之大全"从支离破碎中重新致一。然后,通过科举改革、官学教育,以及《三经新义》等经学教材的编撰,强制士人来学习、同一于终极之道,以一道德、同风俗。苏轼则坚持道不可以被最终把握,更难成为固定而标准的教条,正如土田健次郎所分析:

> 道是存在的,但道本身无法被把握。虽然具体的差别相中时而呈现道的具现化,但那也要通过具体事物的样态来呈现。①

道如水一样随物赋形,体现于不同的具体形象、处境中。它并非一成不变的规律和教条,而是共性与个性的统一,结合不同的个体呈现出不同的形态。将道树为教条,强迫士人去学习掌握,不啻让眇者识日:

> 生而眇者不识日,问之有目者,或告之曰:"日之状如铜槃。"扣槃而得其声。他日闻钟,以为日也。或告之曰:"日之光如烛。"扪烛而得其形。他日揣籥,以为日也。日之与钟、籥,亦远矣,而眇者不知其异,以其未尝见而求之人也。道之难见也甚于日,而人之未达也,无以异于眇。达者告之,虽有巧譬善导,亦无以过于槃与烛也。自槃而之钟,自烛而之籥,转而相之,岂有既乎!故世之言道者,或即其所见而名之,或莫之见而意之,皆求道之过也。②

新学成为官学后,朝廷强迫士人去学习,以为如此便可以了解儒家之道,掌握治国平天下的道理和方法。苏轼认为,这种做法好比让眇者

---

① 《道学之形成》,第 376 页。包弼德也指出:"苏轼的道要求个性和多样性。"《斯文:唐宋思想的转型》,第 329 页。

② 《苏轼文集》卷六十四《日喻》,第 1980—1981 页。

识日。眇者仅仅凭借铜盘的声音、籥的形状,绝不会知晓太阳的真相。士人仅凭《三经新义》中一些教条,当然无从领悟道的真谛。他们只有结合个体特殊的处境,通过具体的实践,才有可能形成独到的心得:

> 南方多没人,日与水居也,七岁而能涉,十岁而能浮,十五而能浮没矣。夫没者岂苟然哉?必将有得于水之道者,日与水居,则十五而得其道。生不识水,则虽壮,见舟而畏之。故北方之勇者,问于没人,而求其所以没,以其言试之河,未有不溺者也。①

仅凭口耳之言无法学会游泳,只有日积月累的实践,才能对"水之道"具备真切的体验和感知。掌握儒家之道,贵在自得,而非教科书的强行灌输可致。

仁宗庆历以后,儒学复古思潮兴起,许多士人将取法先王、回归三代视为崇高的政治追求。一道德以同风俗,作为理想政治秩序中的重要一环,获得士林普遍认同。除王安石外,吕公著、程颢、曾巩等均有阐述。② 熙宁年间的贡举、官学改革,即出于这一理想的驱动。只有苏轼,敢于逆潮流而上特立独行,对一元化的儒家政教模式表现出敏锐的警省和深刻的批判。他的"莫之执""不可执"

---

① 《苏轼文集》卷六十四《日喻》,第 1981 页。
② 吕公著《上神宗答诏论学校贡举之法》:"学校教化,所以一道德同风俗之原。今若人自为教,则师异说、人异习。故宜博选天下所谓有道德可以为人师,先集于太学,使讲议所以教育之法,而朝廷以道揆其得失。讲议既定,然后取其得者置之要会州府,使主其学。"《宋朝诸臣奏议》卷七十八,第 852 页。程颢《上神宗请修学校以为王化之本》:"古者一道德以同俗,苟师学不正,则道德何从而一? 方今人执私见,家为异说,支离经训,无复统一,道之不明不行,乃在于此。"《宋朝诸臣奏议》卷七十八,第 850 页。曾巩也将"一道德,同风俗"视为上古至治的标志,而将治世之衰的根源,归咎于百家兴起,众说纷纭。《曾巩集》卷十一《新序目录序》,第 176 页。

的道论,强力消解了那些以继承孔孟不传之道而自负的独断论,不止新学而已。①

(三)

苏辙为人内敛,心机深沉,批评新学不如其兄般嬉笑怒骂,明确形于各色文字。他晚年追述与王安石的政见分歧,主要表现在青苗法、盐法、铜器法等具体政策上,如曰:

> 久之,介甫召予与吕惠卿、张端会食私第,出一卷书曰:"此青苗法也,君三人阅之,有疑以告,得详议之,无为他人所称也。"予知此书惠卿所为,其言多害事者,即疏其尤甚,以示惠卿。惠卿面颈皆赤,归即改之。予间谒介甫,介甫问予可否,予曰:"以钱贷民,使出息二分,本以援救民之困,非为利也。然出纳之际,吏缘为奸,虽重法不可禁;钱入民手,虽良民不免非理之费。及其纳钱,虽富家不免违限。如此,则鞭棰必用,自此恐州县事不胜繁矣。……"介甫曰:"君言甚长,当徐议而行之。此后有异论,幸相告,勿相外也。"自此逾月不言青苗法。②

熙宁二年(1069)初,苏辙自蜀入京,旋即上书言理财之法:"臣所谓丰财者,非求财而益之也,去事之所以害财者而已矣。事之害财者三:一曰冗吏、二曰冗兵、三曰冗费。"③神宗披览后,召对延和殿。苏辙

---

① 苏轼对尚同的批判,引起朱熹的警觉。《朱子语类》卷一百三十:"东坡云:'荆公之学,未尝不善,只是不合要人同己。'此皆说得未是。若荆公之学是,使人人同己俱入于是,何不可之有? 今却说未尝不善,而不合要人同,成何说话? 若使弥望皆黍稷,都无稂莠,亦何不可? 只为荆公之学,自有未是处耳。"第3099—3100页。王水照指出:"苏门的批评王学,实针对一种思想倾向而言,具有相当深广的社会意义。"《北宋三大文人集团》,上海古籍出版社2021年版,第341页。

② 苏辙撰、俞宗宪点校:《龙川略志》卷三,中华书局1982年版,第13—14页。

③ 《栾城集》卷二十一《上皇帝书》,《苏辙集》,第369页。

被任命为制置三司条例司检详文字,成为变法核心机构的重要属员。当王安石以青苗法草案相询时,苏辙以扰民为由,指陈此法若行,必然会产生种种弊端,不如完善常平旧法。青苗法实施后,这些弊端果然陆续出现,似乎印证了苏辙的先见之明。然而,嘉祐六年(1061),苏辙应制科时所上贤良进卷,其《民政策下》第二道曰:

> 夫所谓贷者,虽其为名近于商贾市井之事,然其为意不可以不察也。天下之民无田以为农,而又无财以为工商,禁而勿贷,则其势不免转死于沟壑。而使富民为贷,则有相君臣之心,用不仁之法,而收太半之息。其不然者,亦不免于脱衣避屋以为质,民受其困,而上不享其利,徒使富民执予夺之权,以豪役乡里,故其势莫如官贷,以赒民之急。《周官》之法,使民之贷者,与其有司辨其贵贱,而以国服为息。今可使郡县尽贷,而任之以其土著之民,以防其逋逃窜伏之奸,而一夫之贷,无过若干。春贷以敛缯帛,夏贷以收秋实,薄收其息而优之,使之偿之无难,而又时免其息之所当入,以收其心。使民得脱于奴隶之中,而获自属于天子。如此则天下之游民可得而使,富民之贷可以不禁而自息。①

此处用以赒民之急的"官贷",针对民间高利贷利息过高,民受其困。其施行方法是政府春夏两次放贷,经典依据是《周礼》"国服为之息",然后以当地土著作保,以防逋欠。青苗法的基本轮廓,于此可见一斑。尤其是"官贷"背后体现出的政治理念:

> 而天子不恤其阙,乃使富民持其赢余,贷其所急,以为之父母。故虽游民,天子亦不可得而使,而富者独擅其利,日役其力,而不偿其力之所直。由是观之,则夫天下之民举皆非天子之人,而天子徒以位使之,非皆得其欢心也。夫天下之人独其有田者

---

① 《栾城集》卷十《进策五道》,《苏辙集》,第1330页。

乃使有以附属于天子,此其为众,岂足以当其下之仰给之民哉!此亦足以见天子之所属者,已甚寡矣。①

这与王安石抑制兼并的思想,何其相似!"天子不恤其阙,乃使富民持其赢余""富者独擅其利""天下之民举皆非天子之人"等表述,简直与王安石"阡陌闾巷之贱人,皆能私取予之势,擅万物之利,以与人主争黔首",②以及《兼并》诗中若干语句,如出一辙,二人都主张君主应掌控利柄,抑制兼并。有趣的是,苏辙晚年将这种思想、实践以及弊端,完全归咎于王安石:

> 惟州县之间,随其大小皆有富民,此理势之所必至,所谓"物之不齐,物之情也"。然州县赖之以为强,国家恃之以为固,非所当忧,亦非所当去也。能使富民安其富而不横,贫民安其贫而不匮,贫富相恃,以为长久,而天下定矣。王介甫,小丈夫也。不忍贫民而深疾富民,志欲破富民以惠贫民,不知其不可也。方其未得志也,为《兼并》之诗,其诗曰……及其得志,专以此为事,设青苗法,以夺富民之利。民无贫富,两税之外,皆重出息十二,吏缘为奸,至倍息,公私皆病矣。③

他认为州县之间,贫富相依乃人情常理,浑然忘却当年指责乡间富民滥放高利贷,使得贫民"脱衣避屋以为质",致使朝廷失去税收而富民横行乡里。他指责青苗法夺去富民之利,吏缘为奸,公私皆病,却似乎完全遗忘应制科时曾督促州县"春贷以合敛缯帛,夏贷以收秋实"。

这样看来,苏辙的上述言论,未免留下诸多疑惑:从嘉祐六年(1061)至熙宁二年(1069),何以数年之间,他从赞成州县借贷转向反对青苗法?或者当初的贤良进卷,只是他揣摩时政、思潮而作——言

---

① 《栾城集》卷十《进策五道》,《苏辙集》,第1330页。
② 《王安石文集》卷八十二《度支副使厅壁题名记》,第1431页。
③ 《栾城三集》卷八《诗病五事》,《苏辙集》,第1230页。

辞与思想的高度相似,让人怀疑他曾阅读过王安石《度支副使厅壁题名记》《兼并》等名作。青苗法制定的过程中,身为制置三司条例司属员的苏辙,其角色究竟是什么？以上等等,尚有待考证。

可以确定,苏辙对于王安石改革贡举废除《春秋》科取士,非常不满:

> 近岁王介甫以宰相解经,行之于世,至《春秋》漫不能通,则诋以为断烂朝报,使天下士不得复学。呜呼！使孔子之遗言而凌灭至此,非独介甫之妄,亦诸儒讲解不明之过也。元符二年闰九月八日志。①

经学史上著名的"断烂朝报"之说,最初即源自苏辙。然事实究竟如何,亦须仔细辨析。对于新法的理论基础《三经新义》,苏辙表现出无甚好感,自在情理之中。《栾城遗言》载:

> 公读《新经义》,曰:"干缠了湿缠,做杀也不好。"②

可他生平中最重要的学术著述《诗传》,"无论是在对《诗经》表达方式的认识方面,还是以此认识为基础的解释方法方面,苏辙都与王安石有很高的重合度"。二人的学术关系,"有可能更为多样且深入"。③

总之,苏辙与新学的关系比较复杂,不像其兄般针锋相对,明分壁垒。

哲宗元祐初,以苏轼、苏辙为首的苏门已经基本形成。一个重要契因,是苏门弟子都具有相似政见。同时,苏轼有意识地将捍卫儒道的责任,托付给门下弟子:"仆老矣,使后生犹得见古人之大全者,正

---

① 苏辙:《春秋集解引》,《全宋文》第95册,卷二〇七六,第259页。
② 苏籀撰,张剑光、李相正整理:《栾城先生遗言》,《全宋笔记》第34册,第158页。
③ 种村和史:《苏辙〈诗集传〉与王安石〈诗经新义〉的关系》,《宋代诗经学的继承与演变》,第218页。

赖黄鲁直、秦少游、晁无咎、陈履常与君等数人耳。"①经苏轼倡导,他们几乎异口同声地批判王氏新学。元祐元年(1086),陈师道作《赠二苏诗》云:

> 如大医王治膏肓,外证已解中尚强。探囊一试黄昏汤,一洗十年新学肠。②

所谓"外证已解",指元祐初旧党执政,尽废新法;所谓"中尚强",指新学仍然属科场必考,影响尚在。陈师道把澄清文坛、力祛新学之弊的希望,寄托于二苏。综观苏门对新学的批评,大抵与苏轼同声相应。如张耒批判法度之弊曰:

> 夫法度之弊,起于德不足而求胜其民,而败于启民之邪心而多怨。……法之于民,常制其一而开其一,制之者易见,而开之者难防。上下以智相胜,而奸邪诡伪不可胜究,故天下之人始忘其欢欣戴君之心,而有怨怒忌上之仇。
>
> 呜呼!惑者徒见法度密而民不化,文理具而功不立,日夜从而加之,呜呼!亦失其本矣。③

这明显响应苏轼在《礼以养人为本论》《策略三》中反复申述的"重人轻法"之论。张耒又谓:

> 何谓虚名?好尧、舜、三代之名是也。世之学者,圜坐而议政,未有不曰唐、虞、三代者也,其言当时之病,未有不曰不如唐、虞、三代者也。夫唐、虞、三代之法,岂诚有不足哉?时易而事迁,世变而势异……而已去之时,圣人不能强至也。呜呼!使

---

① 《苏轼文集》卷四十九《答张文潜县丞书》,第1427页。
② 陈师道著,任渊、冒广生注笺:《后山诗注补笺》卷一,中华书局1995年版,第24—25页。
③ 张耒撰、李逸安等点校:《张耒集》卷三十五《论法上下》,中华书局1990年点校本,第578—582页。

尧、舜、三代之圣人复出于今,而反顾当时之所为,吾知其必不复为之矣。故夫天下之不治,未始不自好名始。①

此处含沙射影,讽刺王安石以翰林学士入对时假借三代之名,诱导神宗发起变革。好名,即苏轼《应制举上两制书》所言"仕者莫不谈王道,述礼乐,皆欲复三代,追尧舜"。②

苏门中批评王安石最严厉的是秦观,他几乎否定了整个新法。如抨击王氏理财"无名之取,额外之求,盖不可胜数",③"切切焉从事于阖辟敛散之中,则是贱丈夫争锥刀之末耳,岂君子所谓理财者邪?"④他特别反感王氏废除诗赋取士,设立明法之科:"废《诗》《书》而从法律,则是举天下而入于申韩之术也。"⑤即便一向推重王安石的黄庭坚,也对王氏以穿凿之经解悬科取士,深致不满;不过,他不主张鸣鼓击之:

> 谈经用燕说,束弃诸儒传。滥觞虽有罪,末派弥九县。张侯真理窟,坚壁勿与战。难以口舌争,水清石自见。⑥

他批评其他新学弟子,只知恪守师说,未能有所开创:

> 荆公六艺学,妙处端不朽。诸生用其短,颇复齮户牖。譬如学捧心,初不悟己丑。玉石恐俱焚,公为区别不。⑦

---

① 《张耒集》卷三十五《本治论下》,第 592 页。
② 《苏轼文集》卷四十八《应制举上两制书》,第 1392 页。
③ 《淮海集笺注》卷十五《财用上》,第 593 页。
④ 《淮海集笺注》卷十五《财用下》,第 601 页。
⑤ 《淮海集笺注》卷十四《法律下》,第 563 页。
⑥ 黄庭坚撰,任渊、史容、史季温注,刘尚荣点校:《黄庭坚诗集注》卷四《奉和文潜赠无咎篇末多以见及既见君子云胡不喜为韵》,中华书局 2003 年版,第 153—154 页。
⑦ 《黄庭坚诗集注》卷四《奉和文潜赠无咎篇末多以见及就既见君子云胡不喜为韵》,第 158 页。

这揭示出新学衰亡的一个重要原因：缺乏富有创造力的弟子将新学发挥光大。

与二程相比，苏轼对新法、新学的抨击，在思想的深邃、系统性方面略有不及。但作为一代文学巨匠，苏轼凭借绚丽的文采，以如椽巨笔，将新法执行中的诸多弊端、新学的内在缺陷，通过诗歌、史论、书札、经解等各种书写体裁，揭露得淋漓尽致。日益商业化的新型印刷技术，促使这些作品在社会上广泛迅速地传播，将原本颇具隐密性的个体情感抒发、议论煌煌的朝堂政见以及庄重严肃的学术争论，呈现于社会大众面前，从而产生了前所未有的社会影响力。这就是文学的力量，远非书斋中高谈性理的道德家所能比拟。正如叶适所言：

> 买灯后所上书，于告君理体疑若未足，然初学为文者无不诵习。安石尤畏之。①

哲宗即位后，王安石去世，苏轼已经成为北宋后期的文坛盟主。其门下黄庭坚、晁补之、秦观、张耒、李廌等人，都堪称一流的文坛作手，拥有巨大影响力和号召力。他们的诗文作品，展示出北宋后期被奉为国是的新法、被尊为官学的新学，在"先王之法""孔孟之道"等冠冕堂皇的意识形态掩饰下，自有其荒谬残酷的一面。人心的向背，潜移默化，最终影响到学派间的竞争：

> 崇宁、大观间，海外诗盛行。……朝廷虽尝禁止，赏钱增至八十万，禁愈严而传愈多，往往以多相夸。士大夫不能诵坡诗者，便自觉气索，而人或谓之不韵。②

当时元祐学术之禁相当严峻，苏轼、黄庭坚、张耒、秦观等人的文集印版，悉遭焚毁。徽宗下诏，严禁士人以元祐学术政事聚徒传授，一经

---

① 叶适：《习学记言序目》卷四十九，中华书局1977年版，第725页。
② 《曲洧旧闻》卷八，第205页。

发现，必罚无赦。即便如此，苏轼诗歌仍然风靡天下，愈禁愈传。新学与蜀学的此消彼长，于此可见。① 宋室南渡后，蜀学从几十年的学禁中一跃而成为显学，新学则走向没落。

---

① 据高扬研究，徽宗朝的某些蜀学再传弟子，面临严酷的党锢，对新学表现出一定程度的迎合，出现了"王表苏里"的兼容现象。如苏元老，"一方面接受新政和新学的一些理念和政策，另一方面仍然基本保持了苏学立场"。《并行不悖：两宋之际苏学、王学兼容现象研究》，未刊稿。

第六章　荆公新学对宋代学术思想史之影响

宋室南渡后,新学日益衰落,但其影响并未立刻消歇。比如理学的兴起和发展,即深受新学的刺激。① 摆脱后世理学道统叙事的束缚,回归历史语境,认真梳理新学的影响,这有助于澄清宋代学术思想史的深层演变及历史脉络。② 以下拟从五个方面,予以探讨。

第一节　《周官新义》与宋代《周礼》学

（一）

儒家经典体系中,《周礼》问世最晚,其作者、时代等问题亦聚讼纷纭,迄今为止仍是一大公案。若追溯学术源流,王安石的《周官新义》影响深远。

宋初政权草创,国家礼制颇为疏漏。③ 其时礼学的重点,是和王

---

① 余英时强调:"二程道学是在与新学长期奋斗中逐渐定型的。"《朱熹的历史世界》,第54页。
② 夏长朴指出:"目前学界习知的宋代学术史,严格来说,其实不能说是宋代学术发展的真正面目,至多只能说是经过后代学者重新建构出来的学术发展。"《一道德以同风俗——王安石新学的历史定位及其相关问题》,《王安石新学探微》,第6页。所谓"后代学者建构",即"浸润在程朱理学氛围下,由《诸儒鸣道集》《伊洛渊源录》《道命录》《宋史·道学传》以及《宋元学案》等书相继建构的模式。"同上,第41页。
③ 文莹撰,郑世刚、杨立扬点校:《玉壶清话》卷一:"太祖初有事于太社,时国中坠典,多或未修,太社祝文亦亡旧式。"中华书局1984年版,第5页。卷二:"太祖初郊,凡阙典大仪,修讲或未全备。"第15页。

朝合法性密切相关的朝廷宗庙礼仪。① 科场上,则一仍唐代之旧。《礼记》因文简字少,人皆竞读,最为流行。至仁宗庆历前后,国家内忧外患,各种社会危机交踵而至。许多士大夫以天下治乱安危为己任,开始从儒家经典中寻求政治革新的理论依据。三礼之中,《周礼》逐渐受到重视。石介声称,《周礼》与《春秋》阐明王道、王制,有助于兴起三代之治。② 庆历三年(1043),李觏著《周礼致太平论》十卷五十一篇,析《周礼》之义为"内治""国用""军卫""刑禁""官人""教道"六个方面,序言谓:"噫！岂徒解经而已哉！唯圣人君子知其有为言之也。"③托古改制之意,已经相当明显。特别是庆历革新的领袖范仲淹,他条论政事时,往往援引《周礼》为据:

> 以《周礼》司徒之法,约而行之。……约《周官》之法,兴阙里之俗。……昔成周之盛,王道如砥,及观《周礼》,则大司马阵战之法粲然具存。乃知礼乐之朝,未尝废武。④
>
> 三曰精贡举。臣谨按《周礼》卿大夫之职,各教其所治,三年一大比,考其德行道艺,乃献贤能之书于王。王再拜受之,登于天府。⑤

以《周礼》来指导变革实践,从中寻求经典论证,范氏可谓著其先鞭。

与此同时,北宋儒学复兴中的疑传疑经之风也波及《周礼》。"自庆历后,诸儒发明经旨,非前人所及,然排《系辞》,毁《周礼》,疑《孟

---

① 宋初习礼学者如聂崇义、窦俨等多为后周旧臣,制礼作乐则沿袭后周。饶宗颐:《中国宗教思想史新页》,北京大学出版社2000年版,第38页。
② 《徂徕石先生文集》卷七《杂著》,第77页。
③ 《李觏集》卷五《周礼致太平论》,第67页。
④ 范仲淹撰、李勇先点校:《范仲淹全集》卷九《上执政书》,中华书局2020年版,第186—189页。
⑤ 《范仲淹全集·范文正公政府奏议》卷上《答手诏条陈十事》,第466页。

子》……不难于议经,况传注乎!"① 质疑《周礼》的代表性学者是欧阳修。其《问进士策问》曰:

> 然今考之,实有可疑者。夫内设公卿、大夫、士,下至府史、胥徒,以相副贰;外分九服、建五等、差尊卑以相统理,此《周礼》之大略也。而六官之属略见于经者五万余人,而里闾县鄙之长、军师卒伍之徒不与焉。王畿千里之地,为田几井?容民几家?王官王族之国邑几数?民之贡赋几何?而又容五万人者于其间。其人耕而赋乎?如其不耕而赋,则何以给之?夫为治者,故若是之烦乎?此其一可疑者也。秦既诽古,尽去古制。自汉以后,帝王称号,官府制度,皆袭秦故,以至于今虽有因有革,然大抵皆秦制也。未尝有意于《周礼》者,岂其体大而难行乎?其果不可行乎?夫立法垂制,将以遗后也,使难行而万世莫能行与不可行等尔。然则反秦制之不若也。脱有行者,亦莫能兴,或因以取乱,王莽、后周是也,则其不可用决矣。此又可疑也。②

圣人立制本诸简易,顺于人情,是为万世立法,期能行于后世。《周礼》所载种种制度,烦冗琐碎。六官之属,居然有五万余人,民之贡赋,实难供养。后世未见实行,或行而取乱,《周礼》当非圣人所撰。欧阳修基于常情常理,根据官僚机构的常规运作,怀疑《周礼》所载庞大繁琐的结构体系,不合情理。庆历后,这种观点广泛传播:

> (王)安石曰:"华辞诚无用。……如欧阳修文章于今诚为卓越,然不知经,不识义理,非《周礼》、毁《系辞》,中间学士为其所误,几至大坏。"③

---

① 王应麟著、翁元圻辑注:《困学纪闻》卷八,第1192页。
② 《欧阳修全集》卷四十八,第674页。
③ 《续资治通鉴长编》卷二百十一熙宁三年五月庚戌,第5135页。

至熙宁初,《周礼》研究中两种学风并存。一方面如司马光所言,妄议《周礼》出于战国时人所撰:"新进后生,未知臧否,口传耳剽,翕然成风。至有读《易》未识卦爻,已谓《十翼》非孔子之言;读《礼》未知篇数,已谓《周官》为战国之书。"①另一方面,王安石等则坚持以经术致用,《周礼》因详细记载所谓"先王之法",成为新法的理论首选。王氏认为,圣人治国平天下的规模、设施、制度,乃至精神、原则,备载《周礼》中。千百年来,其内涵被汉唐诸儒湮没,必须重新阐释:

> 惟道之在政事,其贵贱有位,其后先有序,其多寡有数,其迟数有时。制而用之存乎法,推而行之存乎人。其人足以任官,其官足以行法,莫盛乎成周之时;其法可施于后世,其文有见于载籍,莫具乎《周官》之书。②

王氏通过注解《周礼》,为新法提供经典理论支持。这深入推动了宋代的《周礼》研究,影响深远。

其一,宋初至熙宁,《周礼》的注解训诂整体上沿袭汉唐之旧,无甚突破发明。所谓"笃守古义,无取新奇,各承师傅,不凭胸臆,犹汉、唐注疏之遗也"。③ 王安石克服汉唐经学繁冗琐细的学风,从时代需求出发,寻绎经文中与时政密切相关的内容,阐发义理。这种解经方法,王氏并非首创者,④然毫无疑问,直到《周官新义》撰成并颁行科场学校,宋代经学才真正走出汉儒之藩篱,形成独特风貌。受王氏影响,新学弟子注重《周礼》,陆续注解。如王昭禹著《周礼详解》四十卷,"其学皆宗王氏新说",⑤"其附会穿凿,皆遵王氏《字说》。盖当时《三经新义》列在学官,功令所悬,故昭禹因之不改。然其发明义旨,

---

① 《温国文正公文集》卷四十五《论风俗札子》。
② 《王安石文集》卷八十四《周礼义序》,第1461页。
③ 皮锡瑞:《经学历史》,中华书局1959年版,第220页。
④ 梁启超:《王安石传》第二十章,第289—293页。
⑤ 《直斋书录解题》卷二,第45页。

则有不尽同于王氏之学者。"①他们注解《周礼》皆步武王安石,致使《周礼》学风大变。清代四库馆臣评论道:

> 《周礼》一书,得郑注而训诂明,得贾疏而名物制度考究大备。后有作者,弗能越也。周、张、程、朱诸儒,自度征实之学必不能出汉唐上,故虽盛称《周礼》,而皆无笺注之专书。其传于今者,王安石、王昭禹始推寻于文句之间,王与之始脱略旧文多辑新说。……其于经义,盖在离合之间。于是考证之学,渐变为论辨之学,而郑、贾几乎从祧矣。②

《周礼》从名物考证之学,演变为义理论辨之学,王氏及新学弟子与有力焉。

其二,熙宁四年(1071)贡举改革,王安石废除《春秋》,将《周礼》列为本经。这深刻改变了北宋经学研究的整体格局和走向。本来,仁宗朝的儒学复兴中,《周易》和《春秋》最受器重。前者"推天道以明人事",士人可借此来穷理尽性,上及天道,下涉人文。《春秋》则具列事实,中寓褒贬,宜于士人重建纲常名分,倡导"尊王攘夷",以适应赵宋开国的集权形势。正如孙复所言:"尽孔子之心者大《易》,尽孔子之用者《春秋》。是二大经,圣人之极笔也,治世之大法也。"③唐君毅描述道:

> 宋学之初起,乃是以经学开其先。在经学之中,则先是《春秋》与《易》之见重,然后及于《诗》《书》之经学;再及于《易传》《中庸》《大学》及《孟子》《论语》等汉唐人所谓五经之传记;终乃归至于重此传记之书,过于五经。④

---

① 《四库全书总目》卷十九《周礼详解》提要,第 150 页。
② 《四库全书总目》卷十九,第 155 页。
③ 《徂徕石先生文集》卷十九《泰山书院记》,第 223 页。
④ 唐君毅:《中国哲学原论·原教篇》,《唐君毅先生全集》,台湾学生书局 1984 年版,第 12 页。

按此经典顺序来描述理学发展,应当无甚疑问。对于整个宋代学术而言,则不免片面之嫌。譬如《周礼》学的崛起,便完全被遗漏。实际上,凭借科举考试中"本经"的崇高地位,以及王安石亲笔注解《周官新义》并颁于学校、科场,成为士人考取功名的必由之阶,《周礼》取代《春秋》一跃成为宋代后期的显学。王氏及新学弟子,则是这个潮流的发轫推动者。黄裳《讲周礼序》曰:

> 至周,然后《易》之书著。……至周,然后《礼》之书著。二书特言周者,以辨夏、商焉耳。二书之效,使人知有消息之数、吉凶之象,则守谦以防亏,作善以消谴;知有上下之分、高卑之势,则循理以避伪,由义以归正。然后号令者顺,而典谟之《书》行;吟咏者乐,而雅颂之《诗》作。则圣人何俟于《春秋》哉!……方今圣人立政造事,追复成周之法,五经之文,始得先生巨儒训而发之,分布儒林之官,造成多士。五经之教,固有先后之序,缓急之势,则《周官》之书岂可缓哉!①

《周礼》作为周代的盛世政典,与《周易》一起,使人明了消息吉凶,知晓尊卑上下。它们在五经中地位特殊。当今的变法既然取法三代,自当率先讲明《周礼》之制。经术造士,宜考虑先后之序、缓急之势,《周礼》居首,《春秋》殿后。

不仅如此。按照唐代的经学体系,"三礼"中《礼记》才是大国,《周礼》《仪礼》仅为附庸,故孔颖达为《礼记》作疏列于《五经正义》。至于科场上,《礼记》为大经,最为流行;而作为经邦之轨则的《周礼》、庄敬之楷模的《仪礼》仅为中经,传习少人,几度接近废辍。王安石废除《仪礼》,将《周礼》升为本经与《礼记》并列,又亲自撰注颁于学校科场。这导致《周礼》从"三礼"学中脱颖而出,《仪礼》学则每况愈下。

---

① 《演山集》卷二十二《讲周礼序》,第158页。

唐宋礼学格局,为之一变。朱熹曰:

> 《周官》一书,固为礼之纲领,至其仪法、度数,则《仪礼》乃其本经,而《礼记》"郊特牲""冠义"等篇乃其义说耳。前此犹有《三礼》、通礼、学究诸科,礼虽不行,而士犹得以诵习而知其说。熙宁以来,王安石变乱旧制,废罢《仪礼》,而独存《礼记》之科。弃经任传,遗本宗末,其失已甚。①

朱熹不反对提高《周礼》的科场考试地位,赞成保存《礼记》之科。但对王氏废除《仪礼》则耿耿于怀,认为颠倒经传、遗本宗末。至明代,顾炎武径直曰:"是则《仪礼》之废,乃自安石始之。"②

其三,旧党抨击新法时,经常追根溯源,反驳新法的经典依据《周礼》。或抨击《周礼》为伪作,或对经文提出不同的诠释,从而推进《周礼》学的深入发展。如《周礼》研究中著名的"刘歆伪造"说,即与王安石变法有关。邵博《邵氏闻见后录》卷三载:

> 昔孟子欲言周礼,而患无其籍。今《周礼》最后出,多杂以六国之制……晁伯以更以为新室之书也。……予颇疑之。后得司马文正公《日记》,上主青苗法曰:"此《周礼》泉府之职,周公之法也。"光对曰:"陛下容臣不识忌讳,臣乃敢昧死言之。昔刘歆用此法以佐王莽,至使农商失业,涕泣于市道,卒亡天下,安足为圣朝法也?且王莽以钱贷民,使为本业,计其所得之利,十取其一。比于今日,岁取四分之息,犹为轻也。"……是文正公意,亦以《周礼》多新室事也。自王荆公藉以文其政事,尽以为周公之书,学者无敢议者矣。③

---

① 《晦庵先生朱文公文集》卷十四《乞修三礼札子》,《朱子全书》第20册,第687页。
② 《日知录集释》卷七,上海古籍出版社2013年版,第454页。
③ 《邵氏闻见后录》卷三,第23页。

熙宁初,王安石以《周礼》为据,反驳政敌攻击青苗法:"政事所以理财,理财乃所谓义也。一部《周礼》,理财居其半,周公岂为利哉?"①司马光则对神宗指出,刘歆曾以《周礼》之法辅佐王莽,终致败亡。这一警戒明显针对王安石,已暗含《周礼》非周公所作之意,可谓对新法理论进行釜底抽薪。"晁伯以"即晁说之,司马光高足。他抨击《周礼》之激烈,犹过其师,几乎彻底否认《周礼》的经典地位:

> 言《周礼》者,真以为周公太平之书,而不知有六国之阴谋。地不足于封,民不足于役,农不足于赋,有司不足于祭,将谁欺邪?②

> 尊其名不核其实,玩其读莫适于事者,《周礼》之为书也。其出为最晚,刘歆初献之新莽,莽即拜歆《周礼》博士,书乃传焉。是书大抵烦礼渎仪,靡政僭刑,苛令曲禁,重赋专利,忌讳祈禳,诞迂不切事,适莽之嗜也。莽所用以戕天下之民而钳天下之口者,是书之奉也。③

按晁氏所言,《周礼》非但不是周公治太平之书,其作者、内容等简直与儒家毫不相干,实为刘歆辅佐王莽的残民之具。《周礼》学史上,这堪称最严厉的批判。所谓"言《周礼》者""尊其名不核其实"之人,直指王安石。四库馆臣剔抉隐微:

> 至于因安石附会《周礼》而诋《周礼》,因安石尊崇《孟子》而抑《孟子》,则有激之谈,务与相反,惟以恩怨为是非,殊不足为训。④

两宋之际,胡宏明确提出刘歆作伪说,《极论周礼》曰:

---

① 《王安石文集》卷七十三《答曾公立书》,第1271页。
② 《嵩山文集》卷十三《儒言·知本》。
③ 《嵩山文集》卷十四《辩诬》。
④ 《四库全书总目》卷九十二《儒言》提要,第779页。

> 自刘歆成书,惟郑康成推赞之,真周公之罪人也。谨按……《周礼》之书,本出于孝武之时,为其杂乱,藏之秘府,不以列于学官。及成、哀之世,歆得校理秘书,始列序为经。众儒共排其非,惟歆以为是。夫歆不知天下有三纲,以亲则背父,以尊则背君,与周公所为正相反者也。其所列序之书,假托《周官》之名,剿入私说,希合贼莽之所为耳。王安石乃确信乱臣贼子伪妄之书,而废大圣垂死笔削之经。弃恭俭而崇汰侈,舍仁义而营货财。不数十年,金人内侵,首足易位,涂炭天下,未知终始。原祸乱之本,乃在于是。①

胡氏认为,《周礼》晚出,残缺不全。刘歆校理秘府书籍时,将之列序为经,并以私说掺入其中,迎合王莽篡汉。王安石错信此书,据以变法,又废除孔子笔削之《春秋》,导致朝政混乱,金人入侵。洎南宋洪迈,全面接受晁、胡所言,进一步落实刘歆作伪、王莽改制与王安石变法间的联系:

> 《周礼》一书,世谓周公所作,而非也。昔贤以为战国阴谋之书,考其实,盖出于刘歆之手。《汉书·儒林传》尽载诸经专门师授,此独无传。至王莽时,歆为国师,始建立《周官经》以为《周礼》,且置博士。而河南杜子春受业于歆,还家以教门徒,好学之士郑兴及其子众往师之,此书遂行。歆之处心积虑,用以济莽之恶,莽据以毒痛四海,如五均、六筦、市官、赊贷,诸所兴为,皆是也。故当其时,公孙禄既已斥歆颠倒《六经》,毁师法矣。历代以来,唯宇文周依六典以建官,至于治民发政,亦未尝循故辙。王安石欲变乱祖宗法度,乃尊崇其言,至与《诗》《书》均匹,以作《三经新义》……则安石所学所行实于此乎出。……其后吕嘉问法

---

① 胡宏著、吴仁华点校:《胡宏集》,中华书局1987年版,第259—260页。

之而置市易,由中及外,害遍生灵。呜呼!二王托《周官》之名以为政,其归于祸民一也。①

余英时谓:"细读上引司马光《日记》和《容斋续笔》之文,不难看出他们是以刘歆来影射王安石,前者伪造《周礼》,后者著《周官新义》,前后如出一辙。所以在检讨了刘歆伪造说的发生历程以后,我们可以断定此说是北宋政争的产物;它起于意识形态的需要,而不是从《周礼》研究过程中发展出来的假设。"②这揭示出《周官新义》对宋代《周礼》学的刺激,极具启发。只是,完全把这种假说归诸意识形态,略嫌武断。自庆历后,儒者对《周礼》的怀疑一直未曾停止,王安石变法则将此种倾向进一步推进。而且,这种刺激不仅限于《周礼》的作者,也深入到《周礼》经文的训诂考订。

例如,《周礼》"以国服为之息"。《周礼·地官·司徒二》曰:

泉府,掌以市之征布,敛市之不售货之滞于民用者,以其贾买之;物楬而书之,以待不时而买者。买者各从其抵,都鄙从其主,国人郊人从其有司,然后予之。凡赊者,祭祀无过旬日,丧纪无过三月。凡民之贷者,与其有司辨而授之,以国服为之息。凡国事之财用取具焉,岁终,则会其出入而纳其余。③

郑玄注曰:

郑司农云:"赊,赊也。以祭祀、丧纪,故从官赊买物。"贾疏:"先郑之意,以祭祀、丧纪二者事大,故赊与民不取利。"

有司,其所属吏也。与之别其贷民之物,定其贾以与之。郑司农云:"贷者,谓从官借本贾也,故有息,使民弗利,以其所贾之

---

① 洪迈撰、孔凡礼点校:《容斋续笔》卷十六,中华书局2005年版,第421页。
② 余英时:《钱穆与中国文化》,上海远东出版社1994年版,第151—152页。
③ 《周礼注疏》卷十五,第449—451页。

国所出为息也。假令其国出丝絮,则以丝絮偿;其国出绨葛,则以绨葛偿。"玄谓以国服为之息,以其于国服事之税为息也。于国事受园廛之田而贷万泉者,则期出息五百。王莽时,民贷以治产业者,但计赢所得受息,无过岁什一。①

凡遇祭祀、丧纪,泉府赊与民不取利。若平时出贷于民赢利,则需收息。对于"以国服为之息",先郑、后郑解释不同。郑众将"息"解释为各随地宜出产的实物土产,而郑玄释为相当于二十税一的息钱。王安石采纳郑玄注,"谓周人国事之财用,取具于息钱",②据此将青苗法的利息规定为二分:"以常平籴本作青苗钱,散入人户,令出息二分,春散秋敛。"进而堂而皇之地将此视为先王之法,反驳异议:

> 初,安石言:"昔周置泉府之官,以权制兼并,均济贫乏,变通天下之财。后世惟桑弘羊、刘晏粗合此意。学者不能推明先王法意,更以为人主不当与民争利。今欲理财,则当修泉府之法,以收利权。"③

其中,收取"二分之息"引起朝堂上下广泛反对。除逐利、抑配等政策、道义层面的批判外,④有些异议者直接追溯《周礼》,质疑王安石理解经典有误。熙宁三年(1070)三月五日,孙觉上奏曰:

> 至于国服之息,说者不明,先郑、后郑各为一解。康成曰:

---

① 《周礼注疏》卷十五,第450—451页。
② 《宋朝诸臣奏议》卷一百十三李常《上神论论青苗》,第1228页。
③ 陈均编、许沛藻等点校:《皇朝编年纲目备要》卷十八,中华书局2006年版,第415—416页。《文献通考》卷二十一载韩琦驳青苗法奏疏:"奈何更引《周礼》'国服为息'之说,谓放青苗钱乃周公太平已试之法?"第624页。《宋会要辑稿》食货四载制置条例司言:"《周礼》泉府之官,民之贷者,承息有至二十而五,而曰'国之财用取具焉'。今常平新法预给青苗钱……比《周礼》贷民取息,立定分数,已不为多。近又令预给价钱,若遇物价极贵,亦不得过二分,即比《周礼》所取犹少。"第6049页。
④ 青苗法取息的争议,可见邓广铭:《北宋政治改革家王安石》,第176—183页。漆侠:《王安石变法》,河北人民出版社2001年版,第172—179页。

"于国事受园廛之田而贷万泉者,出息五百。"……又曰:"王莽时,民贷以治产业者,但计赢所得受息,无过岁计什一。"……康成虽引《载师》园廛为比,然卒以莽时为据。其意盖谓周制亦当尔也,不应周公取息反重于王莽之时。夫以王莽贪乱败亡之法,尚不至于以本计息,奈何谓《周礼》太平之制,而取息之厚乃至是邪?……况《周官》载治法甚详,必欲举而行之,宜有先于此者。如赊贷之法,刘歆行于新室,已不效矣。莽之亡虽不专以此,然亦取亡之一道也。故臣谓圣世讲求,宜讲求先王之法章明较著已试而效者,推而行之,不当取疑文虚说,苟以图治焉。①

孙氏认为,"国服为之息"一句先郑、后郑之注本就不同。以情理揆度,周公取息应在王莽"岁一"之下,不应收取高达二分的利息。既然泉府收息,注释不明,乃"疑文虚说",则不当引以为据推行青苗法。韩琦则认可郑众之注,将"国服之息"解释为实物,反对收取息钱:

> 经又云:"凡民之贷,与其有司辨之,以国服为之息。"郑众释云:"贷者,谓从官借本贾也,故有息;使民弗利,以其所贾之国所出为息也。假令其国出丝絮,则以丝絮偿;其国出绨葛,则以绨葛偿。"所谓周制有从官借本贾者,亦不以求民之利,但令变所贷钱使输国服,即以为息也。此所谓王道也。②

熙宁七年(1074)以后,关于青苗法的政策争议逐渐平息,相关的经学训释依然聚讼不已。郑(众、玄)注、贾(公彦)疏、王(安石)解之外,衍生出若干新解。马端临指出:

> 自王介甫以郑注"国服为息"之说行青苗误天下,而后儒之

---

① 孙觉:《上神宗论条例司画一申明青苗事》,《宋朝诸臣奏议》卷一百十二,第1225页。

② 《宋会要辑稿》食货四,第6052页。

解此语者,或以"息"为生息之息,或以"息"为休息之息,然于义皆无所当。①

如南宋学者朱申,将"国服为之息"解释为国家给予农民的无偿补助:"国服,谓生民于国所服之业,如农圃之类也。息者,保之使生息也。盖因其所服之业,以资其生生之计焉。"②永嘉学派陈傅良则将"息"字解释为服劳役,"读服如服公事之服,谓民之贷者,还本之后,更以服役公家几日为息"。③ 这些注解颇多牵强,反映出南宋《周礼》学者深受王安石以泉府借贷取息的刺激,试图阐明周公放贷纯为利民不为谋利,从而将《周礼》泉府与备受抨击的青苗法撇清关系。其中,新学学者王昭禹的注解颇耐寻味:

> 赊之为民也,贷之为国也。以其为民,故无息焉,但各以其物为抵而已。以其为国,故不以物抵而责之以出息。必与有司辨而授之,则辨其可与而后授之,以有司能知其有无故也。以国服为之息,则各以其所服国事贾物为息也。若农以粟米,工以器械,皆以其所有也。孟子曰:"使民盼盼然,将终岁勤动,不得以养其父母,又称贷而益之。"夫周之衰,不能为民正田制地,税敛无度,又从而贷之,则凶年饥岁,无以为偿矣。下无以为偿,而上之人又必责之,则称贷之法岂特无补于民哉! 求以国服为之息,则恐收还其母而不可得也。称贷之法虽存,其实异矣。④

---

① 《文献通考》卷八,第191页。
② 朱申:《周礼句解》卷四,景印文渊阁四库全书,第95册,第150页。
③ 王与之:《周礼订义》卷二十四引,景印文渊阁四库全书,第93册,第404页。元代丘葵《周礼补亡·地官》将"国息"解释为"以服役为息":"贷者从官借本,不可无息。有司,其所属吏也,辨与之,则其贷民之物,定其价以授之。还本之后,以服役公家为息。国服者,国中自七尺以及六十,野自六尺以及六十有五,皆征之,以供服役,所谓国服为息者此也。王介甫读《礼》不熟,以滋青苗之害,是岂先王立法之意!"
④ 王昭禹:《周礼详解》,景印文渊阁四库全书,第91册,第356—357页。

王昭禹首先区别"赊"与"贷"之不同,前者为民,不取息;后者为国理财,故须取息。这其实肯定泉府放贷取息的合理性,继续为青苗法辩解。至于"息"的内容,王氏释为"贾物"——商品,巧妙避免之前土产实物与税钱之间的对峙,①兼顾到青苗法执行中可以变卖自然物品兑换现钱来充当利息的实际状况。最后,又引孟子之言,看似反对政府放贷剥民,实则暗寓警戒之意:若逢衰乱之世,不能为民正田制地,税敛无度,又行放贷之法,则恐亏损本钱,遑论为国取息。称贷之法的成功与否,端看其人其时。这条注解,通过经文训释来弥合围绕青苗法的各种激烈冲突,于传统注疏外另出新意,体现出高明的解经技巧。

（二）

另一方面,《周礼》学的发展,也因王安石变法被彻底否定而遭遇池鱼之殃。从北宋后期开始,《周礼》的作者、真伪屡遭质疑,给《周礼》研究带来若干不良影响。南宋唐仲友评论道:

> 本朝熙宁间,更命儒生为新义,而王安石实董《周官》。其说多用《字说》,破碎经义,又因国服为息,始下青苗之令。诸儒非之,于是并疑《周官》,虽苏辙之学犹不免。于是后学牵惑义理名数,稍有不合,不加思虑考证,遽以非圣人全书,藉口世之治经者便文决科而已。先王之典,渐以不彰。②

---

① 俞菁慧、雷博认为:"这里所举'贾物'（"农以粟米,工以器械"）同样表现为物息,却与韩琦所取的'物产之息'（"丝絮""绨葛"）有着完全不同的意义:后者是地域性的物产,体现出自然经济状态下的物贡属性;而前者的'物息'概念则建立在职任与分工基础上,虽来源于个体劳动所得,但在经济分工体系中用于交换,侧重其商品属性,且随时可以转化为货币形式。"《北宋熙宁青苗借贷及其经义论辩——以王安石〈周礼〉学为线索》,《历史研究》2016年第2期,第20—39页。

② 唐仲友:《九经发题》,《金华唐氏遗书》,续金华丛书本,中国书店1984版,第6页。

苏辙曾分析《周礼》记载的土地、官吏数量,认为决不可信。① 他指出,"言周公之所以治周者,莫详于《周礼》。然以吾观之,秦、汉诸儒以意损益之者众矣,非周公之完书也。……凡《周礼》之诡异远于人情者,皆不足信也"。② 很多后学惑于此类议论,凡遇到《周礼》所载不符合己意处,便视为后人臆撰。这种草率作法,自然会影响到《周礼》的深入钻研。一些元祐旧党及其后裔、传人,因愤慨王安石以新法傅会《周礼》,甚至提出废斥《周礼》。清代纳兰性德总结道:

> 宋之群儒经义最富,独诠解《周礼》者寡,见于志者,仅二十有二家而已。盖自王安石当国,变常平为青苗,借口《周官》泉府之遗,作新经义,以所创新法尽会著之,又废《春秋》不立学官,于是与王氏异者,多说《春秋》而罢言《周礼》。若颍滨苏氏、五峰胡氏,殆攻王氏而并及于《周礼》者欤?③

纳兰氏将王安石撰写《周官新义》,视为宋代《周礼》学史上一个转捩点。这大致符合史实。

南宋以后,新学式微。《周官新义》仍然流行科场,可惜学术传承乏人,已从学术中心沦为边缘。它对宋代学术思想史之影响,并未消失,而是沉入历史底层,成为南宋学术建构的思想背景之一。儒家各派对王安石以《周礼》傅会新法,各抒己见,来为自己的政见张目。一种观点认为,《周礼》本身确为周公致太平之法,只是王安石学术不正,未能真正领悟经典真谛,行之不当,卒致北宋败亡。如叶适曰:

> 当熙宁之大臣,慕周公之理财,为市易之司以夺商贾之赢,分天下以债而取其什二之息,曰:"此周公泉府之法也。"天下之

---

① 《栾城集》卷二十《私试进士策问二十八首》,《苏辙集》,第357页。
② 《栾城后集》卷七《周公》,《苏辙集》,第960—961页。
③ 《〈周礼订义〉序》,《通志堂经解》第11册,广陵古籍刻印社1996版,第527页。

为君子者,又从而争之曰:"此非周公之法也,周公不为利也。"其人又从而解之曰:"此真周公之法也。圣人之意,六经之书,而后世不足以知之。"以此嗤笑其辨者。然而其法行而天下终以大蔽,故今之君子真以为圣贤不理,言理财者,必小人而后可矣。夫泉府之法……真周公所为也。……居今之世,周公固不行是法矣。夫学周公之法于数千载之后,世异时殊不可行而行之者,固不足以理财也。谓周公不为是法,而以圣贤之道不出于理财者,是足为深知周公乎?①

叶适是南宋浙东学派的巨擘。他虽然与王安石同持功利之说,却"独致意于政制之体系","专就制度以言之,而发现专制之根本困难在于集权过度"。② 这与王安石强调"人主收轻重敛散之权"的集权思想,迥然不侔。他批评王安石不知变通,面对千载之后的世异时殊,盲目施行所谓的周公之法。于是,不仅不足以理财救弊,反而导致世人误解,以为治理天下不须理财,理财非圣贤之道。

新学的宿敌理学一脉,南渡后同样面临王安石以《周礼》缘饰新法这一历史遗留。倘若由此彻底否认《周礼》,则势必导致儒家经典权威的失坠。以正统自居的理学家,必须对此作出合理诠释。朱熹曰:

> 至谓安石远取三代渺茫不可稽考之事而力行之,此又不知三代之政布在方册,虽时有先后而道无古今,举而行之,正能无望于后之君子。但其名实之辨、本末之序,缓急之宜,则有不可以毫厘差者。苟能于此察焉而无所悖,则其遗法虽若渺茫不可稽考,然神而明之,在我而已,何不可行之有?彼安石之所谓《周礼》,乃姑取其附于己意者,而借其高名以服众口耳,岂真有

---

① 《叶适·水心别集集》卷二《计财上》,第658—659页。
② 萧公权:《中国政治思想史》,第439—442页。

意于古者哉？若真有意于古,则格君之本、亲贤之务、养民之政、善俗之方,凡古之所谓当先而宜急者,曷为不少留意,而独于财利兵刑为汲汲耶！大本不正,名是实非,先后之宜又倒置,以是稽古,徒益乱耳！①

南渡以后,宋代儒学的重点逐渐转向心性哲学。这一过程中,王安石的刺激不容忽视。朱熹认为,王氏并非真欲实行《周礼》的政治蓝图,他只是借《周礼》为幌子,钳制反对者之口。所以,《周礼》并未因新法失败而丧失经世治平的经典价值。儒者的使命,即实现《周礼》所载完美的政治秩序,"举而行之,正不能无望于后之君子"。不过,首先必须辨明本末、先后、缓急。所谓的本、先、急,即正心诚意的道德修养。理学家并非完全否认制度建构的必要性,他们只是认定,制度的推行、秩序的建立,须建立在个体完美的德性基础上。学者的急务,不应汲汲于"财利兵刑",而须先明天理、去人欲。假如能充分实现个体的内在德性,那么,《周礼》"神而明之,在我而已,何不行之有？"朱熹的观点与程颢一脉相承,集中体现出理学家个体德性优先的价值立场。这种立场,因王安石变法而格外凸显出来,南宋以后则日益强化。

第二节 "断烂朝报"与《春秋》学

王安石诋《春秋》为"断烂朝报",是经学史上一桩著名公案。经李绂、蔡上翔等学者考辨,基本可确认,此言出自苏辙等元祐党人及其后裔、传人的蓄意捏造传播。南宋之后,以讹传讹,诋毁《春秋》遂被罗织为王安石的一大罪状。其实,王氏对《春秋》的态度,非常明

---

① 《晦庵先生朱文公文集》卷七十《读两陈谏议遗墨》,《朱子全书》第23册,第3381—3382页。

确。《答韩求仁书》曰：

> 至于《春秋》，三传既不足信，故于诸经尤为难知。①

此书写于治平元年（1064）。此前，他曾屡次引及"《春秋》之义""《春秋》之旨"，未曾怀疑《春秋》作为孔子笔削之经的权威性：

> 昔周人藏上古之书以为大训，而孔子《春秋》，天子之事也。盖夫讨论一代之善恶，而撰次以法度之文章，非夫通儒达才，有识足以知先王，不欺足以信后世，则孰能托《尚书》《春秋》之义，勒成大典，而称吾属任之指乎？②

> 故薄于责人，而非匿其过；不苟于论人，所以求其全。圣人之道，本乎中而已。《春秋》之旨，岂易于是？③

> 伏羲作《易》，而后世圣人之言也，非天下之至精至神，其孰能与于此？孔子作《春秋》，则游、夏不能措一辞。盖伏羲之智，非至精至神不能与；惟孔子之智，虽游、夏不可强而能也。④

> 成人则贵其所以成人而不敢名之，于是乎命以字之，字之为有可贵焉。孔子作《春秋》，记人之行事，或名，或字之，皆因其行事之善恶而贵贱之。二百四十二年之间，字而不名者十二人而已。人有可贵而不失其所以贵，乃尔其少也。⑤

以上四篇，一为制词，两为论说，一为字序，文体不同，皆可见王氏对《春秋》未有丝毫亵渎。他甚至将孔子修《春秋》与伏羲制《易》，相提并论。他只是认为，《公羊》《穀梁》《左氏》三传既不足信，直接理解《春秋》经文，便非常困难。此处质疑的，是汉唐以来将"三传"视为

---

① 《王安石文集》卷七十二《答韩求仁书》，第1254页。
② 《王安石文集》卷四十九《范镇加修撰》，第814页。
③ 《王安石文集》卷六十七《中述》，第1174页。
④ 《王安石文集》卷六十八《原性》，第1189页。
⑤ 《王安石文集》卷八十四《石仲卿字序》，第1469页。

《春秋》入门的经学传统。

既然"三传"不足信,如何去理解晦涩难懂的《春秋》,领会孔子之意?嘉祐八年(1063),王安石撰《大理寺丞杨君墓志铭》,提及当时《春秋》学中一个新方向:

> 治《春秋》,不守先儒传注,资他经以佐其说,其说超厉踔越,世儒莫能及也。①

墓主杨忱字明叔,翰林侍读学士杨偕之子,著有《春秋正论》十卷、《微言》十卷、《通例》二十卷。他研治《春秋》,"弃先儒旧说,务为高奇","常言《春秋》无褒贬"。② 所谓"先儒传注""先儒旧说",自然包括"三传"在内。杨氏摒弃旧传注,《春秋》学方面取得极高成就,关键是治学方法的突破——"资他经以佐其说"。对此,王氏颇为肯定。其高足陆佃曾转述师意:

> 荆公不为《春秋》,盖尝闻之矣。公曰:"《三经》所以造士,《春秋》非造士之书也。学者求经,当自近者始,学得《诗》,然后学《书》,然后学《礼》,三者备,《春秋》其通矣。"③

六经作为一个统贯的整体,皆为圣人之意的体现,"其理同故也"。④《春秋》晦涩,"三传"又不足据,不妨先学习《诗》《书》《礼》等经典,从中寻绎领会准确的圣人之意,然后据以解读《春秋》。王氏此言,其实具有深远的经学传统。子思曾曰:"夫子之教,必始于《诗》《书》,而终于礼乐,杂说不与焉。"⑤《礼记·王制》亦载:"乐正崇四

---

① 《王安石文集》卷九十三《大理寺丞杨君墓志铭》,第1616页。
② 《涑水记闻》卷十,第199页。
③ 《陶山集》卷十二《答崔子方秀才书》,第154页。
④ 《王安石文集》卷七十四《答吴孝宗书》,第1295页。
⑤ 傅亚庶撰:《孔丛子校释》卷二,中华书局2011年版,第111页。

术,立四教,顺先王《诗》《书》《礼》《乐》以造士。"①《诗》《书》《礼》《乐》为公学、外学,《易》与《春秋》则为专学、内学,②前三者(《乐》亡佚)更适合官学教育。在王氏看来,六经中《春秋》"尤为难知",故学者研习的次序,应在诸经之后:

> 求仁所问于《易》者,尚非《易》之蕴也。能尽于《诗》《书》《论语》之言,则此皆不问而可知。……至于《春秋》,三传既不足信,故于诸经尤为难知。③

或职此之故,王氏未曾专门研治《春秋》。据传,其弟子陆佃、龚原为《春秋》作注,遭到他的奚落:

> "断烂朝报"之说尝闻之先达,谓见之《临汝闲书》,盖病解经者,非诋经也。……其高第弟子陆农师佃、龚深甫原并治《春秋》,陆著著《春秋后传》,龚著《春秋解》,遇疑难者辄目为阙文。荆公笑谓:"阙文若如此之多,则《春秋》乃断烂朝报矣。"盖病治经者不得经说,不当以阙文置之,意实尊经,非诋经也。④

《临汝闲书》是南宋李壁所著,共一百五十卷,今佚。⑤ 据此书所载,则"断烂朝报"乃王氏奚落陆佃、龚原之语:若如二人所解,《春秋》岂非成为"断烂朝报"? 并非认为《春秋》即"断烂朝报"。李绂评曰:"盖病治经者不得经说,不当以阙文置之。"甚是。

王安石不信《三传》,主张谨慎研治《春秋》。这一方面受到北宋

---

① 《礼记正义》卷十,第404页。
② 王国维:《经学概论》第一章"总论",《王国维全集》第六卷,浙江教育出版社2009年版,313页。刘丰详细分析这一次序,认为五经中,《诗》《书》《礼》属于先王政典,详细记载三代之制,故王安石特别重视。《北宋礼学研究》,第222—224页。
③ 《王安石文集》卷七十二《答韩求仁书》,第1254页。
④ 李绂:《穆堂类稿·别稿》卷三十九《书周麟之孙氏春秋传序后》,清道光刻本。
⑤ 《宋史》卷三百八十九《李壁传》,第12109页。

儒学复兴中"疑传"之风影响；另一方面，也鉴于其时《春秋》学中诸多流弊。如"宋初三先生"之一孙复撰《春秋尊王发微》，纯以己意阐发《春秋》中的微言大义，"几于尽废三传"，①不免深文锻炼，"遂使孔庭笔削，变为罗织之经"。②王氏的审慎，雅非个人偏见，而是许多儒者的共识。王应麟《困学纪闻》卷六载：

> 王介甫《答韩求仁问春秋》曰："此经比他经尤难，盖三传不足信也。"尹和静云："介甫不解《春秋》，以其难之也，废《春秋》，非其意。"朱文公亦曰："《春秋》义例，时亦窥其一二大者，而终不能自信于心，故未尝敢措一辞。"③
>
> 横渠张子谓"非理明义精，殆未可学（《春秋》）"，朱子谓"《春秋》乃学者最后事"。此学至《春秋》而终矣。④

尹焞字和静，"朱文公"即朱熹，"横渠张子"是张载。这三位理学家与王安石的观点相似，都反映出《春秋》学中因疑《传》而导致的困窘。

不过，王氏的科举改革，却深刻影响到宋代《春秋》学的发展：

> 进士罢诗赋、帖经、墨义，各占治《诗》《书》《易》《周礼》《礼记》一经，兼以《论语》《孟子》。每试四场，初本经，次兼经并大义十道，务通义理，不须尽用注疏。次论一首，次时务策三道，礼部五道。中书撰大义式颁行。⑤

熙宁四年（1071）的贡举改革，废除诗赋改以经义取士，《春秋》不预所占儒家经典之列。这意味着士人参加科举考试，《春秋》不再列为考试科目。同时，官学中不再设置《春秋》学官，专门讲授《春秋》。自中

---

① 《四库全书总目》卷二十六《春秋传》提要，第215页。
② 《四库全书总目》卷二十六《春秋尊王发微》提要，第214页。
③ 《困学纪闻》卷六，第796页。
④ 《困学纪闻》卷六，第840页。
⑤ 《续资治通鉴长编》卷二百二十熙宁四年二月丁巳朔，第5334—5335页。

唐以后，科举取士作为选拔官员、社会流动的重要机制，屡有变迁，然规模、力度皆难比况此次。

王安石为何废除《春秋》取士，不设学官？《续资治通鉴长编》卷二百四十七载：

> 光州刺史、驸马都尉张敦礼乞立《春秋》学官，不许。先是，上以敦礼不识王安石，遣敦礼诣中书见之。敦礼求独见安石，安石辞以不曾被旨，与众见之。是日，上问安石见敦礼否，安石对如前，上曰："卿尝以《春秋》自鲁史亡，其义不可考，故未置学官。敦礼好学不倦，于家亦孝友，第未知此意耳。敦礼但读《春秋》而不读《传》，《春秋》未易可通。"冯京等曰："汉儒初治《公羊》，后乃治《穀梁》，《左氏》最后出。"上曰："汉儒亦少有识见者。"①

神宗完全认同王安石的《春秋》观——"三传"不足信，《春秋》之义茫昧难知，故不适合列为科举考试和官学讲授的科目。他拒绝驸马都尉张敦礼乞立《春秋》学官的请求，此即陆佃转述其师之言："《三经》所以造士，《春秋》非造士之书也。"科举、学校改革的重要目的，是以王氏之学"一道德而同风俗"，为变革培养、选拔合格的官僚，《春秋》之义难知，与此扞格。

《春秋》既被逐出科场，官学中又不设学官，遂引发北宋后期《春秋》学的重要变化。首先，五经中最受学者重视的《春秋》，受到新学弟子冷落。黄裳《讲周礼序》曰：

> 至周，然后《易》之书著。……至周，然后《礼》之书著。二书特言周者，以辨夏、商焉耳。二书之效，使人知有消息之数、吉凶之象，则守谦以防亏，作善以消谴，知有上下之分、高卑之势，则循理以避伪，由义以归正。然后号令者顺，而典谟之《书》行；吟

---

① 《续资治通鉴长编》卷二百四十七熙宁六年十月辛未，第6019页。

咏者乐,而雅颂之《诗》作。则圣人何俟于《春秋》哉!二书之教不行,然后三颂之次。圣人以鲁望周,周不可望也;以商戒周,周不可戒也。圣人始即书之后,绝之以《秦誓》焉。然则《春秋》安得而不作邪?方今圣人立政造事,追复成周之法,五经之文,始得先生巨儒训而发之,分布儒林之官,造成多士。五经之教,固有先后之序,缓急之势,则《周官》之书岂可缓哉!①

"先生巨儒训而发之",即指王安石提举训释《周礼》《尚书》《诗经》三部经典新义,颁行各级官学。"五经之教,固有先后之序",则强调《周礼》等三经的优先性,委婉表明《春秋》的政教功能不如前者。这其实重复王氏所言"《春秋》非造士之书"。黄裳进而为此提出新的阐述:《周礼》《周易》皆为西周盛世教化之书,而《尚书》《诗经》则表明教化之后,政令畅通,民众歌颂。这四部经典成于盛世,而《春秋》则是周衰以后,孔子警戒乱世之作。如今恰逢神宗兴起变革,力追三代之盛,自然应当暂缓《春秋》之教。鉴于以上经学观,王安石未曾注解《春秋》,其弟子普遍不甚注重《春秋》。《春秋》学史上,新学学派无足轻重。②

其次,众多研习《春秋》的士人,因无法参加科举考试而失去进身之阶,断绝仕途之望。那些恪守旧学,不愿为功名利禄折腰的士人,往往流落不偶。如崔子方,"涪陵人,流寓淮南,时尚新学,子方三上书请复《春秋》,不报,遂不应举"。③ 其著述《春秋经解》遂湮没无闻,至南宋后始行世:

---

① 《演山集》卷二十二《讲周礼序》,第158页。

② 陆佃是例外,他试图利用"九变"之序,重新整合儒家经典。杨彦龄载:"陆佃农师自江宁府丁太夫人忧归越,始学《春秋》,而得其说。尝云:'古之学者先明《诗》而《书》次之,《书》已明而《礼》《乐》次之,《礼》《乐》已明而《春秋》次之,《春秋》已明而《易》次之。故五变而《春秋》可举,九变而《易》可言也。吾于《易》见玄圣之道,于《春秋》见素王之道。玄圣,内也;素王,外也。内外进矣,而后可以言此。'"黄纯艳整理:《杨公笔录》卷一,《全宋笔记》第21册,第48页。

③ 《陶山集》卷十二《与崔子方书》题注,第153页。

考子方著是书时，王安石之说方盛行，故不能表见于世。至南渡以后，其书始显。①

又如林石字介夫，瑞安人，学者称为塘奥先生。"临川王氏《三经》行，先生独不趋新学，以《春秋》教授乡里。既而《春秋》为时所禁，乃绝意仕进，筑室躬耕，作堂室以养母。"②崔、林于坎壈困顿中仍坚守学术理想，诚属不易，可以想见，这只是特立独行的个案而已。大部分士人惟科举是务，一旦《春秋》不再列为考试科目，自然失去研读动力。北宋后期著名学者朱长文评论道：

> 熙宁中，王荆公秉政，以《诗》《书》《易》《礼》取天下士，置《春秋》不用，盖病三家之说纷纠而难辨也，由是学者皆不复治此经。③

杨时亦曰：

> 熙宁之初，崇儒尊经，训迪多士，以谓《三传》异同，无所考正，于《六经》尤为难知。故《春秋》不列于学官，非废而不用也。而士方急于科举之习，遂阙而不讲。④

朱、杨皆未将"断烂朝报"之说栽赃给王安石，只是平实叙述王氏不以《春秋》取士的原因，以及由此导致的后果——"学者皆不复治此经""阙而不讲"。迫于风气，甚至某些著名的《春秋》学者，也尽讳所学。如常秩：

> 常秩旧好治《春秋》，凡著书讲解仅数十卷，自谓圣人之意皆在是矣。及诏起，而王丞相介甫不好《春秋》，遂尽讳所学。⑤

---

① 《四库全书总目提要》卷二十七《春秋经解》提要，第217页。
② 《宋元学案》卷五《古灵四先生学案》，第247页。
③ 朱长文：《乐圃余稿》卷七《春秋通志序》，景印文渊阁四库全书，第1119册，第36页。
④ 《杨时集》卷二十五《孙先生春秋传序》，第677页。
⑤ 《墨客挥犀》卷七，第363页。

常秩是王安石好友,以《春秋》名家,因王氏之故,他入朝为官后不再宣扬《春秋》。学术风气的转移,可见一斑。于是,中唐以来本为儒家显学的《春秋》学,北宋后期渐呈凋落之势:"自王安石废黜《春秋》,天下学士不知尊尚。"①

至于元祐旧党,既与王安石政见相左,学术上往往针锋相对,于《春秋》学多所措意。② 张端义认为:

> 荆公黜词赋尊经,独《春秋》非圣经不试,所以元祐诸人多作《春秋》传解。③

如苏辙撰《春秋集解》,自序曰:

> 王介甫以宰相解经,行之于世。至《春秋》漫不能通,则诋以为"断烂朝报",使天下士不得复学。呜呼! 孔子之遗言而凌灭至此,非独介甫之妄,亦诸儒讲解不明之过也。故予始自熙宁谪居高安,览诸家之说而裁之,以义为《集解》十二卷。④

这与苏轼晚年鉴于《三经新义》风行天下,倾力撰写《易解》《书传》,用意一致。

第三节 新学与"孟子升格"

(一)

北宋之前,孟子并未受到历代王朝特别的尊崇。东汉赵岐曾称孟子为"亚圣",仅是一家之言而已。最能体现儒者历史地位的孔庙

---

① 《斐然集》卷十一《论遣使札子》,第 229 页。
② 刘子健认为,新党与旧党政治理论的差异,经典方面体现为《周礼》与《春秋》的对立。《宋代中国的改革——王安石及其新政》,第 104—108 页。
③ 张端义撰,许沛藻、刘宇整理:《贵耳集》卷下,《全宋笔记》第 81 册,第 193 页。
④ 苏辙:《春秋集解引》,《全宋文》第 95 册,卷二〇七六,第 259 页。

从祀与配享,①自东汉以下并无孟子。一直到唐代高祖、太宗、高宗三朝的祭祀与配享之争,孟子尚不预祭享之列。唐玄宗封颜渊为"亚圣""兖国公",封"孔门十哲"和"七十子"为侯,只字未及孟子。至于《孟子》一书,《汉书·艺文志》《隋书·经籍志》《旧唐书·经籍志》《新唐书·艺文志》《崇文总目》等书目均列于"子部"或"诸子"。② 从中可见,孟子在儒家中的地位,未显特别崇高。中唐以后,由杨绾、韩愈肇其端,孟子其人其书逐渐受到重视。③ 唐宋学术思想史上开始出现一个重大的历史转变,即"孟子升格运动"。④ 王安石堪称此运动中首屈一指的功臣,影响深远。⑤

王安石一生以孟子自励,⑥其学术沾溉于孟子处甚多。⑦ 他早年写作古文,模拟《孟子》的痕迹相当明显,以至于欧阳修告诫曰:"孟、韩文虽高,不必似之也,取其自然耳。"⑧他的第一部著作《淮南杂说》

---

① 关于孔庙从祀制,可见黄进兴:《权力与信仰:孔庙从祀制度的形成》,《优入圣域:权力信仰与正当性》,中华书局2010年版,第139—183页。

② 《孟子》正式入"经部",始于陈振孙《直斋书录解题》。详见卷三,第72—73页。

③ 赵翼谓:"宋人之尊孟子,其端发于杨绾、韩愈,其说畅于日休也。"《陔余丛考》卷四《尊孟子》,中华书局1963年版,第79页。

④ 周予同首先提出这一概念,见《周予同经学史论著选集》,上海人民出版社1983年版,第289页。之后,徐洪兴、周淑萍、张钰翰等有详尽论述。《思想的转型——理学发生过程研究》,上海人民出版社2016年版,第87—131页。《两宋孟学研究》,人民出版社2007年版。《北宋新学研究》,第241—356页。

⑤ 相关研究成果较夥,如夏长朴:《王安石思想与孟子的关系》,载《李觏与王安石研究》,台湾大安出版社1989年版,第175—212页。姚瀛艇:《宋儒关于孟子的争议》,载邓广铭、漆侠编:《中日宋史研讨会中方论文选编》,河北大学出版社1991年版,第315—328页。张钰翰:《王安石与孟子》,《新宋学》第九辑,第302—314页。

⑥ 《王安石文集》卷二十二《奉酬永叔见赠》:"他日若能窥孟子,终身何敢望韩公。"第345页。卷三十二《孟子》:"何妨举世嫌迂阔,故有斯人慰寂寥。"第535页。

⑦ 其荦荦大者,如王霸论、圣人论、人性论等,详见夏长朴:《王安石思想与孟子的关系》,《李觏与王安石研究》,第175—212页。

⑧ 《曾巩集》卷十六《与王介甫第一书》,第255页。

即拟孟之作,问世后,"天下推尊之,以比孟子"。① 王氏尊孟,最初或受韩愈影响。韩氏首次将孟子列入儒家的传道谱系中,认为只有孟子全得孔子真传,"醇乎醇者也"。② "自孔子没,群弟子莫不有书,独孟轲氏之传得其宗。……欲求观圣人之道者,必自孟子始。"③出于攘佛辟老之需,韩愈大力表彰孟子的卫道之功:

> 夫杨墨行,正道废……孟子虽贤圣,不得位,空言无施,虽切何补? 然赖其言,而今之学者尚知宗孔氏、崇仁义,贵王贱霸而已。……然向无孟氏,则皆服左衽而言侏离矣! 故愈尝推尊孟氏,以为功不在禹下,为此也。④

王氏早年深受韩愈影响,《送孙正之序》曰:

> 时乎杨墨,己不然者,孟轲氏而已;时乎释、老,己不然者,韩愈氏而已。如孟、韩者,可谓术素修而志素定也,不以时胜道也。惜也不得志于君,使真儒之效不白于当世。⑤

韩愈与孟子并称"真儒",均有卫道之功,可惜皆未能得君行道。庆历以后,王氏治学逐渐超越韩愈,文辞之间颇有不逊,然对孟子的尊崇一以贯之。

夏长朴指出,宋儒对孟子的推崇主要聚集以下几点:一、以孟学排斥异端;二、依孟子所言建立儒家道统;三、以孟子的心性论来探讨心性问题。⑥ 这一概括比较精辟,具体到王安石,则有些许不同。中年以后,王氏对释、老采取一种开放兼容的姿态,甚少提及孟子的

---

① 马永卿:《元城语录》卷上,清雍正元年钞本。
② 《韩愈文集汇校笺注》卷一《读荀子》,第112页。
③ 《韩愈文集汇校笺注》卷十《送王埙秀才序》,第261页。
④ 《韩愈文集汇校笺注》卷八《与孟简尚书书》,第887—888页。
⑤ 《王安石文集》卷八十四,第1473页。
⑥ 夏长朴:《尊孟与非孟》,《中国哲学》第二十四辑,辽宁教育出版社2004年版。

卫道之功。《永乐大典》载：

> 荆公曰："人有乐孟子之距杨墨而以斥佛老为己功,呜呼！庄子所谓夏虫者,其斯人之谓乎！道岁也,圣人时也,执一时而疑岁者,终不闻道矣。"①

宋代士人经常援引孟子来排斥佛老,维护儒家正统。对此,王氏不以为然。他将此类士人讥为《逍遥游》中的"夏虫",将"道"比作岁,将圣人比作时,认为执圣人之言来怀疑、否认佛老,终不闻大道。

心性方面,王安石的确从孟子处汲取许多思想资源。他早年服膺"性善论",中年以后逐渐融合孟子、扬雄的性论,提出"性有善有恶"。此外,王氏阐释《孟子》,尤其注重士人的出处哲学——如君臣关系、师臣,②以及《孟子》中"外王"的一面。这与二程等理学家有所不同。概言之,早年身处下位,他主要继承和发扬孟子的出处哲学,阐述士人出仕应当遵循的道德准则。③ 中年以后官位渐高,则侧重发扬孟子的仁政及大有为精神,为变法更制张目。如曰：

> 今朝廷法严令具,无所不有,而臣以谓无法度者,方今之法度多不合于先王之法度故也。孟子曰："有仁心仁闻而人不被其泽者,为政不法先王之道故也。"非此之谓乎？④

此处引用孟子名言,强调取法先王、变更法度的必要性。又或者对孟子的义利之辨别出新解,为变法的理财措施辩护：

> 所言利者,为利吾国、(如曲防遏籴,)利吾身耳。至狗彘食人则检之,野有饿莩则发之,是所谓政事。⑤

---

① 《海外新发现永乐大典十七卷》,上海辞书出版社2003年版,第618页。
② 见本书第一章第三节。
③ 同上。
④ 《王安石文集》卷四十一《拟上殿札子》,第685页。
⑤ 《王安石文集》卷七十三《答曾公立书》,第1271页。

精神气质上,王安石引孟子为隔代知音:

> 沉魄浮魂不可招,遗编一读想风标。何妨举世嫌迂阔,故有斯人慰寂寥。①

孟子身处群雄争霸之际,游走战国诸侯之间,倡导仁政,宣扬王道,孜孜不倦,历来被视为迂腐不切实际的儒生典型。王安石论政动辄回归三代,取法先王,其崇高的政治理想,经常被时人讥讽为泥古迂阔。如吴奎称:"臣尝与安石同领群牧,见其护前自用,所为迂阔,万一用之,必紊乱纲纪。"②唐介反对王安石执政,理由是他"好学而泥古,故议论迂阔,若使为政,必多所变更,天下必困扰"。③ 吴、唐皆为北宋名臣。他们指责王安石"迂阔",未必出于个人私怨,而是作为务实派官僚,他们不认同王氏行政中秉持强烈的复古理想主义。"何妨举世嫌迂阔",王、孟间的精神契合,即在于以道自任、蔑视流俗的高度自信。政事上,具体表现为高揭先王之道,批判世俗因循之法,力主变革。《上仁宗皇帝言事书》曰:

> 今朝廷法严令具,无所不有,而臣以谓无法度者,何哉?方今之法度,多不合乎先王之政故也。孟子曰:"有仁心仁闻而泽不加于百姓者,为政不法于先王之道故也。"以孟子之说,观方今之失,正在于此而已。④

熙宁元年(1068)四月,王氏以翰林学士越次入对,力劝神宗取法尧舜,"鄙魏征、诸葛孔明为不足道,俱是摹仿孟子气概"。⑤ 这种"跨越古今、斡旋宇宙之意",与孟子"如欲平治天下,当今之世,舍我其谁也"的精神可谓一脉相承。

---

① 《王安石文集》卷三十二《孟子》,第535页。
② 《宋史》卷三百一十六《吴奎传》,第10320页。
③ 《宋史》卷三百一十六《唐介传》,第10329页。
④ 《王安石文集》卷三十九,第641—642页。
⑤ 顾栋高:《王荆国文公年谱》卷上,《王安石年谱三种》,第48页。

"孟子升格运动"中，王安石与新党、新学学者作出两大重要贡献：其一，将孟子提升到圣人的阶位，超越诸贤之上。之前，孟子已从普通的诸子纳入儒道传承的谱系，成为传道、卫道的贤人，与荀子、扬雄、王通、韩愈等并列：

> 杨墨交乱，圣人之道复将坠矣。……故孟轲氏出而佐之，辞而辟之，圣人之道复存焉。……孟轲氏没，圣人之道火于秦，黄老于汉。天知其是也，再生扬雄氏以正之，圣人之道复明焉。……扬雄氏没，佛于魏、隋之间讹乱纷纷，用相为教。上扇其风以流于下，下承其化以毒于上，上下相蔽，民若夷狄，圣人之道陨然告逝，无能持之者。天愤其烈，正不胜邪，重生王通氏以明之，而不耀于天下也。出百余年，俾韩愈骤登其区，广开以辞，圣人之道复大于唐焉。①

> 噫！自夫子殁，诸儒学其道得其门而入者鲜矣，惟孟轲氏、荀卿氏、扬雄氏、王通氏、韩愈氏而已。彼五贤者，天俾夹辅于夫子者也。②

> 孔子为圣人之至。噫！孟轲氏、荀况氏、扬雄氏、王通氏、韩愈氏五贤人，吏部为贤人而卓。③

柳开、孙复、石介等将孟子、荀子、扬雄、王通、韩愈尊为五贤，表彰他们排斥异端、捍卫儒道之功。然圣贤有别，魏晋以降的儒学史中，圣、贤永隔一间，无法逾越。即使主张圣人可学可至、推崇孟子"有功于道，为万世之师"的二程，面对门人质询"孟子还可以为圣人否"，也不敢遽然确认："未敢便道他是圣人，然学已到至处。"④王安石应当是宋代第一位明确把孟子视为圣人的儒者：

---

① 柳开撰、李可风点校：《柳开集》卷六《答臧丙第一书》，中华书局 2015 年版，第 73 页。
② 《孙明复小集》卷一《上孔给事书》，《宋集珍本丛刊》第 3 册，第 166 页。
③ 石介：《徂徕石先生文集》卷七《尊韩》，第 79 页。
④ 《河南程氏遗书》卷十九，《二程集》，第 255 页。

> 夫尧、舜、周、孔之道,亦孟子之道也;孟子之道,亦尧、舜、周、孔之道也。①
>
> 治教政令,圣人之所谓文也。书之策,引而被之天下之民,一也。……二帝、三王引而被之天下之民而善者也,孔子、孟子书之策而善者也,皆圣人也,易地则皆然。②

孟子首次与孔子并驾,厕身于尧、舜等儒家圣人行列。不同的是,尧、舜等身居王位,可以行道济民;而孔子、孟子则只能立言明道。但这只因他们所处的时势地位不同,若易地则皆然。孟子之后,儒门中再无圣人出现,扬雄堪为大贤,尚隔一间:

> 扬雄者,自孟轲以来未有及之者,但后世士大夫多不能深考之尔。孟轲,圣人也。贤人则其行不皆合于圣人,特其智足以知圣人而已。③

扬雄与孟轲的差别,即贤、圣之别。贤人理解圣人的所作所为,然言行举止不能与圣人一一相合。

其二,借助政治权力,将中唐以来士林中的"孟子升格运动"转化为朝廷的意识形态,整合到国家礼制中。熙宁四年(1071),王安石实施贡举改革,废除诗赋取士,改考经义。《孟子》首次列入科举考试的科目,与《论语》并列"兼经",成为科场中的经典。杨绾、皮日休当年的奏请,④历经一、二百年后,方由王安石付诸实践,堪称"孟子升格

---

① 《王安石文集》集外文二《荀卿上》,第 1817 页。
② 《王安石文集》卷七十七《与祖择之书》,第 1340 页。
③ 《王安石文集》卷七十二《答龚深父书》,第 1255 页。
④ 赵翼:《陔余丛考》卷四:"《孟子》书汉以来杂于诸子中,少有尊崇者。自唐杨绾始请以《论语》《孝经》《孟子》兼为一经,未行;韩昌黎又推崇之。其后皮日休请立《孟子》为学科,其表略云:圣人之道,不过乎经;经之降,不过乎史;史之降,不过乎子。不异道者,《孟子》也;舍是而异者,皆圣人之贼也。请废《庄》《老》之书,以《孟子》为主。有能通其义者,其科选同明经。则宋人之尊《孟子》,其端发于杨绾、韩愈,其说畅于日休也。"中华书局 1963 年版,第 79 页。

运动"中的里程碑。熙宁七年(1074),判国子监常秩等请立孟轲像于孔子庙庭,并赐爵号。① 元丰六年(1083),孟子首次受到官方封爵,封为"邹国公"。② 元丰七年(1084),孟子、荀子、扬雄、韩愈等入祀孔庙,孟子独获配享,与颜子并列。③ 徽宗宣和年间,《孟子》首次作为儒家经典被刻成石经,成为"十三经"之一。④ 至此,"孟子升格运动"完成了从士林到庙堂的体制化建构,⑤宋代的礼制祀典确认了孟子的圣人地位。这一过程,主要由新党及新学弟子发起并完成。其背后的动力,是北宋日益流行的"尊孟"思潮,特别与王安石对孟子的尊崇密切相关。⑥ 王安石一生以继承孟子为己任,故新党推波助澜,成就其志——推尊孟子,某种程度上即推尊王氏,且为他进入孔庙祀典预留一席之地。而推尊王氏,又是新党意识形态建构中的重要一环。顾炎武指出:

> 神宗元丰七年,始进荀况、扬雄、韩愈三人。此三人之书虽有合于圣人,而无传注之功,不当祀也。祀之者,为王安石配享、王雱从祀地也。⑦

在王安石影响下,新学弟子勤治《孟子》,纷纷作注,推进了宋代的《孟子》研究。⑧ 可惜这些注解大都亡佚,具体成就、特色无从窥知。

---

① 《宋史》卷一百五《礼八》,第 2548 页。
② 《续资治通鉴长编》卷三百四十元丰六年十月戊子,第 8186 页。
③ 《续资治通鉴长编》卷三百四十五元丰七年五月壬戌,第 8291 页。
④ 《郡斋读书志校证》卷十,第 418 页。
⑤ 张钰翰有详细的研究。《北宋新学研究》,第 241—356 页。他进而分析这一过程背后的政治文化,认为体现出"北宋士人自我主体精神的不断增强与对皇权的对抗"。第 242 页。
⑥ 朱熹指出:"孟子配享,乃荆公请之。"《朱子语类》卷九十,第 2294 页。
⑦ 《日知录集释》卷十四,第 855 页。张钰翰进而分析,新党尊孟,不仅为了有意树立王安石的重要地位,也体现出王氏罢相后,朝廷士大夫欲以道统制约神宗君权的努力。《北宋新学研究》,第 337—353 页。
⑧ 相关著述,可见本书第三章第三节。

（二）

随着孟子地位急剧上升，"亚圣"的权威性逐渐体现出来，并渗透到经学研究中。建炎初，晁说之上奏高宗，乞审覆皇太子所读《孝经》《论语》：

> 今国家五十年来，于孔子之道二而不一矣。其义说既归之于老、庄，而设科以《孟子》配六经，其视古之黜百家而专明孔氏六经，不亦异乎？前者学官罢黜孔子《春秋》，而表章伪杂之《周礼》；以孟子配孔子，而学者发言折中于《孟子》，而略乎《论语》，固可叹矣。①

"设科以《孟子》配六经"，指《孟子》升为兼经；"以孟子配孔子"，指孔庙祀典中以孟子配享孔子。晁说之认为，对孟子的推尊导致"学者发言折中于《孟子》"，孟子成为学者的言论准则，而孔子、六经的权威相对遭到削弱。以下简略分析新学学派的经典注解，如何从阐释策略、旨趣等方面体现"孟子升格"：

1. 《易》学　宋代之前，《易》学中的象数、义理两派，或据爻象判断吉凶，或援老、庄阐发义理，于《孟子》绝少措意。北宋"尊孟"的士人中，胡瑗已开以《孟》注《易》之先河，其《周易口义》屡引《孟子》。② 王安石既推崇孟子，又与胡氏颇有学术因缘。他将孟子思想纳入《周易》注解，改变了义理派以道家思想统贯《周易》卦爻的学术取向，于汉唐注疏外自出新意。如《夬》卦（乾下兑上）"九三，壮于頄，有凶。君子夬夬，独行，遇雨若濡，有愠无咎"：

> 王氏安石曰：九三，乾体之上，刚亢外见，"壮于頄"者也。

---

① 《嵩山文集》卷三《奏审覆皇太子所读孝经论语尔雅札子》。
② 仁宗至和、嘉祐间，胡瑗曾令弟子孙觉于太学讲《孟子》。《宋元学案》卷一，第28页。

夬夬者,必乎夬之辞也。应乎上六,疑于污也,故曰"若濡"。"君子之所为,众人固不识",若濡,则有愠之者矣。和而不同,有夬夬之志焉,何咎之有?①

《夬》卦下乾上兑,象征决断。卦中初至五皆为阳爻,共决上六一阴爻,意谓以刚决柔;刚为君子,阴为小人。五阳刚长以决阴,而九三爻却独与上六相应,对此王弼释曰:

> 夬为刚长,而三独应上六,助于小人,是以凶也。君子处之,必能弃夫情累,决之不疑,故曰夬夬也。若不与众阳为群,而独行殊志,应于小人,则受其困焉。"遇雨若濡",有恨而无所咎也。②

此爻之所以"有凶",乃因九三"独应上六""独行殊志""助于小人"的离群独行之举。王安石不赞同王弼注。按《孟子·告子下》载,孔子以鲁司寇从祭,以燔肉不至,不税冕而行。孟子认为此举"欲以微罪行,不欲为苟去",并赞扬孔子"君子之所为,众人固不识"。王氏引用这句名言,指出九三应于上六,只是表面权宜、和而不同,并不意味与上六同流合污。九三此举,不为众人理解,然有道君子的特立独行,自是流俗众人所不喻。由此,王安石扭转了王弼注的否定性阐释,赋予九三爻以崭新的意义——"三不足"中"众人不足恤",已具雏形。其阐释机制,即汲取孟子以道自重、应时权变的思想,来解读《易》。《易》学史上,这颇具开拓性。③

2.《礼记》学 新学弟子研治《礼记》,与汉唐注疏的一个重要不同,即更为广泛地引用《孟子》作为注释阐说的根据,以出新意。南宋

---

① 《周易义海撮要》卷四,第419页。
② 《周易正义》卷五,第182页。
③ 金生杨较早注意到王安石《易解》与《孟子》的关系,见氏著《王安石易解与孟子关系刍议》,《四川师范学院学报》(哲社版)2002年第5期,第85—88页。

卫湜所编《礼记集说》收辑王安石("临川王氏")及新学学者陆佃("山阴陆氏")、马晞孟("严陵马氏")、王昭禹("新安王氏")、陈祥道("长乐陈氏")、方悫("严陵方氏")等人的《礼记》注解,从中可窥一斑。如《礼记集说》卷十三"儗人必于其伦":

> 郑玄注曰:"儗,犹比也。伦,犹类也。比大夫当于大夫,比士当于士,不以其类,则有所亵。"
>
> 蓝田吕氏(大临)曰:"儗人者,必以其德相似也,不相似,则非伦矣。孟子称:'尧舜性之也,汤武身之也。'又曰:'禹、稷、颜回易地则皆然,曾子、子思易地则皆然。'儗之得其伦也。"
>
> 严陵方氏曰:"禹、稷、颜回,时固不同矣,孔子俱以为贤者,为其道之伦而儗之也。夷、惠、伊尹,迹固不同矣,孟子俱以为圣者,为其心之伦而儗之也。子夏以有若似孔子,徒儗之以貌而已,然不知圣贤之德不伦也。公孙丑以管仲比孟子,徒儗之以位而已,然不知王霸之业不伦也。"①

郑注简洁明了,儗即比、伦即类之意;类,指社会地位相同或相似。吕大临将"其伦"解释为"其德相似",反映出理学家对道德的重视,继而引用孟子之言作为辅助例证。方悫则更进一步,发掘出"伦"的多重内涵:时不同而道同、迹不同而心同,皆可以拟之;若德不同而貌同、心不同而位相似(师),则拟之为不伦。很明显,方注汲取了经王安石阐释过的孟子王霸论——王霸迹同而心异,以及圣贤论——圣贤道同而迹不同,引申发挥《礼记》的经文,拓展出新的阐释空间。

又如《礼记集说》卷二十二"仕而未有禄者,君有馈焉曰献,使焉曰寡君,违而君薨,弗为服也":

> 郑氏曰:"见在臣位与有禄同也。君有馈,有馈于君也。违,

---

① 卫湜:《礼记集说》卷十三,景印文渊阁四库全书,第117册,第272页。

去也,以其恩轻也。"

　　临川王氏曰:"经言'君有馈焉',而解之曰'有馈于君',似非也。且臣之馈君谓之献,岂问有禄未有禄乎?"

　　长乐陈氏曰:"孟子曰'汤之于伊尹,学焉而后臣之','桓公之于管仲,学焉而后臣之'。方其学焉,则宾之而弗臣,此所谓仕而未有禄者也。宾之而弗臣,故有馈焉。不曰赐而曰献,其将命之使,不曰君而曰寡君,若子思之仕鲁、孟子之仕齐是也。违而君薨,弗服,则在国而君薨,为之服矣。"①

郑玄将"君有馈焉"解释为"有馈于君",引起王安石的质疑,"似非也"。王氏暗示,"有馈于君"不应理解为臣子有物品欲奉献君主——若如此,何必询问有禄或无禄? 此句当指君主赐物予臣,故赐予前先行询问。陈祥道则先引用《孟子·公孙丑下》之言,解释像伊尹、管仲之类的师臣,便是所谓"仕而未有禄者";继而指出,经文之所以将"君有馈"称为"献"而非"赐",乃因所赐者衔命出使;最后再以子思仕鲁、孟子仕齐为例,解释"寡君"的称谓所指。这样,陈氏就化解了王氏的疑问,并将王氏的暗示之意落实到具体的经文疏解中。《孟子》的引入,赋予了经文崭新的意指。

3.《论语》学　"孟子升格运动"中一个基本的理念预设,即承认孟子真正继承了孔子之道。《孟子》是孟子一生言行思想的记载,正如《论语》之与孔子。以此推论,《孟子》在《论语》诠释中的重要性,必然会随孟子地位的提高而与日俱增。魏晋南北朝时期,何晏作集解、皇侃作义疏的《论语集解义疏》,提及《孟子》不过十几处。北宋邢昺等删除皇疏,改以儒家义理作新疏,其中涉及《孟子》不到三十处。然而,至北宋后期新学门人陈祥道撰《论语全解》,十卷篇幅中居然有一百二十处引用《孟子》。《孟子》被当作最能诠释《论语》之意的权威典

---

①　《礼记集说》卷二十二,第452页。

籍,孟子被视为印证孔子之言的典范,成为陈氏注解时的思想源泉。

如《论语全解》卷一"子曰:《诗》三百,一言以蔽之,曰思无邪",陈氏注曰:

> 无邪者,天之道;思无邪者,人之道。《诗》言性情而束之于法度,其言虽多,一言可以蔽之者,思无邪而已。观变风、变雅作于王道陵夷之后,犹止乎礼义,则《诗》之思无邪者,于此可见矣。《孟子》曰:"博学而详说之,将以反说约也。"扬子曰:"多闻,守之以约"。《诗》三百一言以蔽之者,说约故也。然说约者犹事乎善言,为《诗》者不说,则忘言矣。盖言者君子所以教人,忘言者君子所以自处。①

这是一篇标准的新学解经范本。前二句将"无邪"释为天道,将"思无邪"释为人道,天人分说的论述方式,应模仿王安石"无为者,天之道;有为者,人之道"。下一句的"性情",因其天生,属天之道;以法度束之,则属人之道。此即王氏所强调的"天生人成"之义。而"束之以法度",亦非泛泛而言,实乃化用王氏对诗的定义:"诗字,从言从寺。寺者,法度之所在也。"②以上从天、人两方面,论说《诗》即以法度来约束性情之言,故思无邪;并以变风变雅犹止于礼义,强调"思无邪"之确然。继而,陈氏将"一言以蔽之"解释为"说约",即孟子所谓"博学而详说之,将以反说约也",扬雄所谓"多闻,守之以约"。最后,又深入区分"善言"与"忘言"之别,辨析孔子此言之用意:孔子并非《诗》作者,他之所以对《诗》三百一言以蔽之,乃教人之需;若《诗》之作者,并未作此陈述,此乃"忘言"。"言者君子所以教人,忘言者君子所以自处",表述上又模仿王安石名言"高明所以处己,中庸所以处人"。

---

① 《论语全解》卷一,景印文渊阁四库全书,第196册,第71页。
② 李之仪:《姑溪居士文集·后集》卷十五《杂题跋》,《宋集珍本丛刊》第27册,第186页。

至此,陈祥道完成此句注解。它既解释何谓"思无邪"、为何"一言以蔽之";又推测孔子的用心所在。特别是,其注解于孔子、孟子、扬雄和王安石之间,搭起沟通的桥梁。孟子作为仅次于孔子的圣人,厕身于这一圣贤系列,印证孔子言说的权威性。

以孟子的言行,来疏通印证孔子之语,是陈祥道注解《论语》的常用方式。如《论语全解》卷四"邦有道,贫且贱焉,耻也;邦无道,富且贵焉,耻也",陈注曰:

> 于可仕之时而无可仕之道,贫且贱焉,耻也;于可退之时而无必退之志,富且贵焉,耻也。孔子曰:"邦无道,穀,耻也。"孟子曰:"立乎人之本朝而道不行,耻也。"与"邦无道富且贵焉耻也",同一意。①

孟子所言见于《孟子·万章下》,意谓出仕为官而不能行道,是一种耻辱。这与孔子所言"邦有道,贫且贱焉,耻也"之意,看似不同,实则皆强调士人出处须以道自重。陈氏将二者绾合一起,以孟注孔,的确把握住孔孟以道自任的精神实质。

又如《论语全解》卷五"子曰:三军可夺帅也,匹夫不可夺志也",陈注曰:

> 夫以死生之大,犹不得与变,又况穷通之小者乎?故首阳之饥不能降伯夷之志,齐之卿相不能动孟子之心。此《儒行》所谓"身可危而志不可夺"。孟子曰:"志,气之帅也。"气之帅本诸天,三军之帅本诸人。本诸人者易夺,本诸天者难夺。此士所以贵尚其志也。②

陈祥道先以伯夷、孟子为例,印证孔子所言不妄。然后再引用孟子名

---

① 《论语全解》卷四,第 129 页。
② 《论语全解》卷四,第 139 页。

言"志,气之帅也",将"夺帅""夺志"纳入天人二分的框架下论述:志,属于天的范畴;帅,属于人的范畴。前者难夺,后者易取。

以上略举《易》《礼记》《论语》中几例注解,阐述新学学派如何在经典注疏中实践"孟子升格"。当然,不仅新学学者,其他学派的经注,乃至新学弟子甚少涉足的《春秋》,同样可见孟子权威性的增长。北宋后期著名学者徐积曰:

> 治《春秋》当以孟子为折衷。盖知《春秋》者,独孟子尔。如言"无义战者",止讥其战无义者也。①

徐积从师胡瑗。他出生于仁宗天圣六年(1028),徽宗崇宁二年(1103)去世,一生所历正是"孟子升格运动"的一个完整周期。王安石与新党不遗余力地推尊孟子,他深表赞同,乃至提出应当以孟子的权变思想为基点,来理解孔子之道,贯穿诸经。② 这条语录,透露出丰富的学术史信息。众所周知,宋代《春秋》学中疑传之风盛行,导致这部孔子笔削之经,旨意难明。这是熙宁四年(1071)贡举改革废除《春秋》科取士的重要理由。徐积倡导以孟子而非"三传"为折衷来研治《春秋》,应当针对北宋后期《孟子》升格、《春秋》遭废、三传受疑的经学新变,有的放矢,试图为《春秋》学的发展指出一种新的思考方向。

(三)

就在新党极力将"孟子升格"予以体制化的同时,一些"疑孟""非

---

① 徐积:《节孝集》卷三十,景印文渊阁四库全书,第1101册,第956页。
② 《节孝集》卷三十:"欲求圣人之道,必于其变。所谓变者,何也?盖尽中道者,圣人也,而中道不足以尽圣人。欲求圣人之道者,必观于变。盖变则纵横反复,不主故常,而皆合道,非贤人之所能。故孔子曰'未可与权',孟子恶其执一也。……然圣人之变,疑卓尔不可及,有志者跂而学之,亦何难哉?此孟子所以学而至之,荀、扬则不及也。"第957—958页。

孟"的异议因新旧党争而激发出来。清代四库馆臣评曰：

> 盖宋尊孟子，始王安石。元祐诸人务与作难，故司马光《疑孟》、晁说之《诋孟》作焉。非攻孟子，攻安石也。白珽《湛渊静语》所记，言之颇详。晁公武不列于经，犹说之之家学耳。……然则表章之功，在汉为文帝，在宋为真宗；训释之功，在汉为赵岐，在宋为孙奭，固不始于王安石，亦不始于程子。纷纷门户之爱憎，皆逐其末也。①

因王安石尊崇孟子，且被视为当代孟子，故元祐党人"务与作难"，借非议孟子来攻击王氏。当然，宋代的"非孟"之声最初并非源自党争，早在仁宗朝，李觏便已对孟子訾议不已。此类个案，因王氏"尊孟"而获得新的刺激，于北宋后期逐渐漫延。白珽《湛渊静语》卷二载：

> 当是时，王安石假孟子大有为之说，欲人主师尊之，变乱法度。是以温公致疑于孟子，以为安石之言未可尽信也。②

司马光是"非孟"的代表。他最尊崇扬雄，以为孟、荀不足为比。③其《疑孟》明显寓有弦外之音，表面刺孟，实为批王。夏长朴指出，司马光非孟主要集中于三个方面：一、批评孟子不尊君；二、批评孟子的王霸论；三、批评孟子的人性论。这些都与王安石尊孟针锋相对。④哲宗元祐元年（1086），司马光欲改熙宁四年（1071）的科举之制，将孟子降于诸子之列，⑤因范纯仁等人反对而未成。

司马光的门人晁说之，是"非孟"的另一位重要学者。他攻击孟

---

① 《四库全书总目》卷三十五《孟子音义》解题，第 292 页。
② 白珽：《湛渊静语》卷二，景印文渊阁四库全书，第 866 册，第 309 页。
③ 《温国文正公文集》卷六十八《说玄》："孔子既没，知圣人之道者，非子云而谁？孟与荀殆不足拟，况其余乎？"
④ 《司马光疑孟子及其相关问题》，《台大中文学报》第九期，第 115—144 页。
⑤ 《续资治通鉴长编》卷三百七十一元祐元年三月壬戌："以臣所见，莫若依先朝成法，合明经、进士为一科……《孟子》止为诸子，更不试大义。"第 8976 页。

子和王安石,较之其师更加激烈。晁氏尝著《儒言》,反对孔孟并称:

> 孔孟之称,谁倡之者?汉儒犹未之有也。既不知尊孔子,是亦孟子之志欤?其学卒杂于异端,而以为孔子之俪者,亦不一人也,岂特孟子而可哉!如知《春秋》一王之制者,不必使其教有二上也。世有荀孟之称。荀卿诋孟子僻违而无类,幽隐而无统,闭约而不解,未免为诸子之徒,尚何配圣哉!①

> 尔朱荣、晋公护无君大恶,既死,庙而祀之,以配圣人。范阳间祀安、史为二圣。嗟夫!人文悖而不已,则鬼享僭而不法,可不戒哉?②

元丰七年(1074),孟子在孔庙从祀中超越诸子,配享孔子。从此后,"孔孟之道"逐渐取代汉唐间的"周孔之教"。至崇宁三年(1104)六月,又以王安石配享孔子,位次孟轲,③王、孟同为二圣。晁氏极为愤慨,认为孟子之学杂于异端,不过诸子之徒,有何资格与孔子并称?王氏居然也获配享孔子的尊荣,可谓"享僭而不法",正如北朝权臣尔朱荣、宇文护,唐朝叛臣安禄山、史思明,死后俱受祭祀。这种含沙射影,"诮蔡卞之以荆公为圣也",④难免累及孟子。

周予同指出:

> 汉学的重点是五经,后来演化成九经、十三经等。宋学的重点是《四书》,即《论语》《大学》《中庸》《孟子》。四书的成立及其发展,是宋学最大的特点。五经是汉学的标志,《四书》是宋学的标志。⑤

---

① 晁说之:《嵩山文集》卷十三《儒言》。
② 《嵩山文集》卷十三《儒言》。
③ 陈邦基:《宋史纪事本末》卷四十九,中华书局2015年版,第486页。
④ 《宋元学案》卷二十二载全祖望评语,第863页。
⑤ 《周予同经学史论著选集》,上海人民出版社1983年版,第895页。

宋代儒学区别于汉唐的一个重要标志,即逐渐重视《四书》超过《五经》。在此漫长过程中,王安石及新学弟子顺应时代潮流,利用强制性的政治力量,将士林中日益流行的"孟子升格运动"予以体制化,影响深远。

第四节 尊经卑史:北宋后期的史学之厄

(一)

清代著名学者钱大昕曰:

> 经与史岂有二学哉!昔宣尼赞修六经,而《尚书》《春秋》实为史家之权舆。汉世刘向父子校理秘文为《六略》,而《世本》《楚汉春秋》《太史公书》《汉著记》列于《春秋》家;《高祖传》《孝文传》列于儒家,初无经史之别。厥后兰台、东观,作者益繁,李充、荀勖等创立四部,而经史始分,然不闻陋史而荣经也。自王安石以猖狂诡诞之学要君窃位,自造《三经新义》,驱海内而诵习之,甚至诋《春秋》为断烂朝报。章、蔡用事,祖述荆舒,屏弃《通鉴》为元祐学术,而十七史皆束之高阁矣!嗣是道学诸儒,讲求心性,惧门弟子之泛滥无所归也,则有诃读史为玩物丧志者,又有谓读史令人心粗者。此特有为言之,而空疏浅薄者托以借口,由是说经者日多,治史者日少。彼之言曰:经精而史粗也,经正而史杂也。①

清代经学考证繁荣,史学研究稍逊前代。钱大昕对这种情况非常不满,将其根源追溯至王安石。他指出,六经中《尚书》和《春秋》"实为史家之权舆",经、史之学本无二致。自王安石"诋《春秋》为断烂朝

---

① 赵翼撰、王树民校证:《廿二史札记校证》序,中华书局2013版,第885页。

报",章惇、蔡京、蔡卞等新党祖述王氏,严禁包括《资治通鉴》在内的元祐学术;再兼以道学兴起后,道学家只讲心性,轻蔑史学,于是导致宋代以后史学的荒芜。钱氏"断烂朝报"的指责并不准确,但他注意到王氏的思想因党锢学禁,间接影响到北宋后期的史学发展,直接促成学术史上"尊经卑史"思想倾向,则见微知著。

"尊经卑史"的具体内涵,见于《答邵州张殿丞书》:

> 自三代之时,国各有史。而当时之史,多世其家,往往以身死职,不负其意。盖其所传,皆可考据。后既无诸侯之史,而近世非尊爵盛位,虽雄奇俊烈,道德满衍,不幸不为朝廷所称,辄不得不见于史。而执笔者又杂出一时之贵人,观其在廷论议之时,人人得讲其然不,尚或以忠为邪,以异为同,诛当前而不慄,讪在后而不羞,苟以餍其忿好之心而止耳。而况阴挟翰墨,以裁前人之善恶,疑可以贷褒,似可以附毁,往者不能讼当否,生者不得论曲直,赏罚谤誉,又不施其间。以彼其私,独安能无欺于冥昧之间邪? 善既不能尽传,而传者又不可尽信如此。①

王氏之父王益是一位"良吏",胸怀济世大志,因官小言微,去世后事迹湮没无传。张殿丞熟悉他知邵州的政绩,写信告知王安石,于是王氏回书。书中用语略有偏激,集中反映出他的史学观。他将史学分为两个阶段:三代,及三代以后。前一阶段,由于"国各有史",史官能够尽忠职守,所载"皆可考据"。三代以下,便有所不同。先是史料的取舍,史官所取往往皆为"尊爵盛位",取材范围相当有限。作史之人又缺乏"史德",做不到客观公正地对待史料,史料选取渗透过多的个人情绪,"苟以餍其忿好之心而止"。涉及事件、人物的价值评判,史官经常出于个人私意,蓄意颠倒黑白,撰成谤史。在此,王氏主要

---

① 《王安石文集》卷七十三,第1269页。

从史官进而怀疑史料,从而质疑历史记载。他不相信仅凭史传,当代人能够获得古人古事的真正面貌,因为史官难免受到主客观因素的影响,很难忠实地记载历史原貌。正如《读史》所言:

> 自古功名亦苦辛,行藏终欲付何人。当时黯暗犹承误,末俗纷纭更乱真。糟粕所传非粹美,丹青难写是精神。区区岂尽高贤意,独守千秋纸上尘。①

从表面看,王安石的史观颇类似于后现代史学:现存的历史记录,无可避免地烙有记录者的主观情感、立场、价值观,无法传递真实的过去。② 不过,尽管二者都怀疑史学的真实性,彼此所处的学术脉络、语境迥然有异。王氏并未走向后者的极端,否认历史可以再现。他的怀疑,仍然在中国传统史学"直笔实录"与"义理褒贬"的对立中展开,最终归结于直书的实践。他相信,史家可以凭借广博的知识和道德义理,捕捉到历史的真实原貌。③ 据载:

> 公尝谓:"作史难,须博学多闻,又须识足以断其真伪是非乃可。盖事在目前,是非尚不定,而况名迹去古人已远,旋策度之,焉能一一当其实哉!"④

史家只要博学多闻,"识"足以判断真伪,便可留下"信史"。王氏强调对待史料时,先须具备一种史识,再用这种"识"来驾驭、评判史料,便可做到实录。那么,这种"识"是什么呢?可以肯定,它并不是史学中的"Explanation","将许多孤立的史实的真正关系寻找出

---

① 《王安石文集》卷二十五,第 402 页。
② 可见刘静贞:《史之为用?——过去在王安石眼中的价值与意义》,《邓广铭教授百年诞辰纪念论文集》,中华书局 2008 年版,第 76—89 页。
③ 中西史学中求真观念之异同,可见江湄:《"直笔"探微——中国古代史学求真观念的发展与特征》,《史学理论研究》1999 年第 3 期,第 10—19 页。
④ 《王荆文公诗笺注》卷三十九《读史》庚寅增注,第 992 页。

来,使历史事件成为可以理解的","是历史事实的一部分";而是一种"Interpretation","是人所加予历史事实上一种主观看法,如黑格尔在历史上看出了'世界精神''理性''自由'等。"①此即王安石所谓的"理":"善学者读其书,惟理之求。有合吾心者,则樵牧之言犹不废;言而无理,周孔所不敢从。"②它存在于儒家经典、诸子百家乃至万事万物中。学者们通过各种方式,或是格物穷理,或是反求内心,将这种"理"领悟、阐发出来,然后以此来选择史料,辨别真伪,便能留下"一一当其实"的实录和正确的褒贬。

这种"识"与"理",比较接近理学家据以裁断历史的"天理"。以它为标准来剪裁历史,符合此"识"此"理"才是实录,若不符合便为曲笔。施德操《北窗炙輠录》卷上载:

> 荆公论扬雄投阁事:"此史臣之妄耳,岂有扬子云而投阁者?又《剧秦美新》亦后人诬子云耳,子云岂肯作此文?"他日见东坡,遂论及此。东坡云:"某亦疑一事。"介甫曰:"疑何事?"东坡曰:"西汉果有扬子云否?"闻者皆大笑。③

扬雄投阁等事,《汉书》有明确记载。作为心目中的圣贤,王安石为扬氏辩护,本来无可厚非。只是他的否认并非基于对具体事件、人物的考证,仅因《汉书》所载不符合他的先入之见:扬雄是孟子之后唯一的大贤,而圣贤的出处进退有据,足以示法世人。扬雄岂会投阁?《汉书》所载,乃出于史官及汉儒的蓄意诬蔑。在这种史观引导下,王安石大胆质疑史书:

> 子云游天禄,华藻锐初学。覃思晚有得,晦显无适莫。寥寥邹鲁后,于此归先觉。岂尝知符命,何苦自投阁?长安诸愚儒,

---

① 余英时:《论戴震与章学诚》,三联书店2000年版,第238页。
② 《冷斋夜话》卷六,第47页。
③ 施德操撰、虞云国整理:《北窗炙輠录》卷上,《全宋笔记》第36册,第10页。

操行自为薄。谤嘲出异己,传载因疏略。孟轲劝伐燕,伊尹干说亳。叩马触兵锋,食牛要禄爵。小知羞不为,况彼皆卓荦。史官蔽多闻,自古喜穿凿。①

（二）

如上所述,王安石怀疑史官的历史记载,进而质疑史学的客观性。② 倘若只作为一家之言,自然有利于史学理论的深化。遗憾的是,这种思想并未得到正常发展。它很快便与北宋后期的新旧党争纠缠,知识与权力勾兑交融,成为新法的理论根据之一;并随之异化为新党禁锢元祐学术的意识形态工具,严重影响到北宋后期的史学发展。《朱子语类》卷十一载:

> 浩曰:"赵书记云:'自有见后,只是看六经、《语》、《孟》,其它史书杂学皆不必看。'其说谓买金须问卖金人,杂卖店中那得金银,不必问也。"曰:"如此即不见古今成败,便是荆公之学。书那有不可读者,只怕无许多心力读得。六经是三代以上之书,曾经圣人手,全是天理。三代以下文字,有得失,然而天理却在这边自若也。要有主,觑得破,皆是学。"③

赵书记谈及经、史关系时,以金子暗喻终极真理的"天理"或"道",将史书杂学比喻为杂货店,而将六经、《论语》、《孟子》比喻成卖金人。他认为,学者求"道"只需索之于六经,无须阅读史书,正如杂卖店不卖金子,史书中不可能蕴含"道"。很明显,赵书记坚持一种极端的

---

① 《王安石文集》卷九《扬雄二首》,第 123 页。
② 瞿林东认为,王安石与刘知幾的史学思想颇有相似,但他反对用"怀疑主义"来界定王氏的思想。《诗与史思想意境的交融——王安石读史诗浅议》,《江西社会科学》2011 年第 1 期,第 210—214 页。
③ 《朱子语类》卷十一,第 189—190 页。

"尊经废史"立场。朱熹反驳道,这容易导致"不见古今成败"——此即王安石新学。朱熹误解了王氏的史学思想,这由来有自。它反映出因北宋后期新党滥用王氏的轻史思想,一度造成史学荒芜。

众所周知,熙宁时期新、旧两党的政见之争,背后隐藏着学术理念的分歧。① 王安石和司马光的对峙,很大程度上体现为"经学"与"史学"、理想与经验、彻底改革与逐步改良之不同。王安石注重从儒家经典中寻求三代之治的理想制度蓝图,以此批判现实弊端,发起社会政治变革。司马光却强调汉唐历史制度与当下的连续性,反对改变官僚体制的激进变革。② 蒙文通曰:

> 荆公虽主持变法,及其徒而制度之学兴,然于汉唐之近迹,终以卑琐不足道。盖法汉唐则祖宗之政不得改,无以持异己者之口。故排史学若此其深也。③

赵宋立国,基本沿袭唐末五代的制度,时有损益。若取法汉唐,则难改祖宗之法。熙宁元年(1068)四月,王安石越次入对,鼓励神宗"陛下每事当以尧、舜为法",不必仿效唐太宗。不同的治国典范,倘若落实到理论资源,便体现为经、史之异。田浩分析道:

> 王安石以其经学为较高真理击退保守主义者基于历史类比论的批评(按,指司马光)。他激进的社会经济改革计划得自于经典中描述的西周早期制度的理想蓝图,这些理想制度特别体现在《周礼》《尚书》和《诗经》中……其经学的权威性为社会政治的整体设计找到了理由,并支持他反对那些对他的整体计划中

---

① 《宋史》卷三百七十七《李朴传》:"熙宁、元丰以来,政体屡变,始出一二大臣所学不同。后乃更执圆方,互相排击。"第11655—11656页。

② 钱穆称王安石为经术派、温公为史学派。《国史大纲》,商务印书馆1996年版,第592页。

③ 蒙文通:《中国史学史》,《经学抉原》,第317页。

某些部分的攻击。王安石因为在经典中发现了政治制度的原则,所以能贬低历史作为评价政策的指导作用。①

司马光的"历史类比论"更强调历史的连续性和内在一致性,认为社会的永恒原则就体现于历史变迁中,并以此批评新法。熙宁二年(1069)十一月,他为神宗讲解"萧规曹随":

> 夫道者,万世无弊,夏、商、周之子孙,苟能常守禹、汤、文、武之法,虽至今存可也。……然则祖宗旧法,何可变也?汉武帝用张汤之言,取高帝法纷更之,盗贼半天下……苟得其人,则无患法之不善;不得其人,虽有善法,失先后之施也。故当急于求人,而缓于立法也。②

两日后,新党吕惠卿进讲,遂以《周礼》《尚书》等经典为据,针锋相对予以反驳:

> 先王之法有一岁一变者,则《月令》"季冬饬国典以待来岁之宜",而《周礼》"正月始和布于象魏"是也。有数岁一变者,则尧、舜五载修五礼,十二载修法则是也。有一世一变者,则刑罚世轻世重是也。有数十世而变者,则夏贡、商助、周彻、夏校、商序、周庠之类是也。有虽百世不变者,尊尊、亲亲、贵贵、长长、尊贤使能是也。③

吕氏据《月令》《周礼》等经典记载,发掘变法的理论资源,驳斥司马光急于得人而缓于立法的历史经验论。这场辩论,呈现出尊经与崇史的分歧。

神宗很重视司马光的《资治通鉴》。终其一朝,新党虽得势,经史

---

① 田浩:《功利主义儒家——陈亮对朱熹的挑战》,江苏人民出版社1987版,第28页。
② 《涑水记闻》附录一,第336页。
③ 《宋史全文》卷十一,第655—656页。

之争仅作为思想潜流,隐藏于政见之后。哲宗亲政后,章惇等新党重新执政,严厉报复旧党。同时,以"尊经卑史"为名禁毁元祐学术,史学是重点。吴曾《能改斋漫录》卷十二载:

> 先是,崇宁以来,专意王氏之学,士非《三经》《字说》不用。至政和之初,公议不以为是。蔡嶷为翰林学士,慕容彦逢为吏部侍郎,宇文粹中为给事中,张琮为起居舍人,列奏:"欲望今后时务策,并随事参以汉、唐历代事实为问。"奉御笔:"经以载道,史以纪事。本末该贯,乃称通儒。可依所奏,今后时务策问,并参以历代事实。庶得博习之士,不负宾兴之选。"未几,监察御史兼权殿中侍御史李彦章言:"夫《诗》《书》《周礼》,三代之故,而史载秦、汉、隋、唐之事。学乎《诗》《书》《礼》者,先王之学也;习秦、汉、隋、唐之史者,流俗之学也。今近臣进思之论,不陈尧、舜之道,而建汉、唐之陋;不使士专经,而使习流俗之学,可乎?伏望罢前日之诏,使士一意于先王之学,而不流于世俗之习,天下幸甚。"奉御笔:"经以载道,史以纪事,本末该贯,乃为通儒。今再思之,纪事之史,士所当学,非上之所以教也。况诗赋之家,皆在乎史。今罢黜诗赋,而使士兼习,则士不得专心先王之学,流于俗好,恐非先帝以经术造士之意。可依前奏。前降指挥,更不施行。"时政和元年三月戊戌也。①

李彦章其人无从考证,应为新党。他反对蔡嶷等人奏状,指出经与史地位不同:习经者为"先王之学",习史者为"流俗之学"。士人治学,应当取法乎上,学习尧舜之道,不应分心于汉唐之陋。所谓"三代之故""先王之学""尧舜之道""汉唐之陋"等等,都重复王安石越次入对的话语——王氏以此鼓励神宗变革,而徽宗、李彦章则用以禁锢士

---

① 吴曾:《能改斋漫录》卷十二,第96—97页。

人。王氏虽怀疑史学,并未禁毁。蔡京等则竖起"尊经卑史"的幌子,打击政敌。大观二年(1108)九月乙丑,徽宗下诏:"诸路州学有阁藏书,皆以经史为名。方今崇八行以造多士,尊六经以黜百家,史何足言! 应置阁处赐名稽古。"马端临评曰:

> 按尊经书,抑史学,废诗赋,此崇、观以后立科造士之大指,其论似正矣。然经之所以获尊者,以有荆舒之《三经》也;史与诗之所以斥者,以有涑水之《通鉴》、苏黄之酬唱也。群憸借正论以成其奸,其意岂真以为六籍优于迁、固、李、杜也?①

所尊之经为王安石《三经新义》,所斥之史是司马光《资治通鉴》;一为新党魁首,一是旧党领袖。所谓"借正论以崇其奸",道出新党看似争论经史优劣,实则厉行报复禁锢。甚至,"尊经卑史"的观念,已经与北宋后期法度化的"国是"紧密相联,构成新党执政期间的基本"国策",处在"正确政治路线"的高度,堂而皇之地被新党树为打击旧党的理论旗帜:

> 陈忠肃公尝为别试主文。林自谓蔡卞曰:"闻陈瓘欲尽取史学,而黜通经之士,意欲沮坏国是,而动摇荆公之学也。"卞既积怒,谋将因此害公,而遂禁绝史学。②

王安石则遭受蔡卞等新党牵累,背上灭绝史学的罪名。如陈瓘、陈公辅曰:

> 天下事变故无常,唯稽考往事,则有以知其故而应变。王氏之学乃欲废绝史学,而咀嚼虚无之言,其事与晋无异,必乱天下。③

---

① 《文献通考》卷三十一,第917页。
② 《自警编》卷七,《全宋笔记》第82册,第248页。
③ 谢采伯撰、李伟国整理:《密斋笔记》卷一,《全宋笔记》第73册,第18页。

> 臣谓安石学术之不善，尤甚于政事……《史》《汉》载成败安危、存亡理乱，为圣君贤相、忠臣义士之龟鉴，安石使学者不读《史》《汉》。①

从崇宁元年(1102)开始，徽宗、蔡京集团严禁史学，先是禁毁与旧党有关的史学著述。崇宁元年十二月、二年四月相继下诏，禁止教授元祐学术，并悉行焚毁元祐党人的文集、著述，包括：范祖禹《唐鉴》、范镇《东斋记事》、刘攽《诗话》、僧文莹《湘山野录》等。《资治通鉴》的印版，险遭毁弃。② 继而太学中禁止学史：

> 崇宁初，薛门下昂为司成。士人程文有用《史记》《西汉》语者，薛辄黜落。元符中，尝上殿乞罢史学。③

薛昂是王安石高足、蔡京死党，"为蔡元长（京）私讳其名"，"尝对客语，误及蔡京名，即自批棰其口"。④ 他"在哲宗时常请罢史学"，⑤ 未能如愿，至此任太学大司成，得以令行禁止。甚者经筵之上，讲官不得讲读史学：

> 政和四年，诏令东宫讲读官罢读史，专一导以经术，迪其初心，开其正路。庶遵王之道，而不牵于流俗焉。⑥

自荆舒之学行，为之徒者请禁读史书。其后经筵不读《国风》，而《汤誓》《泰誓》亦不进讲。人君不知危亡之事，其效可

---

① 《宋史》卷三百七十九《陈公辅传》，第11694页。
② 《清波杂志校注》卷九："薛昂、林自之徒为正、录，皆蔡卞之党也，竞尊王荆公而挤排元祐，禁戒士人不得习元祐学术。卞方议毁《资治通鉴》板，……卞乃密令学中敞高阁，不复敢议毁矣。"第400页。
③ 《能改斋漫录》卷十二，第94页。
④ 《能改斋漫录》卷十二，第94页。
⑤ 《宋史》卷三百五十二《薛昂传》，第11122页。
⑥ 《能改斋漫录》卷十三，第111页。

睹矣。①

经筵进讲和东宫讲读，是士大夫向皇上、太子宣讲学术、传播政治理念的重要渠道，讲读的主要内容包括经史典籍等。王安石、程颐都曾利用这种渠道，试图"得君行道"。至此，史学被驱逐出去，只讲经学，以谨遵先王之道，不受流俗之学干扰。

新党的政治高压，导致北宋后期的史学呈现出一片荒芜。士人们"学宗王氏，以通经为要，史学无介意者"。②因疏于史学，出现种种笑谈，可谓一厄：

> 科举自罢诗赋以后，士趋时好，专以《三经义》为捷径。非徒不观史，而于所习经外他经及诸子，无复有读之者。故于古今人物及时世之治乱兴衰之迹，亦漫不省。③

直至南宋初期，高宗愤愤不平地指责："今士大夫，知史学者几人？此皆王安石以经义设科之弊。"④

再申论之。"尊经卑史"这一学术思想倾向，又与宋代政治文化中的"王霸之辩"颇有关联。这一命题的演进，荆、温之争曾推波助澜。王安石认为，王霸间的区别在于心术动机，由此导致不同后果：王者为政纯粹出于仁民爱物之心，而霸者只从表面模仿，动机不纯。⑤与此相反，司马光否认王霸间有本质区别："后世学者，乃更以

---

① 《困学纪闻》卷十五，第1897页。
② 翟汝文：《忠惠集》附录《翟氏公巽埋铭》，景印文渊阁四库全书，第1129册，第305页。
③ 《曲洧旧闻》卷三，第116页。
④ 《建炎以来系年要录》卷三十四，第670页。
⑤ 《王安石文集》卷六十七《王霸》："王者之道，其心非有求于天下也，所以为仁、义、礼、信者，以为吾所当为而已矣。……霸者之道则不然。其心未尝仁也，而患天下恶其不仁，于是示之以仁。其心未尝义也，而患天下恶其不义，于是示之以义。……是故霸者之心为利，而假王者之道以示其所欲；其有为也，唯恐民之不见，而天下之不闻也。故曰其心异也。"第1168页。

皇帝王霸为德业之差,谓其所行各异道,此乃儒家之末失也。"①他指出,王、霸所处地位虽不同,他们的动机、手段及目的却是一致:

> 王霸无异道。昔三代之隆,礼乐、征伐自天子出,则谓之王。天子微弱不能治诸侯,诸侯有能率其与国同讨不庭以尊王室者,则谓之霸。其所以行之也,皆本仁祖义,任贤使能,赏善罚恶,禁暴诛乱;顾名位有尊卑,德泽有深浅,功业有巨细,政令有广狭耳,非若白黑、甘苦之相反也。②

倘若承认王霸间的本质区别,自应当取法先王、鄙弃后王。由此,便引出王安石"以尧、舜为法"而唐太宗不足道的变革思路。若否认,则只宜斟酌近世的典章制度,对现存的政治体制略做调整,以适应历史的延续性,不须激进变革,求合于渺不可及的三代理想。正如钱穆所言:

> 此一争论(王霸之辨),亦可从当时经学与史学之分线上来稍加说明。经学重理想,所谓唐虞三代,可谓是经学上之理想国。儒家一切理想,俱托之于唐虞三代,而咒诅现实,则归罪于汉唐。……此皆以经学为主。若从史学立场看,则三代未全是,汉唐未全非。③

至于司马光所谓"其所以行之也,皆本仁祖义……非若白黑、甘苦之相反也",几乎就是陈亮"王霸论"的前身:"工夫至到,便做得三代;有本领无工夫,只做得汉唐。"④而朱熹的批评,同样体现出南宋经、史两种立场间的交锋。

---

① 《温国文正公文集》卷六十一《答郭纯长官书》。按,书中有"光闲居"等语,当为司马光退居洛阳期间所作。"后世学者",或指王安石。
② 《资治通鉴》卷二十七,第881页。
③ 钱穆:《象山龙川水心》,《中国学术思想史论丛》第5册,第409页。
④ 《陈亮集》卷二十八《又乙巳秋书》,第279页。

第五节 新学与宋代的性命之学

人性问题在先秦曾是儒学探讨的重点。自汉代以下，儒学的主要形态转向章句注疏，较少触及心、性、命、情等抽象概念以及精神世界。从魏晋至隋唐，这一领域遂被佛教独占，释氏动辄以心性之学傲视儒家。直到北宋，著名僧人智圆和契嵩仍然声称：

> 儒者饰身之教，故谓之外典；释者修心之教，故谓之内典也。……生民，岂越于身心哉！嘻！儒乎？释乎？岂共为表里乎？世有限于域内者……故厚诬于吾教，谓弃之可也。世有滞于释氏者……往往以儒为戏。岂知夫非仲尼之教则国无以治，家无以宁，身无以安。……释氏之道何由而行哉？①

> 儒佛者，圣人之教也。其所出虽不同，而同归乎治。儒者，圣人之大有为者也；佛者，圣人之大无为者也。有为者以治世，无为者以治心。……故治世者，非儒不可也；治出世，非佛亦不可也。②

二人把治国平天下归于儒家，而以"治心"属之佛教，认为儒释共为表里，同归于治。就佛教而言，此世本为虚妄，只有彼岸和一"心"真实；至于儒家，则体用二分，儒学只限于"用"的层面，而缺乏治"心"的根源。中唐以后，一些古文家意识到，有必要发掘儒家自身的心性资源，抗衡佛教。韩愈拈出《礼记》中《大学》篇，申明儒家"所谓正心而诚其意者，将以有为也"，从根本上不同于佛教"欲治其心而外国家天下，灭其天常"。③ 李翱则撰写《复性书》，深入探讨性情关系，主张去

---

① 智圆：《闲居编》卷十九《中庸子传》，《全宋文》第 15 册，卷三一五，第 305 页。
② 契嵩：《镡津文集》卷八《寂子解》，四部丛刊本。
③ 《韩愈文集汇校笺注》卷一《原道》，第 3 页。

情却欲,回复本性。遗憾的是,晚唐五代儒学衰微,古文运动一蹶不振,未能步武韩、李,继续前行。

仁宗天圣、明道后,儒家复古思潮兴起,古文运动重振。谈心论性之风,逐渐流行于士人群体中。景祐二年(1035),欧阳修回书李诩,曰"世之言性者多矣","修患世之学者多言性","今之学者……而好为性说",①可见此风方兴未艾。对此,欧阳修、宋初三先生等宋学开拓者,取向不同。孙复、石介等很少触及人性问题。他们的为学重点,是重新阐释儒家经典,以古文阐明治道。② 勇于疑传、疑经的欧阳修,则明确反对论性之风:

> 今世之言性者多矣,有所不及也,故思与吾子卒其说。修患世之学者多言性,故常为说曰:夫性,非学者之所急,而圣人之所罕言也。《易》六十四卦不言性,其言者动静得失吉凶之常理也。《春秋》二百四十二年不言性,其言者善恶是非之实录也。《诗》三百五篇不言性,其言者政教兴衰之美刺也。《书》五十九篇不言性,其言者尧、舜、三代之治乱也。《礼》《乐》之书虽不完,而杂出于诸儒之记,然其大要,治国修身之法也。六经之所载,皆人事之切于世者,是以言之甚详。至于性也,百不一二言之,

---

① 《欧阳修全集》卷四十七《答李诩第二书》,第 669—670 页。
② 《朱子语类》卷八十三:"如二程未出时,便有胡安定、孙泰山、石徂徕,他们说经虽是甚有疏略处,观其推明治道,直是凛然可畏!"第 2174 页。胡瑗略有不同,他已注意到《中庸》里蕴藏的儒家心性资源,著有《中庸义》一卷,由盛乔纂集,南宋初年献于学宫。他可能是宋代第一位注解《中庸》的儒者。据其高足徐积叙述:"安定说《中庸》,始于情性。"(《宋元学案》卷一《安定学案》,第 39 页)。据载:"关注,字子东,世为钱塘人,登绍兴五年进士第。尝教授湖州,与胡瑗之孙涤哀瑗遗书,得《易解》《中庸义》,藏之学宫。"(《咸淳临安志》卷六十七,《宋元方志丛刊》,第 3967 页)胡瑗还著有《周易口义》,卷一释《乾》卦谓:"性者,天所禀之性也。人禀天地之性,至明而不昏,至正而不邪,至公而无私。"据《宋史》卷四百二十七《道学一》载,胡瑗入主太学时,曾经以"颜子所好何学"为题问诸生。(第 12718 页)这表明,胡瑗已初步认识到,儒学中除事功、辞章和章句之学外,存在着一种新的发展趋向。

或因言而及焉,非为性而言也,故虽言不究。……孔子之告其弟子者,凡数千言,其及于性者,一言而已。予故曰:非学者之所急,而圣人之罕言也。……今之学者,于古圣贤所皇皇汲汲者,学之行之,或未至其一二,而好为性说,以穷圣贤之所罕言而不究者,执后儒之偏说,事无用之空言,此予之所不暇也。①

欧阳氏认为,儒家经典中很少提及人性,圣人罕言。人性问题,"非学者之所急"。不管性善、性恶,或是性善恶混,士人都必须修身治人。探讨人性善恶之类的抽象玄远问题,实无必要:

问曰:"性果不足学乎?"予曰:"性者,与身俱生,而人之所皆有也。为君子者,修身治人而已,性之善恶,不必究也。使性果善邪,身不可以不修,人不可以不治;使性果恶邪,身不可以不修,人不可以不治。不修其身,虽君子而为小人。"②

面对佛教的挑战,欧阳修曾撰《本论》,指明儒学发展的当务之急,须"修其本以胜之(佛)"。③"本",即儒家政教。自魏晋以后,外来佛教对本土儒家构成强有力挑战。特别是它以心性理论为基础,为士人指出一个崇高的精神境界及修养方法,导致"儒门淡薄,收拾不住,皆归释氏"。④ 欧阳修虽引领开拓宋代新经学,却无力或无意从心性方面,为儒学开辟新方向。⑤

王安石并非北宋性命之学的发轫者。他对人性的探讨,应当受到景祐年间古文家谈性之风的影响。与欧阳修不同,他积极参预到

---

① 《欧阳修全集》卷四十七《答李诩第二书》,第 668—670 页。
② 《欧阳修全集》卷四十七《答李诩第二书》,第 670 页。
③ 《欧阳修全集》卷十七《本论中》,第 290 页。
④ 《扪虱新话》卷十,《全宋笔记》第 47 册,第 312 页。
⑤ 当时就有士人意识到这点。《麈史》卷中:"临卭计都官用章谓予曰:'性,学者之所当先,圣人之所致言。吾知永叔卒贻后世之诮者,其在此书矣。'"《全宋笔记》第 14 册,第 218 页。

这股新的学术潮流中,发挥高超的古文写作技艺,写下《性论》《性说》《原性》等一系列论性之作。《淮南杂说》问世后,引起士林瞩目。《郡斋读书志校证》卷十二《王氏杂说》解题引蔡卞《王安石传》曰:

> 自先王泽竭,国异家殊,由汉迄唐,源流浸深。宋兴,文物盛矣,然不知道德性命之理。安石奋乎百世之下,追尧、舜、三代,通乎昼夜阴阳所不能测而入于神。初著《杂说》数万言,世谓其言与孟轲相上下。于是天下之士,始原道德之意,窥性命之端。①

蔡卞是王安石之婿。他将宋代性命之学的兴起,归于王氏的倡导,未免溢美之嫌。至少,胡瑗、周惇颐、王开祖等儒者于王氏同时或稍前,已论及人性。只不过限于地位低微,他们的著述未曾产生重大影响。② 嘉祐后期,王安石官位渐高,文名日盛。他凭借数万言的《淮南杂说》,赢得媲美孟子的美誉,激发起士人对性命之学的浓郁兴趣。王氏由此成为性命之学的主要推动者,引领学术风气的转变。陆佃曾回忆道:"平生共学王丞相,更觉荀扬未尽醇。"③赵秉文评论道:"自王氏之学兴,士大夫非道德性命不谈。"④这是比较符合史实的。

至神宗熙宁二年(1069),士林中谈性论命的风气已渗透到科场。司马光《论风俗札子》曰:

> 窃见近岁公卿大夫好为高奇之论,喜诵老庄之言,流及科场,亦相习尚。……且性者,子贡之所不及;命者,孔子之所罕言。今之举人,发言秉笔,先论性命,乃至流荡忘返,遂入老庄。

---

① 《郡斋读书志校证》卷十二,第525—526页。
② 周惇颐的理学开山地位,主要出于后世理学家尤其是朱熹的表彰、凸显,当时并不显闻。邓广铭:《周敦颐的师承与传授》,载《邓广铭治史丛稿》,北京大学出版社1997年版,第193—213页。
③ 《陶山集》卷三《依韵和李元中兼寄伯时二首》,第76页。
④ 赵秉文:《滏水集》卷一《性道教说》,四部丛刊本。

纵虚无之谈,骋荒唐之辞,以此欺惑考官,猎取名第,禄利所在,众心所趋,如水赴壑,不可禁遏。①

王安石"于诸书无不观,而特好孟子与老子之言",②并曾放言:"庄生之书,其通性命之分而不以死生祸福累其心,此其近圣人也。"那些好为高奇之论、喜诵老庄之言的"公卿大夫",应当包括王氏。③ 此时的性命之学,已成为举人们应付科举考试的利器、猎取功名利禄的工具,难怪众心所趋,不可禁遏。

熙宁四年(1071)贡举新制颁布后,科举考试废除诗赋,改以经义取士。汉唐注疏几于废除,王氏新学垄断科场,而道德性命则被视为新学的精义。④ 于是借助科举律令,性命之学泛滥科场。元祐旧党领袖刘挚曾描述道:

> 今之治经以应科举,则与古异矣。以阴阳性命为之说,以泛滥荒诞为之辞,专诵熙宁所颁新经、《字说》,而佐以《庄》、《列》、佛氏之书不可诘之论………苟不合于所谓新经、《字说》之学者,一切皆在所弃之列而已。⑤

熙宁、元丰间的士人应举,不得不专诵新经、《字说》,自在情理之中。为何又"佐以《庄》、《列》、佛氏之书"？这或许因为《三经新义》《字说》虽被视为性命之理的体现,限于著述体例,其中专门探讨性命之处并不多见。《庄子》《列子》和佛教书籍则蕴含大量道德性命方面的资源,士人可以引为论说之据。何况,王安石的天道观、人性论本来即援佛老

---

① 《温国文正公文集》卷四十五《论风俗札子》。
② 《温国文正公文集》卷六十《与王介甫书》。
③ 顾栋高曰:"所谓好为高奇,喜诵老庄者,则荆公其人也。"《司马太师温国文正公年谱》卷五,《司马光年谱》,中华书局 1990 年版,第 130 页。
④ 陈瓘《尊尧集序》:"臣闻'先王所谓道德者,性命之理而已矣',此安石之精义也。"《四明尊尧集》卷一《序》,续修四库全书影印本,第 448 册,第 359 页。
⑤ 《续资治通鉴长编》卷三百六十八元祐元年闰二月庚寅,第 8858—8859 页。

入儒,他本人毫不讳言:"庄生之书,其通性命之分而不以死生祸福累其心,此其近圣人也。"① 其子王雱则于熙宁年间先后注解《老子》《庄子》,镂板刊行,宣扬儒道一致。很多应举士人认为,《老子》《庄子》等作为道德性命之渊薮,与《三经新义》皆可用于经术造士,并行不悖:

> 王元泽待制《庄子》旧无完解,其见传于世者,止数千言而已。元丰中,始得完本于西蜀陈襄氏之家。其间意义渊深,言辞典约,向之无说者,悉皆全备焉。予是时锐意科举,思欲独善,遂藏箧笥,盖有岁年。前一日,宾友谓予曰:"方今朝廷复以经术造士,欲使天下皆知性命道德之所归,而庄子之书,实载斯道。而王氏又尝发明奥义,深解妙旨,计其为书,岂无意于传示天下后世哉!今子既得王氏之说,反以秘而不传,则使庄氏之旨终亦晦而不显也。与其独善于一身,曷若共传于天下,与示后世乎?"予敬闻其说,乃以其书亲加校对,以授于崔氏之书肆,使命工刊行焉。丙子岁季冬望日序。②

此序作于哲宗绍圣三年(1096)。新党重新执政,以绍述为名恢复熙丰之政,包括经义取士。刊刻者将王雱的《南华真经新传》校对付梓,并阐明此书发明性命道德之奥义,有助于士人应举。这道出了《庄子》等道释经典受到应举士人追捧的奥秘。

《三经新义》与佛老著述共同流行科场,谈性论命,这全面体现于北宋后期的经义文中。钱建壮指出,熙宁以来举子的经义文,"点化《三经新义》、析字谈经外……在义理——也就是思想倾向上,也有一些共性:一是好言性命、阴阳、道、天理等比较抽象的哲学概念;二是多援引释、老以为己说"。③ 试看刘安节《合而言之道也》:

---

① 《王安石文集》卷七十七《答陈柅书》,第1351页。
② 《王安石全集》第9册,第191页。
③ 钱建状:《北宋科场经义文与王氏之学》,未刊稿。

《易》曰:"一阴一阳之谓道。继之者善也,成之者性也。"则性既分于道矣,而仁又出于性,此仁与道之所以分也。道无方也,分于仁则有方;道无数也,分于仁则有数。盖禀阴阳之气以有生,则域于方而丽于数,人人所不能逃也。人与人相与分于阴阳之气以有生,虽曰于物为灵,其出于道亦已不可谓之全矣。

虽然,道一也,散而为分,不失吾一;合而为一,不遗夫万。则夫人之于仁,独可以自异于道乎?盖不合于道,累于形者之过也。人能忘形以合于心,忘心以合于道,则天地万物且将与吾混然为一,不知吾之为天地万物耶,天地万物之为吾耶!进乎此,则天而不人矣,且得谓之人乎?孟子曰:"仁者人也,合而言之道也。"此之谓欤?①

刘安节字元承,温州人。元符三年(1100)中进士第,后擢监察御史,除起居郎,迁太常少卿,知饶州、宣州等。政和五年(1115)卒。哲宗绍圣年间,刘安节、刘安上兄弟"联名游太学","声称籍甚,号'二刘'"。② 他这篇经义文,典型体现出刘挚所描述的"以阴阳性命为之说,以泛滥荒诞为之辞"。题目"合而言之道也"出自《孟子·尽心下》,赵岐注曰:"能行仁恩者,人也,人与仁合而言之,可以谓之有道也。"③本来,儒家之道即仁义之道,人能行仁由义,则为道。刘安节则首先引用《周易》"一阴一阳之谓道。继之者善也,成之者性也",将此内涵明确的伦理之道,改换为具有本原、本体意义的超越天道。然后阐述由天至人,道之所以由一(本原)散为万(个体之性)而又寓于万;由人返天,必须忘形忘心(个体所受的形体约束)以与万物一体。最后绾题。全文的核心论题,即"性与天道"。题目与立论根据,出自

---

① 《刘安节集》卷三,上海社会科学院出版社2006年版,第66页。
② 《刘安上集》附录《刘公安上行状》,第240页。
③ 《孟子正义》卷二十八,第977页。

《孟子》《周易》两部儒家经典,实则论述思路完全沿袭《庄子》的天人观,援道入儒的痕迹甚为明显。

其他,如刘安节《善沟者水漱之》原题曰:"盖水之流行于天地之间,犹人之有血气也。运而不积,生以之遂。节而不宣,疾以之作。故善卫生者,必先运之使疾不生于身,则夫善经野者,其可不通之使害不生于地乎?"①此暗用王安石《周礼义》"洫中五沟,如血脉焉"的新解。②《周礼》义《天子执冒四寸以朝诸侯》,破题"域中有四大,而王居一焉",余论"《老子》曰:'圣人不自大,故能成其大。'"径用《老子》原文。姚孝宁《易》义曰"一而大,谓之天;二而小,为之地。一大二小,天字、示字也。天曰神,地曰示",引用《字说》。刘安上《论语义》破题:"'道无问,问无应。'古之人有目击而道存者,不必语而默会,此上智忘言之士也。"③全用《庄子》中《知北游》《田子方》的原文。以上等例,皆可窥一斑。④

性命之学泛滥于学校、科场,并通过贡举的场域效应,直接影响到士人的知识结构、学术素养。元祐初,刘挚曾抨击士人的浅陋寡闻:

> 今之治经……专诵熙宁所颁新经、《字说》,而佐以《庄》、《列》、佛氏之书,不可究诘之论。⑤

这种情形,至徽宗朝愈发明显。政和年间,韩驹上疏论时文之弊曰:

> 又近岁黜异端之后,士非三代之书不读,诚可谓知本矣。其朝夕之所诵,舍六经则孟轲、扬雄、庄周、列御寇之书而已。⑥

---

① 《刘安节集》卷二,第54页。
② 《三经新义辑考汇评·周礼》,第614页。
③ 《刘安上集》卷五,上海社会科学院出版社2006年版,第235页。
④ 钱建状有全面分析,可见《北宋科场经义文与王氏之学》。
⑤ 《续资治通鉴长编》卷三百八十六,第8858页。
⑥ 韩驹:《论时文之弊疏》,《全宋文》第161册,卷三五〇九,第372页。

> 臣尝游场屋间，见同列者专治一经，其所旁取以为资者，《老》、《庄》、《扬》、《列》、《三经义解》、《字说》而已。……故士终日袖手书案之上，无所用心，骤而问之，不必巨鱼萍实之难知也，六经之事有不能知者矣。①

所谓"黜异端"，指包括朔党史学、蜀党文学的元祐学术，皆被禁止传授。士人所习，除《三经新义》外，只有《老子》《庄子》《列子》等道家典籍。② 政和二年（1112），有臣僚奏言："鬻书者以《三经新义》并《庄》《老子》之说等作小册刊印，可置掌握，人竞求买，以备科场检阅之用。"③太学中，士子程文谈心论性，弥漫成风，徽宗览后降诏斥责："近览太学生私试程文……一幅几二百言，用'心'字凡二十有六。文之陋于此为甚。"④以上风气，北宋灭亡前夕受到严厉抨击，其源头则追溯到王安石。钦宗靖康元年（1126）四月二十三日，有臣僚上奏：

> 熙宁间王安石执政，改更祖宗之法，附会经典，号为新政……自比商鞅，天下始被其害矣。以至为士者非性命之说不谈，非庄老之书不读。⑤

利之所在，众人所趋。"非性命之说不谈，非庄老之书不读"，可见士人所受熏染之深，知识结构之狭隘，文化视野之逼仄。

吊诡的是，北宋后期性命之学的泛滥，客观上为洛学（道学、理学）振兴提供了必要的思想氛围，开辟了新型的知识场域。佛、道中的性命学说，堂而皇之地进入到学校、科场，并与儒家经典中的心性论述相互碰撞、彼此融合，促成了儒家心性话语模式的逐渐形成。它

---

① 韩驹：《请劝士博学疏》，《全宋文》第 161 册，卷三五〇九，第 377 页。
② 赵秉文曰："自王氏之学兴，士大夫非道德性命不谈，往往高自贤圣，而无近思笃行之实。"《闲闲老人滏水文集》卷二十《书东坡寄无尽公书后》。
③ 《宋会要辑稿》选举四，第 5320 页。
④ 《宋大诏令集》卷一百五十七《考校程文官降官御笔手诏》，第 592 页。
⑤ 《靖康要录笺注》卷五，第 680 页。

既包括天、理、道、阴阳、心、性、命、情、中庸、仁等核心概念的诠释，也涉及概念间的组合、论证方式，以及融贯三教的思维训练。这些正是洛学的特长。长期遭禁的洛学，无意中迎来一个绝佳的竞争场域——制度的建构变革非其所长，但心性领域中洛学却远胜新学。后者既摧陷廓清了汉唐章句之学的余绪，又利用学校科场培训出整整一代娴熟心性话语的士人——接下来他们面对南宋道学家宣扬高深的心性理论时，不会陌生。新学的缺陷，又适足成为道学批判的靶子，从反面刺激、推动伊洛传人进一步研精覃深。如果说，传统儒学从汉唐经学至宋明理学的发展，意味着知识类型、话语模式的转换，那么新学便是转换的枢纽。①

南宋以后，理学家普遍认为，尽管王安石侈谈"道德性命之理"，却并未建立起儒家的宇宙论、本体论、工夫论体系，而是援佛入儒、阳儒阴释。这未能应对儒家面临的释、道挑战，反而使它们名正言顺地进入科场，导致士人愈发沉溺于异端邪说。新学的本质缺陷，即在于此：

> （王氏）知俗学不知道之弊，而不知其学未足以知道，于是以老释之似，乱周孔之实，虽新学制、颁经义、黜诗赋，而学者之蔽反有甚于前日。②

> 夫以佛老之言为妙道，而谓礼法事变为粗迹，此正王氏之深蔽。……至于天命人心之所以然，既已不能反求诸身以验其实，

---

① 朱维铮指出："王安石在经学向理学转折过程中的作用，不亚于公孙弘在儒术独尊的转折过程中的作用。……王安石用他的新经义破坏了旧经义，用表彰孔孟代替了表彰孔颜，用提倡探求圣人之意来否定诠释所谓圣人之言的传统，更是力图利用主持变法的机会实践自己的主张，这都在事实上替所谓理学成为统治理论的新形态，开辟了道路。"《中国经学与中国文化》，载氏著《中国经学史十讲》，复旦大学出版社2002年版，第23—24页。

② 《晦庵先生朱文公文集》卷三十四《与吕东莱论白鹿洞书院书》，《朱子全书》第21册，第1498页。

则一切举而归之于佛老。①

王氏之说,皆出于私意之凿,而其高谈性命,特窃取释氏之近似者而已。夫窃取释老之似,而济之以私意之凿,故其横流蠹坏士心,以乱国事。学者当讲论明辨,而不屑焉可也。②

他们认为,王安石变法缺乏儒家的心性之学为体,"以老释之似,乱周孔之实",从而坠入申、韩的刻薄之法,最终失败。他们转向内在,殚精竭虑地进行本体论、心性论的建构,当与这种认识有关。"因为他们深信,外王首先必须建立在内圣的基础之上。"③

---

① 《晦庵先生朱文公文集》卷七十《读两陈谏议遗墨》,《朱子全书》第 23 册,第 3381—3382 页。
② 张栻:《新刊南轩先生文集》卷十九《与颜主簿书》,《张栻集》,第 1053 页。
③ 余英时:《谈宋代政治文化的三个阶段》,《万象》2000 年第 9 期,第 9 页。

附录　王安石《易解》辑佚

上　经

1. **乾** ☰*：初九，潜龙勿用。

　　王介甫曰：龙，行天之物也，故以象乾。马，行地之物也，故以象坤。（冯椅：《厚斋易学》卷五，景印文渊阁四库全书，第 16 册，第 79 页）

九四，或跃在渊，无咎。

　　介甫以武王观兵为九四。大无义理。（《河南程氏遗书》卷十九，《二程集》，第 250 页）

用九，见群龙无首，吉。

　　荆公言，用九只在上九一爻。非也。六爻皆用九，故曰"见群龙无首吉"。用九便是行健处。（《河南程氏遗书》卷十九，《二程集》，第 248 页）

　　先儒以六为老阴，八为少阴，固不是。介甫以为进君子而退小人，则是圣人旋安排义理也。此且定阴阳之数，岂便说得义理？九、六只是取纯阴、纯阳。惟六为纯阴，只取《河图》数见之，过六则一阳生，至八便不是纯阴。（《河南程氏遗书》卷十九，《二程集》，第 250 页）

＊　序号为《易》中卦序，如无相应的辑佚，则不出。如"21. 噬嗑 ☲"。

问:"《乾》《坤》用九、六,荆公曰:'进君子,退小人。'固非自然之理。而正叔云:'观《河图》,数可见。'何也?"曰:"此多有议论,少有分明。"(《杨时集》卷十三《语录四》,第387页)

九、六,阴阳之变。下见众阳,不自为首,如尧咨四岳,扬侧陋以禅舜是也。(介)(李衡:《周易义海撮要》卷一,景印文渊阁四库全书,第13册,第280页)①

《乾》《坤》中用九、用六之说,王氏安石谓:"用九只在上九一爻,用六只在上六一爻。"(王文清撰、黄守红点校:《考古略》卷一《用九用六考略》,岳麓书社2013年版,第517页)

《彖》曰:大哉乾元!万物资始,乃统天。

王安石曰:分为四德,统惟一元,故统天。(毛奇龄:《仲氏易》卷三,景印文渊阁四库全书,第41册,第209页)

《文言》曰:九三曰:"君子终日乾乾,夕惕若,厉无咎",何谓也?子曰:"君子进德修业。忠信,所以进德也;修辞立其诚,所以居业也。知至至之,可与言几也;知终终之,可与存义也。是故居上位而不骄,在下位而不忧。故乾乾因其时而惕,虽危无咎矣。"

王荆公云:"九三,知九五之位可至而至之。"大煞害事。使人臣常怀此心,大乱之道,亦自不识汤武。"知至至之",只是至其道也。(《河南程氏遗书》卷十九,《二程集》,第248页)

忠信,行也;修辞,言也。知九五之位可至而至之,舜、禹、汤、武是也,非常义也,故曰"可与几也"。知此位可终则终之,

---

① 《周易义海撮要》所存《易解》佚文,或注"介甫",或注"介"。因《撮要》同时辑有石介等解《易》之文,故起初未敢遽定注"介"者即指王安石。后蒙金生杨兄提醒,谓"介"即"介甫",遂将《撮要》中注"介"诸条,与冯椅《厚斋易学》、沈起元《周易孔义集说》进行对校,断定"介"字确系"介甫"之略。谨此致谢!

伊、周、文王是也,可与存君臣之大义也。(介甫)(《周易义海撮要》卷一,第282页)

《文言》曰:上九曰"亢龙有悔",何谓也?子曰:"贵而无位,高而无民,贤人在下位而无辅,是以动而有悔也。"

上九不得九五天之中,故曰"无位"。下阳皆归五,故曰"无民"。二非己应,故曰"无辅"。(介)(《周易义海撮要》卷一,第284页)

2. 坤 ䷁:六二,直方大,不习无不利。《象》曰:六二之动,直以方也。"不习无不利",地道光也。

介甫解"直方大"云:"因物之性而生之,直也;成物之形而不可易,方也。"人见似好,只是不识理。如此,是物先有个性,坤因而生之,是甚义理?全不识也。(《河南程氏遗书》卷十九,《二程集》,第251页)

六二之动者,直方之德,动而后可见也。因物之性而生之,是其直也;成物之形而不易,是其方也。(介)(《周易义海撮要》卷一,第288页)

六五,黄裳,元吉。《象》曰:"黄裳元吉",文在中也。

六五阳位,而阴居之。阳在内,阴在外,是藏其文章,隐晦其明,以守臣道。而又居中体正,不敢□□,兢兢自处,上不见疑,遂获元吉。(介)(《周易义海撮要》卷一,第289页)

上六,龙战于野,其血玄黄。《象》曰:"龙战于野",其道穷也。

王介甫曰:阴盛于阳,故与阳俱称龙;阳衰于阴,故与阴俱称血。(《厚斋易学》卷五,第100页)。

用六,利永贞。《象》曰:用六"永贞",以大终也。

此"终"字与"知终终之"之义合。处上六而能用六,能以大

终,伊、周是已。(介)(《周易义海撮要》卷一,第290页)

《文言》曰:阴疑阳必战。为其嫌于无阳也,故称龙焉。

王介父曰:"嫌"与《春秋》"不以嫌代嫌"之"嫌"同,"疑"与"臣疑于君"之"疑"同。(《厚斋易学》卷四十八,第806页)

3. 屯 ䷂:元亨,利贞。勿用有攸往,利建侯。《彖》曰:屯,刚柔始交而难生;动乎险中,大亨贞。雷雨之动满盈,天造草昧,宜建侯而不宁。

《象》曰:云雷,屯。君子以经纶。

刚柔始交,则贵者不必上,贱者不必下,不可谓贞也。难生也,动乎险中也,不可谓亨也。此云雷之时也,故曰"云雷,屯"。卒至于"雷雨之动满盈",然后能免乎险而屯难解,故曰"屯,元亨,利贞"。"大亨贞",要屯之终而为言也。(介)(《周易义海撮要》卷一,第292—293页)

初九,磐桓,利居贞。利建侯。《象》曰:虽磐桓,志行正也。以贵下贱,大得民也。

"利居",宜不失其居也。"利贞",宜不失其贞也。"以贵下贱",居正而天下从之,则宜建侯而经纶天下矣。(介)(《周易义海撮要》卷一,第293—294页)

六二,屯如邅如,乘马班如。匪寇,婚媾。女子贞不字,十年乃字。

王氏安石曰:《易》之辞,有"妇"、有"妇人",有"女"、有"女子"。妇,有夫之称也;妇人,言其为母也。女,未有夫之称也;女子,又言其为子也。此言女子,何也?以有所怙也。以有所怙,故乘刚而不失正也。其有所怙者,何也?以九五为之应也。(董真卿:《周易会通》卷二,景印文渊阁四库全书,第26册,第196页)

六三,即鹿无虞,惟入于林中。君子几,不如舍,往吝。《象》曰:"即鹿无虞",以从禽也。君子舍之,往吝穷也。

> 王介父曰:夫屯之时,可以有为而非可舍之时也。时欲有为而从非其应,殆不如舍之愈也。不舍而往,虽君子不能无吝矣。(《厚斋易学》卷六,第111页)

> 介甫"以舍为止,几为近"。(介)(《周易义海撮要》卷一,第294页)

九五,屯其膏。小贞吉,大贞凶。

> 王介父曰:膏者,阳之泽。(《厚斋易学》卷六,第113页)

上六,乘马班如,泣血涟如。

> 王介父曰:《易》之辞,有"泣",有"出血",未有"泣血者"。遇屯而道大穷。(《厚斋易学》卷六,第115页)

> 王介父曰:困之上六,亦乘刚,上穷而无应,乃以征吉。何也?在兑之终,以说而散也。其无应,乃以免乎险也。屯终于坎,故穷而不能变。(《厚斋易学》卷六,第115页)

4. 蒙 ䷃:亨。匪我求童蒙,童蒙求我。初筮告,再三渎,渎则不告。利贞。

> 能告所筮,刚中者也。不刚,则不能有所不告;刚不中,则不能有以告。(介)(《周易义海撮要》卷一,第296页)

初六,发蒙。利用刑人,用说桎梏,以往,吝。《象》曰:"利用刑人",以正法也。

> 王介父曰:"发蒙",辨之于蚤也。"利用刑人",惩之于小也。不辨之于蚤而至于上九,则击之然后能胜,故有"击蒙"之辞焉。不惩之于小而至于上九,则桎梏不能制,故有"御寇"之

辞焉。不能正法以惩其小,而纵之以往,则吝道也。(《厚斋易学》卷六,第 121 页)

不辨之于蚩而至于上九,则蒙之罪大矣。不惩之于小而至于上九,则蒙之难极矣。当蒙之初,不能正法以惩其小,而用说桎梏,以纵之以往,则吝道也。(介)(《周易义海撮要》卷一,第 297 页)

上九,击蒙。不利为寇,利御寇。

王介父曰:夫不能发蒙于初以惩之于小,使之浸长,则治之不能胜,而寇乱作矣。(《厚斋易学》卷六,第 127 页)

5. 需 ䷄:六四,需于血,出自穴。

王介甫曰:血者,阴之伤也;穴者,阴之宅也。(《厚斋易学》卷七,第 134 页)

6. 讼 ䷅:有孚,窒惕,中吉,终凶。利见大人,不利涉大川。

王介甫曰:坎为心亨,有孚也。(二五有心象)。

王介甫曰:刚捋见窒者也。

王介甫曰:乾之所以为乾,以知险也,故需则刚健而不陷。以讼涉险,则不可谓知险矣。(《厚斋易学》卷七,第 139—140 页)

《彖》曰:《讼》,上刚下险,险而健,讼。"讼,有孚,窒惕,中吉",刚来而得中也。"终凶",讼不可成也。"利见大人",尚中正也。"不利涉大川",入于渊也。

《彖》言乎其才也。"讼,有孚,窒惕,中吉",此言九二之才也。"终凶",此言上九之才也。"利见大人",言九五之才也。"不利涉大川",言一卦之才也。有孚而见窒,窒而后讼,讼而能

惕,不敢过中,则吉。(介)(《周易义海撮要》卷一,第 301 页)

六三,食旧德,贞厉,终吉。或从王事,无成。《象》曰:"食旧德",从上吉也。

柔失位而不中,以当上壮争胜之时,以之为厉,而保旧物可也。以从王事,则不得行其志;不得行其志,则不独无成,亦不可以有终矣。(介)(《周易义海撮要》卷一,第 302 页)

九五,讼,元吉。《象》曰:"讼,元吉",以中正也。

九五为听讼之主,不克讼,则自反而亲就听者之命。虽即命,犹有刚动之志,变志而为,安贞则吉。(介)(《周易义海撮要》卷一,第 303 页)

上九,或锡之鞶带,终朝三褫之。《象》曰:以讼受服,亦不足敬也。

以讼得赏,侮而侵之者众。三者,众辞。(介)(《周易义海撮要》卷一,第 303 页)

7. 师 ䷆:贞,丈人吉,无咎。《彖》曰:师,众也。贞,正也。能以众正,可以王矣。刚中而应,行险而顺,以此毒天下,而民从之,吉又何咎矣!

凡药之攻疾者,谓之毒。(介)(《周易义海撮要》卷一,第 303 页)

王介甫曰:药石之攻疾者,谓之毒。(《厚斋易学》卷三十三,第 599 页)

初六,师出以律,否臧凶。《象》曰:"师出以律",失律凶也。

荆公曰:"律"如"同律听军声"之"律"。(李心传:《丙子学易编》,景印文渊阁四库全书,第 17 册,第 779 页)

六三:师或舆尸,凶。《象》曰:"师或舆尸",大无功也。

舆,众也。尸,主也。师之命,贞夫一也,不一则师惑矣。九

二,一也。六三,不一也。六三之不一,何也?阳爻奇,阴爻耦,不一也。(介)(《周易义海撮要》卷一,第304页)

王介父曰:师之命,贞夫一者也。阳画奇,阴画耦。耦,不一者也。(《厚斋易学》卷八,第152页)

六四,师左次,无咎。《象》曰:"左次,无咎",未失常也。

王介父曰:上无承,下无应,不可以动之时也。(《厚斋易学》卷八,第153页)

六五,田有禽,利执言,无咎。长子帅师,弟子舆尸,贞凶。《象》曰:"长子帅师",以中行也。"弟子舆尸",使不当也。

"执言",犹《书》所谓"奉辞"也。(介)(《周易义海撮要》卷一,第305页)

上六,大君有命,开国承家,小人勿用。《象》曰:"大君有命",以正功也。"小人勿用",必乱邦也。

师之事,必曰王,曰大君,曰天子。征伐宜自天子出,万世之通法也。(介)(《周易义海撮要》卷一,第305页)

8. 比 ䷇:吉。原筮,元永贞,无咎。不宁方来,后夫凶。《彖》曰:比,吉也;比辅也,下顺从也。"原筮,元永贞,无咎",以刚中也。"不宁方来",上下应也。"后夫凶",其道穷。《象》曰:地上有水,比。先王以建万国,亲诸侯。

王介父曰:水附于地,未必聚也,锺之以泽然后聚。此比之所以异于萃也。(《厚斋易学》卷八,第157页)

水不离地而行,有亲比之象。(介)(《周易义海撮要》卷一,第306页)

初六,有孚比之,无咎。有孚盈缶,终来有它,吉。《象》曰:比之初六,有它吉也。

>比乎人者,已从往它而为它之所有。人之所比者,它来从己而己有之也。比之初,上下之分未定,唯盛德则能有它吉也。(介)(《周易义海撮要》卷一,第306页)

六三,比之匪人。《象》曰:"比之匪人",不亦伤乎?

>比之非阳也。(介)(《周易义海撮要》卷一,第307页)

六四,外比之,贞吉。《象》曰:外比于贤,以从上也。

>王介父曰:四宜应内者也。内无可比而比乎外,亦义之与比而无适莫者也。刚柔正而位当,故贞吉。(《厚斋易学》卷八,第163页)

>不志乎内而比于外,无适莫也。(介)(《周易义海撮要》卷一,第307页)

九五,显比。王用三驱,失前禽,邑人不诫,吉。《象》曰:"显比"之吉,位正中也。舍逆取顺,"失前禽"也;"邑人不诫",上使中也。

>田不合围,三面而驱,所失者前禽而已。上六,前禽之象。舍逆取顺,虽有所比,道之光也。汤武不能服楚、越,非汤武之耻,舍逆之道。唐太宗之伐高丽,是失矣。上下相比,强不陵弱,众不暴寡,虽邑人可以不戒。民心周中,惟尔之中,故曰"上使中也"。(介)(《周易义海撮要》卷一,第308页)

>王介父曰:上六在前,禽之象也。(《厚斋易学》卷八,第164页)

上六,比之无首,凶。《象》曰:"比之无首",无所终也。

>阴之为物,以阳为首而比之者也。乘九五而不承,比之无首者也。以阳为首,则有所终。先阳则迷而失道,况无首乎?(介)(《周易义海撮要》卷一,第308页)

荆公曰：阴之为物，以阳为首而比之者也。乘九五而不承焉，比之无首也。有阳为之首，则阴有所终。无首，则无所终矣。阴先则迷而失道也。(李简：《学易记》卷一，景印文渊阁四库全书，第 25 册，第 154 页)

9. 小畜 ☰☱：亨。密云不雨，自我西郊。《象》曰：风行天上，小畜。君子以懿文德。

不可以暴为之也。(介)(《周易义海撮要》卷一，第 309 页)

荆公曰：小者之畜，其可以暴为之乎？"懿文德"，为之以不暴也。(王宗传：《童溪易传》卷六，宋开禧刻本)

九二，牵复，吉。《象》曰："牵复"在中，亦不自失也。

无应于上，不能自复。(介)(《周易义海撮要》卷一，第 309 页)

10. 履 ☰☱：履虎尾，不咥人，亨。

王介父曰：乾之为物，刚健而不可履，虎之象也。兑与之应，则由其后履之而往焉，履虎尾不咥人之象。(《厚斋易学》卷九，第 177 页)

《彖》曰：履，柔履刚也。说而应乎乾，是以"履虎尾，不咥人，亨"。刚中正，履帝位而不疚，光明也。

六三应乎上九，进退皆履二刚，所谓"柔履刚"也。柔而履刚，其为礼乎？(介)(《周易义海撮要》卷一，第 311 页)

九二，履道坦坦，幽人贞吉。《象》曰："幽人贞吉"，中不自乱也。

上无其应，而以刚处阴，故曰"幽人"。而以中行，故曰"正吉"。中不自乱，则无巽言屈身之患。(介)(《周易义海撮要》卷一，第 312 页)

六三,眇能视,跛能履,履虎威咥人,凶。武人为于大君。

> 武人为于大君,古今训诂之家未有能仿佛者。王沈之问介甫曰:"议者以为上九为大君,六三应于上九,有用于大君之象。"介甫曰:"武人以有为为大君用。"旧说以陵武加人,欲为大君,尤不近理。盖六三应上九,则阴柔乘众刚,故九五大君以刚健夬决六三之履耳。故九五言"夬履",六三《小象》言"志刚也"者以此。(程迥:《周易章句外编》,景印文渊阁四库全书,第12册,第616页)

上九,视履考祥,其旋元吉。《象》曰:"元吉"在上,大有庆也。

> 其归元吉。(介)(《周易义海撮要》卷一,第313页)

11. **泰** ䷊:小往大来,吉,亨。《象》曰:天地交,泰。后以财成天地之道,辅相天地之宜,以左右民。

> 上下交,始可修法度以左右民之时也。天地之宜,辅相之而已。其余不足,过与不及也,则财成之。此左右民之大方也。(介)(《周易义海撮要》卷二,第315页)

初九,拔茅茹,以其汇,征吉。《象》曰:"拔茅""征吉","志在外也":

> 志在外者,可出之时也。(介)(《周易义海撮要》卷二,第315页)

九三,无平不陂,无往不复。艰贞无咎。勿恤其孚,于食有福。《象》曰:"无往不复",天地际也。

> 天之际地而平也,其卒无不陂;地之际天而往也,其卒无不复。艰正以处之,乃无咎。不恤上之孚已,则于食有福。苟恤其孚,思有以取信于上,不知命者也。不知命,则不敢直己以行志,离道失义,无不为矣。(介)(《周易义海撮要》卷二,第316页)

上六,城复于隍。勿用师,自邑告命。贞吝。《象》曰:"城复于隍",其命乱也。

"城复于隍",下不承上,外不内卫,小者擅命,故曰"自邑告命",虽贞亦吝。(介)(《周易义海撮要》卷二,第317页)

12. 否 ䷋:《彖》曰,"否之匪人,不利君子贞,大往小来",则是天地不交而万物不通也,上下不交而天下无邦也。内阴而外阳,内柔而外刚,内小人而外君子。小人道长,君子道消也。

"否之"者匪人也,天也,故君子遇此,则俭德辟难而不忧也,乐天而已矣。孔子曰:"道之将废也与,命也。"孟子曰:"予之不遇鲁侯,天也。"与否之《彖》合矣。"匪人"非为致否言,为君子遇否者言之也。(介)(《周易义海撮要》卷二,第318页)

初六,拔茅茹以其汇。贞吉,亨。《象》曰:"拔茅""贞吉",志在君也。

如有用我者,则以其类往矣。(介)(《周易义海撮要》卷二,第318页)

六三,包羞。《象》曰:"包羞",位不当也。

处臣之盛位,而不能发舒以正其君,是可羞也。(介)(《周易义海撮要》卷二,第319页)

上九,倾否,先否后喜。《象》曰:否终则倾,何可长也。

王氏安石曰:"倾否",言其才也。"先否后喜",言其时也。(《周易会通》卷三,景印文渊阁四库全书,第26册,第246页)

13. 同人 ䷌:九四,乘其墉,弗克攻,吉。

王介父曰:墉,保内以扞外也。(《厚斋易学》卷十一,第208页)

九五，同人，先号咷，而后笑。大师克相遇。

> 王介父曰：两刚虽俱抗五，然各欲擅其私，而非同心者也，是以不能克五，而为五之所克。商、周之不敌，此之谓也。（《厚斋易学》卷十一，第209—210页）

> 王介甫曰：言两刚之盛欲克五，五中直能克之。（《厚斋易学》卷十一，第642页）

14. **大有** ䷍：元亨。《彖》曰："大有"，柔得尊位大中，而上下应之，曰"大有"。其德刚健而文明，应乎天而时行，是以元亨。

> "元亨"，元善而亨通。（介）(《周易义海撮要》卷二，第323页）

九三，公用亨于天子，小人弗克。《象》曰："公用亨于天子"，小人害也。

> 当大有之时，得尊盛之位，行重刚而不中之事者也。以其有大事之才，是以能亨于天子也。重刚而不中，非君子之常，其趋时则有时而行之，君子犹以为惕，况小人乎。（介）(《周易义海撮要》卷二，第325页）。

> 王介父曰：《易》之辞有"王"，有"先王"，有"帝"，有"天子"有"后"，又有"大君"。"王"以德业言，"先王"以垂统言也，"帝"以主宰言，"天子"以正位言也，"后"者，天子、诸侯之通称。"大君"，天子之尊称也。（《厚斋易学》卷十一，第215页）

九四，匪其彭，无咎。《象》曰："匪其彭，无咎"，明辨晢也。

> 广平游氏曰：舒王以"匪其彭"为"匪其旁"，不知所据何说。且近君之位，有下比之嫌，恐非独大有之时为然。（方闻一：《大易粹言》卷十四，景印文渊阁四库全书，第15册，第185页）

> 君子遇此时而立于朝，谋之当告者，不以告于用事之臣，而告

诸其君,所以明上下之礼,而著君臣之义也。(介)(《周易义海撮要》卷二,第326页)

上九,自天祐之,吉,无不利。

王介父曰:大有、大畜皆尚贤之卦。乾,阳物,所谓贤也。(《厚斋易学》卷十一,第218页)

15. 谦 ䷎:亨,君子有终。《象》曰:地中有山,谦。君子以裒多益寡,称物平施。

寡者以谦为益,则由寡而可以多;多者以谦为益,则愈多而不为溢。(介)(《周易义海撮要》卷二,第328页)

初六,谦谦君子,用涉大川,吉。

王介父曰:利涉,则其材、其时利于涉耳。用涉,则用此以涉,然后吉也。(《厚斋易学》卷十二,第221页)

"利涉大川",非涉大川然后吉也,其才、其时利涉大川耳。"用涉大川"者,用此以涉大川,然后吉耳。(介)(《周易义海撮要》卷二,第328页)

六二,鸣谦,贞吉。《象》曰:"鸣谦,贞吉",中心得也。

鸣之为言,接于物而感之也。六二接于九三而感之以谦,刚上柔下,中正以相与,其志得而可以有功矣。(介)(《周易义海撮要》卷二,第328—329页)

六四,无不利,㧑谦。《象》曰:"无不利,㧑谦",不违则也。

能㧑去三之承己以为谦也。(介)(《周易义海撮要》卷二,第329页)

六五,不富以其邻,利用侵伐,无不利。《象》曰:"利用侵伐",征不服也。

得尊位而无应,故有"征不服"之辞。(介)(《周易义海撮要》卷二,第 330 页)

上六,鸣谦,利用行师,征邑国。《象》曰:"鸣谦",志未得也。"可用行师",征邑国也。

上六,接于九三而感之以谦者也,故曰"鸣谦"。三为众阴所附,以止于下,己虽接而感之,未得其来应,故曰"志未得"。九三宜应己而不来,有邑国不服之象。师,众也。邑国,所据也。所用者众,所征者狭,不若九五之正位大中也。(介)(《周易义海撮要》卷二,第 331 页)

16. 豫 ䷏:利建侯行师。《象》曰:雷出地奋,豫。先王以作乐崇德,殷荐之上帝,以配祖考。

荀子曰:"乐者,人情之所不能免也。"人情不能免,而不能节文以正之,则民德乱矣。(介)(《周易义海撮要》卷二,第 332 页)

初六,鸣豫,凶。《象》曰:初六"鸣豫",志穷凶也。

鸣者,接于物而感之者也。于位为下,于时为始,于德为柔。不中,接于上而感之以豫,所以凶。(介)(《周易义海撮要》卷二,第 332 页)

六二,介于石,不终日,贞吉。《象》曰:"不终日贞吉",以中正也。

当豫之时,知上下之无交而不动,知几者也。(介)(《周易义海撮要》卷二,第 332 页)

六三,盱豫,悔,迟有悔。《象》曰:"盱豫有悔",位不当也。

视上而承之以豫,其行不顺,则不得其与。近不得乎九四而远迟上六,则上六不应,故"迟有悔"。动而承上以豫,其悔必矣。有者,不必悔而不能必无悔也。(介)(《周易义海撮要》

卷二,第333页)

九四,由豫,大有得。勿疑,朋盍簪。《象》曰:"由豫,大有得",志大行也。

上下无阳,而莫不由我以豫,物之从己可以勿疑,是以朋合疾也。道不可以为物之主,而时不可以受物之归,则可以勿疑而当其任乎?(介)(《周易义海撮要》卷二,第333页)

17. 随 ☱☳:元亨,利贞,无咎。《彖》曰:随,刚来而下柔,动而说。随,大亨,贞无咎,而天下随时。随时之义大矣哉!

不曰"随之时"而曰"随时"者,在泰则随泰之时,在否则随否之时也。(介)(《周易义海撮要》卷二,第335页)

六二,系小子,失丈夫。《象》曰:"系小子",弗兼与也。

凡有系而随,则不能兼与,此其所以失丈夫。

臣不应君,失随之道。(介)(《周易义海撮要》卷二,第336页)

九四,随有获,贞凶。有孚在道,以明,何咎!《象》曰:"随有获",其义凶也。"有孚在道",明功也。

明足以趋时,孚足以守道,非知权者,孰能与于此? 故孔子曰"明功也",言明则有功。(介)(《周易义海撮要》卷二,第337页)

九五,孚于嘉,吉。《象》曰:"孚于嘉,吉",位正中也。

六二柔顺中正而应乎上,嘉而宜孚者也。(介)(《周易义海撮要》卷二,第337页)

上六,拘系之,乃从,维之,王用亨于西山。《象》曰:"拘系之",上穷也。

不从则威执之,拘系之也,从则以德怀之,维之也。西者阴之

所,山者君之德,未离乎阴之所而有君德者也。(介)(《周易义海撮要》卷二,第 338 页)

18. **蛊** ䷑:元亨,利涉大川。先甲三日,后甲三日。《彖》曰:蛊,刚上而柔下,巽而止,蛊。"蛊,元亨",而天下治也。"利涉大川",往有事也。"先甲三日,后甲三日",终则有始,天行也。

> 刚止乎上,无为以用下者也;柔巽乎下,有为以为上用者也。事之来,如日月四时,终而有始。先甲者,先事而图其患,事至而能济。既济矣,又图其方来之患而豫防之,后甲之谓。(王介甫)(《周易义海撮要》卷二,第 339 页)

初六,干父之蛊,有子考,无咎,厉终吉。《象》曰:"干父之蛊",意承考也。

> 父以刚中首事,子以柔顺干之。父在观其志,父没观其行。其事虽从,而意欲违者多矣。(介)(《周易义海撮要》卷二,第 340 页)

九二,干母之蛊,不可贞。《象》曰:"干母之蛊",得中道也。

> 母,从子者也,宜巽乎内以应外,反止乎外;子,制义者也,宜止乎外以制内,而反巽乎内,宜不可以为贞矣。然九二刚巽乎中,得趋时之宜而未失道者也。若鲁庄公能哀痛思庄谨以事母,而防闲之以礼,母子相与之际,虽不可谓正,亦可谓能干母之蛊而得中道者矣。(介)(《周易义海撮要》卷二,第 340 页)

> 王介甫曰:刚巽乎中,趣时之宜而不失道者也。(《厚斋易学》卷三十八,第 645 页)

九三,干父之蛊,小有悔,无大咎。《象》曰:"干父之蛊",终无咎也。

> 九三之所谓父,上九也。刚而不中,不能无不义。三亦不中,

不能无争,未失子道。(介)(《周易义海撮要》卷二,第341页)

上九,不事王侯,高尚其事。《象》曰:"不事王侯",志可则也。

在卦之终,事成也。在卦之上而无所承,身退者也。在外卦而心不累乎内,志之高者也。(介)(《周易义海撮要》卷二,第341—342页)

王介父曰:无为而用臣子者,君父也;有为而为君父用者,臣子也。蛊者,臣子之任也,故其爻虽得尊位,亦干父而已。有父子然后有君臣,君臣之义,取诸父子而移之者也。故自初至五,皆以父母与子为言,能干父母之蛊,则国蛊可知矣。至上九,则其义有进退去就,而不可施于父子,故特以君臣为言也。在一卦之外,家道不可有外也。(《厚斋易学》卷十二,第238页)

19. 临 ䷒:元亨,利贞。至于八月有凶。《彖》曰:临,刚浸而长,说而顺,刚中而应。大亨以正,天之道也。"至于八月有凶",消不久也。

王介父曰:阳大阴小,来者信,往者屈,大者信则临小者之屈矣。此以大临小言也。爻则贵贱以其位之上下。四阴皆临下之二阳,二阳有应于上,皆见临于阴。此以上临下言也。(《厚斋易学》卷十三,第241页)

有凶者,不必有凶而不能必无凶,能戒之于蚤则不必凶,故曰"消不久也"。(介)(《周易义海撮要》卷二,第343页)

王介父曰:有凶者不必凶,而不能必无凶,能戒之于早,则至于八月可无凶矣。(《厚斋易学》卷十三,第243页)

九二,咸临,吉,无不利。《象》曰:"咸临,吉,无不利",未顺命也。

二阳皆浸长而欲变柔,故曰"志行正也"。未顺者,君所受教

而非君所教也。(介)(《周易义海撮要》卷二,第 343 页)

六三,甘临,无攸利;既忧之,无咎。《象》曰:"甘临",位不当也。"既忧之",咎不长也。

比于浸长之刚而能变,是以无咎。(介)(《周易义海撮要》卷二,第 344 页)

六四,至临,无咎。《象》曰:"至临无咎",位当也。

至,以至诚顺乎刚也。(介)(《周易义海撮要》卷二,第 344 页)

六五,知临,大君之宜,吉。《象》曰:"大君之宜",行中之谓也。

知柔知刚,用晦而明,委物以能,以行其中,非如六四一乎柔而已。(介)(《周易义海撮要》卷二,第 344 页)

20. 观 ䷓:盥而不荐,有孚颙若。

王介父曰:剥,大者失位则不足观矣。(介)(《周易义海撮要》卷二,第 249 页)

上九,观其生,君子无咎。《象》曰:"观其生",志未平也。

以阳处卦之上,道大成也。在卦之外,位不当也。犹有观焉,将有为也。吉凶与民同患,志未平也。可仕则仕,可已则已,观其生也。知微知彰,知柔知刚,然后能观其生,而不失进退之几焉。故曰"君子无咎"。(介)(《周易义海撮要》卷二,第 347 页)

22. 贲 ䷕:九三,贲如,濡如,永贞吉。《象》曰:"永贞"之吉,终莫之陵也。

贲如,自饰。濡如,六二饰之。刚上柔下,各得其正。柔之正者,又丽而柔焉。二待上而兴,不足以称吉。(介)(《周易义

海撮要》卷三,第353页)

六四,贲如,皤如,白马翰如。匪寇,昏媾。《象》曰:六四当位,疑也。"匪寇,婚媾",终无尤也。

  王介父曰:马者,不动以进之象,谓初九不从二而来应己也。翰如,其志疾也。离体而阳爻,故疾。(《厚斋易学》卷十四,第269页)

六五,贲于丘园,束帛戋戋。吝,终吉。《象》曰:六五之吉,有喜也。

  戋戋,损少俭而用礼,未失中也。(介)(《周易义海撮要》卷三,第354页)

23. 剥䷖:不利有攸往。《彖》曰:剥,剥也,柔变刚也。"不利有攸往",小人长也。顺而止之,观象也。君子尚消息盈虚,天行也。

  尚消息盈虚,与天地合德、四时合序也。(介)(《周易义海撮要》卷三,第354页)

《象》曰:山附于地,剥。上以厚下安宅。

  《行苇》之诗,可谓厚下。上不见剥,可必安宅。(介)(《周易义海撮要》卷三,第355页)

24. 复䷗:亨。出入无疾,朋来无咎。反复其道,七日来复,利有攸往。

  临川王氏曰:阴阳之往复,以日论之,可也;以月、以岁论之,可也。(林栗:《周易经传集解》卷十二,景印文渊阁四库全书,第12册,第164页)

六二,休复,吉。《象》曰:"休复"之吉,以下仁也。

  以卦言之,阳反为主。以爻言之,阳以进为复,初九是也;阴以退为复,六二、六三、六四是也。阴以退为复,故六二乘初,

有下初之意。(介)(《周易义海撮要》卷三,第 359 页)

六五,敦复,无悔。《象》曰:"敦复,无悔",中以自考也。
　　考,自省考。能以中道自考,则动作不离于中。(介)(《周易义海撮要》卷三,第 359 页)

25. **无妄** ䷘:元亨,利贞。其匪正有眚,不利有攸往。《象》曰:天下雷行,物与无妄。先王以茂对时,育万物。
　　钦授人时,茂对时,育万物。(介)(《周易义海撮要》卷三,第 361 页)

九四,可贞,无咎。《象》曰:"可贞,无咎",固有之也。
　　以无为有,以虚为实,材不足而位有余者,妄也。材有余而位不足,虽不为正当,亦不为妄者也。不妄则固有其位,固有其位则可正而无咎。(介)(《周易义海撮要》卷三,第 362 页)

上九,无妄,行有眚,无攸利。《象》曰:"无妄"之行,穷之灾也。
　　初阳在下,宜动进,故往吉。上阳在上,宜止,行则妄矣。(介)(《周易义海撮要》卷三,第 362 页)

26. **大畜** ䷙:六四,童牛之牿,元吉。《象》曰:六四"元吉",有喜也。
　　童牛私欲不行而顺,顺而物不犯,以其有牿也。乾自下承之,爕友也。柔得位以乘乾,柔克也。(介)(《周易义海撮要》卷三,第 364 页)

27. **颐** ䷚:六二,颠颐,拂经,于丘颐,征凶。《象》曰:六二"征凶",行失类也。
　　以上养下,颐之常也;以下养上,则违常矣。六五止乎尊位,养道不足,亦顺以从上而待二以养者也。不待已而已致养焉,以征则不得志而凶,故曰"于丘颐,征凶"。二、五皆阴,所谓类也。阴与阳相养,以阴养阴,故曰"失类"。(介)(《周易义海撮要》卷三,第367页)

王介父曰:于体为震,是以有征之辞焉。(《厚斋易学》卷十六,第304页)

六三,拂颐,贞凶。十年勿用,无攸利。《象》曰:"十年勿用",道大悖也。

王介父曰:《易》之辞,或称"年",或称"岁"。岁者,举四时之周而言也,以言其久。至于十年,则未有称岁者。盖十年则亦已久矣,不必言岁而后可以为久也。(《厚斋易学》卷十六,第306页)

29. 习坎 ䷜：有孚,维心亨,行有尚。

《书》曰"卜不习吉",非便习也,重也。(介)(《周易义海撮要》卷三,第372页)

九二,坎有险,求小得。《象》曰:"求小得",未出中也。

九二未能出险,为六三所揜,可以求比于初而已。(介)(《周易义海撮要》卷三,第373页)

六三,来之坎坎,险且枕,入于坎窞,勿用。《象》曰:"来之坎坎",终无功也。

来则乘刚,之则无应。苟安以止,则入于窞。(介)(《周易义海撮要》卷三,第373页)

九五,坎不盈,祇既平,无咎。《象》曰:"坎不盈",中未大也。

不能过中以出险。所谓大,则过中以趋时而施行矣。(介)(《周易义海撮要》卷三,第374页)

上六,系用徽纆,寘于丛棘,三岁不得,凶。《象》曰:上六失道,凶三岁也。

以阴在上,用险以督察,久则为险以反其上,而上受患矣。不得者,罪人不服之辞也。(介)(《周易义海撮要》卷三,第374页)

30. 离 ☲:利贞,亨。畜牝牛,吉。《象》曰:离,丽也。日月丽乎天,百谷草木丽乎土,重明以丽乎正,乃化成天下。柔丽乎中正,故亨。是以"畜牝牛,吉"也。

王介父曰:以柔为主也,故晦则丽乎明,弱则丽乎强,小则丽乎大,贱则丽乎贵。(《厚斋易学》卷十七,第331页)

六二,黄离,元吉。

王介父曰:黄者,中之见乎色者也。(《厚斋易学》卷十七,第334页)

上九,王用出征,有嘉折首,获匪其丑,无咎。《象》曰:"王用出征",以正邦也。

折首者,歼厥渠魁之谓。(介)(《周易义海撮要》卷三,第377页)

下　　经

31. 咸 ䷞:亨,利贞,取女吉。《象》曰:咸,感也。柔上而刚下,二气感应以相与。止而说,男下女,是以"亨,利贞,取女吉"也。天地感而万物化生,圣人感人心而天下和平。观其所感,而天地万物之情可见矣。

王临川所谓"有心曰感,无心曰咸"。此泥于字学也。初不知咸之为义即感也,亦如恒之为义即久也。(王宗传:《童溪易传》卷十四,第159页)

九四,贞吉,悔亡。憧憧往来,朋从尔思。

　　王介父曰:思者,心之动也。(《厚斋易学》卷十八,第 344 页)

32. **恒** ䷟:亨,无咎,利贞,利有攸往。

　　王介父曰:亨,然后无咎。(《厚斋易学》卷十八,第 348 页)

初六,浚恒,贞凶,无攸利。《象》曰:"浚恒"之凶,始求深也。

　　巽,入也,以柔越二刚而深入于四,入不以渐而求深于始。以是为常,物不能堪,虽正亦凶。(介)(《周易义海撮要》卷四,第 382 页)

九三,不恒其德,或承之羞,贞吝。《象》曰:"不恒其德",无所容也。

　　重刚而不中,刚之过也。巽而顺乎柔,巽之过也。不恒如此,承之者其志不一而羞矣,虽贞亦吝,况不贞乎? 岂惟下所耻承,亦上之所不与,故无所容。夫可以为常者莫如中,故九二失位而能悔亡,九三得位而无所容。以中为常,则出处语默,其趣无方,而不害其常。(介)(《周易义海撮要》卷四,第 383 页)

上六,振恒,凶。《象》曰:"振恒"在上,大无功也。

　　终乎动,以动为恒者也。动静宜不失时,以交相养。以动为恒而在物上,其害大矣。(介)(《周易义海撮要》卷四,第 384 页)

33. **遯** ䷠:九四,好遯,君子吉,小人否。《象》曰:君子好遯,小人否也。

　　九四已在外而远初,故三为"系",四为"好"。(介)(《周易义海撮要》卷四,第 386 页)

　　王介父曰:有应在内,所谓好也。有好而遯,何也? 已在外而远于初也。(《厚斋易学》卷十九,第 361 页)

34. **大壮** ䷡：利贞。

　　君子之道，不壮则不可以胜小人。壮不可过也。四阳足以胜二阴，可止而不可征，故曰"利贞"。《杂卦》则曰"大壮则止"也。（介）(《周易义海撮要》卷四，第387页)

九三，小人用壮，君子用罔，贞厉。羝羊触藩，羸其角。《象》曰："小人用壮"，君子罔也。

　　以很壮犯九四之阳，求上六之阴。九四，藩也。（介）(《周易义海撮要》卷四，第388页)

六五，丧羊于易，无悔。《象》曰："丧羊于易"，位不当也。

　　刚柔者所以立本，变通者所以趋时。方其趋时，则位正当而有咎凶，位不当而无悔者有矣。大壮之时，得尊位大中而处之以柔，能丧其很者也。子绝四，类是矣。（介）(《周易义海撮要》卷四，第388页)

上六，羝羊触藩，不能退，不能遂，无攸利。艰则吉。《象》曰："不能退，不能遂"，不详也。"艰则吉"，咎不长也。

　　四为刚动之首，而己应在三。不度德量力，而用壮很，触四以求三。很壮则不能自反，是不能退。虽进而求三、四为之藩，不能遂也，无所利矣。（介）(《周易义海撮要》卷四，第389页)

35. **晋** ䷢：初六，晋如摧如，贞吉。罔孚，裕无咎。《象》曰："晋如摧如"，独行正也。"裕，无咎"，未受命也。

　　初六以柔进，君子也，度义以进退者也。常人不见孚，则或急于进以求有为，或急于退以怼上之不知。孔子曰："我待价者也。"此罔孚而裕于进也。孟子久于齐，此罔孚而裕于退也。（介）(《周易义海撮要》卷四，第390页)

六二，晋如愁如，贞吉。受兹介福，于其王母。《象》曰："受兹介福"，以中正也。

　　修德于幽而无应于明，故愁如。在幽无应而不为邪，鬼神之幽且福之矣。"王母"，至幽之象。（介）（《周易义海撮要》卷四，第 390 页）

36. 明夷 ䷷：初九，明夷于飞，垂其翼。君子于行，三日不食。有攸往，主人有言。《象》曰："君子于行"，义不食也。

　　飞者，以下为顺。"垂其翼"，飞而下者也。明夷难在上，是以宜下不宜上。二老避纣，不食之象；伊尹就桀，有攸往之象。（介）（《周易义海撮要》卷四，第 392 页）

　　王介父曰："三日不食"，弃其应之象也。（《厚斋易学》卷十九，第 371 页）

六二，明夷，夷于左股，用拯马，壮吉。《象》曰：六二之吉，顺以则也。

　　股，辅下体者也。三，下体也，二辅焉。三未离下体，马之象。二，拯马者也。三得二之拯，二得其所附，是以吉也。此若太颠、闳夭之徒辅周之兴也。（介）（《周易义海撮要》卷四，第 393 页）

九三，明夷于南狩，得其大首，不可疾，贞。

　　王介父曰：凡《易》之所谓"戈"者，兴事之小者也。其所谓"田"者，则兴事之大者也。狩则田之大者也。（《厚斋易学》卷十九，第 373 页）

六四，入于左腹，获明夷之心，于出门庭。《象》曰："入于左腹"，获心意也。

　　王介父曰：与上同体，以六五、上六为门庭。（《厚斋易学》卷

十九,第 374 页)

六五,箕子之明夷,利贞。《象》曰:箕子之贞,明不可息也。

谏而死,所以存义,贞而不利。去之,所以达权,利而不贞。(介)(《周易义海撮要》卷四,第 394 页)

37. 家人 ䷤:九三,家人嗃嗃,悔厉,吉;妇子嘻嘻,终吝。《象》曰:"家人嗃嗃",未失也。"妇子嘻嘻",失家节也。

刚严之过,虽未失吉,妇子怨望,至于嘻叹,终亦吝而已。未若九五之懿也。(介)(《周易义海撮要》卷四,第 396 页)

九五,王假有家,勿恤,吉。《象》曰:"王假有家",交相爱也。

刚上柔下,中正以相与,极有家之道。(介)(《周易义海撮要》卷四,第 396 页)

38. 睽 ䷥:小事吉。《象》:睽,火动而上,泽动而下。二女同居,其志不同行。说而丽乎明,柔进而上行,得中而应乎刚,是以"小事吉"。天地睽而其事同也,男女睽而其志通也,万物睽而其事类也。睽之时用大矣哉!

刚得中而上行,为物之所应而无所丽,则可大有为。(介)(《周易义海撮要》卷四,第 398 页)

《象》曰:上火下泽,睽。君子以同而异。

小人能同而不能异,能异则不能同。君子同乎道,异者,异乎时与事而已。(介)(《周易义海撮要》卷四,第 398 页)

六三,见舆曳,其牛掣,其人天且劓,无初有终。《象》曰:"见舆曳",位不当也。"无初有终",遇刚也。

九二在下而载己,九四在上而引己。命者,吾所受于天也。

上九疑而欲刵之,非吾有以取之,所谓天也。志应而不为邪,上九终有以明之,二刚亦不能为患。(介)(《周易义海撮要》卷四,第 399 页)

六五,悔亡。厥宗噬肤,往何咎？

临川解睽六五"噬肤"曰：肤,六三之象,以柔为物之间,可噬而合。(朱震：《汉上易传丛说》,景印文渊阁四库全书,第 11 册,第 362 页)

上九,睽孤,见豕负涂,载鬼一车,先张之弧,后说之弧。匪寇,婚媾。往遇雨则吉。《象》曰："遇雨"之吉,群疑亡也。

上九睽极,有应而疑之,以三为秽而污于二。其称负者,以二在三之后也。以三为乘四而载之,其言载者,以四为在上也。夫睽之极,则物有似是而非者,虽明犹疑。疑之已甚,则以无为有,无所不至,况于不明者乎？上九刚过中,用明而过者也,故其始不能无疑。(介)(《周易义海撮要》卷四,第 400 页)

39. 蹇 ䷦：利西南,不利西北。利见大人,贞吉。《象》曰：蹇,难也,险在前也。见险而能止,知矣哉！"蹇,利西南",往得中也。"不利东北",其道穷也。"利见大人",往有功也。当位"贞吉",以正邦也。蹇之时用大矣哉！

见险而止,未必能安而乐之,智者之所及也。困之材,则"险以说,困而不失其所亨",能安而乐之也,故曰"其唯君子乎"。君子则具仁智也。(介)(《周易义海撮要》卷四,第 401 页)

六二,王臣蹇蹇,匪躬之故。《象》曰："王臣蹇蹇",终无尤也。

蹇蹇,上下皆蹇。二、五中正,相与修德于此,而难解于彼,是以终无尤也。(介)(《周易义海撮要》卷四,第 402 页)

九五,大蹇,朋来。《象》曰:"大蹇,朋来",以中节也。

六二之应,六四之承,居其所而朋来也。(介)(《周易义海撮要》卷四,第 403 页)

40. 解 ䷧：利西南。无所往,其来复吉。有攸往,夙吉。《彖》曰：解,险以动,动而免乎险,解。"解,利西南",往得众也。"其来复吉",乃得中也。"有攸往,夙吉",往有功也。天地解而雷雨作,雷雨作而百果草木皆甲坼,解之时大矣哉!

王介甫曰：在解之始者屯,而在屯之终者解也。屯难解矣,与民更始之象也。(《厚斋易学》卷二十,第 386 页)

有难则往而出乎中,所以济难。难已则来而复其中,所以保常。济难以权,保常以中,此所以吉。(介)(《周易义海撮要》卷四,第 404 页)

《象》曰：雷雨作,解。君子以赦过宥罪。

罪者宥之,更始之时,有不可赦者也。(介)(《周易义海撮要》卷四,第 404 页)

九二,田获三狐,得黄矢,贞吉。《象》曰:"九二贞吉",得中道也。

《小过》刚失位而不中,是以不可大事。九二虽不当位,刚中而应,故能大有为,得群疑而顺服也。(介)(《周易义海撮要》卷四,第 405 页)

六三,负且乘,致寇至,贞吝。《象》曰:"负且乘",亦可丑也。自我致戎,又谁咎也?

六者小人之才,三者君子之位。六之为小人也,乘非其位,而又上慢下暴,所以致寇也。以解为道,解缓也,而不能应上,故曰"上慢"。以柔乘刚,故曰"下暴"。宜寇之来也。(介)

（《周易义海撮要》卷四，第 405 页）

王介甫曰：负者，小人之事；六，小人之材也。乘者，君子之器；三，君子之位也。（《厚斋易学》卷二十，第 390 页）

九四，解而拇，朋至斯孚。《象》曰："解而拇"，未当位也。

未得尊位，能解初而已，所解者小矣。能孚其朋，所孚者寡矣。（介）（《周易义海撮要》卷四，第 406 页）

41. 损 ䷨：初九，已事遄往，无咎。酌损之。《象》曰："已事遄往"，尚合志也。

损己益上，不以已事出位者也。在下而刚不中，故可损之。损之已过，则亦失中，故当酌损。六四能纳己者也，故曰"合志"。遄，刚进也。（介）（《周易义海撮要》卷四，第 408 页）

六三，三人行则损一人，一人行则得其友。《象》曰："一人行"，三则疑也。

此其所谓"为物不贰，则其生物不测"者也。（介）（《周易义海撮要》卷四，第 409 页）

六四，损其疾，使遄有喜，无咎。《象》曰："损其疾"，亦可喜也。

凡不得阴阳之中而所偏者，皆谓之疾。以阴处阴，而承乘皆阴，所谓疾也。偏乎阴者资之以阳，则其疾损而有喜矣。柔之弊常失之缓，故遄乃无咎。（介）（《周易义海撮要》卷四，第 410 页）

42. 益 ䷩：六三，益之用凶事，无咎。有孚中行，告公用圭。《象》曰："益用凶事"，固有之也。

六三以阴居阳位，以过损而为益者也。彻乐杀礼，衣大布之衣、大帛之冠,所以用凶事者也。能用凶事以至诚而中行,则不独无咎,可以成功而上告之以圭也。圭者,上之所以告公侯之成功也。三,下卦之极;四,近尊之位,皆所谓公也。(介)(《周易义海撮要》卷四,第413页)

九五,有孚惠心,勿问,元吉。有孚,惠我德。《象》曰:"有孚惠心",勿问之矣。"惠我德",大得志也。

"勿问",所谓"益无方"。"有孚惠我德",所谓"反乎尔"者也。(介)(《周易义海撮要》卷四,第414页)

43. 夬 ䷪:扬于王庭,孚号有厉。告自邑,不利即戎,利有攸往。《彖》曰:夬,决也,刚决柔也。健而说,决而和。"扬于王庭",柔乘五刚也。"孚号有厉",其危乃光也。"告自邑,不利即戎",所尚乃穷也。"利有攸往",刚长乃终也。

凡决去柔邪,当先明信其法,宣其号令。一小人犹在上,故须常怀危厉,故《象》曰"危乃光也"。(介)(《周易义海撮要》卷四,第416页)

柔乘五刚,上六乘九五之刚,众阳比五亲决,五为王位,故曰"扬于王庭"。(介)(《周易义海撮要》卷四,第417页)

《象》曰:泽上于天,夬。君子以施禄及下,居德则忌。

以夬施禄,则果于养贤。以夬居德,则果于自用,众之所恶。(介)(《周易义海撮要》卷四,第417页)

九三,壮于頄,有凶。君子夬夬独行,遇雨若濡,有愠,无咎。《象》曰:"君子夬夬",终无咎也。

頄在上而见于外,体之无能为者也。九三,乾体之上,刚元外见,壮于頄者也。阳未上行,未可以胜阴之时也。应在上六,未可以决之之位也。夬夬者,必乎夬之辞也。"必乎夬"与"壮于頄",何异? 以其能待时而动,知时之未可而不失其和也。应乎上六而与之和,疑于污也,故曰"若濡"。君子之所为,众人固不识,若濡,则有愠之者矣。和而不同,有夬夬之志焉,何咎之有? 然君子与之和也,伪欤? 曰:诚信而与之和,何伪焉? 使彼能迁善以从己,与之和同而无夬矣。(介)(《周易义海撮要》卷四,第419页)

上六,无号,终有凶。《象》曰:"无号"之凶,终不可长也。

不能号咷以忧而改修其道。(介)(《周易义海撮要》卷四,第420页)

44. 姤 ䷫:女壮,勿用取女。

阳,在上之物,自下上则反其所,故曰复。阴者,在下之物,自下上则与阳遇,故曰姤。(介)(《周易义海撮要》卷四,第420页)

九二,包有鱼,无咎,不利宾。

王介父曰:四自外至,宾之象也。(《厚斋易学》卷二十二,第427页)

46. 升 ䷭:元亨。用见大人,勿恤,南征吉。《象》曰:柔以时升,巽而顺,刚中而应,是以大亨。

荆公、程子皆云:用此道以见大人。(《丙子学易编》,第781页)

九二,孚乃利用禴,无咎。《象》曰:九二之孚,有喜也。

王介父曰:《升》之九二以刚升,孚乃能无咎,故先言"孚乃利用禴",而后言"无咎"。(《厚斋易学》卷二十三,第436页)

九三,升虚邑。《象》曰:"升虚邑",无所疑也。

刚得位而有应,前无难之者,其升无疑。升虚邑者,易而小之也,汤、武之升是矣。(介)(《周易义海撮要》卷五,第430页)

47. 困 ䷮：初六,臀困于株木,入于幽谷,三岁不觌。《象》曰:"入于幽谷",幽不明也。

初在下不中,臀之象。株木不能庇阴其下,九四困于九二,不敢进而应初,株木之象也。(介)(《周易义海撮要》卷五,第433页)

六三,困于石,据于蒺藜,入于其宫,不见其妻,凶。《象》曰:"据于蒺藜",乘刚也。"入于其宫不见其妻",不祥也。

石之为物,安而不能动者也。应在上六,而上六不能应,故曰"困于石"。(介)(《周易义海撮要》卷五,第434—435页)

上六,困于葛藟,于臲卼,曰动悔有悔,征吉。《象》曰:"困于葛藟",未当也。"动悔有悔",吉行也。

凡困者,其所欲则以失之为困,困于酒食是也;其所恶则以得之为困,石、金车、葛藟是也。葛藟,谓六三牵己。今以柔居柔,所牵则愈困矣。(介)(《周易义海撮要》卷五,第437页)

葛藟,缠纠之象。臲卼,不安之貌。"困于葛藟",谓牵于六三之柔。"于臲卼",谓乘乎九五之刚。柔不可牵,舍之可也;刚不可乘,去之可也。上六,柔儒之过。若计曰动则恐有悔,遂不动,乃所以有悔。曰"征吉",谓吉在乎行也。诸卦上极,多不以征,此困时也。困终有出困之义,征则免困矣,是以征吉。(集临川、伊川语。)(《学易记》卷五,第299页)

48. 井 ䷯：改邑不改井,无丧无得,往来井井。汔至亦未繘井,羸其瓶,凶。《象》曰:木上有水,井。君子以劳民劝相。

荀子曰："不足者,天下之公患也。"苟知劳民劝相之道,而以不足为患者,未之有也。(介)(《周易义海撮要》卷五,第 438 页)

九三,井渫不食,为我心恻,可用汲,王明并受其福。《象》曰:"井渫不食",行恻也。求王明,受福也。

求王明,孔子所谓"异乎人之求"也。君子之于君也,以不求求之;其于民也,以不取取之;其于天也,以不祷祷之;其于命也,以不知知之。井之道,无求也,以不求求之而已。(介)《周易义海撮要》卷五,第 439 页)

上六,井收,勿幕;有孚,元吉。《象》曰:元吉在上,大成也。

自古注以及程朱诸家,皆以上六处井之极,水已出井,故曰井收。收者,汲取也,收亦作去声。临川王氏专主"收"作去声,云:"古者以'收'名冠,以收发为义。井收者,井口之白,亦一井之体,收于此也。掘井及泉,渫之使清,甃之使固,自下而上,至于井收,则井之功毕矣。井甃者,所以御恶于内;井收者,所以御恶于外。收以御恶,而非杜人之汲也,故禁之使勿幕。"按此说异众,虽未必然,而于事情为切,故录之以俟后来者详焉。(黄震:《黄氏日钞》卷六,《全宋笔记》第 89 册,第 148 页)

闻王荆公云:瓶,井之上水者也。瓮,井水之已出乎上而受之者也。谷,下也,井谷旁出而下流也。鲋,物之在下污而微者也。禽,饮井之无择者也。"可用汲"以上是象,下是占,五非应也。曰"王明",周公特笔也。微明哲之帝尧,则大舜雷泽之渔父;微明哲之高宗,则傅说岩野之胥靡。初才柔,有井泥象;三之渫渫,初之泥也。二位柔,有井谷象;四之甃甃,二之谷也。渫与甃,其皆日新之功乎?日新而不已,寒泉之来不

穷矣。(张献翼:《读易纪闻》卷四,景印文渊阁四库全书,第32册,第512页)

49. 革 ䷰:已日乃孚,元亨,利贞,悔亡。《彖》曰:革,水火相息,二女同居,其志不相得,曰革。"已日乃孚",革而信之。文明以说,大亨以正,革而当,其悔乃亡。天地革而四时成,汤、武革命,顺乎天而应乎人。革之时大矣哉!

  王介父曰:泽在上则欲下,火在下则欲上。泽、火非如离、坎,有阴阳相逮之道也,其相遇则相息而已矣。其相息也,唯胜者能革其不胜者耳。(《厚斋易学》卷二十五,第468页)

初九,巩用黄牛之革。《象》曰:"巩用黄牛",不可以有为也。

  初九刚大而文明,其材可以有为也。在下无应,虽材不可以有为也。用中顺固其志,待上革而已。(介)(《周易义海撮要》卷五,第441页)

六二,已日乃革之,征吉,无咎。《象》曰:"已日革之",行有嘉也。

  王介父曰:臣道不为事首,故"已日乃革之"。柔顺,故征乃吉,无咎。(《厚斋易学》卷二十五,第472页)

九三,征凶,贞厉。革言三就,有孚。《象》曰:"革言三就",又何之矣!

  革之为道,宜刚中而已。九三刚过中,故"征凶,贞厉"。以过中之刚,其能革物也必矣,故"革言三就"。则虽过中而不失正,故"有孚"。其称三者,众辞也,言从革者众而有成功也。三过中,是以言而后能革,革之次也。九五尊位盛德,不言而能革,革之上也。有位无德,有德无位,必至于告戒丁宁,然后能感喻其人而成革之功也。《盘庚》《大诰》之所以革民者,不可谓未占有孚也。所谓不言者,非无言也,其所待于言也

略矣。(介)(《周易义海撮要》卷五,第443页)

50. 鼎 ䷱:初六,鼎颠趾,利出否。得妾以其子,无咎。《象》曰:"鼎颠趾",未悖也。"利出否",以从贵也。

颠趾,变常也;得妾,诡正也。变常而义,诡正而道,故无咎,所谓可与权者也。(介)(《周易义海撮要》卷五,第446页)

51. 震 ䷲:亨。震来虩虩,笑言哑哑。震惊百里,不丧匕鬯。《象》曰:震,亨。"震来虩虩",恐致福也。"笑言哑哑",后有则也。"震惊百里",惊远而惧迩也。"不丧匕鬯",出可以守宗庙社稷,以为祭主也。

王安石谓:《易》之震惧百里,严刑以震天下,所以守宗庙社稷。(方实孙:《淙山读周易》卷十四,景印文渊阁四库全书,第19册,第744页)

六二,震来,厉。亿丧贝,跻于九陵,勿逐,七日得。《象》曰:"震来,厉",乘刚也。

刚动以震而己乘之,动而来,则遇刚进而危矣。亿,安也,安其位而不知避,则丧其位矣。贝者,人之所宝,六二之所宝者位也。陵者,高大而平者也。动之时,高大而无难者可以为动之主矣。进而得主,初不能为己难,而己之丧可以勿逐而复之矣。九,阳数也,动之主也。七日者,从其阴以反复之时也。(介)(《周易义海撮要》卷五,第450页)

52. 艮 ䷳:六二,艮其腓,不拯其随,其心不快。《象》曰:"不拯其随",未退听也。

腓,应上而动者也。六二承九三,宜应九三而动者也。遇艮之时,是以艮其腓也。刚上而柔下,得位以相比,欲拯其随,固其理也。六二之中正，固欲循理以拯三，而九三以刚亢遇艮之时，未肯退听二之拯己也。欲拯之而不得，方且违之而有不快之心。虽未失中正，与夫乐则行之、忧则违之者，固有间矣。（介）（《周易义海撮要》卷五，第455页）

九三，艮其限，列其夤，厉，熏心。《象》曰："艮其限"，危熏心也。

> 王介父曰：心者，体之主也。体之上下不相为用，则其危及主矣。（《厚斋易学》卷二十六，第499页）

53. **渐** ䷴：女归吉，利贞。《象》曰：山上有木，渐；君子以居贤德善俗。

> 王介甫曰：俗以渐善者也。（《厚斋易学》卷四十二，第674页）

初六，鸿渐于干。小子厉，有言，无咎。《象》曰："小子之厉"，义无咎也。

> 鸿，水鸟。渐于干，不失其宜也。小子，三、四干非其应，应非其正，小子之象也。孔子曰："未信而谏，以为厉己也。"初当应四，时三与之比，以初为进而于己所比，故"厉，有言"。初守其分，不求其应四，虽小子"厉，有言"，义无咎矣。（介）（《周易义海撮要》卷五，第459页）

六四，鸿渐于木，或得其桷，无咎。《象》曰："或得其桷"，顺以巽也。

> 木虽在上，非鸿之所安，以其乘刚也。比于两刚之间而疑于所与，是以称"或"。桷之为木，在上者也。"或得其桷"，与上而承之也。上顺也，顺以巽，故乘刚而无咎。（介）（《周易义海撮要》卷五，第460页）

上九，鸿渐于陆，其羽可用为仪，吉。《象》曰："其羽可用以为仪，吉"，不可乱也。

> 王介父曰：其进也以渐而不失时，其翔也以群而不失序，所谓

"进退可法"者也。六爻皆鸿也,至于上而后曰"其羽可用为仪",要其终而不可乱也。(《厚斋易学》卷二十七,第513页)

54. 归妹 ䷵:征凶,无攸利。《彖》曰:归妹,天地之大义也。天地不交而万物不兴,归妹,人之终始也。说以动,所归妹也。"征凶",位不当也。"无攸利",柔乘刚也。

少女归长男,得其常,不失其时,故曰"说以动,所归妹也"。(介)(《周易义海撮要》卷五,第462页)

初九,归妹以娣,跛能履,征吉。《象》曰:"归妹以娣",以恒也。"跛能履吉",相承也。

初承二,娣承嫡之象;二承五,嫡承夫之象,故曰"跛能履,相承也"。(介)(《周易义海撮要》卷五,第463页)

六五,帝乙归妹,其君之袂,不如其娣之袂良。月几望,吉。《象》曰:"帝乙归妹","不如其娣之袂良"也。其位在中,以贵行也。

六五在上,归妹之为女君者也。九二在下,归妹之为娣者也。二以阳处阴,娣之盛也。五以阴处阳,女君之谦者也。应乎九二,能逮下者也。能逮下而谦,故"帝乙归妹,其君之袂,不如其娣之袂良"也。(介)(《周易义海撮要》卷五,第466页)

上六,女承筐,无实;士刲羊,无血。无攸利。《象》曰:上六无实,承虚筐也。

六三以阴居阳,失夫之道;上六以阴在上,失女之道。六三为士,刲羊无血。羊之为物,很者也。血者,阴之伤也。刲羊而无血,阴很而不可胜之象也。此士之不得其所御者也。上六失为妇之道而不得其所承,六三失为夫之道而不得其所御,是以无攸利也。(介)(《周易义海撮要》卷五,第467页)

55. **丰** ䷶：九三，丰其沛，日中见沫，折其右肱，无咎。《象》曰："丰其沛"，不可大事也。"折其右肱"，终不可用也。

> 九三遇丰之时，有大事之材，可以丰其泽者也。上六以幽暗为之主，不可与有为，故曰"折其右肱，无咎"。（介）(《周易义海撮要》卷六，第 471 页)

56. **旅** ䷷：小亨，旅贞吉。《彖》曰：旅，小亨，柔得中乎外而顺乎刚，止而丽乎明，是以"小亨，旅贞吉"也。旅之时义大矣哉！

> 王介父曰：巽，入也，入而丽乎内，所以为家人。艮，止也，止而丽乎外，所以为旅。(《厚斋易学》卷二十八，第 532 页)

九四，旅于处，得其资斧，我心不快。《象》曰："旅于处"，未得位也。"得其资斧"，心未快也。

> 居阴不得行而处者也，有刚动能断之志焉，故能安其不可为之时而乐之者也，故心不快。此知者之旅也。（介）(《周易义海撮要》卷六，第 475 页)

57. **巽** ䷸：六四，悔亡，田获三品。《象》曰："田获三品"，有功也。

> "田"者，兴事之大者也。"三品"，有功之盛者也。柔而可以大有功者，巽乎正而得所附也。（介）(《周易义海撮要》卷六，第 478 页)

上九，巽在床下，丧其资斧，贞凶。《象》曰："巽在床下"，上穷也。"丧其资斧"，正乎凶也。

> 处上以此，虽正亦凶，况不贞乎？（介）(《周易义海撮要》卷六，第 479 页)

58. **兑** ䷹：亨，利贞。《彖》曰：兑，说也。刚中而柔外，说以利贞，是以顺乎天而应乎人。说以先民,民忘其劳。说以犯难,民忘其死。说之大,民劝矣哉!

王介父曰:说则亨矣,非贞而后亨也。(《厚斋易学》卷二十九,第546页)

初九,和兑,吉。《象》曰:"和兑之吉,行未疑也。"

九二刚中而说,君子也。初九说君子而与之和,是以吉。(介)(《周易义海撮要》卷六,第480页)

九四,商兑未宁,介疾有喜。《象》曰:九四之喜,有庆也。

王介父曰:《易》之文称仇、称朋、称介、称畴、称夷,皆称其事而立辞。(《厚斋易学》卷二十九,第548页)

九五,孚于剥,有厉。《象》曰:"孚于剥",位正当也。

王介父曰:有厉者,不必厉而不能必无厉之辞。(《厚斋易学》卷二十九,第548页)

59. 涣 ䷺:亨。王假有庙,利涉大川,利贞。《彖》曰:"涣,亨",刚来而不穷,柔得位乎外而上同。"王假有庙",王乃在中也。"利涉大川",乘木有功也。

遇涣之时,两阴不能陷一阳。五免于险,四不应内而上同乎五,此涣之所以亨。九五以王德居王位,能拯天下之难,得四海之欢心以事其亲,能"假有庙"矣。(介)(《周易义海撮要》卷六,第483页)

《象》曰:风行水上,涣;先王以享于帝立庙。

享帝立庙,推尊亲仁,义之极,可以无涣矣。(介)(《周易义海撮要》卷六,第484页)

初六,用拯马壮吉。《象》曰:初六之吉,顺也。

九二在下,而有能行之材,马象也。初承之以失险,拯马之象也。二得其拯而初得其随,是以"壮吉"。(介)(《周易义海撮要》卷六,第484页)

九二,涣奔其机,悔亡。《象》曰:"涣奔其机",得愿也。

王介父曰:奔者,速辞。刚之为物,能速者也。(《厚斋易学》卷三十,第556页)

六四,涣其群,元吉。涣有丘,匪夷所思。《象》曰:"涣其群,元吉",光大也。

山,地之高以止,而物附焉者也,尊位之象也。丘,山之次也,近尊而德上同之象。涣有丘,大公至正,心无偏系,则非等夷所思,不与六三而初六不应也。涣其群,匪夷所思也。(介)(《周易义海撮要》卷六,第486页)

上九,涣其血,去逖出,无咎。《象》曰:"涣其血",远害也。

六三以柔乘刚,在内困于有难之地,阴之伤也,故曰血。上九应之,则与之俱伤矣,去而逖出,则远害矣。(介)(《周易义海撮要》卷六,第487页)

60. 节 ䷻:初九,不出户庭,无咎。《象》曰:"不出户庭",知通塞也。

王介父曰:九二近而不相得,隔塞之时也。(《厚斋易学》卷三十,第562页)

六三,不节若,则嗟若,无咎。

王介父曰:不能节而嗟,则是能自悔者也,故无咎。(《厚斋易学》卷三十,第563页)

六四,安节,亨。《象》曰:"安节"之亨,承上道也。

王介父曰:屯者,刚柔始交之时,故六四以从初为正。节者,刚柔分之时,故六四以承五为正。以初为屯之侯,五为节之主也。中孚、既济之六四,与此同义。(《厚斋易学》卷三十,第565页)

上六,苦节,贞凶,悔亡。《象》曰:"苦节,贞凶",其道穷也。

程正叔曰:"守固则凶,悔则凶亡。"王介父亦有此说。(《厚斋易学》卷三十,第566页)

61. 中孚 ䷼:九二,鸣鹤在阴,其子和之。我有好爵,吾与尔靡之。《象》曰:"其子和之",中心愿也。

君子之言行至诚而善,则虽在幽隐,亦闻于远。为己类者,亦以至诚从而应之。靡好爵,其尤难者也。上欲与之靡好爵而不疑,中孚之至也。(介)(《周易义海撮要》卷六,第492页)

上九,翰音登于天,贞凶。《象》曰:"翰音登于天",何可长也!

声闻过情,虽贞亦凶,况不贞乎!(介)(《周易义海撮要》卷六,第494页)

62. 小过 ䷽:九四,无咎。弗过遇之,往厉必戒,勿用,永贞。《象》曰:"弗过遇之",位不当也。"往厉必戒",终不可长也。

九四不得位而比于六五,是以宜遇之也。以阳遇小过之时,居阴而应下,则虽于卦为震,不志于动以进者,故曰"无咎"。弗能过六五而与之比,故曰"弗过遇之"。遇者,若孔子之遇阳虎也,可遇也,不可往也,往则厉矣。必戒备勿有为,则永贞矣。(介)(《周易义海撮要》卷六,第497页)

上六,弗遇过之。飞鸟离之,凶,是谓灾眚。《象》曰:"弗遇过之",已亢也。

小者为过越大者之事,至于亢逆之甚,则天下之所疾也。天曰灾,人曰眚,天人一道也。(介)(《周易义海撮要》卷六,第499页)

63. **既济** ䷾:初九,曳其轮,濡其尾,无咎。《象》曰:"曳其轮",义无咎也。

轮有刚动之才,而为车之用。刚不及中,材不足者,体又在后,是以"曳其轮,濡其尾"。志在应上,趣既济之时,是以无咎。(介)(《周易义海撮要》卷六,第500页)

六二,妇丧其茀,勿逐,七日得。《象》曰:"七日得",以中道也。

茀所以蔽车,九五所以蔽六二,而六二赖以行者也。九五与四,则六二丧茀矣。心无偏系,中正以待,则上终与之而不能违也,故曰"勿逐,七日得"。(介)(《周易义海撮要》卷六,第501页)

王介父曰:茀者,所以蔽车者也。此爻柔顺在中,妇象也。两刚为之蔽,茀象焉。弃二刚以应五,故曰"妇丧其茀"。苟得志乎五,则二刚犹主己而为之蔽,又焉用逐?七日者,从其应以往反之时。(《厚斋易学》卷三十二,第581页)

系　辞　上

天尊地卑,乾坤定矣。

临川王氏曰:此言《易》书未作以前之易,虽未有乾坤之卦,自天尊地卑而乾坤已定。此言自然之易。(《黄氏日钞》卷六,第154页)

卑高以陈,贵贱位矣。

　　王介父曰:高者不能自高,唯有卑然后见其高。(《厚斋易学》卷四十三,第685页)

是故刚柔相摩,八卦相荡。鼓之以雷霆,润之以风雨。日月运行,一寒一暑。乾道成男,坤道成女。

　　临川王氏谓:言自然之八卦。(《黄氏日钞》卷六,第154页)

乾知大始,坤作成物。乾以易知,坤以简能。

　　王氏谓:此言乾坤以造化之用付之六子,而其所自处者甚易简也。(《黄氏日钞》卷六,第154页)

圣人设卦观象,系辞焉而明吉凶,刚柔相推而生变化。

　　王氏云:前言《易》书之未作,此言《易》书之既作也。(《黄氏日钞》卷六,第155页)

彖者,言乎象者也。爻者,言乎变者也。吉凶者,言乎其失得也。悔吝者,言乎其小疵也。无咎者,善补过也。是故列贵贱者存乎位,齐小大者存乎卦,辨吉凶者存乎辞,忧悔吝者存乎介,震无咎者存乎悔。是故卦有小大,辞有险易。辞也者,各指其所之。

　　王氏曰:安其危则必危,危其危则无危,《易》之道也。(《厚斋易学》卷五,第83页)

　　王氏云:此因前之义,而言圣人设卦系辞,学者观变玩占之要也。(《黄氏日钞》卷六,第155页)

　　晦庵曰:"齐"犹"定"也。小谓阴,大谓阳。此本荆公说。(《丙子学易编》,第789页)

《易》与天地准,故能弥纶天地之道。仰以观于天文,俯以察于地理,是故知幽明之故。

> 王氏云：前言《易》之书，此言《易》之道。(《黄氏日钞》卷六，第155页)

> 临川曰：日月星辰之有明晦，山川草木之有盛衰，此所谓幽明之故。故者，有所因也。因天文地理而后知幽明，是称故焉。(《学易记》卷七，第360页)

原始反终，故知死生之说。精气为物，游魂为变，是故知鬼神之情状。与天地相似，故不违。知周乎万物而道济天下，故不过。旁行而不流，乐天知命，故不忧。安土敦乎仁，故能爱。

> 介甫曰："安土，谓不择地而安之。"光谓仁者求诸己不求诸人，安土敦仁，则内重而外物轻，乃能自爱。(司马光：《易说》，清武英殿聚珍版丛书本)

> 王介父曰：傃富贵行乎富贵，傃贫贱行乎贫贱，所谓乐天也。傃夷狄行乎夷狄，傃患难行乎患难，所谓安土也。(《厚斋易学》卷四十三，第696—697页)

圣人有以见天下之赜，而拟诸其形容，象其物宜，是故谓之象。圣人有以见天下之动，而观其会通，以行其典礼，系辞焉以断其吉凶，是故谓之爻。

> 王氏云：此言圣人推其所独见者，立象生爻，使天下皆有所见，而得以善其言动也。(《黄氏日钞》卷六，第156页)

大衍之数五十，其用四十有九。

> 临川王氏曰：大衍之数五十，其用四十有九，此自然之数也，未有知其所以然者也。(林栗：《周易经传集解》卷三十三，第453页)

> 五十之所宗者五，而四十九之所宗者一。(同上)

《易》曰:"自天拓之,吉,无不利。"子曰:佑者,助也。天之所助者,顺也。人之所助者,信也。履信思乎顺,又以尚贤也。是以"自天佑之,吉,无不利"也。

王介父曰:大有、大畜,皆尚贤之卦。乾,阳物,所谓贤也。(《厚斋易学》卷十一,第218页)

王氏曰:疑在下《系》诸爻之后。(《黄氏日钞》卷六,第157页)

乾坤,其易之缊邪?乾坤成列,而易立乎其中矣;乾坤毁,则无以见易;易不可见,则乾坤或几乎息矣。

王氏云:此言自有天地已有易,易与天地相无穷。(《黄氏日钞》卷六,第158页)

是故形而上者谓之道,形而下者谓之器,化而裁之谓之变,推而行之谓之通,举而错之天下之民谓之事业。

王云:此言圣人用易致治。(《黄氏日钞》卷六,第158页)

系 辞 下

八卦成列,象在其中矣;因而重之,爻在其中矣;刚柔相推,变在其中矣;系辞焉而命之,动在其中矣。悔吝者,生乎动者也。刚柔者,立本者也;变通者,趣时者也;吉凶者,贞胜者也。天地之道,贞胜者也;日月之道,贞明者也;天下之动,贞夫一者也。夫干,确然示人易矣;夫坤,隤然示人简矣。爻也者,效此者也;象也者,像此者也。爻象动乎内,吉凶见乎外,功业见乎变,圣人之情见乎辞。天地之大德曰生,圣人之大宝曰位。何以守位?曰仁。何以聚人?曰财。理财正辞,禁民为非,曰义。

内外二义,旧解不甚明了。王介甫云:内隐而外显。(查慎行:《周易玩辞集解》卷十,第638页)

王介甫云：此言圣人以仁义参天地，而全其生生之用也。（吴汝纶：《易说》第二册，清光绪三十年王恩绂等刻《桐城吴先生全书》本）

古者包牺氏之王天下也，仰则观象于天，俯则观法于地。观鸟兽之文，与地之宜，近取诸身，远取诸物，于是始作八卦，以通神明之德，以类万物之情。作结绳而为罔罟，以佃以渔，盖取诸离。包牺氏没，神农氏作，斫木为耜，揉木为耒，耒耨之利，以教天下，盖取诸益。日中为市，致天下之民，聚天下之货，交易而退，各得其所，盖取诸噬嗑。神农氏没，黄帝、尧、舜氏作。通其变，使民不倦，神而化之，使民宜之。易穷则变，变则通，通则久，是以"自天佑之，吉无不利"。黄帝、尧、舜垂衣裳而天下治，盖取诸乾、坤。刳木为舟，剡木为楫，舟楫之利，以济不通，致远以利天下，盖取诸涣。服牛乘马，引重致远，以利天下，盖取诸随。重门击柝，以待暴客，盖取诸豫。断木为杵，掘地为臼，臼杵之利，万民以济，盖取诸小过。弦木为弧，剡木为矢，弧矢之利，以威天下，盖取诸睽。上古穴居而野处，后世圣人易之以宫室，上栋下宇，以待风雨，盖取诸大壮。古之葬者，厚衣之以薪，葬之中野，不封不树，丧期无数，后世圣人易之以棺椁，盖取诸大过。上古结绳而治，后世圣人易之以书契，百官以治，万民以察，盖取诸夬。是故易者，象也；象也者，像也。彖者，材也；爻也者，效天下之动者也。是故吉凶生而悔吝著也。

晦庵曰：此章言圣人制器尚象之事。王氏曰：言圣人居大宝之位，然后能用易以致利于天下。（《黄氏日钞》卷六，第158页）

王氏曰："取诸益"之类，当时未有是卦，盖八卦成列，象在其中矣。且以益言之，虽未有益卦，而已有巽与震矣，合震、巽则为益。"盖取"云者，夫子知前圣之心而言之也。（《黄氏日钞》卷六，第159页）

"重门击柝,以待暴客,盖取诸豫":王介父曰:一阳能御外之二阴,故下之三阴得其安矣。(《厚斋易学》卷四十三,第737页)

临川曰:为网罟,为耒耜,为舟楫,为杵臼,为弧矢,为宫室,为棺椁,服牛乘马,重门击柝,以一圣人之材,足以兼此而一一皆具之,必至于五六圣人数世而后备者,何也?曰:夫圣人也者,因物之变而通之者也。物之所未厌,圣人不强去;物之所未安,圣人不强行。故曰:"通其变,使民不倦。"(《学易记》卷八,第381页)

《易》曰:"公用射隼于高墉之上,获之,无不利。"子曰:隼者,禽也;弓矢者,器也;射之者,人也。君子藏器于身,待时而动,何不利之有?动而不括,是以出而有获,语成器而动者也。

上六在卦之中,故曰"成器"。(《厚斋易学》卷四十五,第744页)

君子上交不谄,下交不渎,其知几乎?几者动之微,吉之先见者也。

上非其应而求焉,谄也。下非其与而求焉,渎焉。(《厚斋易学》卷四十五,第746页)

程正叔曰:吉见于先,岂复至有凶也。王介父同。(《厚斋易学》卷四十五,第746页)

夫易,彰往而察来,而微显阐幽。开而当名辨物,正言断辞,则备矣。

王介父曰:显者,微之则神;幽者,阐之则明。(《厚斋易学》卷四十六,第750页)

王曰:圣人作《易》,所以开明未悟者。名举其当,言举其正,所以开明之也。未形之物不可辨,必以名之已立者辨之,是谓当名。未然之辞不可断,必以言之已验者断之,是谓正言。(《黄氏日钞》卷六,第159页)

因贰以济民行,以明失得之报。

> 王氏曰:吉凶者,失得之象。民行之所以不能自济者,以其不知吉凶之所在,而疑贰之心交战也。圣人作《易》,使知所力之失者其报必凶,所为之得者其报必吉,惩其失而矫之者虽凶亦吉,恃其得而忽之者虽吉亦凶。以此济民行也。(《黄氏日钞》卷六,第160页)

《易》之为书也不可远,为道也屡迁。变动不居,周流六虚。上下无常,刚柔相易,不可为典要,唯变所适。其出入以度,外内使知惧。又明于忧患与故,无有师保,如临父母。初率其辞,而揆其方,既有典常。苟非其人,道不虚行。

> 王介父曰:位虚而爻实也。(《厚斋易学》卷四十六,第755页)

> 王曰:下卦为内,上卦为外,自内之外为出,自外之内为入。卦示人以出入之道,使人知所惧也。(《黄氏日钞》卷六,第160页)

> 王言:此章言《易》书所以载道,非其人则不自行也。(《黄氏日钞》卷六,第160页)

《易》之为书也,原始要终以为质也。六爻相杂,唯其时物也。其初难知,其上易知,本末也。初辞拟之,卒成之终。若夫杂物撰德,辩是与非,则非其中爻不备。噫!亦要存亡吉凶,则居可知矣。

> 王曰:合于理者为是,是之应为存为吉;乖于理者为非,非之应为亡为凶。不必至于存亡吉凶而后知辨是与非,则居可知矣。居可知者,若曰可坐而知也,圣人所以叹之曰"噫"。(《黄氏日钞》卷六,第161页)

夫乾,天下之至健也,德行恒易以知险。夫坤,天下之至顺也,德行恒简以知阻。

王介父曰：阴陷阳为险，阳距阴为阻，此以天道言也。（《厚斋易学》卷四十六，第762页）

将叛者其辞惭，中心疑者其辞枝，吉人之辞寡，躁人之辞多，诬善之人其辞游，失其守者其辞屈。

王介父曰：《易》之辞，亦必不惭、枝、游、屈也。（《厚斋易学》卷四十六，第764页）

说　　卦

昔者圣人之作《易》也，幽赞于神明而生蓍，参天两地而倚数。

王氏曰：蓍，神物也。天地生其形，圣人生其法。方其蓍法之未生，则蓍之为物，特庶草之一耳，岂知其为神明也哉？天地神明不能与人接，圣人幽有以赞之而传其命，于是起大衍之数。（《黄氏日钞》卷六，第162页）

王云：数无常用，人倚之而有所托焉。（《黄氏日钞》卷六，第162—163页）

离也者，明也，万物皆相见，南方之卦也。圣人南面而听天下，向明而治，盖取诸此也。

王介父曰：离为火，为日，故曰明。听，平声，听天下之治也，《周官》所谓"视治朝则赞听治"之"听"。今官舍谓之听事，亦此义也。（《厚斋易学》卷四十七，第770页）

乾为马，坤为牛，震为龙，巽为鸡，坎为豕，离为雉，艮为狗，兑为羊。

王介父曰：外顺而内狠，阳在内，阴在外也。（《厚斋易学》卷四十七，第775页）

乾为天，为圜，为君，为父，为玉，为金，为寒，为冰，为大赤，为良马，为老马,为瘠马,为驳马,为木果。

  王介父曰:象阳气之消长于四时也。(《厚斋易学》卷四十七,第778页)

坎为水,为沟渎,为隐伏,为矫輮,为弓轮。

  王氏安石曰:水之势,一曲一直,一方一圆,皆顺其势之所利,而因其人之所导,故为矫輮。(《周易会通》卷十四,第599页)

兑为泽,为少女,为巫,为口舌。

  王氏安石曰:为巫、为口舌,皆以口取说之象。(《周易会通》卷十四,第600页)

杂　　卦

王氏曰:《序卦》先后有伦,《杂卦》则揉杂众卦,以畅无穷之用。(《黄氏日钞》卷六,第167页)

参考文献

经　部

王弼注，孔颖达疏，卢光明、李申整理：《周易正义》，《十三经注疏》，北京大学出版社 2000 年版

孔安国传，孔颖达疏，廖名春、陈明整理：《尚书正义》，《十三经注疏》，北京大学出版社 2000 年版

毛亨传，郑玄笺，孔颖达疏，龚抗云、李传书、胡渐逵、肖永明、夏先培整理：《毛诗正义》，《十三经注疏》，北京大学出版社 2000 年版

郑玄注、贾公彦疏、赵伯雄整理：《周礼注疏》，《十三经注疏》，北京大学出版社 2000 年版

郑玄注、孔颖达疏、龚抗云整理：《礼记正义》，《十三经注疏》，北京大学出版社 2000 年版

何晏注、邢昺疏、朱汉民整理：《论语注疏》，《十三经注疏》，北京大学出版社 2000 年版

王安石、王雱著，程元敏辑：《三经新义辑考汇评》，华东师范大学出版社 2011 年版

王应麟：《周易郑康成注》，景印文渊阁四库全书，第 7 册

林栗：《周易经传集解》，景印文渊阁四库全书，第 12 册

李衡：《周易义海撮要》，景印文渊阁四库全书，第 13 册

冯椅：《厚斋易学》，景印文渊阁四库全书，第 16 册

李心传：《丙子学易编》，景印文渊阁四库全书，第 17 册

李简：《学易记》，景印文渊阁四库全书，第 25 册

毛奇龄：《仲氏易》，景印文渊阁四库全书，第 41 册

陈梦雷：《周易浅述》，景印文渊阁四库全书，第 43 册

李道平撰、潘雨廷点校：《周易集解纂疏》，中华书局 1994 年版

林之奇：《尚书全解》，景印文渊阁四库全书，第 55 册

夏僎：《尚书详解》，景印文渊阁四库本书，第 56 册

欧阳修：《诗本义》，景印文渊阁四库全书，第 70 册

蔡卞：《毛诗名物解》，景印文渊阁四库全书，第 70 册

王安石著、邱汉生辑校：《诗义钩沉》，中华书局 1982 年版

李樗：《毛诗李黄集解》，景印文渊阁四库全书，第 71 册

王昭禹：《周礼详解》，景印文渊阁四库全书，第 91 册

王与之：《周礼订义》，景印文渊阁四库全书，第 93 册

朱申：《周礼句解》，景印文渊阁四库全书，第 95 册

陈友仁：《周礼集说》，景印文渊阁四库全书，第 95 册

卫湜：《礼记集说》，景印文渊阁四库全书，第 120 册

刘敞：《春秋权衡》，景印文渊阁四库全书，第 147 册

刘宝楠撰、高流水点校：《论语正义》，中华书局 1990 年版

陈祥道：《论语全解》，景印文渊阁四库全书，第 196 册

焦循撰、沈文倬点校：《孟子正义》，中华书局 1987 年版

金履祥：《论孟集注考证·孟子集注考证》，景印文渊阁四库全书，第 202 册

朱熹：《四书章句集注》，中华书局 1983 年版

陈旸：《乐书》，景印文渊阁四库全书，第 211 册

陆佃：《埤雅》，景印文渊阁四库全书，第 222 册

陆佃：《尔雅新义》，宛委别藏本

赵在翰辑，钟肇鹏、萧文郁点校：《七纬》，中华书局 2012 年版

许慎撰、陶生魁点校：《说文解字》，中华书局 2020 年版

王安石著、张钰翰辑：《字说辑佚》，王水照主编：《王安石全集》第1册，复旦大学出版社2016年版

王安石著、张宗祥辑、曹锦炎点校：《王安石字说辑》，福建人民出版社2005年版

史　　部

司马迁撰、裴骃集解、司马贞索隐、张守节正义：《史记》，中华书局1982年版

欧阳修撰、徐无党注：《新五代史》，中华书局1974年版

脱脱等：《宋史》，中华书局1985年版

司马光撰、胡三省注：《资治通鉴》，中华书局2011年版

陆心源撰、吴伯雄点校：《宋史翼》，浙江古籍出版社2016年版

李焘：《续资治通鉴长编》，中华书局2004年版

黄以周等辑注、顾吉辰点校：《续资治通鉴长编拾补》，中华书局2004年版

徐松辑、刘琳等点校：《宋会要辑稿·职官》，上海古籍出版社2014年版

《宋大诏令集》，中华书局1962年版

李心传：《建炎以来系年要录》，中华书局1988年版

汪藻撰、王智勇笺注：《靖康要录笺注》，四川大学出版社2008年版

佚名著、汪圣铎点校：《宋史全文》，中华书局2016版

陈邦基：《宋史纪事本末》，中华书局2015年版

杨仲良：《续资治通鉴长编纪事本末》，北京图书馆出版社2003年版

陈均编、许沛藻等点校：《皇朝编年纲目备要》，中华书局2006

年版

徐自明撰、王瑞来校补：《宋宰辅编年录校补》，中华书局 1986 年版

李心传撰、徐规点校：《建炎以来朝野杂记》，中华书局 2000 年版

马端临著，上海师范大学古籍所、华东师范大学古籍所点校：《文献通考》，中华书局 2011 年版

吕中撰，张其凡、白晓霞点校：《类编皇朝大事记讲义》，上海人民出版社 2014 年版

赵翼：《陔余丛考》，中华书局 1963 年点校本

赵翼撰、王树民校证：《廿二史札记校证》，中华书局 2013 版

晁公武撰、孙猛校证：《郡斋读书志校证》，上海古籍出版社 2006 年版

陈振孙著，徐小蛮、顾美华点校：《直斋书录解题》，上海古籍出版社 1987 年版

朱彝尊：《经义考》，景印文渊阁四库全书，第 679 册

纪昀：《四库全书总目》，中华书局 1965 年版

陆心源编、许静波点校：《皕宋楼藏书志》，浙江古籍出版社 2016 年版

程敏政：《新安文献志》，黄山书社 2004 年版

王昶：《金石萃编》，上海古籍出版社 2020 年版

王夫之：《宋论》，中华书局 1964 年版

李心传辑、朱军点校：《道命录》，上海古籍出版社 2016 年版

王称撰，孙言诚、崔国光点校：《东都事略》，齐鲁书社 2000 年版

彭百川：《太平治迹统类》，江苏广陵古籍刻印社 1981 年版

赵汝愚编：《宋朝诸臣奏议》，上海古籍出版社 1999 年版

蔡上翔等著、裴汝诚点校：《王安石年谱三种》，中华书局 1994 年版

朱熹:《三朝名臣言行录》,《朱子全书》第 12 册

李幼武:《宋名臣言行录外集》,景印文渊阁四库全书,第 449 册

王勇、李金坤校证:《京口耆旧传校证》,江苏大学出版社 2006 年版

龚明之撰、孙菊园点校:《中吴纪闻》,上海古籍出版社 1986 年版

李俊甫:《莆阳比事》,宛委别藏本

黄宗羲撰,全祖望补修,陈金生、梁运华点校:《宋元学案》,中华书局 1986 年版

王梓材、冯云濠编撰,沈芝盈、梁运华点校:《宋元学案补遗》,中华书局 2012 年版

皮锡瑞:《经学历史》,中华书局 2008 年版,第 220 页

李清馥撰、徐公喜等点校:《闽中理学渊源考》,凤凰出版社 2011 年版

徐象梅:《两浙名贤录》,续修四库全书,第 542 册

王象之著、赵一生点校:《舆地纪胜》,浙江古籍出版社 2013 年版

《咸淳毗陵志》,《宋元方志丛刊》,中华书局 1990 年版

《景定建康志》,《宋元方志丛刊》

《(绍熙)云间志》,《宋元方志丛刊》

《(万历)吉安府》,中华书局 2018 年版

《(弘治)八闽通志》,学生书局 1987 年版

《(嘉靖)建宁府志》,《天一阁藏明代方志选刊》,上海古籍书店 1964 年版

《(嘉靖)池州府志》,《天一阁藏明代方志选刊》,上海古籍书店 1981 年版

《(弘治)抚州府志》,《天一阁藏明代方志选刊续编》,上海书店 1990 年版

《(同治)韶州府志》,《中国方志丛书》,台湾成文出版社 1966

年版

《(同治)丽水县志》,清同治十三年刊本

《(万历)括苍汇纪》,明万历七年刻本

《(光绪)抚州府志》,清光绪二年刊本

子　部

荀况著、王先谦集解,沈啸寰、王星贤点校:《荀子集解》,中华书局1988年版

傅亚庶撰:《孔丛子校释》,中华书局2011年版

刘昼著、傅亚庶校释:《刘子校释》,中华书局1998年版

王开祖:《儒志编》,景印文渊阁四库全书,第696册

刘敞著、黄曙辉点校:《公是先生弟子记》,华东师范大学出版社2010年版

黎德靖编:《朱子语类》,中华书局1986版

黄震:《黄氏日钞》,戴建国等主编:《全宋笔记》第94册,大象出版社2019年版

叶适:《习学记言序目》,中华书局1977年版

龚昱:《乐庵语录》,景印文渊阁四库全书,第849册

白珽:《湛渊静语》,景印文渊阁四库全书,第866册

黄道周:《榕坛问业》,清乾隆刻本

王群栗点校:《宣和画谱》,浙江人民美术出版社2012年版

黎翔凤撰、梁运华整理:《管子校注》,中华书局2004年版

马非百:《管子轻重篇新诠》,中华书局1979年版

王得臣撰、黄纯艳整理:《麈史》,戴建国主编:《全宋笔记》第14册,大象出版社2009年版

杨彦龄撰、黄纯艳整理:《杨公笔录》,《全宋笔记》第21册

晁说之撰、黄纯艳整理：《晁氏客语》，《全宋笔记》第 22 册
释惠洪撰、夏广兴整理：《林间录》，《全宋笔记》第 24 册
叶梦得撰、徐时仪整理：《岩下放言》，《全宋笔记》第 27 册
黄伯思撰、陈金林整理：《东观余论》，《全宋笔记》第 28 册
曾慥撰、俞钢整理：《高斋漫录》，《全宋笔记》第 34 册
苏籀撰，张剑光、李相正整理：《栾城先生遗言》，《全宋笔记》第 34 册
施德操撰、虞云国整理：《北窗炙輠录》，《全宋笔记》第 36 册
吴曾撰、刘宇整理：《能改斋漫录》卷，戴建国主编：《全宋笔记》第 37 册
吴坰撰、黄宝华整理：《五总志》，《全宋笔记》第 37 册
徐度撰、朱凯整理：《却扫编》，《全宋笔记》第 39 册
曾敏行撰、朱杰人整理：《独醒杂志》，《全宋笔记》第 41 册
陈善撰、查清华整理：《扪虱新话》，《全宋笔记》第 47 册
周煇撰，刘永翔、许丹整理：《清波别志》，《全宋笔记》第 56 册
谢采伯撰、李伟国整理：《密斋笔记》，《全宋笔记》第 73 册
张端义撰，许沛藻、刘宇整理：《贵耳集》，《全宋笔记》第 81 册
赵善璙撰、程郁整理：《自警编》，《全宋笔记》第 82 册
黄震撰、王廷洽等整理：《黄氏日钞》，《全宋笔记》第 89—94 册
文莹撰，郑世刚、杨立扬点校：《玉壶清话》，中华书局 1984 年版
彭□辑撰、孔凡礼点校：《墨客挥犀》，中华书局 2002 年版
吴处厚撰、李裕民点校：《青箱杂记》，中华书局 1985 年版
沈括撰、金良年点校：《梦溪笔谈》，中华书局 2015 年版
司马光撰，邓广铭、张希清点校：《涑水记闻》，中华书局 1989 年版
邵伯温撰，李剑雄、刘德权点校：《邵氏闻见录》，中华书局 1983 年版

魏泰撰、李裕民点校:《东轩笔录》,中华书局1983年版

王辟之撰、吕友仁点校:《渑水燕谈录》,中华书局1981年版

张邦基撰、孔凡礼点校:《墨庄漫录》,中华书局2002年版

赵彦卫撰、傅根清点校:《云麓漫钞》,中华书局1996年版

晁说之撰、黄纯艳整理:《晁氏客语》,《全宋笔记》第2编第2册

苏辙撰、俞宗宪点校:《龙川略志》,中华书局1982年版

马永卿:《元城语录》卷上,清雍正元年钞本

孙升口述、刘延世笔录、杨倩描点校:《孙公谈圃》,中华书局2012年版

王铚撰、朱杰人点校:《默记》,中华书局1981年版

王巩撰、张其凡点校:《清虚杂著三编·闻见近录》,中华书局2017年版

释惠洪撰、陈新点校:《冷斋夜话》,中华书局1988年版

李廌撰、孔凡礼点校:《师友谈记》,中华书局2002年版

蔡絛撰,惠民、沈锡麟点校:《铁围山丛谈》,中华书局1983年版

方勺撰,许沛藻、杨立扬点校:《泊宅编》,中华书局1983年版

朱弁撰、孔凡礼点校:《曲洧旧闻》,中华书局2002年版

孙奕撰,侯体健、况正兵点校:《履斋示儿编》,中华书局2014年版

吴曾:《能改斋漫录》,上海古籍出版社1979年版

周煇撰、刘永翔校注:《清波杂志校注》,中华书局1994年版

邵博撰,李剑雄、刘德权点校:《邵氏闻见后录》,中华书局1983年版

王栐撰、王文锦点校:《野老记闻》,中华书局1987年版

陆游著,李剑雄、刘德权点校:《老学庵笔记》,中华书局1979年版

陆游著、孔凡礼点校:《家世旧闻》,中华书局1993年版

洪迈撰、孔凡礼点校：《容斋随笔·续笔》，中华书局2005年版

叶大庆撰、李伟国点校：《考古质疑》，中华书局2007年版

王应麟著、翁元圻等注、栾保群等点校：《困学纪闻》，上海古籍出版社2008年版

赵彦卫撰、傅根清点校：《云麓漫钞》，中华书局1996年版

邵博撰，李剑雄、刘德权点校：《邵氏闻见后录》，中华书局1983年版

岳珂撰、吴企明点校：《桯史》，中华书局1981年版

姚宽撰、孔凡礼点校：《西溪丛语》，中华书局1993年版

叶寘撰、孔凡礼点校：《爱日斋丛钞》，中华书局2010年版

罗大经撰、王瑞来点校：《鹤林玉露》，中华书局1983年版

刘祁撰、崔文印点校：《归潜志》，中华书局1983年版

李日华：《六研斋笔记》，明刻清乾隆修补本

夏荃：《退庵笔记》，清钞本。

王弼注、楼宇烈校释：《老子道德经注校释》，中华书局年2008年版

彭耜：《道德真经集注》，影印《正统道藏》第13册，文物出版社1988年版

王安石撰、罗家湘点校：《王安石老子注辑佚会钞》，华东师范大学2013年版

郭象注、成玄英疏：《南华真经注疏》，中华书局1998年版

王先谦撰、刘武点校：《庄子集解》，中华书局1987年版

褚伯秀撰、方勇点校：《南华真经义海纂微》，中华书局2018年版

吕惠卿撰、汤君集校：《庄子义集校》，中华书局2009年版

王雱：《老子训传》，王水照主编：《王安石全集》第9册，复旦大学出版社2016年版

王雱：《南华真经新传》，《王安石全集》第9册

黄怀信撰：《鹖冠子校注》，中华书局2014年版

章炳文:《搜神秘览》下,续古逸丛书本

释普济撰、苏渊雷点校:《五灯会元》,中华书局1984年版

释惠洪撰、吕有祥点校:《禅林僧宝传》,中州古籍出版社2014年版

释惠洪:《林间录》后集,景印文渊阁四库全书,第1052册

集　　部

张溍著、聂巧平点校:《读书堂杜工部诗文集注解》,齐鲁书社2014年版

韩愈著,刘真伦、岳珍校注:《韩愈文集汇校笺注》,中华书局2010年版

柳宗元撰,尹占华、韩文奇校注:《柳宗元集校注》,中华书局2013年版

李翱著,郝润华、杜学林点校:《李翱文集校注》,中华书局2021年版

柳开撰、李可风点校:《柳开集》,中华书局2015年版

穆修:《河南集》,《宋集珍本丛刊》第2册,线装书局2004年版

范仲淹:《范文正公集》,四部丛刊本

孙复:《孙明复小集》,宋集珍本丛刊第3册

石介撰、陈植锷点校:《徂徕石先生文集》,中华书局1984年版

周惇颐:《元公周先生濂溪集》,中华再造善本,北京图书馆2005年版

周敦颐著、陈克明点校:《周敦颐集》,中华书局1990年版

欧阳修著、李逸安点校:《欧阳修全集》,中华书局2011年版

蔡襄撰、吴以宁点校:《蔡襄集》,上海古籍出版1996年版

李觏撰、王国轩点校:《李觏集》,中华书局2011年版

刘敞:《公是集》,《宋集珍本丛刊》第 9 册

陈襄:《古灵先生先生文集》,《中华再造善本》

曾巩著、陈杏珍点校:《曾巩集》,中华书局 1984 年版

司马光:《温国文正公文集》,四部丛刊本

王安石著、刘成国点校:《王安石文集》,中华书局 2021 年版、2022 年二印

王安石著,李壁笺注、高克勤点校:《王荆文公诗笺注》,上海古籍出版社 2022 年版

王安石著、唐武点校:《王文公文集》,上海人民出版社 1974 年版

王令著、沈文倬点校:《王令集》,上海古籍出版社 2011 年版

张载著、韦锡琛点校:《张载集》,中华书局 1978 年版

程颢、程颐著,王孝鱼点校:《二程集》,中华书局 2004 年版

苏轼撰、孔凡礼点校:《苏轼文集》,中华书局 1986 年版

苏轼撰、孔凡礼点校:《苏轼诗集》,中华书局 1982 年版

张志烈、马德富、周裕锴主编:《苏轼全集校注》,河北人民出版社 2010 年版

郎晔撰、庞石帚校订:《经进东坡文集事略》,文学古籍刊印社 1957 年版

苏颂著,王同策、管成学、严中其点校:《苏魏公文集》,中华书局 1988 年版

范纯仁:《范忠宣公文集》,《宋集珍本丛刊》第 15 册

黄庭坚著、刘琳等点校:《黄庭坚全集》,中华书局 2021 年版

黄庭坚撰,任渊、史容、史季温注,刘尚荣点校:《黄庭坚诗集注》,中华书局 2003 年版

秦观撰、徐培均笺注:《淮海集笺注》,上海古籍出版社 1994 年版

张耒撰、李逸安等点校:《张耒集》,中华书局 1990 年版

李之仪:《姑溪居士文集》,《宋集珍本丛刊》第 27 册

葛胜仲：《丹阳集》，《宋集珍本丛刊》第 32 册

晁补之：《鸡肋集》，四部丛刊本

毛滂著、周少雄点校：《毛滂集》，浙江古籍出版社 2012 年版

陈师道撰，任渊注、冒广生补笺，冒怀辛点校：《后山诗注补笺》，中华书局 1995 年版

刘安节撰，陈光熙、丁治民点校：《刘安节集》，上海社会科学院出版社 2006 年版

范祖禹：《范太史集》，景印文渊阁四库全书，第 1100 册

晁说之：《嵩山文集》，四部丛刊本

徐积：《节孝集》，景印文渊阁四库全书，第 1101 册

韩维：《南阳集》，景印文渊阁四库全书，第 1101 册

曾肇：《曲阜集》，景印文渊阁四库全书，第 1101 册

陆佃：《陶山集》，景印文渊阁四库全书，第 1117 册

郑侠：《西塘集》，景印文渊阁四库全书，第 1117 册

刘弇：《龙云集》，景印文渊阁四库全书，第 1119 册

朱长文：《乐圃余稿》，景印文渊阁四库全书，第 1119 册

谢逸：《溪堂集》，景印文渊阁四库全书，第 1122 册

吕南公：《灌园集》，景印文渊阁四库全书，第 1123 册

刘弇：《龙云集》，景印文渊阁四库全书，第 1119 册

黄裳：《演山集》，景印文渊阁四库全书，第 1120 册

李复：《潏水集》，景印文渊阁四库全书，第 1121 册

邹浩：《道乡集》，景印文渊阁四库全书，第 1121 册

慕容彦逢：《摛文堂集》，景印文渊阁四库全书，第 1123 册

翟汝文：《忠惠集》，景印文渊阁四库全书，第 1129 册

汪应辰：《文定集》，景印文渊阁四库全书，第 1138 册

李光：《庄简集》，《宋集珍本丛刊》第 34 册

孙觌：《南兰陵孙尚书大全文集》，《宋集珍本丛刊》第 35 册

林之奇：《拙斋文集》，《宋集珍本丛刊》第 44 册

杨时撰、林海权整理：《杨时集》，中华书局 2018 年版

胡寅撰、容肇祖点校：《斐然集》，中华书局 1993 年版

胡宏著、吴仁华点校：《胡宏集》，中华书局 1987 年版

李纲著、王瑞明点校：《李纲全集》，岳麓书社 2004 年版

许景衡撰、陈光熙点校：《许景衡集》，上海科学院出版社 2006 年版

王十朋：《梅溪先生文集》，四部丛刊本

吕本中著、韩酉山辑校：《吕本中全集》，中华书局 2019 年版

楼钥著、顾大朋点校：《楼钥集》，浙江古籍出版社 2010 年版

周必大撰、王瑞来校证：《周必大集校证》，上海古籍出版社 2020 年版

陆游著，钱仲联、马亚中主编：《陆游全集校注》，浙江古籍出版社 2015 年版

朱熹著，朱杰人、严佐之、刘永翔主编：《朱子全书》，上海古籍出版社 2010 年版

陆九渊著、钟哲点校：《陆九渊集》，中华书局 1980 年版

张栻著、杨世文点校：《张栻集》，中华书局 2015 年版

陈亮著、邓广铭点校：《陈亮集》，河北教育出版社 2003 年版

叶适著，刘公纯、王孝鱼点校：《叶适集》，中华书局 2010 年版

员兴宗：《九华集》，《宋集珍本丛刊》第 56 册

林表民：《赤城集》，景印文渊阁四库全书，第 1356 册

袁说友：《东塘集》，景印文渊阁四库全书，第 1154 册

方大琮：《宋宝章阁直学士忠惠铁庵方公文集》，《宋集珍本丛刊》第 79 册

刘克庄著、辛更儒笺校：《刘克庄集笺校》，中华书局 2011 年版

魏了翁：《鹤山先生大全文集》，四部丛刊本

赵秉文：《滏水集》，四部丛刊本

袁桷著、杨亮校注：《袁桷集校注集》，中华书局 2012 年版

元好问著、狄宝心校注：《元好问文编年校注》，中华书局 2012 年版

宋濂著、吴蓓点校：《宋濂全集》，浙江古籍出版社 2014 年版

归有光撰、周本淳点校：《震川先生集》，上海古籍出版社 1979 年版

全祖望著、朱铸禹注：《全祖望集汇校集注》，上海古籍出版社 2018 年版

李伍汉：《鑿云篇文集》，清康熙懒云堂刻本

朱景英：《畬经堂诗文集》，清乾隆刻本

李绂：《穆堂类稿・别稿》，清道光刻本

阮元撰、邓经元点校：《揅经室集》，中华书局 1993 年版

何文焕辑：《历代诗话》，中华书局 2004 年版

胡仔撰、廖德明校点：《苕溪渔隐丛话》，人民文学出版社 1962 年版

何汶撰、常振国、绛云点校：《竹庄诗话》，中华书局 1984 年版

朱弁撰、陈新点校：《风月堂诗话》，中华书局 1988 年版

魏庆之撰、王仲闻整理：《诗人玉屑》，中华书局 2007 年版

蔡絛：《西清诗话》，《中国诗话珍本丛书》第 1 册，北京图书馆出版社 2004 年版

茅坤：《唐宋八大家文钞》，景印文渊阁四库全书，第 1384 册

钱穀编：《吴都文粹续集》，景印文渊阁四库全书，第 1385 册

曾枣庄、刘琳主编：《全宋文》，上海辞书、安徽教育出版社 2006 年版

学 术 著 作

刘成国：《王安石年谱长编》，中华书局 2018 年版

夏长朴：《北宋儒学与思想》，大安出版社 2015 年版
夏长朴：《李觏与王安石研究》，大安出版社 1989 年版
侯外庐主编：《中国思想通史》第四卷，人民出版社 1959 年版
贺麟：《文化与人生》，商务印书馆 1996 年版
萧永明：《北宋新学与理学》，陕西人民出版社 2001 年版
余英时：《朱熹的历史世界》，三联书店 2004 年版
梁启超：《王安石传》，商务印书馆 2022 年版
胡适著、姜义华主编：《胡适学术文集》，中华书局 1998 年版
胡适著：《胡适文集》，北京大学出版社 1998 年版
萧公权：《中国政治思想史》，商务印书馆 2011 年版
刘子健著、张钰翰译：《宋代中国的改革：王安石及其新政》，上海人民出版社 2021 年版
刘子健著、赵冬梅译：《中国转向内在》，江苏人民出版社 2002 年版
刘子健：《欧阳修的治学与从政》，新文丰出版社 1986 年版
谢善元：《李觏之生平及思想》，中华书局 1988 年版
邓广铭：《邓广铭治史丛稿》，北京大学出版社 1997 年版
漆侠：《宋学的发展和演变》，河北人民出版社 2002 年版
田浩主编：《宋代思想史论》，社会科学文献出版社 2003 年版
包弼德著、刘宁译：《斯文：唐宋思想的转型》，江苏人民出版社 2001 年版
土田健次郎著、朱刚译：《道学之形成》，上海古籍出版社 2010 年版
卢国龙：《宋儒微言》，华夏出版社 2001 年版
李之鉴：《王安石哲学思想初论》，中国文联出版公司 1999 年版
李祥俊：《王安石学术思想研究》，北京师范大学出版社 2001 版
杨倩描：《王安石易学研究》，河北大学出版社 2006 版

方笑一：《北宋新学与文学》，上海古籍出版社 2008 年版

杨天保：《金陵王学研究》，上海人民出版社 2008 年版

毕明良：《王安石政治哲学研究》，花木兰文化出版社 2016 年版

王书华：《荆公新学及其兴替》，中华书局 2021 年版

张钰翰：《北宋新学研究》，北京师范大学出版社 2021 年版

肖永奎：《法度与道德——王安石学术及其变法运动述论》，上海古籍出版社 2021 年版

汤江浩：《北宋临川王氏家族及文学考论》，人民文学出版社 2005 年版

陈弱水：《唐代文士与中国思想的转型》，广西师范大学出版社 2009 年版

副岛一郎：《气与士风——唐宋古文的进程与背景》，上海古籍出版社 2005 年版

姜国柱：《李觏思想研究》，中国社会科学出版社 1984 年版

钱穆：《国史大纲》，商务印书馆 1996 年版

钱穆：《中国学术思想史论丛》第 5 册《初期宋学》，安徽教育出版社 2004 年版

徐复观：《中国思想史论集续篇》，上海书店出版社 2004 年版

王赓武：《王赓武自选集》，上海教育出版社 2002 年版

张灏：《张灏自选集》，上海教育出版社 2002 年版

余英时：《士与中国文化》，上海人民出版社 1987 年出版

蒋义斌：《宋代儒释调和论及排佛论之演进》，台湾商务印书馆 1988 年版

梁庚尧：《宋代社会经济史论集》，台湾允晨 1997 年版

谢贵安：《宋实录研究》，上海古籍出版社 2013 年版

朱刚：《唐宋"古文运动"与士大夫文学》，复旦大学出版社 2013 年版

杨倩描：《王安石易学研究》，河北大学出版社 2006 年版

朱伯崑：《易学哲学史》，昆仑出版社 2005 年版

杨新勋：《宋代疑经研究》，中华书局 2007 年版

种村和史著、李栋译：《宋代诗经学的继承与演变》，上海古籍出版社 2017 年版

刘丰：《北宋礼学研究》，中国社会科学出版社 2016 年版

徐文明：《出入自在——王安石与禅》，河南人民出版社 2001 年版

刘洋：《王安石诗作与佛禅之关系研究》，宗教文化出版社 2007 年版

陈来：《有无之境：王阳明哲学的精神》，三联书店 2009 年版

陈来：《朱子哲学研究》，华东师范大学出版社 2000 年版

李存山：《王安石变法的再评价》，《汉代与宋明儒学新论》，华文出版社 2021 年版

《新中国出土墓志·江苏·南京》下册，文物出版社 2014 年版

谢飞、张志忠、杨超编著：《北宋临城王氏家族墓志》，文物出版社 2009 年版

徐培均：《秦少游年谱长编》，中华书局 2002 年版

《宋元明清书目题跋丛刊》之《宋代卷》第 1 册，中华书局 2006 年版

朱瑞熙：《朱瑞熙文集》，上海古籍出版社 2020 年版

胡双宝：《汉语·汉字·汉文化》，北京大学出版社 1998 年版

顾宏义、李文：《宋代日记丛编》，上海书店出版社 2013 年版

罗忼烈：《两小山斋杂著》，中国和平出版社 1994 年版

郑永晓：《黄庭坚年谱新编》，社会科学文献出版社 1997 年版

余嘉锡：《四库提要辨证》，中华书局 2007 年版

汤用彤：《魏晋玄学论稿》，上海古籍出版社 2001 年版

张岱年：《中国哲学大纲》，商务印书馆 2015 年版

冯茜：《唐宋之际礼学思想的转型》，三联书店 2020 年版

任继愈、钟肇鹏主编:《道藏提要》,中国社会科学出版社 1991 年版

钱穆:《朱子学提纲》,三联书店 2002 年版

姜鹏:《北宋经筵与宋学的兴起》,上海古籍出版社 2013 年版

彭国翔:《近世儒学史的辩证与钩沉》,中华书局 2015 年版

石峻等编:《中国佛教思想资料选编·隋唐五代卷》,中华书局 2014 年版

冯友兰:《中国哲学史新编》,人民出版社 2001 年版

朱刚:《苏轼十讲》,上海三联书店 2019 年版

蒙文通:《中国史学史》,载氏著《经史抉原》,巴蜀书社 1995 年版

陈寅恪:《金明馆丛书二编》,三联书店 2001 年版

王水照:《北宋三大文人集团》,上海古籍出版社 2021 年版

饶宗颐:《中国宗教思想史新页》,北京大学出版社 2000 年版

皮锡瑞:《经学历史》,中华书局 1959 年版

唐君毅:《中国哲学原论·原教篇》,载《唐君毅先生全集》,学生书局 1984 年版

余英时:《钱穆与中国文化》,上海远东出版社 1994 年版

漆侠:《王安石变法》,河北人民出版社 2001 年版

王国维:《经学概论》,《王国维全集》第六卷,浙江教育出版社 2009 年版

黄进兴:《优入圣域:权力信仰与正当性》,中华书局 2010 年版

周予同著、朱维铮编:《周予同经学史论著选集》,上海人民出版社 1983 年版

余英时:《论戴震与章学诚》,三联书店 2000 年版

田浩著、姜长苏译:《功利主义儒家——陈亮对朱熹的挑战》,江苏人民出版社 1987 版

朱维铮:《中国经学史十讲》,复旦大学出版社 2002 年版

学 术 论 文

李华瑞:《近二十年对王安石及其变法的重新认识》,《史学月刊》2021 年第 11 期

熊凯:《近十年来的荆公新学研究》,《东华理工学院学报》(社科版),2006 年第 1 期

徐规、杨天保:《走出荆公新学——对王安石学术演变形态的再勾勒》,《浙江大学学报》(哲社版)2015 年第 1 期

朱汉民:《临川学的性命之理及后期衍化》,《中国哲学史》2021 年第 3 期

熊凯:《王安石"新学"名称由来考辨》,《史学月刊》2009 年第 4 期

陶丰:《王安石新学兴废述》,《新宋学》第一辑,上海辞书出版社 2001 年版

方笑一:《两宋之际的学派消长》,《史学月刊》2013 年第 2 期

成玮:《佛性与世界——王安石佛学的此岸关怀》,《现代哲学》2022 年第 5 期

梁涛:《王安石政治哲学发微》,《北京师范大学学报》(哲社版)2016 年第 3 期

梁涛:《〈庄子·天下篇〉"内圣外王"本意发微》,《宗教与哲学》2014 年第 1 期

梁涛:《北宋新学、蜀学派融合儒道的"内圣外王"概念》,《文史哲》2017 年第 2 期

李承贵:《王安石佛教观研究》,《中山大学学报》(社科版),2009 年第 4 期

包弼德:《唐宋转型的反思——以思想的变化为主》,《中国学

术》2010年第3辑

柳莹杓:《王安石访临川时期考》,《中央文哲研究通讯》第6卷第2期

刘成国:《王安石生辰新证》,《江海学刊》2017年第5期

夏长朴:《近人有关李觏与王安石关系诸说之商榷》,《台大中文学报》第3期

金宗燮:《五代政局变化与文人出仕观》,《唐研究》第九卷,北京大学出版社2003年版

王瑞来:《宋代士大夫原道论》,《学术月刊》2009年第4期

路育松:《从对冯道的评价看宋代气节观念的嬗变》,《中国史研究》2004年第1期

陈晓莹:《历史与符号之间》,《史学集刊》2010年第2期

刘成国:《宋代尊扬思潮的兴起与衰歇》,《史学月刊》2019年第5期

江口尚纯著、冯晓庭译:《刘敞〈七经小传〉略述——以〈诗经小传〉的论说为例》,《中国文哲研究通讯》第12卷第3期

朱义群:《宋神宗起用王安石知江宁府的背景及其政治和文化意蕴》,《中华文史论丛》2017年第3期

杨倩描:《易学对王安石变法思想的理论支撑》,《河北学刊》2004年第4期

李梅训:《欧阳修〈诗本义〉对〈诗序〉的批评及影响》,《安徽师范大学学报》(社科版)2004年第4期

成玮:《从欧阳修论小序看宋代新〈诗〉学的内在张力》,《励耘学刊》2020年第1期

罗文著,刘成国、李梅译:《王安石与儒家的内圣理想》,《新宋学》第五辑

李承贵:《王安石佛教观研究》,《中山大学学报》(哲社版)2009

年第 4 期

程光裕:《王安石知鄞县的治迹与佛缘》,《宋史研究集刊》第十七辑,1988 年

倪祥保:《略论王安石的佛诗》,《文学遗产》2000 年第 3 期

朴永焕:《王安石禅诗研究》,《佛学研究》2002 年

周裕锴:《宋僧惠洪交游人物考举隅》,《宋代文化研究》第 16 辑下

张呈忠:《从〈管子·轻重〉到〈周官·泉府〉——论王安石理财思想的形成》,《管子学刊》2017 年第 3 期

刘成国:《王安石文集在宋代的编撰、刊刻、流传再探》,《文史》2021 年第 3 期

刘成国:《稀见史料与王安石后裔考》,《浙江大学学报》(社科版)2017 年第 4 期

顾宏义:《陈祥道、陈旸其人其书》,《历史文献研究》第 4 辑

高克勤:《王安石著述考》,《复旦学报》(社会科学版)1988 年第 1 期

潘斌:《王安石佚书〈礼记发明〉辑考》,《古代文明》2010 年第 2 期

杨曦:《王安石淮南杂说辑考》,《中华文史论丛》2021 年第 4 期

葛焕礼:《论刘敞在北宋的学术地位》,《史学月刊》2013 第 8 期

杨韶蓉:《对"王安石修〈经义〉盖本于敞"的考查——兼论〈三经义〉"剿取"〈七经小传〉之说》,《儒家典籍与思想研究》第八辑,北京大学出版社 2016 年版

问永宁:《王安石〈太玄〉注佚文疏证》,《兰台世界》2008 年第 4 期

张煜:《王安石〈楞严经解〉十卷辑佚》,《古典文献研究》第 13 辑

查屏球:《名家选本的初始化效应——王安石〈唐百家诗选〉在

宋代的传播与接受》,《安徽大学学报》2012年第1期

童岳敏:《〈唐百家诗选〉刍议——兼论王安石早期唐诗观》,《中国典籍与文化》2006年第4期

李贵录:《宋代王巩略论》,《贵州大学学报》2003年第1期

徐超:《关于〈六家诗名物疏〉》,《山东大学学报》(哲社版),1998年第4期

沈伟:《蔡卞〈毛诗名物解〉抄袭说考论》,虞万里编:《经学文献研究集刊》第24辑

朱学博:《荆公门人徐君平生平发覆与著述辑考》,《东华理工大学学报》(哲社版)2021年第5期

刘成国:《9—12世纪初的道统"前史"考述》,《史学月刊》2013年第12期

肖永明:《王安石的本体论建构及其特点》,《湖南大学学报》(社科版),2001年第2期

井泽耕一著、李寅生译:《略论王安石的性情命论》,《东华理工学院学报》(社会科学版)2004年第1期

胡金旺:《王安石人性论的发展阶段及其意义》,《孔子研究》2012年第2期

毕明良:《王安石人性论之演进》,《船山学刊》2011年第3期

张建民:《王安石人性论的发展演变及其意义》,《孔子研究》2013年第2期

关素华:《王安石人性论新探》,《南昌大学学报》(社科版)2018年第1期

魏福明:《"性不可以善恶言"——试论王安石对儒家人性论传统的超越》,《齐鲁学刊》2019年第4期

刘丰:《王安石的礼乐论与心性论》,《中国哲学史》2010年第2期

陈佩辉：《王安石人性论嬗变考》，《孔子研究》2021年第6期

丁四新：《性相近也，习相远也——王安石性命论思想研究（上）》，《思想与文化》2012年

丁四新：《王安石性命论思想研究（下）》，《思想与文化》2013年

关素华：《王安石人性论新探》，《南昌大学学报》（哲社版）2018年第1期

吾妻重二：《道学的"圣人"观及其历史特色》，载朱杰人编：《迈入21世纪的朱子学》，华东师范大学出版社2001年版

小岛毅：《儒教的圣人像》，《北大史学》第23辑

葛兆光：《洛阳与汴梁：文化重心与政治重心的分离》，《历史研究》2000年第5期

刘坤太：《王安石周官新义浅识》，《河南大学学报》1985年第4期

方笑一：《王安石〈尚书新义〉初探》，《华东师范大学学报》（哲社版）2007年第1期

刘励耘：《王安石〈尚书〉学与熙宁变法之关系考察》，《中国史研究》2019年第1期

梶田祥嗣：《黄裳的周礼思想——王安石〈周礼义〉的继承为中心的考察》，《日本中国学会报》第69集，2017年

刘成国：《王安石身后评价考述》，《中华文史论丛》2004年第3辑

张呈忠：《"以中人为制"——王安石政治思想的人性基点与制度理念》，《政治思想史》2017年第4期

王建生：《北宋晚期理学传承剪影》，《集美大学学报》（哲社版）2019年第2期

俞菁慧、雷博：《北宋熙宁青苗借贷及其经义论辩——以王安石〈周礼〉学为线索》，《历史研究》2016年第2期

夏长朴：《尊孟与非孟》，《中国哲学》第二十四辑，辽宁教育出版社 2004 年版

金生杨：《王安石易解与孟子关系刍议》，《四川师范学院学报》（哲社版）2002 年第 5 期

金生杨：《论王安石〈淮南杂说〉中的异志思想》，《四川大学学报》（哲社版）2002 年第 6 期

刘静贞：《史之为用？——过去在王安石眼中的价值与意义》，《邓广铭教授百年诞辰纪念论文集》，中华书局 2008 年版

江湄：《直笔探微》，《史学理论研究》1999 年第 3 期

瞿林东：《诗与史思想意境的交融——王安石读史诗浅议》，《江西社会科学》2011 年第 1 期

林素芬：《道之不一久矣——论王安石的"道一"说》，《台大中文学报》第 17 期

王明荪：《王安石洪范传中的政治思想》，《宋史研究集》第 19 辑

梁涛：《以〈大学〉理解儒学的意义及局限》，《深圳社会科学》2019 年第 6 期

包弼德撰、方笑一译：《王安石与周礼》，《历史文献研究》第 33 辑

高纪春：《秦桧与洛学》，《中国史研究》2002 年第 1 期

罗家祥：《北宋新学的兴衰及其理论价值》，《河北学刊》2001 年第 3 期

程元敏：《三经新义与字说科场显微录》，《三经新义辑考汇评》附录

程元敏：《王安石雱父子享祀庙庭考》，《三经新义辑考汇评》附录

李存山：《庆历新政与熙宁变法——兼论二程洛学与两次革新政令的关系》，《中州学刊》2004 年第 1 期

陈立胜：《儒家思想中的"内"与"外"——"内圣外王"何以成为儒学之道的一个关键词》，《现代哲学》2023 年第 2 期

近藤正则:《王安石孟子尊崇的特色》,《日本中国学会报》第36集

井泽耕一:《王安石学派的兴隆与衰退》,《日本中国学会报》第56集

代天才:《王安石字学的学术渊源及影响考论》,未刊稿

杨天保:《发现"王学"真正的命脉——王安石"字学史"初论》,《南昌大学学报》(社科版)2007年第2期

后 记

在这本小书匆匆出版时,首先要感谢我的三位导师:肖瑞峰教授、沈松勤教授和项楚教授。在过去的几年里,如果没有他们的谆谆教诲、殷殷提携,我不可能比较顺利地修完自己的学业。还要感谢张涌泉教授,是他的热心关怀,才使得本书获得了一个出版的机会。

这本书是在我博士学位论文基础上进一步修订、扩展而成的博士后出站报告,其中许多章节已经在《中华文史论丛》等刊物上发表过了。虽然几经增删,但许多不足仍然是比较明显的。比如说在一些义理的阐释上未免粗糙;几位相当重要的新学传人如王雱、陆佃、陈祥道、龚原等缺乏个案的分析,从而使得流派的研究颇显单薄。以上等等,有的是出于时间的紧迫,但更主要的还是由于自身学力的不足,只希望在以后的时间里,再仔细地逐步予以充实。

这本书也是我学生生活的一个终点。从1994年9月考上大学,到2004年9月出站参加工作,我生命中最美好的青春岁月,就这样无声无息地溜走了,又何曾留下一丝的痕迹?只有大学东门外那时涨时落的海潮,还偶尔在魂梦间萦绕,提醒着我曾经拥有过的憧憬和幻想。

2005年春记于杭州孩儿巷

增订本后记

《荆公新学研究》是我的第一部学术专著。2004年,此书通过两位专家的匿名评审,列入全国高校古籍整理委员会"中国典籍与文化研究丛书"第二辑,2006年出版。之后的十几年里,我给研究生开设了宋代学术思想史的课程,陆续完成《王安石年谱长编》的撰写、《王安石文集》的整理。期间,不时翻阅此书。历年愈久,"悔其少作"的情绪愈加浓郁,于是决定修订。

修订少作是一件痛苦而纠结的工作。不仅需要重新回顾自己年轻时的青涩,而且也必须面对近些年宋代学术思想史领域的蓬勃发展。一批优秀的新学研究成果陆续问世,这与我撰写博论时的学术状况、氛围,已经截然不同。比如,2001年我探讨王安石的人性论时,学界的相关论述并不多见,但拙作出版后迄今,这方面的专题论文居然陆续发表了十几篇,还未包括著作中的相关章节。显然,这是难以回避的。这次的修订,既呈现出近二十年来我对王安石学术思想的一些新思考,又涉及对学界最新研究的回应——其中不乏对少作的中肯商榷。

增订的篇幅较大。原作只有26万字,增订本则扩充至53万字。具体如下:原作中的第一章《王安石的学术历程与思想发展》包括六节,现增订为十一节,分为上、下两章。第二章《荆公新学门人与著述考》补充了若干新见材料,修改了原作中一些不准确的叙述。第三章《荆公新学的学术建构和理论特色》原来三节,此次细化拓展为六节。第四章《荆公新学在宋代的盛衰》稍作修订。第五章《荆公新学对宋代学术思想史之影响》由原来的三节扩展成五节。第六章《王安石的身后评价考述》因与本书主题不甚密切，且自觉难以在学界已有的研究外另出新意，全部删除，不予补订。原书附录的王安石《易解》辑佚部分，颇有失收的条目，文字标点不无讹误。此次重新审订校勘，辨析佚文的真伪重出，一一标明佚文出处。至于书名，有几位朋友建议，既然增订文字逾倍，何不改易新名，可以充作新成果？几番思量，决定还是仍旧为宜，也算是敝帚自珍吧。

就内容而言，此次增订，最大的不同体现于义理的分析。二十年前，总感觉与研究对象之间，似乎隔了一层。很多结论游移在不同的文献、论述之间，拿捏不准，似是而非。比如，对于新学思想和历史地位的整体判断，原书即参考余英时先生《朱熹的历史世界》中的观点，将宋代理学视为典型的内圣外王之学、儒学复兴的巅峰，而新学则是理学发展中的一个被超越的环节。增订本则从整体上改变了原先的认知及论述，认为新学和理学一方面呈现出北宋儒学复兴思潮中的若干共同特色——例如皆属解经新范式；另一方面，它们分别代表了宋代儒学中制度与德性两个不同的建构方向。

增订历时两年有余。每逢疑难之处，便与诸多师友往复讨论。特别感谢华东师范大学国际汉语文化学院的成玮兄，他是我书稿的第一读者。每一节修订完毕，我都将 Word 文档发送给他，而他总是不惮烦琐，以渊博的学识、敏锐的眼力，对拙作指瑕匡谬，惠赐良多。著名的宋史专家李华瑞教授是我的前辈师长，平日论学多有沾丐，他于百忙之中慨然赐序，令我感念不已！我的两位博士研究生代天才和高扬，抽出宝贵的学习时间，一一核对书中的引文；上海古籍出版社高克勤先生、刘赛先生、彭华女士热心促成本书的再版，谨此一并致谢。

余生有限，而知也无涯。最近几年，每周奔波来往于沪杭之间，辗转腾挪于各种"防控"之隙，渐生疲惫慵惰之感。少时锐气，消磨殆尽。记得此书初版时,小儿尚在咿呀学语中。如今再版,他已年近弱冠,不日将负笈异域,只身万里。十八年在一弹指间,万事何足道哉!只是每每念及出身寒微,父母劬劳育我不易,自当谨奉禅宗大德"一日不作,一日不食"之训,不敢轻言躺平。

刘成国
2023 年 9 月 4 日于西湖青苑

图书在版编目(CIP)数据

荆公新学研究 / 刘成国著. —增订本. —上海：上海古籍出版社，2023.10
 ISBN 978-7-5732-0858-3

Ⅰ.①荆… Ⅱ.①刘… Ⅲ.①王安石(1021-1086)-哲学思想-研究 Ⅳ.①B244.55

中国国家版本馆 CIP 数据核字(2023)第 177702 号

荆公新学研究(增订本)

刘成国 著

上海古籍出版社出版发行

(上海市闵行区号景路 159 弄 1-5 号 A 座 5F 邮政编码 201101)

(1) 网址：www.guji.com.cn
(2) E-mail：guji1@guji.com.cn
(3) 易文网址：www.ewen.co

常熟人民印刷有限公司印刷

开本 635×965 1/16 印张 40.25 插页 5 字数 531,000

2023 年 10 月第 1 版 2023 年 10 月第 1 次印刷

印数：1—2,100

ISBN 978-7-5732-0858-3

K·3457 定价：180.00 元

如有质量问题，请与承印公司联系